이 책을 향한 찬사

인간의 욕구를 피라미드 그 피라미드와 같은 산을 오르는 정복의 과 갈리는 것 역시 틀렸다. 우리 인생은 하나 나 거치고 향유해 나가는 여정이다. 그리고 해 성장의 원동력에 대한 궁금증이 완전히 을 살려 세상에 중요한 한 존재로서 자리매김하는 것에 관심이 있는 사람이라면 예외 없이 읽어야 하는 소중한 책이다.

— 김경일 (인지심리학자, 《지혜의 심리학》 저자)

'초월'은 어떤 분야에서든 간절히 바랄 만큼 중요한 목표지만, 우울증과 공허함이 전염병처럼 퍼져나가는 오늘날에는 더더욱 중요하다. 이 주제를 오랫동안 연구한 카우프만은 자신을 벗어나는 것이 자아를 실현할 수 있는 유일한 길임을 보여준다. 지금까지 읽어본 인간 잠재력에 관한 최고의 책이다.

— 로버트 그린 (《인간 본성의 법칙》 저자)

'매슬로'라는 이름은 인본주의 심리학의 개척자로서 자주 언급되지만, 그의 이론은 충분히 이해되지 못한 형편이다. 스콧 배리 카우프만은 이 책에서 그 같은 상황을 바꾸고자 한다. 카우프만은 매슬로가 검토했던 수정사항을 토대로 고전적인 피라미드를 복원하고 자아실현의 의미를 현대적인 관점에서 멋지게 재해석해냈다.

— 애덤 그랜트 (와튼스쿨 조직심리학 교수, 《싱크 어게인》 저자)

행복에 관한 책은 많다. 하지만 고정된 존재가 아니라 창의성과 도전 및 의미를 장려하는 지속적인 과정으로서의 좋은 삶에 관한 책은 그리 많지 않다. 《트랜센드》는 바로 그런 책이다. 독창적이고 현대적인 연구결과를 토대로 하기에 굉장히 실용적이다.

— 숀 캐럴 (캘리포니아 공과대학 이론물리학자, 《다세계》 저자)

매슬로가 말한 '자기 초월'이 무엇인지 알고 싶다면 이 책을 꼭 읽어보아야 한다. 정말 대단한 책이다! 전기적인 특성뿐만 아니라 논문이나 입문서의 역할까지 수행하는 이 책을 적극 추천한다.

— 앤절라 더크워스(펜실베이니아대학 심리학과 교수, 《그릿》 저자)

우리 모두가 기다리던 책이다. 놀랄 만큼 새로운 인본주의 심리학이 펼쳐진다. 카우프만은 자신과 타인 모두를 위한 삶을 살 수 있는 방법을 친절하게 설명한다.

— 수전 케인(《콰이어트》 저자)

이 책은 사랑받는 고전 심리학 모델의 멋진 부활이자 업데이트일 뿐만 아니라 창시자에게 바치는 찬가이고, 오늘날 우리가 생각하는 다양한 심리적 안녕감을 보여준다.

— 마크 맨슨(《신경 끄기의 기술》 저자)

내가 사랑하는 사상가 중 하나인 스콧 배리 카우프만은 점점 발전해가는 인간에 관해 연구하는 심리학자다.

— 라이언 홀리데이(《스틸니스》, 《스토아 수업》 저자)

물질주의와 자기 집착에 빠져 사는 오늘날, 카우프만은 이 책에서 연결, 의미, 사랑, 초월 및 자아실현처럼 가장 깊은 곳에 자리하면서도 여전히 답을 모르는 욕구들을 다룬다. 언젠가 고전으로 자리매김할 혁명적인 책이다.

— 에마 세팔라(스탠퍼드대학 심리학과 교수, 《해피니스 트랙》 저자)

스콧 배리 카우프만은 매슬로의 이론을 현대의 연구결과와 종합하면서, 우리가 추구하는 행복한 삶에 대한 이해를 한층 더 높여준다. 매슬로도 이 책을 보면 무척이나 자랑스러워했을 것이다.

— 탈 벤 샤하르(행복연구아카데미의 공동설립자, 《해피어》 저자)

정의, 아름다움, 마음 다스리기, 완전성을 포괄하는 자아실현의 개념과 초월적 가치는 더 나은 세상을 향한 청사진을 보여준다. 이 책은 매슬로의 이론과 작품을 간결하게 요약할 뿐만 아니라 멋지게 소화해 들려주며, 심리학의 진보를 보여주는 중요한 발걸음이다.

— 아론 벡(펜실베이니아대학 정신과 명예교수)

카우프만은 에이브러햄 매슬로가 평생을 통해 남긴 인본주의 심리학의 유산을 연구하고, 그 결과를 알기 쉽게 설명한다. 이 책은 우리에게 자아실현의 길을 알려주고, 가장 최선의 사람이 되는 길을 제시한다. 그 과정에서 우리는 그 길이 다른 사람과 모든 현실에 연결되어 있음을 알게 된다.

— 샤론 샐즈버그(《행복을 위한 혁명적 기술, 자애》저자)

《트랜센드》는 풍부하고 깊이 있으며 눈부신 책이다. 읽는 재미가 있다. 카우프만은 인본주의 심리학의 신세대 중심인물이자 현대판 매슬로다. 매슬로의 욕구단계이론을 현대 심리학 연구결과를 통해 업데이트한 이 책은 독자들이 저마다에게 잠재하는 가능성을 찾아 여행을 떠나도록 도와줄 것이다.

— 에밀리 에스파하니 스미스(《어떻게 나답게 살 것인가》저자)

이 멋진 책을 읽으면 일거양득이다. 매슬로의 삶에 관한 이야기뿐만 아니라 그의 이론 또한 멋지게 엮어내 들려주기 때문이다.

— 마틴 셀리그만(펜실베이니아대학 긍정심리학센터 센터장, '긍정심리학'의 창시자)

카우프만은 이 야심 찬 작품에서 매슬로의 유명한 욕구단계이론의 미완성 요소를 밝혀낼 뿐만 아니라 최신의 연구결과를 업데이트하고 확장한다. 《트랜센드》는 '굿 라이프'를 가리키는 나침반이다.

— 데이비드 엡스타인(저널리스트, 《늦깎이 천재들의 비밀》저자)

개인적이면서도 보편적이고, 깊이 있으면서도 매혹적이고, 따르기 쉬우면서도 생각을 바꿔주는 이 책은 매슬로의 유명한 자아실현 모델을 새롭게 이해하고, 우리 모두가 저마다 열망하는 삶을 살아갈 수 있는 방법을 보여준다.

— 로리 고틀립(저널리스트, 《마음을 치료하는 법》저자)

20세기 중반, 인본주의 심리학이 풀기 위해 분투했던 실질적인 주제의 상당수는 특정한 접근방식이나 방향과 관계없이 오늘날 현대 심리학의 핵심으로 자리 잡았다. 따라서 가장 위대한 인본주의자로 인정받는 에이브러햄 매슬로의 작품을 다시 붙잡아 분석하고, 그가 사망한 이후 축적된 반세기의 데이터를 바탕으로 그에 대한 이해를 새롭게 업데이트하는 작업은 시기적으로 매우 적절한 일이다. 스콧 배리 카우프만은 이 광범하고 반가운 책에서 바로 그 같은 작업을 수행한다.

— 스티븐 헤이즈(수용전념치료(ACT) 공동개발자)

카우프만은 지혜롭고 창의적이며 놀랍고도 지극히 인간적인 이 책에서 인본주의 심리학과 첨단과학의 연구결과를 토대로 현대인을 위한 새로운 욕구단계 모델을 제공한다.

— 폴 블룸(예일대학 심리학과 교수,《공감의 배신》저자)

스콧 배리 카우프만은 21세기에 들어서며 근거와 분별력을 토대로 인본주의 심리학에 새 생명을 불어넣는다.

— 스티븐 핑커(하버드대학 심리학과 교수,《우리 본성의 선한 천사》저자)

카우프만은 광범위한 자료를 바탕으로 그동안 주변에 머물던 매슬로와 인본주의 심리학을 단숨에 심리학 연구의 중심으로 자리 잡게 만들었다. 이 책은 정신적이고 철학적인 성장을 가능케 하는 과학적이고 이해하기 쉬운 로드맵이다.

— 커크 슈나이더(심리학자,《실존적 인간중심 치료》저자)

매슬로 교수님이 이 책을 읽었다면 얼굴 가득 환한 웃음을 지으며, '마침내 누군가가 내 이론을 이해했구나!'라고 소리쳤을지도 모른다. 살아생전 그는 브랜다이스대학의 세미나에서 아무도 자기 생각을 이해하지 못한다며 종종 푸념을 늘어놓곤 했다. 스콧 배리 카우프만은 보기 드물게 매슬로의 아이디어를 심오하게 이해할 뿐만 아니라, 50년 만에 처음으로 매슬로의 핵심 개념에 대한 우리의 지식을 넓혀줄 수 있는 학자다. 자신의 성장을 생각하는 사람이라면 반드시 일독을 권한다.

— 루이스 코폴로프(조지워싱턴대학 정신과 교수, 에이브러햄 매슬로의 제자)

《트랜센드》는 개인적인 성취에 관해 심리학이 말해줄 수 있는 것들을 가장 포괄적이면서도 이해하기 쉽게 설명하는 책이다. 이 책을 읽고 행동 뒤에 숨겨진 동기들을 바라볼 수 있는 새롭고 정교한 렌즈를 얻었다. 다른 독자들도 나처럼 깨달음을 얻을 것이라 기대한다.

— 토드 카시단(조지메이슨대학 심리학과 교수,《다크사이드》저자)

《트랜센드》는 삶의 다양한 분야와 길, 원칙을 통해 우리 시대가 직면한 가장 큰 도전을 극복하고, 더욱 다정하고 포괄적이며 더 나은 세상을 만드는 데 초점을 맞춘 새로운 나를 찾을 수 있도록 도와줄 것이다.《트랜센드》는 매우 중요하고 시기적절한 책이다.

— 대처 켈트너(캘리포니아대학 심리학과 교수)

트랜센드

TRANSCEND

트랜센드

최고의 마음은 어떻게 만들어지는가

스콧 배리 카우프만 지음 | 김완균 옮김

한 번도 만난 적 없는 친애하는 벗
에이브러햄 해롤드 매슬로에게
이 책을 바칩니다.

차례

일러두기

- ( ) 안의 내용은 독자의 이해를 돕기 위해 옮긴이가 보충한 것이다.
- 각주와 후주는 모두 원저자가 표기한 것이다.

8

들어가는 말
인간 본성의 놀라운 가능성

1970년 6월 8일, 어느 따뜻한 여름날 에이브러햄 매슬로는 캘리포니아 멘로 파크에서 자신의 노트에 무언가를 열심히 적고 있었다. 그의 머릿속은 심오한 인간성에 관한 수많은 이론과 아이디어로 가득 차 있었다. 그 안에는 지난 몇 년 동안 그가 개발해왔던 'Z 이론'도 포함되었다. 아내 베르타는 그들의 수영장에서 몇 걸음 떨어진 곳에 앉아 있었다. 자신의 스톱워치를 힐끗 쳐다보던 매슬로는 아쉽지만 이제 매일 하는 운동을 시작할 시간이 되었다는 걸 깨달았다. 담당 의사는 그에게 심장 기능을 회복하기 위해 날마다 가벼운 운동을 해야 한다고 신신당부했었다. 1967년 12월에 이미 한차례 심장마비를 겪었던 그는 그 후로도 심심찮게 가슴에 통증을 느꼈다. 그럴 때면 자신도 모르게 죽음을 떠올리곤 했다. 그는 약속했던 모든 강연을 취소했고, 심지어 미국심리학회APA 회장 연설도 거절해야 했다.

많은 사람이 피라미드 맨 꼭대기에 자아실현 욕구가 자리한 매슬로의 '욕구단계이론'을 잘 알고 있다. 대학 시절 수강했던 심리학 개론 시간에 배웠을 수도 있고, 인터넷에 돌아다니는 그림으로 접했을지도 모른다.

자아실현
내면의 재능 추구,
창의성, 실현

자부심
성취, 숙달, 인정, 존중

소속-사랑
친구, 가족, 배우자, 연인

안전
안심, 안정성, 두려움으로부터의 자유

생리적
음식, 물, 피난처, 따뜻함

WiFi

아니, 그건 말고.

심리학 교과서에서 흔히 볼 수 있는 것처럼, 인간은 좀 더 '높은' 단계의 욕구에 의해 계속 동기를 부여받는다. 우리에게 내재한 잠재력을 충분히 발현시켜 자아실현을 이루기 위해서는 먼저 신체적 건강, 안전, 소속감 및 존중 같은 기본적인 욕구들이 어느 정도 충족되어야 한다.

어떤 이론가들은 매슬로의 자아실현이라는 개념을 개인주의적이고 이기적인 것으로 해석했다.[1] 그러나 매슬로의 저서와 미공개된 글들을 자세히 살펴보면 전혀 다른 이야기를 듣게 된다. 1966년에 작성했으나 발표하지 않은 논문 〈자아실현 이론 비판〉에서 매슬로는 다음과 같이 언급했다.

"자아실현만으로는 충분하지 않다는 점을 반드시 짚고 넘어가야 한다. 개인적인 구원과 그에게 무엇이 유익한가 하는 문제는 결코 분리해서 이해할 수 있는 것이 아니다. (…) 자신에게 득이 되는 것뿐만 아니라, 다른 사람에게 유익한 것 또한 언급해야 한다. (…) 다른 사람과 사회적 상황을 고려하지 않는, 순전히 정신내적이고 개인주의적인 심리학은 충분하지도 적절하지도 않다는 사실은 분명하다."[2]

매슬로는 말년에 접어들면서 건강한 자아실현이 실제로 초월로 이어지는 다리 역할을 한다는 사실을 확신하게 되었다. 그가 자아실현적 인물로 선정했던 이들 중 다수가 자아를 벗어나 확장되는 초월의 순간을 빈번하게 경험했고, 더 높은 가치에 의해 동기를 부여받았다. 또한 매슬로는 이들이 자신이 누구이고 어떻게 세상에 기여하려 하는지를 아주 분명하게 의식한다는 사실을 관찰했다.

이 같은 관찰 결과는 매슬로를 깊은 역설에 빠뜨렸다. 어떻게 그렇게 많은 자아실현적 인물들이 자신의 정체성을 분명하게 인식하고 잠재력을 실현하고자 끊임없이 노력하면서 동시에 그토록 이타적일 수 있었을까? 1961년에 발표한 논문에서 매슬로는 이렇게 썼다. "자아실현은 과도기적 목표이자 통과의례이며, 정체성을 초월로 향하는

발걸음인 듯하다. 이는 자아실현의 기능이 곧 자신을 지우는 것이라는 말과 같다."³

매슬로는 강한 자의식을 발달시키고 기본적인 욕구를 충족시키는 등의 자아실현을 향한 노력이야말로 초월의 길을 따라 나아가는 가장 중요한 단계라고 확신했다. 그는 1962년에 펴낸 저서 《존재의 심리학》에서 다음과 같이 적었다. "자아실현은 (…) 역설적이게도 자기 자신과 자의식 그리고 이기심을 초월하게 해준다."⁴

매슬로는 자아실현이 자기 자신을 더 큰 전체의 일부로 인식하게 끔 도와준다고 주장했다. 매슬로의 강의, 미발표 에세이, 일기 같은 사적인 글들은 그가 말년에 이 같은 초월의 역설에 사로잡혔음을 분명하게 보여준다.

1967년 9월 14일, 매슬로는 샌프란시스코 유니테리언 교회에서 '인간 본성의 더 먼 곳'이라는 주제로 흥미로운 강연을 했다.⁵ 그가 통로를 지나 연단으로 걸어가는 모습을 보며, 청중들은 그의 몸이 쇠약해졌음을 눈치챘다. 하지만 강연이 시작되자 교회는 금세 환하게 밝혀졌다. "철학 혁명이 진행되고 있음이 점점 분명해지고 있습니다." 매슬로의 강연은 계속 이어졌다. "가지마다 열매를 맺는 과일나무처럼 하나의 포괄적인 시스템이 빠르게 발전하고 있습니다. 과학과 인간의 노력 모두 이 시스템의 영향을 받고 있습니다."

매슬로는 '인본주의 혁명'을 언급하면서 인본주의 심리학이 진정한 인간 경험, 욕구, 목표 및 가치의 비밀을 밝혀내기 시작했다고 설명했다. 여기에는 인간 본성의 또 다른 일부인 더 높은 단계에 대한 욕구, 즉 사랑, 우정, 존엄성, 자존감, 개성 및 자아실현 욕구가 포함된다. 잠시 말을 멈추고 호흡을 고르던 매슬로는 과감히 다음 단계로 나아갔다.

> 하지만 이러한 요구가 충족되면 다른 그림이 나타납니다. (…) 최상의 조건에서 일하며 자신의 능력을 완전히 발달시킨(그래서 아주 운이 좋은) 사람들은 자신을 초월하는 가치에 의해 동기를 부여받는 경향이 있습니다. 그들은 더 이상 '이기적selfish'이라는 말의 본래 의미처럼 이기적이지 않습니다. 아름다움은 누군가의 감각적인 평안함 안에 존재하는 것이 아니며, 정의나 질서도 아닙니다. 식욕과 같은 욕구도 이기적인 의미로 분류할 수는 없습니다. 정의를 실현하거나 가능하게 했다는 만족감은 내 피부 안에 있지도, 내 동맥을 따라 흐르지도 않습니다. 이러한 만족감은 외적이기도 하고 내적이기도 합니다. 자기 자신이라는 지리적 한계를 초월한 것입니다.[6]

매슬로는 한동안 초조할 정도로 이런 생각에 사로잡혔다. 그러나 그 강연을 한 지 불과 몇 달 후 그는 심근경색으로 쓰러졌다. 그래서 강연 당시에 쇠약한 모습을 보였던 것이다. 다행히도 그는 살아났다. 그리고 불현듯 자신이 쓰러졌다는 사실이 절박한 문제가 아니라고 느꼈다. 이런 변화는 신체의 생존이 인간에게 가장 중요한 욕구라고 주장했던 자신의 원래 이론과 모순되는 것처럼 보였고, 그는 당황했다. 1970년 3월 28일자 일기에서 매슬로는 다음과 같이 적었다.

정말 신기한 일이다. 언젠가는 나도 죽는다는 사실을 깨닫게 되었다는 이유만으로 내가 아닌 세상의 영원함과 소중함을 인식하고, 받아들이고, 즐길 수 있게 되었다니 말이다. '즐길 수 있다는 것'이 곤혹스럽다.[7]

욕구단계 피라미드의 밑바닥으로 떨어지는 대신 언젠가는 반드시 죽는다는 필멸성을 자각하면서, 그의 초월 경험은 실제로 한껏 고조되었다. 매슬로는 의미심장한 가치의 변화에 주목하고 "순위제, 경쟁, 영광 따위는 분명 어리석은 것이다. 기본적인 것과 기본적이지 않은 것, 중요한 것과 중요하지 않은 것을 판단하는 가치관도 당연히 변한다. 우리가 죽은 뒤에 부활할 수 있다면 더 많은 사람이 이런 사후의 삶을 누릴 수 있을 것"[8]이라고 지적했다.

매슬로는 죽음을 맞이하기 불과 몇 달 전에 열었던 마지막 공개 세미나에서 다음과 같이 설명했다. "우리에게 드리운 죽음에 대한 두려움이라는 구름 때문에 우리가 늘 고통받는다는 것은 분명합니다. 여러분이 죽음에 대한 두려움을 초월할 수 있다면, 제가 여러분에게 품위 없는 죽음이 아니라 당당한 죽음을, 우아하고 조화로우며 철학적인 죽음을 보장할 수 있다면 (…) 여러분의 삶은 지금 이 순간 달라질 것입니다. 그리고 남은 인생 또한 변화할 것입니다. 모든 순간이 바뀔 것입니다. 우리가 이 같은 자아의 초월을 훈련할 수 있다고 저는 믿습니다."[9]

마지막 몇 년 동안 매슬로는 우리가 자아를 초월하고 더 많은 시간을 순수한 존재의 영역인 'B-영역'에 머무를 수 있게 도와주는 일련의 훈련법을 고안하는 데 공을 들였다. 그는 또한 인간 본성과 사회에 관한 포괄적인 심리학과 철학을 연구했다. 매슬로는 1967년 12월 26일자 일기에 심장마비로 입원했던 병원을 다시 나서던 순간의 심정을 다음과 같이 기록했다.

> 일기에 대한 새로운 걱정들. 이것들을 어찌 해야 할까? 아무래도 내 쇠약한 몸은 내가 하려는 것, 세상이 필요로 하는 것, 내 의무를 글로 남기도록 허락할 것 같지 않다. 죽는 것은 그리 걱정되지 않는다. 문제는 글을 쓸 기력이 없다는 것이다. 어쨌거나 나의 생각은 모두 이 일기장에 메모로 남겨 놓았으니, 훗날 누군가는 내 말이 무슨 뜻인지, 왜 꼭 그래야만 하는지 알게 될 것이다.[10]

1970년 6월 8일, 따뜻하고 맑은 어느 날 멘로 파크에 있던 매슬로는 몹시 아쉬워하는 얼굴로 메모장을 내려놓고 날마다 하던 운동을 하기 위해 일어섰다. 그는 잠시도 일을 중단하고 싶지 않았다. 그는 천천히 몸을 움직였고, 아내 베르타는 그의 동작이 뭔가 이상해 보인다고 생각했다.[11] 그녀가 괜찮냐고 물어보려던 순간, 매슬로는 그 자리에서 쓰러졌다. 베르타는 남편 곁으로 달려갔지만 62세의 매슬로는 이미 죽음을 맞이한 뒤였다. 그리고 그가 평생 행했던 연구 중 많은 부분은 미완으로 남게 되었다.

이 책에 관하여

내 생각에 매슬로는 그의 풍부한 사상과 연구가 완전히 이해되기까지 여러 차
례 재발견될 운명이다.

— 어빈 D. 얄롬, 《실존주의 심리치료》

매슬로의 욕구단계이론에 관한 일반적인 교재들은 그의 후기 이론을 고려해볼
때 심각하리만큼 부정확하다. (…) 그에 관한 교재를 다시 쓸 때가 되었다.

— 마크 E. 콜트코 리베라, 〈매슬로의 후기 욕구단계이론의 재발견〉

미발표 에세이, 일기, 개인적인 서신 및 강의록 등 매슬로의 후기
저술들을 발견한 순간, 나는 곧바로 그의 생각과 비전에 깊이 공감했
고 그의 삶과 연구에 감탄과 애정을 느꼈다.

매슬로의 어느 특별한 강의를 들은 후로는 아예 그가 친구처럼 느
껴졌다. 어느 날 저녁, 침대맡에 앉아 1969년 그가 에솔렌 연구소에
서 행한 일련의 공개강의를 듣고 있던 나는 어느 청중의 질문에 답하
는 그의 모습에 깜짝 놀랐다.

"'우정'이라는 단어를 어떻게 정의하십니까?"[12]

매슬로는 친구를 나의 욕구를 진정으로 충족시켜주는 사람이자,
거꾸로 그의 욕구를 내가 충족시켜주고 싶은 사람으로 정의하면서
대답하기 시작했다. 그런 다음 연인 관계는 '서로의 욕구가 하나로 녹
아들고 상대방의 욕구가 자신의 욕구가 되는 것'이라고 정의했다. 하
지만 나를 정말 감동시킨 것은 매슬로가 그다음에 한 말이었다.

"더 높은 단계에서 (…) 이제 에이브러햄 링컨, 소크라테스 (…) 스

피노자를 아주 친근하게 느끼고, 그들을 내 친구로 여기게 되는 대단한 일이 일어납니다. 나는 스피노자를 무척 좋아하고 존경합니다. 이는 타인이라는 존재에 대한 또 다른 차원의 사랑이나 찬사 또는 존경에 해당합니다. (…) 나는 윌리엄 제임스를 사랑한다고 말할 수 있습니다. 그렇습니다. 나는 윌리엄 제임스를 매우 좋아합니다. 가끔은 내가 그에 대해 애정 어린 말을 하면, 사람들은 '그와 알고 지냈나요?' 하고 묻기도 합니다. 그 질문에 '예'라고 대답하면 사람들은 웃습니다. 그럴 수 없는 일이니까요."

심리학자로서 내가 경력과 삶을 대하는 태도는 주로 매슬로와 알프레드 아들러, 샤를로테 뷜러, 빅터 프랭클, 에리히 프롬, 카렌 호나이, 롤로 메이, 칼 로저스를 비롯한 1930년대부터 1960년대 후반까지 인본주의 사상가 세대 전체의 사고에 의해 형성되었다. 안전, 헌신, 사랑, 성장, 의미, 진정성, 자유, 책임, 정의, 용기, 창의성, 영성 같은 인간의 필수적인 관심사에 대한 그들의 통합된 지혜는 오늘날에도 여전히 유효하다. 우리는 점점 더 심화되는 양극화, 이기적인 관심사, 개인주의적인 권력 추구의 시대에 살고 있다.[13]

인본주의 심리학은 나의 가장 깊은 존재에 울리며, 사람들이 그들의 잠재력을 최대한 발휘하도록 돕기 위해 그 사람의 전체를 고려해야 한다는 내 신념에 공명한다. 지난 20년 동안 나는 온갖 부류의 사람들을 연구했다.[14] 그중에는 자폐증, 난독증, ADHD, 범불안장애 같은 이유로 학습에 어려움을 겪으면서도 상당한 재능과 열정, 창의성을 가진 사람도 있었고, 어린아이다운 평범한 사회적 관심과 장난기가 있지만 특정 영역에서만큼은 장인이 되기 위해 남다른 열정을 쏟는 영재도 있었다. 또 언어장애 같은 특이한 기능장애를 그림 그리기나 피아노 연주 등 특정 분야에서의 놀라운 재능과 결합시키는 서번트〔지적 능력이 떨어지나 특정 분야에 대해서만은 비범한 능력을 보이는 사람〕도 있었고, 학교에서는 잘 어울리지 못하지만 또래보다 높은 수준의 학습 자료를 기꺼이 공부하려는 지적으로 조숙한 청소년도 있었으며, 극단적인 나르시시즘으로 어려움을 겪으면서도 다른 많은 면들을 최고로 발휘하기 위해 애쓰는 어른도 있었다.[15]

잠재력을 교사나 부모, 관리자 등 타인이 요구하는 개념으로 국한할수록 저마다 고유한 잠재력과 자아실현 및 초월로 나아가는 자신만의 독특한 길을 점점 더 외면하게 된다는 사실을, 나는 평생의 연구를 통해 분명하게 깨달았다. 또한 우리는 모두 놀라울 만큼 창의적이고 인본주의적이며 영적인 가능성이 있지만, '우리는 누구인가'와 같은 지나치게 지엽적인 부분에 집착하기 때문에 종종 그 같은 잠재력으로부터 멀어진다는 사실을 확신했다. 그 결과 우리는 고유의 잠재력을 충분히 발휘하지 못하고 있다. 우리는 타인에게 인정받기 위해 너무 많은 시간을 소비한다. 그래서 이미 우리 안에 내재된 놀라운 강점을 개발하지 못하고, 가장 성장 지향적이고 통합된 방식으로 우리의 가장 깊은 욕구를 충족하는 데는 시간을 거의 할애하지 않는다.

실제로 오늘날 아주 많은 사람이 자신의 다른 욕구를 건강하게 통합시키지 못한 채 '초월'을 위해 애쓰느라 자신의 진정한 잠재력을 망치고 있다. 자신의 권력이나 지위를 남용하는 영적인 '지도자'도 있고, 초월을 추구한다고 폭력적인 극단주의나 사이비 종교 혹은 범죄 조직처럼 건전하지 못한 출구를 찾는 나약한 사람도 있다.

또한 우리는 오늘날 세계의 많은 부문에서 이러한 현상을 확인할 수 있다. 더 큰 정치적·종교적 이데올로기의 일부가 되고자 하는 열망이 있지만, 이러한 열망을 실현하는 일은 대부분 더 나은 인류를 위한다는 자부심과 깊은 헌신보다는 '타인'에 대한 증오와 적대감에 기반한다. 본질적으로 매우 불안한 토대[16]에 기초하는 수많은 사이비-초월이 펼쳐지고 있다.

나는 긍정심리학, 사회심리학, 진화심리학, 임상심리학, 발달심리학, 성격심리학, 조직심리학, 사회학, 인공두뇌학 및 신경과학 등 다양한 분야의 최신 연구 성과의 도움을 받아 인본주의 심리학의 지혜롭고 심오하며 본질적으로 인간적인 통찰력에 새로운 활기를 불어넣고자 이 책을 쓰게 되었다. 인간의 잠재력을 좀 더 깊이 이해하기 위해서는 폭넓고 다양한 관점의 통합이 필요하다. 하나의 관점에만 집중하다 보면 인간 본성에 대해 왜곡된 관점을 가질 위험이 있기 때문이다. 매슬로는 이렇게 말했다. "당신이 가진 유일한 도구가 망치라면, 모든 것을 못처럼 다루고 싶은 유혹에 빠질지도 모릅니다."[17]

이 책에서 나는 인간성의 가장 높은 영역에 대해 매슬로가 이해했던 바를 전반적으로 구체화하고, 쉽사리 설명하거나 이해할 수 없는 그의 후기 저작을 풀어 설명할 것이다. 아울러 인본주의 심리학의 시대에 제시된 다양한 아이디어를 지능, 창의성, 성격 및 안녕감에 관한 나의 연구를 포함해 보다 심오한 인간 본성의 영역에 축적된 과학적 발견과 통합하려고 시도할 것이다. 이 책 전체에서 나는 인간 본성의 기본 구조에 깊이 뿌리박힌 진리 추구, 아름다움, 연결, 탐구, 사랑, 몰입, 창의성, 목적, 감사, 경외 및 그 밖의 초월적 경험에 대한 인간의 잠재력에 더 많은 관심을 기울이도록 강조할 것이다. 또한 독자 여러분의 가장 충족되지 않은 욕구를 인식하고 반영해, 일상생활의 온전함과 초월성에 더 가까이 다가갈 수 있는 구체적인 변화를 꾀하도록 도울 것이다.

이 책은 우리 인간의 좀 더 높은 가능성에 관한 것이다. 하지만 나는 더 큰 성장과 초월을 향해 나아가는 가장 좋은 방법은 고통의 필연성을 무시하는 것이 아니라, 당신 안에 존재하는 모든 것을 통합하는 것이라고 진심으로 믿는다. 그러기 위해서는 인간 존재의 풍요로움을 경험하겠다는 의도로 당신이라는 존재의 깊은 곳을 꿰뚫어보아야 한다. 이는 평균적인 정신병리학을 뛰어넘어 인간의 욕구에 대한 완전한 이해를 구체화하고, 모든 발견을 아픈 사람과 건강한 사람, 결핍과 생성과 존재를 모두 아우르는 포괄적이고 종합적인 구조로 통합하는 '존재의 심리학Being-Psychology'을 요청했던 매슬로의 견해[18]와도 전적으로 일치한다.

인간의 최고 가치로 돈, 권력, 위대함, 심지어 행복을 추구하도록 장려하는 혼란스럽고 분열된 오늘날의 세상에서 너무 많은 사람이 뼈저린 좌절감을 느끼며 살고 있다. 심지어 지위나 계층의 상승과 금전적인 성취 및 일시적인 행복감을 경험하면서도 만족하지 못하고, 타인과의 깊은 연결, 자신의 분열된 자아와의 깊은 연결을 갈망하고 있다. 소유 양식에 맞서 존재 양식의 삶을 주창했던[19] 사회심리학자이자 인본주의 철학자 에리히 프롬의 생각은 아주 적절한 것이었다. 하지만 이제는 '존재의 기술'을 넘어 '존재의 과학'이라는 것이 생겼다.

이 책은 최신 과학에 근거해 매슬로의 욕구단계이론에 대한 새로운 정보를 제공하고, 아울러 독자 여러분의 행동 패턴과 현재의 존재 방식이 스스로의 성장과 초월을 어떻게 방해하는지를 이해하는 데 유용한 틀을 제공할 것이다. 이 책의 궁극적인 목표는 저마다 자신의 현재 모습과 대담하고 솔직하게 마주함으로써 진정으로 되고 싶은 사람이 될 수 있도록 돕는 것이다. 여러분은 이를 통해 자신의 삶에서 실천할 통찰력을 찾을 수 있을 것이다. 또한 부록에서는 훨씬 더 실용적인 연습과 아이디어를 제시한다. 이를 통해 자신의 성격 패턴을 좀 더 구체적으로 이해한다면, 자신을 최상의 상태로 끌어올리는 데 큰 도움이 될 것이다.

이 책이 여러분에게 이제껏 생각했던 것 이상의 가능성이 내재한다는 사실을 보여줄 수 있기를 바란다. 자아실현은 이 책이 제시하는 전체 여정의 일부일 뿐이다. 나는 이 책을 읽으며 여러분이 걸어갈 여정 내내 함께할 것이다.

서장

새로운 욕구단계의
피라미드

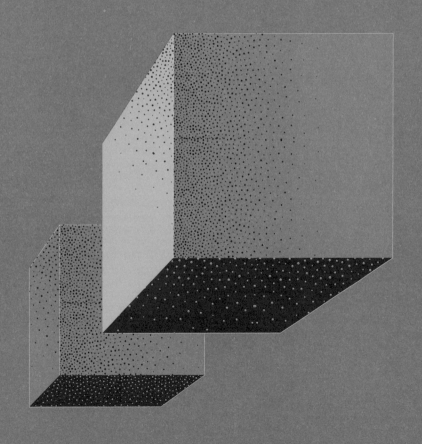

이제 지평선 너머로 인간의 질병과 건강에 대한 새로운 개념, 지극히 황홀하고 놀라운 가능성이 가득해 보이는 심리학이 나타나고 있다.

— 에이브러햄 매슬로,《존재의 심리학》

자아실현자에 대한 연구를 통해, 매슬로는 인간성의 극치에 도달한 사람들이 우리 대다수가 삶에서 추구하는 특성을 지니고 있음을 발견했다. 그들은 대체로 이타적이고 창의적이며, 개방적이고 진정성 있으며, 수용적이고 독립적이며 용감하다. 그러나 매슬로는 반드시 그런 식이어야만 한다고 규정하지는 않았다. 대신 그는 정직하고 공개적으로 말할 수 있는 자유, 개인이 자신의 고유한 능력과 열정을 키우고 발전시키며 공정하고 정의로운 사회에서 살 수 있는 자유 등 저마다의 기본적인 욕구를 충족시키는 조건을 사회가 창출할 수 있다면, 그때 자연스럽고 유기적으로 모습을 드러내는 것이 최고의 인간성과 유사한 특성을 지니는 경향이 있다고 믿었다.

매슬로는 교사와 치료사, 부모가 원예사와 같은 역할을 한다고 보았다. 즉 이들의 임무는 각자가 자신만의 방식으로 건강하고 효과적인 사람이 되도록 도와주는 것이다.[1] 매슬로에게 이는 다음을 의미했다. "우리는 한 송이 장미를 백합으로 바꾸려 하기보다는 아름다운 장미로 만들려고 노력한다. (…) 이는 자기 자신과는 완전히 다를 수 있는 누군가의 자아실현에 대한 즐거움을 이끌어낸다. 이는 심지어 저마다 다른 인간의 신성함과 독특함에 대한 궁극적인 존경과 인정을 의미한다."

매슬로는 수단보다는 목적에 대한 체계적인 연구를 포함하는 '존재심리학'의 필요성을 열정적으로 주장했다. 존재심리학에는 최종 경험(예를 들어 경이, 웃음, 관계), 최종 가치(아름다움, 진리, 정의), 최종 인식(효율적인 현실 인식, 새로운 평가), 최종 목표(궁극적인 관심사나 목표를 갖는 것) 그리고 사람들을 목적을 달성하기 위한 수단이 아니라 목적으로 대우하는 것 등이 포함된다. 매슬로는 이를 '존재-사랑Being-Love' 또는 줄여서 'B-사랑B-Love'이라고 불렀다. 매슬로가 '긍정심리학'[2]이나 '정형심리학'이라고 부르기도 한 존재심리학은 '소유보다는 소유하지 않은 것', '성취보다는 노력하는 것', '만족보다는 좌절', '획득한 기쁨을 즐기기보다는 기쁨을 추구하는 것' 그리고 '그곳에 존재하기보다는 그곳에 도달하려고 노력하는 것'[3]에 좀 더 초점을 맞춘 심리학에 대한 응답이었다.

매슬로는 혼자가 아니었다. 1930년에서 1970년 사이 알프레드 아들러, 제임스 부겐탈, 샤를로테 뷜러, 아더 콤스, 빅터 프랭클, 에리히 프롬, 유진 젠들린, 카렌 호나이, 시드니 주라드, 짐 클레, 로널드 랭, 롤로 메이, 클라크 무스타카스, 칼 로저스, 도널드 스니그, 앤소니 슈티치 등 같은 생각을 하는 사람들이 있었다. 이들 모두 당시의 실험심리학, 행동주의, 프로이트학파의 정신분석이 지닌 한계를 인식하고,

이들 학파가 인간을 적절하게 평가하지 못했다고 생각했다. 또한 이들은 창의성과 영성 인도주의와 관련한 인류의 엄청난 잠재력을 유산으로 남겼다. 이들은 스스로를 '제3의 세력'이라 칭하면서, 완전히 경험적으로 '인간'이 된다는 것은 무엇을 의미하고, 그러한 이해가 어떻게 성취되며 활기찬 삶을 비추는지를 탐구하면서 보다 전통적인 관점의 통찰력 통합을 시도했다.[4]

결국 제3의 세력 심리학자들은 '인본주의 심리학자'로 널리 알려졌고, 1961년 매슬로와 앤소니 슈티치가 학회지《인본주의 심리학 저널》을 창간하면서 '인본주의 심리학'이라는 활동분야가 공식적으로 만들어졌다. 오늘날 많은 심리치료사와 연구자들이 인본주의 심리학의 전통에 속함을 명시적으로 드러내며 일한다. 이들 대부분은 스스로를 '실존주의적·인본주의적' 심리치료사라고 부르며,[5] 진정성, 의식, 이타적인 사회적 행동, 성장에 가장 도움이 되는 사회적·생태적 조건, 자기 초월, 영성, 통합, 완전성, 인간 존재의 고유한 투쟁과 역설의 포용 같은 인본주의적인 주제를 분명하게 강조한다.[6] 인본주의 심리학의 틀에서 건강한 성격이란 지위나 성취 또는 행복보다는 자유, 책임, 자기 인식, 의미, 헌신, 개인적인 성장, 성숙, 통합, 변화를 향한 끊임없는 움직임으로 이해된다.[7]

1990년대 후반, 심리학자 마틴 셀리그만은 안녕감well-being과 '삶을 좀 더 살 만하게 만드는 것'[8]에 관해 엄격한 과학적 연구를 촉진하고자 긍정심리학 분야에 활기를 불어넣었다. 오늘날 인본주의 심리학자와 긍정심리학자들은 건강한 동기와 삶을 이해하고 함양하겠다는 목표를 공유한다.[9, 10] 지난 40년 동안 다음 열세 가지 안녕감의 원

천이 엄격하게 연구되었는데, 이들은 각각 여러분의 방식으로 도달
할 수 있는 것들이다."

안녕감의 원천

▲ 더 많은 긍정적 감정(만족, 웃음, 기쁨처럼 일상에서 느끼는 긍정적인 기분
과 감정의 강도와 빈도 증가)

▲ 더 적은 부정적 감정(슬픔, 불안, 두려움, 분노처럼 일상에서 느끼는 부정적
인 기분과 감정의 강도와 빈도 감소)

▲ 삶의 만족도(생활 전반에 대한 긍정적인 주관적 평가)

▲ 삶의 활력(육체적 건강과 에너지에 대한 긍정적인 주관적 감각)

▲ 환경 통제(필요와 욕구에 맞게 환경을 형성하는 능력, 자신의 삶을 통제하는
기분, 일상생활의 요구와 책임에 압도당하고 있지 않다는 느낌)

▲ 긍정적 관계(타인에게 사랑받고 지지받고 소중한 존재로 인정받는 느낌, 따
뜻하고 신뢰하는 대인 관계, 타인에게 다정하고 관대하기)

▲ 자아수용(자신에 대한 긍정적 태도, 자존감, 스스로를 사랑하고 존중하기)

▲ 숙달(어려운 일을 완수하면서 느끼는 자신감, 스스로 설정한 중요한 목표를 달
성하면서 느끼는 효능감)

▲ 자율성(독립적이고 자유롭게 선택할 수 있으며, 사회적 압력에 저항할 수 있다
는 느낌)

▲ 개인적 성장(고정된 상태의 성취를 추구하기보다는 지속적으로 개발과 개선
을 추구하기)

▲ 삶에의 참여(일상 활동과 생활에 몰두하며 관심을 갖고 참여하기)

▲ 삶의 목적과 의미(삶이 중요하고 가치 있으며 살만하다는 느낌, 노력의 방

향과 의미가 명확하다는 느낌, 자신보다 더 큰 존재와의 연결감)

▲ 초월 경험(일상생활에서 경험하는 경외감, 몰입, 영감 및 감사)

이러한 안녕감의 원천 중 다수가 행복에 대한 고정관념을 넘어선
다는 점에 유의하자. 완전한 인간이 된다는 것은 행복한 상태를 지속
하는 것이 아니라 완전한 존재로 사는 것이다. '안녕being well'이란 늘
기분이 좋은 상태를 의미하지 않는다. 안녕은 자신의 삶에서 더 많은
의미와 참여 및 성장을 지속적으로 통합하는 것도 포함하는데, 이것
이 바로 인본주의 심리학의 핵심 주제다.

이 장에서 나는 인본주의 심리학의 정신에 부합하면서도 인격, 자
아실현, 인간의 발달, 안녕감에 관한 최신 과학에 기반한 새로운 욕구
단계이론을 제시할 것이다. 나는 이 이론이 심리학 분야의 유용한 구
성 체계이자 개개인의 건강, 성장 그리고 초월이라는 여정을 위한 유
용한 가이드가 될 수 있다고 믿는다.

그러나 우선은 매슬로의 욕구단계이론과 관련된 많은 오해를 분명
하게 짚고 넘어가야 한다.

인생은 비디오 게임이 아니다

매슬로의 욕구이론은 종종 한번 충족된 욕구는 평생 충족된 상태
로 남는 일종의 고정된 연속단계인 것처럼 소개되곤 한다. 예를 들어
인생이 하나의 비디오 게임이고 우리가 '안전'이라는 단계를 완수하

고 나면, 어디선가 들려오는 기계음이 "축하합니다! 이제 '소속'의 욕구를 해제하시면 됩니다"라고 말함으로써 다시는 이전 단계의 욕구로 되돌아갈 필요가 없는 것처럼 말이다. 하지만 이는 매슬로의 이론과 실제에 대한 총체적인 오해일 뿐이다. 잘 알려져 있지는 않지만 매슬로는 사실 발달심리학자였다.[12]

매슬로는 우리가 항상 '되어가는' 상태로 존재하며, 우리의 내면 중심부inner core는 최종 단계에 자리하는 자아실현이 아닌 약하고 미묘하며 섬세하고 학습, 문화적 기대, 두려움, 반감 등에 의해 매우 쉽게 사라지는 잠재력으로 구성된다고 강조했다. 이는 또한 아주 쉽게 잊히고, 무시되고, 사용되지 않고, 간과되고, 표현되지 않고, 억압될 수 있다.[13] 매슬로는 인간의 성숙이 늘 진행 중인 과정이며, 성장은 갑작스럽고 비약적인 현상이 아니라 때로는 2보 전진 후 1보 후퇴하기도 하는 과정이라는 점을 분명히 했다.[14]

매슬로의 이론 중 아직 충분히 논의되지 못한 측면은 그의 욕구단계이론이 다양한 정신상태, 즉 세상과 타인을 바라보는 방식에 대한 구성체계 역할을 한다는 점이다. 매슬로는 박탈당한 각각의 욕구가 그 자신의 고유한 세계관, 철학 및 미래관과 관련된다고 주장했다.

인간 유기체의 또 다른 고유한 특성은 특정 욕구에 지배되면 미래와 관련된 전체 철학 또한 변화하는 경향이 있다는 점이다. 만성적이고 극도로 굶주린 사람에게 유토피아는 그저 음식이 많은 곳으로 정의될 수 있다. 그런 사람에게 여생 동안 먹을 음식이 보장된다면 그는 더없이 행복해 하며 더 이상 바랄 게 없다고 생각할 것이다. 삶 자체는 먹는 것과 관련해 정의되는 경향이 있다. 그 밖의 다른 것들은 중요하지 않은 것으로 정의된다. 자유, 사랑, 소속감, 존중, 철학 등은 배를 채워주지 못하기에 모두 쓸모없는 사치품으로 치부되어 배척당할 수 있다. 그런 사람은 빵으로만 산다고 해도 과언이 아니다.[15]

매슬로는 종종 이와 같은 극단적인 예에 의존했지만, 또한 대부분의 사람이 "부분적으로 모든 기본 욕구에 만족하지만, 그와 동시에 부분적으로 모든 기본 욕구에 만족하지 않는다"[16]고 지적하기도 했다. 그는 어떤 행동은 기본 욕구 중 어느 하나보다는 여러 혹은 모든 기본 욕구에 의해 동시에 결정되는 경향이 있으며, 욕구가 박탈되면 누구라도 언제든 특정한 정신상태로 돌아갈 수 있다고 주장했다.[17]

널리 퍼진 또 다른 오해는 욕구가 서로 분리되어 있다거나 어떤 방식으로도 서로 유의미하게 의존하지 않는다는 주장이다. 다시 말하지만 이는 매슬로 이론의 실제적인 의미와는 전혀 관계없는 오해다. "(인간의 욕구는) 이분법적으로 구분되지 않으며 통합된 계층구조로 배열된다. 즉 서로 의지하며 관련된다. (…) 이는 더 낮은 단계의 욕구로의 회귀가 언제든 가능함을 의미하며, 이 같은 맥락에서 욕구는 병리적 측면뿐만 아니라 전체 유기체의 완전성에 절대적으로 필요한 것이자 '더 높은 단계의 욕구'의 존재 및 기능을 위한 전제조건으로 간주되어야 한다."[18]

영국의 인본주의 심리치료사 존 로완은 통합된 매슬로의 욕구단계 개념을 설명하기 위해 러시아의 마트료시카 인형을 비유로 들었다.

즉 각각의 큰 인형은 작은 인형들을 모두 포함하지만 동시에 그것들을 초월한다는 것이다.[19] 예를 들어 우리가 가장 높은 단계의 목적을 추구하고 있다 하더라도, 안전이나 연결 혹은 자기 존중 같은 욕구는 사라지지 않는다. 대신 이러한 욕구는 더욱 초월적인 목적과 통합된다. 이러한 통합이 잘 이루어지면 모든 기본적인 욕구는 단순히 충족되는 것뿐 아니라 가장 높은 목표와 가치를 실현하는 성장을 위해 협력한다.

이런 관점이 암시하는 또 다른 의미는 불안감과 부족함을 건전하게 통합하지 않은 채 너무 급하게 성장만을 추구할수록 성장이 최고점에 도달할 가능성이 적어진다는 사실이다. 일주일에 한 번 명상 앱을 몇 분 동안 켜거나, 매일 아침 다운독 요가 자세를 취한다고 해서 마법처럼 자기 존중감이 깊어지고 타인과의 관계가 돈독해지는 것은 아니다. 앞서 말한 것처럼 매슬로는 성장과정을 때로는 2보 전진을 위한 1보 후퇴의 움직임도 포함하는 것으로 인식했다.[20] 그 과정에서 우리는 힘을 얻기 위해 끊임없이 우리의 기본 욕구로 돌아가고, 어려움을 통해 배우며, 우리 존재 전체의 더 큰 통합을 위해 노력한다.

오늘날 매슬로 이론에 대한 설명은 이와 같은 통합된 단계에 대한 비판적인 개념은 건너뛴 채 근사해 보이는 피라미드에만 초점을 맞추곤 한다. 하지만 정작 매슬로 본인은 출판된 저술 어디에서도 자신의 욕구단계이론을 설명하기 위해 **피라미드 모형을 만든 적이 없다.**[21,22] 토드 브리지먼 연구팀은 욕구단계 피라미드가 어떻게 생겨났는지 자세히 조사했고, 결국 매슬로의 피라미드는 1960년대 어느 경영 컨설턴트가 만든 것이라고 결론 내렸다. 그때부터 매슬로의 피라미드는 조직 행동이라는 새로운 분야에서 빠르게 인기를 얻었다. 브리지먼 연구팀은 매슬로의 피라미드가 〔전후 시대〕 미국에서 유행했던 개인주의, 민족주의, 자본주의 이데올로기와 공명하며 득세했고, 관료적 형식(즉 계층화된 삼각형) 안에서 성장하는 관리주의를 정당화했다는 점에 주목했다.[23]

안타깝게도 경영학 교과서에서 계속된 피라미드의 복제는 매슬로의 풍부하고 미묘한 지적 기여를 단순한 패러디로 바꿔버리는 불행한 결과를 초래했고, 아울러 인본주의적 목적을 위한 창조적 잠재력의 실현으로서 매슬로가 내세웠던 자아실현 개념의 진정한 의미를 왜곡했다.[24] 브리지먼 연구팀이 지적했듯, 경영에 대한 연구, 경영과 창의성의 관계에 대한 연구, 경영과 공공선의 추구의 관계에 대한 연구를 고무하는 것이야말로 단순한 욕구단계 피라미드보다 훨씬 더 큰 힘을 매슬로에게 실어주는 유산이 될 것이다.[25]

마지막으로, 매슬로의 이론이 문화 혹은 개인의 차이를 인정하지 않는다는 오해가 널리 퍼져 있다. 그러나 매슬로는 우리의 기본적 욕구가 한 사람의 일생 동안 두드러지게 성쇠를 되풀이할 수 있을 뿐만 아니라, 사람들이 기본적 욕구를 충족시키는 순서에서도 문화나 개인에 따라 커다란 차이를 보일 수 있음을 인정했다.[26] 안전과 건강을 위한 중요 자원이 부족한 일련의 사회, 예를 들어 만성적이고 실제적인 전쟁의 위험과 두려움으로 인해 피폐해진 사회는 생존을 위한 생필품에 더욱 초점을 맞출 것이다. 그럼에도 그러한 사회는 어느 정도까지는 구성원에게 공동체 의식, 존중, 기술과 재능을 발전시킬 기회를 제공할 수 있다. 컨설턴트 수잔 파울러가 말했듯, 사람은 세상 모든 곳에서 '자아실현'을 수행하고 있다.[27] 전 세계에 만연한 구조적 불평등에 대해 고민하고 이를 해결하려 노력하는 것은 모든 사람에게 자아실현과 초월의 기회를 제공하기 위해 꼭 필요한 일이다. 하지만 그렇다고 해서 더 많은 안정 욕구가 충족될 때까지 더 깊은 성취감을 추구하는 일을 중단하고 기다려야 한다는 의미는 아니다. **우리는 여러 욕구를 동시에 처리할 수 있다.**

특정 사회 내에서도 기질과 환경 경험이 어우러지면서 구성원마다 추구하도록 동기 부여를 받는 욕구가 다르다. 예를 들어 어떤 사람은 타인과의 깊은 관계에 더 관심이 있는가 하면, 타인의 칭찬과 존경을 받기 위해 더욱 신경을 쓰는 사람도 있다. 심지어 한 명의 개인 안에서도 성숙과 발전에 따라 추구하는 욕구의 중요도가 변하기도 한다. 다시 말하지만 여기서 핵심은 변화와 성장이다.

매슬로의 욕구단계 구조의 정확한 순서는 문화에 따라 변화하고 사람마다 다르며, 심지어는 한 개인의 삶의 시기에 따라서도 달라진다. 하지만 매슬로의 욕구단계이론에는 현대과학의 정밀한 연구결과와도 현저하게 부합하는 핵심 측면이 하나 있다. 이제 그것이 무엇인지 자세히 살펴보자.

결핍 vs. 성장

대부분의 사람은 욕구의 삼각형 배열에 초점을 맞추고 있지만, 매슬로는 실제로 계층구조의 다른 특성을 강조했다. 그는 모든 욕구를 결핍과 성장이라는 두 가지 주요 욕구로 분류할 수 있으며, 이 둘은 완전성을 위해 통합되어야 한다고 주장했다.

매슬로가 'D-욕구'라고 부른 '결핍욕구Deficiency needs'는 음식, 안전, 애정, 소속감, 자존감 등 일련의 만족감 부족에서 비롯된다. 존재의 'D-영역'은 한 인간의 존재 전체와 관련된 욕구를 만들면서 우리가 인식하는 모든 것을 물들이고 현실을 왜곡한다. "먹여줘! 사랑해줘! 나를 존중해줘!"[28] 이러한 욕구가 부족할수록 우리는 그만큼 더 현실을 왜곡해 우리의 기대에 맞추고, 가장 부족한 욕구를 충족시키는 데 얼마나 도움이 되는가에 따라 타인을 대한다. 또한 D-영역에서 우리는 그러한 결핍으로 인한 고통을 겪지 않도록 자신을 보호하기 위해 다양한 방어기제를 사용하며 살아갈 가능성이 높다. 이 같은 방어기제의 활용은 지금으로서는 도저히 견딜 수 없을 것만 같은 고통을 피하는 데 도움이 될 수 있다는 점에서 아주 '현명한' 선택이다.

그럼에도 매슬로는 자아실현이나 초월 같은 '성장욕구'는 전혀 다른 종류의 지혜와 관련되어 있다고 주장했다. 이를 '방어 지혜'와 '성장 지혜'로 구별한 매슬로는 존재영역(B-영역)이란 흐릿해진 렌즈를 맑고 투명한 렌즈로 교체하는 것과 같다고 주장했다. 두려움, 불안, 의심 또는 현실을 억압하는 끊임없는 욕구에 휘둘리기보다는 자신과 타인을 더 많이 인정하고 사랑하는 것이다. 현실을 좀 더 분명하게 바라볼 수 있게 해주는 성장 지혜는 '어떻게 나 자신을 방어하면 안전하다고 느낄 수 있을까'보다는 '어떤 선택이 나를 더 큰 통합과 완전성으로 이끄는가'에 관한 것이다.[29]

진화론적인 관점에서 볼 때, 단기적인 쾌락에 관한 우리의 욕구와 더불어 안전에 대한 관심이 온전한 인간으로 성장하려는 욕구보다 우리의 관심을 더 많이 요구할 것이라는 말은 타당하다. 저널리스트이자 작가인 로버트 라이트가 저서《불교는 왜 진실일까》에서 밝혔듯, 인간의 뇌는 자연도태에 의해 우리를 호도하고 심지어 노예로 만들게끔 설계되었다.[30] 우리의 유전자가 '관심을 갖는' 모든 것은 온전한 인간으로의 발전을 희생하는 대가와는 관계없이 다음 세대로 전파되고 있다. 이것이 우리의 세계관을 좁히고, 실제로는 현실과 일치하지 않는 세상에 대해 우리가 과도한 반응을 하도록 만드는 것을 포함해도 어쩔 수 없다.

그러나 이러한 세계관의 축소에는 세계와 우리 자신에 대한 완전한 이해를 저해할 위험이 도사린다. 성장과 관련된 어려움이 많음에도 매슬로는 우리 대부분이 자아실현을 이룰 수 있다고 믿었다. 설사 우리가 결핍에 휘둘리며 우리 삶의 대부분을 소비하느라 대다수가 자아실현을 이루지 못하고 있다고 할지라도 말이다. 안전과 성장의 변증법적 본질을 강조했던 매슬로의 주장은 성격심리학, 인공두뇌학, 인공지능 분야의 현대 연구 및 이론화와 놀랄 만큼 일치한다. 인간이든 영장류든 또는 기계든, 전체 시스템이 최적의 기능을 발휘하기 위해서는 산만함과 혼란에 직면한 목표 추구의 안정성뿐만 아니라 환경에 적응하고 탐색할 수 있는 유연성 또한 필요하다는 것에는 대체로 공감대가 형성됐다.[31]

안전과 성장이 건강한 초월을 포함해 온전한 인간이 되는 데 필요하다는 사실을 알았다면, 이제는 또 하나의 새로운 메타포가 필요한 시점이다.

새로운 메타포

1960년대의 욕구단계 피라미드는 매슬로가 결코 의도하지 않았던 이야기, 즉 인생이라는 게임에서 '승리'할 때까지 한 단계씩 성취하는 이야기를 들려준다. 그러나 그것은 인본주의 심리학자들이 강조한 자아실현의 정신이 아니다. 인간의 조건은 경쟁이 아닌 경험이다. 인생이란 정상에 오르는 여행이 아니라, 의미와 발견을 위한 새로운 기회와 위험과 불확실성이 가득한 넓고 푸른 바다를 여행하는 여정이다. 거친 파도가 일렁대는 바다에서 투박한 피라미드는 아무런 쓸모가 없다. 그 대신 필요한 것은 좀 더 기능적인 것이다. 우리에겐 돛단배가 필요하다.

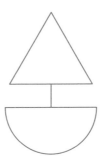

인생이라는 바다를 항해하는 우리의 여정이 명확하고 걱정거리가 없는 경우는 거의 없다. 돛단배는 고요하지 않은 바다로부터 우리를 지켜주고, 배의 판자들도 저마다 파도에 맞서 안전을 제공한다. 이것들이 없다면 우리는 분명 가라앉지 않게 하는 데 모든 에너지를 소비하고 말 것이다. 판자 하나만 있더라도 아무것도 없는 것보다 낫지만, 배가 클수록 우리는 더 크고 거친 파도를 견딜 수 있다. 삶과 마찬가지로 안전은 안정감을 느끼는 데 필요하지만, 다른 사람과의 강한 유대감과 스스로 존경받고 가치 있는 사람이라는 기분이 더해진다면 훨씬 더 쉽게 폭풍우를 견뎌낼 수 있을 것이다.

하지만 실제로 이동하기 위해서는 안전한 배만으로는 충분하지가 않다. 돛도 필요하다. 돛이 없더라도 물속에 가라앉지 않도록 보호받을 수는 있겠지만 결국 아무 방향으로도 나아가지 못하기 때문이다. 활짝 펴진 돛은 더 많은 바람을 붙잡아 우리가 저마다 환경을 탐색하고 적응해 나가도록 도와준다.

산이나 피라미드를 오르듯 돛단배에 오르지는 않는다는 점에 유의하자. 우리는 충분히 안전하다고 느끼면 스스로의 방어를 해제하듯 돛을 올린다. 우리는 잠시나마 개방적이고 자발적일 수도 있다. 하지만 우리는 곧바로 세상 앞에 자신을 걸어 닫으면서 폭풍우에 대비해야 할 만큼 위협받는다고 느낄 수 있는데, 이는 바로 지속적 진행의 역학이다. 그러나 세상에 자신을 열어놓을수록 우리의 배는 더 멀리 가고, 주변 사람과 기회로부터 더 많은 혜택을 받을 수 있다. 그리고 정말로 운이 좋다면 우리는 '절정 경험peak experience'〔특정 경험의 순간에 무아지경에 빠지면서 절대적 행복이나 환희에 빠지는 체험을 말한다〕이라는 황홀한 순간에 들어서고, 그곳에서 돛을 밀어줄 바람을 맞을 수 있다. 그 순간 우리는 불안감을 일시적으로 잊을 뿐만 아니라 점점 더 성장하면서 단순히 드넓은 바다를 항해하는 것만으로도 다른 모든 돛단배의 길을 밝히는 데 도움을 줄 것이다. 그 같은 의미에서 돛단배는 하나의 정점이 아닌 온전한 이동수단으로, 우리 주변의 세계와 사람들을 탐험하면서 우리처럼 성장하고 초월하는 데 도움을 준다.

돛을 펴다

궁극적으로 초월을 위한 수단을 제공하는 돛단배의 상징적 요소는 무엇일까? 돛단배 자체를 구성하는 욕구는 안전, 연결 그리고 자기 존중이다. 이 세 욕구는 온전한 역학 시스템으로 작동하며, 셋 중 하나라도 심각하게 방해받으면 나머지 시스템에 심각한 영향을 미칠 수 있다. 양호한 조건이라면 안정 욕구는 안전과 안정성과 함께 작동하면서 상승효과를 가져올 수 있지만, 좋지 않은 조건에서는 심각한 불안전과 불안정성으로 이어질 수 있다. 이로 인해 우리는 스스로를 방어하는 데만 집중하는 여정에 갇히게 된다. 안타깝게도 너무 많은 사람이 평생 불안감에 사로잡히고 그런 상황에서 아직 탐구하지 못한 세상의 무한한 아름다움, 자아실현, 궁극적으로 초월의 가능성을 놓치고 만다. 우리는 파도 때문에 바다를 보지 못한다.

돛은 어떠한가? 돛은 성장을 상징한다. 성장은 자아실현의 중심에 있지만, '자아실현'이라는 개념은 하나의 우산 아래 모여 있는 특성과 동기의 모호한 덩어리라는 설득력 있는 비판을 받았다.[32] 매슬로는 이를 분명히 인식했고, 그래서 후기 저술에서는 '완전한 인간'이라는 용어를 선호함으로써 그가 실제로 달성하려던 것을 적절히 표현했다.

이 점을 분명히 하기 위해 나는 자아실현 및 성장을 현대과학의 강력한 지원 아래 세분된 세 가지 구체적인 욕구로 나뉜다. 바로 탐구, 사랑, 목적이다. 나는 세 욕구가 매슬로가 자아실현이라는 용어를 통해 실제로 개념화하고자 했던 본질을 정확히 포착한다고 생각한다. 또한 이 욕구들이 안정 욕구로 축소되거나, 서로를 구축하는 데 도움이 되기는 하지만 다른 어느 하나로 완전하게 환원될 수 없다고 생각한다. 이 세 욕구는 시너지 효과를 발휘하여 우리가 온전한 인간으로 성장하도록 도와준다. 순조로운 상황에서 이들 욕구의 충족은 우리가 더 큰 건강과 완전성 그리고 초월로 나아가는 데 도움이 된다. 하지만 좋지 않은 상황에서 우리는 안전과 안정에 사로잡혀 우리의 성장 가능성을 등한시하게 된다.

성장의 기반에는 탐구정신, 즉 모든 성장욕구가 토대로 삼아야 하는 근본적인 생물학적 충동이 자리한다. 탐구는 새롭고 도전적이며 불확실한 사건을 찾고 이해하려는 욕구다.[33] 안정은 주로 방어 및 보호와 관련되는 데 반해, 탐구는 기본적으로 호기심, 발견, 개방성, 확장, 이해 그리고 성장과 발전을 위한 새로운 기회의 창출에 의해 동기부여된다. 성장을 구성하는 또 다른 욕구, 즉 사랑과 목적은 내면에서 더 높은 수준의 통합을 이뤄내고 의미 있는 존재가 되어 세상에 기여하겠다는 본질적인 탐구 욕구를 기반 삼아 구축될 수 있다.

나는 탐구 욕구가 자아실현의 핵심 동기이며 소속, 지위, 양육 등과 관련된 우리의 진화된 욕구를 포함한 다른 어떤 욕구로도 완전히 축소될 수 없다고 생각한다. 또한 욕구의 단계는 진화적 토대 위에서 구축될 수 있다는 진화 심리학자 더글러스 켄릭과 그의 동료들의 주장에 동의하지만, 탐구 욕구는 그 자체로 진화의 일부로 자리할 자격이

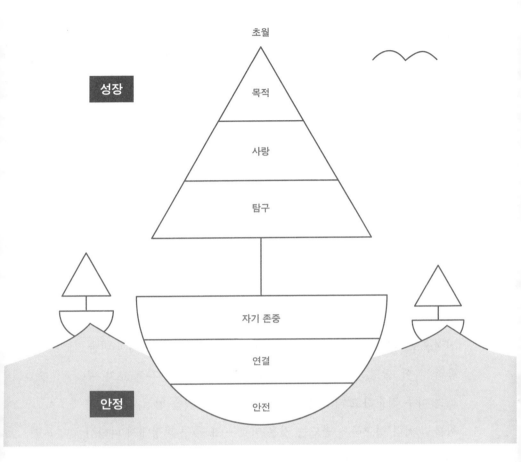

있다고 믿는다.[34]

　마지막으로 새로운 욕구단계의 맨 위에는 초월 욕구가 자리하며, 이는 개인의 성장을(심지어 건강과 행복까지) 뛰어넘어 자기 자신과 세계의 단합과 조화를 최고 수준으로 이뤄준다. 안정과 성장이라는 확실한 두 토대 위에 있는 초월은 하나의 관점으로서, 우리는 그곳에서 수용, 지혜, 다른 사람과의 유대감 등을 통해 좀 더 높고 유리한 지점에서 우리의 존재 전체를 바라볼 수 있다.

망망대해에서[35]

삶은 육체적 생존에서 비롯된다. 하지만 좋은 삶은 우리가 관심을 갖고 아끼는 것에서 생겨난다.

— 롤로 메이, 《사랑과 의지》

이 책에서 제시하는 새로운 욕구단계는 완전히 인간적이다. 그렇다. 우리는 유인원이다. 하지만 우리는 개인의 정체성, 창조적 표현, 의미 및 목표에 끝없는 호기심을 보이는 유인원이다. 인간은 동물의 왕국에서는 일찍이 전례를 찾아볼 수 없을 만큼 성장 능력을 발전시켰다. 우리 인간은 장기 목표와 우선순위에 따라 가장 원하는 목표를 선택할 수 있는 유연성, 나아가 자아실현을 이루는 다양한 방법에서 진정으로 독특한 존재다. 인간이 실현할 수 있는 다양한 형태의 미술, 음악, 과학, 발명, 문학, 무용, 비즈니스 및 스포츠를 생각해 보자. 우리는 아주 정교하고 다양한 문화를 생산하는 능력을 발전시켰고, 문화를 그처럼 정교하게 만드는 것은 바로 목표 추구 과정에서 나타나는 우리의 고유한 유연성이다.

이 같은 점에서 인간이 매우 특이하다는 사실은 인간을 만족시키는 모든 목표가 진화적 적합성과 직접 관련이 있지는 않다는 것을 의미한다. 스키볼Skee-Ball을 예로 들어보자. 스키볼 챔피언이 되겠다는 목표는 어떤 식으로든 지위, 존중, 숙달을 향해 진화된 욕구와 연결될 수 있다. 하지만 스키볼 목표를 인간의 욕구단계이론의 다른 욕구로 완전히 환원시키는 것은 스키볼에 내재하는 근본적인 인간성을 놓치는 행위다. 성격 신경과학자 콜린 드영은 다음과 같이 지적했다.

우주의 스키볼 챔피언을 생각해보면 통상적인 진화적 제약보다 더 많은 무언가가 있다는 사실을 깨닫기란 그리 어려운 일이 아닙니다. 스키볼 챔피언인 원숭이는 없습니다. 우리에겐 다양한 목표를 선택하고 새로운 목표를 고안해낼 수 있는 자유가 있습니다. 그리고 그러한 목표들을 진화된 특정 동기들과 연결할 수 있습니다. 하지만 개개인의 진화된 적응을 목록으로 작성하고 이를 토대로 인간이 할 수 있는 행동의 범위가 어느 정도인지 알아낼 수는 없습니다. 우리는 사람들에게 아주 다양한 메뉴판에서 가능한 목표와 추구를 선택할 자유와 한걸음 더 나아가 새로운 목표를 설정할 수 있는 자유를 줄 수 있어야 합니다.[36]

물론 우리는 다른 동물들과 수많은 충동을 공유하고 있으며, 일련의 진화된 심리적 메커니즘을 이해하는 것은 매우 가치 있는 목표다.[37] 그러나 어떤 다른 동물도 우리 인간만큼 실존적 위기를 겪고 있지 않다는 점은 주목할 만하다. 에리히 프롬은《건전한 사회》에서 인간의 상태는 우리가 다른 동물들과 공유하는 본성과 우리 인간만이 개발한 고유의 자기인식, 이성 및 상상 능력 사이에 존재하는 근본적인 갈등 관계도 포함한다고 주장했다. 에리히 프롬은 "그렇다면 인간 실존의 문제는 자연계 전체에서도 유일무이한 것이다. 말하자면 인간은 자연으로부터 떨어져 나왔으면서도 여전히 자연에 머무른다. 인간은 부분적으로 신성하고 부분적으로 동물적이다. 그리고 부분적으로 무한하면서 부분적으로 유한하다"[38]라고 설명했다.

돛단배의 비유를 사용하자면 저마다가 **각자의** 방향으로 여행하고 있지만, 사실 우리는 **함께** 광대한 미지의 바다를 항해하고 있는 것이다. 인간의 실존은 때로 받아들이기 어렵고 이해하기 어려운 상황들을 동반하면서도 우리 모두가 함께 존재하고 동일한 실존적 딜레마에 맞서야 한다는 사실에 위로가 될 무언가도 포함한다. 어느 환자가 실존주의 심리치료사 어빈 얄롬에게 이렇게 말했다. "비록 선생님은 배에 혼자 계시지만 당신 가까이에서 흔들리고 있는 다른 배의 불빛을 보면 언제나 위로가 됩니다."[39] 다음은 모든 인간이 감수해야만 한다고 얄롬이 주장하는 네 가지 '존재의 기정사실givens of existence'이다.

(1) 죽음: 계속 존재하며 자아실현을 이루고자 하는 바람과 언젠가는 죽어야만 한다는 소멸의 필연성 사이의 긴장

(2) 자유: 겉으로 보이는 우주의 무작위성과 자신의 운명을 선택할 수 있는 자유에 자연스럽게 수반하는 막중한 책임감 사이의 갈등

(3) 고립: 한편으로는 다른 사람과 깊고 심오하게 연결되어 더 큰 전체의 일부가 되고자 하는 바람과 다른 한편으로는 완전히 그렇게 할 수 없어 실존적으로는 늘 홀로 남아 있어야만 한다는 현실 사이의 긴장

(4) 무의미함: 때로는 본질적인 의미가 전혀 없는 것처럼 보이는 무관심한 우주에 던져진 것과 그러면서도 우리가 이 세상에서 살아가는 찰나의 시간 동안 우리 자신의 존재의 목적을 찾으려 하는 바람 사이의 긴장[40]

따라서 새로운 욕구단계는 인간 **본성**에 관한 이론일 뿐만 아니라 궁극적으로 인간 **존재**에 관한 이론이다. 인간의 진화된 성향과 본능을 발굴하는 것은 매우 중요하며, 이 책을 통해 그렇게 할 것이다. 그러나 나는 궁극적으로 실제로 무엇이 개개인의 삶을 가치 있고 의미 있게 만드는가에 관심이 있다. 이 책은 우리의 진화적 유산에 관한 것일 뿐만 아니라, 어떻게 우리 각자가 '우리'라는 부분을 초월할 수 있는지, 다시 말해 어떻게 우리 각자가 저마다의 방식으로 존재의 기정사실과 마주하면서 부분의 합보다 더 큰 무언가가 될 수 있는 지에 관한 것이다.

굿 라이프

나는 절대적인 삶의 공식을 일체 인정하지 않는다. 어떤 선입견이나 통념도 인간의 삶에서 일어날 수 있는 모든 일을 예견할 수는 없다. 살아가면서 우리는 성장하고, 우리의 생각이나 신념 또한 변하며, 변해야만 한다. 그래서 나는 우리가 끊임없는 발견과 함께 살아가야 한다고 생각한다. 삶에 대한 고양된 인식 속에서 우리는 이러한 모험에 마음을 열어야 한다. 우리는 기꺼이 탐구하고 경험하려는 우리의 의지에 모든 존재를 걸어야 한다.

— 마틴 부버, 오브리 호즈의 《마틴 부버》에서 재인용

어느 누구도 오직 당신만이 건너야 하는 삶의 강 위에 다리를 놓아줄 수 없다. 수많은 오솔길과 다리 그리고 기꺼이 당신을 건너게 해줄 신격화된 존재들이 있을 수는 있다. 그러나 그들의 도움을 받기 위해서는 자기 자신을 저당 잡히고 포기하는 대가를 치러야 한다. 세상에는 당신 말고는 어느 누구도 걸을 수 없는

길이 하나 있다. 그 길은 어디로 이어진 걸까? 묻지 말고, 걸어라! (…) 그것은 (…) 따라서 자신을 파헤치고, 자신의 존재라는 터널 속으로 직접 들어가는 고통스럽고 위험한 작업이다.

— 프리드리히 니체, 〈교육자로서의 쇼펜하우어〉

이 책에서 제시하는 좋은 삶의 비전은 오늘날 널리 알려진 것과는 다르다. 내가 제시하는 좋은 삶은 주된 동기가 돈, 권력, 사회적 지위, 심지어 행복인 비전이 아니라, 인본주의 심리학의 핵심 원리와 인간의 욕구에 대한 실질적인 이해에 있다. 다시 말해 좋은 삶이란 자신에게 가장 적합한 자아를 발견하고 표현하는 욕구의 건강한 표현에 관한 것이다.

좋은 삶은 결코 당신이 '성취'할 수 있는 것이 아니다. 그것은 일종의 삶의 방식이다. 칼 로저스가 언급한 것처럼 좋은 삶은 존재의 상태가 아니라 과정이며, 목적지가 아니라 방향이다.[41] 이 과정이 항상 행복, 만족, 축복을 주는 것은 아니다. 오히려 때로는 고통과 마음고생을 유발할 수도 있다. 로저스가 언급했듯 좋은 삶은 용기 없고 심약한 사람을 위한 것이 아니다. 점점 자신의 잠재력을 깨닫고 삶의 흐름에 완전히 빠져들기 위해 자신이 안락하게 느끼는 영역 밖으로 계속 확장해 가야 하기 때문이다.[42] 배에 돛을 올리고 바람이 당신을 어디로 데려갈지 보기 위해 용기가 필요하듯, 자기 자신의 최상의 상태가 되려면 상당한 용기가 필요하다.[43]

그럼에도 좋은 삶을 고수한다면, 당신은 분명 '질 높은', '흥미로운', '보람 있는', '도전적인', '창의적인', '의미 있는', '치열한', '경외심을 불러일으키는' 등의 형용사와 잘 어울리는 풍요로운 삶을 살게 될 것이다. 나는 성장을 위한 인간의 근본적인 능력을 믿는다. 당신의 현재 성격이나 상황과는 관계없이, 나는 당신이 이 책을 통해 진정으로 원하는 방향으로, 당신만의 스타일로 그리고 당신이 실제로 존재하며 다른 이들에게 도움을 주었던 세계를 보여주는 방식으로 당신이 성장하리라 믿는다.

이제 그 변화의 과정을 시작해보자.

1부 안정

1927년, 당시 19세였던 뉴욕시립대 학부생 에이브러햄 매슬로는 〈문명철학〉이라는 강좌의 수강신청을 했다. 하지만 그 강의는 그에게 너무 어려웠고, 결국 중도에 수강을 포기했다. 하지만 이때 그의 미래 발전을 위한 가장 중요한 씨앗은 뿌려졌고 그의 삶은 영원히 바뀌게 된다. 젊은 매슬로는 발달심리학자 하워드 가드너가 말한 결정화 경험crystallizing experience, 즉 불현듯 생각이 분명해지며 '아하, 그게 나구나!' 하고 생각하게 만드는 자극과 접촉하는, 극적이고 기억에 남을 만한 순간을 경험했다.[1]

　　그로부터 35년 후, 매슬로는 출간되지 않은 어느 메모에서 당시의 경험에 관해 다음과 같이 밝혔다. "그 강의는 내 인생에서 분명 가장 중요한 교육적 경험 중 하나였다. 내 인생을 변화시킨 윌리엄 그레이엄 섬너의《습속》을 소개해 주었기 때문이다. 당시 교수님이 강의 첫 시간에 '이 책을 읽게 된다면 여러분은 다시는 예전과 같을 수 없을 겁니다. 다시는 천진난만한 어린이가 될 수 없습니다'라고 경고한 그 대로 이루어졌다."[2]

《습속》은 행동에 끼치는 문화적 영향력을 인식하도록 매슬로에게 영감을 주었다. 또한 그 책은 또한 인간의 욕구라는 강력한 원동력의 실체를 인식하도록 고무하기도 했다. 환경적 우발상황의 패턴은 사회마다 다르기 때문에 각 사회는 동일한 기본 욕구에 대처하기 위해 저마다 다른 습속, 즉 고유한 생활·사고·행동 양식을 개발한다. 섬너는 이에 대해 다음과 같이 말했다.

> 매순간 즉시 채워야 할 욕구가 생겨난다. 욕구는 첫 번째 경험이었고, 곧바로 그 욕구를 충족시키기 위한 어설픈 노력들이 뒤따랐다. (…) 이는 시행착오의 방식으로, 반복되는 고통과 상실과 실망을 낳는다. 그럼에도 이는 예기치 못한 경험과 선택의 방법이다. 인간들의 초기 노력은 바로 이런 종류였다. 욕구는 곧 추진력이었다.[3]

매슬로는 곧바로 인류학에 사로잡혔다. 이듬해 그는 위스콘신대학으로 편입했고, 그곳에서 마거릿 미드, 브로니슬라프 말리노프스키, 루스 베네딕트, 랄프 린튼과 같은 중요한 인류학 연구자들의 저서를 탐독했다. 1935년 뉴욕으로 이사한 그는 루스 베네딕트, 랄프 린튼, 알렉산더 레서, 조지 헤어초크와 함께 많은 인류학 수업과 세미나에 참석했다. 실제로 그는 루스 베네딕트의 재치, 탁월함, 친절함에 이끌려 그녀와 우정을 쌓게 된다. 매슬로는 또한 미국인류학협회AAA의

회원이 되었으며 학회에서 연설을 하기도 했다.[4]

매슬로가 심리학자로서 경력을 쌓아가던 초기인 1938년, 루스 베네딕트는 그가 연구지원금을 받도록 큰 도움을 주었고, 매슬로는 캐나다 앨버타주의 시크시카 보호구역에 있는 북부 블랙풋 인디언과 함께 지내며 '인류학적 여름'을 보낼 수 있었다.[5] 매슬로는 블랙풋 인디언의 생활방식에 한껏 매료되었다. 마틴 헤드에 따르면 매슬로는 보호구역을 방문해 블랙풋 인디언과 함께 지내는 동안 "무릎이 후들거릴 만큼" 영감을 받았다.[6] 매슬로는 특히 블랙풋 인디언에게서 범죄, 폭력, 질투, 탐욕 따위를 거의 찾아볼 수 없다는 사실에 깊은 감명을 받았다. 대신 그들에게는 아주 높은 수준의 정서적 안정, 단호하면서도 자상한 자녀양육 관행, 공동체 의식, 평등주의, 관대한 정신 등이 널리 퍼져 있었다. 실제로 매슬로는 블랙풋 인디언이 그들만의 사회구조와 공동체 정신 덕분에 정서적 안전 테스트에서 매우 높은 점수를 받았다고 믿었다.

매슬로의 전기 작가 에드워드 호프만에 따르면 매슬로는 블랙풋 인디언에게서 재산과 소유물의 축적과 관련해 부를 포기하는 것이 오히려 부족에게 진정한 위신과 안전을 가져다 준 사실을 목격했다.[7] 반대로 매슬로는 블랙풋 인디언과 가까이 살던 유럽계 미국인들의 잔인함에 충격을 받았다. "보호구역에서 살고 있던 인디언들은 진정 괜찮은 사람들이었다. 하지만 내 인생에서 만나본 사람들 중 최악의 인간 말종이었던 마을의 백인들을 알아갈수록 상황은 더욱 역설적으로 다가왔다."[8] 매슬로가 보호구역 방문을 통해 지역사회의 중요성, 자신이 가진 것에 대한 감사, 미래 세대에게 돌려주기 등을 포함하여

아메리카 원주민의 관점에 대해 꽤 많은 것을 배웠다는 것은 분명하다.[9 10]

동시에 매슬로의 방문은 고유한 인간 본성에 대한 그의 생각에 깊은 영향을 끼쳤다.[11] 그는 문화적 상대주의에 대한 강한 확신을 가지고 인디언 보호구역을 방문했다. 그동안 그는 자신이 블랙풋 인디언들과 상당한 유대를 느낀다는 사실에 무척 놀랐다.[12] 현지조사가 마무리되고 몇 주가 지난 뒤 매슬로는 요약 보고서에 다음과 같이 썼다.

> 모든 인간은 사회가 주조하는 진흙 덩어리가 아니라, 사회가 뒤틀거나 억압하거나 더욱 발전시킬 수 있는 구조로서 사회 속에 태어나는 것처럼 보이곤 한다. 이 같은 생각을 뒷받침하는 나의 기초 데이터는 내가 찾아갔던 인디언들이 '블랙풋 인디언'이기 이전에 먼저 '인간'이었으며, 또한 내가 우리 백인사회에서 찾은 것과 거의 동일한 범위의 성격을 그들의 사회에서도 발견했다는 사실이다. 물론 분포도 곡선은 서로 상당히 다른 유형을 나타냈다. (…) 나는 지금 '근본적인' (또는) '타고난' 성격 구조의 개념과 씨름하고 있다.[13]

같은 해 12월에 작성한 미발표 메모에서 매슬로는 다음과 같이 썼다. "근본적인 성격 또는 선천적인 성격에 대한 나의 새로운 개념 (…) 명제: 인간은 태어날 때나 지금이나 실상 안전하고 자존감이 충분하다. 이는 블랙풋 인디언이나 침팬지, 아기 또는 안전한 성인 모두 유사하다. 하지만 시간이 지나며 각각의 사회는 이들의 타고난 성격에 무언가를 가하고 비틀며, 모양을 만들고 억압한다."[14]

섬너는 그의 저서에서 문화적 습속을 일반적으로 '좋은' 것이나 '나쁜' 것으로만 평가해서는 안 되며, 적응적 가치, 즉 재촉하고 몰아치는 욕구를 충족시키는 효과를 기반으로 이해해야 한다고 강조했다. 이와 마찬가지로 매슬로는 인간은 기본적으로 선하지만, 삶의 압력과 좌절로 인해 그렇지 않은 것처럼 보이게 된다고 믿었다.[15] 1938년에 작성한 또 다른 미발표 메모에서 매슬로는 다음과 같이 밝혔다. "사람은 내면을 들여다보면 모두가 괜찮은 존재다. 이 같은 사실을 증명하기 위해 필요한 것은 오직 하나, 불쾌하거나 비열하거나 악의적인 것처럼 보일 수도 있는 겉으로 드러난 행동의 동기가 무엇인지 밝혀내는 것이다. 일단 그러한 동기를 이해하고 나면 그에 뒤따르는 행동에 분개하는 것은 불가능하다."[16] 이 같은 생각은 자기보존 혹은 섹스와 관련된 파괴적 충동의 가마솥이 사람들을 좌지우지한다는 당대의 정신분석학적 관점에서 완전히 벗어난 것이었다.

동일한 메모에서 매슬로는 계속 사람이 어떻게 그리도 잔인할 수 있는지에 대해 고민했다. 그리고 그는 그것이 '불안 사이클' 때문이라고 결론지었다. "불안 사이클에서 모든 것이 흘러나온다. (…) 나쁜 행동을 하는 사람은 실제 혹은 상상에서 입은 상처 때문에 그렇게 행동하고, 구석에 몰린 동물처럼 자기방어에 몰두한다. 중요한 것은 애정과 안전에 대한 기본 욕구만 충족된다면 사람은 본래 선하다는 사실이다. 사람들에게 애정을 베풀고 안전을 선사해 보라. 그러면 그들은 애정을 베풀고, 감정과 행동이 안정될 것이다." 매슬로는 계속 일련의 사고를 풀어나가며, 모든 더럽고 비열하거나 악랄한 것은 안전, 애정, 자존감이라는 기본 욕구를 충족시키기 위한 과잉 보상적 시도라고 주장했다.

오늘날 아주 다양한 관점의 수많은 연구결과는 불안 사이클의 행동 발현에 대한 매슬로의 사고를 뒷받침한다. 불안 사이클의 공통 핵심은 두려움이다. 어떤 특정한 형태를 취하든 일종의 두려움이 불안 사이클을 구성하는 각각의 욕구의 결핍에 만연하다.

당신이 극심한 심리적 두려움을 느끼고 있다면, 이는 당신이 배를 보호하는 데 지나칠 정도로 몰두하고 있으며, 그로 인해 실제로 배를 타고 나가 광대한 바다를 항해할 때 심각한 결과를 초래할 가능성이 있다는 사실을 알려주는 표시일 수도 있다. 이 책의 첫 섹션은 당신이 느끼는 불안을 억제하도록 돕는다. 그래서 당신이 가능한 한 안정된 기반 위에 서서, 당신이 삶에서 가장 큰 의미와 성장과 창의성을 주는 것들에 집중하도록 도와준다. 우선 안정을 구성하는 가장 필수적인 욕구인 '안전'부터 시작해보자.

1장

안전:
기본적인,
너무나 기본적인

우리 사회의 평균적인 아동과 (그보다는 덜하지만) 성인은 보통 안전하고 질서 있으며, 예측 가능하고 합법적이며 조직화된 세상을 선호한다. 그런 세상이라면 믿고 기댈 수 있고, 예상치 못하고 통제하기 힘들며 혼란스럽거나 위험한 일이 일어나지 않기 때문이다. 그리고 그런 세상에서라면 어떤 경우에든 자신을 보호해주는 강력한 부모나 보호자가 있다.

— 에이브러햄 매슬로, 《동기와 성격》

세상은 여러 면에서 극적으로 개선되었다. 사람들은 더 오래, 더 건강하게, 더 자유롭게, 더 평화롭게 산다.[1] 하지만 21세기에 접어들어서도 전 세계의 많은 사람은 여전히 예측할 수 없고 혼란스러운 세상에서 살고 있다. 그리고 혼돈이 대다수의 사적인 환경에 침투했다. 미국에서만 약 1000만 명의 풀타임 근로자가 여전히 공식 빈곤선poverty line 아래 살고 있다. 상위 1퍼센트의 급격한 소득증가에도 불구하고, 수많은 미국인들은 여전히 주택 및 건강관리와 같은 기본 욕구와 관련한 위기에 처해 있다. 실제로 3300만 명 이상의 미국인이 건강보험에 가입하지 못했고, 미국인의 절반 이상이 비상상황 대처에 도움이될 400달러 정도의 비상금조차 없다.[2]

루스 휩먼이 지적한 것처럼 우리는 '안전'이라는 강력한 기반 위에 삶을 구축하는 대신 자아실현을 이러한 기본적인 욕구의 대체안으로 두면서, 매슬로의 욕구단계를 근본적으로 뒤집는 건강과 행복에 대한 사회적 서사를 만들어냈다. 휩먼은 그녀의 논문에서 이렇게 말했다. "우리는 확실히 기본 욕구를 희생시키면서 매슬로의 피라미드 꼭대기 부분에 집중하고 있다."[3]

'서장'에서 밝혔듯 매슬로는 자신의 이론을 표현하기 위해 실제로 피라미드를 만든 적이 없지만, 그는 자신의 잠재력을 최대한 실현할 기회를 갖기 위해 가장 근본적인 욕구가 충족되어야 한다고 거듭 강조했다. 러시아계 유대인 이민자 가족의 장남으로서 받았던 노동자 계층의 가정교육과 어린 시절 끊임없는 반유대주의 괴롭힘의 대상이 되었던 어린 시절의 경험은 매슬로가 평생 동안 사회적 변화 연구에 주력하는 데 영향을 미쳤다. 1960년대에 그의 수업을 들었던 한 학생은 매슬로가 빈곤층 아동의 건강한 성장과 발달에 걸림돌이 되는 장애요인을 줄이기 위한 방법으로 저렴한 급식제도 시행을 강력하게 주장했다고 회상했다.[4]

현대과학은 예측 불가능성이 우리가 상상하고 창조할 수 있는 삶에 광범한 영향을 미친다는 점을 분명히 밝혀준다. 안전에 대한 욕구와 그에 수반되는 안정성, 확실성, 예측 가능성, 일관성, 연속성, 환경에 대한 신뢰에 대한 욕구는 다른 모든 것들의 기본 토대다. 안전 욕구는 경험을 이해하려는 노력과 예상 밖의 상황을 통제하려는 동기와 관련이 있다. 안전한 기반을 갖게 된 사람은 위험을 감수하고 새로운 아이디어와 존재 방식을 탐구하는 동시에, 진정으로 원하는 사람이 될 수 있는 기회를 누릴 수도 있다. 하지만 안전한 기반이 없으면 사람들은 타인의 보호, 사랑, 애정 및 존중에 지나치게 의존하게 되고, 이는 성장과 발달 및 삶의 의미를 훼손할 수 있다.

안전에 대한 욕구는 특정 형태의 삶의 의미와 관련이 있다. 심리학자들은 일관성, 목적, 중요도라는 세 가지 다른 형태의 의미를 찾아냈다.[5] 목적은 미래 지향적이고 가치 있는 삶의 목표를 실현하려는 동기를 포함한다. 중요도는 사람들이 세상에서 자신의 존재와 행동이 의미 있고 중요하며 가치 있다고 느끼는 정도에 따라 구성된다.

일관성에 대한 욕구는 안전 욕구와 가장 밀접한 의미형태다. 내가 직면한 환경이 타당한가? 내 삶에는 어느 정도의 예측 가능성과 이해 가능성이 존재하는가? 일관성은 더 큰 목적을 추구하거나 이 세상에서 중요할 수 있는 다양한 방법을 추구할 기회를 얻기 위해 꼭 필요하다.[6] 의미연구자 프랭크 마텔라와 마이클 스티거는 우리의 가치가 기반으로 삼을 만한 무언가가 필요하며, 우리의 삶이 이해할 수 없는 것으로 여겨진다면, 이를 살 만한 가치가 있는 것으로 만드는 무언가를 찾는 것이 불가능하지는 않지만 상당히 어렵다고 말했다.[7]

일관성을 이끌어내는 데 도움이 되는 방법들이 있다. 예를 들어 어떤 연구자들은 일관성이 더 큰 신앙심과 영성 그리고 암을 견뎌내는 것처럼 트라우마에서 성장할 수 있는 능력과 관련이 있다는 사실을 발견했다.[8] 하지만 일관성을 더욱 훼손하는 방법 또한 존재하며, 안전감을 되찾겠다는 욕구는 공격성과 적대감으로 이어질 수도 있다. 극심한 혼란과 예측 불가능성은 심리적 엔트로피psychological entropy라는 상태로 우리를 몰아넣는다.[9]

심리적 엔트로피

인간의 뇌는 일종의 예측 기계다.[10] 우리는 끊임없이 들어오는 정보를 처리하고 그 정보들이 우리의 예상과 어떻게 부합하는지를 평가한다. 유전자 속 청사진의 지시를 받아 (완전히 결정되지는 않은 상태의) 뇌는 목표goals에 도달하려는 방식으로 우리의 행동, 생각, 감정을 지휘함으로써 우리가 기본적인 욕구를 충족하도록 돕는다. 여기서 '목표'라는 표현은 음식, 소속감, 지위, 짝을 확보하는 것 같은 안정 목표부터 세계적인 운동선수가 되거나 개발도상국의 가난한 사람을 돕는 것과 같은 목적 관련 목표에 이르기까지 매우 광범하게 사용된다는 점에 유의하자. 앞서 언급했듯 인간은 목표와 관련된 유연한 레퍼토리를 갖고 있다는 점에서 아주 독특하다.

물리 시스템의 작동에 처음 적용되었던 엔트로피는 무질서의 척도다. 그러나 자기 조직화와 같은 물리 열역학 시스템에 적용되는 엔트로피의 원리는 인간의 뇌, 신경계 및 심리적 과정을 포함한 모든 정보 처리 시스템에 똑같이 적용된다.[11] 인간을 포함한 모든 생물학적 유기체는 내부 엔트로피를 효과적으로 관리할 수 있는 한 살아남는다.[12]

심리적 엔트로피 상태에서 우리는 불안이나 고통 같은 불편한 감정을 경험한다. 신체의 스트레스 시스템이 활성화되면 코르티솔을 포함한 일련의 호르몬이 몸 전체를 순환하며 행동을 취하도록 준비한다.[13] 또한 경계, 감정, 기억 및 학습과 관련된 특정한 뇌 영역은 세포 차원에서 염증과 수명을 제어하는 유전자처럼 활성화된다.[14]

분명 우리 삶에는 언제나 일정한 양의 심리적 엔트로피가 있을 것이다. 우리는 환경을 결코 완전하게 숙달하지 못하며, 우리가 예측할 수 있다고 생각했던 것들은 끊임없이 변화한다. 일정량의 스트레스와 예측 불가능성은 건강한 것이고 지극히 정상이다. 영국의 철학자 앨런 와츠가 말했듯, 순간성과 유동성 자체가 본질인 세계에서 완벽하게 안정되기를 원하는 것은 모순이다.[15] 또는 수학자 존 앨런 폴러스가 지적했듯이 불확실성이야말로 실재하는 유일한 확실성이고 불안정과 더불어 사는 방법을 아는 것이 유일한 안정이다.[16]

고도의 신경증, 종결욕구, 강박장애가 있는 사람은 불확실성을 유독 싫어한다. 신경증은 부정적 정동affect(情動, 대중적인 의미의 '감정'에 어느 정도 대응하는 학술용어로, 외부 자극에 대해 생리적 수준에서 심리적 수준으로 이르는 정적(+)이거나 부적(-)인 반응을 의미한다), 불안, 두려움 및 반추 등의 패턴을 특징으로 하는 성격 특성이다. 고도의 신경증에 시달리는 사람이 부정적인 피드백보다 불확실한 피드백에 노출되면 신경계는 과할 정도로 감정적인 반응을 보인다.[17] 심리학자 제이콥 허시와 마이클 인즐리히트가 말했듯, 신경증 지수가 높은 사람은 미지의 악마보다 이미 아는 악마를 선호한다. 신경증이 정신건강에 끼치는 영향은 엄청나다. 일부 연구자들은 신경증이 모든 유형의 정신병리학에 공통된 핵심이라고 주장할 정도다![18]

어떤 사람은 위험신호에 과민반응을 보이지만, 대부분의 사람은 미지의 상황에 직면해 그저 약간의 불편함을 느낄 뿐이다. 그리고 실패, 거절, 통제력 상실, 정서적 연결의 상실, 평판 상실에 대한 두려움처럼 모든 사람이 어느 정도 가질 수밖에 없는 두려움이 있다.[19] 불확실성을 줄이고 관리하고 받아들이는 능력은 온전한 인간이 되고자 노력하는 사람 모두에게 중요하다. 이는 건강과 행복뿐만 아니라 생존에도 중요하다.

지속적인 두려움과 불안은 학습, 행동 및 건강에 심각한 결과를 초래할 수 있다.[20] 또한 차별, 폭력, 방치 또는 학대에 반복적으로 노출되면 평생 지속되는 피해를 입을 수 있다. 그 같은 경험은 스트레스에 특히 민감한 뇌의 성장 중인 영역의 연결을 변화시킨다.

많은 뇌 변화는 적응에 따른 것으로 위협 감지와 관련해 의미가 있지만, 유기체 전체에 대가를 요구한다. 사실 우리의 유전자는 우리의 행복이나 정신건강에 '관심'이 없다. 유전자가 말을 할 수 있다면 자기에게 스스로를 다음 세대로 전파시키는 데에만 관심이 있다고 말할 것이다. 그것이 당신의 목적 같은 더 높은 수준의 목표를 희생하면서 생물학적 목표를 획득하는 것을 의미할지라도 어쩔 수 없다. 설사 당신이 새로운 교향곡을 작곡하거나 복잡한 수학적 증명을 푸는 데 전력을 다하고 싶다 해도 심리적 엔트로피가 너무 많으면 시스템은 모든 에너지를 쏟아 부어 그 같은 작업을 최대치로 수행할 수 없다.

다양한 수준의 생물학적 기능에서 우리 몸은 환경적 투입에 대한 반응을 조정함으로써 엔트로피와 예측 불가능성의 경험이라는 충격을 최소화하려고 끊임없이 노력한다. 내부 엔트로피 수준이 너무 높아지면 우리는 엔트로피를 최소화하고 기본 욕구를 충족시키려는 대체 전략을 개발해야 한다. 하지만 이 같은 노력이 아무런 효과를 내지 못한다면 시간이 지나면서 시스템은 적응하지 못하고 결국 기능이 저하되고 만다.

이러한 상황은 우리의 생리적 기능뿐만 아니라 심리 작용과도 밀접한 관련이 있다. 우리는 상당한 양의 물리적 에너지를 우리의 뇌를 작동시키는 데 사용하고, 이는 어떤 행동이 우리의 목표에 더 가까워지게 할지 결정하기 위해 적당한 수준의 예측 가능성과 일관성을 유지하도록 도와준다. 삶에서 불확실성을 인식할수록 우리는 더 많은 신진대사 자원을 낭비하고 스트레스를 경험한다. 내면의 무질서가 너무 심해지면 우리 자신뿐만 아니라 타인에게도 해가 되는 전략에 의존할 위험이 있다. 우리의 가능성은 줄어들고 극히 한정된 감정과 생각 그리고 행동의 레퍼토리에 지배되며, 진정으로 우리가 되고자 하는 사람이 될 가능성은 줄어든다. 애매한 혈액검사 결과 때문에 걱정이 되어 밤새 잠을 이루지 못했다면, 그다음 날 교향곡을 작곡하기란 결코 쉽지 않을 것이다.

연구에 따르면 우리의 심리적 과정이 생리와 깊이 얽혀 있다는 것은 분명하다. 그렇기에 나는 생물학적 욕구를 안전 욕구와 결합한 매슬로의 제안이 적절하다고 생각한다. 안전 욕구가 심각하게 차단되면 사람은 균형 또는 항상성을 회복하기 위해 아주 독특한 방식으로 반응한다. 그 같은 관점에서 인간의 행동을 바라보는 것은 동료의 부적응적인 문제 행동을 판단하는 대신, 그들을 좀 더 잘 이해할 수 있게 해준다.

누구나 언제든 안전 욕구에 의해 지배될 수 있으며, 인간 본성의 기본 원칙에 따라 예측 가능한 방식으로 행동할 가능성이 높다. 안전 욕구가 좌절되면 우리는 타인에 대한 신뢰를 잃고 의심하게 된다. 안전을 되찾기 위해 갱단이나 조직범죄에 말려드는 것 같은 파괴적인 경로를 쉽게 선택할 수도 있다. 매슬로의 말처럼 안전하다고 느끼는

사람과 적지에서 활동하는 스파이라도 된 것처럼 살아가는 사람에는 성격 차이가 존재한다.[21]

우리 모두가 공감할 수 있는 배고픔을 예로 들어보자.

배고프면 화가 난다?

허구한 날 극심한 배고픔에 시달리거나, 늘 목이 타는 듯한 갈증으로 거의 죽을 지경이거나, 코앞에 닥친 재앙에 계속 위협을 받고 있거나, 모든 사람에게 미움을 받고 있는 경우라면, 우리는 결코 음악을 작곡하거나, 수학적 시스템을 만들거나, 집을 아름답게 장식하거나, 옷을 잘 차려 입고 싶다는 욕망을 품어서는 안 된다. (…) 더 높은 수준의 동기를 모호하게 만들고 인간의 능력과 본성에 대한 편파적인 관점을 얻는 확실한 방법은 우리 몸뚱이를 극단적이고 만성적으로 배고프거나 목마르게 만드는 것이다.

— 에이브러햄 매슬로, 《동기와 성격》

'배가 고파서 화가 난'이란 의미의 '행그리hangry'라는 단어는 말 그대로 '배고픈hungry'과 '화난angry'의 합성어로, 장난삼아 자주 사용되는 표현이다. 그러나 만성적인 식량 불안정으로 고통 받고 있는 전 세계 수십억 명의 사람들에게 진정한 배고픔은 결코 웃어넘길 일이 아니다.

굶주림은 인간이건 인간이 아니건 모두에게 심각한 결과를 초래한다. 믿을 만한 식량 공급원의 부족은 식량 불안정을 야기하고, 이는 충동성과 과잉행동, 과민성과 공격성, 불안감 같은 일련의 부정적인 행동을 증대시키거나 보상성 마약사용 성향을 불러일으키는 경향이 있다.[22] 식량 불안정이 이 같은 행동유형을 야기한다는 증거는 도처에서 확인된다. 여기에는 곤충과 새 그리고 인간을 포함한 포유류에 유발된 식량 부족에 대한 연구, 극단적인 다이어트를 하거나 치료를 위해 굶주림을 강요받는 사람에 대한 연구 그리고 임상 섭식장애를 가진 사람에 대한 연구도 포함된다.

앞서 언급한 일련의 행동유형은 기존의 성격 차이가 아니라 분명 극심한 배고픔에서 비롯된다. 한 오래된 연구에서 연구자들은 초기에 고분고분하고 즐겁고 낙관적으로 실험에 참여했던 환자들이 실험 중 굶주린 상태가 되자 신체적 학대를 가할 정도로 충동적으로 변하며 화를 낸 사실에 주목했다.[23] 심지어 어떤 피실험자는 퇴원 후 도움을 요청하기도 했다. 교통 체증으로 인해 차가 밀리자 너무 화가 치밀어, 짜증나게 만드는 인간들을 자신의 차로 들이받아 죽이게 될까봐 두려웠기 때문이다.[24]

굶주림은 음식을 위해 일하거나 돈을 벌려는 동기를 증가시키는 한편, 음식이 아닌 다른 어떤 보상을 위해 일하거나 비용을 지불하는 동기를 감소시킨다.[25] 배고픔과 관련된 일련의 행동은 시스템 오류가 아니라 일종의 적응, 즉 다른 목표 달성을 포기하더라도 식량의 위치 파악과 포획 및 방어를 위한 대체전략을 구성하는 대응으로 보는 것이 가장 합당하다.[26]

그 같은 대체전략이 계속 목적을 달성하지 못하면 불안과 과잉행동은 결국 우울증과 무기력으로 이어질 수 있다. 이 점이 바로 핵심이다. 일련의 행동유형을 야기하는 것은 완전한 박탈감이 아니라 장기간의 식량 불확실성이다. 장기화된 식량 불확실성은 너무 많은 심리적 엔트로피를 유발하여 결국 무력감을 촉발하고 다른 시스템들도 악화되기 시작한다. 영국의 심리학자 다니엘 네틀은 경제적으로 궁핍한 사람에게서 흔히 볼 수 있는 충동성, 공격성, 불안 같은 일부 행동은 기존 사회적 계급의 차이보다는 만성적인 식량 부족으로 인해 더 많이 발생한다고 주장한다.[27]

가장 놀라운 사실은 배고픔 때문에 발생하는 많은 행동들은 음식 섭취를 재개하면 현저하게 반전된다는 점이다.[28] 우리는 배고프지 않을 때까지 배가 고프다. 그리고 배가 고프지 않을 때는 다음 번 배가 고플 때까지 배고픈 기분이 어땠는지 잊어버린다.

지금까지는 우리 모두가 공감할 수 있는 예를 다루었다. 이제부터는 애착을 중심으로 좀 더 복잡하고 심리적인 형태의 불안감에 대해 살펴보자.

애착 안정의 욕구

인생은 안정된 기반에서 일련의 대담한 모험으로 채워지는 것이 가장 좋다.

— 존 보울비

유아는 기본적인 생리 욕구를 충족시키기 위해 자신을 돌봐주는 사람에게 전적으로 의존하며 완전히 무력한 피조물로 삶을 시작한다. 보호자의 대응력과 신뢰성을 통해 유아는 여러 욕구를 충족시키며 안정감을 확보한다. 동시에 유아는 보호자에게 정서적 애착을 갖게 되며, 그러한 유대는 끊임없이 성장하는 유아가 생존하고 호기심을 전개하며 자신의 환경을 탐험할 수 있는 안정된 기반과 피난처를 제공한다.

프로이트 이론을 진화적 관점의 동물행동 연구인 새로운 윤리학, 인공두뇌학 이론, 제어시스템 이론 및 발달심리학 등과 통합하면서, 영국의 심리학자 존 보울비는 보호자와 연약한 유아, 아동 또는 성인 사이의 근접성을 높이려는 욕구를 설명하기 위해 유구한 인류 역사와 함께 존재해온 애착행동 시스템을 제시했다.[29] 보울비에 따르면 근접성을 추구하는 행동은 두려움과 불안감을 줄이며, 유아가 겁을 먹거나 연약하다고 느낄 때 활성화된다.

이 시스템의 개요를 설명하면서 보울비는 일련의 사실들 사이의 관계를 나타내는 'if-then(만약 그렇다면)' 방식에 의존하는 제어 이론의 핵심원칙을 상당 부분 활용했다. 실제로 우리는 if-then 방식으로 시스템에 인코딩된 많은 무의식적 충동을 가지고 있으며, 뒤에서 보게 되듯이 그러한 이해는 우리가 의식적으로 시스템을 무시하고 반사적인 습관을 제어할 수 있게 해준다. 그러나 유아는 아직 애착행동 시스템을 심사숙고해 중단시킬 수 있는 인지 브레이크를 갖고 있지 않다.

보울비는 애착 시스템이 '보호자가 가까이 있고, 세심하며, 즉각 반응하는가?'로 시작되는 일련의 if-then 질문을 거쳐 진행된다고 주장했다.[30] 이 질문에 '예'라고 대답한다면 아이는 자신이 사랑받고 안전하다고 느낄 것이다. 그렇다면 그 아이는 자신감을 느끼고 더 많이 탐험하고 놀며 다른 사람들과 어울릴 가능성이 크다. 하지만 '아니요'라고 대답한다면 불안감을 느끼게 되고, 그 결과 경각심을 높이고 울음(고통을 음성으로 표현하는 방식)을 터뜨리는 등 보호자의 관심을 끌기 위해 다양한 행동을 보일 가능성이 크다. 보울비는 그러한 행동은 아이가 애착의 대상이 되는 사람에 대해 편안한 수준의 근접성을 확립할 수 있을 때까지 계속될 것이라고 주장했다. 하지만 애착 대상이 반응하지 않으면 보호자와 오랫동안 떨어져 있거나 부재하는 경우 종종 확인할 수 있듯 아이는 완전히 위축된 모습을 보이게 된다.

우리가 어떻게 대접받는지에 맞춰 정교하게 조율된 애착 시스템은 스트레스를 받으면 애착 대상(부모에서 시작해서 친구나 연인까지 확장된다)에게 느끼는 근접성과 편안함을 얻는 성공에 계속 주의를 기울인다. 보울비는 우리가 보호자의 신체적 존재로부터 타인과 자기 자신에 대한 정신적인 표상 또는 내적 실행 모델을 점차 발전시킨다고 주장했다. 이 모델은 이전 경험을 바탕으로 우리가 다른 사람의 행동을 예측할 수 있도록 해준다. 삶의 과정에서 만나는 다양한 애착 대상과의 상호작용을 통해, 우리는 우리 자신의 선함과 사랑받고 지지받을 만한 가치에 대한 견해뿐만 아니라 우리의 욕구에 대한 다른 사람의 가용성이나 민감성과 관련한 모델을 개발한다. 이러한 내적 실행 모델은 우리가 종종 암암리에 관계를 유지하는 기대와 믿음에 좀 더 전반적인 영향을 끼친다.

보울비의 견해는 유아가 몇 가지 상이한 애착 유형 중 하나를 예측가능한 방식으로 보여준다는 사실을 발견한 발달심리학자 메리 에인스워스의 시험대에 올랐다.[31] 그녀가 개발한 낯선 상황 실험strange situation procedure에서는 생후 9개월~12개월의 유아를 실험실로 들여보냈다. 유아가 어느 정도 편안해 하는 것 같다 싶으면 잠시 부모와 떨어져 낯선 사람과 홀로 남겼다가 이내 부모와 재회하게 했다.

보울비의 예측은 옳았다. 낯선 사람의 존재는 아이에게 불안을 유발시켰고, 아이는 모든 것이 정상이라고 확신하기 위해 부모를 찾았다. 그리고 부모가 아이를 낯선 사람과 있게 남겨두면 아이들은 더욱 고통을 보였다. 아이들은 장난감을 가지고 놀면서도 주의가 산만해 보이거나 자신이 느끼는 심적 고통을 소리로 표현했다. 그러다 부모가 돌아오면 약 62퍼센트의 아이들은 친숙한 보호자와의 마음 편안한 근접성을 다시금 확보하기 위해 부모에게로 기어갔다.

이게 바로 대부분의 유아가 보여주는 행동이다. 에인스워스가 밝혀낸 것은 약 15퍼센트의 유아가 분리로 인해 극도의 심리적 고통을 겪지만, 보호자가 돌아오면 보호자를 향해 기어가면서도 등을 구부리거나 마구 뒹구는 등의 행동을 통해 잠시나마 버려졌던 것이 결코 만족스럽지 않았다는 신호를 보내면서 한동안 접촉을 거부했다는 것이다.[32] 에인스워스는 이러한 행동 유형을 불안정한 애착의 형태로 보았다. 보호받지 못한 채 방치되었던 아이는 그 후 한동안 정서적 균형감을 완전히 조절하거나 회복할 수 없다. 에인스워스는 이를 '불안-저항 애착anxious-resistant attachment'이라고 명명했다.

에인스워스는 약 25퍼센트의 다른 유아들에게서 또 다른 형태의 불안정한 애착을 관찰했고, 이를 '회피 애착'이라고 지칭했다. 이 아이들은 분리로 인해 분명 고통을 느끼지만, 어머니가 돌아오면 엄마의 위로, 접촉, 지원이 실제로는 필요하지 않은 것처럼 행동한다. 이는 마치 "어쨌든 나는 네가 필요 없어"라고 말하는 것과 같다.

유아 애착에 관한 에인스워스의 선구적인 연구는 성인 관계 연구로 확장되었다.[33] 이제 성인에게서 발견된 네 가지 주요 애착 유형을 살펴보자.

- ▲ 안정: 다른 사람과 감정적으로 가까워지는 건 쉬운 일이다. 내가 그들에게 의지하고 그들이 내게 의지하게 하는 것이 편하다. 혼자 있게 된다거나 다른 사람이 나를 받아들이지 않아도 걱정하지 않는다.
- ▲ 불안 또는 불안-회피: 다른 사람과 가까워지는 것이 불편하다. 나는 감정적으로 가까운 관계를 원하지만, 다른 사람을 완전히 신뢰하거나 그들에게 의존하기는 어렵다고 생각한다. 다른 사람과 너무 가까워지면 상처받을까 걱정된다.
- ▲ 집착: 다른 사람과 정서적으로 아주 친밀해지고 싶지만 다른 사람은 내가 원하는 만큼 가까워지는 것을 꺼리는 것 같다는 생각이 든다. 친밀한 관계가 없는 것은 불편하지만, 때로는 다른 사람이 내가 그를 소중히 여기는 만큼 나를 소중히 여기지 않는 것 같아 신경 쓰인다.
- ▲ 무시 또는 무시-회피: 밀접한 정서적 관계가 없어도 편안하다. 내게는 독립적이고 자급자족이라는 느낌이 아주 중요하며, 다른 사람에게 의존하거나 다른 사람이 나를 의지하는 것을 좋아하지 않는다.

간략히 소개한 유형 가운데 특별히 공감이 가는 항목이 있는가? 그렇다면 반가운 일이다! 당신은 이미 당신의 인간관계에 진정 도움이 될 수 있는 자기인식의 과정을 시작했다. 하지만 대부분의 사람은 어느 하나의 범주에 딱 맞아떨어지지 않거나, 둘 이상의 범주에서 자신과의 유사성을 발견한다. 애착 패턴의 유형 분류는 지나치게 단순화하거나 너무 고정적일 수 있다. 크리스 프레일리 연구팀은 사람들이 실제로는 범주적인 방식보다는 좀 더 연속적인 방식으로 차이가 난다는 점을 발견했다.[34] 우리는 모두 전혀 내가 아닌 스타일에서 나와 거의 비슷한 스타일에 이르기까지 각각의 애착유형 범주 어딘가에, 다시 말해 양극단에 위치하는 대부분의 다른 사람들과 함께 자리하는 것으로 밝혀졌다.

안정, 두려움, 집착, 무시라는 네 가지 유형의 애착 방식은 결국 불안과 회피라는 두 차원의 조합으로 표현될 수 있다. 불안 애착 영역은 누군가에게 거부당하고 버려지는 것에 대한 두려움을 반영하며, 당신이 필요로 할 때 다른 사람이 기꺼이 당신 곁에 있어줄 것인가에 관한 믿음의 산물이다. 회피 애착 영역은 안전감과는 그다지 관련이 없으며, 그보다는 당신이 다른 사람들을 안정된 기반으로 사용하든 잔뜩 움츠린 채 그들에게서 멀리 떨어져 나오든 스트레스에 대한 반응으로 감정을 조절하는 방법과 훨씬 더 관련이 있다.

어느 연구에 따르면 불안과 회피 두 영역은 미미한 정도로만 연관되어 있어서, 사람이 두 영역 모두에서 높은 점수를 받는 것이 가능하다. '안정 애착'이 별도의 범주로 존재하지 않는다는 사실도 고려해야 한다. 안정 애착은 단지 약간의 불안과 회피의 조합일 뿐이다.* 현대 연구에 따르면 완벽하게 안정된 관계를 유지하는 사람은 없다. 그런 사람을 만난 적이 있는가? **우리 모두는 인간관계에서 스트레스를 받을 때면 어느 정도 불안해하고 회피하려 한다.**

그럼에도 여러분이 불안 애착 및 회피 애착 영역에 자리한다면, 이는 중요한 의미를 함축한다. 이 두 영역에서 낮은 점수를 보이는 사람은 자신의 감정, 생각, 행동에 대처하고 조절하는 건설적인 방법을 보여주는 경향이 있다. 또한 이들은 좀 더 불안정한 애착 성향을 가진 사람보다 높은 수준의 관계 만족도, 심리적 적응, 건강한 자존감, 한층 더 고조된 이타주의, 자원봉사, 공감 그리고 다른 사회집단에 속한 사람에 대한 증대된 관용을 보여준다.[35] 안정 애착이 더 만족스러운 관계를 위한 무대만을 마련해주는 것은 아니라는 점은 분명하다. 또한 안정 애착은 성장의 다른 많은 측면을 위한 토대를 제공한다.

반면에 불안 애착은 일반적으로 우울증, 불안, 외로움, 신경증, 충동성, 성격장애, 완벽주의, 강박 성향, 약물 남용, 외상 후 스트레스장애PTSD 및 스트레스가 많은 사안이나 도전에 대처하는 자신의 능력을 의심하는 경향과 관련이 있다.[36] 또한 신체적인 건강 측면에서 불안 애착은 심혈관 질환, 염증, 면역기능 저하 및 스트레스 반응의 신경내분비 활성화와도 관련이 있다.[37] 안정 애착은 삶의 다양한 영역과 관련이 있다. 따라서 좀 더 안정적으로 연결된 사람은 세상과 어떻

---

* 또 다른 유형 조합에 관해 설명하자면, '불안-회피 애착'은 고도의 불안과 고도의 회피의 조합이고, '집착 애착'은 고도의 불안과 미미한 회피의 조합이며, '무시-회피 애착'은 미미한 불안과 고도의 회피의 조합이다.

게 상호작용하는지 자세히 살펴보자.

자신만의 애착을 선택하라

안정되게 연결된 사람의 존재 방식은 무엇일까? 사회심리학자 낸시 콜린스는 그녀의 창의적이고 중대한 연구에서 참가자들에게 감정적 가용성과 안정 기반으로서 파트너에 대한 의존도를 포함해 기본적인 애착 주제를 활용하도록 설계된 다양한 상황극에서 어떻게 느끼고 행동할지 설명해줄 것을 요청했다.[38] 안정된 관계를 맺고 있는 참가자보다 불안정한 관계를 유지하는 참가자들은 주어진 상황들을 좀 더 부정적인 방식으로 설명했고, '안아주려 할 때 반응하지 않는다' 혹은 '혼자서 저녁시간을 보내고 싶다'처럼 갈등으로 이어질 가능성이 높은 상황에서 더 많은 정서적 고통을 느낀다고 보고했다.

콜린스의 연구를 효과적으로 변형시킨 연구에서 아만다 비커리와 크리스 프레일리는 사람들에게 누군가와 관계를 맺고 있는 자신의 모습을 떠올리고, 시간에 따른 관계를 시뮬레이션하는 방식으로 '자기만의 모험'을 선택하도록 요청했다.[39] 불안정한 관계를 맺고 있는 실험 참가자는 현재의 파트너가 질투를 느끼지 않도록 전 애인과 점심을 같이 먹은 사실을 언급하지 않는 등 관계에 해가 될 수도 있는 선택을 하는 경향을 보였다. 그리고 이러한 선택은 그들이 맺고 있는 관계의 만족도에 직접적인 영향을 끼쳤다. 좀 더 자세히 이 상황을 들여다보자.

당신은 파트너의 집에서 함께 저녁시간을 보낸다. 갑자기 전화가 오자 당신의 파트너는 방으로 들어가 통화를 한다. 20분 후, 당신의 파트너가 방에서 나와 전에 만나던 애인이 안부 전화를 한 것이라고 말한다. 당신은 그들이 여전히 친구처럼 지내고 있으며, 가끔씩 만나 이야기를 나눈다는 사실을 알고 있다. 당신의 파트너는 자신이 전 애인과 종종 전화를 해도 괜찮은지 묻는다.

당신은 말한다.
(a) "그래, 전에 만나던 사람과 여전히 잘 지낼 수 있다니 오히려 반가운걸."
(b) "그건 정말 아니다. 그러다 두 사람 사이에 무슨 일이라도 생길까봐 사실 조금은 걱정돼."

하지만 당신의 파트너는 계속 전 애인에 대해 이야기하고, 당신은 조금씩 질투를 느낀다. 일주일 전 평소 당신에게 관심을 보이던 누군가가 당신에게 전화를 걸어 데이트를 신청했지만, 당신은 그런 사실을 파트너에게 말하지 않았었다. 당신은 그게 별일이 아니라고 생각했고, 어쩌다 보니 그런 일이 있었다는 사실조차 잊었기 때문이다. 당신의 파트너가 예전에 만났던 전 애인에 대해 이야기하는 동안 당신은 갑자기 그 사실을 기억해냈고, 그 일을 말하면 아마도 파트너가 질투할 것이라고 생각한다.

당신은

(a) 파트너가 질투하지 않도록 그 일을 언급하지 않는다.

(b) 파트너가 어느 정도의 질투심을 느끼기를 바라면서 자연스럽게 그 일을 이야기한다.

그리고 다음주, 당신의 파트너가 당신의 집으로 놀러온다. 둘이 함께 즐거운 시간을 보내던 중 갑자기 관계에 대해 이야기하기 시작한다. 당신의 파트너는 상황이 심각해진 것 같다면서 상황이 어떻게 돌아가고 있는지 당신과 이야기를 해봐야 할 것 같다고 말한다.

당신은 말한다.

(a) "좋은 생각이야." 두 사람이 같은 생각을 하는 것이 관계에 도움이 될 수 있을 거라고 생각하기 때문이다.

(b) "우리 아무래도 각자의 시간을 갖는 게 좋겠다." 당신의 파트너가 당신과의 관계에 대해 다시 생각하고 있으며, 상대가 그러기 전에 당신이 먼저 관계를 끝내는 것이 차라리 낫겠다고 생각하기 때문이다.

참고: 결론부터 말하자면 좀 더 안정된 관계를 맺고 있는 사람일수록 위의 시나리오에서 (a) 항목을 선택할 가능성이 높다.

하지만 안정된 관계를 맺고 있지 못한 사람이라고 해서 희망이 없

는 것은 아니다. 비록 이야기의 시작 부분에서는 관계를 그르칠 수 있는 선택을 했지만, 그들은 좀 더 안정된 관계를 맺고 있는 사람들만큼 신속하게 향상되지는 못하더라도 점차 더 나은 선택을 하게 되었다. 중요한 것은 그들이 따뜻하고 배려해주는 파트너와 상호작용할 때 훨씬 더 많은 유익한 관계를 선택했다는 사실이다. 이는 안정된 관계를 맺고 있는 참가자도 마찬가지였다.

그렇다. 불안정한 관계를 유지하는 사람들은 그들의 관계에서 그들이 가장 두려워하면서도 내심 기대하는 부정적인 결과를 선택하는 경향이 있다. 그러나 그 같은 사실은 또한 파트너의 감수성이 정말로 중요하다는 점을 시사한다. '커플을 위한 감성 집중 치료Emotionally Focused Therapy for Couples, EFT'라고 불리는 치료 형태는 친밀한 관계에서 안정 애착 유대감을 조성함으로써 전반적인 관계 만족도를 향상시킬 수 있다는 가능성을 보여준다.[40] 커플들은 스트레스와 역경의 시간 속에서 자신들의 관계를 안전한 피난처, 안정된 기반 그리고 회복력의 원천으로 인식하는 법을 배운다.

커플들에게는 관계에서 그들을 파괴적인 반응 패턴으로 이끄는 뿌리 깊은 애착 공포와 욕구를 표현하도록 권장한다. 애착과 관련된 격정을 분명하게 밝히고 그에 관해 관심을 갖고 배려하는 파트너와 대화하는 것은 두 사람 모두에게 큰 도움이 되며, 친밀감과 관계 만족도를 높일 수 있다.

매우 회피적이고 불안해하는 사람의 취약성은 문제가 될 수 있다. 하지만 그 같은 문제점은 그런 사람이 특정 유형의 스트레스를 받는 상황에 직면할 때만 활성화된다.[41] 제프리 심슨과 스티븐 롤스에 따르면 회피 성향은 지원을 주고받아야 할 것 같은 강박감, 정서적으로 좀 더 친밀해지거나 지극히 개인적인 감정을 공유해야만 할 것 같은 압박감을 느끼는 상황 같은 아주 특별한 유형의 스트레스를 받는 상황에서 활성화된다. 마찬가지로 매우 불안해하는 사람은 현재 맺은 관계의 안정성이나 질이 특별히 위협받는 상황에서 이러한 문제점을 드러낸다.[42]

특정 관계 유발 요인에 대한 이러한 반응은 좁은 의미에서 순응적이거나 '현명한' 선택일 수 있지만, 애착 위기에 대한 방어 반응은 궁극적으로 관계와 관계를 맺고 있는 사람 모두에게 파괴적으로 작용한다. 다행히 심슨과 롤스는 사건이 촉발되는 상황에서 불안정한 관계를 맺고 있는 사람이 자신의 특정 애착 관련 욕구와 걱정에 민감하고 좀 더 헌신적인 파트너와 함께 있을 때 안전하지 않은 작동 모델에서 벗어날 힘이 있음을 발견했다.[43]

성인의 애착 패턴은 흔히 고착되고 변하지 않으며 무감각한 양육에 의해 영원히 설정되는 것으로 간주되곤 한다. 그러나 애착 스타일의 연속성에 관한 가장 포괄적인 연구는 유아 애착 패턴과 성인 애착 패턴 사이에 별다른 연관성이 없음을 보여준다.[44] 작동 모델은 새로운 경험이나 사건에 대응하여 시간이 지나면서 바뀔 수 있다. 참여자들의 안정감을 높이기 위해 고안된 문자 메시지처럼 간단한 프라이밍priming〔의도된 정보 제시 개입〕조차도 불안 수준을 줄이는 효과를 나타냈다![45]

물론 어린 시절의 욕구에 대한 민감성과 반응성은 중요하다. 자녀의 욕구에 민감하게 반응하도록 부모를 교육하면 자녀의 애착 안정성은 훨씬 높아진다.[46] 그리고 특별히 민감하게 반응하는 일부 아이들의 경우, 부모의 적절한 감수성은 아이들이 두려움이나 불안보다는 높은 수준의 호기심과 탐구심을 발전시키도록 돕기도 한다.[47]

스스로 통제할 수 없는 일에 부닥치거나 부모의 욕구를 충족시키게끔 하는 것과 같이 그들의 능력을 넘어서는 중요한 집안일에 능숙해지도록 강요받는 경우, 아이들의 전체성과 통합성은 특히나 위협받기 쉽다. 그렇다고 해서 아이의 욕구에 대해 민감하게 반응한다는 것이 아이의 응석을 다 받아주라는 것을 의미하지는 않는다. 비엔나의 정신과 의사 알프레드 아들러는 마냥 응석받이로 자란 아이들의 경우 사회적·정서적인 성장이 심각하게 훼손될 수 있다고 주장했다.[48] 아들러에게 영감을 받은 매슬로는 이렇게 말했다. "아이에게는 강하고 확고하며 단호하고 자율적인 부모가 필요하다. 그렇지 않으면 아이들은 두려움에 떨게 된다. 청소년에게는 정의롭고 공정하며 질서 있고 예측 가능한 세상이 필요하다. 그리고 오로지 강한 부모만이 이러한 중요한 자질을 제공할 수 있다."[49]

한번 다음과 같이 생각해 보자. 유아기부터 애착 대상과 상호작용하는 것은 훗날의 경험을 쌓는 토대가 된다.[50] 아이에게 다른 사람은 신뢰할 수 없으며 결코 사랑받지 못할 것이라고 말하는 작동 모델은 자라나는 아이의 삶과 미래에 있어 다른 사람과 갖게 될 상호작용에 미묘하면서도 미묘하지 않은 방식으로 영향을 끼친다. 사실 어린 시절의 애착 패턴은 운명과는 거리가 멀다. 애착 전문가 크리스 프레일리는 다음과 같이 말했다.

발달과정을 건축 공정에 비유하자면, 기초를 다진 다음 비계를 설치한 뒤 골조공사를 시작하는 것과 마찬가지입니다. 발달이라 함은 건축의 기초에서 시작하는 것이고, 그러한 기초는 그 시점부터 우리가 앞으로 할 수 있는 것을 제한합니다. 하지만 그렇다고 해서 건물의 높이가 얼마나 높아질지를 최종적으로 결정하지는 않습니다. 이는 우리가 비계에 올라간 후 계속 무엇을 건설하는가에 달려 있습니다.[51]

우리가 현재 보여주는 애착 패턴은 우리가 지금에 이르기까지 가졌던 관계와 사회적 상호작용 모두의 영향을 받는다. 유아기의 경험이 평생 영향을 끼치는 것은 아니다. 대응은 시간이 지남에 따라 더 나은 것으로 바뀔 수 있다. 우리의 작동 모델은 우리 자신의 개인적인 성장뿐만 아니라 파트너의 민감성과 유용성에 대응하여 진화하고 변화할 수 있다. 물론 특정한 관계의 역동성이 오랜 기간에 걸쳐 확립된 대응전략을 활성화할 수는 있지만, 그렇다고 해서 우리가 그러한 패턴의 지배를 받는 노예인 것은 아니다. 오래된 패턴의 영향력을 더 많이 이해하고 서로의 욕구에 민감해지도록 협력할수록, 부부의 유대 관계는 그만큼 더 돈독해질 가능성이 커진다.

애착 불안정이 성장을 이해하는 데 있어서 중요한 역할을 하는 것은 분명하다. 그렇다면 더욱 심각하고 계속 반복되는 불안정은 어떠할까? 학대, 폭력 그리고 지속적인 위협을 드러내는 환경적인 요인이 남기는 영향은 무엇일까? 이제 그 같은 문제들을 살펴보자.

뇌의 트라우마

어린이들이 성장하고 배우며 건강한 두뇌와 신체를 개발할 수 있는 안전하고
안정적인 환경을 갖추는 것은 아이들에게 유익할 뿐만 아니라 성공적이고 정의
로우며 지속 가능한 사회를 건설하기 위한 강력한 기반을 구축하는 것이다.

— 네이슨 폭스와 잭 숀코프,

〈지속적인 두려움과 불안이 어린이들의 학습, 행동 및 건강에 미치는 영향〉

유아기에 민감하게 반응하는 보살핌을 경험하면 훗날의 탐구를 위
한 안전하고 안정적인 기반을 만들고 사회적 상호작용과 친밀한 관
계를 확보하는 데 도움이 된다. 하지만 최근 연구결과에 따르면 불안
정한 환경이라고 해서 모두 장기적인 영향을 미치는 것은 아니다. 대
부분의 양육 방식은 성인이 된 자녀의 성격에 지울 수 없는 흔적을
남기지 않는다.[52] 그러나 어린 아이의 삶에 지속적이고 장기적인 영
향을 남기는 특별하고도 가혹한 스트레스 요인들이 몇몇 있다.

널리 알려진 것과는 달리, 보울비의 애착 이론은 사실 무력한 유아
에게만 국한되지 않는다. 보울비의 이론은 인간의 본성에 관한 보다
일반적인 이론에 기초하고 있으며, 유아기 동안 역경에 직면했던 청
소년들과의 개인적인 경험에서 비롯되었다. 그가 만났던 청소년 중
에는 위탁 가정에서 자란 아이들이 있었는데, 그들 중 일부는 여러 차
례 거처를 옮겨야 했다. 또 일부는 부모를 여의었고 미성년 범죄자도
있었다.[53] 보울비는 그런 청소년들에게서 한 가지 공통점을 발견했
다. 그들 대부분이 다른 사람과 긴밀한 정서적 유대를 형성하는 데 어
려움을 겪었다는 사실이다.

오늘날 빈곤한 환경에서 살고 있는 미국 아동의 절반가량이 폭력을 목격하고, 1억 3000만 명 이상의 아동이 가정폭력을 목격했으며, 2억 명 이상의 아동이 성적 학대를 경험했다.[54] 또 부모가 의도적으로 죄책감이나 수치심 혹은 두려움을 유발하여 자녀의 정서적 욕구를 통제하거나 자녀들이 소중히 여기는 것을 폄하하거나 파괴하는 것 같은 정서적 학대를 매일 5400만 명의 아이들이 겪고 있다.

방치는 학대만큼 해로울 수 있다. 방치는 자녀가 성장 과정에서 흔히 마주할 것으로 예상되는 수준을 넘는 비상 상황이나 안전하지 않은 상황에서 스스로 대처할 수 있기를 기대하는 것, 부모가 자신의 아이들이 겪는 고통과 사회적 욕구에 지속적으로 반응하지 않는 것, 먹을 것과 깨끗한 옷, 치과 및 의료 서비스 등 아동이 기본적으로 필요로 하는 것을 제공하지 않는 것을 모두 포함한다.

방치에 가까운 보호자의 대응과 신뢰할 수 없는 환경은 다양한 메커니즘에 의해 어린 아이의 발달 중인 뇌에 직접적인 영향을 준다. '예측 가능한 적응반응 이론predictive-adaptive-response theory, PAR'에 의하면 유아기의 역경은 개인이 어른으로 성장하게 될 상황을 예측하게 하는 일종의 일기예보 역할을 하며, 유아기의 역경을 겪은 개인이 예상되는 환경에 맞춰 적응할 수 있는 행동 전략을 개발하게 해준다.[55] 인지 신경과학 연구에 따르면 뇌는 이전의 경험을 기반으로 미래에 대한 예측에 따라 스스로를 재구성한다.[56] 예상되는 트라우마에 대처하기 위해 뇌가 스스로를 재구성하는 방법을 이해하는 것은 어린 시절 경험했던 지속적인 불안과 두려움 및 예측 불가능성이 그들의 인지적·정서적 조절 및 사회적 기능에 남기는 지속적인 영향력을 이해하는 데 아주 중요하다.

물론 회복 가능성이 완전히 상실된 것은 아니다. 뇌에는 여전히 미래 수정의 가능성이 존재하고, 이는 어느 정도의 신경 가소성이 있음을 의미한다. 그럼에도 삶의 초기에 경험한 스트레스 요인은 중요한 발육기를 종료시키는 유전자를 활성화함으로써 발달과정에 제약을 가한다.[57] 마틴 타이처 연구팀은 뇌 발달은 유전자에 의해 지시받지만 경험에 의해 형성된다고 설명한다.

어린 시절의 스트레스 요인에 특히 민감한 뇌 영역은 기억과 상상의 형성과 검색에 관여하는 해마, 정서적 중요성의 인지와 탐색에 관여하는 편도체, 오류 감지와 충동 조절 및 정신적 자원의 할당과 관련된 전방 대상피질, 뇌의 왼쪽과 오른쪽 반구를 연결하는 뇌량, 그리고 장기적인 의사결정과 상황평가 및 정서적 자기조절에 관여하는 전전두피질, 그중에서도 특히 내측 전전두피질 및 안와전두피질 등을 포함한다.[58] 뇌 부위마다 스트레스가 가장 많은 손상을 줄 수 있는 민감기는 상이하다.

유아기의 역경은 학대와 방치에 대처하기 위해 매우 구체적인 방식으로 뇌를 변화시킨다.[59] 특히 외부에서 유입되는 정보를 걸러주는 필터 역할을 하는 감각 기관과 경로에서 제일 먼저 변화가 일어난다. 예를 들어 부모의 언어적인 학대에 노출되면 청각 피질과 언어 경로가 변경된다. 가정폭력을 목격하면 뇌의 시각 관련 영역과 공포 및 강렬한 감정과 관련된 영역 간의 연결이 바뀐다. 성적 학대는 생식기와 안면 인식을 책임지는 뇌 영역에 영향을 미치고, 정서적 학대에 노출되면 자기인식 및 자기평가와 관련된 뇌 영역이 변화한다.

또한 어떤 형태로든 학대에 노출된 어린이의 경우 위협적인 얼굴에 대한 편도체 기반 반응이 강화되고, 위협에 관한 의식적 인식 및 사건으로부터의 기억 활성화와 관련된 신경 경로의 강도가 감소한다. 이러한 전반적인 패턴은 학대를 경험할 때 뇌가 학대 경험에 대한 의식적 인식을 차단하는 동시에 유사한 위협을 일으킬 수 있는 미래 상황을 피하도록 스스로를 수정한다는 것을 시사한다. 이는 일부 정신과 의사가 말하는 '분열splitting'〔유아가 자신을 보호하기 위해 사용하는 기제로서 대상을 '완전히 좋음'과 '완전히 나쁨으로 구분하는 것)과 유사하다.

물론 적응이 반드시 사회적으로 바람직하거나 건강하거나 행복에 도움이 되는 것을 의미하지는 않는다. 이기적이고 경쟁적이며 공격적인 특성은 예측할 수 없고 가혹한 세상에서 삶의 적응문제를 해결하는 데 도움이 되도록 진화한 결과일 수 있다.[60] 그리고 사람들이 학대에 대처하기 위해 나름 시도하는 적응이 항상 비정상적인 인지·지각·지적 기능을 의미하는 것도 아니다. 마틴 타이처는 학대와 방치의 신경학을 연구하기 시작하면서 회복력이 있는 뇌와 학대받은 뇌 사이에서 분명한 차이점을 찾아낼 수 있을 것이라 기대했다. 하지만 그는 자신이 발견하게 된 결과에 경악했다. 자신의 연구결과가 애초의 예상과 달랐기 때문이다. 즉 지속적인 학대와 방임을 겪은 많은 사람의 뇌가 정신병리학적 증상을 보이는 사람의 것과 닮기는 했지만, 상당수에게는 실제로 어떠한 정신병리학적 진단도 필요하지 않았다.

사실 학대와 관련된 뇌의 변화는 정신병리학과 구별되는 매우 뚜렷한 임상적, 신경생물학적, 유전적 특징을 보여준다.[61] 이러한 결과를 설명할 수 있는 흥미로운 가능성 중 하나는 학대 관련 뇌 적응을 가진 많은 이가 회복력이 매우 뛰어난 사람이며, 그들이 스트레스에 대처할 수 있게 도와주는 인내, 사회적 지원 혹은 지역사회 자원 같은 심리적이고 환경적인 자원을 끌어모을 수 있다는 사실이다.

안타깝게도 가혹하고 예측할 수 없는 환경에서 학대를 받은 모든 어린이가 스트레스에 대처하는 데 도움이 되는 추가 자원을 가지고 있는 것은 아니다. 그리고 이는 유아기에 경험한 역경이 이후의 삶에 오랫동안 영향을 끼친다는 현실을 설명해준다. 일반적으로 지속적인 두려움과 불안에 노출되면, 편도체와 해마는 함께 협력하여 두려움과 공포 반응을 유발하는 맥락을 연관시킨다. 그리고 그 결과물인 두려움 조절fear conditioning은 어린이나 심지어 성인에게도 장기간 지속되는 영향을 초래할 수 있다.

신체적 학대의 결과로 어린이는 학대를 가한 사람과 상황 모두를 두려워하게 되는 경향을 보인다. 시간이 지나며 맥락에 대한 단서는 일반화될 수 있으며, 두려움이라는 반응은 학대라는 본래의 맥락과 약간의 유사성을 보이는 사람과 장소에 의해서도 활성화될 수 있다.[62] 그 같은 반응은 의식적인 인지의 수준에서 무의식적으로 일어난다. 성찰하는 정신은 실제로 일어나는 일에 참여하지 못하거나 무슨 일이 일어나고 있는지 깨닫지 못한다. 그 결과 '세상은 위험한 곳'이라는 유아기의 인식은 훗날 훨씬 덜 위협적인 환경에서 발생하는 사회적 상호작용에도 영향을 끼칠 수 있다.

그러한 공포 반응은 시간이 지나도 자동으로 소멸되지 않는다. 뇌과학은 공포 학습이 두려움을 잊는 것과는 매우 다른 과정임을 제시한다. 아동 발달심리학자 네이슨 폭스와 잭 숀코프는 이를 "두려움은 시간이 지남에 따라 저절로 잊히는 것이 아니다. 두려움은 능동적으로 잊어야만 한다"고 설명했다.[63] 두려움은 비교적 이른 시기에 학습될 수 있고 관련된 사건의 빈도와 정서적 강도 모두에 영향을 받는 반면, 두려움의 망각은 단지 전전두피질의 특정 영역이 제대로 성숙한 후, 즉 보상의 기대와 관련된 편도체 및 그 밖의 피질 하부 뇌 영역을 조절하기에 충분한 힘을 갖게 된 후에야 비로소 가능해진다.[64]

'학습된 무력감learned helplessness'이라는 개념은 이와 관련된 현상을 다룬다. 1960년대 후반에 시작된 고전적 연구에서 심리학자 스티븐 마이어와 마틴 셀리그만은 지속적인 충격에 노출된 개가 결국 충분히 탈출할 수 있는 기회가 주어져도 자신이 처한 상황에서 벗어나려고 시도하지 않는다는 사실을 발견했다.[65] 개는 자신이 할 수 있는 일은 전혀 중요하지 않다고 믿으면서 그냥 포기하고 마는 것처럼 보였다. 연구자들은 그 결과인 패배 상태를 학습된 무력감이라고 지칭했고, 이것이 우울증의 주요 원인이라고 간주했다.

하지만 쥐와 인간을 포함한 다른 동물에 보편적으로 적용된 획기적인 연구 이후 50년 동안 축적된 증거에 대한 최근의 검토에서, 마이어와 셀리그만은 사실 자신들이 완전히 잘못 알고 있었다는 결론을 내렸다.[66] 최신 연구에 따르면 수동성과 통제력이 부족하다는 느낌은 실제로 동물이 갖고 있는 기본 반응이자 장기화된 역경에 대한 무의식적이고 학습되지 않은 반응이다. 배워야 할 것은 희망, 즉 자신의 환경에서 예측할 수 없는 가능성을 통제하고 활용할 수 있다는 인식이다. 희망은 내측 전전두피질의 발달과 관계가 있는데, 이 영역은 성인 초기 단계에 이르기까지도 완전히 발달하지 않는다.

희망의 결핍은 가혹하고 예측할 수 없는 상황, 특히 극도의 빈곤과 관련된 많은 행동의 진정한 원인일 수 있다. 절망감을 드러내고 마치 자신들에게 약속된 미래가 주어지지 않은 것처럼 느끼는 젊은이들은 절망감을 표현하지 않는 사람들보다 더욱 폭력적이고 공격적인 행동과 마약 사용 및 성적인 위험을 감수하는 경향을 보여준다. 그 같은 행동들이 빈곤에서 벗어나는 것을 더더욱 어렵게 만듦에도 불구하고 말이다.[67]

빈곤에서 비롯된 가혹하고 예측할 수 없는 상황을 반복적으로 경험하는 사람은 장기적인 욕구를 희생하면서 가장 긴급한 욕구를 우선시하는 경향이 있다. 사실 선택의 여지가 거의 없는 경우가 많다. 가혹하고 예측할 수 없는 환경에서 산다는 것은 종종 오염, 소음, 납 노출, 간접흡연, 강력 범죄, 안전하지 않은 주택을 포함해 건강과 안전을 위협하는 일련의 위험과 함께 산다는 것이다. 부와 영향력의 부족은 미래의 성과를 제한하고, 삶의 우선순위를 최소한의 기본이라 할 수 있는 생존과 번식에 두게 만든다.[68]

가혹함과 예측 불가능성의 인식은 흡연과 같이 건강과 관련된 결정에 중요한 영향을 미친다. 질리안 페퍼와 다니엘 네틀은 일련의 연구에서 사망 위험에 대한 인지된 제어 가능성을 시험적으로 변경시켰다. 그리고 그들은 단순히 자신이 처한 상황에서의 사망률이 그들의 통제를 벗어나 있다고 믿게끔 만드는 것만으로도 사람들이 과일 같은 건강한 음식보다 초콜릿처럼 건강에 해로운 음식을 보상으로 선택하게 만든다는 사실을 발견했다.[69]

환경의 신뢰성을 반영하는 안도감은 신뢰에 기반한다. 네틀 연구팀은 영국의 학생 자원봉사자들을 상대적으로 높은 범죄율을 보이는 경제적으로 빈곤한 지역에 배치했다.[70] 자원봉사자들은 집집마다 돌아다니며 설문지를 전달했다. 물론 언제든 전달을 그만두고 싶어하는 자원봉사자들이 나올 경우를 대비해 그들 가까이에 밴이 대기했다. 약 45분도 채 지나지 않아 빈민 지역을 돌던 자원봉사자들은 그곳 주민들의 상대적으로 높은 평균치에 근접할 만큼 편집증 수준이 크게 증가하고 사회적 신뢰가 급락하는 모습을 보여주었다.

짧은 시간 동안 '그곳에 있었다'는 사실만으로도 그 같은 효과를 불러온다면, 날마다 가혹하고 예측할 수 없는 조건에서 살아가야만 하는 상황이 가져올 결과는 충분히 짐작할 수 있을 것이다. 연구자들이 지적했듯이 이는 개인 간 사회적 태도와 주민 간 사회적 태도에서 나타나는 차이가 이전에 생각했던 것보다 더 불안정하고 유동적이며 상황에 따라 달라질 수 있음을 의미하는 것일 수 있다.[71] 이야말로 강조해야 할 중요한 지점이다. 우리는 '가난한' 사람들을 별난 인간 계층으로 바라보는 대신 우리의 공통된 인간성을 인식하고, 우리는 모두 아주 유사한 상황에서 아주 유사한 방식으로 행동할 가능성이 높다는 사실을 인정해야 한다.[72]

극도의 빈곤과 불안정 속에서 사는 사람들의 적대감을 되돌릴 수 있는 가능성은 종종 과소평가된다. 주목할 만한 어느 자연 실험〔관찰 연구의 일종으로 피실험자 혹은 실험체에게 연구 과제에 관한 처리가 우연적으로 행해지는 경우〕에서 연구자들은 8년에 걸쳐 빈곤층 어린이의 대표 표본에서 나타난 공격성의 변화를 평가했다.[73] 표본의 약 25퍼센트는 아메리카 원주민이었다. 연구가 진행되던 중 인디언 보호구역에 카지

노 한 곳이 문을 열었고, 그곳에 거주하고 있던 모든 남녀와 어린이들은 1퍼센트의 로열티를 받기 시작했다.

빈곤에서 벗어난 변화의 효과는 분명했다. 로열티를 받은 사람들은 정신병리학적 증상이 감소하는 것을 경험했고, 연구 4년 차에 접어들면서는 가난한 적이 없었던 어린이와 빈곤에서 벗어난 어린이의 증상 수준은 거의 같아졌다.[74] 결코 가난한 적이 없었던 사람의 증상에는 변화가 거의 없었다. 무엇보다도 중요한 점은 빈곤에서 벗어난 효과가 공격성과 적대감 같은 행동 증상에서 가장 강력하게 나타났다는 사실이다.

가혹하고 예측할 수 없는 어린 시절의 경험이 우리의 뇌와 행동에 지속적인 영향을 끼치는 것은 분명하다. 하지만 연구결과에 따르면 우리는 여전히 우리가 당면한 어른스러운 상황에 대응할 수 있으며, 장기적으로 사람은 이전의 역경을 성장의 기회로 바꿀 수 있다(4장 참고). 매슬로는 건강한 성장과 발달은 기본적인 욕구의 충족뿐만 아니라 박탈감을 견뎌내고 그 결과 성장할 수 있는 우리의 능력도 포함한다고 지적했다.[75]

그럼에도 모든 어린이는 자신의 환경을 개인적으로 통제할 수 있다고 느끼고, 자신과 지역사회의 다른 사람들에게서 진정한 희망을 보면서 성장해야 한다. 사회적 신분 상승과 삶의 가능성을 높일 수 있는 가장 중요한 경로 중 하나는 교육이다. 어린이의 가정이나 이웃 환경과는 관계없이, 자신의 삶에서 안전과 예측 가능성 그리고 희망을 거의 찾지 못하는 어린이에게 그것들을 조금씩 심어주는 것은 충분히 가능하다.

지능이라는 지적 관점을 통한 희망

극한의 환경에 처해 있는 아이들은 그러한 환경을 토대로 구축할 수 있는 숨겨진 힘을 갖고 있다. 심리학자 브루스 엘리스 연구팀은 안전의 욕구가 심각할 정도로 충족되지 못한 개인은 자신의 상황에 맞는 기술과 능력을 더 중요시할 수 있다고 주장했다.[76] 비록 표준화된 학업성취도 테스트에서 좋은 성적을 거둘 가능성은 오히려 떨어진다 할지라도 말이다.

지능연구가 로버트 스턴버그는 성공지능 이론을 통해 맥락에서 지능 바라보기의 중요성을 강조했다.[77] 학교에서 좋은 성적을 얻는 데 도움이 되는 집중과 충동 조절 같은 일련의 실행기능 기술이 지역 생태계에서의 생존에 필요한 기술과 일치하는 것은 아니다. 이에 대해 슈테른베르크는 다음과 같이 말했다.

성공지능은 자신의 문화적 맥락 내에서 인생의 목표를 달성하기 위해 선택하고 성공적으로 일할 수 있는 능력이다. (…) 다른 점은 다양한 생태학적 맥락에서 발생하는 문제들의 본질이다. (…) 예를 들어 어떤 어린이는 수학 문제를 어떻게 풀어야 할지 하루 종일 생각에 잠겨 있을 수 있고, 어떤 어린이는 학교 가는 길에 어떻게 하면 마약상을 피해 지나갈 수 있을지를 고민하며, 또 어떤 어린이는 어떻게 얼음낚시를 해서 가족들이 먹을 저녁식사를 준비할 수 있을까를 걱정할 수 있다. 이들의 정신적 과정은 유사하거나 동일할 수 있다. 차이점은 단지 그들이 집중하는 지식과

기술의 종류다.[78]

사회적으로 혜택을 받지 못한 불우 청소년에 대한 많은 연구는 안타깝게도 그들 개개인을 고쳐야만 하는 망가진 존재로 간주하는 결핍 모델의 토대 위에서 진행된다. 그러나 그러한 접근 방식은 일련의 지능을 무시하고 배제한다. 엘리스 연구팀이 지적하듯 부족한 접근 방식에서 누락된 것은 고도의 스트레스 환경에 대응하여 개발되는 고유한 강점과 능력을 활용하려는 시도다.[79] 심지어 이들은 사회적으로 혜택을 받지 못한 아동과 청소년의 고유한 장점과 능력은 가혹하고 예측할 수 없는 환경에서 제 기능을 발휘하도록 인지적 재능을 부여받은 것일 수 있다고 주장하기도 한다.

조류, 설치류, 인간을 대상으로 수행한 최근 연구에 따르면, 극심한 가혹함과 예측 불가능성에 노출되면 그러한 조건에서 살아남기 위해 생태학적으로 중요한 주의력, 지각력, 학습, 기억, 문제해결 능력 등이 실제로 향상된다고 한다.[80] 이 같은 능력은 화가 나거나 무서운 얼굴에 대한 감정인지 능력과 부정적이고 불쾌한 감정으로 가득차거나 스트레스가 많은 일에 대한 기억력 향상부터, 암묵적·경험적인 수준의 학습능력과 주의를 유연하게 전환하는 능력의 향상에 이르기까지 다양하다. 주의의 전환은 열악한 환경에 있는 사람이 환경에서 오는 새로운 정보를 빠른 속도로 추적하는 데 도움이 될 수 있다.

다른 연구에 따르면 사회적·경제적으로 지위가 낮은 개인은 다른 사람의 정서 상태를 읽어내는 능력처럼 상황 정보와 관련된 사회적 인지 분야에서 남다른 강점을 보인다.[81] 또 다른 연구에 따르면 공감

정확도 표준테스트, 다시 말해 다양한 포즈의 얼굴 표정에서 드러나는 각각의 감정을 올바르게 표시하는 과제에서 고졸 학력의 대학교직원이 대졸 학력의 대학교직원보다 뛰어난 능력을 보였다.[82] 엘리스 연구팀은 향상된 공감 정확도는 외부 사회 세력의 행동 예측과 관리를 촉진하고, 개개인이 자신의 삶을 통제하는 데 도움이 될 수 있다고 지적했다.

이 같은 기능은 안전하지 않고 적대적인 환경에서의 생존을 촉진할 수 있기 때문에, 엘리스와 동료들은 교육자들이 그런 자질들을 배척하기보다는 수용해야 한다고 주장했다. 그들은 교육내용과 전달 및 교육실습을 '스트레스에 적응하는' 어린이의 고유한 장점을 활용하도록 설계할 것을 제안했다. 그러한 커리큘럼은 가혹하고 예측할 수 없는 환경에서 어린이들이 반복적으로 직면하는 문제들과 관련해 더욱 중요한 개념 및 문제해결 기능을 통합할 수 있다. 그뿐만 아니라 컴퓨터 및 다른 사람과 함께 독립적인 프로젝트를 수행하는 더 많은 기회를 장려할 수도 있다. 예를 들어 주의력결핍 과잉행동장애ADHD로 분류된 많은 어린이는 지속적으로 변화하는 환경에 더 잘 적응하고, 그러한 조건에서 저마다 최선을 다할 수 있다. 최근 연구에 따르면 ADHD의 특성을 보이는 아이는 실제로 활용 가능한 많은 창의적 강점을 보여준다.[83]

동시에 배움을 통해 교육 사다리를 올라갈 수 있는 그들의 잠재력을 지원해야 한다. 그것이야말로 개인적인 통제와 기회로 나아가는 진정한 길이기 때문이다. 스트레스에 적응한 아이들의 강점을 토대로 삼는다는 것은 길거리의 지혜와 학교의 지혜 사이에서 양자택일의 선택을 해야 할 필요가 없다는 사실 또한 보여줄 수 있다. 소외된 도시 청소년이 학교에서 실패자로 간주되고 그들의 도전이 강조된다면, 그들은 성공을 위한 대안전략을 개발해야 한다. 이에 대해 교육 심리학자 베스 해트는 다음과 같이 말했다.

> 학생들이 길거리의 지식과 책에서 배우는 지식 모두 습득하는 것은 학교가 일방적으로 차단하는 제도화된 세계에서 똑똑함을 재정비하고 주체 의식을 찾아내는 그들만의 방법이다. 두 가지 모두를 허용하는 것은 '훌륭한' 학생과 합법적인 지식의 개념을 재창출하고, 학교 내에서의 성공에 대한 정의를 등급과 성적 너머로 확장하는 것을 포함한다.[84]

가혹하고 예측할 수 없는 환경에서 자란 많은 이들은 일찌감치 학교에서 '똑똑하지 못하다'는 메시지를 받는다. 그 결과 상황에 적응하는 반응의 일환으로서 그들은 학교에서 떨어져 나가기 시작한다. 바로 이 같은 상황이 안전 욕구가 충족되지 않은 사람들이 희망을 가져야 하는 진정한 이유다.

'가능성 개발possibility development'이라는 새로운 교육 분야는 청소년이 자신과 타인을 위한 더 나은 세상과 더 나은 장소의 가능성을 상상하도록 돕는 데 중점을 둔다. 교육 심리학자 마이클 나쿨라가 주도하는 가능성 개발은 학습 태도와 참여도 그리고 학생들에게 그들 스스로가 원하는 미래에 실질적인 영향을 끼치는 선택을 한다고 느끼게 만드는 '진정한 목소리'를 제공하는 등 다양한 측면을 목표로 삼

는다.[85]

모든 학생들과 마찬가지로, 가혹하고 혼란스러운 환경을 경험하는 사람에게는 그들의 성공이 대부분 의미 있는 활동을 위한 노력과 참여에 달려 있다는 점을 상기시켜야 한다.[86] 그들에게는 과정, 전공, 리더십 기회 및 시민참여 기회 등 다양한 선택지가 필요할 수 있다. 그들의 발전을 위한 최선의 선택으로는 심지어 최소한 잠시나마 학교를 떠나는 선택도 가능하다.

매우 안전하지 않은 환경, 즉 공평하지 않은 경기장에서 시작해야 하는 학생들에게는 높은 학업 성취도를 향한 길은 극도로 비선형적이고 비전통적일 수 있다. 마이클 나쿨라가 지적하듯, 학교 성취도를 위해 '사연 많은 A학점'이라는 비선형적인 길을 선택한 학생들은 '전과목 A학점'의 틀에 박힌 모범생과는 전혀 달라보일 수 있다.

사연 많은 A학점 학생을 지원하는 방법은 다양하다. 연구는 미래에 가능한 자신의 모습에 초점을 맞춘다. 한 연구에서 상상 속 미래의 자기 자신에게 편지를 써 보냈던 실험 참가자들은 가상의 불법행위에 동조할 가능성이 훨씬 적은 것으로 나타났다.[87] 동일한 연구자들이 수행한 추가 연구에서도 디지털 버전의 미래 자아와 가상현실을 통해 상호작용을 한 사람은 이어지는 후속 퀴즈에서 기회가 생겼을 때도 부정행위를 할 가능성이 적은 것으로 나타났다.

또 다른 연구에서는 자신의 가장 중요한 개인적 가치를 파악하고 그것이 왜 중요한지 설명하도록 요청받은 중학생들이 해당 학기에 더 높은 성적을 얻었다는 결과가 확인됐다. 그들은 또한 더 적은 보충 수업을 받았고, 더 많은 성적우수반에 배정되었다.[88] 그리고 그 효과는 종종 목표치에 도달하기 가장 어렵다고 여겨지던 학생들 사이에서 특히 강하게 나타났다.

다른 연구에서는 도심 지역의 중학교 2학년 학생들에게 미래의 가능한 자아를 상상하고, 그 같은 자아를 실현하는 과정에서 마주칠 수 있을 장애물을 나열한 다음, 그러한 장애물을 극복하기 위해 사용할 전략을 설명하도록 요청했다.[89] 그 결과 해당 학생들이 유급할 가능성은 60퍼센트 정도 낮았으며, 학업에서 훨씬 더 강한 자기주도성을 보이는 것으로 나타났다. 또한 중학교 3학년이 된 후에도 그들의 표준검사 시험점수와 학교성적이 향상되었고, 결석률은 낮아지고 교실에서의 잘못된 행동사례는 줄어들었으며, 우울증 검사에서도 낮은 점수를 받았다. 이러한 효과는 그 후 2년 이상 지속되었는데, 이는 미래의 가능한 자아에 대한 학생들의 관점 변화에 의해 직접적인 영향을 받아 발생한 것으로 입증되었다.

삶에는 좋은 성적보다 중요한 것이 많고 다수의 사연 많은 A학점 학생에게는 엄청난 창의성과 혁신적인 아이디어가 있다. 그들은 세상을 다르게 보기 때문이다. 조직 심리학자 애덤 그랜트가 말하듯 전 과목 A학점을 받으려면 (집단의 다른 구성원들과 생각을 같이 하는) 순응성이 필요하다. 하지만 영향력 있는 경력을 쌓기 위해서는 독창성이 필요하다.[90] 교육자들이 탐구 기반 교육전략을 활용하여 비판적 사고의 격차를 해소하고, 인종이나 출생 및 성장환경에 관계없이 모든 학생들을 동등하게 가르치도록 도와주는 단체인 싱크로우thinkLaw의 창립자 콜린 실도 미혼모 어머니와 수감된 아버지 사이에서 태어나 브루클린에서 성장했다. 오늘의 문제아가 내일의 혁신가가 될 수 있다고 굳게 믿고 있는 콜린 실은 우리에게 요청한다. "항상 문제를 일으키는 학생들을 '나쁘다'고 생각하는 대신 그들에게 잠재된 리더십을 보고, 비록 쉬운 일은 아닐지라도 학생들이 잠재력을 구현하도록 도와주는 일이 진정 필요하다는 것을 인정하는 세상을 그려보는 것은 어떨까요?"[91]

현재 당면한 환경에서 일관성과 희망을 되찾는 것은 안전 욕구가 충족되지 않은 사람에게 무엇보다도 중요하다. 하지만 안전은 단지 성장을 위한 안정된 기반의 일부일 뿐이다. 돛을 활짝 펼치고 전속력으로 나아가기 위해서는 저마다의 삶에서 소속감과 애정을 갖는 것 또한 필요하다. 다음 장에서는 이 소속감을 다뤄보자.

2장

연결:
우리는 모두
사회적 동물이다

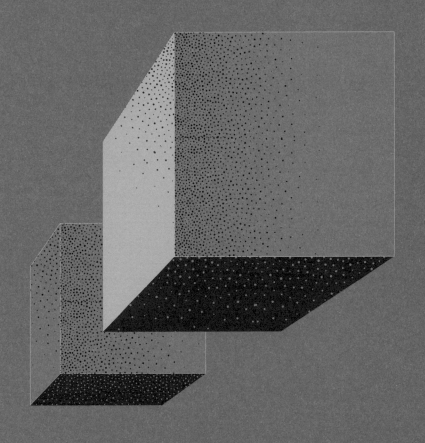

1930년 가을, 24세의 해리 할로우는 위스콘신대학 매디슨 캠퍼스에 조교수로서 첫발을 디뎠다. 넓은 캠퍼스를 가로질러 길을 찾던 그는 계속 길을 잃은 신입생으로 오해받곤 했다. 마침내 자신의 연구실에 도착한 그는 책상에 앉아 있는 학생을 발견했다. 새로 부임한 교수보다 겨우 세 살 어린 에이브러햄 매슬로가 그에게 물었다. "혹시 할로우 교수님이 어디 계신지 아십니까?" 할로우는 그의 첫 박사과정학생을 잠시 쳐다보고 대답했다. "여기요."[1]

매슬로는 할로우 교수의 학생일 뿐만 아니라 그의 연구조교이자 소중한 친구가 되었다. 그들은 서로를 존경하고 누구보다도 소중하게 생각했다. 유머러스한 할로우를 존중했던 매슬로는 할로우에 대해 다음과 같이 언급했다. "할로우 교수님은 진정 대단한 분이었다. (…) 나는 그분의 집에서 저녁을 먹고 차를 마셨다. 우리는 함께 대화하며 이런저런 이야기를 나눴다."

그리고 할로우 또한 매슬로와의 행복했던 시간을 회상했다. "에이브러햄은 원숭이에게 진 빚을 결코 잊지 않았다. 아니 어쩌면, 원숭이들이 그에게 빚을 졌다고 말해야 할지도 모르겠다."[2][매슬로의 박사학위 논문은 원숭이의 성과 지배에 관한 내용이다.]

할로우와 함께 한 경험은 영장류 심리학에 대한 매슬로의 중요한 공헌에 영감을 주었다. 원숭이를 대상으로 한 '백만 건의 지루한 지연반응' 작업을 수행하는 동안 매슬로는 어느새 그들에게 큰 애정을 품게 되었다. 훗날 그는 당시의 상황을 이렇게 회상했다. "사실은 내가 그들에 매료되었다. 나는 실험용 쥐에는 불가능했던 방식으로 나의 원숭이들을 좋아하게 되었다."[3]

매슬로의 음식 선호도에 대한 연구는 '배고픔'과 '식욕'의 개념을 구별하도록 이끌었고, 나아가 권력욕과 존중받고 싶은 욕구에 대한 그의 사고에 영향을 끼쳤다. 할로우와의 애정 어린 상호작용과 할로우의 획기적인 연구를 곁에서 지켜보던 상황 또한 당연히 애정 욕구에 관한 매슬로의 믿음에 지속적인 영향을 주었다.

1958년, 할로우는 미국심리학회 회장단 연설에서 자신의 동료들에게 다음과 같이 경고했다. "심리학자들, 적어도 교재를 집필하는 심리학자들은 사랑이나 애정의 기원과 발전에 관심을 보이지 않을 뿐만 아니라 그 존재 자체도 모르는 것 같습니다." 심리학의 역사를 돌이켜보면, 사랑과 애정은 대부분 과학적 연구에 적합하지 않은 주제로 무시되었다. 그리고 사랑과 애정이라는 주제에 접근했던 사람들 또한 핵심을 벗어나거나 지나치게 기술적으로 다루어 별다른 성과를 끌어내지 못했다. 행동주의 심리학자 존 왓슨은 사랑을 '성감대의 피부 자극을 통해 유발되는 선천적 감정'이라고 기술했고, 프로이트는 애정을 '목표 지향적 성욕'으로 평가절하했다. 프로이트에게 사랑은 타협이었고, 우리가 진정으로 원하는 섹스를 통해 나타나는 하나의 부작용이었다.*

사랑과 애정의 모성박탈(발달 초기에 어머니 또는 양육자로부터 애정 어린 보살핌을 받지 못하는 상태. 또는 그러한 상태를 체험하는 일)의 영향에 관심이 있던 할로우는 '붉은털원숭이 새끼 실험'으로 잘 알려진 실험에 착수했다. 그는 새끼 원숭이들을 우리 안에 넣고, 전혀 다른 두 엄마인형을 투입했다. 첫 번째 인형은 피복을 입히지 않은 철사로 만들어졌으며, 부착된 병을 통해 새끼들에 우유를 줄 수 있었다. 반면, 두 번째 인형은 테리 천으로 만들어져 껴안고 싶을 만큼 부드러워 보였지만 새끼 원숭이들에 우유를 줄 수는 없었다.

이 실험에서 새끼 원숭이들이 보인 반응은 상당히 놀라웠다. 불안감을 느낄 때마다 그들은 천 인형으로 달려가 도움을 청하며 달라붙었다. 그들은 천 인형 근처에서는 흥분을 가라앉혔을 뿐만 아니라 용감해지기도 했다. 일련의 연구에서 할로우는 번쩍이는 눈과 커다란 이빨을 가진 위협적인 금속 로봇을 우리 안에 넣었다. 그러자 천으로 만든 어미 원숭이에 달라붙어 도움을 청하던 새끼 원숭이들은 이윽고 무서운 로봇과 맞서기 위해 과감히 앞으로 나섰다!

이 같은 연구결과는 매우 영향력 있는 것으로, 사회적 발달에서 신체적 접촉과 안도감의 중요성을 보여주었다. 세심하게 통제된 수천

---

* 이는 물론 일부 사람들에게는 명백한 사실이다!

건의 실험을 포함한 할로우의 후속 연구 역시 반복적인 애정 결핍의 영향을 분명하게 보여주었다. 할로우는 새끼 원숭이가 (먹을 것이 제공되는 한) 실제 어미 원숭이 없이 기술적으로 생존할 수 있지만, 다른 원숭이들과 잘 어울리지 못하는 등 기본적인 사회성을 배우지 못한 채 성장한다는 사실을 발견했다. 새끼 원숭이들은 또한 성체로 성장한 후 성적인 어려움을 겪기도 했다. 어른이 된 암컷 원숭이는 자신의 새끼들을 좀처럼 만지지도 않았고 안심시키는 행위를 하지 않는 등, 새끼에 대한 애정을 거의 드러내지 않았다. 심지어는 자신의 새끼들을 때리고 물면서 학대하기까지 했다.

할로우의 연구는 연결이 정상적인 발전의 필수 요소임을 확인해 주었다. 매슬로는 소속감과 애정이 단순히 안전이나 섹스로 축소될 수 없는 근본적인 욕구라고 제시했고, 그의 연구는 연결의 중요성에 관한 과학적 조사의 무대를 마련해 주었다. 그리고 60년이 지난 현재, 소속감과 친밀감은 개인과 종의 생존을 위해서 뿐만 아니라 전체 인간의 완전한 발전에도 필수적이라는 주장은 수많은 연구결과에 의해 의심할 여지없는 사실로 자리 잡았다.

소속감과 친밀감의 차이

생리적 욕구와 안전 욕구가 모두 충분히 만족되면 사랑과 애정과 소속감의 욕구가 모습을 드러내고, 앞서 설명한 전체 사이클은 이들 새로운 센터를 중심으로 반복될 것이다. (…) 그는 세상 무엇보다도 그 같은 장소에 도달하기를 원할 것이며, 한때 배가 고팠을 때 사랑을 비현실적이거나 불필요한 것으로 비웃었다는 사실을 잊을 수도 있다. (…) 이제 그는 외로움, 배척, 거절, 친구 없음, 정처 없음의 고통을 뼈저리게 느낄 것이다.

— 에이브러햄 매슬로, 《동기와 성격》

샘은 극단적인 소속감의 욕구를 갖고 있었다. 길을 걸을 때면 그는 지나치는 사람들 모두에게 미소 지어 인사했다. 하지만 그들이 웃음 짓지 않거나, 특히 이상하다는 듯 그를 쳐다볼 때면 샘은 그들의 행동을 사적인 감정이 있는 것으로 받아들이거나 그날 내내 마음에 담아 두곤 했다. 그는 대학에서 많은 클럽에 가입했고, 심지어 지루하고 재미없다고 여겼던 클럽에도 가입했다. 그가 속한 클럽이나 조직이 진실하거나 중요하다고 직감적으로 느꼈던 것이 아닐 경우에도 그는 끊임없이 소속감을 확인해야 했다. 마침내 인생의 후반기에 들어서며 의미 있고 상호적인 관계를 경험한 후에야 그는 지금껏 자신이 진정으로 추구해왔던 것이 수많은 피상적인 관계가 아니라, 좀 더 깊고 참된 관계라는 사실을 비로소 깨달았다. 그리고 깊고 참된 관계 속에서 그는 자신이 속했던 특정 그룹이 인정한 자신의 일부분만이 아니라 그의 온전한 자아가 인정받는다고 느꼈으며, 나아가 그 또한 타인의 존재 전체에 진정으로 관심을 가질 수 있었다.

긍정적이고 안정적이며 친밀한 관계를 형성하고 유지하고자 하는 연결 욕구는 우리의 존재 전체에 영향을 미치고 우리의 모든 생각과 감정과 행동에 스며드는 근본적인 욕구다. 이러한 욕구의 강도는 개인마다 다르지만, 연결은 대체할 수 없고 부인할 수 없는 인간 본연의 욕구다. 연결 욕구는 실제로 두 가지 하위 욕구로 구성된다. 하나는 소속되고 사랑받으며 받아들여지고 싶은 욕구이고, 다른 하나는 친밀감과 상호성 그리고 관계성에 대한 욕구다.

두 하위 욕구는 심리학 문헌에서 종종 동의어로 취급되지만, 나는 이들이 건강과 성장에 서로 다른 중요한 방식으로 영향을 미치기 때문에 분리해서 다뤄야 할 필요가 있다고 생각한다.

소속감의 욕구

소속감을 느낄 때면 수용되고 이해받는다고 느끼고, 소속감을 박탈당하면 거부되고 마치 보이지 않는 존재가 된 것 같은 느낌을 받는다. 이러한 감정은 인간의 진화 과정에서 중요한 생존 및 재생산 기능을 가졌던 사회적 보호 시스템에서 비롯된 것이다.[4] 소그룹 구성원 간의 강력한 유대 관계가 스트레스와 위협을 극복하는 데 필요한 더 많은 자원과 정보 및 협력을 제공했음을 우리는 인류의 역사를 통해 쉽게 확인할 수 있다. 우리 인간은 결국 사회적 동물이고, 그렇기 때문에 완전한 거부를 피하면서 최소한의 수용과 인정을 추구하고자 하는 욕구는 사회적 영향력부터 사회적 지지, 그룹 멤버십, 지인, 우정, 낭만적인 관계에 이르기까지 거의 모든 사회적 상황에서 보상을 얻는 데 있어서 아주 중요하다.[5]

진화가 우리의 소속 수준을 지속적으로 파악하고, 수용에 대한 위협을 감지하며, 인지된 위협이 높은 수준인지 배제와 배척이 가능한지 여부를 (매우 고통스러운 감정을 통해) 경고하는 아주 민감한 사회적 보호 시스템을 우리에게 부여한다는 것은 일리가 있다. 거부감을 느끼는 징후가 상처받은 감정, 질투, 슬픔 같은 불편한 감정을 유발할 뿐만 아니라 주의력을 높이고 문제해결에 집중하게 만드는 것은 지극히 정상이다.[6]

낮은 소속감의 인식으로 유발되는 사회적 고통은 육체적 고통과 구별할 수 없는 것으로 나타났으며, 온전한 자아의 기능에 심각한 결과를 초래한다. 사회심리학자 존 카치오포는 사회생활을 하는 종에게 사회적 경계의 가장자리에 자리한다는 것은 위험한 상황에 있음을 의미한다고 주장한다.[*][7] 뇌가 위협에 대해 높은 경계를 유지하는 한밤중의 '미세 각성'에서 사회적 회피 및 우울증, 다음 장에서 살펴보게 될 다양한 형태의 나르시시즘 그리고 점점 증가하는 자살 및 총기 난사 사건 같은 파국에 이르기까지, 뇌는 원치 않는 많은 효과를 초래하는 자기보존 상태로 들어간다.[8] 미국에서는 자살률이 1999년 이후 25퍼센트 증가했으며, 15세~24세의 자살률 또한 2007년 이후로 꾸준히 증가하고 있다.[9] 2005년 이후 11년 동안 발생한 총기 난사 사건과 자살로 인한 사망자 수는 2005년 이전 23년간의 수보다 더 많아졌다. 이 같은 사태는 아마도 소속감과 수용이 점점 더 어려워지는 오늘날의 상황에 기인했을 가능성이 농후하다.

상대적으로 안전할 때는 환경의 불안정성과 위험이 증가하면서 사회적 보호 시스템이 활성화되고, 그 시스템의 효과가 발휘될 가능성이 가장 높은 시기만큼 소속감의 욕구가 필수적이지 않을 수 있다. 예

---

* 내가 이 책을 쓰는 동안, 존 카치오포는 아쉽게도 66세의 나이로 작고했다. Roberts, S. (2018). John Cacioppo, who studied effects of loneliness, is dead at 66. *The New York Times*. https://www.nytimes.com/2018/03/26/obituaries/john-cacioppo-who-studied-effects-of-loneliness-is-dead-at-66.html.

를 들어 그러한 상황에서 개개인은 종종 다른 그룹을 배제한 채 특정 그룹과 자신을 점점 더 동일시하게 된다.

이 같은 상황은 로버스 케이브의 연구에서 분명하게 확인되었다. 이 연구에서 연구자들은 여름캠프에 의도적으로 위험 요소를 도입했고, 그러자 캠프에 참가했던 소년들은 자신의 그룹에 유난히 집착하며 의지했다.[10] 이와 유사한 행동은 테러리스트 조직에서도 발생하는데, 조직원들은 외부의 위협이나 위험이 인지되는 상황에서 더욱 긴밀한 유대감을 드러낸다.[11] 자원 부족 또한 소속감 유발의 강력한 동기일 수 있다. 동전 던지기 결과를 바탕으로 한 그룹에만 보상을 주도록 설정한 연구에서 연구자들은 보상을 받은 그룹과 받지 못한 그룹 모두에서 결속이 더욱 강화되는 것을 관찰했다.[12]

그룹의 멤버십이 본질적으로 무의미한 경우에도 결속력의 변화는 매우 어려울 수 있다. 최근의 한 연구에서는 어린이들을 익숙하지 않은 그룹에 무작위로 배정한 뒤, 그룹의 기본 특성에 대한 정보를 제공했다. 그런 다음 첫 번째 실험군에는 그룹이 어린이들의 내적인 특성에 기반을 두고 배정되었다는 점을 강조했고, 두 번째 실험군에는 그룹이 무작위로 배정되었다고 강조했다.[13]

연구자들은 그룹이 임의적이고 특별한 의미가 없어 보일 때조차 5세~8세의 어린이들은 좀 더 의미 있는 그룹에 소속된 어린이들과 마찬가지로 강한 내집단 편향(자신이 속한 그룹이나 지지하는 그룹에는 관대한 평가를 내리고, 그렇지 않은 그룹에는 가혹한 평가를 내리는 현상)을 드러낸다는 사실을 발견했다. 아이들이 그룹 배정의 무작위성을 이해하도록 돕기 위해 실제로 동전을 던지고, 그룹 배정이 임의적이고 중요하지 않으며 어떠한 의미도 없다는 점을 강조하기 위해 일부러 아이들이 속해 있던 그룹을 바꾸는 등 극단적인 조치를 취한 뒤에야 비로소 아이들의 내집단 편향이 어느 정도 감소되는 현상을 관찰할 수 있었다. 그리고 그러한 극단적인 조치가 취해진 뒤에도 연구자들은 두 가지 경우의 어린이들 모두가 여전히 자신이 속한 그룹에 더 많은 스티커를 준다는 사실을 발견했다. 그렇다. **우리 인간의 충동은 깊이 흐르며 빠르게 깨어난다.**

그러나 사회적 조건과는 무관하게 소속감에 대한 욕구는 사람마다 크게 다르다. 이는 이 책에서 소개하는 다른 모든 욕구처럼 개인적인 경험과 복잡하게 상호작용하는 수많은 개별 유전자의 결과다.[14] 앞 장에서 살펴본 것처럼, 우리 유전자의 영향 외에도 유아기의 애착 불안은 위협에 대한 회피 및 민감성과 관련된 뇌 영역의 발달에 영향을 끼치며, 이는 극단적인 형태의 소속감에 대한 욕구의 발달로 이어질 수 있다. 그리고 그 결과, 어떤 사람은 소속감의 욕구에 집착하게 된다. 다음 항목에 답하면서 여러분의 소속감에 대한 욕구의 정도를 측정해볼 수 있다.[15]

▲ 다른 사람이 나를 피하거나 거부하는 일을 하지 않으려고 노력한다.

▲ 도움이 필요할 때 의지할 수 있는 사람이 있다는 것을 느낄 필요가 있다.

▲ 다른 사람이 나를 받아들여주기를 바란다.

▲ 혼자 있는 것을 좋아하지 않는다.

▲ 내가 다른 사람의 계획에 포함되지 않은 것을 알게 되면 힘들어 한다.

▲ 다른 사람이 나를 받아들이지 않는다고 느낄 때면 금세 마음에 상처를 입는다.

▲ 내게는 소속되고자 하는 강한 욕구가 있다.

다른 모든 욕구들처럼, 중요한 것은 소속감에 대한 욕구와 일상생활에서 그러한 욕구가 충족되지 않는다고 느끼는 정도의 격차다. 연구에 따르면 가장 욕구가 충족되지 않은 사람이 가장 높은 수준의 외로움을 드러냈다. 소속감의 욕구와 대인관계 만족도의 차이가 클수록 외로움의 수준은 높아지고 일상생활의 만족도는 낮아진다.[16]

이 같은 연구결과는 혼자 사는 사람뿐만 아니라 다른 사람과 함께 사는 사람에게도 적용된다. 단순히 누군가와 함께 산다고 해서 연결 욕구가 충족되는 것은 아니다. 외로움을 예측하는 데 있어 중요한 것은 연결의 양이나 시공간적 근접성이 아니라, 연결의 질이다. 이제 연결의 다른 필수 구성요소들에 대해 자세히 살펴보자.

친밀감의 욕구

사회적 보호 시스템의 주된 목표는 거절을 피하는 것이지만, 친밀감 시스템의 목표는 사랑하는 사람과 연결되고 그를 돌보고 보호하며, 그의 고통을 줄이고 성장과 행복과 발전을 지원하는 것이다. 다음

은 저마다가 지닌 친밀감에 대한 욕구의 강도를 측정해볼 수 있는 몇 가지 항목이다.[17]

- ▲ 누군가와 밀접하고 친밀한 관계를 맺고 있다.
- ▲ 관계에 완전히 몰입하는 것을 좋아한다.
- ▲ 관계에서 좋은 감정과 나쁜 감정을 모두 공유하기를 원한다.
- ▲ 내가 정말로 아끼는 사람과 떨어지는 것을 좋아하지 않는다.
- ▲ 나의 생각은 종종 사랑하는 사람을 중심으로 돌아간다.
- ▲ 때때로 다른 사람과 완전히 하나가 되는 깊은 유대감을 느낀다.
- ▲ 사랑하는 사람에게 어떤 것도 비밀로 감추지 않는다.

안정된 애착 스타일은 연결의 중요한 토대 역할을 하지만 친밀감을 보장하지는 않는다. 친밀감의 본질은 '고품질의 연결'이다. 고품질 연결이란 무엇일까? 제인 더튼과 에밀리 히피는 고품질 연결을 '상호 인식 및 사회적 상호작용을 포함하여 두 사람 사이에 어느 정도의 접촉이 있을 때 존재하는 역동적이고 살아 있는 조직'이라고 정의했다.[18] 고품질 연결은 두 사람 모두를 활기차고 살아 있는 것처럼 느끼게 한다. 반면 저품질 연결은 완전히 소모적일 수 있다. 어느 비즈니스 관리자가 말했듯이 갉아먹는 부식성 연결은 블랙홀과 같다. 저품질 연결은 체내의 모든 빛을 흡수할 뿐, 그 대가로 아무것도 돌려주지 않기 때문이다.[19]

모든 고품질 연결은 몇 가지 공통된 특성을 공유한다. 첫째, 그들은 칼 로저스가 말한 '무조건적인 긍정적 배려'를 포함한다.[20] 관계 당사자 모두는 저마다 이해되고 배려 받으며 안전하다고 느끼는 가운데 일체의 경험과 생각을 표현한다. 심리학자 랜스 샌덜랜즈에 따르면, 고품질 연결은 하나의 단일 생명체 안에서 고립된 걱정, 허영, 욕망이 사라지는 살아 있는 존재, 순수한 존재 상태의 느낌을 자아낸다.[21]

둘째, 고품질 연결은 쌍방 모두가 참여해 관계를 맺고 있다는 상호 성을 포함한다. 긍정적인 배려는 다른 사람의 존재 전체를 일시적으로 받아들이는 느낌이지만, 상호성은 연결에서 잠재적인 변화의 느낌을 포착하며 상호 간 연약함과 반응성에서 생겨난다.[22] 상호성의 느낌은 종종 부양력과 자발성의 기운을 드러내며, 더튼과 히피는 이와 관련해 상호성의 느낌은 행동과 창의성의 가능성을 열어주는 광범한 감정 공간을 생성한다고 지적했다.[23] 고품질의 연결은 자기 개방, 정서적 친밀감, 신뢰 및 개방성의 기회를 제공함으로써 세계 어디에서나 삶의 만족도를 높이는 것으로 나타났다.[24]

마지막으로, 고품질의 연결은 사회심리학자 사라 앨고어가 '친구나 사랑하는 사람으로서 더 많은 것을 위해 계속 돌아가게 하는 중요요소'라고 정의한 긍정적 대인과정positive interpersonal process을 촉진시킨다.[25] 여기에는 함께 즐기기, 웃음 공유하기, 서로 친절하기, 좋은 소식 함께 축하하기, 다른 사람의 장점 칭찬하기, 고마움 표현하기 등이 포함된다.

양질의 관계 조성의 중요성은 건강과 성장을 위해서도 결코 간과되어서는 안 된다. 행복 지수 상위 10퍼센트의 대학생을 대상으로 한 연구에서 한 가지 특징이 두드러졌는데, 바로 그들 모두가 매우 만족스러운 사회생활을 즐긴다는 사실이었다.[26] 고품질의 연결은 다양한 삶의 영역에 영향을 끼치고, 건강한 육체, 자존감, 낙관주의, 건설적인 대처, 환경에 대한 인지된 통제 등 안녕감의 다른 원천들의 효과를 높이는 상승 조류 역할을 수행한다.[27]

고품질 연결의 생물학

현대의 뇌 생물학은 연결이라는 근본적인 욕구의 진화적 유산을 반영한다. 누군가에게 취약성을 털어놓거나, 공공의 적에 대해 험담하거나, 웃음과 기쁨의 단순한 순간을 공유하는 등 다른 사람과 조화를 이루는 고품질 연결이 있을 때 우리의 '침착한 연결calm-and-connect' 시스템이 살아난다. 이 시스템은 타인과의 깊은 연결을 강화하기 위해 함께 작동하는 일련의 생물학적 반응을 포함한다.[28]

심리학자 바바라 프레드릭슨이 말했듯 긍정적 공명의 순간에 사람의 뇌는 말 그대로 다른 사람의 뇌와 동기화되는데, 이 같은 현상을 신경 결합neural coupling이라고도 한다. 파트너는 상대방의 생각의 흐름을 예측하고 동일한 감정을 느끼는 능력이 향상되며, 심지어는 육체적으로 고통을 느끼기도 한다.[29] 프레드릭슨이 지적하듯 이러한 미시적 연결의 순간은 우리의 삶에서 상승 곡선을 그리게 하는 소형 엔진으로서, 이는 우리가 성장하고 더 나은 모습의 '나'를 실현하도록 도와준다.[30]

뇌의 오피오이드 시스템(좋아함과 관계된 신경전달물질로, 엔도르핀 같은 내분비 물질과 모르핀 등의 합성 마약을 총칭한다. '원하는 것'이라 표현되는 욕망과 달리, 대상을 즐기고 좋아하는 것은 오피오이드 신경 시스템이 결정한다)은 연결을 증가시키는 데 있어서 핵심적인 역할을 수행한다. 사실 오피오이드 시스템이 쾌락 시스템으로서 사회적 연결에만 국한된 것은 아니지만, 우리 삶에서 가장 중요하고 극적인 쾌락 경험을 제공하는 것은 대부분 사회적 연결이기 때문에 그렇게 말할 수 있다.[31] 사회적 연결이 강화되는 동안 오피오이드 시스템은 HPA 축〔심리적, 물리적 스트레스에 대한 우리 몸의 생리학적 반응을 조절하는 영역〕을 하향 조절하여 스트레스에 대한 신체의 반응을 약화시킨다. 또한 이 시스템은 사회적 유대가 상실될 때 발생하는 상실감과 슬픔에 관여한다.[32] 한 저명한 신경과학자 연구진이 강한 사회적 연결은 신경 화학적 의미에서 볼 때 결국 오피오이드 중독이라고 언급했을 만큼, 오피오이드 시스템은 연결 시스템에 없어서는 안 될 필수 요소다.[33]

연결 시스템의 또 다른 핵심 요소는 신경펩티드 옥시토신neuropeptide oxytocin이다. 옥시토신은 시상 하부에서 생성되며 호르몬과 신경전달 물질의 기능을 수행한다.[34] 옥시토신은 신뢰와 협력의 의지를 높이는 동시에 다른 사람의 신뢰와 선함의 단서를 식별하는 능력을 향상시킨다.[35,36] 또한 옥시토신은 침착한 연결 시스템의 일부이고, 편도체의 특정 부위에서 느끼는 위협에 대한 민감도를 낮추어 고통과 공포의 감정을 하향 조정한다.[37]

일부 연구자들은 옥시토신을 '사랑의 호르몬'이나 '포옹 호르몬'이라고 언급했지만, 최근 연구에 따르면 옥시토신이 사회적 행동에 미치는 영향은 상황에 따라 크게 달라진다.[38] 옥시토신은 내집단 편애를 증가시켜, 구성원이 내집단의 복지, 순응, 신뢰 및 협력을 개선하기 위해 거짓말을 하는 등 값비싼 대가를 감수하게 만든다.[39] 그러나 다른 사람이 신뢰할 수 없다고 인식되거나 알려지지 않은 인물이거나 내집단과 관점이나 가치가 상충되는 외집단의 일원인 경우, 옥시토신이 신뢰에 끼치는 영향은 실제로 감소한다.[40] 또한 내집단과 외집단이 비슷한 관점과 가치를 갖고 있을 때 옥시토신은 이러한 내집단 편향을 나타내지 않는 것처럼 보인다.[41]

옥시토신은 타인과의 연결을 강화하는 데 도움이 되고 침착한 연결 시스템의 핵심 역할을 수행하지만, 옥시토신이 보편적인 사랑의 호르몬이 아니라는 것은 점점 분명해지고 있다.[42] 따라서 옥시토신을 내집단 사랑의 호르몬으로 생각하는 것이 훨씬 정확할 수 있다. 이런 이유로 새로운 통합적 욕구단계이론에서는 연결 욕구를 다른 누군가와 어떤 관계를 맺고 있는지와 무관하게 무조건적인 사랑을 베풀고자 하는 욕구와 분명하게 구분한다(5장 참고).

연결 시스템의 또 다른 핵심 요소는 미주迷走 신경이라고도 알려진 제10뇌신경이다. 미주 신경은 두개골 깊숙한 곳에 자리한 뇌간에서 나오며, 뇌를 심장과 폐를 포함한 많은 기관과 연결시켜준다. 미주 신경은 심장이 뛰는 것을 가라앉히고, 다른 사람과의 눈맞춤을 촉진하며, 얼굴표정을 동기화한다. '미주 신경 긴장도'라고도 하는 미주 신경의 강도는 확실하게 측정할 수 있으며, 이는 신체적, 정신적, 사회적 유연성과 스트레스에 적응하는 능력과 관련이 있다. 더 높은 미주 신경 강도를 가진 사람은 일상생활에서 다른 사람과 훨씬 더 강한 연결을 경험하고, 더 강한 연결은 재차 미주 신경 강도를 증가시켜 심장 박동 상승을 유발한다.[43]

연결의 결핍은 분명 정신적·육체적 건강과 깊은 관계가 있는 우리의 뇌와 생리에 강력한 영향을 끼치고, 이는 실제로 삶과 죽음을 가르는 문제가 될 수 있다.

외로움이라는 살인자

최근의 한 설문조사에 따르면 성인의 40퍼센트가 외롭다고 응답하고, 45세 이상의 성인 중 4260만 명가량이 만성적인 외로움을 호소했다.[44] 존 카치오포는 그의 저서 《인간은 왜 외로움을 느끼는가》에서 사회적 고립은 고혈압, 운동 부족, 비만 또는 흡연의 영향과 맞먹을 정도로 건강에 악영향을 끼친다고 보고했다.[45]

외로움은 공중 보건에 심각한 위협이 되고 있다.[46] 연구결과에 따르면 사회적 고립은 면역기능을 손상시키고, 염증 및 심장질환과 당뇨병을 포함해 광범한 건강문제와 관련된 증상의 발현을 증대시킨다.[47] 요크대학의 한 연구에서는 고립되거나 외롭다고 느끼는 사람은 강력한 소셜 네트워크를 보유한 대조군보다 관상동맥 심장질환의 위험이 29퍼센트 더 높고, 뇌졸중 위험은 32퍼센트 더 높은 것으로 나타났다.[48]

외로움은 우리를 단지 일시적으로 병들게 하는 것이 아니다. 외로움은 말 그대로 우리를 죽이고 있다.[49] 한 연구에 따르면 외로움, 사회적 고립, 혼자 살고 있다는 느낌은 사망률을 각각 26퍼센트, 29퍼센트, 32퍼센트 증가시키는 것으로 나타났다.[50] 타인과의 객관적인 분리뿐만 아니라 주관적으로 외롭다고 느끼는 사람의 사망률이 가장 높다. 외로움은 흡연과 맞먹고 비만의 두 배에 달하는 사망 위험을 초래하며, 노인과 적절한 사회적 상호작용이 없는 사람은 조기 사망할 가능성이 두 배나 높다.[51]

인간이라면 그 누구도 외로움의 끔찍한 결과에서 벗어나지 못한다. 물론 많은 사람이 돈, 명성, 권력, 인기 등 우리의 연결 욕구를 완전히 충족시켜 줄 수 있을 또 다른 경로들을 찾고 있지만, 다른 어떤 기본적인 욕구의 충족도 깊은 연결과 교감을 대신할 수 없다. 심지어 소속감과 수용의 욕구도 마찬가지다. 레오 브로디가 명성 추구의 역사에 대한 광범한 조사에서 언급했듯, 명성에 대한 욕망은 유명해지면 남은 생애 동안 다른 사람으로부터 사랑받고 받아들여진다는 느낌을 갖게 될 것이라는 이른바 '수용의 꿈'에 기반한다.[52]

하지만 실제로 명성을 얻었던 많은 사람들이 증언하듯 수용의 꿈은 한낱 환상에 불과할 뿐이며, 설사 성취된다 할지라도 명성의 욕망에는 끝이 없다. 예를 들어 사랑과 권력이라는 두 가지 동기는 완전히 다른 방식으로 존재하는 것처럼 보인다. 하지만 1962년에 잡지 《코멘터리》에 실려 주목받았던 〈사랑과 권력〉이라는 에세이에서 정치학자 한스 모르겐타우는 사랑과 권력의 욕구가 실제로 외로움에서 벗어나고자 하는 노력이라는 공동의 동기로 통합된다고 주장했다. 그에 따르면 권력과 사랑은 단지 동일한 목표를 달성하기 위해 전혀 다른 전략을 제시할 뿐이다. 그는 이렇게 말했다. "사랑은 자발적인 상호관계를 통한 재결합이고, 권력은 일방적인 부과를 통해 결합을 창출하려 한다."

그러나 모르겐타우가 지적했듯이 권력은 친밀감의 매우 불만족스러운 대체물에 불과하다. 사랑은 적어도 잠시잠깐이나마 성취와 아주 비슷한 것을 느끼게 해줄 수 있지만, 권력은 오직 환상만을 줄 뿐이다. 명성을 추구하는 것도 마찬가지다. 모르겐타우에 따르면 자신을 온전하게 만들려는 시도에서 권력을 추구하는 사람은 필연적으로 더 많은 권력을 원하게 된다. 그리고 그 결과는 가장 강력한 권력을 소유한 사람이 가장 외로운 존재가 된다는 아이러니를 낳는다. 이 같은 아이러니는 스탈린이나 히틀러처럼 권력에 가장 목말라 했던 사람들이 왜 그렇게 늘 '우리의 친애하는 지도자'로 불리고 싶어 했는지를 잘 설명해준다.

외로움은 유명인들이 자살하는 원인의 일부가 되기도 한다. 카치오포는 다음과 같이 설명했다. "백만장자, 억만장자는 외롭다고 느끼는 경향이 있다. 많은 운동선수들도 종종 외로움을 느낀다. 많은 사람이 그들의 친구가 되고 싶어 하지만 그런 사람들 모두가 부자와 친해지면서 얻을 수 있는 물질적·사회적 혜택 때문에 자신과 친구가 되고 싶어 한다는 생각이 든다면, 그때의 심정은 과연 어떠할까?"[53]

성소수자를 사형에 처하는 법을 제정하려 했던 우간다 정치인과 인터뷰한 후 자살을 시도한, 매우 인기 있던 성소수자 소설가 스티븐 프라이를 예로 들어보자.[54] 그는 다음과 같이 말했다. "그와 만난 후, 나는 주위를 서성이며 나에게 사라진 것이 무엇인지 분석하려 했다. 나의 모든 본질이 사라진 것 같았다. 나였던 모든 것이 더 이상 존재하지 않았다. 단지 이제 모든 게 끝이라는 느낌만이 엄습했다."

닥치는 대로 알약을 먹고 보드카를 들이켰던 그는 결국 호텔 방에서 의식을 잃은 채로 방문을 부수고 들어온 TV 프로듀서와 호텔 직원에게 발견되었다.[55] 부족한 게 없고, 유명하고, 성공한 사람이 어떻게 우울증을 앓을 수 있을까? 그는 훗날 자신의 웹 사이트에 다음과 같은 글을 올렸다.

외롭다고? 나는 거의 매일 우편으로 초대장을 받는다. 나는 윔블던의 귀빈석에 앉아 있을 것이고, 프랑스 남부, 이탈리아, 시칠리아, 남아프리카, 브리티시 콜롬비아 그리고 미국에서 자신들과 함께 이번 여름을 보내자는 친구들의 진지하고 관대한 제안을 받기도 했다. 그리고 브로드웨이에서 뮤지컬 〈십이야〉를 공연하기 위해 두 달 동안 대본을 읽어야 한다.

조울증이든 아니든, 마지막 문장을 다시 읽고 나니 이런 생각이 든다. 내가 치료를 받고 있고 실제로는 우울증을 앓고 있는 게 아니라면, 도대체 나는 무슨 권리로 외롭거나, 불행하거나, 의지할 곳이 없어야 하는 걸까? 내게는 그럴 권리가 없다. 하지만 또한 그런 감정들을 갖지 않을 권리도 없다. 감정은 가질 권리가 있거나 없는 무언가가 아니다.

결국 외로움은 내 문제 중 가장 끔찍하고 모순된 것이다.

외로움이 만연한 우리 사회는 대체 무엇이 그리도 잘못된 걸까? 우선 한 가지 이유는 외로움을 인정하는 것을 수치스럽거나 불명예스러운 일로 받아들이고, 공공연히 친구를 새로 사귀고 싶어 하는 것을 금기시하는 경향이 있다는 점이다. 하지만 이는 큰 그림의 일부일 뿐이다. 스탠퍼드대학의 심리학과 교수이자 연민과 이타심 연구 및 교육 센터의 과학 디렉터 에마 세팔라는 "사회적 연결 욕구에서 우리는 그저 매우 부자연스러운 일들을 하고 있다. 그러면서도 왜 우리가 연결되어 있다고 느끼지 못하는지 의아해한다"[56]면서 다음과 같이 말을 이었다.

삶에서 우선순위를 정하는 방식과 우리가 우선시하는 것은 종종 소속감에 대한 우리의 가장 큰 욕구와 위배된다. 물질이든 즐거움이든 재정적인 발전이든 아니면 사회적 발전이든, 우리는 완전히 핵심을 놓치고 있다. 우리는 가장 큰 행복이 가족이나 종교 공동체나 사회 공동체 등 우리보다 더 크고 초월적인 무언가와의 관계에서 비롯된다는 사실을 깨닫지 못한다. 우리는 이미 길을 잃었고, 그처럼 많은 사람이 길을 잃고 불안하며 우울하고 외롭다 느끼는 데에는 그럴만 한 이유가 있다.[57]

그렇다면 돈부터 시작해보자.

돈이 그대를 자유케··· 하리라

우리의 가장 기본적인 안전 욕구를 채우고 성장과 발전을 위한 기회를 얻기 위해 어느 정도의 돈이 필요하다는 것은 분명하다(1장 참고). 하지만 돈이 인간의 다른 욕구 또한 건강한 방식으로 충족시켜

줄 것이라는 보장은 어디에도 없다. 그 같은 상황은 세상 어디를 둘러보아도 쉽게 확인할 수 있다. 경제적인 형편이 점점 나아지고 있음에도 불구하고 불안감, 외로움, 사회적 고립감은 경제적 보장과 더불어 여전히 만연하다.

그럼에도 경제적으로 매우 궁핍한 많은 국가들은 국민들의 사회적 소속감을 증진시키는 방법을 찾아낸다. 인도 캘커타의 빈민가에서 실시된 연구도 주민들의 삶의 만족도가 비록 인도에서 가장 부유한 사람만큼 높지는 않지만 미국인 평균보다 높다는 사실을 보여준다.[58] 또한 환경 친화적이거나 자발적으로 단순한 라이프 스타일을 선택한 사람 중 낮은 소득에도 불구하고 삶의 만족도가 높은 사람들이 많은 것으로 밝혀졌다.[59]

연구에 따르면 일정 한도를 넘는 돈을 갖는 것은 실제로 성장과 행복에 해가 될 수도 있다. 우선 더 많은 돈은 물질주의적 경향을 증가시키는 경향이 있고, 물질주의는 시간이 지남에 따라 행복이 감소하는 것과 관련이 있다.[60] 우리는 더 많은 돈을 벌고 있다는 보상감에 빠르게 적응한다. 아무리 행복하거나 불행한 일도 적응하면 이내 일상이 된다는, 이른바 쾌락 적응은 제아무리 많은 돈도 충분하지 않다는 끝임없는 욕망으로 이어진다. 어느 연구팀이 강조하듯 스릴 넘치는 구매와 흥분의 사이클은 점점 짧아지고, 이어지는 새로운 물질적 소유에 대한 욕망은 물질주의를 강화하고 삶의 질을 감소시킨다. 그렇게 욕망의 노예가 되는 것이다.[61]

물론 더 많은 돈은 우리에게 더 많은 선택권을 제공한다. 하지만 여러 연구들은 우리가 더 많은 선택에 압도당해 스트레스를 받을 수 있다는 선택의 역설을 제시했다. 그뿐만 아니라 연소득이 10만 달러 이상인 사람은 식료품 쇼핑이나 출퇴근 등 즐겁지 않은 활동에 더 많은 시간을 할애하며, 연봉이 2만 달러 미만인 사람보다 여가활동에 투자하는 시간이 훨씬 적다는 사실을 보여주었다.[62]

돈이 많은 사람일수록 평등주의 원칙을 무시하고 낯선 사람에 대해 공감하지 못하는 성향을 드러낸다.[63] 연소득이 10만 달러 이상인 가구는 연소득 2만 5000달러인 가구보다 자선단체에 기부하는 수익 대비 기부 비율이 낮다.[64] 상대적으로 더 높은 사회계층에 속한다는 생각조차 더 낮은 사회계층 출신이라고 느낄 때보다 자선단체에 기부할 가능성을 감소하게 만든다.

마찬가지로 돈을 소중히 여기는 것도 만족도에 방해가 된다. 돈을 행복의 원천으로 여기는 사람은 자신의 삶에 덜 만족하는 것으로 보고되고 있으며, 부와 명성이나 아름다움 같은 목표를 노골적으로 추구하며 일하는 사람의 안녕감은 오히려 그만큼 감소한다.[65] 또한 초콜릿 한 조각을 맛보는 것처럼 즐거운 일을 하면서 얼마 되지 않는 돈에 신경 쓰는 단순한 행동조차 그러한 즐거운 활동의 본래 의미를 감소시킨다.[66]

메시지는 분명하다. 수입이 안전과 안정감을 느끼기에 충분한 만큼의 일정 수준을 넘어서면, '돈을 얼마나 많이 소유하는가'보다 '돈을 어떻게 소비하는가'가 더 중요해진다.[67] 한 가지 눈여겨 볼 사항은 물질 구매와 시간 절약형 구매의 차이다.[68] 어느 대규모 연구에 따르면 요리 및 청소 등 원하지 않는 작업을 다른 사람에게 맡기기 위해 돈을 사용하는 것은 소득을 감안하더라도 삶의 만족도를 높여주는 것으로 나타났다.

또 다른 주요 포인트는 물질 구매와 성장 구매의 차이다. 자선단체에 기부하거나, 가족 및 동료와 함께 휴가나 휴양을 떠나거나, 공동체를 형성하거나, 기술이나 취미를 습득 할 수 있는 기회를 얻기 위해 주택을 마련하는 등 개인적인 성장을 촉진하는 데 사용되는 돈은 물질적 상품에 돈을 쓰는 것보다 삶의 만족도와 안녕감을 훨씬 더 높여 준다.[69] 실제로 많은 연구결과는 사람들이 의미 있는 사회적 연결을 위해 더 많은 시간을 할애하도록 유도하는 것은 행복감을 증가시키는 반면, 사람들이 돈에 대해 생각하게 하는 것은 그러한 효과가 없다는 것을 보여주었다.[70] 연결의 가치는 얼마나 되는 것일까? 한 연구에서 연구자들은 진정한 친구가 새로 산 페라리 한 대보다 훨씬 더 가치 있다고 결론지었다.[71]

종종 간과되곤 하는 성장 구매는 일종의 기분전환이자 치료다. 연구에 따르면 심리요법은 사람들의 욕구를 충족시키는 효과가 투입되는 비용에 비해 아주 높은 것으로 나타났다. 이는 삶의 만족도를 높이는 데 있어서 단순히 더 많은 수입을 올리는 것보다 적어도 32배 더 효과적이다.[72]

이 모든 연구를 보면, "행복은 당신이 원하는 것을 갖는 게 아니라, 당신이 가진 것을 원하는 것"이라고 말한 랍비 하이만 샤흐텔이 진리를 알고 있는 것처럼 보인다.

소셜 미디어

사람들은 당신을 갈기갈기 찢어 놓을 것이고, 당신이 강하지 않다면 영혼 속으로 파고들 것이다. (…) 사람들은 아마도 (…) 당신만의 '좋아요'를 얻어야 한다고 말할 것이다. 이제부터는 나 자신을 좋아해보는 건 어떨까? 그것은 진정 쉽지 않은 도전일 것이다.

— 소셜 미디어 인플루언서 브리타니 펄란, 《아메리칸 밈》

과도한 소셜 미디어 사용은 종종 현대의 외로움의 또 다른 원인으로 언급된다. 페이스북, 트위터, 인스타그램, 텀블러 및 스냅챗을 포함해 오늘날에는 연결이라는 매력을 제공하는 많은 소셜 미디어가 있다. 비록 일시적인 것이라 할지라도 오늘날 대중의 인기를 끌 수 있는 방법은 역사상 그 어느 때보다도 많다.

어떤 사람에게 소셜 미디어는 분명 다른 사람들과 연결되는 유일한 방법일 수 있으며, 연결의 욕구를 충족시킬 수 있는 엄청난 잠재력이 있다. 특히 장애인에게는 소셜 미디어가 반드시 필요할 수 있다. 자폐증 청소년 아사카 파크는 이렇게 말했다. "소셜 미디어는 [장애인에게] 사회생활의 가능성을 제공하고, 다른 방식으로는 접근하기 어려운 세상에서 커뮤니티에 참여할 수 있는 기회를 제공합니다."[73] 소셜 미디어와 건전한 조화를 이루는 것은 가능한 일이며, 이는 지속적인 우정을 형성하는 데 도움이 될 수 있다.[74]

데이트 웹 사이트의 사용 또한 관계 형성에 도움이 될 수 있다. 한 연구에 따르면 일련의 의미 있는 기준에 따라 접속을 허용하는 데이트 웹 사이트에서 배우자를 만난 커플은 더 높은 만족도를 보였으며 이혼 사례도 적었다.[75] 그렇지만 이 같은 상황은 대부분의 소셜 미디어 사용자들과는 거리가 있다. 데이팅 앱 틴더Tinder의 피상적인 가벼움과 페이스북에서 더 많은 우정을 추구하는 것은 어느 누구와의 관계도 깊게 만들어주지 않는다.

소셜 미디어가 사랑의 관계를 형성할 가능성을 확장시키는 동시에 의미 있는 관계 형성을 더 쉽게 회피하도록 해준다는 현대의 역설에 대해 생각해 보자. 이 역설은 어느 정도 개별적인 연결을 넘어서는 대중적 수용의 매력 때문이다. 강력하고 진화적으로 깊이 자리 잡은 수용의 매력은 우리를 완전성에서 멀어지게 한다. 몇 주 동안 소셜 미디어 습관을 추적한 최신 연구에 따르면 페이스북 사용은 행복감과 삶의 만족도를 낮추는 것과 관련이 있다.[76] 그러나 온라인에서 다른 사람들과 단순히 '좋아요' 누르기나 페이지 보기 이상의 직접적인 상호작용을 한 경우에는 그러한 부정적인 영향이 나타나지 않았다. 에마 세팔라는 이렇게 말한다. "우리는 본능에 어긋나는 짓을 해왔고, 우리가 함께하는 시간은 점점 줄어들고 있다. 우리는 지금 매우 부자연스러우며 우리가 진정으로 간절히 원하는 욕구인 연결에 반하는 일을 하고 있다."[77]

어쩌면 우리는 소속감과 수용보다 높은 수준의 연결을 우선시하는 문화에서 무언가를 배울 수 있을지도 모른다.

연결이라는 '블루 존'

대면 상호작용을 장려하는 문화권의 사람은 매우 만족스러운 삶을 살며 장수하는 경향이 있다. 작가이자 탐험가 댄 뷔트너는 전 세계의 장수마을을 조사했다. 그중에는 그리스 에게 해의 이카리아섬도 포함되어 있었다.[78] 이카리아 사람들에게 100세까지 사는 것은 흔한 일이다. 그들의 비밀은 무엇일까?

건강한 식단과 적당한 운동도 분명히 역할을 한다. 그러나 그러한 요인은 모두가 더 오랫동안 건강한 삶을 살게 해주는, 상호 보완해주는 실들로 엮은 거대한 그물의 일부일 뿐이다. 이카리아섬의 주민들은 돈에는 별로 관심이 없다고 말한다. 이카리아섬의 몇 안 되는 의사 중 한 명인 일리아스 레리아디스 박사는 이렇게 말했다. "종교적·문화적 휴일이면 사람들은 돈을 모아 함께 나눌 음식과 포도주를 삽니다. 그러고도 남는 돈이 있으면 가난한 사람에게 줍니다. 이 세상은 '나의 장소'가 아닙니다. '우리의 장소'입니다."

사회 구조는 특히 중요하다. 소셜 미디어를 너무 많이 이용하는 대신, 주민들은 최대한 자주 만나 얼굴을 맞대고 상호작용과 사회적 지원을 즐긴다. 댄 뷔트너는 다음과 같이 적었다. "설사 반사회적인 사람이라 할지라도 완전히 혼자가 될 수는 없다. 당신의 이웃이 당신 몫의 염소 고기를 먹도록 꼬드겨 당신을 마을 축제로 데려갈 것이다." 그곳 마을에는 '삶의 보람', '존재의 이유' 또는 '아침에 잠을 깨는 이유'라는 의미로 해석되는 일본어 '이키가이いきがい'가 널리 퍼져 있다. 이키가이는 100세가 넘는 사람들을 침대와 안락의자에서 불러내 가

라테를 가르치거나, 마을을 영적으로 인도하거나, 아이들에게 전통을 물려주도록 만든다.[79]

이카리아섬의 노인들은 환대받으며 공동체에 계속 관여한다. 그들은 100세가 될 때까지 대가족과 함께 산다. 101세인 어느 이카리아 노인의 말처럼 그들은 "단지 죽는 것을 잊고 산다." 반면 미국인들은 "노인을 고립시킨다"고 세팔라는 말했다.[80] 뷔트너의 연구는 비타민과 보충제에 300억 달러, 다이어트에 700억 달러, 헬스클럽 회원권에 200억 달러를 지불하는 미국인들에게 고품질의 연결을 형성하는 데 더 많은 돈을 투자해야 할 것임을 제안한다.

결론은 분명하다. 사회적 연결은 단순히 소셜 네트워크의 확장성, 인기도 혹은 알고 지내는 사람의 숫자를 반영하는 것이 아니다. 연결 욕구는 사는 동안 적어도 몇몇 사람과 안전하고 안정적이며 친밀한 관계를 가질 때 충족될 가능성이 가장 높으며, 관계가 안전하고 만족스럽게 느껴질 때 안정된 자존감과 지배감을 개발할 가능성이 높다. 그러나 연결에 대한 욕구가 심하게 좌절되면 사람들은 훨씬 더 불안정한 소속감의 욕구를 보이며 지위와 인기에 더 많은 관심을 기울이기도 한다.[81]

우리 인간은 결국 사회적 동물이고, 그렇기 때문에 연결의 욕구는 친밀감이나 관계와 관련이 있을 뿐만 아니라 우리의 자존감에도 엄청난 영향을 끼친다는 것은 당연한 일이다. 이제 우리 돛단배의 기초를 이루는 마지막 판자, 좀 더 순조로운 항해를 가능하게 하는 건강하고 안정된 자존감의 욕구에 대해 살펴보자.

3장

자기 존중:
건강한 자존감과
나르시시즘 사이

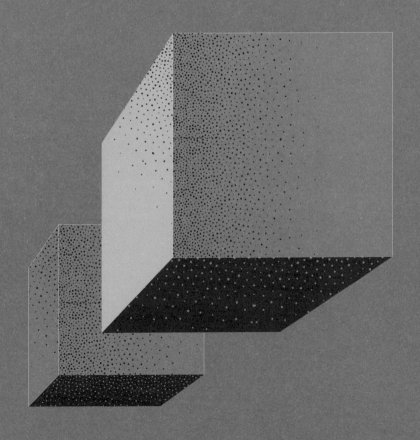

1932년에서 1933년 사이, 매슬로는 위스콘신대학의 동료 킴벌 영으로부터 프로이트의《꿈의 해석》을 추천받았다. 매슬로는 그 후 정신분석학에 매료되었고, 프로이트의 책이 전례를 찾아볼 수 없었던 자신의 경험과 일치한다는 사실을 발견했다.[1] 그 책은 곧 매슬로를 인간 본성에 대해 프로이트와는 매우 다른 견해를 가졌던, 개인심리학의 창시자 알프레드 아들러에게로 이끌었다.

아들러는 정신분석학적 운동의 창시자 중 한 사람이었다. 하지만 그는 결국 프로이트가 강조한 성욕이나 자기보존 본능과 구별되는 공격적 본능의 중요성을 주장하며 자신만의 길을 갔다.* 또한 아들러는 공격적인 본능과 더불어 근본적인 인간의 추진력으로 간주했던

---

* 프로이트는 본래 공격적인 본능을 무시했지만, 후기 저서인《문명 속의 불만》에서는 '파괴적인 본능'을 언급하며 다음과 같이 적었다. "나는 우리가 에로틱하지 않은 공격과 파괴의 보편성을 어떻게 간과할 수 있었는지 그리고 삶에 대한 해석에서 그 의미를 누락시킬 수 있었는지 더 이상 이해할 수 없다."

'공동체감Gemeinschaftsgefühl' 또는 '사회적 관심social interest'이라는 개념을 발전시켰다. 아들러는 우리 인간이 연결과 공동체를 추구하는 기본적인 노력과 세상에 긍정적인 영향을 끼치는 데 관심이 있는 사회적 동물이라고 언급했다.

매슬로는 아들러의 저작에 더욱 매료되었는데, 그러한 이유 중 하나는 아들러가 평등, 상호 존중 및 시민적 가치에 초점을 맞추었기 때문이다. 이러한 관심사는 특히 세계사의 순간을 고려할 때 세상을 더욱 평화롭게 만드는 데 일조하겠다는 매슬로의 변함없는 야망에 실제로 큰 영향을 끼쳤다. 아들러의 인본주의 철학이 매슬로의 궁극적인 인본주의 심리학에 큰 영감을 주었다는 것은 의심의 여지가 없다.

매슬로는 마찬가지로 권력을 향한 욕구와 그 욕구에 내재하는 파괴 가능성에 대한 아들러의 논의에도 커다란 관심을 보였다. 니체가 말한 '힘에의 의지will to power'를 바탕으로, 아들러는 인간에게 근본적으로 권력을 향한 욕구가 있다고 주장하며 이를 종종 완벽을 위한 욕구, 우월성을 위한 욕구, 신성함을 위한 욕구, 인격 향상을 위한 욕구라고 언급했다. 아들러는 권력을 소유하고 타인을 지배하기 위해 너무 많은 노력을 기울이고 사회적 관심에 너무 소홀하다 보면 사악함에 물들 수도 있으며, 이 같은 일은 실제로 나치 치하의 독일 사회에서 일어났다고 주장했다.

아들러의 주장에 영감을 받아 권력에 대한 추진력과 프로이트의 성적인 욕구에 관한 발상의 관계를 좀 더 깊이 연구하고자 했던 매슬로는 당시 그의 박사학위 자문위원이었던 해리 할로우의 허락을 받아 프로이트와 아들러의 경쟁적인 아이디어를 실증적으로 테스트하고자 했다. 할로우는 이 주제에 기꺼이 동의했지만, 그 대신 모든 실험은 인간이 아닌 동물을 대상으로 수행되어야 한다고 요구했다. 그렇게 매슬로는 당시만 해도 거의 다뤄지지 않았던 분야인 원숭이들의 성性과 지배에 대한 심층 연구를 시작했다.

매슬로가 발견해낸 결과 중 하나는 성적 동기로 자극된 것처럼 보였던 원숭이들의 행동이 종종 지배계급 내 사회적 지위로 설명할 수 있는 권력이 반영된 결과라는 사실이었다. 매슬로는 성적 동기가 부여된 올라타기와 지배적 동기가 부여된 올라타기에는 분명한 차이가 있음을 발견하면서, "성적인 행동은 종종 괴롭힘이나 싸움을 대신하는 공격적인 무기로 사용되며, 이는 대부분 후자의 강력한 권력 수단으로 대체될 수 있다"[2]고 언급했다.

또한 매슬로는 가장 서열이 높은 원숭이가 항상 수컷은 아니라는 사실을 관찰했다. 이처럼 지배적인 암컷 원숭이에 관한 초기 관찰은 아들러의 '남성성 과시'라는 개념, 즉 여성이 전통적인 여성의 역할을 거부한다는 주장과 결합하며 매슬로의 인간(특히 여성) 간 지배와 섹슈얼리티에 관한 후기 성과학sexology 연구에 확실한 영향을 끼쳤다. 매슬로는 이와 관련해 1942년의 논문에서 다음과 같이 밝혔다.

실제로 성과 사랑의 기술에 관한 책들은 대부분 모든 여성의 사랑에 대한 요구가 비슷하다고 가정하는 어리석은 실수를 저지른다. 그래서 마치 모든 여성이 다 똑같은 것처럼, 일체의 성관계에 적용할 수 있는 일반적인 설명이 적용되는 것을 본다. (…) 심지어는 성적 행위가 감정적·심리적인 것이 아니라 단순히 기계

적으로 작동하는 육체적 행위인 것처럼 말하는 터무니없는 책들
도 다수 있다.[3]

이러한 생각은 1960년대초인 당시만 해도 아주 급진적인 내용이
었다. 페미니스트 작가이자 활동가 베티 프리단은 프로이트학파의
정신분석과는 다르게 페미니스트적 관점에서 심리학에 접근하는 자
신의 주장의 근거로 매슬로의 성과학 연구결과를 인용했다.[4] 프리단
은 또한 욕구 충족의 중요성에 대한 매슬로의 저술을 바탕으로 미국
여성들이 그들의 인간적인 성장과 잠재력을 회피하도록 적극 권장된
다고 주장했다.

1935년 매슬로는 원숭이 사회의 성과 지배에 관한 박사학위 논문
을 마무리하고, 미국심리학회 연례 학술대회에서 자신의 연구결과를
발표하기 위한 제안서를 준비하기 시작했다. 그는 자신의 연구가 전
설적인 심리학자 에드워드 손다이크가 이끄는 연구 심포지엄의 일환
으로 승인받자 무척 기뻐했다. 젊은 매슬로는 졸업 후 일자리를 찾지
못할까봐 늘 걱정했다. 하지만 손다이크는 매슬로와 그의 연구에 깊
은 인상을 받았고, 그를 뉴욕 콜롬비아대학 박사후연구원으로 초대
했다. 그리고 매슬로는 그 제안을 기꺼이 받아들였다.[5]

27세의 매슬로가 뉴욕에 발을 들여놓던 바로 그 해는 유럽에서 위
험을 감지한 아들러가 뉴욕으로 이민을 온 해이기도 했다. 매슬로는
어느 금요일 그래머시 파크 호텔의 스위트룸에서 아들러가 주최한
오픈 하우스에 참석해, 그에게 자신의 박사학위 연구내용과 권력에
대한 실험을 어떻게 진행했는지 등을 열정적으로 설명하려 했다. 놀

랍게도 그 날 모임에는 소수의 인원만이 참석했고, 매슬로에게는 아들러와 편안하게 대화할 수 있는 기회가 주어졌다.

아들러는 자신의 이론을 입증해주는 매슬로의 연구에 만족했고, 두 사람은 그 후로도 자주 만나 저녁식사를 함께 하며 18개월 동안 친분과 학문적인 관계를 쌓아갔다. 그러나 그들의 만남이 늘 그렇게 화기애애했던 것은 아니었다. 어느 날 저녁 두 사람은 그래머시 파크 호텔의 레스토랑에서 식사를 하고 있었고, 매슬로는 무심코 한때 아들러가 프로이트의 제자였음을 상기시키는 질문을 던졌다. 그러자 아들러는 눈에 띄게 화를 냈고 주위 사람들이 놀라 쳐다볼 만큼 큰 소리로 말했다.[6] 아들러는 자신이 결코 프로이트 같은 사람의 제자였던 적이 없으며, 늘 독자적으로 연구를 수행해온 연구자라고 주장했다. 그는 거의 소리를 지르다시피 자신과 갈라선 후 프로이트가 발표한 것들은 모두 다 날조된 거짓말이자 사기라고 말했다. 아들러의 갑작스런 분노 폭발에 충격을 받은 매슬로는 자신의 정신적 지주를 화나게 했다는 사실에 못내 당황하고 말았다.[7]

두 사람은 1937년 초, 아들러의 스위트룸에서 마지막으로 만났다. 그날 강의와 열띤 그룹 토론을 벌인 후, 아들러는 의도적으로 매슬로를 궁지로 몰아넣었다. 그러고는 그를 빤히 쳐다보며 물었다. "그래서 자네는 내 생각에 동의하는가? 아니면 반대하는가?"

매슬로는 그 일로 마음이 상했고 그 후로는 아들러의 스위트룸 모임에 참석하지 않았다. 그해 5월 아들러는 스코틀랜드 여행 중 심장마비로 사망했다. 매슬로는 아들러와의 마지막 만남을 떠올리며 못내 후회했고, 그들의 고무적인 관계가 좀 더 우호적으로 지속되었으

면 좋았을 거라며 아쉬워했다.[8]

　몇몇 아슬아슬한 순간들을 제외하면 아들러는 분명히 매슬로의 연구에 커다란 영향을 주었으며, 그의 연구는 자존감의 욕구에 관해 발전하는 매슬로의 생각에 지속적인 영향을 끼쳤다. 아들러가 세상을 떠난 1937년, 매슬로는 인간 사이의 지배감dominance-feeling에 관한 첫 연구를 발표했는데, 그는 얼마 후 '지배감'을 '자존감self-esteem'이라는 표현으로 변경했다. 아들러의 영향력은 매슬로가 쓴 논문 〈지배감, 행동 그리고 지위〉에서 분명하게 찾아볼 수 있다.[9] 이 논문에서 매슬로는 지배감과 지배행동을 명확하게 구별하는 것이 중요하다고 주장했다. 그에 따르면 지배감은 자신감, 높은 자존감, 자기 평가를 포함한다. 즉 다른 사람을 다룰 수 있다는 느낌, 장악의 느낌, 서로가 서로를 존중하고 존경해야 마땅하다는 느낌, 전반적인 능력에 대한 느낌, 수줍음과 소심함과 부끄러움이 없는 상태 그리고 자부심 등을 포함한다.

　반면 지배행동은 당사자가 진정으로 느끼는 것과 항상 일치하지는 않으며, 종종 과잉보상의 형태가 될 수 있다. 매슬로는 보상적 지배와 현대 심리학자들이 주장하는 자기주장assertiveness과 유사한 의미의 '자연적인' 지배를 구분했다. 매슬로는 사람이 안전감과 자신감이 결여된 상태에서 종종 지배적인 행동을 드러낸다고 지적하며, 이것이 바로 지배감 결핍에 대한 과잉보상의 사례라고 설명했다. 그가 각주에서 설명하듯 그러한 경우의 지배행동은 타인에 대한 적대감, 제멋대로임, 무례함, 이기심, 공격성, 윽박지르기 등의 행태보다 지배적인 것은 아니다.

매슬로는 이렇게 지적했다. "(이러한 과잉보상은) 관찰자에게 긴장되고 부자연스러운 인상을 주는 경향이 있다. 상황에 적합하기보다는 좀 더 공격적이고 소란스럽다. 어떤 경우에는 다소 저속한 경향이 있으며, 때로는 관찰자에게 차분한 자신감보다는 적대감이나 반감을 표현하고 있다는 인상을 줄 수도 있다. (…) 또 다른 경우, 보상적 행동은 거만하고 차갑고 냉담함을 동반하는 명백한 속물근성의 형태를 취하기도 했다."[10]

매슬로의 관찰은 과잉보상에 관한 아들러의 저술과 분명한 유사함을 보이는데, 이 논문에서 아들러는 자신이 극복해야 하는 역경과 부족함을 성장과 강점으로 변환시킨 사람들에 대해 기술했다. 어린 시절 구루병에 시달렸던 아들러는 적절성이나 열등감의 감정이 얼마나 강력한지 잘 알고 있었고, 삶에 성공적으로 적응하기 위해서는 이러한 감정들을 극복하거나 건전한 방향으로 변환시키는 것이 꼭 필요하다고 주장했다. 아들러는 다른 사람을 지배하고자 하는 매혹적인 권력의 유혹을 극복하는 가장 좋은 방법 중 하나가 사회적 관심사를 향한 추진력을 배양하는 것이라고 믿었다. 그는 후기 저서에서 권력을 향한 노력과 장악을 위한 노력 그리고 장애를 극복하는 것을 구분했다. 그리고 이들 모두가 우리의 '완벽을 위한 노력'을 충족시킬 수 있는 가능성을 제공하지만, 장악 욕구는 다른 사람에게 권력을 휘두르기보다 자기 자신의 역경을 극복하는 것이라고 주장했다.

매슬로는 1954년에 발표한 저서 《동기와 성격》에서 인간 욕구의 광범한 기본 틀을 제시하며 자존감의 욕구를 자세히 구분해 설명했다. 1937년의 논문 주제를 상기시키면서 매슬로는 자신의 진정한 강점이나 획득한 자신감과 연계된 안정된 자존감, 파워 드라이브와 관련된 불안정한 자존감의 차이에 주목했다. 그는 불안정한 자존감을 지닌 사람들은 자기보다 약한 사람들을 지배하고 해치려 할 뿐, 그들을 돕는 데에는 그다지 관심이 없다고 말했다.[11]

이번 장에서는 자존감에 대한 욕구를 건전하게 통합하는 것이 얼마나 중요한지 현대과학이 밝혀낸 바를 보여주고자 한다. 이러한 근본적인 자존감의 욕구를 조절하고 표현하는 건강한 방법과 자존감의 요구를 억제하는 건강하지 않고 불안정한 방법이 있는데, 후자는 온전한 인간으로 성장하고 발전하는 것을 방해할 수 있다.

건강한 자기 존중

> 몇몇 병적인 예외를 제외하면, 우리 사회의 모든 사람은 자기 자신에 대한 안정적이고 확고하며 높은 평가, 자기 존중, 자부심 그리고 타인의 존중에 대한 욕구를 갖고 있다.
>
> — 에이브러햄 매슬로,《인간 동기 부여 이론》

우리에게 가장 중요한 태도는 우리 자신에 대한 것일 수 있다. 행동의 효과에 대한 기본적인 자존감과 자신감은 성장을 위한 근본적인 토대를 제공한다. 물론 자기 존중은 문화에 따라 상관관계의 강도가 달라지지만 삶의 만족도와 관련된 가장 강력한 요인이며, 낮은 자존감은 우울증의 가장 큰 위험인자 중 하나이다.[12]

매슬로나 칼 로저스와 같은 인본주의 심리학자들은 1980년대와 1990년대 미국에서 극에 달했던 자존감 운동을 조장했다는 이유로 비난을 받았다. 이 운동은 삶의 모든 문제에 대한 해결책으로서 자신에 대해 좋은 느낌을 가질 것을 요구했다.[13] 그러나 심리학 문헌을 자세히 읽어보면 문제는 '자존감'이 아니라 '자존감 추구'였다는 사실을 확인할 수 있다.[14]

최근 연구에 따르면 건강한 자존감은 진정한 성취와 타인과의 친밀한 관계 그리고 온전한 인간으로 성장하고 발전하고 있다는 믿음의 결과라고 한다. 심리학자 리처드 라이언과 커크 브라운이 지적하듯, 자존감 향상에만 지나치게 집중하면 자기 관리와 안녕감과 관련해 끔찍한 결과를 초래한다.[15] 제프 그린버그 연구팀 또한 자존감 유지의 어려움과 자존감을 유지하기 위한 부적응적인 노력은 다양한 정신건강 상의 문제를 일으키는 핵심 요인이 될 수 있다고 강조했다.[16] 실제로 자존감이 다른 욕구에 비해 과도한 비중을 차지한다는 것은 자신의 자존감이 매우 불건전하고 불안정하며 다른 사람의 인증에 극도로 의존함을 의미한다.

그렇다면 건강한 자존감이란 무엇일까? 현대의 연구결과는 자긍심과 장악이 건강한 자존감의 두 가지 상이한 양상임을 밝혀냈다.[17] 아래의 항목에 얼마나 공감하는지 살펴보면, 자존감의 두 가지 구성요소와 관련된 자신의 상태를 확인할 수 있을 것이다.[18]

자긍심

▲ 나는 내가 좋다.

▲ 나는 가치 있는 사람이다.

▲ 나 자신이 무척 편안하다.

▲ 나의 자긍심은 안정적이다.

▲ 나 자신을 충분히 존중한다.

숙달

▲ 내가 하는 일에 있어 매우 효율적이다.

▲ 내가 추구하는 바를 거의 언제나 성취할 수 있다.

▲ 많은 일을 아주 잘 해낸다.

▲ 종종 내 목표를 달성한다.

▲ 내 인생의 어려운 문제들을 잘 처리한다.

현재 어떤 상황에 처해 있든 우리에게는 늘 성장의 가능성이 존재한다. 이제 건강한 자존감의 두 가지 측면, 자긍심과 숙달에 대해 좀 더 자세히 살펴보자.

자긍심, 나를 사랑하는 마음

나는 이 세상에서 사회적 가치를 가진, 근본적으로 좋은 사람인가? 자긍심은 이 같은 전반적인 자아 인식의 평가를 포함한다. 현재 자기 자신이 가치 있다고 느끼는 것은 이후 자신이 되고자 하는 사람으로 성장하기 위한 건강한 기초가 된다.[19]

매슬로는 때때로 자기 존중에 대한 욕구와 다른 사람에게서 받는 존중의 욕구를 구별했다.[20] 그러나 현대 연구에 따르면 다른 사람의 평가는 종종 우리 자신의 자존감과 결부되어 있다. 좋든 싫든 우리는 사회적 동물이고, 우리 자신에 대한 판단은 흔히 다른 사람의 판단을 포함한다. 사회심리학자 마크 리어리의 연구에 따르면 우리의 자존감은 사회적 가치 또는 이에 대한 우리의 인식을 강하게 반영한다. 물론 우리의 인식이 정확하지 않을 때도 있다.[21]

리어리 연구팀은 이 세상에서 우리가 가질 수 있는 두 가지 형태의 사회적 가치를 구별한다. 하나는 우리가 타인과의 관계를 개인적으로 가치 있고 중요하다고 여기는 정도인 관계형 사회적 가치고, 다른 하나는 우리가 집단의 이익을 위해 중요한 자원이나 개인적 특성을 소유하고 있다고 다른 사람이 인식하는 정도인 도구형 사회적 가치다.[22] 자존감이 높은 사람은 스스로를 좋아하는 경향이 있으며, 자신에게 높은 관계형 사회적 가치가 있다고 생각한다.

이것이 바로 자존감이 소속감의 욕구와 강하게 연결되는 이유다. 소속감의 욕구의 근간을 형성하는 사회적 보호 시스템은 우리가 실제로 거부되기 전에 우리의 행동을 규제함으로써 피해를 방지하려 한다.[23] 연구에 따르면 적당히 거부되거나 적어도 적당한 거부를 인지하는 것은 적극 거부되는 것만큼의 불안감과 고통을 유발하는 경향이 있으며, 이는 개선 조치를 유도하는 확실한 신호로 작용한다. 그와 반대로 적당히 수용된다는 것은 적극 수용되는 것만큼이나 자존감을 증가시키는 경향이 있다. 이러한 발견은 과거 우리 조상들이 상호 소통하며 살았던 소규모 수렵채집 사회에서는 완전한 거부의 결과가 거의 파국에 가까웠음을 보여준다. 비록 현대사회에서는 사회적 거부가 과거처럼 비극으로 이어지는 경우는 드물지만, 우리의 마음속에는 여전히 그 같은 메커니즘의 잔재가 남아 있다.

자존감은 다른 사람의 칭찬과 수용에 영향을 받는 경우가 많으며, 이러한 경향은 자존감이 아무리 안정적이라 할지라도 결코 완전히 사라지지는 않는다. 로민 태파로디와 윌리엄 스완 주니어 같은 연구자들은 "어떠한 발달 단계에서도 우리는 우리가 관심을 갖는 사람들의 도덕적 판단에 결코 무감각해질 수 없다. 사회적 동물인 우리는 자신이 거울에서 확인하는 이미지를 믿지 못하듯, 다른 사람들이 우리 앞에 들이미는 거울을 어쩔 수 없이 들여다볼 수밖에 없다"[24]고 말했다. 그래도 자존감에 대한 우리의 판단이 내면화될수록 우리가 우리 자신을 바라보는 방식은 다른 사람의 힘에 덜 좌지우지된다.[25]

숙달, 나를 잘 아는 힘

나는 의지를 행사하여 원하는 목표를 달성할 수 있는 존재인가? 자존감의 두 번째 측면인 숙달은 우리의 전반적인 주체 의식에 대한 평가를 포함한다.[26] 태파로디와 스완이 제시하듯 인간의 발달은 '우리는 누구인가' 및 '우리가 할 수 있는 것'을 알고자 하는 욕구에 의해 특징지어진다.[27] 전반적 평가인 숙달은 삶의 여러 영역에 걸쳐 일반화된다. 물론 누군가는 다른 사람보다 일부 분야에서 더 강력한 장악력과 전문성을 가지고 있지만, 건강한 자존감은 자신을 좋아함뿐만

아니라 자신이 유능한 인간이라는 느낌 또한 포함한다.[28]

일생의 성공과 실패의 역사는 인생의 목표에 도달할 수 있는 의지를 지닌 존재인 자신에 대한 태도에 영향을 미친다. 목표를 향해 성공적으로 전진할수록 자신감이 생기고, 성공과 자신감은 서로 상승 작용하며 안정된 숙달을 이끌어내곤 한다. 그와 반대로 인생의 목표가 좌절될수록 더 심한 불안정과 무능감으로 빠져들곤 한다. 우리는 사회적 동물이고, 숙달 또한 사회적 가치와 연결되곤 한다. 하지만 숙달은 관계형 사회적 가치보다 도구형 사회적 가치를 더 추구하는 경향이 있다. 고도로 숙달한 사람은 다른 사람에게 유용하기 때문에 사회에서 더 높은 사회적 지위를 부여하는 특성이 있다. 물론 그러한 특성이 친구, 가족 또는 사회 집단에서 반드시 가치 있는 것으로 인정받는 것은 아니다.

건강한 자긍심과 숙달은 서로 밀접하게 관련되어 있고, 사람들은 이 두 가지 형태의 자기 존중을 나란히 발전시키는 경향이 있다. 하지만 이 둘은 서로 분리될 수 있다. 스스로를 목표를 달성할 수 있는 의지를 지닌 주체로 여기면서도, 그런 자신을 진심으로 좋아하거나 존중하지 않을 수도 있다. 그와 반대로 목표를 달성하는 데 매우 효율적이라고는 느끼지 않으면서도 그런 자신을 좋아할 수 있다. 태파로디는 이렇게 모순되는 상황을 '역설적 자존감paradoxical self-esteem'이라고 지칭하면서, 그러한 변이가 다른 사람으로부터 들어오는 사회적 피드백을 처리하고 기억하는 방법에 영향을 미친다는 사실을 보여주었다.[29]

우선 건강한 자존감의 두 가지 주요 구성요소를 개략적으로 설명했고, 이제부터는 많은 사람이 잘못 알고 있는 일반적인 오해를 정리할 차례이다. 높은 자존감은 나르시시즘과 동일한 것이 아니다. 안타깝게도 끝없이 지속되는 이러한 고정관념은 진정 중요한 인간의 욕구인 자존감의 가치를 떨어뜨린다.

자기 존중 vs. 나르시시즘

심리학자와 언론 관계자들은 너무 자주 건강한 자존감과 나르시시즘을 혼동한다. 널리 알려진 것과는 달리, 나르시시즘과 자존감은 삶의 발달 경로와 결과에서 전혀 다른 모습을 보인다.[30] 자존감이 높은 사람은 자신이 가치 있으며 유능하다고 믿고 다른 사람과 친밀하고 의미 있는 관계를 맺기 위해 노력하지만, 그렇다고 반드시 다른 사람보다 우월하다고 생각하지는 않는다.

발달 과정과 연계해 살펴보면, 나르시시즘과 건강한 자존감은 모두 7세 무렵부터 발달하기 시작한다. 이때쯤 아이들은 타인과의 사회적 비교에 크게 의존하고 '나는 패배자다', '나는 가치 있다', '나는 특별하다' 등의 방식으로 자신을 평가한다. 아이들은 다른 사람이 자신을 보고 인식하는 대로 자기 자신을 본다.[31] 그러나 나르시시즘과 높은 자존감의 발달은 발달 과정 내내 완전히 서로 다른 양상을 보인다. 자존감은 청소년기에 가장 낮고 평생 동안 서서히 증가하는 추이를 보이지만, 나르시시즘은 청소년기에 정점에 이르고 평생 동안 점차 감소한다.[32]

또한 자존감과 나르시시즘의 발달은 보호자의 양육 방식에도 영향을 받는다. 나르시시즘의 발달은 부모의 과잉평가와 비례하는 경향이 있다. 강한 나르시시즘을 보이는 자녀를 양육하는 부모는 자녀의 지식을 과장하고, IQ를 과대평가하며, 성과를 과도하게 칭찬하고, 심지어는 자녀에게 다른 사람과 비교해 눈에 띄는 독특한 이름을 부여하는 경향[33]이 있다.* 그에 반해 높은 자존감의 발달은 부모의 따뜻함과 비례한다. 높은 자존감을 보이는 자녀를 양육하는 부모는 자녀를 애정과 감사로 대하는 경향이 있다. 그들은 자녀를 세상에서 가장 소중한 사람으로 대한다.

물론 사회의 진정한 관심사가 건강한 자존감을 키우는 것만은 분명 아니다. 하지만 우리 사회는 모든 아이들이 인간으로서 가치 있고 존경받으며 진정으로 유능하다고 느끼도록 더 많이 도울 수 있어야 한다. 그 대신 자존감에 대한 일반적인 욕구의 건강한 표현과 건강하지 않은 표현의 차이에 더 많은 주의를 기울여야 한다. 이제 자존감에 대한 욕구를 조절하는 건강하지 못한 두 시도에 대해 자세히 살펴보자.

---

* 흥미롭게도, '정말 믿을 수 없을 만큼 멋진 그림을 그렸구나!'와 같이 과장된 칭찬은 자존감이 낮은 어린이들에게는 오히려 역효과를 불러일으키고 그들의 도전적인 자세를 감소시키며 그들의 발달에 도움이 될 만한 중요한 학습경험을 회피하게 만드는 경향이 있다. Brummelman, E., Thomaes, S., de Castro, B. O, Overbeek, G. & Bushman, B.J. (2014). "That's not just beautiful? that's incredibly beautiful!": The adverse impact of inflated praise on children with low self-esteem. *Psychological Science, 25(3)*, p. 728-735.

나르시시즘의 두 얼굴

극도로 불안정한 사람에게는 불안감을 표현하는 여러 방법이 있다. (…) 이들은 은둔과 철회의 특성을 가질 수 있으며 (…) 적대감과 공격성 및 불쾌감의 특성을 지닐 수도 있다.

— 에이브러햄 매슬로, 《동기와 성격》

현대 연구자들은 자존감의 욕구를 조절하는 두 가지 건강하지 못한 시도를 발견했다. 과대망상적 나르시시즘grandiose narcissism과 피해망상적 나르시시즘vulnerable narcissism이다. 우리 대부분은 전형적인 나르시시스트를 생각할 때 무모하리만큼 자신만만하고 뽐내며, 요란스럽고 늘 주목받기를 원하는 과대망상적 나르시시스트를 떠올린다. 그러나 심리학자들은 좀 더 조용한 형태를 띠는, 이른바 피해망상적 나르시시즘도 있음을 발견했다. 피해망상적 나르시시즘은 경멸에 대한 극도의 민감성과 과장된 욕구에 대한 강한 수치심이 특징이다.[34]

두 종류의 나르시시즘은 특권, 타인 착취, 과장된 환상을 포함하는 일련의 공통된 특징을 공유한다. 사실 피해망상적 나르시시즘으로 보이는 사람은 역설적이게도 우월성이라는 과대망상적인 환상으로 다른 사람들을 놀라게 한다.[35] 그럼에도 반감과 적개심의 근원은 나르시시즘의 형태에 따라 달라진다.

과대망상적 나르시시즘 성향의 사람은 자신의 사회적 지위와 지배력(도구형 사회적 가치)을 증대시키려는 욕구와 관련된 이유로 다른 사람에게 적대적인 성향을 드러내는 경향이 있다. 그들이 내세우는 특권은 자신이 특별하고 우월하므로 더 많은 자원과 대우를 받을 자격이 있다는 믿음과 관련이 있다. 반대로 피해망상적 나르시시즘 성향의 사람은 자신과 타인을 바라보는 부정적인 생각에 대한 반응에서 적대감과 불신을 느끼는데, 이 같은 반응은 종종 충격적인 어린 시절의 경험에 뿌리를 둔다. 그들이 주장하는 특별한 권리는 그들의 우월한 특성이 아니라 취약성 때문에 특별한 관심을 받을 자격이 있다는 믿음과 더 관련이 있는 것 같다.

요즘 들어 '나르시시스트'에 대한 이야기가 많지만, 나는 우리 모두에게는 어느 정도 나르시시즘의 성향이 있다는 관점을 취한다. 결국 나르시시즘의 성향을 갖는다는 것은 곧 인간이 된다는 것이다. 지그문트 프로이트, 아니 라이히, 하인츠 코후트, 오토 케른베르크와 같은 정신분석가는 나르시시즘을 '자아로의 집중' 혹은 '자아로의 과한 투자'라고 간주했지만, 강렬한 자기도취가 반드시 나쁜 것이라고는 보지 않았다.

하인츠 코후트는 환자에게서 나타나는 나르시시즘적 성향을 성격 구조에서 완전히 제거하려고 시도하기보다는 오히려 유머, 창의성, 공감 및 지혜로 변환시키는 것이 더 낫다고 믿었다.[36,37] 그는 이러한 시도를 '건전한 변화wholesome transformation'라고 지칭했다.[38] 이와 동일한 의미에서 나는 이제 '나르시시즘'이라는 꼬리표 아래로 파고들어가, 우리의 나르시시즘적 성향의 건전한 변화가 우리 모두를 더 안정되고 온전한 인간으로 만드는 데 어떻게 도움이 되는지 살펴보고자 한다.

피해망상적 나르시시즘

메리는 36세 여성으로, 열네 살 때 부모가 이혼한 뒤로 대부분을 어머니와 함께 살았다. 그러나 그녀의 어머니는 여러 약물에 중독되어 변덕스럽고 불규칙한 행태를 보였고, 때로는 심지어 학대 행위까지도 서슴지 않았다. 그로 인해 메리는 자신의 욕구를 무시한 채 어린 남동생을 돌보는 일을 떠맡아야 했다. 이제 성인이 된 그녀는 자기 자신과 자신의 경력에 극도의 불확실성을 느낀다. 그리고 전문 치료사는 그런 그녀에게서 강한 자기도취, 지속적인 무능감, 수치심, 피해망상증 등 모순되어 보이는 여러 속성이 나타나는 것을 발견했다. 메리는 과장된 자존심을 갖고 있으며, 자신에게 특권과 자격이 주어져 있다고 느끼는 것처럼 보인다. 그녀에게는 특별한 대우를 기대하고 무한한 성공, 권력, 아름다움, 재능, 영리함에 대한 환상이 있다. 또한 그녀는 자신이 근본적으로 좋은 사람인지 나쁜 사람인지 끊임없이 궁금해하고 있음을 인정한다. 그녀는 다른 사람의 욕구나 감정이 자신의 것과 일치하지 않거나 자신의 기분을 좋게 해줄 것 같지 않은 경우, 다른 사람의 진정한 욕구나 감정을 이해하려 하거나 반응을 보이지 않는 것처럼 보이며 그럴 능력이 없는 것처럼 보이기도 한다. 그녀는 또한 불행하고 우울하며 절망적이라고 느끼며, 삶의 활동에서 기쁨이나 만족을 거의 찾지 못한다. 대인 관계에 있어서 자신이 좋은 사람이라는 것을 다른 사람들로부터 항상 확인받고 싶어 하고, 사소한 비판에도 화를 내고 움츠러들며, 거절의 징후에 늘 촉각을 곤두세운다. 그러면서도 다른 사람에게 비판적이고 분노하며, 적대적이고 대립적이거나 반대하는 경향이 있다. 또한 악의를 품거나 권위 있는 사람과 갈등을 겪기도 한다. 동시에 그녀는 다른 사람을 부러워하고, 사람들이 자신을 오해하거나 학대하거나 희생시킨다고 생각하며, 그런 자신이 무기력하고 의지할 데 없다고 느끼곤 한다.[39]

피해망상적 나르시시즘과 관련된 특성은 자존감이 매우 유동적이고 연약하며 불확실할 때 공존하는 경향이 있는 역설적 특징을 보여준다.[40] 실제로 낮은 자존감 같은 것은 존재하지 않는 것으로 밝혀졌다. 자존감과 관련된 설문조사에 응하면서 자신에게 사회적 가치가 전혀 없다고 답하는 사람은 거의 없다. 그 대신 낮은 자존감을 보이는 사람은 종종 중간점 부근에 점수를 기입하는데, 이는 실제로 그들이 불확실한 자존감을 갖고 있음을 시사한다.[41]

피해망상적 나르시시즘에 대한 연구는 자신이 갖는 인간으로서의 가치에 대한 높은 수준의 불확실성이 종종 수치심과 반응적 적대감을 유발하는 요인, 그러한 유발 요인을 활성화시킬 수 있는 상황의 회피, 타인의 인정과 존경을 받는다는 과대망상적 환상, 다른 사람의 관심을 받을 자격이 있다는 느낌과 인정받지 못한 것에 대한 끊임없는 원망을 포함해 타인의 인정과 관심을 향한 지속적인 욕구, 자각한 자신의 욕구와 약점을 감추기, 스스로 만족하기 위해 다른 사람을 돕는 과도한 욕구, 타인의 진심에 대한 불신과 냉소 등의 현상을 동반한다고 제시한다. 이러한 모든 특성은 함께 어울리는 경향이 있다. 아래에 제시된 항목들에 솔직하게 답하여, 일상생활에서 자신이 보이는 피해망상적 나르시시즘의 정도를 평가해보자.[42]

피해망상적 나르시시즘의 척도

- 나 자신에 대한 확신을 얻기 위해 가끔 다른 사람의 칭찬이 필요하다.
- 어떤 일에 실패했다는 것을 깨달으면 굴욕감을 느낀다.
- 다른 사람이 내 욕구를 눈치채면 불안하고 부끄러워진다.
- 다른 사람이 나를 궁핍하고 의존적이라고 생각할까 봐 종종 내 욕구를 숨긴다.
- 누군가에게 비판을 받으면 화가 난다.
- 내가 얼마나 좋은 사람인지 다른 사람이 알아주지 않으면 짜증이 난다.
- 내게 의지하는 친구가 있다는 것이 좋다. 그런 사실이 나를 중요한 사람인 것처럼 느끼게 해주기 때문이다.
- 사람들이 나를 실망시킬까 걱정되어 종종 사람들을 피한다.
- 내가 다른 사람을 위해 하는 일을 이해해주지 않을까 걱정되어 종종 사람들을 피한다.
- 나는 때때로 내 업적을 인정받는 공상에 잠긴다.
- 누군가가 나를 위해 좋은 일을 해줄 때면, 그들이 내게 무엇을 원하는지 궁금해진다.

이러한 항목은 피해망상적 나르시시즘의 특징이지만, 조금 더 자세히 들여다보면 이들 특성 모두가 다른 사람에게 반응하는 단순한 방법들이며, 거부당하는 고통으로부터 자신을 보호하기 위한 진정 현명한 전략이라는 사실을 알 수 있다. 지금까지 살펴본 것처럼 우리 인간은 일상생활에서 현재의 소속감과 수용 수준을 지속적으로 추적하는 매우 강력한 사회적 보호 시스템을 발전시켰다. 그리고 거부가 임박한 것으로 인지될 때면 우리는 고통을 느끼고, 시스템은 우리를 보호하기 위해 과잉 경계모드로 전환된다.

안타깝게도 우리 내면의 사회적 측정기는 전혀 엉뚱한 측정치를 보여줄 수 있다.[43] 초기 삶의 충격적인 경험은 우리로 하여금 사회적 가치와 능력을 정확하지 않은 방식으로 인식하게 만들 수 있으며, 이처럼 심하게 잘못 측정된 신념에 따라 행동하는 것은 우리가 가장 두려워하는 바로 그 결과를 가져올 수 있다. 불행히도 피해망상적 나르시시즘은 일찍이 겪었던 정서적·언어적·신체적·성적 학대를 포함한 충격적인 경험, 즉 트라우마와 연관된다.[44, 45]

확실히 피해망상적 나르시시즘의 발달에는 유전적인 요인도 상당 부분 기여한다. 이 나르시시즘은 강한 정서적 민감성이나, 충동적 적대감 등의 생물학적 취약성이 인정해주지 않는 부모의 행동이나, 동료에 의한 괴롭힘 등의 가족 및 학교에서 경험하는 요인들에 의해 증폭되는 복잡한 과정을 통해 발생한다. 유전적 영향은 특정한 환경적 유발 요인에 대한 민감도에 영향을 미치지만, 그럼에도 학대적 육아 방식과 기타 환경조건이 무엇보다 문제가 된다.[46]

정서적 학대는 피해망상적 나르시시즘을 발생시키는 특히 중요한 경로이다. 특히 어린 시절의 정서적 학대는 다른 사람들이 눈치채지 못할 뿐만 아니라, 심지어는 학대가 무엇인지 아직 이해하지 못할 정도로 어린 피해자가 학대당하고 있다는 사실조차 인식하지 못할 수 있다는 점을 고려할 때 더욱 그러하다.[47] 정서적 학대에는 극단적인 통제나 참견, 돌보지 않는 부모의 방임 등이 포함될 수 있다. 그밖에 매우 정상적인 어린 시절의 경험이기는 하지만 부모의 나르시시즘 욕구가 너무 커서 자녀가 그들의 욕구나 원대한 꿈을 표현한 것에 대해 죄책감이나 부끄러움을 느끼게 하는 경우도 정서적 학대에 포함될 수 있다. 브랜든 바이스, 조슈아 밀러 및 케이트 캠벨과 함께 수행한 연구에서 우리는 다음과 같은 진술이 피해망상적 나르시시즘과 상당히 관련이 있음을 발견했다. '어린 시절, 저희 가족은 나 자신의 욕구를 그들의 욕구로 대체하도록 종종 격려하곤 했습니다.'*

피해망상적 나르시시즘의 특징은 거부와 유아기 학대로 발생하는 극도의 고통스러운 낮은 자존감과 수치심을 관리하는 데 도움이 될 수 있고, 학대가 다시 발생할 가능성을 최소화하는 데 도움이 될 수 있다. 하지만 이 나르시시즘은 다수의 신념, 대처 전략 그리고 궁극적으로 건강과 성장 및 통합을 저해하는 애착 스타일과 관련이 있다. 공동 연구에서 우리는 피해망상적 나르시시즘이 자신의 생각과 감정에 대한 신뢰 부족 내지 자의식의 심각한 결여뿐만 아니라 낮은 수준의 삶의 만족도, 자율성, 진정성, 지배, 개인적 성장, 긍정적인 사회적 관계, 목적, 삶에 있어서의 자기 수용과 관련이 있음을 발견했다.[48, 49]

우리는 또한 피해망상적 나르시시즘이 가면증후군imposter syndrome

---

* 부정적인 유년기 경험과 특권 의식에는 피해망상적 나르시시즘에서 나타나는 신경증과 적대감의 상관관계 형성 이유의 설명에 도움이 되는 흥미로운 연관성이 존재한다. 연구결과에 따르면 사회적 배척과 잘못됐다는 느낌은 특권 의식을 증가시킬 수 있다. 이는 희생자인 것처럼 느끼게 된 사람들이 이기적으로 행동할 가능성이 높아진다는 것을 보여주는 간단한 실험을 통해서 입증되었다. Poon, K. T., Chen, Z., & DeWall, C. N. (2013). Feeling entitled to more: Ostracism increases dishonest behavior. *Personality and Social Psychology Bulletin, 39(9)*, 1227-1239; Zitek, E. M., Jordan, A. H., Monin, B., & Leach, F. R. (2010). Victim entitlement to behave selfishly. *Journal of Personality and Social Psychology, 98(2)*, 245-255.

〔자신의 성공이 노력이 아니라 순전히 운으로 얻어졌다고 생각하며 자신이 이뤄낸 업적을 스스로 받아들이지 못하는 심리적 현상〕과 아주 강한 연관관계가 있음을 발견했다. 피해망상적 나르시시즘 성향의 사람은 '나 자신이 사기꾼처럼 느껴지곤 한다', '때로는 나의 진짜 정체가 밝혀질까봐 두렵다'와 같은 항목에서 높은 일치도를 보였다. 그런 사람은 실제로 사기를 칠 가능성이 적고, 거부의 잠재적인 고통으로부터 자신을 보호하는 또 다른 방법인 자기표현 전략을 구사할 가능성은 많아 보인다. 그들은 타인의 기대치를 조정함으로써 실패를 겪더라도 그리 심하게 부끄러워하지 않을 것이다.[50]

우리는 또한 피해망상적 나르시시즘 성향의 사람들이 강한 충동을 조절하고 자신의 이익을 위해 건설적인 행동을 취하는 데 있어서 큰 어려움을 겪는다는 사실을 발견했다. 그들이 주로 사용하는 방어 메커니즘, 예컨대 유아적이고 비현실적인 환상 품기, 다른 사람에게 책임 전가하기, 수동적 공격 성향의 욕구 표현하기, 자신의 욕구 주장에 대해 사과하기, 신체적 증상을 경험하기, 도움을 줄 수 있는 사람으로부터 격리되기, 감정을 억제하기, 상처를 받거나 스트레스를 받았을 때 화내기, 기분을 전환하고 통제력을 회복하기 위해 음식물을 섭취하기 등과 같은 충동적인 행동은 연약한 어린이가 심한 고통과 두려움에 대처하려고 노력하는 데 도움이 된다. 그러나 성인이 되면 그 같은 행동은 온전한 인간으로서의 성장을 방해한다.

피해망상에서 성장으로

피해망상적 나르시시즘이 반드시 성장의 장벽이 되는 것은 아니다. 이러한 특성의 수준에 관계없이, 우리 모두는 우리의 삶을 책임지고, 일관되고 안정된 자의식을 키울 수 있다. 자존감의 심각한 불확실성을 극복하는 가장 중요한 방법은 완벽주의적인 자기표현을 버리는 것이다. 어느 메타분석에서 밝혀진 바와 같이, 피해망상적 나르시시즘은 다른 사람이 자신에게 완벽함을 요구한다고 인식하는 것뿐만 아니라 자신이 다른 사람에게 불완전한 존재로 인식되는지에 대한 강박관념과도 밀접하게 관련된다.[51]

모든 사람이 자신을 어떻게 생각하는지 덜 걱정하고, 설사 타인에게 나쁜 인상을 심어줄지라도 더 많은 위험을 감수하고, 실제로 자신에게 그처럼 높은 완벽성을 요구하는지 시험하다 보면 우리의 자존감을 안정시킬 수 있다. 실제로 자신의 신념을 시험하는 사람들은 종종 다른 사람을 받아들이는 방식이 바로 자신의 불완전함을 유발한다는 사실을 발견하고는 놀랄 만큼 충격을 받곤 한다. 사실 그들은 종종 다른 사람과의 관계에서 더 취약하고 진실할수록 사회적 관계가 두터워진다는 사실을 알게 된다. 인간이라면 어느 누구도 완벽할 수 없다. 그러기에 우리는 항상 모든 것을 다 갖추고 있어 보이는 사람보다 인간의 불완전성을 인정하는 것을 포함해 우리의 공통된 인간성을 표현하는 사람과 함께 있을 때 더욱 편안함을 느끼는 경향이 있다.

피해망상적 나르시시즘 성향의 사람이 성장할 수 있는 또 다른 방법은 사회적 보호 시스템의 역할을 진정으로 이해하는 것이다. 이 시스템은 수용과 소속에 대한 위협을 무차별적으로 탐지하도록 발전했다. 사회적 보호 시스템은 과잉반응을 보인다. 따라서 때로는 시스템을 무시할 필요가 있다. 정말로 모든 사람이 당신에 대해 어떻게 생각하는지가 신경 쓰이는가? 아니면 단지 특정인이 당신에 대해 어떻게 생각하는지가 걱정되는가? 당신을 진정으로 존중하고, 당신이 존중하는 사람들의 솔직한 피드백을 소중히 여기자.

인지행동치료CBT, 변증법적 행동치료DBT, 수용전념치료ACT는 우리가 자주 느끼는 강렬한 거부감과 수치심 그리고 우리 머릿속에서 끊임없이 떠다니는 비합리적이고 부정적인 생각을 조절하는 법을 배우는 데 큰 도움을 줄 수 있다.[52] 우리는 실제로 우리의 뇌를 다시 훈련시킬 수 있다.[53] ACT 접근법을 창시한 스티븐 헤이즈는 ACT의 중요한 성과가 의식을 지닌 인간으로서 현재의 순간과 더욱 충만하게 접촉할 수 있는 능력 그리고 그렇게 해서 가치 있는 목적에 도움이 된다면 행동을 바꾸거나 지속할 수 있는 능력이라고 주장했다.[54]

동료들과 나는 피해망상적 나르시시즘이 '나는 내 감정이 두렵다', '내 생각과 감정이 내가 살고 싶은 삶의 방식에 방해가 된다'와 같은 진술과 상관관계가 있는 것을 발견했다.[55] 이는 피해망상적 나르시시즘 성향의 사람이 인생에서 무엇보다도 큰 행복과 성장을 가져다줄 법한 것들을 회피하는 경향이 있음을 시사한다. 일어날 수 있는 모든 일에 대해 갖게 되는 두려움을 실제로 테스트해 보면, 현실이 생각했던 것만큼 마냥 나쁘지만은 않다는 사실을 알게 된다. 사실 자기 자신과 삶을 수용해 받아들이면 현실은 종종 긍정적이다. 사람은 자신이 대접받기를 기대하는 방식으로 다른 사람을 대하는 경향이 있다. 그러므로 우리가 세상에 접근하는 방식을 바꾸면 덩달아 사람들이 우리에게 접근하는 방식도 달라지는 경우가 많다.

　나아가 꿈과 야망을 갖는 것은 결코 부끄러운 일이 아니다. 피해망상적 나르시시즘을 가진 사람은 근본적으로 꿈과 야망을 가질 가치가 없다고 느끼기 때문에 성장을 두려워하고 회피할 가능성이 높다. 대신 다른 사람에게 결코 드러내지 않는 과대망상적인 환상을 꾸며낸다. 하지만 야망을 표현하는 것은 건강하고 바람직한 일이기에 이같은 비밀 유지는 불필요하고 비생산적이다.

　매슬로는 건강한 야망의 억압이 어떻게 자아실현을 방해하는지와 성장을 두려워하는 사람들의 성향에 깊은 관심이 있었다. 1966년의 미발표 에세이에서 그는 우리가 우리 사회에서 거짓된 겸손과 겸양이라는 카멜레온 같은 망토를 입는 법을 배운다고 언급했다.[56]

　매슬로는 사회로부터의 처벌을 피하기 위해 "사람은 겸손하고 환심을 사려 하며, 요구를 들어주고 심지어는 마조히즘의 성향을 띤다. 요컨대 우월하다는 이유로 처벌받을까 두려워, 그는 열등해지고 인간으로서 갖는 가능성 중 일부를 포기한다. 안전과 안정을 위해 그는 자신을 불구로 만들고 성장을 방해한다. (…) 즉 자신의 독특한 체질에 적합한 과업, 달리 말해 타고난 일들을 회피하는 것이다. 그는 자신의 운명을 외면하는 것"[57]이라고 주장했다. 매슬로는 이 같은 현상을 사학자 프랭크 마누엘이 묘사한 요나 콤플렉스Jonah Complex라고 일컬었다. 이러한 명칭은 하나님의 말씀을 듣고도 두려워하며 도망치려 하지만 숨을 곳을 찾지 못했던 요나의 성경 이야기를 바탕으로 한다. 성경 속 요나는 결국 자신의 운명을 받아들이고 하나님의 소명에 응한다.

이 상황은 아주 분명하게 정리할 수 있다. 당신에게 빛날 자격이 주어지지 않을 수도 있지만 **당신에게는 빛날 권리가 있다.** 그럴만 한 가치가 있는 인간이기 때문이다. 자신의 훌륭한 가치를 스스로 제한하는 화술을 바꾸고, 건강한 방식으로 욕구를 주장하며, 두려운 경험을 회피하려는 성향을 극복해보자. 자신의 행동에 책임을 지는 이 같은 행동들은 나약한 자아를 강화하고 안정시킨다. 가장 큰 아이러니는 자기 자신이 가치 있고 유능한가의 여부에 덜 집중하며 주어진 그대로 받아들일수록, 고유한 가치를 지속해서 받아들일 가능성은 그만큼 커진다는 사실이다.

수치심과 취약성 및 소속의 욕구에 대해 수년 간 연구한 브레네 브라운의 말을 인용하며 이 파트를 마무리하고자 한다.

> 당신이 어딘가에 속하지 않는다는 확신을 구하기 위해 세상을 돌아다니는 짓을 그만두십시오. 그것을 임무로 삼았기 때문에, 당신은 언제나 그것을 찾을 것입니다. 당신이 충분하지 않다는 증거를 찾기 위해 사람들의 얼굴을 샅샅이 훑는 짓을 그만두십시오. 그런 목표를 세웠기 때문에 당신은 항상 찾게 될 것입니다. 진정한 소속감과 자존감은 상품이 아닙니다. 우리는 그들의 가치를 세상과 협상하지 않습니다. 우리가 누구인지에 대한 진실은 우리의 가슴속에 살고 있습니다. 우리가 용기를 내는 것은 특히나 우리 자신에 관한 지속적인 평가에 맞서 우리의 거친 가슴을 보호하기 위해서입니다. 여기에 당신보다 당신에게 어울리는 사람은 아무도 없습니다.[58]

과대망상적 나르시시즘

짐은 별거 중인 58세 남성으로, 지역 소매점의 매니저로 일하고 있지만 언젠가는 영향력 있고 사회적 지위가 높은 리더가 되어 많은 사람에게 찬사 받는 날이 오기를 꿈꾼다. 어린 시절 그의 부모는 아주 사소한 일에도 그를 칭찬했고, 틈만 나면 그가 위대한 사람이 될 운명이라고 그와 친구들에게 말하곤 했다. 짐은 심리적으로 통찰력이 있고, 활기차고 외향적인 경향이 있으며, 사교적인 상황에서 익숙하고 편안해 보이고, 생각이나 감정을 분명하게 밝히며 유머 감각도 좋다. 그러나 그에게는 과장된 자존감 또한 존재한다. 그는 자신에게 특권과 자격이 있다고 느끼는 것 같고, 특혜를 기대하며, 일반적인 행동규범이 자신에게는 적용되지 않는다고 믿는다. 그는 관심의 대상이 되고자 하고, 과장되고 연극적인 방식으로 감정을 표현하며, 다른 사람을 기본적으로 자신의 중요성, 탁월함, 아름다움 등을 목격하는 청중으로 대하는 것처럼 보인다. 그는 자신이 오로지 사회적 지위가 높거나 '특별한' 사람과 교제해야 한다고 믿는 것 같다. 짐은 또한 매우 자기 비판적이다. 그는 자신에게 비현실적이라 할 만큼 높은 기준을 설정하고, 자신의 불완전함을 전혀 용납하지 못한다. 그는 다른 사람에게도 비현실적으로 높은 기준을 설정하고, 자신의 위대함과 완벽함에 대한 인식이 조금이라도 위협받을 것 같으면 불같이 화를 내며, 자신의 문제를 다른 사람의 탓으로 돌리는 경향이 있다. 짐은 또한 다른 사람을 시기하고 경쟁심을 느끼는 편이고, 남들을 무시하고 거만하며 공감력이 현저히 부족한 모습을 보인다.[59]

이 같은 프로필은 전형적인 과대망상적 나르시시즘의 모습으로, 주체 의식과 타인의 존중에 대한 욕구가 너무 커지면서 어떤 대가를 치르더라도 자기 자신의 과대망상적 이미지를 보호하려 할 때 발생하는 역설적인 특징을 그대로 보여준다. 물론 단순히 거대한 야망과 자신감을 과도한 것이라고 말할 수는 없다. 다만 우리의 자존감을 건전한 방식으로 조절함에 있어, 존중에 대한 욕구가 너무 커져서 더는 현실과 연결되지 않거나 다른 사람에게 피해를 입히지 않는지의 여부를 정확하게 평가하는 것이 중요하다.

피해망상적 나르시시즘이 우울증이나 침잠처럼 개인의 성장을 분명히 방해하는 일련의 대처 행동을 반영하는 반면, 과대망상적 나르시시즘은 좀 더 복잡하다. 과대망상적 나르시시즘은 자기주장, 리더십에 대한 욕구, 다른 사람에게 영향을 끼칠 수 있는 능력 같은 건강한 특성으로 구성되며, 이들은 자신의 목표를 달성하고 세상에 영향을 미치며 삶에서 행복하고 만족감을 느끼는 데 도움이 될 수 있다. 하지만 궁극적으로 개인의 성장과 삶의 목표 달성을 방해할 수 있는 특성들도 포함한다. 아래의 항목을 살펴보며 여러분의 과대망상적 나르시시즘의 성향 수준을 측정해보자.[60]

과대망상적 나르시시즘의 척도
- ▲ 파티에서 가장 인기 있는 사람이 되는 것이 좋다.
- ▲ 대부분의 상황을 책임지는 경향이 있다.
- ▲ 사람들이 나를 무어라 판단해도 상관하지 않는다.
- ▲ 종종 엄청나게 성공하고 권력을 쥐는 환상을 품는다.

- ▲ 위대함을 갈망한다.

- ▲ 사람들을 잘 조종한다.

- ▲ 내 목표를 이루기 위해 다른 사람을 기꺼이 이용한다.

- ▲ 내게는 특별한 대우를 받을 자격이 있다.

- ▲ 다른 사람의 욕구를 신경 쓰지 않는다.

- ▲ 사람들은 내가 너무 허풍떤다고 말하지만 내가 말하는 것은 모두 사실이다.

- ▲ 짜릿함을 느끼기 위해서라면 무슨 짓이든 할 수 있다.

이러한 진술에서 분명해지듯, 과대망상적 나르시시즘 성향의 사람은 사회적 지위와 그에 동반하는 대중의 찬사뿐만 아니라 도구형 사회적 가치에 대한 강한 욕구를 갖는다. 동시에 자신의 관계형 사회적 가치나 다른 사람이 자신을 호감이 가는 사람으로 생각하는지의 여부에는 거의 관심을 보이지 않는 경향이 있다. 사실 과대망상적 나르시시즘 성향의 사람은 종종 자신의 사회적 지위에 지나치게 사로잡혀, 다른 사람에게 비친 그들의 관계적 가치는 보잘것없는 경우가 많다. 그들은 자신이 다른 사람보다 우월하다고 생각할 수 있지만, 그렇다고 항상 자신을 온전한 인간으로서 좋아하는 것은 아니다.

대신 과대망상적 나르시시즘 성향의 사람은 승리에 집착하고, 사람들을 승자 또는 패자로만 본다. 결과적으로 과대망상적 나르시시즘 성향이 과한 사람은 종종 '특별한' 존재로 여겨지거나 높은 사회적 지위를 부여하는 특성을 매우 중요시하지만, 협력이나 타인에게 사랑을 받는 등 좀 더 차분한 특성에는 그다지 관심이 없다. 오늘날 미국 문화에서 사회적 지위를 나타내는 지표는 돈, 권력, 지능이다. 또한 수상경력, 순위나 서열, 잡지 표지에 모델로 실리는 것은 명백한 성공의 지표들이다. 단순히 '좋은' 사람이라는 이유만으로 뉴욕 타임스퀘어 주변에 사진이 걸리는 경우는 없다.

그래도 공동체 나르시시즘communal narcissism은 존재한다. 공동체 나르시시즘은 과대망상적 나르시시즘의 발현 양태 중 하나로, 공동체 나르시시스트는 자신이 다른 사람을 돕는 데 최고가 될 것이라고 과신하며 혼자서 전 세계에 평화와 정의를 가져올 것이라고 확신한다. 하지만 실제로 그들은 다른 사람들이 자신을 믿도록 떠벌리는 것처럼 공동체적 야망을 이끌 능력이나 기량이 없으며, 결국 파괴적인 결과만을 남기는 경우가 많다.*[61]

우리의 연구에 따르면 피해망상적 나르시시즘이 전반적으로 좀 더 분명한 부적응인 것으로 나타났다. 하지만 이 나르시시즘의 방어 메커니즘은 적어도 자기 자신에게 해를 끼친다는 측면에서는 훨씬 더 복잡한 양상을 띤다. 실제로 우리는 과대망상적 나르시시즘이 더 큰 삶의 만족도 보고와 관련이 있다는 것을 발견했다. 그러나 우리는 이처럼 증대된 삶의 만족도가 자기 자신과의 단절이라는 대가를 동반할 수 있다는 사실을 발견했다.

우리는 과대망상적 나르시시즘 성향의 사람이 높은 수준의 가면 증후군, 약한 자의식, 자기 소외, 더 큰 외부 영향 수용 가능성, 더 높

---

* 과대망상적 나르시시즘의 공동체적 특징을 미국 같은 개인주의 사회보다 중국 같은 공동체 사회에서 더 쉽게 찾아볼 수 있는지의 여부는 아직 밝혀지지 않았다. 결국 자존감의 욕구는 근본적인 욕구이며, 어떻게 해서든 스스로를 드러내야 한다.

은 수준의 경험회피(손해를 감수하더라도 감정, 사고, 감각 등 불편한 개인적 경험을 피하려는 현상) 성향을 보인다는 사실을 발견했다. 자존감이 높은 사람은 그와 반대되는 패턴을 보였는데, 이는 자존감이 자기 자신과의 더 큰 연결감과 관련이 있음을 시사한다.

이는 새삼 놀랄 만한 일도 아니다. 두 가지 형태의 나르시시즘은 특별한 자아상을 방어한다. 피해망상적 나르시시스트는 거부되거나 사랑과 소속감이 어울리지 않아 보이는 것에 맞서 격렬하게 방어한다. 과대망상적 나르시시스트는 우월한 자아상을 맹렬하게 방어한다. 때때로 두 전략은 모두 자기 향상이라는 목표를 달성하는 데 도움이 될 수 있지만, 타인의 희생, 자신의 가장 가치 있는 목표 및 바람과 깊이 연결되는 능력의 희생이라는 대가를 치른다.

우리는 또한 과대망상적 나르시시즘 성향의 사람이 수많은 투사 projection(자신의 관심이나 욕망이 다른 사람에게 속한 것처럼 지각되거나 자신의 심리적 경험이 실제 현실인 것처럼 지각되는 현상으로, 죄의식, 열등감, 공격성 같은 감정을 다른 사람에게 돌림으로써 부정할 수 있는 방어기제)에 참여하고, 자신의 분노와 좌절을 외부로 투사하며, 자극을 받으면 반응적 공격성뿐만 아니라 사전적·선도적인 공격성을 보이는 경향이 있음을 발견했다. 예를 들어 극도의 과대망상적 나르시시즘에 취한 사람은 '사람들의 콧대를 꺾는 능력에 자부심을 느낀다' 같은 항목에 강한 지지를 표했다.[62] 또한 그들은 '나는 종종 불쾌한 사실을 애당초 존재하지 않는 것처럼 무시한다는 말을 듣는다'와 같은 항목에 동의하며, 강력한 부정 성향을 보여준다.

우리는 과대망상적 나르시시즘이 자기 자신을 두려움이 없고 대담하다고 인식하는 극단적인 견해를 보일 뿐만 아니라, '내 생각에 사람들은 좋거나 나쁘거나 둘 중 하나다'와 같은 진술에서 나타나듯 타인을 흑백논리로 조명한다는 사실을 발견했다. 예를 들어 우리는 과대망상적 나르시시즘과 '나는 마치 내가 슈퍼맨이기나 한 것처럼 위험을 무시한다'와 같은 진술에서 강한 상관관계를 발견했다.

이처럼 자아에 관해 지나치게 부풀려진 견해는 과대망상적 나르시시즘 성향의 사람에게 발견되는 높은 수준의 완벽주의와 관련이 있다.[63] 한 메타분석에 따르면 과대망상적 나르시시즘 성향의 사람은 다른 사람에게 가혹할 정도의 완벽주의를 요구할 가능성이 높으며, 자신의 인지된 결함에 계속 불만을 드러낸다.[64] 이는 또한 완벽주의적 자기 홍보 및 완벽함을 달성한다는 환상과도 관련이 있었다. 그러나 과대망상적 나르시시즘 성향의 사람은 불완전한 처신 덕분에 치르게 되는 대가에는 그다지 신경 쓰지 않는 경향이 있는데, 이는 대부분 그러한 불완전성이 애당초 존재하지 않는다고 믿기 때문일 가능성이 크다.[65]

피해망상적 나르시시즘과 대조되는 점들에 주목해보자. 피해망상적 나르시시즘 성향의 사람은 완벽해 보이지 않는 결과를 회피하면서 다른 사람들로부터 승인과 검증을 받는 것에 더 많은 관심을 기울인다. 반면 과대망상적 나르시시즘 성향의 사람에게는 언제나 우월하다는 이미지를 유지하기 위해 지속적인 환호가 필요하다.[66]

다시 말하지만, 우월한 자의식을 끊임없이 방어할 필요가 있다고 느낀다면 이 같은 나르시시즘은 효과적인 전략이 될 수 있다. 그리고 자신을 슈퍼맨처럼 두려움이 없는 존재로 보는 것이 때로는 정말 도움이 되기도 한다.[67] 하지만 문제는 자신이 정말로 슈퍼맨이라고 믿기 시작하고, 모든 상황에서 그렇게 행동할 때 발생한다. 즉 자존감이 아니라 자존감 '중독'이 진짜 문제인 것이다.

자존감 중독

주어진 순간마다 사람들의 과대망상적 나르시시즘의 정도는 각기 다르지만, 권력이 우리 모두를 중독시킬 수 있음을 인식하는 것이 중요하다. 이는 모든 인간에게 나타나는 욕구이다. 우리 모두는 어느 정도 권력의 맛과 타인으로부터 매우 존경받는다는 느낌을 즐긴다. 특히 과대망상적 나르시시즘과 관련된 것으로 보이는 것은 높은 자존감에 대한 중독으로, 이것은 코카인이나 게임 중독 등 충동적 욕구가 파괴적인 극단으로 빠져드는 다른 익숙한 중독과 다를 바가 없다.[68]

존중에 대한 중독이 특정한 티핑 포인트tipping point[작은 변화들이 어느 정도 기간을 두고 쌓여, 이제 작은 변화가 하나만 더 일어나도 갑자기 큰 영향을 초래할 수 있는 상태가 된 단계]에 도달하면 이는 특히 성장에 악영향을 준다. 나는 에마누엘 야우크와 함께 상위 범위에 자리하는 과대망상적 나르시시즘이 피해망상적 나르시시즘, 적대감, 부정 정동 및 우울증의 증가와 관련이 있음을 발견했다. 과대망상적 나르시시즘은 자기주장성 및 사회적 능력 같은 적응 요인과는 훨씬 적게 연관된다.[69] 이는 과대망상적 나르시시즘이 특정 수준을 넘어서면 우월감과 극도로 낮은 자존감의 순환이 더욱 빨라지는 경향이 있음을 시사한다.

또한 이 현상은 특히 증상이 너무 심해져서 전문가의 도움이 필요한 임상 환경에서 나르시시즘이 주기적으로 오고 가는 이유를 설명하고, 종종 피해망상과 과대망상의 급속한 순환 내지 동시 발생이 일어나는 이유를 설명하는 데 도움이 될 수 있다.[70]

과대망상적 나르시시즘 성향의 사람은 일이 순조롭게 진행되고 사회적 지위가 상승하면 자부심과 흥분이 밀려드는 것을 느낀다. 그러나 이것들에는 대부분의 약물과 마찬가지로 궁극적으로는 내성이 생겨나며, 치밀어 오른 감정은 더 이상 동일한 황홀경을 유발하지 못한다. 황홀경이 사라지면 과대망상적 나르시시스트는 더 큰 영광, 즉 더 많은 '약봉투'를 찾아 나선다. 그리고 정치에는 관심이 없음에도 불구하고 정당의 후보로 선거에 나서는 등, 평소 아무 관심도 없던 사람이나 직업군에서조차 자신의 우월함에 대한 더 많은 감탄과 확인이라는 황홀경을 구하려 한다.

그러나 다른 약물과 마찬가지로 과대망상은 지속되지 못한다. 결국에는 진실이 망상을 눌러 이기고, 극단적인 과대망상적 나르시시즘 성향의 사람은 종종 침잠, 수치심, 우울증의 에피소드로 끝을 맺는다. 비현실적으로 부풀려진 자기평가를 유지하는 능력은 실패하고 그들은 극도의 취약감을 느끼게 된다. 하지만 깊은 절망과 '무가치'라는 감정의 파도가 물러가면, 부풀려진 자존감에 들뜬 갈망은 타인의 감탄과 긍정적인 피드백에 대한 수용력을 되살려내고 그렇게 약물 복용은 반복된다.

나르시시즘에 대한 중독적 관점은 우리가 '나르시시스트'라고 부르는 사람들이 왜 모든 사람에게 그토록 매력적으로 다가오는지 그 이유를 설명하는 데 도움이 된다. 과대망상적 나르시시즘 성향의 사람은 우리 모두의 내면 깊숙한 곳에 자리하고 있는 존중과 권력을 향한 노력에 빠져들게 된다.[71] 사회심리학자 로이 바우마이스터와 캐슬린 보스는 다음과 같이 말했다.

> 우리는 일반적으로 스스로 할 수 있기를 원하지만, 기회의 부재나 내적 구속 등의 이유로 하지 못하는 일을 하는 다른 사람에게 매료된다고 생각한다. 섹스, 명성, 돈, 권력, 폭력은 매혹의 영원한 원천이다. 사람들은 그들 자신이 욕구를 느끼지만 완전히 만족시킬 수 없는 충동을 탐닉하는 누군가를 보고 싶어 하기 때문이다. 이기주의는 또 다른 경우일 수 있다.[72]

진실은 우리 중 누구라도 충분한 권력이 주어지면 자존감에 '중독'될 수 있고, 자존감이 주는 황홀경에 불을 피울 연료를 공급하기 위해 타인에게서 더 많은 존중을 추구할 수 있다는 것이다. 일찍이 그럴 만한 힘이 거의 없었던 사람의 경우라면 더더욱 그러하다. 그렇기에 누군가에게 제일 먼저 권력을 획득할 수 있게 해주는 이타적 성향은 권력이 넘치는 상황에 직면하면, 다시 말해 일단 그 즐거움을 맛보고 나면, 제 기능을 발휘하지 못할 수 있다는 사실을 인정하는 것이 중요하다. 심리학자 대처 켈트너는 이를 '권력의 패러독스'라고 명명했다. 권력의 경험 자체는 한때 우리에게 권력을 얻게 해준 기술을 파괴하는 경향이 있다.[73]

과도한 권력의 추구는 개인 차원에서만 적용되는 것이 아니다. 이는 또한 집단 수준에서 볼 수 있는 많은 나르시시즘의 원천이기도 하다. 최근 몇 년 동안 심리학자들은 내집단 긍정성in-group positivity의 방어적 형태인 집단적 나르시시즘collective narcissism을 과학적으로 조사해 왔다.[74] 집단적 나르시시즘 성향의 사람은 자신의 내집단이 특별한 대우를 받을 자격이 있다고 믿으며, 자신의 내집단이 인정받아야 마땅하다고 주장한다. 개별적인 나르시시즘과 마찬가지로 집단적 나르시시즘은 통제와 자존감의 욕구에서 기인하는 좌절감에서 비롯되며, 그러한 불안정을 보상하려는 시도이다.[75]

그에 반해 자존감은 건강한 내집단 긍정성과 관련이 있으며, 이는 내집단과 외집단의 사랑 모두를 촉진할 가능성이 높아 보인다.[76] 이는 궁극적으로 희망을 주는 메시지이다. 건강한 자존감을 가질 수 있는 것처럼, 건강한 내집단 사랑을 갖는 것도 가능하다. 저마다 내집단의 일원이 되는 것은 기분 좋은 일이고, 그 안에서 집단 간 위협과 적대감에 대한 과민성을 지속해서 경험하지 않고도 자신의 집단이 이룬 진정한 성취에 대해 큰 자부심을 느낄 수 있다.[77]

결국 가장 중요한 사실은, 권력의 유혹을 무시하거나 권력의 유혹이 공통된 인간성의 일부임을 외면해서는 안 된다는 점이다. 권력을 향한 노력이 반드시 파괴로 이어지는 것은 아니다. 거의 모든 인간은 권력과 세상을 자신의 뜻대로 변화시키기 위해 노력하지만, 아들러가 지적했듯이 우리는 또한 사회적 이익을 위해 노력한다. 우리는 두 가지 노력을 품고 있다. 그렇다면 한 가지 의문이 남는다. 우리는 어떻게 우리의 자존감이라는 욕구를 가장 진실하고 건강하며 성장을 촉진하는 방법으로 충족시킬 수 있을까?

건강한 자부심

(완전하게 기능하는) 개인은 자신의 내적이고 실존적인 과정인 존재 쪽으로, 일부러 고분고분하게 이동하는 것 같다. (…) 그는 불안정이나 과장된 방어적 태도에 수반되는 감정을 통해 현재의 자신보다 더 많은 것이 되려고 애쓰지 않는다. 그리고 죄책감이나 자기 비하에 수반되는 감정을 통해 현재의 자신보다 더 적은 것이 되려고 애쓰지 않는다. 그는 자신의 생리적·정서적인 존재의 가장 깊고 구석진 곳에 더 귀기울이고 있으며, 기꺼이 가장 진실하게 존재하는 자아가 되려는 자신을 더욱 정확하고 깊이 있게 발견한다.

— 칼 로저스,《진정한 사람되기》

우리에게 반가운 소식은 나르시시즘적 자기표현 없이도 자존감 욕구를 충족시킬 수 있다는 것이다. 건강한 자존심을 기르기 위한 해결책은 피해망상적 나르시시즘처럼 자아를 숨기거나 억압하는 것도, 과대망상적 나르시시즘처럼 모든 사람을 사로잡을 만큼 자아를 부풀리는 것도 아니다. 건강한 자존감의 열쇠는 그보다는 진정한 관계, 기술 및 역량을 배양하여 성취에 대한 건강한 자부심을 가질 수 있도록 하는 것이다.

자존심은 종종 '가장 치명적인 죄악'으로 간주되지만, 제시카 트레이시 연구팀이 수행한 연구에 따르면 특정 형태의 자부심은 우리 삶에서 믿을 수 없을 만큼 생산적인 힘이 될 수 있다고 한다. 사실 자부심은 개인적인 목표를 달성하고 세상에 긍정적인 영향을 끼치는 큰 동기가 될 수 있다. 문제는 어떻게 그 힘을 얻었는가에 있다. 그의 연구에 따르면, 나르시시즘과 자기 확대와 타인을 희생시키는 적대감으로 가득 찬 '거만한 자부심'과 건강한 자기 존중과 진정한 성취로 가득 찬 '건강한 자부심'에는 커다란 차이가 있다.[*78]

규칙적으로 건강한 자부심을 경험하는 사람은 친절하고 사회적이며, 기분 좋고 차분하며, 탄력적이고 창의적이며 인기 있는 경향이 있다. 두 형태의 자부심 모두 더 높은 사회적 지위와 관련이 있지만, 건강한 자부심은 더 높은 사회적 지위뿐만 아니라 다른 사람에게 진정으로 존경받고 찬사받으며 사랑받는 것과 관련이 있다.[79] 그렇다고 더 높은 사회적 지위를 가질지 아니면 찬사받고 사랑받을지를 굳이 선택할 필요는 없다. 우리는 모두 가질 수 있다.

최근의 한 연구는 이 주장을 뒷받침한다.[80] 리브 레벨레와 나는 사람들에게 삶의 질에 영향을 미치는 항목의 목록을 제공하고, 각자의 삶에 만족하기 위해 필요했던 항목의 양을 표시해달라고 요청했다. 우리는 세 가지 집단의 동기를 찾아냈다. 첫 번째, '지위 중심의 삶' 집단은 사회적 지위, 돈, 권력, 높은 성취도, 세상에 끼치는 영향, 창의력을 향한 욕구를 꼽았다. 두 번째, '안정 중심의 삶' 집단은 주로 안정, 행복, 친밀한 관계에 대한 욕구를 꼽았다. 마지막으로, 세 번째 '성장 중심의 삶' 집단은 높은 성취도, 업적, 창의력, 영향을 끼치고자 하는 바람뿐만 아니라 의미, 성장, 긴밀한 관계, 세상에 긍정적인 영향을 끼치려는 욕구도 꼽았다. 우리는 자아실현이 성장 중심의 삶과 가장 밀접한 관련이 있으며, 지위 중심의 삶과는 무관하다는 사실을 발

---

* 트레이시 연구팀은 건강한 자존심을 '진정한 자부심authentic pride'이라고 부른다. '진실성authenticity'이라는 단어의 모호함을 감안할 때, 물론 '건강한health'에도 모호함이 분명 존재하지만 나는 '건강한'이라는 용어를 선호한다.

견했다.

세상에 긍정적인 영향을 끼치고자 하는 바람은 의미 및 성장의 욕구와 관련이 있다는 점에 주목하자. 이는 인본주의 심리학자들이 자주 논의하는 개념, 즉 성장과 인도주의적 관심사가 자연스럽게 조화를 이루는 경향이 있다는 이론과 일치한다. 또한, 우리는 세상에 더 일반적으로 영향을 끼치기를 원하는 바람과 세상에 긍정적인 영향을 끼치기를 원하는 바람의 차이를 발견했다.

이러한 발견은 '세상을 변화시키기 위해 타인의 상태를 바꾼다'는 켈트너의 권력 개념과 딱 맞아떨어진다.[81] 이처럼 광범한 권력의 정의를 사용하면 '세상을 변화시키는' 데에는 여러 방법이 있음을 알 수 있다. 그리고 그중 하나가 힘을 갖는 것이다. 세상을 더 나은 곳으로 만들고자 하는 바람은 돈과 지위와 권력에 대한 욕망이 아니라, 자기 자신과 타인의 성장이라는 열망이 주도하는 것이다.

그렇다. 바로 그것이다! 당신의 인생의 주요 목표가 권력과 돈과 지위라도 아무런 문제는 없다. 하지만 그렇다면 당신은 지금 당장 이 책을 읽는 것을 중단하는 게 더 나을 것이다. 나의 조언은 과대망상적 나르시시즘과 관련된 다양한 특성을 가진 사람들의 전략을 면밀히 메모하는 것이다. 높은 수준의 과대망상적 나르시시즘을 가진 사람은 다른 사람의 희생과는 관계없이 앞서 나가고 지배할 방법을 찾는 것 같다.

당신의 인생의 주요 목표가 안전과 안정과 행복이라면, 당신도 마찬가지로 지금 당장 이 책을 읽는 것을 중단하는 게 낫다. 1부의 '안정'과 관련된 장들에서 당신은 자신의 삶에 보다 견고하고 안정된 기반을 다지기에 충분한 통찰력을 이미 제공받았을 것이다.

그러나 당신이 당신만의 방식으로 성장, 탐구, 목적, 창의성 및 인류애에 대한 열망에 따라 자아실현을 이루고, 심지어 초월하기를 진정으로 원한다면 계속해 이 책을 읽어 보자. 아직 가야 할 길이 멀다.

2부 성장

매슬로와 그의 아내 베르타가 뉴욕에 발을 딛던 1935년 8월, 세상은 매슬로가 대학원에 다니던 때와는 많이 달라져 있었다. 독일, 이탈리아, 일본, 스페인에서 파시즘이 부상하면서 매슬로는 인류에 대한 위협을 감지했고, 그 점이 그를 좌절시키고 슬프게 했다.[1] 콜롬비아 대학의 에드워드 손다이크 밑에서 박사후연구원 생활을 하며 매슬로는 계속 섹스와 지배에 대해 연구했다. 그러나 그의 관심사는 인도주의적 관점으로 점점 더 확대되었다.

부분적으로는 유럽에서 미국으로 대거 이주한 정신분석가들 덕분에, 매슬로가 정착한 당시 뉴욕에서는 전례 없는 문화적 르네상스가 진행되고 있었다. 매슬로가 묘사했듯, 뉴욕은 "정신적인 세계의 중심이었다. 아테네 이후로 그와 비견될 만한 곳은 없었다."[2] 1935년부터 1945년까지 약 10년 동안 매슬로는 그의 세대에서 가장 영향력 있는 심리학자와 인류학자들로부터 많은 것을 배웠다. 그리고 그들 중 많은 사람이 그와 친구가 되었다.

그중에는 뉴욕에서 가장 저명한 정신분석학자 알프레드 아들러, 에리히 프롬, 카렌 호나이, 벨라 미텔만, 에밀 오베르홀처, 아브라함 카디너, 데이비드 레비, 게슈탈트 심리학자 막스 베르트하이머, 쿠르트 코프카, 신경정신과 의사 쿠르트 골드슈타인 그리고 콜롬비아 대학교의 저명한 인류학자 루스 베네딕트와 마거릿 미드가 있었다.

모든 멘토가 다 영향을 주었지만, 매슬로는 특히 루스 베네딕트와 막스 베르트하이머를 좋아했다. 그는 자아실현을 연구하려는 자신의 노력을 그가 "사랑하고 존경하며, 감탄하고 진정 대단한 사람"인 두 사람을 이해하려는 시도라고 설명했다.[3] 그는 그들을 매우 존경하면서, 무엇이 그들을 다른 사람과 그토록 다르게 만들었는지 궁금해 했다. 매슬로는 그들의 성격 특성에 관해 많은 메모를 했고, 어느 순간에 그들의 성격 패턴을 일반화할 수 있다는 사실을 깨달았다. 이는 그가 특정 부류의 사람을 발견했음을 암시한다. 그는 이렇게 기록했다. "진정 놀라운 흥분의 시간이었다."[4]

1941년에 정신분석학자 벨라 미텔만과 공동 집필한 비정상 심리학abnormal psychology 교재에서 매슬로의 자아실현 이론에 대한 단서를 엿볼 수 있다.[5] 이 책은 평범한 비정상 심리학 교과서가 아니었다. 매슬로와 미텔만은 책의 서론에서 그들의 관심사가 한 개인의 총체적 성격이라는 관점에서 비정상적인 행동을 이해하고, 그들의 필수적 욕구라는 맥락에서 삶의 목표와 삶의 문제를 해결하려는 시도들을 이해하는 것이라고 밝혔다.[6] 그들은 행복, 편안, 사랑, 자존심 등 언뜻 보기에 개인 차원에서 충돌하는 욕망들이 모두 동일한 목표를 반영하는 것이라고 주장했다. 유일한 문제는 어떤 길이 이러한 목표를 달성하는 가장 좋은 방법인가 하는 점이었다. 두 사람은 이 책에서 다음과 같이 말했다. "모든 인간은 같은 것을 원한다. 문제는 이러한 궁극적인 목표에 도달할 수 있는 경로가 많다는 것이다."[7]

그들이 집필한 비정상 심리학 교과서의 또 다른 특징은 '정상적인 성격'에 관한 내용을 포함한다는 점이다. 매슬로와 미텔만은 정상적인 성격과 비정상적인 성격에 명확한 경계가 없음을 인정하고, 정상성은 항상 특정 문화, 하위문화, 지위, 연령, 성별 및 성격 유형과 관련이 있음을 강조한다. 하지만 그러면서도 그들은 여전히 열두 가지 '정상성의 발현'의 개요를 설명한다. 적절한 안정감과 안정된 자존감을 포함하여 자기 이해, 사랑과 애정 및 지지를 받아들이는 능력, 자신의 성격을 자발적이고 자연스럽게 표현하는 자유, 현실에 효율적으로 대처하는 능력, 성격의 적절한 통합과 일관성 등 이 목록에 있는 많은 항목들은 매슬로가 수년 후 제시한 자아실현자의 특성 목록과 상당히 유사하다.

해당 부분에서 두 저자는 이상적인 성격이라는 개념은 가치판단을 포함하기 마련이고, 따라서 그들이 설명하는 것이 반드시 이상적인 성격인 것은 아니며, 단지 논의를 계속하는 특정 개인의 이상이 반영된 것임을 분명히 했다. 그럼에도 그들은 다음과 같이 적었다. "과학이 앞으로 나아가면서 궁극적으로 연구의 가치판단에 관한 모든 문제를 장악하기를 바란다. (…) 우리는 이 과정이 우리의 가치 대부분으로 확장되고, 심지어는 모든 가치가 결국 과학의 관할권으로 들어올 것이란 사실을 의심하지 않는다. 하지만 우리의 그런 바람이 현실이 될 때까지 이상적인 성격에 대한 논의는 연기되어야 한다."[8]

비정상 심리학 교과서가 출판될 무렵, 매슬로의 연구는 훨씬 더 야심차고 포괄적이며 시급한 주제로 옮겨갔다. 이 같은 연구주제의 변화는 어느 정도 사회변화와 세계개선에 열렬한 관심을 보이는 수많은 위대한 지성인과 만나면서 촉진되었다. 그는 그들의 견해에 깊이 공감했던 것이다.

매슬로는 미국이 제2차 세계대전에 참전한 지 얼마 지나지 않은 어느 날 오후, 아주 특별한 변혁의 순간을 경험했다. 훗날 인생의 말년에 접어든 그는 《오늘의 심리학Psychology Today》과의 인터뷰에서 당시의 순간을 다음과 같이 회상했다.

"진주만 공습 직후 어느 날, 저는 운전해서 집으로 가고 있었습니다. 그런데 갑자기 가난하고 애처로워 보이는 사람들의 행렬이 내 차를 가로막고 나섰습니다. (…) 그리고 그들의 모습을 바라보던 제 눈에서 눈물이 흘러내리기 시작했습니다. 저는 우리가 이해하지 못했던 것이 히틀러도, 독일인도, 스탈린도, 공산주의자도 아니었음을 느꼈습니다. 우리는 그들 중 어느 누구도 이해하지 못했습니다. 그러자 문득, 이해할 수만 있다면 곧 발전할 수 있다고 느꼈습니다. 저에게는 사람들이 둘러앉아 인간의 본성과 증오, 전쟁과 평화 그리고 형제애를 이야기하는 평화의 테이블에 관한 비전이 있었습니다. 저는 나이가 많아서 군대에 들어갈 수 없었습니다만 바로 그 순간, 평화의 테이블을 위한 심리학을 발견하는 데 여생을 바쳐야 한다는 것을 깨달았습니다. 그날 이후로 제 삶은 완전히 바뀌었습니다."[9]

심리학자로서 그의 연구가 세상을 구하고 끔찍한 전쟁과 지독한 증오와 편견을 막는 데 도움이 될 수 있다고 생각한 매슬로는 인간의 동기에 대한 통합이론을 종합하기 시작했다. 우리는 오늘날 매슬로의 이론이 그 시점까지 그가 가졌던 모든 영향력을 어떻게 통합해 표현했는지 분명히 알 수 있다.[10]

매슬로의 동기 이론에 특히 중요한 영향을 준 것은 쿠르트 골드슈타인의 저술로, 지금은 고인이 된 신경학자 올리버 색스는 골드슈타인을 신경학과 정신과의 역사에서 가장 중요하고 가장 모순되며 현재는 완전히 잊힌 인물 중 한 사람이라고 설명했다.[11] 골드슈타인은 경력이 최고조에 달했던 1935년, 참혹한 전쟁과 마주하고 그가 설립한 연구소를 포함해 유럽에서 50년 동안 쌓아왔던 모든 것을 잃고 독일에서 미국으로 이주했다. 골드슈타인은 외상성 뇌손상을 앓던 젊은 병사들을 치료하면서, 신경학 분야에 환자의 재활을 완전히 이해하기 위해 전체 유기체를 고려하는 새로운 전체론적 접근법을 도입해야 한다고 주장했다.

1934년에 발표한 대표작인 《유기체The Organism》에서 골드슈타인은 환자들에게서 보존된 역량을 가능한 한 최선의 방법으로 활용하는 타고난 자기보존의 욕구를 관찰했음을 설명했다. 골드슈타인은 "유기체는 자신의 능력인 '본질'을 세상에서 최대한 실현하려는 경향에 의해 지배된다 말할 수 있다"고 하면서, 자기보존과 자아실현을 향한 이 유일한 추진력을 생명의 기본 법칙으로 간주할 수 있다고 주장했다. 골드슈타인은 매슬로와 마찬가지로, 유기체 전체는 특정한 뇌의 결함 같은 고립된 부분만을 바라보는 것으로는 이해될 수 없다는 게슈탈트 심리학자들의 생각에 큰 영향을 받았다.

1943년, 매슬로는 언뜻 보기에 이질적인 단서들을 모두 한데 모아 그의 야심찬 인간 동기 이론에서 '자아실현'이라는 용어로 포착해냈다. 기본적인 안전, 안정, 소속감, 애정 및 존중의 욕구에 관한 논의를 거쳐, 매슬로는 기본 욕구들만큼이나 근원적인 토대가 되는 더 높은 단계의 욕구가 존재함을 언급하기 시작했다.

> 모든 기본 욕구가 충족되더라도, 우리는 (언제나 그런 것은 아니지만) 개인이 각자에게 적합한 무언가를 하지 않는 한 여전히 조만간 새로운 불만과 동요가 발생할 것을 예상할 수 있다. 결국 자기 자신에게 만족하고 싶다면, 음악가는 음악을 만들어야 하고, 미술가는 그림을 그려야 하며, 시인은 글을 써야 한다. 우리는 저마다 될 수 있는 것이 되어야 한다. 저마다는 자신의 본성에 충실해야 한다. 이러한 욕구를 우리는 자아실현이라고 부를 수 있다. (…) 이는 자기 충족을 위한 저마다의 욕구, 즉 자신에게 가능성으로 존재하는 것을 현실로 만들고자 하는 성향을 의미한다. 이러한 성향은 더더욱 독특한 존재가 되고 싶은 욕망, 자신이 될 수 있는 모든 것이 되고자 하는 욕망으로 표현될 수 있다.[12]

매슬로는 1943년 논문을 발표한 후, 더 깊게 사회와 연관된 연구를 해야 한다는 시급함을 느꼈다.[13] 그리고 1944년 5월 19일, 그는 총 스물한 장으로 구성된 필생의 역작의 서문 초안을 작성했다.[14] 이 초안에서 그는 자신의 연구결과가 인류의 비전을 통합하는 데 도움이 되기를 바란다는 희망을 표현했다. 그해 6월, 그는 이 야심찬 책의 상세한 개요를 완성했다. 하지만 그는 결국 이 프로젝트를 보류하는 대신, 자아실현자에 대한 조사에 좀 더 체계적으로 집중하기로 결정했다.

매슬로는 브루클린대학 학생들에게 그들이 아는 '가장 자아실현적인' 사람에 대한 에세이를 쓰도록 요청했고, 그 주제로 학생들이 제출한 에세이를 분석했다. 그는 또한 친구, 동료 및 친척의 특성을 비공식적으로 관찰했지만, 그는 자신의 조사방법이 만족할 만큼 체계적이지 못하다는 점을 인정했다. 그래서 1945년 5월 6일, 그는 자신이 찾아낸 모든 자료를 한 곳에 정리하기 위해 '좋은 인간Good Human Being(GHB) Notebook' 프로젝트를 시작했다.[15] 매슬로는 노트의 첫 페이지에 다음과 같이 적었다.

몇 년 동안 호들갑을 떨다가 결국 GHB 연구에 집중하기로 결심했다. 아울러 보다 공식적이고 엄격하게 조사를 수행하고 있다. 하지만 이 모두는 무척 어렵다. 문제가 하나둘이 아니다. 현재 나는 극복할 수 없는 어려움을 최대한 의식하려고 노력하고, 그러고 나면 어쨌거나 계속해서 앞으로 나아갈 것이다.[16]

자아실현에 관한 매슬로의 연구는 실제로 '좋은' 인간의 특성을 찾는 것이었다. 매슬로는 인간의 본성이 기본적으로 좋다고 믿었고, 그의 작업은 그가 가장 완전하게 인간적이라고 생각했던 사람들을 연구함으로써 그의 믿음이 사실임을 체계적으로 보여주려는 시도였다. 그는 몇 년 후 인터뷰에서 다음과 같이 언급했다. "나는 인간이 전쟁, 편견, 증오보다 더 장대한 무언가를 할 수 있다는 것을 증명하고 싶었습니다. 나는 과학이 모든 사람을 고려하도록 만들고 싶었습니다. 내가 찾을 수 있는 인류 최고의 표본 말입니다."[17]

매슬로가 자아실현에 대한 연구를 계속한 것은 어느 정도 '자아실현을 이룬 사람에게서 동기, 감정, 가치, 사고, 지각의 다른 체계를 발견할 수 있다'는 열렬한 믿음 때문이었다. 매슬로는 1946년 1월 중순, 자신의 노트에 다음과 같이 썼다.

> 모든 사람이 이렇게 자아실현되지 않는 본질적인 이유는 없는 것 같다. 분명 모든 아기에게는 자아실현의 가능성이 있다. 하지만 대부분의 아기는 그런 가능성을 망가뜨린다. (…) 내가 생각한 자아실현을 이룬 사람은, **무언가를 더한 사람이 아니라 아무것도 빼지 않은 평범한 사람이다.**[18]

노트에는 훗날 그의 최종 목록을 형성하는 몇 가지 특성의 씨앗이 분명 담겨 있었지만, GHB 노트북과 1950년에 그가 발표한 논문 〈자아실현〉에는 커다란 차이가 있다.[19] 매슬로는 1945년부터 1949년까지 GHB 노트를 불규칙적으로 관리했고, 1946년 이후로는 훗날 심장마비로 판명된 건강 탓에 노트에 거의 기록하지 못했다. 그렇다면 1945년과 1950년 사이, 그가 그렇게 큰 도약을 할 수 있었던 동안 그의 머릿속에서 어떤 생각이 오고갔는지를 살펴보는 것 또한 흥미로울 것이다. 그와 관련해 리처드 로우리는 다음과 같이 말했다. "그동안 그의 이론에는 다량의 성형, 연마, 세팅이 있었던 것 같다."

매슬로는 자신의 논문에서 지인과 친구들을 관찰하고 3천 명의 대학생을 선별하여 조사한 것 외에도, 대중적인 역사적 인물들의 특성을 연구했다고 언급했다. 그중 '[자아실현이] 상당히 확실한' 두 인물은 말년의 에이브러햄 링컨과 토마스 제퍼슨이었다. 그리고 일곱 명의 '꽤 가능성이 있어 보이는' 인물에는 알베르트 아인슈타인, 엘리너 루즈벨트, 제인 애덤스, 윌리엄 제임스, 알베르트 슈바이처, 올더스 헉슬리, 바뤼흐 스피노자가 포함됐다.

그러나 그의 방법론에도 불구하고, 매슬로는 자아실현의 특성에 관한 목록이 체계적인 일련의 연구결과가 아닌 소수의 자료에 기초한 '전반적이거나 포괄적인 인상'의 조합이라는 사실을 인정했다.[20] 자신의 방법론의 한계를 인정하면서도, 그는 후속 연구의 토대가 될 수 있기를 바라며 목록을 공개했다.

자아실현의 특성

매슬로가 자아실현적 인물들의 특성 목록을 발표한 지 약 70년이 지났지만, 그의 논문은 여전히 검증 가능한 많은 아이디어를 제공한다. 나는 그가 제안한 자아실현의 특성 중 얼마나 많은 것이 적절한 검증을 견뎌낼 수 있을지 무척 궁금했다. 그래서 나는 그가 제시한 특성들을 일련의 등급으로 변환시켜 다양한 범주의 사람들에게 정식으로 적용해보았다. 그리고 몇 차례 반복된 시도 끝에 열 가지 특성이 엄정한 과학적 조사과정을 견뎌냈으며, 이들 모두는 서로 유의미하게 연관되어 있음을 발견했다. 다시 말해 한 가지 특성에서 높은 점수를 받은 사람들은 다른 특성에서도 높은 점수를 받는 경향이 있음을 확인했다.

자아실현의 특성

▲ 진실 추구('항상 사람과 자연에서 진정한 진실을 얻기 위해 노력한다.')

▲ 수용('부끄러워하거나 미안해하지 않고, 나의 모든 기발함과 욕망을 있는 그대로 받아들인다.')

▲ 목적('살면서 특별한 임무를 완수해야 할 큰 책임과 의무를 느낀다.')

▲ 진실성('격이 떨어지는 환경과 상황에서도 나의 존엄성과 성실성을 유지할 수 있다.')

▲ 지속적인 감사의 신선함('비록 다른 사람에게는 진부하게 느껴질지 모르지만, 나는 사는 데 필요한 기본적인 것들의 가치조차 몇 번이고 경외심과 기쁨과 경이로움 그리고 심지어는 황홀한 마음으로 신선하고 순수하게 감사할 수 있다.')

▲ 절정 경험('새로운 지평선과 가능성이 나 자신과 타인을 위해 열리는 것을 종종 경험한다.')

▲ 인도주의('내게는 인간 세상에 도움이 되고 싶다는 진정한 열망이 있다.')

▲ 훌륭한 도덕적 직관('잘못을 저지른 후 곧바로 진심으로 내 잘못을 인정할 수 있다.')

▲ 창의적 정신('내가 하는 모든 일에는 일반적으로 창의적 정신이 깃들어 있다.')

▲ 평정심('불가피한 인생의 오르막과 내리막을 품위 있고 침착하게, 그리고 기꺼이 받아들이는 편이다.')

거의 70년 전에 매슬로가 제안했던 자아실현을 추구하는 사람의 특성 가운데, 이처럼 많은 것들이 여전히 신뢰할 수 있고 유효한 것으로 인정받을 수 있다는 사실은 진정 놀라운 일이다. 그럼에도 매슬로는 한 가지 중요한 사실에서 완전히 잘못 짚었다. 자아실현의 특성은 그가 믿었던 것만큼 드물지 않다는 점이다. 나는 자아실현에서 성별, 인종, 민족적 차이를 발견하지 못했고, 적어도 내 연구의 연령 조건이었던 18세 이상의 집단에서는 나이와의 연관성도 찾을 수 없었다. 매슬로가 대학생들에게서 자아실현의 특성을 거의 찾아볼 수 없었다고 믿었다는 점을 고려한다면 이는 상당히 흥미로운 사실이다.

이러한 특성이 중요한 것일까? 근사하게 들리기는 하지만, 우리가 살고 있는 치열하고 경쟁적인 사회에서 자아실현은 철지난 소리가 된 것일까? 그렇지 않다. 자아실현의 특성은 현실에서도 상당히 중요한 것으로 밝혀졌다. 매슬로가 예측했듯이, 자아실현 점수가 높은 사람은 기본적 욕구의 부족함을 충족시키는 것보다 성장, 탐구, 인류애에 의해 훨씬 더 많은 동기를 부여받았다. 자아실현 점수는 더 큰 삶의 만족도, 호기심, 자기 수용, 긍정적인 인간관계, 환경의 지배, 개인적 성장, 자율성, 삶의 목적을 포함하여 안녕감의 다양한 지표와 연관되어 있었다. 자아실현은 또한 예술과 과학에서 비즈니스와 스포츠에 이르기까지 광범한 분야에서 기대했던 대로 직무 수행, 직무 만족도, 더 큰 재능, 기술 및 창의적 능력을 보여주었다.

자아실현의 특성은 개념상 네 가지 범주로 분류될 수 있으며, 이들 범주는 바로 이 책의 나머지 부분을 구성하는 탐구, 사랑, 목적 및 초월이다. 앞의 세 가지는 다 함께 성장을 가능하게 해준다. 성장의 기초에는 탐구가 자리하고 있으며, 탐구는 다른 모든 성장욕구를 이끌어낸다. 따라서 우리의 성장 여정은 자연스럽게 탐구로 이어진다.

4장

탐구:
무엇이 인간을
강인하게 만드는가

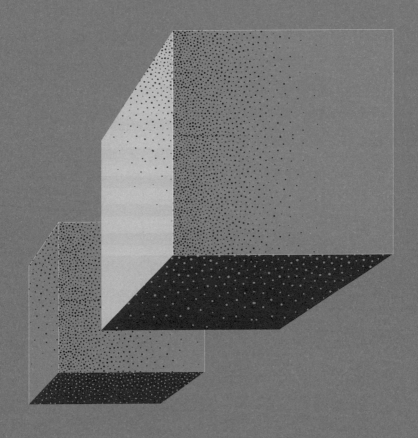

내가 원하는 것이 있다면 부나 권력이 아니라, 잠재력에 대한 열정적인 감각과 언제나 젊고 열렬하게 가능성을 알아보는 눈일 것이다. 즐거움은 나를 실망시키지만, 가능성은 결코 그런 법이 없다. 가능성! 어떤 와인이 그처럼 반짝거리고 향기로우며 취하게 만들 수 있을까!

— 쇠렌 키르케고르, 《이것이냐 저것이냐》

탐구의 욕구, 즉 새롭고 도전적이며 불확실한 정보와 경험을 추구하고 이해하려는 욕구는 환원할 수 없는 근본적인 욕구이다.[1] 존재의 핵심 문제는 불확실성을 관리하고, 항상 늘어만 가는 우리 삶의 엔트로피(예측 불가능성)와 무질서를 줄이는 것이다. 증가하는 불확실성에 직면하는 것은 커다란 불안의 원인이 될 수 있지만, 매슬로가 언급했듯 미지의 것에는 즐거움 또한 깃들어 있다.[2] 사실 성장하기 위해서는 적어도 어느 정도까지 익숙함이라는 안전의 틀에서 벗어나는 것이 필요할 때가 종종 있다. **성장에는 용기가 필요하다.**

매슬로는 사람들이 성장하도록 돕는 열쇠는 그들이 성장 선택을 더 매력적이고 덜 위협적인 것으로 느끼고 안전 선택을 덜 매력적이고 더 많은 비용을 치르는 것으로 느끼게끔 만들어, 미지의 것을 과감히 선택하기에 충분할 만큼 위험하지 않고 자유로우며 자발적인 것으로 느끼게 하는 것이라고 생각했다.[3]

평생 보호해 준다는 느낌을 제공하는 방어수단을 포기하는 것은 엄청난 스트레스의 원인이 될 수 있다. 그럼에도 장기적으로 보면 우리는 적어도 성장 방향으로 움직일 때만 성장한다. 매슬로는 사람이 진정 자유롭다면, 현명하지 못한 선택을 하는 것보다는 훨씬 건강하고 성장 지향적인 방향으로 나아갈 것이라고 믿었다.⁴ 매슬로에게는 이것이 존재의 심리학과 성장의 심리학이 조화를 이룰 수 있는 방법이었다. 자기 자신이 되고 방어와 두려움과 불안을 벗어버릴 때, 비로소 우리는 앞으로 나아가고 성장한다.

이런 과정은 어린아이들에게서 분명하게 찾아볼 수 있다. 영아와 유아들은 자연스럽게 탐구적이고 호기심이 많으며, 매료되고 장난기 많으며 새로운 세계를 궁금해 한다. 그러나 또한 그들은 겁을 내고 미지의 것을 매우 무서워한다. 어린아이들은 먼저 조심스럽게 상황을 살피다, 주변에 있는 부모나 다른 어른들을 쳐다보며 탐구를 해도 안전한지를 확인한다. 지나치게 안전하다고 느끼는 아이들은 이내 지루해져서 더 높은 탐구의 즐거움을 찾아 나서려 할 것이다. 너무 과한 안전은 아이들이 배우고 성장할 수 있는 좋은 기회를 방해한다.

과도하게 보호하고 간섭하는 이른바 '헬리콥터 육아'에 대한 방안으로 레오노어 스케나지는 자유 방목을 원칙으로 삼는 프리-레인지 키즈 운동Free-Range Kids Movement을 창안했는데, 이는 자녀들이 위험 요소를 합리적으로 수용하면서 독립적으로 자라게끔 키울 것을 부모들에게 권장한다. 스케나지는 다니엘 슈크먼, 피터 그레이, 조너선 하이트와 함께 우리 아이들과 사회의 미래 보장을 목표로 과잉보호 문화에 대응하고자 비영리단체인 '렛 그로우Let Grow'를 설립했다.⁵

탐구가 오로지 아이만을 위한 것은 아니기에, 어른이 되면서 탐구와 놀이의 정신이 점점 약해지는 것은 진정 안타까운 일이다. 미지의 것을 찾아 적극적으로 참여하는 사람은 그 안에 잠재된 즐거움을 추출하고 배우며 온전한 인간으로 성장할 수 있는 더 좋은 기회를 갖는다. 이 같은 맥락에서 매슬로는 다음과 같이 말했다. "우리 실험에 참여했던 사람 중 건강한 이는 일반적으로 미지의 것을 위험하다고 여기거나 두려워하지 않는다. 그들은 미지의 것을 편하게 받아들이고, 때로는 이미 알고 있던 것보다 더 많이 마음을 빼앗기곤 한다." 토드 카시단 연구팀이 작성한 다음 진술을 살펴보면 여러분의 현재 탐구 욕구 수준을 측정할 수 있다.[6]

탐구의 척도

▲ 도전적인 상황을 성장하고 배울 수 있는 기회로 간주한다.
▲ 항상 나 자신과 세상에 대한 나의 생각에 도전하는 경험을 찾고 있다.
▲ 무언가에 관해 깊이 생각해야 하는 상황을 찾는다.
▲ 익숙하지 않은 주제를 배우는 것을 좋아한다.
▲ 새로운 정보를 배우는 것을 매력적으로 느낀다.

탐구는 성장에 도움이 될 뿐만 아니라 우리의 뿌리 깊은 불안과 두려움을 진정시키는 데 도움이 될 수 있다. 매슬로가 언급했듯이 불안에 대처하는 한 가지 방법은 우리의 가장 깊은 두려움을 익숙하고 예측 가능하며 감당할 수 있고 조절 가능한 것, 다시 말해 무섭지 않고 무해한 것으로 만들고, 깊게 알며 이해하는 것이다.[7] 그렇게 함으로써 지식의 증가는 우리가 성장하는 데 도움이 될 뿐만 아니라 불안을 줄이는 기능으로도 작용할 수 있다.

실제로 토드 카시단 연구팀은 탐구 욕구가 스트레스 내성, 즉 새롭고 예상치 못하며 복잡하고 신비스러우며 모호한 사건에 내재한 불안을 기꺼이 수용하려는 의지와 긍정적인 상관관계가 있음을 발견했다. 스트레스 내성은 안녕감, 삶의 의미, 지배, 자율성, 관련성의 욕구 충족, 일상생활에서의 많은 긍정적인 감정의 존재 등 그들이 측정한 모든 지표에서 행복과 가장 강력한 상관관계를 보여주었다.

탐구의 연료

무질서를 통한 성장 잠재력은 우리의 DNA 깊숙이 암호화되어 존재한다. 우리는 더욱 안정되기 위해 방어적이고 파괴적인 충동을 조절하는 능력을 발전시켰다. 그뿐만 아니라, 미지의 것을 이해하는 능력도 발달시켰다. 탐구에 참여함으로써 우리는 새롭거나 예상치 못한 사건을 기존의 지식 및 경험과 통합할 수 있게 되고, 이는 성장에 필요한 프로세스다.[8]

탐구를 이끌어내는 일반적인 동기 유발은 도파민에 의해 주도된다.[9] 도파민은 보통 기분 좋게 해주는 화학분자로 알려졌지만, 이는 신경전달물질인 도파민에 대한 심각한 오해다. 도파민의 주된 역할은 우리가 어떤 대상을 원하게 만드는 것인데, 이 경우 '원하는' 대상이 반드시 우리가 '좋아하는' 것은 아니다. 보상의 가능성이 주어지면 우리의 뇌에서는 아주 많은 양의 도파민이 분비된다. 하지만 이 같은 도파민 분비는 우리가 일단 그것을 얻은 후 실제로 좋아하거나 즐길 것을 보장하지 않는다. 도파민은 탐구의 동기를 부여하고, 미지의 것에서 가장 큰 즐거움을 추출하도록 해주는 인지 및 행동 과정을 촉진하면서, 우리 삶에 엄청난 활력을 불어넣는다.[10]

도파민이 기분을 좋게 만드는 것의 전부가 아니라면, 왜 그 같은 신화가 대중의 상상 속에 계속 자리 잡게 된 걸까? 그것은 도파민에 관한 수많은 연구가 초콜릿, 사회적 관심, 사회적 지위, 성 파트너, 도박 또는 코카인처럼 우리의 보다 원초적인 욕구 보상에 대한 탐구를 유도하는 역할과 관련되었기 때문일 것이다. 그러나 얼마 전 정보의 보상가치와 밀접한 관련이 있는 뇌의 또 다른 도파민 경로들이 제시되었다.[11]

탐구를 즐기는 성향의 사람은 탐구의 행동양식에 참여하도록 동기를 부여받을 뿐만 아니라, 자신의 경험에서 의미와 성장을 추출하고 새로운 정보를 발견하는 가능성을 통해 에너지를 얻는 경향이 있다. 매슬로가 '인지적 욕구'라고 명명한 이들 욕구는 온전한 인간이 되기 위해 필요한 인간의 다른 욕구만큼이나 중요하다.

이어서 탐구의 행동 형태와 인지 형태 모두를 포괄하는 탐색의 다섯 가지 하위 욕구(사회적 탐구, 모험 추구, 외상 후 성장, 경험에 대한 개방성, 지능)에 대해 간략하게 설명하고자 한다. 이러한 설명이 여러분의 탐구 정신을 자극하고, 미지의 것이 선사하는 즐거움을 만끽하도록 영감을 선사하기를 바란다.

사회적 탐구

우리 인간은 사회적 동물이고, 사회생활에 참여하는 것은 건강과 안녕감을 위해 필요하다. 그러나 불안정과 박탈(예를 들어 소속감과 애착에 대한 극도의 욕구)에서 기인하는 사회적 참여의 형태와 탐구와 성장이 촉진하는 사회적 참여의 종류에는 분명한 차이가 있다. 일련의 연구에서 주느비에브 라비뉴 연구팀은 소속감의 욕구와 관련된 두 가지 분명한 지향성을 발견했다. 하나는 호기심, 타인에 관해 배우려는 진지한 관심 그리고 스스로를 알기 위한 열망에 의해 주도되는 성장 지향이다. 그리고 다른 하나는 결핍 감소 지향으로, 이는 받아들여진 것처럼 느끼거나 삶의 깊은 공허감을 채우려는 지나치게 높은 욕구 때문에 발생한다.[12]

소속감에 대한 성장 지향성은 더 높은 수준으로 안정된 애착, 과거의 긍정적인 사회적 상호작용, 회복 탄력성, 중요한 관계에 대한 헌신, 관계에 있어서 자기 개방을 포함한 광범한 성장 지향적 결과와 관련이 있었다. 반면 결핍 감소 지향은 높은 수준의 사회적 불안, 사회적 비교, 불안 애착 스타일, 관심 욕구, 외로움 등 성장을 저해하는 다양한 결과와 관련이 있었다.

성장 지향적 사회적 참여는 사회적 탐구, 사람에 대해 배우고 새로운 사회적 경험에 참여하려는 추진력이라고 할 수 있다. 사회적 탐구의 첫 번째 측면은 다른 사람이 어떻게 느끼고 생각하고 행동하는지에 대한 정보를 수집하고자 하는 일반적인 관심을 포함하는 사회적 호기심이다.[13] 토드 카시단 연구팀이 작성한 다섯 항목을 통해 여러

분의 현재 사회적 호기심 수준을 측정할 수 있다.[14]

사회적 호기심의 척도

- ▲ 다른 사람의 습관을 배우고 싶다.
- ▲ 사람들이 왜 그렇게 행동하는지 알아내는 것을 좋아한다.
- ▲ 다른 사람들의 대화 내용을 알고 싶다.
- ▲ 다른 사람들과 있을 때면 대화에 귀 기울이는 것을 좋아한다.
- ▲ 사람들이 다툴 때면 무슨 일인지 알고 싶다.

사회적 호기심이 성장에 도움이 되는 데에는 여러 이유가 있다. 첫째, 다른 사람과 그들의 행동에 대한 새로운 정보를 배우는 것은 우리에게 그들의 실수로부터 배울 수 있는 가능성을 줄 뿐만 아니라, 개인적으로 광범한 시행착오를 겪지 않고서도 인생의 기회를 더 많이 인식하게 해준다. 또한 타인에 관한 정보를 배우면 우리는 사회적 환경에 효과적으로 적응하고 관계를 촉진할 수 있다. 결국 사람에 대해 배운다는 것은 매우 복잡한 문제고, 그들의 외적 행동에 대한 지식뿐만 아니라 그들의 내면의 생각, 감정 및 경험에 대한 이해도 필요하다.[15] 따라서 사회적 정보를 얻으려는 노력이 우리 인간의 생존에 필수적이라는 사실은 너무나 당연한 일이다.

사회적으로 호기심이 많은 사람은 사회적 정보를 더욱 효과적으로 사용한다. 그들은 자신의 사회적 환경에 주의를 더 기울이고, 다른 사람의 성격 특성을 추론하기 위해 더 넓은 범위의 단서를 사용하기 때문이다.[16] 연구결과에 따르면, 사회적으로 호기심이 많은 사람이 그렇지 않은 사람보다 처음 만난 사람의 성격을 실제로 더 정확하게 평가한다. 낯선 사람과 단지 간단히 소통했을 때에도 이 같은 사실에는 변함이 없었다.[17] 이는 외향성과 경험에 대한 개방성의 성격 특성, 즉 누군가를 알아가는 짧은 시간 동안 가장 두드러지는 특성을 정확하게 인식하는 데 있어 더더욱 분명하게 나타난다. 또한 연구결과가 보여주듯 친밀한 대인관계에 더 많이 투자하는 사람이 시간이 지날수록 더 정확하게 성격을 판단할 수 있는 능력이 있으며, 따라서 타인과의 깊은 관계에 투자하며 사회적 호기심이 많은 사람이 풍부한 사회적 정보를 수집하는 능력이 뛰어날 가능성이 높다.[18]

사회적 호기심은 다른 사람들이나 그들의 사생활에 대한 이야기를 즐기는 가십gossip 선호 경향과 연결되어 있지만, 이 둘은 엄연히 다른 원동력이다.[19] 사회적 호기심과 가십 선호 경향은 모두 사회적 대화에 대한 관심, 타인을 알아가는 것 그리고 관계 형성을 포함한다. 그러나 가십은 오락에 대한 욕구에 의해 더 많이 주도되는 경향이 있는 반면, 사회적 호기심은 사람에 관한 새로운 정보를 배우고 탐색하려는 욕구에 의해 더 많이 발생한다. 또한 사회적 호기심은 경험에 대한 더 큰 개방성뿐만 아니라 일반적인 지식과 정보에 대한 호기심과도 관련이 있지만, 가십은 관련이 없다.

그렇지만 사회적 호기심과 가십은 아마도 문화적 학습의 두 핵심 동력으로 함께 진화했을 것이다. 로이 바우마이스터가 지적했듯, 인간은 학습을 위해 자신의 경험에만 의존하기보다는 구성원과 지식을 공유하고 그 지식에 의존하는 문화 사회에 참여하고 소속하도록 진화해 왔다. 사회적 호기심과 가십은 보상받거나 처벌받는 문화적 규범과 행동에 대한 정보, 누가 신뢰할 만하며 누가 의심받아야 하는지에 대한 정보를 수집하고 전달하는 데 반드시 필요하다. 대부분의 가십은 다른 사람의 사소한 실수나 사고와 관련되는 편이며, 이는 가십의 96퍼센트가 부정적인 반응을 불러일으키는 이유를 설명하는 데 도움이 된다. 사람들은 그들이 경험한 가십의 약 66퍼센트에서 자신의 삶에 유용한 교훈을 배웠다고 응답했다.[20]

따라서 우리는 주변 사람에 대한 관심뿐만 아니라, 그들에 관한 정보를 다른 사람에게 전달하면서 얻는 즐거움을 발전시켰을 가능성이 농후하다. 물론 수집 및 전송하는 정보가 항상 정확한 것은 아니며, 사람들이 단순히 자신의 선입견에 따라 무비판적이고 편견 없이 정보를 전달하는 것도 아니다. 그룹 구성원은 서로의 견해와 관점을 확인하는 것을 좋아하며, 지배집단의 세계관에 대한 합의 구축 및 비준은 종종 진실 추구보다 우선시되기도 한다. 문화권 내에서 대중적이지 않은 견해를 표명하는 사람은 무시당하거나, 심지어는 억압받을 수도 있다. 그의 견해가 항상 부정확해서가 아니라, 공유된 정신적 현실의 건설에 기여하지 않기 때문이다. 이러한 편견에 맞서 싸우고 정확한 공유된 현실을 즐기는 사회를 갖기 위해, 현실에 관한 자신만의 해석으로 서로 토론하며 관계를 맺는 다양한 사람이 필요하다.[21]

사회적 탐구의 또 다른 중요한 형태는 새로운 사회적·물리적 환경에 적극적으로 참여하려는 추진력이다. 여기에는 새 친구 사귀기, 새로운 토론 참여하기, 새로운 단체에서 자원봉사 하기, 새로운 댄스 동아리 찾기까지 포함될 수 있다.[22] 새로운 사회적 상황에 더 많이 노출되고 다양한 사람과 아이디어를 접하다보면 풍부한 학습의 기회를

얻을 수 있다.[23]

종합하자면, 사회적 호기심과 새로운 사회적 경험을 쌓으려는 추진력은 사회적 동물인 인간 세상에서 성장과 학습을 위한 중요한 탐구 형태인 사회적 탐구의 욕구를 구성한다.

모험 추구

알렉스 호놀드는 자칭 '암벽등반 전문가'다. 때때로 알렉스 '식은 죽 먹기' 호놀드라고도 불리는 그는 지난 12년 동안 로프나 벨트 등 일체의 안전장비 없이 암벽을 등반하는 프리 솔로잉free soloing으로 미국에서 가장 거대한 암벽 중 일부를 정복했다. 그리고 2017년 6월 3일에는 마침내 요세미티 국립공원의 3000피트에 달하는 엘 캐피탄 El Capitan을 안전장비 없이 등반하며 평생 소원을 이루었다. 아무런 지원 없이 혼자서 정상에 오르는 데에는 3시간 56분이 걸렸다.

그는 왜 그런 짓을 하는 걸까? 그의 행동을 유도하는 것은 무엇일까? 엄청난 양의 아드레날린이 솟구치기 때문일까? TV쇼 〈60분〉에 출연해 이러한 질문을 받은 호놀드는 오히려 정반대라고 대답했다. "아드레날린이 정신없이 분비되는 일 따위는 없습니다. 그러니까 제가 급박하게 움직인다는 건 뭔가 끔찍하게 잘못되었다는 것을 의미하죠. 모든 건 무척 느리게 진행되고 통제되어야 하기 때문입니다. 그리고 그때의 느낌은, 말하자면 감미롭습니다."[24]

그가 하는 말이 탐구의 핵심이자 전부인 것 같아 보인다. 호놀드는 또 다른 인터뷰에서 이렇게 설명했다. "사람들이 이제껏 해보지 않았던 일을 시도하고, 자신을 한계상황으로 몰아붙이며, 스스로가 할 수 있는 일을 확인하는 것은 어쩌면 좀 더 복잡할 수 있습니다. 어떤 면에서 그 같은 충동은 호기심과 유사합니다. 모퉁이를 돌면 무엇이 있을지 보고싶어 하는 탐험가의 마음 말입니다."[25]

호놀드는 아주 정교하고 세심하게 등반을 시각화하며 계획하고, '안무'를 하나하나 암기하고, 심리적 조종을 이겨내며 꼬박 1년 동안 엘 캐피탄 등반을 계획했다. 이는 짧은 시간 동안 엄청난 준비를 하고 상당한 위험을 감수해야 하는 일이었다. 호놀드는 다른 사람들처럼 위험 정도를 정확히 계산하고, 위험을 감수할 가치가 있는 일인지를 신중하게 결정한다고 말했다. "그건 눈을 크게 뜨고, 기꺼이 감수할 위험의 정도를 선택하는 문제입니다. 위험 감수를 싫어하는 사람들이 나처럼 나름대로 의도를 가지고 선택하는지 정말 궁금합니다. 얼마나 많은 사람이 자신의 가치관에 가장 적합하고, 또 가치관을 최대한 충족시키는 방식을 선택하며 살아가고 있을까요?"[26]

호놀드처럼 모험을 추구하는 사람을 이끄는 것은 안전과 연결과 자기 존중의 욕구처럼 안정을 구성하는 욕구가 아닌 것 같다. 그보다 오히려 배우고 성장하며 새롭고 복잡한 도전을 정복하려는 욕구가 호놀드에게 훨씬 더 많은 영향을 주는 것 같다. 대부분의 등반가는 엘 캐피탄을 올려다보며, 무시무시한 암벽을 등반한다는 생각만으로도 두려움을 느낀다. 그러나 호놀드는 모든 잠재적 결과에 대비한 광범한 준비와 생각을 통해 그 같은 두려움을 지배할 수 있었다.

모험을 추구하는 것은 도파민 생산을 암호화하는 유전자와 상관관계가 있고, 호놀드에게 모험을 추구하는 유전적 성향이 있을 수도 있다.[27] 하지만 그 역시 분명 두려움 없이 태어나지는 않았다. 호놀드는 처음으로 프리 솔로잉을 시도했을 때 큰 두려움에 직면했다고 말했다. 그러나 프리 솔로잉이라는 성장 경험을 충분히 경험하면서, 그는 두려움을 느끼지 않도록 스스로를 훈련시켰다. 그는 인터뷰에서 다음과 같이 말했다. "제 안전지대는 언제든 사라질지 모르는 주변의 작은 물거품과 같습니다. 그래서 저는 완전히 다른 방향으로 밀고 나갔고, 일을 점점 더 크게 만들었습니다. 완전히 미친 짓인 것처럼 보였던 목표가 결국 가능성의 영역에 들어설 때까지 말이죠."[28] 호놀드는 높은 스트레스 내성을 갖도록 스스로를 훈련시켰고, 그래서 자신의 두려움과 불안에 방해받지 않고 미지의 것을 더 많이 탐구할 수 있었을 것이다.

스트레스 내성이 그의 등반에만 영향을 준 것 같지는 않다. 연구자들은 호놀드를 기능적 자기공명영상fMRI 장치에 넣고, 그에게 약 200개의 이미지를 빠른 속도로 연속해서 보여주었다. 사진들에는 얼굴이 온통 피로 얼룩진 시체와 대변이 가득한 화장실 사진이 포함되어 있었다. 대부분의 사람은 그 같은 이미지를 매우 혼란스럽게 받아들이고, 그런 이미지를 보면 뇌에서 감정적 의미를 처리하는 데 중요한 영역인 편도체가 활성화되는 경향이 있다. 그러나 호놀드의 경우 그러한 이미지를 보면서도 사실상 아무런 뇌 활동도 일어나지 않았다. 연구자들은 이 같은 현상을 두고 그가 수년 간에 걸쳐 두려움과 불확실성을 관리하도록 자신을 훈련시켰기 때문이라고 설명했다. 아울러 그에게 분명 타고난 성향도 작용했겠지만, 이는 우리 모두가 배

울 수 있는 기술이라고 제안했다.[29]

과학자들은 '모험 추구'를 '다양하고 참신하고 흥미롭고 강렬하고 도전적인 감각과 경험을 위해 신체적, 사회적, 재정적 안전의 위험을 기꺼이 감수하는 의지'로 정의한다. 모험 추구는 '감각 추구sensation seeking'로 불리는 더 포괄적인 성격 특성의 일부이며, 여기에는 환각적 경험 같은 새로운 감각 체험에 관여하려는 욕구, 지루함에 대한 감수성, 극도로 충동적인 것 등이 포함된다.[30] 모험 추구는 감각 추구의 다른 형태들과 분명하게 구별되지만, 이들 모두는 보상 가능성에 대한 극도의 민감성과 뇌, 특히 측좌핵nucleus accumbens〔동기 및 보상과 관련된 정보를 처리하는 뇌의 보상체계〕에서 일어나는 과잉행동의 보상회로라는 공통점이 있다.[31] 토드 카시단 연구팀이 개발한 다음의 항목을 통해 여러분의 현재 모험 추구 수준을 측정할 수 있다.[32]

모험 추구의 척도

▲ 새로운 일을 하는 것에 대한 불안감은 나를 흥분되고 활기차게 만든다.

▲ 위험 감수는 나를 흥미진진하게 만든다.

▲ 시간적 여유가 있다면 조금은 무서운 일을 해보고 싶다.

▲ 발길이 가는 대로 모험을 창조하는 것은 계획된 모험보다 훨씬 매력적이다.

▲ 흥미롭고 예측 불가능한 친구가 더 좋다.

다양한 활동과 직업은 모험을 추구하는 사람이 갈망하는 흥분, 참신함, 도전 및 위험에 대한 욕구를 충족시킬 수 있다.[33] 특정 음악이나 미적 선호도, 창의성에 대한 높은 추진력, 극한 스포츠, 등산, 시민 참여, 자원봉사, 소방, 리더십, 정치 참여 및 군 복무 등 이들 대부분은 친사회적이거나 중립적인 활동이다.[34]

그뿐만 아니라 모험 추구는 위험한 성관계, 적대감, 정신질환, 경계성 성격장애, 위험한 운전 행태, 도박 및 약물 남용 같은 좀 더 부적응적인 결과와도 관련이 있다.

반사회적 모험을 추구하는 사람과 친사회적, 미적, 사회적인 모험을 추구하는 사람의 차이점은 무엇일까? 이들의 가장 중요한 차이점은 인간 전체에 대한 배려이다. 공격적이고 무모할 정도로 위험한 결과와 관련된 모험 추구의 발현은 정서적 변동성, 충동성, 탈억제 disinhibition(자신의 행동으로 발생할 수 있는 위험성이나 사회적인 규칙을 고려하지 않고 충동적으로 행동하는 것), 부족한 사전 계획, 무감각, 자기도취 및 적대감 같은 불안정함 때문에 발생하는 다른 특성들의 영향을 받는다.

그렇기에 우리는 하나의 특성을 분리시킨 상태에서 섣불리 판단해서는 안 되며, 온전한 인간이 되는 길은 안정과 성장을 모두 포함해야 한다. 매우 불안정한 모험 추구는 반사회적 행동으로 이어질 수 있지만, 모험 추구가 결여된 안정은 좌절과 지루함으로 이어질 수 있다. 어린아이들을 대상으로 한 최근 연구에 따르면, 높은 수준의 탐구와 낮은 수준의 자제력의 조합이 외부화 행동, 즉 외부 환경으로 향하는 부적응적 행동의 원인 중 하나인 것으로 나타났다. 하지만 그 반대의 경우 또한 엄연한 사실로, 높은 수준의 자제력과 낮은 수준의 탐구라는 조합 또한 행동을 외부화하는 원인이 되었다.[35] 둘 중 어느 하나의 불균형이 너무 심하면 파괴적인 결과를 초래할 수 있다.

　연구자들은 모험 추구의 잠재적인 장점을 조사하기 시작했다. 토드 카시단 연구팀은 모험 추구에서 자신을 더 높게 평가한 사람이 더 높은 행복감을 표시했을 뿐만 아니라, 육체적 쾌락이 잘 사는 삶의 주요 요소라는 견해를 드러내는 경향이 있음을 발견했다. 하지만 모험 추구의 핵심이 오직 쾌락주의와 연관된 것만은 아니었다. 모험 추구는 폐쇄 욕구와 두려운 경험을 회피하려는 욕구의 감소뿐만 아니라, 개인적인 성장에 대한 열망과 타인에게 기여하려는 욕구와도 관련이 있었다.

　러셀 라버트 연구팀은 많은 대학생을 대상으로 감각 추구의 역할을 조사했다.[36] 그들은 탐구가 성인기로 나아가는 데 중요한 역할을 한다고 주장하면서, 특히 참신함의 추구가 안녕감의 다른 지표일 뿐만 아니라 최고이자 완전한 잠재력의 더 큰 성취와 관련이 있다는 사실을 발견했다. 그들이 제시한 참신함 추구 테스트의 일부 진술에는 '나는 기꺼이 미지의 땅에 발을 내딛는 첫 탐험가가 되는 기쁨을 누렸을 것이다'나 '다른 행성이나 달을 공짜로 방문할 수 있다면. 나는 신청자 목록의 맨 윗줄에 있었을 것이다'와 같은 내용이 있었다.

　그에 반해서 그들은 강렬함의 정도가 낮은 안녕감 및 높은 수준의 위험한 행동과 관련이 있음을 발견했다. 강렬함 추구는 '나는 높은 곳 가장자리에 서서 내려다보는 느낌이 좋다'와 같은 진술을 통해 측정되었다. 이 내용은 호놀드와 같은 프리 솔로잉 등반가가 그토록 보람을 느끼던 점과 잘 어울린다. 즉 보람을 느끼는 그 순간이 탐험인 것이지, 그 순간에 솟구치는 아드레날린이 중요한 것은 아니다.*

또 다른 최근 연구는 모험 추구가 트라우마를 경험한 사람의 긍정적인 감정과 삶의 만족도 증가로 측정되는 회복 탄력성 증가와 관련이 있다는 것을 발견했다.[37] 이러한 연관성은 효과적인 대처를 통해 부분적으로 설명되었다. 고도의 모험을 추구하는 사람은 문제 중심적 대처 전략을 사용하여 자신의 삶에 존재하는 스트레스 요인을 관리 가능한 것으로 인식하도록 만든다. 즉 스트레스의 원인을 변경하여 스트레스가 많은 상황에 대처하려 한다. 여기에는 문제 해결, 정보나 사회적 지지 구하기, 스트레스 상황에서 완전히 벗어나기 등이 포함된다.[38] 이는 일반적으로 기분 전환, 억제, 약물 및 알코올 같은 전략을 통해 스트레스와 관련된 부정적인 감정을 줄이려는 정서 중심의 대처 전략과 대조된다.

모험 추구 성향이 강한 사람은 문제 중심의 대처 전략을 사용할 가능성이 크다. 끝없이 문제로부터 도망치거나 숨는 것보다는 예상치 못한 어려운 문제에 정면으로 맞서서 가능한 해결책을 모색하려는 동기 부여가 더 많기 때문이다. 사실 이 연구는 더 포괄적인 결론을 시사한다. 우리는 트라우마로 정신적 외상을 입을 필요가 없다. **오히려 트라우마를 통해 성장할 수 있다.**

---

* 나는 나르시시즘, 정신병, 마키아벨리즘이라는 '어둠의 3요소' 특성 테스트에서 높은 점수를 받은 사람이 참신함의 추구에서 기인하는 학습과 성장보다 강렬함의 추구에 의해 더 많은 동기 부여가 된다는 주장을 그대로 받아들이기 어렵다.

외상 후 성장

폭력적이거나 생명을 위협하는 사건에 잘 대처하는 사람은 종종 극단적인 영웅주의의 관점에서 인식된다. 그러나 이러한 영웅주의적 관점은 '특별한 정서적 힘'을 가진 드문 사람만이 회복 탄성력을 가질 수 있다는 잘못된 인식을 강화시키는 경향이 있다.

— 조지 보나노, 〈손실, 트라우마 그리고 인간의 회복 탄력성〉

어떤 면에서, 고통은 그 의미를 찾는 순간 고통이 아니게 된다.

— 빅터 프랭클, 《죽음의 수용소에서》

　2004년에 발표한 논문에서 임상심리학자 조지 보나노는 스트레스 반응에 관한 광범한 개념화를 주장해 엄청난 파문을 일으켰다.[39] 그는 생명을 위협하거나 극도의 충격적인 사건을 경험한 사람이 비교적 안정적이고 건강한 수준의 심리적·육체적인 기능을 유지하는 능력을 '회복 탄력성'으로 정의했다. 아울러 보나노는 회복 탄력성이 사실 일반적이고 평범한 능력이고, 단순히 정신병리학적 증상이 없는 상태와는 다르며, 때로는 예상치 못한 여러 경로를 통해 얻을 수 있다는 사실을 보여주는 다양한 연구결과를 검토했다. 미국 남성의 약 61퍼센트와 여성의 약 51퍼센트가 적어도 한 번은 외상성 사건을 호소한다는 통계를 고려할 때, 인간의 회복 능력은 상당히 주목할 만하다.[40]

　만성 질환이나 불치병 진단을 받거나, 사랑하는 사람을 잃거나, 성폭행을 당하는 등 트라우마를 경험하는 많은 사람은 놀라운 회복 탄력성을 보여줄 뿐만 아니라, 실제로 트라우마 사건의 여파로 번창한다. 연구에 따르면 대부분의 트라우마 생존자들은 외상 후 스트레스 장애를 겪지 않으며, 오히려 많은 사람이 그들의 경험을 통해 성장했다고 한다.[41] 리처드 테데스키와 로렌스 칼훈은 이 현상을 포착하기 위해 '외상 후 성장posttraumatic growth'이라는 용어를 만들었고, 이를 매우 힘든 삶의 환경과 투쟁한 결과로 경험하는 긍정적인 심리적 변화로 정의했다.[42] 다음 일곱 가지 성장 영역은 역경에서 비롯된 것으로 보고되었다.

- ▲ 삶에 대한 더 큰 감사
- ▲ 친밀한 관계의 강화와 그에 대한 더 큰 감사
- ▲ 연민과 이타심의 증가
- ▲ 삶의 새로운 가능성 또는 목적의 확인
- ▲ 개인의 장점에 대한 인식 및 활용 향상
- ▲ 강화된 정신적 발달
- ▲ 창조적 성장

외상 후 성장을 경험한 대부분의 사람은 분명 트라우마를 겪지 않았기를 바랄 것이며, 그들 중 극소수는 긍정적인 삶의 경험보다 트라우마 후 더 많은 성장을 보여준다.[43] 그럼에도 외상 후 성장을 경험하는 대부분의 사람은 불가해한 사건을 이해하려는 시도의 결과로 종종 예기치 않게 찾아오는 성장에 종종 놀라곤 한다.[44] **성장과 고통은 종종 공존한다.**[45] 랍비 해롤드 쿠시너는 아들의 죽음에 대해 깊이 생각하며 다음과 같이 말했다.

> 예전보다 저는 더 세심한 사람, 더 유능한 랍비, 더 공감하는 상담자가 되었습니다. 이 모두가 아들 아론의 삶과 죽음 '덕분'입니다. 하지만 아들을 되찾을 수만 있다면, 저는 그 모든 이득을 당장이라도 포기할 것입니다. 선택할 수만 있다면, 우리의 경험을 통해 저에게 찾아온 영적인 성장과 깊이를 모두 잊을 것입니다. (…) 그러나 저는 선택할 수 없습니다.[46]

의심할 바 없이, 트라우마는 우리의 세계를 뒤흔들고 우리가 소중히 여기는 목표와 꿈을 다시 보게 만든다. 테데스키와 칼훈은 이를 지진에 비유해서 설명했다. 우리는 세상의 자비와 통제 가능성에 관한 일련의 특정한 신념과 가정에 의존하는 경향이 있다. 하지만 외상성 사건은 늘 그렇듯 그런 세계관을 산산조각 내버린다. 그러면 우리는 불안정해지며 우리의 평범한 인식으로부터 떨어져 나오고, 내버려진 채 우리 자신과 우리의 세계를 재건한다.

하지만 우리에게 어떤 선택권이 있을까? 오스트리아의 정신과 의사 빅터 프랭클은 이렇게 말했다. "우리가 더는 상황을 바꿀 수 없다면, 스스로를 바꾸어야 합니다." 최근 몇 년 새 심리학자들은 역경을 장점으로 바꾸는 심리적 과정을 이해하기 시작했으며, 실제로 성장하기 위해 이러한 '심리적 지진'에 의한 구조 조정이 필요하다는 것이 분명해졌다. 자아의 기본 구조가 흔들릴 때 바로 우리는 삶에서 새로운 기회를 추구할 수 있는 최상의 위치에 서 있는 것이다.

마찬가지로 폴란드의 정신과 의사 카지미에시 다브로프스키는 '긍정적 해체'가 성장 촉진 경험이 될 수 있다고 주장했다. 심리적으로 상당히 발달한 많은 사람을 연구한 후, 다브로프스키는 건강한 성격 발달에는 종종 성격 구조의 해체가 필요하며 이는 일시적으로 심리적 긴장, 자기 의심, 불안 및 우울증으로 이어질 수 있다고 결론지었다. 그러나 다브로프스키는 이 과정이 자신이 어떤 사람이 될 수 있는지에 대한 더 깊은 조사로 이어지고, 궁극적으로는 더 높은 수준의 성격 발달을 가능하게 한다고 믿었다.[47]

역경을 장점으로 바꾸는 핵심 요소는 역경을 둘러싼 우리의 생각과 감정을 얼마나 완전하게 탐구하느냐에 달려 있다. '정보에 대한 일반적인 호기심 혹은 정보 처리의 복잡성과 유연성의 경향'을 뜻하는 인지 탐구는 우리가 혼란스러운 상황에 호기심을 갖게 하여 언뜻 보기에 이해할 수 없는 것에서 새로운 의미를 찾을 가능성을 높여준다.[48] 외상 후 성장으로 이어지는 많은 단계는 분명 극도로 불편한 감정과 생각을 피하려는 우리의 자연스러운 성향에 위배된다. 그러나 우리의 자연스러운 방어 메커니즘을 버리고 불편함에 정면으로 접근하여 모든 것을 성장의 원동력으로 바라볼 때, 우리는 비로소 삶의 불가피한 역설을 받아들이고 현실을 바라보는 좀 더 미묘한 관점에 도달할 수 있다.

심각한 질병이나 실연 등 충격적인 외상성 사건이 발생한 후라면, 벌어진 일에 대해 끊임없이 생각하고 생각이나 감정을 자꾸만 곱씹으며 노심초사하는 것은 극히 자연스러운 일이다. 하지만 성찰은 대체 무슨 일이 일어났는지 이해하기 위해 열심히 노력하며, 능동적으로 낡은 신념 체계를 해체하고 의미와 정체성의 새로운 틀을 만들고 있다는 신호이기도 하다. 성찰은 보통 자동적이고 침습적이며 반복적인 형태로 시작되지만, 시간이 지날수록 그러한 사고는 더욱 체계화되고 통제되며 정밀해진다.[49] 이러한 변환 과정은 분명 몹시 고통스러울 것이다. 그러나 강력한 사회적 지원 시스템과 그 밖의 다양한 표현 배출구의 도움을 받는다면, 반추는 성장에 오히려 플러스 요인으로 작용할 수 있고, 이미 우리에게 있음에도 미처 알지 못했던 힘과 연민의 저장고의 문을 활짝 열 수 있게 해준다.[50]

마찬가지로 슬픔, 회한, 분노, 불안 같은 감정은 트라우마에 대한 일반적인 반응이다.[51] 우리가 할 수 있는 모든 것을 시도하여 그러한 감정을 억제하거나 '자기조절'을 하는 대신, 두렵다는 생각이나 감정 그리고 기분을 피하려는 경험 회피는 역설적으로 세상이 안전하지 않다는 믿음을 강화하고, 이는 가치 있는 장기적 목표를 추구하는 것을 더 어렵게 만들어 상황을 악화시킨다.[52] 우리는 경험 회피 때문에 우리의 탐구 능력을 차단하게 되고, 그럼으로써 긍정적인 경험과 의미를 생성할 수 있는 많은 기회를 놓친다. 바로 이 점이 심리적 유연성을 높이도록 돕는 수용전념치료ACT의 핵심 주제다.[53] 심리적 유연성을 받아들임으로써 우리는 탐구와 개방성으로 세상을 마주하고, 우리는 우리가 선택한 가치에 도움이 되는 방향으로 특정 사건에 잘 반응할 수 있다.

토드 카시단과 제니퍼 케인의 연구를 자세히 들여다보자. 두 사람은 대학생들을 대상으로 외상 후 성장과 관련된 경험적 회피의 역할을 평가했다.[54] 조사결과에는 외상성 사건으로 사랑하는 사람의 갑작스런 죽음, 자동차 사고, 가정폭력의 목격, 자연재해 등이 가장 빈번하게 보고되었다. 카시단과 케인은 고통이 클수록 외상 후 성장이 더 커지는 것을 확인했지만, 이는 단지 경험 회피 수준이 낮은 사람에게만 해당되었다. 더 큰 고통을 느끼지만 경험 회피에는 거의 의존하지 않는다고 보고한 사람은 가장 높은 수준의 성장과 삶의 의미를 보여주었다. 하지만 이러한 조사결과는 경험 회피에 의지하는 사람들에게서는 정반대 방향으로 나타났고, 더 큰 고통은 낮은 수준의 외상 후 성장 및 삶의 의미와 연관되어 있었다. 이 연구는 결국 낮은 수준의 불안과 결합된 낮은 수준의 경험 회피, 즉 높은 수준의 심리적 유연성을 가진 사람이 삶의 질을 향상시켰다는 점을 보여준다.[55] 그러나 이 연구는 삶에 더 많은 의미가 있다는 것 또한 시사했다.

더 많은 삶의 의미는 창의적인 표현으로 이어지는 훌륭한 토대가 될 수 있다. '약점과 창의성의 연결 관계'라는 주제는 나름 유구한 역사가 있지만, 이제 과학자들은 이 연결고리 뒤에 숨겨진 미스터리를 풀기 시작했다. 임상심리학자 마리 포르자르는 피실험자들에게 각자의 삶에서 가장 스트레스를 많이 느낀 경험을 적고, 어떤 것이 가장 큰 영향을 끼쳤는지 표시해달라고 요청했다.[56] 부정적인 사건목록에는 자연재해, 질병, 사고 및 폭행이 포함되었다.

포르자르는 인지 처리의 형태가 외상 후 성장을 설명하는 데 중요하다는 사실을 발견했다. 침습적인 성찰은 다양한 성장 영역에서 쇠퇴를 야기했지만, 의도적인 성찰은 다섯 가지 영역에서 외상 후 성장을 증가시켰다. 그중 두 영역, 관계의 긍정적인 변화와 삶의 새로운 가능성에 대한 인식의 증가는 창의적 성장에 대한 인식의 증가와 관련이 있었다.

토비 자우스너는 저서 《장벽이 문으로 변할 때》에서 신체적 질병을 앓았던 저명한 화가들의 전기에 대한 분석을 발표했다.[57] 자우스너는 그러한 질병이 오래된 습관을 깨뜨리고 불안정을 유발하며, 예술가들로 하여금 창조적인 목표에 도달하기 위한 전략을 세우도록 강요함으로써 새로운 예술의 가능성을 창조하도록 이끌었다고 결론지었다.[58] 종합하자면, 자우스너의 연구와 연구에서 소개한 일화는 외상 후 재건 과정을 촉진하는 데 도움이 되는 예술 치료 또는 표현적 글쓰기에 참여한다면 잠재적으로 엄청난 이득을 가져올 수 있음을 보여준다. 하루에 단 15분~20분이라도 강한 감정을 유발하는 것을 주제로 글을 쓰는 것은 사람들이 스트레스를 많이 받는 경험으로부터 의미를 창출하고 긍정적 감정과 부정적 감정을 모두 잘 표현하는 데 도움을 주는 것으로 나타났다.

우리의 모든 생각과 감정을 탐구하려는 의지와 열망은 외상 후 성장뿐만 아니라 혁신과 창의성을 포함한 다른 많은 삶의 영역에서의 성장에도 중요하다. 이제부터는 모든 인본주의 심리학의 핵심적인 개념 중 하나인 '경험에 대한 개방성openness to experience'을 시작으로, 인지 탐구의 영역과 그 매혹적인 발현에 관해 자세히 살펴보자.

경험에 대한 개방성

나는 (완전한 기능을 발휘하는) 사람을 어떤 상태를 달성했기보다는 흐름, 즉 변화
의 과정에 있는 사람이라고 생각한다. 그 중심에는 유체의 우아한 변화가 있다.
나는 그런 사람이 자신의 모든 경험에 민감하게 열려 있다고 생각한다. 주변 환
경에서 일어나는 일에 민감하고, 그와 관계가 있는 다른 사람에게 민감하며, 아
마도 감정과 반응과 자신에게서 발견하는 새로운 의미에도 민감할 것이다. 자
신의 경험 일부에 대한 두려움은 계속 줄어들기 때문에, 그의 삶의 점점 더 많은
것들을 유용하게 사용할 수 있다. (…) 그런 사람이 창의적인 사람이다.
— 칼 로저스, 〈완전한 기능을 발휘하는 사람 되기〉

창의성은 비이성적인 것에 뿌리를 두고 있다. (…) 지나치리만큼 추상적이고 언
어적이며 딱딱해진 과학과 교육은 생생하고 구체적이며 심미적인 경험, 특히
자기 내면의 주관적인 사건에 대처할 여유가 없다.
— 에이브러햄 매슬로, 《존재의 심리학》

경험에 대한 개방성이라는 개념은 초창기 인본주의 심리학자들의
사고에서 핵심이었다. 칼 로저스와 매슬로 모두에게 자아실현의 절
정은 창의력이었고, 창의성의 핵심 동인 중 하나는 경험에 대한 개방
성이었다. 로저스는 경험에 대한 개방성을 심리적 방어의 반대라고
단순 명료하게 정의했다.[59] 그는 상충되는 정보를 강제로 차단하지
않고 수용하며, 모호함을 용인하고, 미리 규정된 범주를 세계에 부과
하지 않고 현실을 명확하게 바라보면서 자기 자신의 모든 경험에 개
방된 인지 처리 방식을 경험에 대한 개방성으로 개념화했다.[60]
1980년대에 접어들며 성격의 근본적인 차원을 체계적으로 조사하

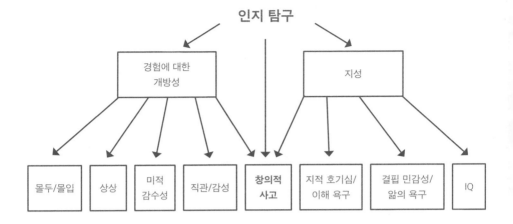

인지 탐구

경험에 대한 개방성 | 지성

몰두/몰입 | 상상 | 미적 감수성 | 직관/감성 | 창의적 사고 | 지적 호기심/ 이해 욕구 | 결핍 민감성/ 앎의 욕구 | IQ

기 시작한 성격심리학자들은 그들이 경험에 대한 개방성이라고 명명한 영역에서 차이를 보이는 사람들의 특정한 특성 군집을 발견했다. 상상력, 미적 감수성, 지적 호기심을 포함하여 경험에 대한 개방성을 구성하는 일련의 특성은 가장 중요한 인간 특성으로서 우리 인간을 규정하고 발전시키는 데 도움이 된다.

지난 10년 동안 나는 동료들과 경험에 대한 개방성이라는 광범한 성격 영역을 주도하는 특정한 동기 부여 과정, 인지 과정 그리고 신경 생물학 과정을 연구했고, 그 결과 명확한 계층 구조를 찾아냈다.[61]

계층 구조의 최상위에는 인지 탐구를 위한 일반적인 동력이 자리한다.[62] 인지 탐구 성향의 사람에게는 지각, 감각, 상상 그리고 추론을 통해 인지적으로 세상을 탐구하려는 욕구와 능력이 모두 있다. 인지 탐구는 창의적 사고, 창의적 성취, 창의적인 직업, 창의적인 취미, 창의적인 성격을 포함한 창의성 측정과 일관되게 관련된다.

실제로 인지 탐구 성향의 사람은 창의적인 활동에 많은 시간을 소비하며, 단순히 세상을 관찰하는 것보다는 무언가를 만들거나 창조하고 싶다고 말했다.[63] 연구에 따르면 인지 탐구 성향의 사람은 실제로 평소에도 창의적인 일을 하는 경향이 더 높은 것으로 나타났다.[64] 인지 탐구를 하는 사람에게 창의성은 존재의 방식이며 존재의 중심에서 발산되어 자발적이고 자연스럽게 표현된다.

인지 탐구의 계층 구조를 좀 더 심층적으로 살펴보면, 인지 탐구는 독립적이지만 상호 연관된 두 기능, 경험에 대한 개방성과 지성으로 구성되어 있음을 알 수 있다. 경험에 대한 개방성은 상상력, 지각, 예술적 노력을 통한 미적·정서적·감각적 정보의 탐구를 위한 동력을 반영한다. 반면 지적 능력은 주로 추론을 통한 추상적·언어적인 지적 정보 탐구를 위한 동력을 반영한다. 다음은 경험에 대한 개방성 수준을 측정하는 데 도움이 될 수 있는 항목들이다.[65]

경험에 대한 개방성 척도

몰두/몰입

▲ 때때로 사물이 두 배로 커진 것처럼 느낀다.

▲ 자연이나 예술에 너무 몰입하면 의식 상태가 일시적으로 변한 것처럼 느낄 때가 있다.

▲ 종종 시간의 흐름과 물리적 환경을 의식하지 못한다.

▲ 무언가를 쓰는/그리는/연주하는 일을 하고 있지만, 나와 내 창작물에는 종종 괴리가 있다.

▲ 내 창작물에서 종종 친밀감을 느끼고, 평소보다 훨씬 강한 정서적 연결을 경험한다.

상상

▲ 사물을 생생하게 상상하는 것을 즐긴다.

▲ 시각적 이미지를 떠올리게 하는 것을 읽는 것을 좋아한다.

▲ 내가 매우 아름답다고 생각한 조각이나 생명이 없는 자연물을 분명하게 묘사하거나 기억할 수 있다.

▲ 내가 보는 영화나 읽는 책 속의 등장인물과 나 자신을 강하게 동일시한다.

▲ 이미지, 은유, 창의적인 비교를 사용해서 사물을 설명하는 경향이 있다.

미적 감수성

▲ 예술에 관심이 많다.

▲ 미술, 음악 및/또는 문학에 매료되었다.

▲ 나에게 많은 의미가 있는 좋아하는 시와 그림이 있다.

▲ 다른 사람이 보지 못하는 것에서 아름다움을 본다.

▲ 어디로든 여행하거나 운전할 때 늘 풍경과 경치를 감상한다.

직관/감성

▲ 직관적인 인상에 의존하는 편이다.

▲ 사람들이 아무 말을 하지 않아도, 종종 그들이 느끼는 바를 말할 수 있다.

▲ 곰곰히 생각해서 알아내는 대신, 직접 뭔가를 함으로써 배우는 것을 좋아한다.

▲ 강한 정서적 경험을 하면, 그 효과는 오랫동안 남아 있다.

▲ 늘 차분하기보다는 때로는 화가 치밀고 행복한 게 더 낫다.

경험에 대한 개방성은 뇌에서 휴식을 취할 때 작동하는 디폴트 모드 네트워크(아무것도 하지 않고 휴식을 취할 때 활성화되는 뇌의 영역. 평소 인지 과제 수행 중에는 연결되지 못하는 뇌의 각 부위를 연결시켜 창의성과 통찰력을 높여준다고 알려졌다)와 연결되어 있다. 작업 모드 네트워크와 대비되는 이 영역은 휴지 상태 네트워크라고도 불리며, 나는 이를 '상상 네트워크' 라 부르곤 한다.[66] 이 뇌 영역 네트워크와 관련된 프로세스는 자기 성찰, 정체성, 상상력, 의미 만들기 등 고유한 인간 능력을 반영한다. 디폴트 모드 네트워크와 관련된 전체 프로세스는 연민과 공감 능력, 자신을 이해하고, 경험에서 의미를 창출하며, 선형적인 자아감각을 구성하는 능력의 건전한 발전에 중요한 것으로 밝혀졌다. 디폴트 모드 네트워크 및 경험에 대한 개방성과 관련된 인지 프로세스는 분명 인간 경험의 핵심을 형성한다.[67]

또 다른 연구는 인본주의 심리학자들이 오래전에 제안했던 사실, 즉 경험에 대한 개방성이 미리 결정된 개념적 범주를 세계에 억지로 부과하지 않는 것과 관련이 있다는 사실을 확인했다. 좀 더 기술적으로 말하자면, 경험에 대한 개방성은 잠재 억제, 즉 의식적·생물학적인 기반에 근거하는 게이팅 메커니즘gating mechanism과 연결되어 있는데, 이는 우리 뇌의 도파민 생산과 관련된다.[68] 잠재 억제는 인지되는 자극이 현재 목표에 의미가 있는 것인지 아닌지를 자동으로 사전 분류하는 일을 돕는다. 이는 일찍이 키르케고르가 말했듯이, 우리가 가능성의 늪에 빠져 허우적대지 않도록 보호해주는 아주 중요한 메커니즘이다.

그러나 여기에는 또 다른 과정이 숨어 있다. 경험에 대한 개방성이 높은 사람은 잠재 억제가 감소하는 경향이 있어, 즉각적 경험이 이전 경험에 의해 형성되지 않는다. 감소된 잠재 억제는 경험에 대한 개방성 및 창의성과 연결된다.[69] 이와 관련해 경험에 대한 개방성과 창의적인 경험에서 상당한 연관성을 발견한 바나비 넬슨과 데이비드 롤링스는 다음과 같이 언급했다.

> 바로 이러한 새로운 평가, 탐구 그리고 발견과 관련된 감각이 창의적 과정에 깊이 몰입하도록 자극을 준다. 이는 그 자체로 경험의 질의 변화, 다시 말해 경험의 강화 또는 고조 측면에서의 전반적인 변화를 유발할 수 있다.[70]

이 같은 설명은 매슬로가 자아실현의 중심적인 특징이라고 믿었던 '평가의 지속적인 신선함continued freshness of appreciation'이라는 개념과 매우 유사하다. 매슬로에 따르면 평가의 지속적인 신선함은 주관적인 경험의 급격한 풍요로움을 야기한다. 매슬로는 이를 경험의 진부함과 대비시켰는데, 진부한 경험은 그가 종종 더는 득이 되거나 유용하거나 위협적이지 않으며, 어떤 방식으로든 자아와 관계가 없는 것으로 입증되었기 때문에 풍부한 인식을 하나 또는 다른 범주로 분류하거나 규정한 결과라고 언급했던 것이다.[71] 진부한 경험의 예로는 너무 익숙한 일이 되어버렸기에 아름다운 일몰 광경을 기계적으로 무시하거나 친구의 친절한 제스처를 무심코 외면하는 경우가 있다.

잠재 억제를 줄이는 것은 창의적인 경험에 깊이 몰두할 뿐만 아니라 새로운 아이디어를 생성하고 예상치 못한 연결을 형성하는 데 있어 필수적이다. 어쨌든 첫눈에 무관해 보이는 아이디어가 정말로 무관한 것인지 어떻게 알 수 있을까? 역사상 가장 위대하고 영향력 있는 아이디어 중 상당수는 처음에는 아주 무의미한 것으로 비쳐졌다. 에드가 앨런 포는 말했다. "진실의 광대한 부분, 아니 어쩌면 더 큰 부분이 언뜻 보기에는 무의미해 보이는 것에서 발생한다는 사실을 지금까지의 경험이 보여주었고, 진정한 철학이 언제까지나 보여줄 것이다."[72] 그러나 허구한 날 무의미의 바다에서만 헤엄친다면 시간이 지난 뒤 결국 길을 잃고 말 것이다.

지적 능력: 해안으로 돌아가는 길 찾기

자신의 온전한 정신을 완전히 확신하지 못하는 사람만이 '미친 짓'에 빠지는 것을 두려워한다.

— 에이브러햄 매슬로, 《존재의 심리학》

지식과 이해는 인간을 더 크고, 현명하고, 풍요롭고, 강하고, 진화하고, 성숙하게 만든다. 그것들은 우리 잠재력의 실현과 가능성이 예시하는 인간 운명의 성취를 보여준다.

— 에이브러햄 매슬로, 《존재의 심리학》

경험에 대한 개방성은 창조적 잠재력의 가능성을 즐기기 위해 꼭 필요하지만, 인간의 지성은 '해안'으로 돌아가는 길을 찾는 데 필수적인 요소이다. 인간의 지적 능력에는 여러 부분이 있지만, 가장 잘 연구된 부분으로는 IQ, 지적 호기심, 문제에 대한 해결책을 알고자 하는 욕구 등이 있다. 지성의 모든 측면은 진실 추구 및 현실의 모니터링에서 중요한 역할을 할 수 있으며, 실행주의 뇌 네트워크executive attention brain network[실행주의란 정보를 처리하는 각 심리 과정의 시작, 진행, 종료 등을 통제하는 성향을 말한다]의 기능과 연결되어 있다.[73] 이 네트워크는 우리가 지금 당장 마주한 작업에 초점을 맞추고, 외부의 산만함을 차단하며, 관련이 없어 보이는 정보를 억제하고, 필요 시 유연하게 주의를 전환시키며, 정교하게 향후 조치를 계획하고, 작동 기억working memory[인지심리학에서 감각기관을 통해 입력된 정보를 단기적으로 기억하며 능동적으로 이해하고 조작하는 과정 동안, 정보를 유지하는 정보 저장고를 일컫는다]에 다양한 정보 소스를 통합하도록 도와준다. 다음은 지적 능력의 일부 특성을 측정하는 척도이며, 여러분의 IQ는 유능한 교육 심리학자에게 평가받을 수 있다.

지성의 척도
지적 호기심/이해 욕구[74]

▲ 많은 것을 궁금해 한다.

▲ 지적 도전을 즐긴다.

▲ 지적이고 철학적인 토론을 적극적으로 찾는다.

▲ 무언가에 대해 깊이 생각해야 하는 상황을 추구한다.

▲ 행간의 의미를 이해하지 못하고 답을 아는 것을 원하지 않는다.

결핍 민감성/앎의 욕구[75]

▲ 어려운 개념적 문제에 대한 해결책을 생각하느라 한밤중에도 깨어 있곤 한다.

▲ 답을 찾지 않고는 마음 편히 쉴 수 없어서, 한 가지 문제에 매달려 몇 시간이고 보낼 수 있다.

▲ 문제의 해결책을 찾지 못하면 좌절감을 느끼고, 문제를 해결하기 위해 더 열심히 노력한다.

▲ 반드시 해결해야 한다고 느끼는 문제에 집요하게 매달린다.

▲ 필요한 모든 정보를 얻지 못하면 좌절감을 느낀다.

IQ, 지적 호기심 그리고 결핍 민감성은 모두 서로 중요하게 관련되고 실행주의 뇌 네트워크의 기능에 크게 의존하지만, 지적 능력의 다양한 발현에도 의미심장한 차이가 존재한다. 무엇보다도 지적 호기심(이해의 욕구)과 결핍 민감성(앎의 욕구)은 상호 적당한 상관관계만을 맺고 있으며, 지적 호기심과 비교할 때 결핍 민감성은 안녕감 및 새로운 상황에 직면하는 스트레스에 대처하는 능력과는 덜 연관된다.[76]

이는 이해의 욕구가 앎의 욕구보다 '더 높은' 단계인가 하는 흥미로운 질문을 제기한다. 다시 말해, 앎의 욕구는 결핍된 정보에 반응하는 인간에게 나타나는 더 일반적·기본적인 현상인 걸까? 매슬로는 약 70년 전, 흥미로운 가능성을 제기했다. "(앎의 욕구와 이해의 욕구를) 토론에 부친다면, 그들 또한 나름의 계층 구조를 형성하며 그 안에서 알려는 욕구가 이해하려는 욕구보다 우세하다는 것을 알게 된다."[77] 일련의 연구결과는 지적 호기심이 해결책을 알고자 하는 욕구보다 실제로 '더 높은' 단계일 수 있음을 보여준다.

지능 영역 내의 또 다른 의미 있는 차이점은 IQ와 지적 호기심의 차이이다. 나는 박사학위 연구에서 IQ와 지적 호기심에서 단지 중간 정도의 관계성만을 발견했다. IQ는 아주 높지만 지적 호기심이 거의 없는 사람들이 많았고, 지적 호기심은 많지만 IQ가 낮은 사람들도 많았다.[78] 장기간에 걸쳐 진행한 연구결과에 따르면, 물론 IQ가 학업 성취도와 관련해 중요한 예측 변수인 것은 분명하지만, 지적 호기심 또한 IQ와는 별개로 성공적인 학업 성취를 예측하는 중요한 요인이다.[79] 그리고 실생활에서의 창의적인 성과와 관련해서는 지적 호기심이 발명과 과학적 발견의 창의적인 성취를 IQ보다 훨씬 더 잘 예측한다.[80] 따라서 IQ와 지적 호기심과 알고자 하는 욕구는 종종 함께 작용하지만, 한편 이들은 또한 중요한 방식으로 서로 분리되어 작용할 수도 있다.

경험에 대한 개방성과 지성에 대한 개방성은 중간 정도의 상관관계만 맺고 있으며, 따라서 누군가는 경험에 대한 개방성은 높지만 지성에 대한 개방성은 높지 않을 수 있고 그 반대의 경우 또한 가능하다. 경험에 대한 개방성은 예술, 특히 시각예술, 음악, 창의적인 글쓰기 그리고 연극과 영화 분야에서의 성취와 더 밀접한 관련이 있다. 반면 지성에 대한 개방성은 과학 분야에서의 성취, 특히 발명이나 과학적 발견과 더 밀접하게 관련된다.[81] 그럼에도 경험이나 지성에 대한 개방성은 모두 창의적 사고에 기여하며, 자아를 실현한 사람은 이 두

가지 존재 방식의 모순적인 본성을 초월할 수 있다.

창의성의 역설

창의성으로 가는 길은 정신병원에 너무 가까워서, 종종 빙빙 돌아가거나 도착하기도 전에 병원에서 끝나버린다.

— 어니스트 베커

미친 사람과 나와는 단 하나의 차이가 있을 뿐이다. 나는 미치지 않았다.

— 살바도르 달리

겉보기에 상반된 두 프로세스, 즉 깊은 몰입과 상상과 느슨한 필터와 관련된 프로세스와 정교한 성찰과 평가와 강력한 필터와 관련된 프로세스가 있다. 이렇게 상반된 둘은 어떻게 창의성이라는 동일한 결과와 관련될 수 있을까? 어떻게 그런 일이 가능할까?

자아실현과 관련된 대부분의 요소와 마찬가지로, 이는 단지 서로 모순된 것처럼 보일 뿐이다. 창의성은 일반적으로 참신하고 의미 있는 아이디어나 그 결과물의 생성으로 정의된다. 그리고 두 프로세스는 모두 창의성과 관련해 중요한 역할을 맡는다. 일찍이 철학자 임마누엘 칸트가 피력했듯이 본원적인 난센스가 있을 수 있다.[82] 그러나 창의성의 정의에 의미를 추가하면, 창의적 사고와 행동은 단순히 기이하거나 별난 사고나 행동과 구별될 수 있다.[83] 의미는 실용적인 발명과 혁신적인 비즈니스 모델에서 강한 감정을 불러일으키는 미적 경험, 생각을 자극하고 생성하는 지적 아이디어에 이르기까지 넓은 영역을 포괄할 수 있다.

창의성은 새로움과 의미를 모두 필요로 하기에, 아이디어나 결과물의 생성뿐만 아니라 탐구·개발·표현될 아이디어의 선택에도 의존한다. 더 많은 새로운 아이디어를 생성하고 예상치 못한 연결을 즐길수록 그중 일부가 새로운 것이 될 가능성은 높아질 것이다. 또한 특정 아이디어를 더 효과적으로 선택하고 개발할수록 그중 일부가 의미 있는 것이 될 가능성도 높아진다. 노벨화학상 수상자 라이너스 폴링은 많은 아이디어를 얻고 나쁜 아이디어는 버려야 좋은 아이디어를 얻을 수 있다고 강조했다. 그러기 위해서는 종종 모순되어 보이는 사고방식을 유연하게 오고갈 수 있는 능력이 필요하다.

이 점이 바로 우리가 창의적인 뇌를 살펴볼 때 주목하는 것이다. 나는 2014년부터 2017년까지 상상연구소의 과학부문 책임자로 일했으며, 마틴 셀리그만과 함께 심리학에서 물리학, 교육, 리더십, 미래주의, 공학, 코미디, 영성에 이르기까지 다양한 분야에서 가장 상상력이 풍부하고 생산적인 사람들과 토론의 기회를 갖는 일련의 상상력 캠프를 개최했다. 또 다른 노력의 일환으로, 우리는 사회 모든 부문에서 상상력 측정 및 개발에 대한 이해를 증진시키고자 열여섯 건의 프로젝트에 연구비를 지원했다.

상상력 캠프를 통해 확인할 수 있었던 분명한 사실 하나는 **창조적이고 자아실현적인 사람은 매우 인간적이라는 것이다.** 높은 수준의 자아실현에도 불구하고 그들은 여전히 우리 모두가 고민하는 인간 존재의 많은 문제들과 씨름하고 있었다. 그렇지만 그들은 자신이 하는 일에 매우 열정적이었고, 자신의 영역에서 문제를 해결할 때 종종 합리성과 정교한 추론만큼 많은 직관과 상상력을 활용했다. 이 같은 상황은 코미디언이건 물리학자건 모두 마찬가지였다.

우리가 연구비를 지원한 신경과학 연구는 이 같은 관찰결과를 뒷받침해 주었다. 연구자 중 한 명은 창의적인 사고의 인지 신경과학에 관한 지식의 발전에 앞장선 로저 비티였다. 비티 연구팀은 창의적 사고의 질을 놀라울 만큼 정확하게 예측하는 것을 가능하게 해주는 창의적인 뇌의 지도를 개발했다.[84]

창의적인 뇌의 지도는 두 개의 뇌 네트워크의 강력한 소통으로 구성되는데, 이는 앞서 설명했던 대부분 사람의 경우와는 정반대로 작동한다. 비티 연구팀은 정신적 시뮬레이션, 관점 취하기, 미적 경험, 의미 만들기 및 자아 구성과 관련된 디폴트 모드 네트워크, 집중력, 작동기억 및 잠재적으로 산만한 정보의 억제와 관련된 실행주의 네트워크, 현출성 네트워크salience network 간의 강력한 소통을 발견했다. 현출성 네트워크는 잠재 억제와 유사한 기능을 수행하며, 디폴트 모드 네트워크에서 생성된 정보를 현재의 작업과 관련이 있거나 관련이 없는 것으로 전의식에서 분류한 다음, 좀 더 의식적인 성찰을 담당하는 실행주의 네트워크로 전달한다.

미국과 중국에서 수행된 또 다른 연구에서 비티 연구팀은 경험과

---

* 창의적 사고의 질을 평가한 패널은 다음의 세 가지 범주를 기반으로 평가했다. 첫째, 비범성('창의적인 아이디어는 얼마나 신선한가?'). 둘째, 원격성('창의적인 아이디어는 명백한 아이디어에서 얼마나 벗어나 있는가?'). 셋째, 영리함('창의적인 아이디어는 사람들에게 얼마나 통찰력 있고, 역설적이며, 유머러스하고, 적합하거나 스마트하다고 생각되었는가?'). 이 같은 창의성의 질 척도는 창의적 행동과 성취의 척도와 강한 긍정적 상관관계가 있음에 유의하자.

지성에 대한 개방성을 포함하여 인지 탐구 테스트에서 높은 점수를 받은 사람들은 그저 멍하니 뇌 스캔 기계에 앉아 있는 동안에도 세 개의 뇌 네트워크에서 강력한 연결성이 작동하는 것을 발견했다.[85] 마치 언제든 곧바로 세 개의 뇌 네트워크 중 하나를 활성화할 준비가 되어 있는 것 같았다. 다시 말해 자아 전체가 상시 대기 중이었다.*

나는 이러한 발견이 인간 지성에 대한 개념을 풍부하게 하고 인지 능력의 깊이에 대한 이해를 확장시킨다고 믿는다. 나는 IQ 테스트 등의 많은 '지적 잠재력' 검사가 저마다의 목표, 꿈, 염원 같은 인간으로서의 근본적인 경험을 반영하는 인지의 핵심을 놓친다고 생각한다.[86] 그것이 바로 내가 어느 특정한 시점에 단 한 번 테스트한 결과만으로 한 사람의 궁극적인 자아실현 수준을 예단하는 것에 반대하는 이유이다. 자기 자신의 고유한 잠재력과 잘 어울리고 합리적인 재능과 풍부한 경험 모두를 활용하는 의미 있는 활동에 완전히 몰입했을 때, 그 순간의 인간 지성의 힘을 나는 연구에서 반복해서 확인했다.

인본주의 심리학자이자 상담사 롤로 메이는 1979년의 저서 《심리학과 인간의 딜레마Psychology and the Human Dilemma》에서 자신의 존재 전체를 생각하는 것이 가능하며, 자기 인식에는 분명 지적인 측면이 있지만, 그것이 전부는 아니라고 지적했다.

사랑에 빠지거나 다른 형태의 열정이나 싸움이나 이상에 헌신할 때, 사랑이나 싸움에서 성공하고 싶다면 동시에 여러 수준에서

---

* 인지적으로 유연한 뇌는 신경학적으로도 유연한 뇌인 것처럼 여겨진다.

자기 자신과 관련되어야 한다. 당신의 헌신에는 진실하고 의식적인 인식이 존재하지만, 당신은 내면에서 잠재의식과 심지어는 무의식의 힘 또한 경험한다. 이러한 자기 관련성은 스스로 선택한 포기에 내재한다. 이는 일종의 전체로서 행동하는 것을 의미한다. 즉 '나는 여기에 완전히 몰두한다'는 경험이다.[87]

그렇다. 바로 그것이다. 창의적 자아실현자는 마음의 지성과 가슴의 지혜의 일반적인 이분법을 초월할 수 있다. 그들은 합리적·비합리적, 정서적·논리적, 의도적·직관적, 상상적·추상적 관계처럼 겉보기에 모순된 존재의 방식을 유연하게 오고가면서, 이러한 과정의 어떠한 가치도 예단하지 않은 채 자신의 자아 전부를 일에 투입할 수 있다. 창의적인 자아실현자는 진정한 인지 탐구자이다.

5장

사랑:
우리에게 정말로
필요한 것

우리는 사랑을 이해해야 한다. 사랑을 가르치고 창조하며 예측할 수 있어
야 한다. 그렇지 않으면 이 세상을 적대감과 의심에 빼앗길 것이다.

— 에이브러햄 매슬로,《동기와 성격》

사랑만이 인간 존재의 문제에 온당하고 만족스러운 대답을 할 수 있다.

— 에리히 프롬,《사랑의 기술》

회사 전반에 경쟁의 분위기가 퍼져 있는 광고 대행사가 있다. 회의에서는 주로 회사가 어떻게 더 많은 성과를 달성하고 경쟁자를 '지배'할 수 있는지 논한다. 그러나 모든 회의에 참석하는, 말없이 빛나는 루이사는 보통 사람들과는 조금 다른 이유로 돋보인다. 모든 사람이 그녀를 좋아한다. 루이사와 있을 때면 누구나 기분이 좋아진다. 다른 사람이 지닌 최고의 능력을 알아보는 그녀의 안목 덕분에 모든 사람에게서 최상의 결과를 끌어내는 것으로 보인다. 풍부한 사랑 때문만이 아니라 그녀가 무척 사려 깊고 신뢰할 수 있는 사람이기에 모두가 그녀와 같은 팀에서 일하기를 원한다. 루이사는 이처럼 많은 빛을 발산하지만 자신의 욕구를 희생하지 않고, 필요할 때 스스로를 돌볼 수 있으며, 다른 사람이 자신의 견해를 듣고 싶어 하도록 하면서 자신의 생각을 전한다. 루이사는 거의 모든 상황과 토론에서 더 큰 인간미를 알아보는 경향이 있으며, 다양하게 상정된 의견에서 장점을 찾기 위해 최선을 다한다.

루이사의 존재 방식은 오늘날 세상에서 극도로 저평가된다. 많은 사람은 성취에 초점을 맞추기 때문에 종종 더 큰 개인적인 성공을 이루기 위해 전략상 좀 더 이타적으로 행동하곤 한다. 안타깝게도 현대 사회는 존재만으로 모든 사람에게 기쁨과 빛을 가져다주는 사람들을 심하게 과소평가해왔다. 그런 특징이 반드시 사회에서 인정받는 성공으로 이어지는 것은 아니다. 하지만 그 영향력은 이루 헤아릴 수 없고 또한 평생 쌓여가며, 심지어는 상이나 영예보다 영향력이 훨씬 클 수 있다. 자아실현을 위해 반드시 루이사처럼 할 필요는 없다. 그러나 루이사의 세계에는 더 깊은 완전성과 통합 그리고 삶의 초월을 이루기 위해 펼치는 더 지고한 형태의 사랑이라는 가치와 관련해 우리가 배울 것이 많다.

정신과 전문의 조지 베일런트는 저서《영적인 진화》에서 성공적인 인간의 발달에는 먼저 사랑을 흡수한 뒤 서로 사랑을 나누고, 마지막으로 이기적이지 않은 방식으로 사랑을 베푸는 것이 포함된다고 밝혔다.[1] 인간에게는 소속감과 연결에 대한 욕구가 있을 뿐만 아니라, 다른 사람의 삶에 긍정적인 영향을 끼치는 것처럼 느끼고 싶은 욕구가 있다. 우리가 직접 만나지 않았거나 개인적인 관계가 없다고 느끼는 사람에게도 사랑을 줄 수 있는 능력을 갖는 것은 더 큰 안정감은 물론, 온전한 인간으로 성장하고 더 건강하며 활력이 가득한 의미 있는 삶으로 나아가는 주요 경로이다.[2] 홀로코스트의 생존자이자 말기 암을 극복하고 살아남은 '개인적 지배personal mastery' 분야의 선구자인 클레어 뉘어는 이렇게 말했다. "사랑과 안전 그리고 수용을 창출하는 유일한 방법은 베푸는 것입니다."[3]

여기에는 모순이 있다. 소속감과 연결이 정말로 안정의 욕구라면, 고품질의 연결고리에 있는 사람은 당연히 사랑에 만족해야 하고, 더 많은 사랑이 필요하지 않아야 한다. 사랑에 만족한 채 더 많은 사랑을 경험하거나 표현하려는 욕망에 휘둘려서는 안 된다. 하지만 매슬로는 실제로 그와 정반대되는 상황을 종종 관찰했다. "사랑의 욕구가 충족된 비교적 건강한 사람을 대상으로 한 임상 연구는 그들이 비록 사랑을 받아야 할 필요는 적지만 더 많은 사랑을 베풀 수 있음을 보여준다. 그런 의미에서 그들은 더욱 사랑스럽다."[4]

매슬로는 대다수 연구논문과 교과서의 경우, 사랑에 관한 논의가 결핍으로서의 사랑에 초점이 맞춰져 있다고 언급했다. "일반적인 연구결과에 따르면, 사랑의 욕구는 (…) 결핍욕구이다. 이는 채워져야만 하는 구멍이고, 사랑을 쏟아부어야 하는 빈 공간이다. (…) 좌절 또는 포만이라는 중간 상태는 병적인 것과 건강함의 중간 상태로 이어진다."[5] 그러나 매슬로는 사랑이 성취되는 일정 지점을 넘어서면 우리의 사랑은 바깥으로 향할 수 있음을 깨달았다.

매슬로는 필요로 하는 사랑과 필요로 하지 않는 사랑을 분명하게 구별하고, 전자를 'D-사랑'(D-love, 결핍사랑)로, 후자를 'B-사랑'(B-Love, 다른 사람의 존재를 위한 사랑)이라고 명명했다.[6] 매슬로가 언급했듯이 D-사랑은 충족될 수 있지만, B-사랑에는 만족이라는 전체 개념이 거의 적용되지 않는다. B-사랑의 영역에 있는 사람은 유지를 위한 꾸준하고 작은 사랑을 제외하고 사랑을 받을 필요가 없다. 그들은 심지어 그런 사랑 없이도 어느 정도 지낼 수 있다."[7]

B-사랑은 필요한 것보다는 칭찬하는 것에 가깝고, 포만감을 위해 노력함에 따라 사라지기보다는 성장하는 편이다. 결과적으로 B-사랑은 다른 목적을 위한 수단으로서가 아니라 본질적으로 가치가 있기에 일반적으로 더욱 즐거운 경험이다. 매슬로는 다음과 같이 말했다. "B-사랑은 의심할 여지 없이, B-사랑의 연인들도 이미 다 경험한 바 있는 D-사랑보다 풍부하고 '높은' 단계이며, 가치 있고 주관적인 경험이다."[8]

B-사랑의 개념은 불교 명상 지도자 샤론 샐즈버그의 '진정한 사랑' 개념과 유사하다.[9] 진정한 사랑을 일상에서 우리가 서로 사랑해야 하는 타고난 능력으로 정의한 샐즈버그에 따르면, 사랑은 자유롭게 주어진 선물이다. 그리고 우리 모두의 내면에는 깊은 사랑의 저장소가 있고, 언제든 우리 삶에서 더 많은 사랑을 생성하기 위해 이 저장소를 활용할 수 있다.

그와 마찬가지로, 에리히 프롬은 저서 《사랑의 기술》에서 성숙한 사랑은 수동적인 과정이 아닌 능동적인 과정이며, 감정이 아닌 태도라고 주장한다.[10] 사랑을 다른 사람에 관한 태도 또는 지향으로 보는 것의 좋은 점은 다른 사람과 사랑스럽게 행동하기 전, 즉 다른 사람과 '긍정적인 공명'을 가질 때까지 기다릴 필요가 없다는 것이다.[11] 이 점이 바로 내가 B-사랑과 연결의 욕구를 구분할 필요가 있다고 생각하는 이유이다(2장 참고). 성숙해지고 타인의 욕구를 자기 자신의 욕구만큼이나 중요하게 생각하게 되면, 사랑에 대한 우리의 생각은 '사랑받는 것'에서 '사랑하는 것'으로, 사랑을 받음으로써 보상을 받는 의존 상태에서 세상 전체를 사랑할 수 있는 사랑의 방향으로 변화한다. 프롬은 이렇게 말했다. "유아적 사랑은 사랑받기 때문에 사랑한다는 원칙을 따르지만, 성숙한 사랑은 사랑하기 때문에 사랑받는다는 원칙을 따른다. 미성숙한 사랑은 내가 필요하기 때문에 당신을 사랑한다고 말하지만, 성숙한 사랑은 사랑하기 때문에 당신이 필요하다고 말한다."[12]

실존주의 심리치료사 어빈 얄롬이 관찰한 바와 같이, '필요가 개입되지 않는 사랑'이라는 성숙한 사랑의 틀은 사람의 건강과 성장에 특별한 영향을 끼친다. 심리치료 과정에서 사람들은 종종 외로움을 호소하는데, 이들은 외로움을 사랑받지 못한 것과 사랑스럽지 않음의 탓으로 여긴다. 그러나 얄롬은 가장 생산적인 개인의 발전은 종종 그와는 반대되는 영역인 사랑할 수 있는 능력의 결여에서 이루어진다고 지적한다. 얄롬은 사랑이 특정한 만남이 아니라 태도이며, 사랑받지 못함의 문제는 대부분 사랑하지 않음의 문제[13]라고 말했다.

이번 장에서는 B-사랑과 타인을 향한 사랑이 건강, 성장, 건강한 진정성에 끼치는 영향을 과학적으로 연구하려는 나의 열정적인 탐구를 살펴볼 것이다. 그러나 이러한 과학적 B-사랑 탐구는 최대한 깊게 어둠을 들여다보아야 빛을 가장 잘 정의할 수 있다는 전제하에, B-사랑과는 정반대되는 양상에서 시작되었다.

빛 vs. 어둠의 3요소

그 모든 것에도 불구하고, 나는 여전히 사람들에게 선한 마음이 있다고 믿는다.
— 안네 프랑크, 《안네의 일기》

지구상에서 사람 하나 없어지는 게 뭐 그리 대수인가?
— 테드 번디, 엘리엇 레이튼의 《인간 사냥》에서 인용

"'어둠의 3요소', 그러니까 나르시시즘, 마키아벨리즘 그리고 반사회적 인격 장애를 가진 사람은 왜 그리 매혹적일까?" 나는 연구실에서 동료 데이비드 야든에게 물었다.[14] 그 순간, 그는 귀를 쫑긋 세우며 나에게 어둠의 3요소에 관한 논문들을 보내달라고 요청했다. 그렇게 나의 주장은 다시 한번 입증되었다. 연구자들은 모두가 그들에게 관심이 있었다! 나는 투덜댔다. 멍청이가 아닌 사람에게는 흥미로운 점이 전혀 없을까? 연구실로 돌아온 나는 데이비드와 엘리자베스 하이드에게 이메일로 몇 가지 논문을 보내주었다. 얼마 지나지 않아 답장이 왔고, 데이비드는 이메일에서 짧게 되묻고 있었다. '빛의 3요소'라고? 이번에는 내 귀가 쫑긋 세워졌다. 그런 것이 있었나? 연구는 되었을까?

어둠의 3요소는 이미 충분히 연구가 진행된 상태였다. 2002년 델로이 파울루스와 케빈 윌리엄스가 처음으로 발견한 어둠의 3요소라는 인격 특성은 자만심이라는 이름의 과대망상적 나르시시즘, 전략적 착취와 속임수 중심의 마키아벨리즘, 도덕적 무감각과 냉소주의

및 충동성의 정신병질로 구성된다.[15] 그들 두 사람이 최초로 논문을 발표한 후, 어둠의 3요소라는 특성을 사회적으로 혐오스러운 결과와 연관시키는 수백 편의 연구가 수행되었다. 이러한 연구의 결과는 다양한 영역에서 나타났는데, 여기에는 더 높은 수준의 공격성과 폭력성, 도구화된 성, 권력과 돈과 사회적 지위를 향한 극단적으로 강력한 동기, 심지어 오만, 탐욕, 정욕, 노여움, 대식, 시기, 나태의 '7대 죄악' 모두를 저지를 가능성의 상승 등이 포함된다.[16]

최근 몇 년 사이 사디즘이나 악의적 독설 같은 또 다른 '어두운 특성'이 어둠의 3요소에 추가되었고, 이러한 특성에는 저마다 다차원적이고 고유한 속성이 있다(나르시시즘에 대한 심층분석은 3장 참고). 하지만 그들 모두에게는 '어두운 핵심dark core'이 존재하는 것 같다.[17] 각종 연구결과는 어두운 핵심이 도덕적 무감각 혹은 냉담함과 부정직/조작의 혼합으로 구성됨을 보여주는데,[18] 이러한 특성들의 특별한 조합이 바로 핵심 요소로 보인다. 사실 공감 능력이 부족한 것은 공격성의 유무와 약한 관계만을 형성할 뿐이다.[19] 아우렐리오 피게레도와 제이크 제이콥스에 따르면, 어둠의 3요소의 어두운 핵심은 타인을 착취 대상이거나 물리쳐야 할 경쟁자로 간주하는 적대적인 사회적 전략으로 가장 분명하게 특징지어진다.[20] 다음 항목으로 여러분의 어두운 핵심의 수준을 측정해볼 수 있다.[21]

어두운 핵심의 척도(타인을 향한 적대적 방향 설정)

▲ 무슨 말이든 내 마음대로 말할 수 있다.

▲ 목표를 달성하기 위해서라면 다른 사람을 기꺼이 이용한다.

▲ 내게는 특별한 대우를 받을 자격이 있다.

▲ 다른 사람들이 고통을 겪어도 속상해하지 않는다.

▲ 나보다 아래에 있는 사람과 어울리느라 소중한 시간을 낭비하지 않는다.

▲ 비판 받는 것을 너무 싫어서, 누군가가 나를 비판하면 화를 참지 못한다.

▲ 누군가가 나를 위해 좋은 일을 해주면, 그들이 내게 원하는 게 무엇일지 궁금해진다.

▲ '스릴'을 얻을 수 있다면 무슨 일이든 할 수 있다.

적대적인 사람들은 분명 존재한다. 그렇다면 다른 사람에게 지속적으로 사랑과 선의를 베푸는 성인들은 어떨까? '성인'이라 해서 공공연하게 많은 기부를 하고, 그 덕에 많은 사람으로부터 칭송받고 존경받는 사람을 의미하는 것이 아니다. 그보다는 존재만으로도 언제 어디서든 누구에게나 빛을 비추는 사람을 의미한다. 기부에 늘 전략적으로 접근하는 대신 그저 그렇게 하는 게 바로 자신의 모습이기에, 또는 매슬로가 말했듯 '장미가 향을 내뿜듯' 자연스럽고 자발적이며 무조건적이고 긍정적인 관심을 보이는 사람을 가리킨다.[22]

이 점이 바로 우리가 찾는 것이다. 이메일을 주고받고 회의를 하며 데이비드와 엘리자베스와 나는 기존 어둠의 3요소 테스트를 검토하고, 어둠의 3요소의 각 구성요소와 반대되는 특성과 관련된 다양한 항목을 브레인스토밍했다. 우리가 찾아낸 초기 항목 풀pool은 용서, 신뢰, 정직, 배려, 수용, 사람들에게서 최고의 능력 알아보기, 타인을

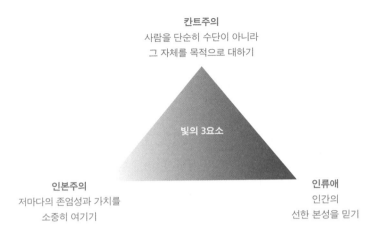

칸트주의
사람을 단순히 수단이 아니라
그 자체를 목적으로 대하기

빛의 3요소

인본주의
저마다의 존엄성과 가치를
소중히 여기기

인류애
인간의
선한 본성을 믿기

수단으로 사용하는 대신 그들과 연결됨으로써 본질적인 즐거움 얻기 등, 다시 말해 B-사랑과 관련되어 있었다.

우리는 빛의 3요소Light Triad Scale, LTS를 구성하는 분명한 구성요소인 칸트주의, 인본주의, 인간에 대한 믿음을 확인했다. 칸트주의는 마키아벨리즘에 대처하는 우리의 대비책으로서, 철학자 임마누엘 칸트의 인간 공식에서 영감을 받은 것이다. "네 자신에게나 다른 사람에게 있어서나 인간을 언제나 동시에 목적으로 대하고, 결코 한낱 수단으로 대하지 말라."[23]

엘리 츠카야마와의 추가적인 테스트 및 협력 후, 우리는 다음의 진술이 B-사랑을 실천하고 타인에게 득이 되는 방향을 포착하는 데 도움이 된다는 것을 발견했다.[24]

빛의 3요소 척도(B-사랑 실천, 타인에게 득이 되는 방향)

▲ 내가 원하는 일을 하도록 공공연히 다른 사람들을 조종하는 것

이 마음 편하지 않다.

▲ 매력적인 것보다는 정직한 것이 더 좋다.

▲ 사람들과 이야기를 나눌 때 그들에게 원하는 바를 거의 생각하지 않는다.

▲ 설사 나의 평판에 누가 된다 할지라도 진실하고 싶다.

▲ 다른 사람을 소중하게 대하는 경향이 있다.

▲ 다른 사람을 존경하는 경향이 있다.

▲ 다른 사람의 성공을 진심으로 축하하는 경향이 있다.

▲ 각계각층의 사람들의 말을 듣는 것을 즐긴다.

▲ 다른 사람의 최대 장점을 알아보는 경향이 있다.

▲ 대부분의 사람이 선하다고 생각한다.

▲ 내게 해를 끼친 사람들을 빠르게 용서한다.

▲ 다른 사람이 나를 공정하게 대할 것이라고 믿는 편이다.

우리는 연령과 성별이 각기 다른 수천 명의 사람을 대상으로 빛의 3요소 테스트를 진행했고, 그 결과는 아주 다양하게 나타났다.[25]

첫째, 빛의 3요소는 단순히 어둠의 3요소의 반대가 아니라는 것이 분명하다. 이 둘은 서로 대비되는 모습으로 보이지만, 우리 모두에게는 적어도 약간의 빛의 3요소와 약간의 어둠의 3요소가 존재함을 보여준다. 어둠의 3요소 테스트에서 극도로 높은 점수를 받은 사람들을 인간 별종이 아닌, 우리 모두에 내재한 잠재력이 확대된 형태로 이해하는 것이 가장 좋을 것 같다.

이런 맥락에서 안네 프랑크의 말이 어느 정도 이해가 간다. 우리는 평범한 사람이 일상적인 생각, 행동, 감정 패턴에서 어둠의 3요소보다는 빛의 3요소 쪽으로 더 기울어져 있음을 발견했다. 실제로 우리가 조사한 샘플에서 극단적인 악의는 극히 드문 것으로 나타났다. 물론 극도의 악의를 가진 소수의 사람만 있으면 나머지 세계에 막대한 피해를 입힐 수 있기는 하지만 말이다.

둘째, 우리는 사랑의 성향이 강한 사람에게는 실제로 사랑이 덜 필요하다는 매슬로의 주장을 확인할 수 있었다. 빛의 3요소 테스트에서 높은 점수를 받은 사람은 상대적으로 덜 혼돈스럽고 좀 더 예측 가능한 환경에서 자랐으며, 아울러 '나를 아껴주는 사람들과의 연결감을 느낀다', '다른 사람들과 밀접하게 연결되어 있다고 느낀다', '사람들과 강한 친밀감을 느낀다'고 보고했다. 동시에 그들은 '나는 외로웠다', '나는 한 명 이상의 중요한 사람에게 과소평가 당했다고 느낀다', '나는 사람들과 의견이 일치하지 않거나 갈등을 겪었다'와 같은 항목에서 낮은 점수를 받은 사람들에 비해 자신들의 인간관계에 대한 불만족을 하소연하는 경우가 훨씬 적었다.

그와 대조적으로 어둠의 3요소에서 높은 점수를 받은 사람은 정반대되는 패턴을 보였고, 어린 시절에 더 큰 불화와 예측 불가능성을 경험했다고 보고했으며, 관계에서의 만족도는 떨어지고 불만은 더 컸다. 연구결과는 다른 사람과의 상호작용을 통한 성장보다는 결핍이 타인에게 냉담하고 교활한 성향의 사람에게 더 많은 동기를 부여함을 시사한다.

마지막으로, 우리는 빛의 3요소가 다양한 안녕감 및 성장 방안과 관련이 있음을 발견했다. 이 장의 나머지 부분에서는 모든 상관관계를 하나씩 힘들게 살펴보는 대신, B-사랑을 실천하는 사람의 초상화를 전반적으로 그려보고자 한다. 단, 이는 많은 상관관계의 합성을 기반으로 한 이상적이고 동경의 대상이 되는 초상화임에 유의하자. 그럼에도 이들 상관관계는 사람 사이에서 가능한 것들을 보여준다.

B-사랑을 추구하는 사람의 초상화

자아실현자는 보완해야 할 심각한 결함이 없으며, 성장과 성숙과 발달을 위해, 다시 말해 개인적이고 인간적으로 가장 높은 단계의 본성을 성취하고 실현하기 위해 자유롭게 노력하는 사람으로 간주되어야 한다. 그런 사람이 하는 일은 성장에서 비롯되며, 힘들이지 않고 그런 성장을 표현한다. 그들은 서로를 사랑한다. 그들은 다정하고 친절하며, 정직하고 자연스럽기 때문이다. 마치 장미가 향기를 발하고, 고양이가 우아하며, 어린아이가 어린아이다운 것처럼 지극히 자연스러운 것이 그들의 본성이기 때문이다.

— 에이브러햄 매슬로, 《동기와 성격》

자기초월적 가치

B-사랑을 추구하는 사람은 보편적 관심(모든 사람을 위한 평등한 기회, 정의, 보호에 대한 헌신), 보편적 관용(자신과 다른 사람에 대한 수용과 이해, 다양한 집단의 화합과 평화 증진) 그리고 친한 친구 및 가족에 대한 자애와 배려의 성향이 아주 강하다.[26] B-사랑을 추구하는 사람의 성격상 가장 큰 강점은 친절, 사랑, 삶에 대한 열정, 감사, 관점, 용서, 사회적 지능, 감사, 협동심, 희망, 공정함, 호기심, 판단력, 겸손, 배움에 대한 애착,

유머 및 영성 등이다.[27] 그들은 또한 투지, 근면성, 생산성, 체계성 및 책임 의식 같은 선택의지 관련 특성에서도 높은 점수를 받는다.

따라서 B-사랑을 추구하는 사람은 선택의지와 친교가 서로 상충될 필요가 없음을 보여준다. 심리학자 데이비드 바칸은 저서 《인간 존재의 이원성》에서 인간 존재의 두 가지 필수 형태인 선택의지와 친교의 통합의 중요성을 강조했다.[28] 바칸에 따르면 선택의지는 자기보호, 자기주장, 분리 및 고립을 포함한다. 반면 친교는 참여, 접촉, 개방성, 통합 및 비계약적 협력을 포함한다. 바칸은 최적의 정신건강을 유지하기 위해 자선과 이기심, 친교와 선택의지 사이에 연합이 존재하는 상태가 필요하다고 주장했다.

현대의 연구는 이 같은 주장을 뒷받침하는 놀라운 사실을 발견했다. 선택의지와 친교는 모두 사회적 기능, 건강 그리고 안녕감에 뚜렷하고 긍정적인 영향을 끼친다.[29] 삶에서 선택의지가 강한 사람은 그만큼 더 큰 독립성, 자기주장 및 분노의 건설적인 활용을 보여준다. 또한 훨씬 감소한 정서적 고통과 불안 애착을 보이고, 더 많은 의지가 돼주는 소셜 네트워크에 소속되어 있다.[30] 이와 상호 보완적으로, 친교 성향의 사람은 사회적 관계에 더 편안함을 느끼고, 관계에서 문제를 겪을 가능성이 적으며, 고통스러울 때 지원을 받을 가능성은 더 크다. 이러한 인간 존재의 두 차원이 서로 조화를 이루어 더 큰 성장과 완전성을 가져올 수 있다는 것은 분명하다.

B-사랑을 추구하는 사람은 이 인간 존재의 두 가지 형태를 조화롭게 통합시킨다. 사실 이들의 가치와 진정으로 상충되는 유일한 가치는 어둠의 3요소 테스트에서 높은 점수를 받은 사람의 특징인 자기

강화 동기이다. 또한 B-사랑을 추구하는 사람은 자신이 속한 내집단에 대한 연민, 즉 자애와 친구 및 가족에 대한 배려가 자기초월적 가치와 공존할 수 있음을 보여준다. 그들은 진정으로 사랑하는 사람들의 신뢰와 의존을 중시하는 동시에, 다양한 관점과 삶의 방식을 열린 마음으로 수용한다. 즉 내집단 사랑과 무조건적 사랑의 잘못된 이분법을 뛰어넘는 것이다.

건강한 연민

B-사랑을 추구하는 사람은 다른 사람을 즐겨 배려하는 경향이 있으며, 삶의 각계각층에서 사람들의 고통을 덜어주는 일이 중요하다고 생각한다. 더욱이 그들의 동기는 진심에서 우러나온다. 다시 말해, 그들은 다른 사람을 돕겠다는 동기를 키우면서 성장을 확보하는 것 같다. '다른 사람을 돕는 게 좋다. 그들이 성장하도록 돕다보면 정말로 기분이 좋아지기 때문이다.' '내가 다른 사람을 돕는 주된 이유는 나의 개인적인 성장에 대한 열망이 있기 때문이다.' '내가 다른 사람들에게 베푸는 주된 동기는 새로운 경험에 대한 개방성을 높이기 위해서다.' B-사랑을 추구하는 사람은 이러한 항목에 답하면서 그들 자신의 개인적인 욕구뿐만 아니라, 다른 사람을 돕는 것 또한 높은 가치를 인정받는 환경에서 성장하는 경향이 있다.

발달심리학자 폴 블룸은 공감 혹은 감정이입에 내재하는 위험요인을 지적함으로써, 우리가 오로지 정서적 경험을 공유하는 사람들만을 돕게끔 유도했다.[31] 사실 인류 역사상 가장 끔찍했던 잔혹 행위 중 일부는 '공감'이라는 명목하에 일어났다.[32] B-사랑을 추구하는 사람은 보편적인 관심사에 동기가 부여되고 인지적 공감과 정서적 공감 모두를 통합하는 건강한 형태의 연민을 갖는 경향이 있다.

인지적 공감은 조망 수용perspective-taking〔타인의 생각, 감정, 지식 등을 그 사람의 관점에서 이해하는 능력〕이나 마음 이론theory-of-mind〔발달심리학 이론 중 하나로, 욕구·신념·의도·지각·정서·생각 같은 자신과 타인의 마음 그리고 정신적 상태를 이해하는 선천적인 능력에 관한 이론〕 같은 능력, 즉 다른 사람의 감정을 인정하고 이해하는 능력을 반영하는 반면, 정서적 공감은 다른 사람의 감정적 경험을 공유하고 그들이 느끼는 것을 진정으로 느낄 수 있는 능력을 반영한다.[33] 흥미롭게도, 어둠의 3요소 테스트에서 높은 점수를 받은 대다수는 인지적 공감에서는 높은 점수를 기록했지만 정서적 공감에서는 그렇지 못했다. 그들이 타인의 고통을 함께 나누기보다는 다른 사람의 약점을 악용하기 위해 공감 기술을 사용하기 때문이다.[34] 다음의 항목을 살펴보며 각각의 항목에 얼마나 동의하는지 확인해보면, 여러분이 인지적 공감과 정서적 공감 사이 어디쯤에 위치하는지 알 수 있을 것이다.[35]

인지-정서 공감 척도

인지적 공감

▲ 두 사람이 논쟁을 벌일 때, 두 관점을 모두 볼 수 있다.

▲ 누군가가 언제 죄책감을 느끼는지 알 수 있다.

▲ 사람들이 부끄러움을 느끼고 있는지를 그들의 얼굴이나 행동을 통해 알 수 있다.

▲ 이유를 듣기 전에도 타인이 슬퍼하고 있다는 것을 안다.

▲ 보기만 해도 누군가가 실망하고 있다는 것을 알 수 있다.

정서적 공감
▲ 신나는 활동에서 소외된 친구가 있다면 기분이 안 좋을 것 같다.

▲ 앙상할 정도로 마른 아이를 보면 기분이 안 좋다.

▲ 우는 아기를 보면 안타깝다.

▲ 어떤 사람이 무방비 상태의 여자에게 폭력을 행사하는 모습을 보면 화가 난다.

▲ 어떤 사람이 비무장 상태의 사람에게 총을 겨누는 것을 보면 무서울 것 같다.

B-사랑을 추구하는 사람은 정서적 공감에서 높은 점수를 받지만, 문제를 일으킬 수 있을 정도로 다른 사람의 욕구를 자신의 욕구보다 우선시하는 병리적 이타주의에서는 낮은 점수를 받는 경향이 있다.[36] 그래서 그들은 타인의 실제적 욕구를 정확하게 평가할 수 있는 능력이 있으면서도, 자신과 타인 모두의 건강에 해롭거나 심지어 해가 될 정도의 공감에 휩쓸리지는 않는다. 이 같은 능력은 어느 정도 그들의 인지적 공감과 건강한 대처 메커니즘에서 기인한다.

건강한 대처 메커니즘
의사, 간호사, 교사, 치료사, 목사 등 타인에게 도움을 주는 직업 종사자 또는 극도로 높은 수준의 정서적 공감이 필요한 사람의 주요 관심사는 공감 피로empathy burnout인데, 이는 흔히 '연민 소진' 또는 '관대한 피로'라고 불린다.[37] 끊임없이 다른 사람에게 사랑을 기울이는 일을 사랑하는 것은 심신을 지치게 할 수 있다. 그래서 사랑하는 사람들에게는 극도의 소진으로부터 자신을 보호하고 건강과 성장을 촉진하기 위해 다양한 건강한 대처 메커니즘이 있다.

조지 베일런트는 75년간 진행한 대규모의 하버드 연구에서 다섯 가지 성숙한 대처 메커니즘이 더 큰 성장, 긍정적인 정신건강, 따뜻한 인간관계 및 성공적인 경력, 즉 건강한 삶에의 적응과 관련이 있음을 발견했다.[38] B-사랑은 추구하는 사람은 곧 소진될 것 같다고 느낄 때면 다음의 전략에 집중하는 경향이 있다.

▲ **예상**: 미래의 내적 불편에 대한 현실적인 기대 또는 계획. 베일런트에 따르면, 예상은 사건이 발생하기 전에 그 사람이 사건을 인지할 수 있게 하여 그와 관련된 불안과 우울증을 완화시킨다.[39] ('어려운 상황에 직면하면 그 상황이 어떻게 진행될지 상상하며 그에 대처할 방법을 마련하려고 노력한다.' '슬퍼질 것이라는 걸 미리 예측할 수 있다면 훨씬 더 잘 대처할 수 있다.')[40]

▲ **억제**: 방해가 되는 문제, 욕망, 감정 또는 경험을 이후 더 성숙하게 처리하고 통합할 수 있을 때까지 의도적으로 생각하지 않는 것. 베일런트는 이러한 억제가 성공적인 적응과 가장 밀접하게 관련된 대처 메커니즘이지만, 남용의 위험 또한 가장 큰 메커니즘이기도 하다는 사실을 발견했다. 그에 따르면 억제가 완전한 억압이나 부정을 의미하지는 않는다. 억제는 세상을 최소한으로 바꾸고, 삶이 제시하는 조건들을 가장 잘 받아들인다. 효과적

으로 사용한다면, 억제는 잘 손질된 돛과 유사하다. 모든 제약은 바람의 열정의 궁극적인 효과를 감추는 것이 아니라 활용하기 위해 정확하게 계산된다.[41] ('어떤 문제를 다룰 여유가 생길 때까지 마음속에서 그 문제를 떨쳐버릴 수 있다.' '감정을 풀어놓는 게 하는 일에 방해가 된다면, 내 감정을 통제해 숨길 수 있다.')[42]

▲ **유머**: 적절히 대처하여 아직 처리해야 할 일에 집중할 수 있도록 유머를 사용하는 것. 성숙한 대처(B-유머)는 자기 비하적이지 않으며, 당면한 문제에서 주의를 돌리거나 회피하는 것을 포함하지 않는다. 베일런트는 유머를 "인간의 레퍼토리에서 진정으로 우아한 방어수단 중 하나이다. (…) 유머 능력은 희망처럼 판도라의 상자에서 빠져나온 고통과 슬픔에 맞서 인간을 지켜주는 가장 강력한 해독제 중 하나"[43]라고 말했다. 또한 프로이트는 유머가 이러한 방어 과정 중 가장 고차원적인 것으로 간주될 수 있다고 믿었으며, 성숙도라는 측면에서 유머를 위트보다 상위에 매겼다. 실제로 나는 유머 능력과 자아실현의 특성에서 긍정적인 관계를 발견했다.[44] 예상 및 억제와 더불어 유머는 생각과 감정이 의식 속에서 공존할 수 있게 해준다. ('아무렇지 않게 자조하며, 너무 진지하거나 예민하게 받아들이지 않을 수 있다.' '고통스러워만 보이는 상황에서도 보통은 즐거운 면을 볼 수 있다.')[45]

▲ **승화**: 즐거운 게임, 스포츠, 취미, 로맨스, 창의적인 표현을 통한 공격성의 표출. ('그림이나 목공예와 같은 건설적·창의적인 일을 함으로써 불안감을 해소한다.' '현재의 작업에 몰두하면 우울하거나 불안하지 않다.')[46]

▲ **이타주의**: 자신이 받고 싶은 것을 다른 사람에게 주면서 즐거움

을 얻는 것. 이타주의는 투사된 욕구가 아니라 타인의 실제 욕구에 응답한다는 점에서 투사의 방어 메커니즘과는 차이가 있다. ('다른 사람을 돕는 것에서 만족을 얻고 이 같은 즐거움을 빼앗기면 우울해질 것이다.' '위기에 처하면 같은 문제를 가진 다른 사람을 찾을 것이다.')[47]

B-사랑을 추구하는 사람이 사용하는 건전한 대처 전략은 다른 사람과의 관계뿐만 아니라 자기 자신에게도 영향을 미친다.

건강한 자기 사랑

에리히 프롬은 에세이 〈이기심과 자기 사랑〉에서 다음과 같이 썼다. "현대 문화는 이기심에 대한 금기로 가득 차 있다."[48] 프롬은 이러한 문화적 금기가 사람들이 건강한 자기 사랑을 보여주는 것에 죄책감을 느끼게 만드는 불행한 결과를 가져왔다고 말했다. 아울러 문화적 금기는 심지어 사람들이 즐거움, 건강 및 개인적 성장을 경험하는 것조차 부끄러워하게 만들었다.

그러나 B-사랑을 추구하는 사람은 타인에 대한 배려와 자기 자신에 대한 배려의 이분법을 초월한다. 물론 나르시시즘적이며 건강하지 못한 자기애도 분명 있다(3장 참고). 하지만 모든 형태의 자기애가 해로운 것은 아니다. 매슬로는 프롬의 에세이에서 영감을 받아 이렇게 말했다. "우리는 진리가 어디에 존재하는지 실제로 결정하기 전까지 이기적이거나 이기적이지 않은 행동이 좋거나 나쁘다고 여겨서는 안 된다. 어떤 때는 이기적인 행동이 좋을 수 있지만 또 어떤 때는 나쁠 수 있다. 비이기적인 행동 또한 좋고 나쁠 때가 있다."[49]

매슬로는 심리적 풍요와 독특한 사람이 되고, 배우고, 성장하며 행복해지려는 동기에 기반한 건강한 이기심과 심리적 빈곤, 신경증, 탐욕에 기반한 건강하지 않은 이기심을 구별할 필요가 있다고 주장했다. 프롬이 말했듯, 탐욕은 절대 채워질 수 없는 욕구를 채우기 위해 끝없이 노력하는 사람을 지치게 하는 밑 빠진 독이다.[50]

매슬로와 프롬은 건강한 이기심에는 건강한 자기 사랑, 즉 자기 자신과 자신의 경계에 대한 건전한 존중, 자신의 건강, 성장, 행복, 기쁨 및 자유의 중요성을 확인하는 것이 필요하다고 한목소리로 주장했다. 비록 B-사랑을 추구하는 사람에게는 반드시 다른 누군가를 돕는 것은 아니더라도 건강한 경계, 자기 관리, 자신을 즐길 수 있는 능력이 있다. 다음 항목을 살펴보면 여러분의 현재의 건강한 이기심 수준을 측정할 수 있다.

건강한 이기심의 척도

- ▲ 내게는 건강한 경계선이 있다.
- ▲ 자기 관리를 잘 한다.
- ▲ 건강하고 충분한 자존감을 가지고 있으며, 사람들이 나를 이용하도록 하지 않는다.
- ▲ 내 욕구와 다른 사람의 욕구 사이의 균형을 잡는다.
- ▲ 내 욕구를 먼저 내세운다.
- ▲ 명상, 건강한 식습관, 운동 등 다른 사람에게 해가 되지 않는 건강한 형태의 이기심이 있다.
- ▲ 남에게 많이 베푸는 편이지만, 언제 스스로를 재충전해야 할지

잘 알고 있다.

▲ 다른 사람에게 반드시 도움이 되는 것은 아니지만, 스스로 즐길 수 있도록 허락한다.

▲ 나 자신을 잘 돌본다.

▲ 다른 사람들의 요구보다 내 개인 프로젝트를 우선시한다.

나는 연구에서 건강한 이기심이 빛의 3요소뿐만 아니라 건강한 자존감, 삶의 만족도, 자신의 일에 대한 진정한 자부심을 포함한 여러 성장 지표와 긍정적인 상관관계가 있음을 발견했다. 이는 역설적으로 보일 수도 있지만, 나는 건강한 이기심 테스트에서 높은 점수를 받은 사람이 다른 사람을 좀 더 배려하고 도와주는 성장 지향적 동기를 더 많이 보여줄 가능성이 높다는 것을 발견했다. 구체적인 예로는 다음과 같은 진술을 들 수 있다. '내가 다른 사람에게 베푸는 주된 이유는 내 새로운 경험에 대한 개방성을 증진시키는 것이다.' '내가 다른 사람을 돕는 주된 이유는 개인적인 성장에 대한 열망이 있기 때문이다.' '나는 다른 사람을 돕는 것을 좋아한다. 그렇게 하면 진정 기분이 좋아지기 때문이다.'[51]

건강한 이기심은 피해망상적 나르시시즘과 우울증 그리고 '나는 내 자신의 이익을 위해 주어진 상황을 이용하려고 각별히 애를 쓴다' 진술 같은 병리적 이기심, 심지어는 병적인 이타주의와 부정적으로 연관되어 있었다. 건강한 자기 사랑은 병적인 자기애, 나아가 병적인 자기 희생과도 분명히 구별된다.

또한 높은 수준의 건강한 자기 사랑을 가진 사람은 자기 연민을 보여주는 경향이 있다. 우리는 종종 자기 자신에게 지나치리만큼 냉정하다. 프롬이 말했듯 "우리는 노예이자 주인이다. 우리는 우리 밖에 존재하는 주인의 노예가 되는 대신, 우리 안에 주인을 두고 있다."[52] 자기 연민은 우리 자신으로부터 자유로워질 수 있는 소중한 수단을 제공한다.

심리학자 크리스틴 네프는 자기 연민을 "인간의 일반적인 경험에 비추어 자기 자신의 경험을 보고, 고통과 실패와 불충분함이 인간 조건의 일부임을 수긍하며, 자신을 포함한 모든 사람에게 자기 연민의 가치가 있음을 인정하는 것"으로 정의한다.[53] 자기 연민은 자신을 친구처럼 친절하게 대하기 위해서 뿐만 아니라, 다른 사람이 자신을 대하는 것보다 더 큰 연민으로 자기 자신을 대하기 위해서도 중요하다.

자기 연민의 개념은 오래된 불교 문헌에서 찾을 수 있지만, 현대 연구에 따르면 자기 연민은 심리적 건강과 정서적 회복력, 낮은 불안과 우울증 및 스트레스 그리고 더 큰 행복과 낙관주의와 관련이 있다.[54, 55] 아래 여섯 가지 진술은 현재 자기 연민 수준을 대략 평가할 수 있게 도와준다.[56]

자기 연민의 척도

- ▲ 고통스러운 일이 생기면 균형 잡힌 관점으로 상황을 보려고 노력한다.
- ▲ 실패를 인간 조건의 일부로 보려고 노력한다.
- ▲ 매우 힘든 시기를 겪으면 나에게 필요한 배려와 애정을 베푼다.
- ▲ 뭔가가 나를 화나게 하면 감정의 균형을 유지하려고 노력한다.

▲ 어떤 식으로든 충분하지 못하다고 느낄 때면 대부분의 사람들이 불충분하다고 생각한다는 사실을 상기하려고 노력한다.

▲ 나의 성격에서 마음에 들지 않는 측면을 이해하고 인내하려고 노력한다.

타인에게 사랑을 베푸는 다정한 성향의 사람에게는 자기 내면에게도 그와 똑같은 빛을 비추는 경향이 있음은 분명하다. 이처럼 사랑의 스포트라이트를 비추는 유연성은 대부분 자아를 진정시키는 능력에 의해 가능해진다.

조용한 자아[57]

자아는 우리의 가장 큰 자원이 될 수 있지만, 가장 어두운 적일 수도 있다.[58] 한편으로 자기 인식, 자기 성찰, 자기 통제에 대한 근본적인 인간 능력은 우리의 목표를 달성하는 데 필요한 요소이다. 반면 자아에는 긍정적인 빛으로 보이고자 하는 끊임없는 욕망이 있다. 자아는 그와 관련된 부정적인 결과에 대한 책임을 부인하기 위해 무슨 짓이든 할 것이다. 어느 연구원이 말했듯이, 자아는 자기 방어 메커니즘의 자기 영역을 생성한다.[59] 자기를 긍정적인 시각으로 보기 위한 모든 방어 전략은 '자아'로 요약될 수 있다.

시끄러운 자아noisy ego는 자신이 실재인 것처럼 스스로를 방어하고, 그런 다음에는 자기주장을 드러내기 위해 필요한 모든 일을 하면서 아주 많은 시간을 소비한다. 그리고 이는 자신이 가장 추구하는 목표를 방해하는 경우가 많다. 최근 몇 년 동안 사회심리학자 하이디 웨이먼트 연구팀은 불교 철학과 인본주의 심리학의 이상에 기반을 둔 '조용한 자아quiet ego' 연구 프로그램을 개발하고 있으며, 긍정심리학의 실증 연구의 지원을 받고 있다.[60] 조용한 자아의 접근방식은 자기인식, 상호 의존적 정체성, 연민적 경험을 바탕으로 시간의 경과에 따라 자기와 타인의 이익을 균형 있게 조정하고, 자기와 타인의 성장을 배양하는 데 초점을 맞춘다.[61] 역설적으로 자아를 진정시키는 것이 자기 향상에만 집중하는 것보다 안녕감, 성장, 건강, 생산성 및 건강한 자존감 배양에 훨씬 더 효과적이라는 사실이 밝혀졌다.[62]

B-사랑을 추구하는 사람은 상호 밀접하게 연결된 조용한 자아의 네 가지 측면을 표현할 가능성이 더 높다. 우리 모두는 이를 우리 자신에게 배양할 수 있다.

▲ **분리된 의식**: 조용한 자아를 가진 사람들은 현재의 순간에 몰입하는 비방어적인 주의를 기울인다. 그들은 상황의 긍정적인 면과 부정적인 면을 모두 의식하고 있으며, 그들의 관심은 현재의 순간에 대한 자아 중심의 평가에서 분리된다. 오히려 그들은 현실을 최대한 명확하게 보려한다. 이를 위해서는 현재의 순간이 최대한 자연스럽게 펼쳐지도록 하면서, 자신이나 다른 사람에 관해 발견할 수 있는 모든 것에 대한 개방성과 수용이 필요하다. 이는 명상의 중요한 구성요소로서, 이미 발생한 생각과 감정을 재검토하고, 그 순간에 할 수 있었던 것보다 더 객관적으로 검토하며, 더 성장하도록 적절하게 조정하는 것도 포함한다.

▲ **포용적인 정체성**: 자아의 볼륨이 낮아진 사람들은 자신과 타인에

대해 균형 잡히거나 좀 더 통합적인 해석을 한다. 그들은 자신을 다른 사람의 경험과 동일시하고 장벽을 허물며, 보편적인 인간성을 더 깊게 이해하는 방식으로 다른 관점을 이해한다. 우리의 정체성이 포용적이라면 자신만을 위해 일하기보다는 다른 사람과 협력하고 그들에게 동정심을 가질 가능성이 높다. 특히 갈등의 순간, 자신의 핵심 가치가 도전에 직면할 때조차 우리는 기꺼이 다른 관점에 귀 기울이며 그 사람에게서 무언가를 배울 수 있다. 그렇게 해서 배운 것이 기껏해야 우리가 자기 자신의 관점을 여전히 얼마나 많이 믿고 있는지 알게 된 것에 불과할지라도, 적어도 우리가 그 사람을 먼저 인간으로 대했다는 사실만큼은 분명하다.

▲ **조망 수용**: 다른 관점을 성찰함으로써, 조용한 자아는 공감과 연민을 증가시키면서 자기 외부에 관심을 갖는다. 조망 수용과 포용적인 정체성은 서로 얽혀 있다. 어느 한쪽이 다른 쪽을 촉발시킬 수 있기 때문이다. 예컨대 당신이 다른 사람과 공통점이 있다는 사실을 깨닫는 것은 그들의 관점에 대한 더 큰 이해를 자극할 수 있다.

▲ **성장 마인드**: 또한 자기 자신의 자아에 맞춰진 다이얼을 돌리는 것은 개인적인 성장이라는 사고방식을 열어준다. 자신을 변화시키려는 관심은 시간이 지나면서 친사회적 행동의 가능성을 높여준다. 관심을 갖는 순간 자신의 행동의 장기적인 영향에 의문을 제기하게 되고, 현재의 순간을 자신의 자아와 존재에 대한 위협이 아니라 지속적인 삶의 여정의 일부로 여기게 하기 때문이다.

조용한 자아는 결코 침묵하는 자아가 아니다. 자아를 너무 망가뜨려서 정체성을 잃어버리는 것은 누구에게도 도움이 되지 않는다. 그에 반해 조용한 자아의 관점은 균형과 통합을 강조한다. 웨이먼트 연구팀이 강조하듯, 자아의 볼륨을 낮추고 삶에 더욱 인간적·동정적으로 접근하려는 노력을 통해 자기 자신뿐만 아니라 타인의 목소리에 귀를 기울일 수 있어야 한다.[63] 조용한 자아 접근법의 목표는 자신과 타인에게 덜 방어적이고 더 통합적인 자세에 도달하는 것이지, 자아의식을 잃거나 자기 존중의 욕구를 부정하는 것이 아니다. 자아를 상실하거나 나르시시즘적인 우월성 과시의 욕구를 느끼지 않으면서 다른 사람을 모두 통합하는 진정한 정체성을 함양하는 것은 전적으로 가능하다. 조용한 자아는 자신의 한계를 인정하는 건강한 자기 존중의 표현으로서 자아가 위협받을 때마다 방어에 의지할 필요가 없으며, 그럼에도 확고한 자부심과 지배 의식이 있다.[64]

건강한 진정성

B-사랑을 추구하는 사람은 건강한 방식의 진정성이 있다. 나는 건강하지 않은 진정성(D-진정성)과 건강한 진정성(B-진정성)을 구별하는 것이 중요하다고 생각한다. 애덤 그랜트가 지적했듯이 당신의 머릿속에 있는 모든 것을 듣고 싶어 하는 사람은 없다.[65]

사실 건강한 진정성은 사방팔방을 돌아다니며 만나는 사람 모두에게 자신이 느끼고 생각하는 것을 자발적으로 이야기하는 것을 의미하지는 않는다. 그건 그저 어리석은 짓이다. 건강한 진정성은 자신과 자신의 가장 대단한 업적을 끊임없이 이야기하는 것을 의미하지 않는다. 그건 단지 나르시시즘에 불과하다. 건강한 진정성은 자신의 가장 어두운 충동에 자발적으로 굴복하는 것을 의미하지 않는다. 그건 단순히 어둠의 3요소일 뿐이다. 건강한 진정성은 요새를 방어하듯 자신의 가치를 맹렬하게 보호하는 것을 의미하지 않는다. 그건 단지 완고하고 융통성이 없는 것일 뿐이다. 이들은 모두 건강한 진정성에 따라붙는 일반적인 오해이다. 조직심리학자 허미니아 아이바라는 돛단배의 은유와 비슷한 맥락에서, 우리가 우리의 게임을 변화시키려 할 때 너무 엄격한 자아 개념은 우리가 탄 '성장'의 배가 앞으로 나아가는 걸 방해하는 닻이라고 말했다.[66]

그와 달리 당신이 온전한 인간이 되도록 돕는 유형의 건강한 진정성, 즉 B-진정성은 자신의 자아 전체를 개인적인 성장과 의미 있는 관계로 가는 길로 이해하고 수용하며 책임지는 것을 포함한다.[67] 건강한 진정성은 발견과 자아의식 및 책임감이 지속적으로 진행되는 과정으로, 안전과 연결과 자기 존중의 욕구에게 지배되지 않는 성격 구조의 안정적인 토대 위에 구축된다. 탐구와 사랑에서 비롯된 건강한 진정성은 독일의 정신분석가 카렌 호나이가 말했듯이 자기 자신의 깊은 곳에서 미지의 세계를 진정으로 대면하고, 자기 존재의 총체성을 받아들이며, 우리 자신의 생기 넘치고, 고유하며, 개인적인 중심을 더 잘 신뢰할 수 있게 해준다.[68, 69]

건강한 진정성의 주요 요소는 자기 인식, 자기 정직, 온전성 및 진정한 관계이다.[70] 다음은 건강한 진정성의 핵심 측면과 관련된 여러분의 현재 위치를 평가할 수 있는 항목들이다.

건강한 진정성의 척도

자기 인식

▲ 좋든 나쁘든, 내가 진정 누구인지 알고 있다.

▲ 내가 하는 일의 이유를 아주 잘 이해한다.

▲ 나와 관련해 하는 일이 옳다고 생각하는 이유를 이해한다.

▲ 최대한 나 자신을 이해하려고 적극적으로 노력한다.

▲ 내가 가진 동기와 욕구를 알고 있다.

자기 정직 (다음의 항목들은 지지하지 않을수록 자기 정직에 가깝다)

▲ 나의 개인적인 한계와 단점을 객관적으로 평가하기보다는 오히려 나 자신에 만족했으면 좋겠다.

▲ 나의 개인적인 잘못을 인정하는 데 어려움을 겪는 편이고, 그래서 그런 점들을 좀 더 긍정적인 방식으로 묘사하려 노력한다.

▲ 나 자신에게 가질 수 있는 불편한 감정들을 모두 차단하려고 노력한다.

▲ 나의 가장 어두운 생각과 감정을 무시하는 것을 선호한다.

▲ 누군가가 나의 단점을 지적하거나 거기에 초점을 맞추면, 최대한 빨리 마음에서 그것을 차단하거나 잊어버리려고 노력한다.

온전성

▲ 설사 다른 사람이 나를 비난하거나 거부하더라도 내 가치관에 부합하는 방식으로 행동하려 한다.

▲ 대체로 나 자신에게 진실하다.

- ▲ 나의 진실한 신념을 표현함으로써 생겨나는 부정적인 결과를 기꺼이 견딜 수 있다.
- ▲ 나의 행동이 일반적으로 나의 가치를 표현한다고 생각한다.
- ▲ 나의 가치와 신념에 따라 살고 있다.

진정한 관계

- ▲ 많은 사람이 알고 있는 나의 모습이나 이미지보다는, 진정한 나를 이해하는 사람과 가까이 지내기를 원한다.
- ▲ 일반적으로 내가 진정 누구인지를 이해하는 사람을 중요하게 생각한다.
- ▲ 내가 진정으로 그들을 얼마나 배려하고 있는지 친하게 지내는 사람들에게 반드시 표현한다.
- ▲ 나의 약점을 거의 이해하는 사람과 친하게 지내기를 원한다.
- ▲ 내게 친밀한 관계에서 개방성과 정직성은 매우 중요하다.

B-사랑을 추구하는 사람의 건강한 진정성은 낭만적인 관계뿐만 아니라 성적 경험을 포함하여 그들의 관계에 대한 더 높은 만족도 보고에 기여한다. 즉 B-사랑을 추구하는 사람은 온전한 사랑을 경험할 가능성이 높다.

온전한 사랑

성숙한 사랑은 자신의 온전함과 개별성을 보존하는 조건하의 결합이다. (…) 사랑에서는 두 존재가 하나가 되는 동시에 두 존재로 남아 있는 역설이 발생한다.
— 에리히 프롬, 《사랑의 기술》

B-사랑은 심오하지만 검증 가능한 의미에서 파트너를 창조한다. B-사랑은 그에게 자아상과 자기 수용을 부여하고 사랑받을 만한 가치와 존경받을 만한 가치를 선사하며, 이 모든 것이 그가 성장하도록 도와준다. 사랑 없이도 인간의 완전한 발전이 가능한지는 진정 의문이다.
— 에이브러햄 매슬로, 《존재의 심리학》

철학자 알랭 드 보통은 "헌신할 사람을 선택하는 것은 단지 우리가 자신을 가장 희생하고 싶은 어떤 특별한 종류의 고통을 찾아내는 경우에 불과"[71]하다고 언급했다. 이 말에는 분명 어느 정도의 진리가 담겨 있다. 우리 사회가 낭만적인 사랑에 대해 갖고 있는 내러티브와 비현실적인 기대로 인해 우리는 종종 실망과 분노로 이어질 수 있는 아이디어와 관계를 맺는다. 많은 사람이 세상 어딘가에는 분명 자신만을 위한 한 사람이 존재한다고 믿으며, 그 파트너가 자신의 전부가 될 것이라고 기대한다. 우리는 그가 우리의 채워질 줄 모르는 성욕을 만족시키고, 소속감에 대한 욕구를 충족시키며, 가장 깊은 실존적 절망감을 진정시켜 주기를 기대한다. 낭만적인 사랑이 완벽해야 할 필요는 없다는 드 보통의 말은 정곡을 찌른다. 우리 자신의 약점을 용서하고 파트너의 약점을 수용함으로써, 우리는 우리의 공통된 인간성과 연결되고, 우리 자신과 파트너의 성장을 촉진한다.

하지만 우리는 분명 사랑의 관계에서 가장 큰 고통을 겪는 방법을 선택하는 것 이상을 얻기 위해 노력한다. 우리는 더 풍성하고 깊으며, 의미 있고 초월적인 사랑을 경험하기 위해 노력한다. 이 명백한 이분법이 어떻게 해결되는지를 보여주는 아주 적절한 예가 있다. 두 명의 자아실현을 추구하는 연인이 각자의 강한 개성을 유지하면서도 자신을 초월하여 완전하고 초월적인 사랑을 경험하는 경우다.

심리학자 아서 아론과 엘레인 아론이 제시한 사랑의 자기 확장 이론에 따르면, 인간의 근원적인 동기는 자기 확장이다. 우리가 이 근본적인 동기를 달성하는 다양한 방법 가운데 하나는 파트너 저마다가 사랑하는 사람의 자아의 양상을 자기 자신의 자아에 통합시키는 낭만적인 관계를 통하는 것이다.[72] 매슬로는 《동기와 성격》의 '자아실현을 추구하는 사람의 사랑'에서 자아실현을 추구하는 사랑은 일반적으로 자아실현의 특성 가운데 많은 것을 보여준다고 말했다.[73] 나는 자아실현을 추구하는 사랑을 온전한 사랑 또는 지속적·상호적으로 건강과 성장과 초월의 상태에 머무르며 오래가는 사랑의 관계라고 부른다. 온전한 사랑은 결코 얻을 수 없지만, 우리는 모두 온전한 사랑을 향해 노력할 수 있다.

온전한 사랑의 핵심 측면 중 하나는 개별성과 연결에 대한 욕구의 건전한 통합이다. 자아실현적 사랑에 대해 논하면서 매슬로는 자아실현을 추구하는 사람은 언뜻 보기에 그가 묘사해 왔던 유형의 동일시 및 사랑과는 양립할 수 없는 것처럼 보이는 개별성, 분리, 자율성을 유지한다고 지적했다.[74] 실제로 우리 대부분은 다른 사람과 너무 가까워지면 개성과 자아의식을 잃을까 봐 두려워한다. 이와 관련해서 한 사람의 정체성이 좋은 파트너로서의 역할을 기반으로 삶에서의 다른 역할, 목표, 우선순위로부터 분리되는, 이른바 '역할 포기role abandonment'를 야기하는 관계를 맺기 시작할 경우 역할 몰입role engulfment의 가능성에 관한 많은 문헌이 있다.[75]

그러나 온전한 사랑은 이 같은 두려움을 초월한다. 역할 몰입은 자신의 관계에 집착하는 사람에게 존재할 가능성이 가장 높다. 하지만 자신의 관계에 조화로운 열정을 품은 사람, 다시 말해 자신의 관계를 자유롭게 선택한 것이라 느끼고, 인간으로서 자신의 정체성에 관해 기분이 좋아지게 하며, 삶의 다른 활동과 조화를 이루는 사람의 경우, 그 관계는 더 큰 개인적 성장을 보여준다. 그리고 그는 낭만적인 관계 외에도 우정, 관심사 및 다양한 활동을 유지할 가능성이 높다.[76]

그러한 조화로운 관계를 유지하기 위한 비결은 관계 속에서 어느 정도의 건강한 이기심을 행사하는 것이다. 매슬로는 이를 가리켜 "위대한 자존심, 타당한 이유 없는 희생의 거부"라고 설명했다.[77] 매슬로는 자아실현을 추구하는 연인이 사랑할 수 있는 위대한 능력과 다른 사람에 대한 위대한 존중과 자신에 대한 위대한 존중의 융합을 보여준다고 말했다.[78] 온전한 인간이 되려면 적절한 경계를 설정하고 자신의 욕구와 타인의 욕구에서 균형을 잡는 것이 필요하다.

그러나 이러한 역설이 온전한 사랑에서 해결되는 가장 분명한 방식은 아마도 두 사람이 저마다의 방향으로 성장하도록 돕는 데 관심이 있다는 것을 인정하는 것이다. 매슬로가 지적했듯이 이는 서로를 필요로 하지 않음을 요구한다. "그들은 극히 가까운 사이일 수 있다.

하지만 필요하다면, 큰 탈 없이 헤어질 수 있다. 그들은 서로에게 매달리지 않으며, 어떤 종류의 갈고리나 닻도 없다. (…) 가장 강렬하고 황홀한 연애를 하며 서로를 열렬히 즐기면서도, 그들은 자기 자신을 유지하고 자신만의 기준에 따라 살아가며, 궁극적으로는 자기 자신의 주인으로 남아 있다."[79]

불안 애착형 사람에게는 타인과 완전히 합쳐져야 한다는 절박한 욕구가 있는 반면, 회피 애착형 사람에게는 자신의 완전한 개별성을 유지해야 한다는 절박한 욕구가 있다. 두 성향은 모두 온전한 사랑에 도움이 되지 않는다. 대체로 사랑에는 열린 마음이 필요하기 때문이다. 자아실현을 추구하는 연인은 집착하거나 밀쳐내지 않으며, 다른 사람이 성장하는 것을 지켜보고 존중하며 도와준다. 그러한 태도와 자기 자신의 자아의식을 유지하는 자세가 공존하지 못할 이유는 전혀 없다.

매슬로의 B-사랑 개념은 불교의 개념인 '비非집착'을 떠올리게 한다. 처음에는 비집착이 애착 이론과 상충되는 것처럼 보일 수 있다. 그러나 심리학자 발진더 사드라와 필립 세이버가 지적했듯이, 애착 이론과 불교 심리학은 모두 주고받는 사랑의 중요성 그리고 불안한 집착이나 회피하는 냉담함과 원치 않는 정신적 경험의 억제의 중요성을 강조한다.[80]

두 연구자는 불교의 비집착 개념을 측정하는 척도를 개발했는데, 이는 다음과 같은 항목들을 포함한다. '나는 내 삶에서 일어나는 사건의 흐름에 매달리거나 밀쳐내지 않고 받아들일 수 있다' '다른 사람의 성공이 나를 능가할 때 나는 힘들지 않게 그 사실을 인정하고 받아들인다' '영원히 지속되기를 바라는 대신 행복한 경험을 즐길 수 있다.'[81] 그들은 비집착이 낮은 수준의 불안 애착·회피 애착과 관련이 있음을 발견했는데, 그중에도 불안 애착과의 부정적인 연관성이 특히 두드러졌다.

비집착이라는 개념은 안정 애착과 똑같은 것이 아니다. 예를 들어 비집착은 돌보는 이에게 달라붙는 안정 애착보다 훨씬 더 포괄적인 개념이다. 그러나 이 둘은 분명 연관되어 있다. 우리가 관계에 충실하면서 매 순간을 이전에 이미 가졌던 기대에 부합하려 애쓰지 않을수록, 우리는 그만큼 우리의 파트너가 한 개인으로 성장하도록 도울 수 있다. 이와 관련해 매슬로는 이렇게 말했다.

최대한 완전함에 가깝게 인식한다는 것은 온전히 그 경험에만 집중하는 것을 의미한다. 즉 완전히 집중하고, 자신의 자아 전체를 거기에 쏟아 부으며, 언제 어디에나 존재하는 그 밖의 다른 모든 것들을 의식하지 않는 것이다. 이 같은 상태는 필연적으로 자신의 자아에 대한 인식 부재를 포함한다. 흔히들 자기 인식이 사라져서 음악을 제대로 들었다고 말한다. 이 같은 경험은 창작 활동이나 책읽기에 몰두하는 순간에도 일어난다. 자아의 망각을 특징으로 삼는 온전한 사랑도 마찬가지이다.[82]

다시 말하지만 일시적으로 자아를 잊는다고 해서 개성을 잃어버리는 것은 아니다. 매슬로는 오히려 다음과 같이 말했다. "우리는 관례적으로 (사랑에 빠지는 것을) 자아의 완전한 병합과 분리의 상실, 개별성의 강화보다는 개별성의 포기라는 관점에서 정의했다. 이것도 맞는 말이다. 하지만 실제로는 바로 그 순간 개성이 강화되는 것 같다. 또 어떤 의미에서는 자아가 다른 자아와 합쳐지는 것처럼 보이지만, 다른 의미에서 자아는 평소처럼 여전히 분리되고 강하게 남아 있는 것 같다. 개별성을 초월하려는 경향과 개별성을 더 선명하게 하고 강화하려는 두 가지 경향은 모순이 아닌 동반 관계로 보아야 한다. 나아가 자아를 초월하는 가장 좋은 방법은 강한 정체성을 갖는 것이다."[83]

자아실현을 추구하는 사랑의 또 다른 핵심 측면은 파트너에게 새로운 경외감과 경이로움을 갖는 것이다.[84] 이를 통해 '안정이냐, 관계 속에서의 탐구냐' 하는 일반적인 선택의 문제가 해결된다. 낭만적인 사랑이 문제시될 때, 우리는 종종 열정과 흥분을 안정이나 편안함과 상충되는 것으로 생각한다. 실제로도 대부분의 경우, 낭만적인 관계에서 인간의 탐구 욕구는 안정 및 안정감이라는 욕구와 충돌한다.

심리치료사 에스터 페렐은 저서《왜 다른 사람과의 섹스를 꿈꾸는가》에서 이렇게 말했다. "우리는 파트너에게 안정적이고 신뢰할 수 있는 닻을 찾는다. 그러나 동시에 사랑이 우리의 평범한 삶을 넘어설 수 있는 초월적 경험을 제공해주기를 기대한다. 현대 커플들의 과제는 안전하고 예측 가능한 것에 대한 욕구와 흥미롭고 신비로우며 경외심을 불러일으키는 것을 추구하는 욕구를 조화시키는 데 있다."[85]

이는 낭만적인 관계뿐만 아니라 일반적인 존재 자체의 딜레마지만, 매슬로는 자아실현을 추구하는 사람은 관계의 기간에 따라 사랑과 성생활의 만족도가 향상될 수 있다고 주장했다. 자아실현적 연인은 어떻게 커다란 애정과 친밀함을 유지하면서도 관계의 흥분, 신비,

예측 불가능성을 유지하는 걸까? 연구결과는 그들이 새롭고 자극적이며 흥미진진하고, 또 새로운 정보와 경험을 제공하는 자기 확장 활동에 함께 참여함으로써, 관계에서의 지루함과 침체되는 열정을 극복할 수 있음을 보여준다.[86]

더 깊게 이해하고자 나는 유명한 불교 명상 지도자이자 《진정한 사랑Real Love》의 저자 샤론 샐즈버그에게 이 역설에 대해 어떻게 생각하는지 물었다. 그녀는 다음과 같이 말했다. "낭만적인 관계는 분명 매우 복잡한 문제입니다. 하지만 명상적인 관점에서 보면 주의의 단순한 역할을 살펴보는 것 또한 흥미롭습니다. 우리는 종종 파트너에게 주의 기울이기를 게을리 하지 않습니까? 아시겠지만, 그건 우리가 현재의 상태에 안주하거나 누군가의 존재를 당연한 것으로 받아들이기 때문입니다. 신비감이 반드시 흥분에서만 생기는 것은 아닙니다. 신비감은 미지의 것에서만 나오는 것이 아니라 때로는 우리가 서로를 발견할 때 찾아 오기도 합니다."[87]

나는 샐즈버그의 답변을 선호한다. 그리고 그 대답은 심리학 문헌에서 말하는 '원하는 것과 좋아하는 것의 중요한 차이'를 상기시킨다.[88] 오스카 와일드가 말했듯 이 세상에는 단지 두 가지 비극이 있다. 하나는 자신이 원하는 것을 얻지 못하는 것이고, 다른 하나는 그것을 얻는 것이다. 이미 가지고 있는 것을 원한다는 게 가능할까? 에스터 페렐이 지적했듯이, 이 질문은 우리가 다루는 문제와 맞닿아 있다.[89] 신상 스마트폰이나 자동차를 구입하듯, 우리는 파트너 또한 소유할 수 있다고 생각한다. 그리고 이러한 잘못된 착각에 근거해 너무 쉽게 행동하곤 한다. 예를 들어 우리는 종종 제품과 제품의 사용처를 고민하면서 하루 종일 시간을 보낸다. 하지만 마침내 그 제품을 구매하고 나면, 더 이상 그것에 관심을 갖거나 좋아하지 않는다. 이것이 바로 물질적 소유이다.

그러나 이러한 물질적 소유 개념은 끊임없이 성장하고 발전하는 인간에게는 아무런 의미가 없다. 파트너의 존재를 당연한 것으로 여기며 그를 영원히 소유할 수 있다고 가정하는 순간, 우리는 파트너의 완전한 인간성을 더는 발견하지 못하고 감탄하지 않게 된다. 관계에서의 지속 가능한 열정은 파트너의 상상력과 서로의 욕구에 대한 안전한 탐구 및 성장에 대한 헌신에 의해서만 제한된다.[90] 이것은 관계에서의 열정을 유지하는 데 도움이 될 뿐만 아니라, 성적 경험의 즐거움에도 적용된다.

B-섹스

> 섹스와 사랑은 융합될 수 있으며, 대부분의 경우 자아를 실현하는 사람들 사이에서 더욱 완벽하게 융합된다.
>
> — 에이브러햄 매슬로,《동기와 성격》

이 책을 쓰는 동안 많은 사람들이 내게 섹스가 하나의 욕구인지 물었다. 물론 엄격한 진화론적 의미에서 보자면, 섹스는 유전자를 다음 세대로 전파하는 주요 메커니즘이자 욕구이다. 그러나 섹스는 그처럼 우리 인간 종족의 강력한 전파자이고, 그렇기 때문에 인간이 섹스를 하는 이유에는 여러 동기가 있다. 어쨌거나 진화가 매우 많은 이유로 우리에게 성관계를 갖게 한다는 것 만큼은 분명하다.

결과적으로 섹스는 다양한 심리적 욕구를 충족시키는 데 사용될 수 있다.* 자기계발서 작가 마크 맨슨은 이 문제와 관련해 나름의 이해를 담아 말했다. "섹스는 우리가 심리적 욕구를 충족시키기 위해 사용하는 전략이지, 욕구 자체가 아니다."[91] 임상심리학자 신디 메스턴과 진화심리학자 데이비드 버스는 《여자가 섹스를 하는 237가지 이유》에서 인간이 섹스를 하는 이유로 단순한 스트레스 감소와 쾌락의 증가부터 사회적 권력·지위 높이기, 자존감을 높이기, 안정된 자원을 확보하기, 복수의 실현, 다양한 경험을 추구하는 탐구, 사랑과 헌신의 표현에 이르기까지 237가지의 다양한 이유를 확인했다.[92] 이러한 이유들은 이 책에서 설명하는 각각의 욕구와 대략적으로나마 연결될 수 있다.

하지만 한 가지 짚고 넘어가야 할 문제는 모든 성적 동기가 온전한 인간으로서의 성적 만족과 성장에 동일한 도움이 되는 것은 아니라는 사실이다. 우리의 성적 행위는 기본적 욕구의 결핍을 일시적으로 충족시키는 방법으로 사용되는 'D-섹스'에서 성장과 의미 있는 성취를 위해 사용되는 'B-섹스'에 이르기까지, 다양한 계층을 형성하는 것 같다. 다시 말하자면 이 계층에서 저마다의 위치를 결정하는 데 도움이 되는 중요한 변수 중 하나는 애착 시스템의 기능이다. 자신의 관계에 가장 안정적으로 애착을 갖는 사람들, 즉 애착 불안과 애착 회피

---

* 매슬로는 섹스를 '순전히 생리적인 욕구'로 간주했다. 그러나 나는 그 같은 생각에 동의하지 않는다. 육체적 쾌락이 섹스를 하는 이유 중 하나일 수는 있지만, 여러 이유 중 하나일 뿐이다. 그렇게 단순하게 말하기에는 인간은 너무나도 심리적인 존재이다.

의 정도가 가장 낮은 사람은 가장 높은 수준의 성적 만족도를 보여주는 경향이 있다.[93]

또한 애착 역학은 사람들이 자신의 성적 탐구 또는 성적 실험sex-ploration에 느끼는 편안함의 정도를 예측할 수 있다.[94] 킨제이 연구소의 사회심리학자 아만다 게셀만과 에이미 무어는 성적 탐구를 "개인이 안정된 애착 역학의 기능으로서 성적 취향의 다각적인 차원(행동, 정체성)을 효과적으로 탐구할 수 있는 정도"로 정의했다.

애착 역학이 그처럼 성적 만족과 탐구와 연결되는 이유는 무엇일까? 이는 성관계의 동기와 관련이 있다. 연구에 따르면 애착 회피가 높은 사람은 부정적인 관계의 결과를 회피하거나 친구들 사이에서의 자신의 지위와 명성을 높이기 위한 것 등, 존재의 D-영역과 연관된 이유로 성관계를 갖는 경향이 있다. 예를 들면 극적인 성적 업적을 통해 자기 자신에 관한 인상을 남기려는 행위가 이에 속한다.[95] 섹스를 하는 이러한 이유들은 고통을 겪는 파트너의 욕구에 대한 낮은 민감도와 결합되며, 결국 성적 만족도를 낮추는 원인이 된다.

또한 애착 불안이 높은 사람은 파트너를 기쁘게 하고 관계 불안정에서 오는 불편한 느낌을 줄이기 위해 성관계를 갖는 등 불안정의 우려로 동기를 부여받는 경향이 있다. 애착 불안이 높은 사람은 파트너의 욕구에 더 민감하다고 보고하는 경향이 있지만, 실제로는 파트너의 실제 욕구에 덜 민감하게 반응하고 관계의 방향을 더 많이 장악하며, 파트너를 소중히 평가하는 수단으로 성생활을 사용할 가능성이 더 적은 편이다. 그리고 이러한 행동들은 낮은 성적 만족도 수준과 관련이 있다. 한 연구팀은 이렇게 말했다.

이렇게 (불안하게 애착된) 개인들은 파트너의 실제 욕구와 고통의 단서를 인식하는 능력이 부족한 것으로 보인다. 이는 아마도 그들이 자기중심적인 걱정과 내면적인 자기 의심에 골몰하고 있기 때문일 것이다. 그러한 만성적 걱정은 그들의 내적 자원에 부담을 주고, 파트너의 정서적 경험과 욕구에 완전하고도 진심으로 참여하는 것을 방해한다. (…) 그리고 이는 파트너를 소중히 판단하기 위해 섹스를 이용하는 경향이 낮다는 사실을 설명해줄 것이다.[96]

이러한 맥락에서 연구결과 또한 사회적 불안 수준이 높은 사람들은 성적 경험이 덜 만족스럽다는 사실을 보여준다. 그들은 사회적으로 불안하지 않은 사람보다 성적으로 친밀할 때 쾌락과 유대감을 덜 느낀다고 보고했다.[97] 자기 평가나 관계 불안에 사로잡히면 성적인 순간을 충분히 즐기기가 어렵다.

성적 만족도에 영향을 미치는 두 번째 중요한 변수는 성적 열정이 자신의 정체성과 삶의 다른 부분과 얼마나 건강하게 통합되는가 하는 정도이다. 성적 취향은 단일 파트너만을 요구하지 않고, 때때로 파트너를 전혀 필요로 하지 않는다. 건강과 성장에 중요한 것은 자신의 가장 열정적인 성적 활동이 모두 통합되고 서로 조화를 이루어, 성적이든 성적이지 않은 것이든 삶의 다른 활동 영역과의 갈등이 최소화되어야 한다는 점이다.

프레데릭 필리페 연구팀이 수행한 연구에 따르면 더 높은 수준의 조화로운 성적 열정, 즉 열정적인 성적 활동이 자유롭게 선택되고 인생의 다른 활동과 충돌하지 않는 성향은 더 높은 각성 상태, 조화로운 낭만적인 열정, 관계의 질, 몰입, 성적 만족감, 불안함과 침투적인 성적 사고의 감소 등과 연관된다.[98]

반대로 열정적인 성적 활동이 통제 불능이고 다른 인생의 열정과 잘 통합되지 않는 성향인 강박적인 성적 열정이 높은 사람은 성적 만족도가 낮을 뿐만 아니라 상대적으로 높은 침투적 성적 사고, 관계를 맺을 때 대체 파트너에 대한 주의를 제어할 때의 어려움, 섹스와 삶의 다른 영역 간의 갈등, 매력적이라고 느낀 사람의 성적 의도에 대한 과대망상, 심지어는 질투 등에 의해 관계가 위험에 직면했을 때의 폭력적·공격적인 행동과도 관련이 있다.

성적 만족과 탐구에 영향을 끼치는 마지막 요인은 낭만적인 열정(또는 에로스)이다. 인류 역사를 통틀어 여러 차례 행해졌던 중요한 구분 가운데 하나는 에로스와 성적 욕구의 구별이다. '섹스'라는 단순한 육체적 행위는 다른 많은 잠재적 욕구에 의해 추진될 수 있다. 하지만 에로스는 깊은 사랑을 성장시키고 표현한다는 매우 특정한 기능이 있다. 성욕이 자극과 해방에 관한 것이라면, 에로스는 상상력과 가능성에 관한 것이다. 롤로 메이가 《사랑과 의지》에서 언급했듯 에로스의 본질은 우리를 앞쪽에서 끌어당기는 것이다. 반면 섹스는 우리를 뒤에서 밀어댄다.[99] 마찬가지로 매슬로는 자아를 실현하는 연인의 성적 욕구는 더 고귀한 것들이 만들어지는 초석으로 사용된다고 언급했다.[100]

에로스는 결과보다 성장에 중점을 두기 때문에 실제로 경험을 즐기는 데 더 적합하다. 임상심리학자 아닉 데브로트와 그녀의 동료들은 다중적인 연구를 통해 애정이 섹스와 안녕감의 연관성을 설명한다는 것을 발견했다.[101] 섹스 중 부드러운 순간에는 사랑 및 안정의 순간과 파트너의 애정 또는 사려 깊은 징후가 포함된다. 그러한 순간이 많을수록 하루 종일 삶의 만족도와 긍정적인 감정의 수준은 더 높아지고, 심지어는 다음날 아침까지도 긍정적인 기분에 영향을 준다. 또한 성관계를 통해 긍정적인 감정을 이끌어내는 것은 관계 쇠퇴로부터 보호하는 요인이 되어 시간이 지날수록 관계 만족도는 더 높아졌다. 관계에서 매슬로가 말한 욕구 통합pooling of needs의 중요성이라는 개념과 일치하며, 한 사람이 섹스에서 얻는 긍정적인 감정이 클수록 다른 사람의 관계 만족도 역시 시간이 지날수록 높아진다.

토드 카시단 연구팀은 관련 연구에서 성적 쾌락과 친밀감이 더 많이 보고되면 긍정적인 기분이 좋아질 뿐만 아니라 삶의 의미도 증가한다는 사실을 발견했다.[102] 이러한 결과는 당사자의 관계에 상관없이 유지되었다. 결혼했다고 외로움의 정도가 반드시 낮아지는 것이 아닌 것처럼, 연애한다고 항상 멋진 섹스를 하는 것은 아니다. 그렇지만, 카시단 연구팀은 더 큰 친밀감과 섹스에서의 만족감을 느꼈다고 보고한 사람이 다음날 더 긍정적인 기분과 희망찬 삶의 의미를 보고하는 경향이 높다는 것을 발견했다. 그러나 그 반대의 경우는 적용되지 않았다. 행복과 의미의 증가가 다음날 섹스, 쾌락 또는 친밀감으로 이어지지는 않은 것이다.

그들의 데이터가 의미하는 바는 분명하다. 누구의 성적인 욕구인지와 관계없이 즐거운 섹스는 행복, 의미 그리고 성장의 중요한 원천이 될 수 있다. 성적인 관계에 더 많은 시간, 집중력, 상상력, 사랑, 안정감, 배려, 신뢰를 투자할수록 경험은 더욱 만족스러워질 것이다. 롤로 메이가 언급하듯 길들여지지 않은 에로스는 모든 개념과 시간의 제약에 맞서 싸운다. 일정 기간 만남, 갈등, 성장을 경험하는 연인들의 사랑은 점점 깊어진다.[103] 삶과 마찬가지로 성장에도 시간이 필요하며, B-사랑과 B-섹스의 융합은 온전한 인간으로 성장하기 위해 꼭 거쳐야 하는 중요한 과정이다.

우리에게 필요한 건 오직 사랑뿐…일까?

B-사랑의 과학은 사랑이 건강한 균형, 성장, 연민, 대처, 자기 사랑, 진정성 그리고 훨씬 더 만족스러운 섹스와 연결된 강력한 힘이라고 제안한다. 그렇다면 한 가지 궁금증이 생긴다. 우리에게 필요한 건 사랑이 전부일까? 흥미롭게도 이 책에 소개된 모든 욕구에 대한 분석에서 사랑은 성장과 가장 밀접한 관련이 있었다. 사랑은 온전한 인간으로 성장하기 위해 가장 중요한 요소 중 하나이다. 하지만 사랑이 우리 인간에게 필요한 전부는 아니라고 주장할 만한 충분한 이유가 있다.

첫째, B-사랑을 추구하는 사람은 불우한 사람보다 더 나은 삶을 산다는 죄책감 때문에 자신의 건강한 주장과 최고의 야망을 상실할 수 있다. 이러한 형태의 죄책감은 타인에 대한 사랑과 배려에서 비롯되지만, 그럼에도 B-사랑 유형의 사람들의 완전한 자아실현을 방해할 수도 있다.

둘째, B-사랑을 추구하는 사람은 좀 더 악의적인 성격의 사람이 노리는 '착취'의 손쉬운 표적이 될 수 있다. 그렇다고 B-사랑 유형의 사람들이 효율적이지 않다는 말은 결코 아니다. 오히려 우리는 그들이 더 생산적이고 열심히 일하는 경향이 있다는 것을 알아냈다. 하지만 극단적인 어둠의 3요소 유형의 사람은 자기 자신을 향상시키겠다는 목표를 달성하기 위해 B-사랑 유형의 사람의 연민과 노력을 이용할 수 있다.

따라서 선택의지와 친교의 건강한 통합을 구축하고, 과도한 선택의지(다른 사람에 대한 지나친 지배 및 통제)와 과도한 친교(다른 사람의 고통과 문제에 대한 지나친 관여)가 빈약한 건강과 분노 및 관계의 문제들과 관련이 있음을 인식하는 것이 중요하다.[104]

이는 자연스럽게 통합된 계층 구조의 다음 욕구로 우리를 안내한다. 이 책 전반에 걸쳐 온전성과 초월을 향해 피라미드의 상부로 올라가면서, 우리는 각각의 새로운 욕구를 상호 관계에서 매우 신중하게 구축했다. 안전, 연결, 건강한 자존감의 안정적인 기반과 탐구와 사랑의 동기를 바탕으로, 우리는 마침내 자신과 세상을 모두 이롭게 하는 더 높은 목적을 향해 노력할 준비가 되었다.

6장

목적:
잃어버린 삶의
의미를 찾아서

자아실현자는 단 하나의 예외도 없이 모두 자기 밖의 일들과 연루되어 있다. 그들은 헌신적이고, 자신에게 매우 가치 있는 일, 즉 전통적인 의미에서 '소명'이나 '천직'이라 할 만한 일들을 한다. 그는 운명이 어떤 식으로든 그를 손짓해 부른 일을, 몰두하는 일을, 사랑하는 일을 하고 있다. 그래서 그에게는 일과 즐거움의 이분법은 존재하지 않는다.
— 에이브러햄 매슬로, 《인간 본성의 깊은 곳》

어느 항구로 가는지 모르는 사람에게는 어떤 바람도 도움이 되지 않는다.
— 루키우스 안나이우스 세네카

1954년, 브랜다이스대학에서의 마지막 강의가 있는 날이었다. 매슬로는 매혹적인 강의를 하고 있었고, 학생들은 그의 강의에 완전히 빠져 있었다. 부드러우면서도 강렬한 특유의 방식으로 그는 학생들이 자신만의 고유한 재능과 무한한 잠재력을 포함하여 자기 존재의 총체성을 인식하도록 격려했다. 그는 책임감을 설명했고, 그들이 인생에서 이룰 수 있는 모든 것이 궁극적으로는 그들 자신에게 달려 있다고 강조했다. 그의 강의에 감동받은 많은 학생이 강의실에서 거의 손에 만져질 듯한 정신적인 영감을 느꼈다고 말했다.[1]

　　한 젊은 여학생이 손을 들었다. 매슬로는 그녀를 사려 깊은 눈빛으로 바라보며 호명했다. 그녀는 질문했다. "기말고사 관련해서 궁금한 게 있습니다. 기말고사 문제를 좀 더 알려주시겠어요?" 강의실에 있던 모든 사람이 놀라움, 충격, 혐오감이 뒤섞인 얼굴로 그 학생을 바라보았다. 매슬로는 강의 중 처음으로 눈에 띄게 화가 난 것처럼 보였다. 붉게 상기된 얼굴과 결기가 느껴지는 목소리로 그가 대답했다. "지금 이 순간 이런 질문을 할 수 있다면, 학생이 이번 학기에 제 강의를 얼마나 이해한건지 걱정이 됩니다."[2]

1951년 브루클린대학을 떠나 브랜다이스대학의 심리학과로 옮겨 온 후로, 그는 학생들과의 관계가 예전처럼 조화롭지 못하다는 걸 느꼈다. 브루클린대학의 학생들은 그의 말 하나하나에 집중했고, 매슬로는 종종 교수진보다 학생들을 더 존중했다. 그러나 브랜다이스 대학에서 강의를 하며 그는 학생들에게 동기와 야망 그리고 방향성이 없음을 느꼈다. 매슬로의 전기 작가 에드워드 호프먼은 말했다. "그는 학생들이 단순히 강의 주제를 잘 배우는 것만으로는 만족하지 않았다. 그는 학생들을 지적으로 뿐만 아니라 도덕적으로도 끌어올리고 싶어 했고; 자아실현으로 가는 길에서 학생들이 눈에 띄게 성숙해지는 것을 보고 싶어 했다."[3] 일부 학생은 그런 그의 모습을 가부장적이고 진부한 것으로 인식했다.

매슬로와 브랜다이스대학의 교수진과의 관계 또한 긴장의 연속이었다. 무엇보다도 심리학과의 교수진은 대부분 엄격한 실험 심리학자였고, 그 당시 매슬로의 연구는 주로 철학적·이론적인 것이었다. 또한 1962년부터 1965년까지 브랜다이스대학의 부교수로 재직했던 켄 파이겐바움이 언급했듯이 매슬로는 따뜻하고 친근하면서도 직설적이고 우직한 성격이었다.[4] 파이겐바움은 또한 매슬로가 요절하는 것을 두려워했으며, 특히 도움이 필요한 학생들을 남겨두고 죽기 전에 자신이 전해주고 싶었던 모든 것을 말할 수 있기를 간절히 바랐다고 전했다. 1961년 1월 22일 일기에서 매슬로는 다음과 같이 적었다.

"모든 것의 기본이 되는 핵심은 내가 세상에 전할 것이 무척이나 많으며, 그것이 아주 중요하고 굉장한 메시지라는 생각이다. 이 메시지를 말하지 못하게 하거나 방해가 되는 다른 것은 모두 '나쁜' 것이다. 죽기 전에 나는 모든 것을 말해야 한다."[*5]

그날의 일지를 쓴 후, 매슬로는 그가 절실히 원하던 자유를 선사할 초대장을 받았다. 논리니어 시스템즈Non-Linear Systems를 설립한 엔지니어이자 기업가 앤드류 케이는 1962년 여름 매슬로를 초대했다. 매슬로는 디지털기기 제조공장의 경영을 관찰했고, 어느 날 오후 케이를 만나 대화를 나누었다. 케이는 넉넉한 컨설팅 비용을 제시하며, 매슬로에게 분명 흥미로운 시간이 될 것이라고 설득했다. 매슬로는 설사 컨설팅이 잘 되지 않더라도 강의, 시험 채점, 학계의 관료주의 및 학생들의 요구라는 스트레스에서 벗어나 존재의 철학과 관련한 자신의 아이디어와 과학 및 종교 심리학에 대한 새로운 관심사를 가다듬을 시간이 될 수 있을 것이라고 생각했다.

그러나 매슬로는 케이가 공장을 운영하는 방식에 너무나 감명을 받았고, 함께 가져갔던 방대한 양의 책, 논문, 아이디어 카드의 존재를 까맣게 잊어버렸다. 케이는 매슬로가《동기와 성격》에서 제시한 원칙뿐만 아니라 피터 드러커나 더글러스 맥그리거와 같은 경영 전문가의 다른 중요한 텍스트들을 활용해 직원들의 안녕감과 생산성을 높이는 작업에 착수했다. 케이는 자신의 공장 운영방식을 근본적으로 변화시켰고, 노동자들은 완제품에 대한 자부심과 주인의식을 느

---

* 매슬로는 훗날 이 항목에 "약간 취했었나보다"라는 메모를 삽입했다. 그도 자신의 발언이 좀 지나쳤다는 점을 인정한 것 같다.

껐다. 매슬로는 노동자들이 정말로 행복해 보이며, 자신들이 하는 일에 보람을 느끼는 것처럼 보였다고 기록했다.

케이와의 토론과 그해 여름의 근로자에 대한 관찰 및 경영 교육에 깊이 몰입한 매슬로는 자신의 생각을 명확하게 정리하기로 결심했다. 그는 자신의 생각을 녹음기에 녹음하고, 여러 비서들은 그의 말을 글로 옮겼다. 여름 내내, 매슬로는 드러커의 《경영의 실제》에서 맥그리거의 《기업의 인간적 측면》에 이르기까지 기존의 경영 관련 서적들을 섭렵했다.

매슬로는 특히 맥그리거가 주장한 X이론과 Y이론의 대조에 매혹되었다. 맥그리거에 따르면, X이론에 동의하는 관리자는 권위주의적인 경영 방식을 갖고 있으며, 직원들이 자신의 업무에 대한 내재적 동기가 거의 없기에 목표를 달성하기 위해서는 통제되고 부수적인 보상이 제시되어야 한다고 믿는다. 그와 반대로, Y이론에 동의하는 관리자는 협력과 신뢰에 근거한 경영 방식을 선보이며, 직원들은 자율적 동기 부여의 잠재력이 있고, 자신의 업무에 대한 주인의식을 즐기고 책임감을 발휘하며 주어진 문제를 창의적으로 해결할 수 있다고 믿는다.

드러커와 맥그리거는 이미 매슬로의 인간 동기 이론에 깊은 영향을 받았지만, 이는 매슬로가 산업심리학 혹은 경영심리학과 처음으로 만난 순간이었다. 매슬로는 이 같은 근접 관찰을 통해 자아실현과 세계 개선이라는 아이디어를 실험하는 데 있어 직장이 무한한 도움이 될 수 있다는 사실을 깨달았다. 매슬로는 이렇게 말했다. "(그 같은 경험은) 나에게 완전히 새로운 이론과 연구의 세계를 열어주었고, 그 세계를 생각하고 이론화하도록 만들었다." 그전까지만 해도 매슬로는 교육이 인류를 개선하는 가장 좋은 수단이라고 생각했다. 하지만 "최근에 나는 직장 생활이 교육만큼이나 중요하다는 것을, 아니 어쩌면 교육보다도 더 중요하다는 사실을 분명하게 깨달았다. 사람은 누구나 다 일을 하기 때문이다. (…) 산업 상황은 정신역학, 고차원적인 인간 발달 그리고 인간을 위한 이상적인 생태학 연구를 위한 새로운 실험실이라는 역할을 수행할 수 있다."[6]

그해 여름의 방문이 끝나갈 무렵, 매슬로는 자신의 생각을 모아 '산업과 경영의 사회 심리학에 대한 메모: 여름 편'이라는 이름으로 정리했고, 반갑게도 케이는 그 노트를 책으로 출간하고자 제안했다. 그리고 1965년 10월, 그의 메모는 그가 녹음기에 구술했던 내용과 형식을 살려 《유사이키안 경영Eupsychian Management》('유사이키안'은 매슬로가 만든 용어로, 심리 건강과 자아실현에 도움이 되는 환경을 의미한다)이라는 제목으로 출판되었다.[7] 매슬로는 이 책의 서문에서 다음과 같이 밝혔다. "나의 실수를 바로잡거나, 어떤 결정이나 판단을 뒤늦게 재고하거나, 선입견을 위장하거나, 1962년 여름의 나보다 더 현명하거나 더 많이 알고 있는 것처럼 보이려고 노력하지 않았다."[8]

대중에게 널리 알려지지 않았지만, 매슬로의 책은 경영관리에 몸담고 있던 사람들에게 폭넓은 관심을 끌었다. 이 책은 계몽적인 경영 정책의 필요성과 계몽된 영업사원의 심리학, 직장에서의 직원 동기부여와 건강한 자존감, 창의성에서 고객 충성도, 계몽된 리더십, 사회 개선의 방법에 이르기까지 다양한 영역에 걸친 새로운 아이디어의

보고였다.[*]

가장 중요한 키워드 하나는 매슬로를 매료시켰던 '시너지'라는 개념이었다. 이는 그가 친구이자 멘토인 인류학자 루스 베네딕트에게 처음 배운 용어로서, 그의 자아실현에 대한 연구의 주된 영감 중 하나였다. 무엇보다도 그는 베네딕트를 자아실현을 추구하는 인물로 보고 있었다. 마거릿 미드처럼 베네딕트와 개인적으로 알고 지냈던 소수의 사람만이 그녀의 시너지 개념을 알고 있었지만, 이는 매슬로에게 커다란 자극을 주었고 그는 그 안에서 계몽된 경영과 일터에서의 자아실현의 관련성을 보았다.[9]

베네딕트는 시너지 문화를 개인과 사회의 상호 이익을 위해 전체적으로 구조화되어 기능을 발휘하는 문화라고 언급했다.[10] 매슬로는 시너지 개념을 조직의 맥락에서 이해하면서, 계몽된 상태나 자아실현에 도움이 되는 환경을 의미하는 유사이키안 근무환경에서는 개인적인 발전에 좋은 것이 회사에도 도움이 된다고 주장했다. 매슬로는 녹음기에 다음과 같이 기록했다.[11] "(자아를 실현하는) 일은 특별히 노력하지 않아도 자아를 초월한다. 이 일은 자아를 찾는 동시에 성취하는 것이며, 진정한 자아의 궁극적인 표현인 이타심을 성취하는 것이기도 하다."

매슬로에 따르면, 이를 통해 널리 통용되는 이기적인 것과 비이기적인 것의 이분법 문제는 해결된다. 이기적인 만족을 추구하는 사람

---

[*] 그가 제시하는 사색 중 일부는 섣부르고 장황하며 두서없다. 또한 타고난 재능이 많은 사람이나 타고난 지도자에 대한 분노를 사회가 어떻게 대처해야 하는지에 대한 생각은 상당히 논란의 여지가 있다. 그럼에도 소련의 궁극적인 몰락이나 직원들에게서 증대하는 욕구를 창출하는 기술에 대한 예측은 가히 시대를 앞서나간 선견지명이라 할 수 있다.

은 자연스럽게 다른 사람을 돕고 있기 때문이다. 반대로, 이타적으로 행동하는 사람은 자연스럽게 보상을 받고 만족을 얻는다. 그를 가장 기쁘게 하는 것은 그의 부와 능력을 다른 모든 문화 공동체 구성원들을 위해 사용하는 것이기 때문이다. 매슬로는 그 같은 사례로 그가 1938년 여름에 방문했던 블랙풋 인디언의 예를 들면서, 그들의 문화권에서는 선행이 보상받는다고 지적했다.[12]

매슬로에 따르면 내적인 것과 외적인 것의 일반적인 이분법 또한 해결된다. 누군가가 일하는 원인은 (무의식적으로) 자기 것으로 받아들여지고 자아의 일부가 되어, 내면의 세계와 외부의 세계가 융합하여 하나가 되기 때문이다.[13] 매슬로는 맥그리거의 Y이론처럼 근로자가 자율성, 협력, 지원 및 신뢰가 충만한 상태에서 일을 하는 것 같은 이상적인 조건에서 이러한 시너지 효과가 발생할 가능성이 가장 높다고 주장했다.

매슬로는 또한 여름의 메모에서 자아실현을 단지 충동적인 것으로 받아들이며 굳이 열심히 일할 필요가 없다고 믿는 청년에 대한 거부감을 드러냈다. 그는 "그러한 청년들은 모두 아무런 노력도 기울이지 않고, 자아실현이 일어나기를 수동적으로 기다리는 것만 같다"[14]면서, "자아실현은 힘든 일이다. 이는 내면의 열망뿐만 아니라 외부의 세계에 봉사하라는 소명 의식 또한 포함한다"[15]라고 말했다.

특히 매슬로는 일본의 고전 영화 〈이키루生きる〉에 등장하는 자아실현의 길을 "운명이나 숙명이 당신에게 잘 해내도록 손짓하는 일 또는 '해야만 하는' 중요한 일에 바치는 힘든 노력과 전적인 헌신"[16]이라고 설명했다. 매슬로는 자아를 가장 잘 실현한 사람들은 행복이 아니

라 소명을 추구했다고 이해했다. 그럼에도 그는 행복이 종종 하나의 결과로 다가오는 경우가 많다고 지적했다. "행복은 부수적인 현상이자 부산물로서, 직접적으로 구할 수 있는 것이 아니라 베푼 선행에 대한 간접적인 보상이다. (…) 내가 아는 행복한 사람들은 오로지 자신이 중요하다고 생각하는 일을 잘하는 사람들이다."[17]

매슬로가 1962년 여름 자신의 녹음기에 그 같은 말들을 남긴 이래로, 심리학자들은 오랫동안 목적이 인간의 중요한 욕구일 뿐만 아니라, 우리 삶의 의미와 중요성의 주요 원천임을 시사하는 풍부한 과학적 발견을 축적했다.

목적에 대한 욕구

의미를 찾는 인간의 탐구는 삶의 주된 동력이다. (…) 의미와 가치가 '그저 방어 메커니즘, 반응 형성 및 승화일 뿐'이라고 주장하는 저술가들이 있다. 그러나 나는 단순히 '방어 메커니즘'을 위해서만 살기를 원치 않으며, 그렇다고 나의 '반응 형성'만을 위해 죽을 준비가 되어 있지도 않다. 하지만 인간은 자신의 이상과 가치를 위해 살 수 있고, 심지어는 죽을 수도 있다!

— 빅터 프랭클,《죽음의 수용소에서》

수업 거부를 시작하기 전만 해도 내게는 에너지도, 친구도 없었습니다. 그래서 나는 아무에게도 말하지 않았습니다. 나는 섭식장애에 시달리며 그저 집에 혼자 앉아 있었습니다. 하지만 때때로 그렇게 많은 사람에게 피상적이고 무의미해 보이는 이 세상에서 의미를 발견한 후로, 그 모든 것은 사라졌습니다.

— 그레타 툰베리[18]

2010년에 제작된 다큐멘터리 〈잊힌 꿈의 동굴〉에서 영화 제작자 베르너 헤어초크와 그의 카메라 팀은 시청자들을 프랑스 남부의 쇼베 동굴로 안내한다. 1994년 이 동굴을 발견한 사람 중 한 명인 장 마리 쇼베의 이름을 딴 쇼베 동굴에는 이제껏 발굴된 벽화 중 가장 잘 보존된 상태인 3만 2000년 전의 그림들이 몇 점 있다. 헤어초크가 말했듯, 쇼베 동굴은 '한순간의 얼어붙은 섬광'과도 같다. 말, 매머드, 곰을 포함한 수백 개의 동물 그림 중에는 레드 오커red ochre〔적갈색 안료이자 점토와 실리카를 함유하는 산화철로 된 천연의 흙으로, 질이 좋은 것은 약 95퍼센트의 산화철을 함유한다〕 손도장이 있다. 손도장들을 보며 즉각 우리의 먼 조상들이 공들인 노력을 떠올리는 것은 그리 어렵지 않다. 심지어 3만 2000년 전에도 우리 조상들은 말 그대로 자신들의 흔적을 남기고, 자신들이 그때 그곳에 살았던 주인공이라는 사실을 알리려는 욕구를 품었던 것이다.

이 같은 본능에는 인간 특유의 무언가가 담겨 있다. 일단 아름답게 표현된 그림을 그렸거나 의도적으로 지문을 남긴 것은 무심코 그들의 발자국을 남긴 곰이 아니라 바로 우리 인간이었다는 점에 주목할 필요가 있다. 철학자이자 소설가 레베카 골드스타인은 이를 '문제적 본능'이라고 지칭했다.[19] 문제에 접근하는 여러 경로가 있지만, 가능성이 큰 경로 중 하나는 목적을 갖는 것이다.

목적에 대한 욕구는 자신의 노력에 활력을 불어넣고 삶의 의미와 중요성에 핵심 원천을 제공하는 포괄적인 열망에 대한 욕구로 정의할 수 있다. 목적을 갖는다는 것은 종종 자아와 관련된 가장 중심적인 동기의 근본적인 재배열을 초래한다. 한때 당신을 사로잡았던 것들

에 갑자기 별다른 관심을 기울이지 않게 하고, 심지어는 사소한 것처럼 보이게 할 수도 있다.[20]

실존주의·인본주의 심리치료사 제임스 부겐탈은 환자 모두가 어떻게 치료과정 초기에 유사한 관심과 집착을 표현하는 경향이 있는지 주목했다. 그들은 자신이 기본적으로 선한지 악한지 알고 싶어하고, 특정한 사회적 규범의 위반에 대한 죄책감을 보고하며, 무력감에 맞서려고 노력했다. 부겐탈은 저서 《진실성의 탐색The Search for Authenticity》에서 "신경증 환자는 자신의 제한적이고 은밀한 관심 때문에 자신이 진정으로 중요시하는 것에 투자할 수 없게 되는 경우가 많다"고 적었다. 그러나 치료가 계속 진행되면서, 환자들은 좀 더 선택적으로 헌신하고 일을 중요시하려는 의지와 같은 진정한 관심사를 받아들인다. 그들의 초기 관심사는 균형잡힌 관점을 취하게 된다. 부겐탈은 또한 그의 환자들에게서 하나의 목표로서의 행복의 변화를 관찰했다. 부겐탈은 이렇게 말했다. "현실화하는 사람은 자신의 삶을 바치기로 선택한 관심사 때문에 바쁘고, 좀처럼 자신의 행복 평가를 멈추지 않는다. 신경증 환자와 불행한 사람만이 자신의 행복에 명시적·직접적으로 관심을 기울이는 것 같다. (…) 행복은 이를 움켜쥐려는 손에 밀려나지만, 자신의 존재를 잘 알고 있는 사람은 따라다니는 경향이 있다."[21]

1964년의 미발표 에세이 〈행복의 심리학〉에서 매슬로는 행복이라는 개념 전체를 재정의하고 강화할 필요가 있다고 주장했다. 우리가 삶의 목표인 행복을 포기하는 법을 배워야 한다고 주장하면서, 그는 출산이나 아파하면서도 누군가를 매우 사랑하는 것 같은 '가치 있는 고통'을 갖는 것이 인간 존재의 특권이라고 주장했다. 또한 잘 사는 것과 행복은 그 같은 비참한 특권이라는 사례들을 포함하도록 재정의되어야 한다고 주장했다. 아마도 행복을 진정한 문제와 진정한 과업에 진정한 감정을 경험하는 것으로 정의할 수 있을 것이다.[22]

목적의 또 다른 핵심 양상은 목적이 활력을 불어넣어 준다는 것이다. 인내는 노력할 만한 가치가 있는 것으로 여겨지기 때문에 목적을 갖는다는 것은 온갖 어려움에도 불구하고 인내에 힘을 실어준다. 니체가 말했듯이 살아야 할 이유가 있는 사람은 어떻게든 견뎌낼 수 있다. 이 점이 바로 빅터 프랭클이 내세웠던 모토였는데, 죽음의 수용소에서의 경험을 통해 그는 의미요법logo-therapy이라는 새로운 형태의 심리치료를 시작했다. 그가 주창한 의미요법은, 인간은 프로이트의 '쾌락에의 의지will to pleasure'나 아들러가 니체의 개념을 차용한 '힘에의 의지will to power'뿐만 아니라 '의미로의 의지will to meaning' 또한 갖고 있다는 기본 사상에 기반한다.[23] 프랭클은 "사람은 원래 욕망에 의해 떠밀리지만 의미로만 견인된다. (…) 인간의 주된 관심은 의미로의 의지"라고 말했다.[24] 프랭클에 따르면 의미로의 주된 의지가 좌절될 때 우리의 에너지는 힘에의 의지로 투사되고, 그러한 욕구가 좌절될 때 에너지는 쾌락으로의 의지로 투사된다.

프랭클은 의미로의 의지가 우리 삶에서 가장 중요한 실존적 관심사일 뿐만 아니라 결정적으로 다른 욕구로 환원될 수 없다고 믿었다. 프랭클이 열네 살이었을 때, 그의 선생님은 인간 존재는 단지 연소의 과정에 불과할 뿐이라고 가르쳤다. 그리고 그 말을 듣는 순간, 그는 자리에서 벌떡 일어나서 자기도 모르게 물었다. "그렇다면 인간의 삶에는 무슨 의미가 있나요?"[25]

열여섯 살의 나이에 프랭클은 이미 비엔나의 철학 모임에서 삶의 의미에 관한 강연을 하고 있었는데, 그는 강연에서 삶의 목적은 삶에 관한 질문을 던지는 것이 아닌 삶에서 비롯되는 질문이나 요구의 답에 있다고 주장했다. 훗날 프랭클은 자신의 대표작인《죽음의 수용소에서》에서, 수행해야 하는 임무가 있다고 믿었던 사람이 집단수용소에서 살아남을 가능성이 높았다는 사실을 목격한 경험을 절절하게 담아냈다. 그는 자신의 삶에서 더 큰 의미를 찾아낸 사람은 개인적인 비극을 승리로 바꾸고, 자신이 처한 곤경을 인간적인 성취로 바꿀 수 있다고 주장했다.[26,27]

매슬로는 종종 목적을 소명과 비슷한 의미로 설명했다. 소명의 개념은 종교적 의미를 내포하지만, 많은 사람이 그 같은 종교 성향과는 관계없이 '부름'을 받은 느낌을 느꼈다고 보고했다.[28] 과학은 자신의 일을 일종의 부름으로 보는 것이 만족한 삶과 관련이 있음을 확인해준다. 다음 세 항목을 읽어보고 어떤 것에 가장 많이 공감하는지 확인해보자.

직업

A는 주로 직장 밖에서 생활할 수 있는 충분한 돈을 벌기 위해 일한다. 경제적으로 안정된다면 그는 더 이상 현재의 일을 계속하지 않을 것이다. 대신 다른 일을 할 것이다. A의 직업은 기본적으로 숨쉬기나 잠자기처럼 삶의 필수 요소이다. 그는 종종 직장에서의 시간이 좀 더 빨리 지나가기를 바란다. 그는 주말이나 휴가를 무척 기다리곤 한다.

A는 인생을 다시 살 수 있다면 아마도 지금 하는 일을 하지 않을 것이다. 그는 친구나 자식에게 자신이 하는 일을 하도록 권하지 않을 것이다. A는 정년을 맞이할 날만을 고대하고 있다.

경력

B는 기본적으로 자신의 일을 좋아하지만, 5년 후에도 현재의 직장에 남아 있을 것이라고는 기대하지 않는다. 대신 그는 더 낫고 더 좋은 직장으로 이직할 계획이다. 그는 자신이 궁극적으로 차지하고 싶은 지위와 관련된 몇 가지 목표가 있다. 때로는 자신이 하는 일이 시간낭비처럼 보이지만, 그는 앞으로 나아가기 위해서는 현재 위치에서 충분히 잘 해내야 한다는 것을 알고 있다. B는 하루빨리 승진하기만을 기다린다. 그에게 승진이란 자신이 맡은 일을 잘 해냈다는 것에 대한 인정을 의미하며, 동료와의 경쟁에서 승리했음을 알려주는 신호이다.

소명

C에게 일은 인생에서 가장 중요한 부분 중 하나이다. 그는 자신의 업무 분야에서 일한다는 사실에 매우 만족한다. 생계유지를 위해 그가 하는 일은 누구인지와 관련해 아주 중요한 부분이기 때문에, 직업은 사람들에게 자신을 소개할 때 가장 먼저 말하는 것 중 하나이다. 그는 자주 일거리를 집으로 가져가며, 심지어 휴가 때도 그러는 경향이 있다. 친구 또한 대부분 직장에서 만난 사람들이며, 자신의 일과 관련된 여러 조직과 클럽에 가입한 상태다. C는 자신이 하는 일에 대

해 좋은 느낌을 받는다. 자신이 하는 일을 사랑하고, 그 일이 세상을 더 나은 곳으로 만든다고 생각하기 때문이다. 그는 친구들과 아이들에게도 자신이 하는 일을 해보라고 권한다. C는 지금의 일을 그만두도록 강요받는다면 아마도 무척이나 속상해할 것이고, 그래서 특별히 정년을 맞이할 시기가 하루빨리 오기를 기다리지 않는다.

조직심리학자 에이미 리즈니에프스키 연구팀은 대부분의 사람이 자기 자신을 별 어려움 없이 세 가지 영역 중 어느 하나에 위치시킨다는 것을 발견했다. 그들은 심지어 피실험자들이 스스로를 아주 쉽게 위치시키자 놀라기까지 했다.[29] 아울러 연구팀은 자신의 직업을 일종의 소명으로 받아들이는 사람은 자신이 하는 일을 단순히 직업이나 경력으로만 간주하는 사람보다 더 높은 삶의 만족도와 직업 만족도를 보고하며, 결근도 훨씬 적다는 사실을 확인했다. 이러한 결과는 소득이나 교육 수준 및 직업군을 조절하는 경우에도 그대로 유지되었으며, 따라서 삶과 하는 일에 대한 만족도는 소득이나 직업적 명성보다는 자신이 하는 일을 바라보는 방식에 더 많이 좌우될 수 있음을 시사한다. '재정적으로만 안정되어 있다면 설사 급여를 받지 못하더라도 현재의 일을 계속할 것'이라는 진술은 자신의 직업을 일종의 소명으로 바라보는 것과 밀접한 관련이 있다.

마지막으로, 목적을 갖는다는 것은 책임을 수반한다. 더 높은 목표를 세움으로써 당신은 목적을 달성하기 위한 여정을 시작하면서 행동의 결과에 따르는 책임 또한 받아들이는 것이다. 자신의 행동에 개인적으로 책임을 진다고 반드시 도덕적 책임을 수반하는 것은 아니다. 하지만 세상에 긍정적인 영향을 끼치는 사람은 모두 자신의 행동에 궁극적인 책임을 느끼며 더 높은 목적을 위해 도덕적으로 올바른 선택을 한다.[30]

목적에 이르는 길을 광범하게 연구한 윌리엄 데이먼은 헤르만 밀러 가구회사의 설립자이자 성공적인 사업가로 인정받는 맥스 드 프리Max De Pree를 예로 든다. 그의 많은 경쟁자들은 우위를 차지하기 위해 공무원에게 뇌물을 주는 등 음지에서 활동했지만, 드 프리는 그 같은 방식을 거부하고 한 점 부끄럼 없는 올바른 방식으로 성공하기 위해 최선을 다했다. 그는 거울에 비친 자신을 바라보며 스스로를 자랑스러워할 수 있기를 원했다.[31] 그리고 최종 책임을 진다는 자세는 그가 사업가이자 작가로 성공하는 밑거름이 됐다.

실제로 자아실현자의 전형적인 특징은 특히 주변 환경이 건강하지 못하거나 적대적이거나 위험한 경우, 그 같은 환경에서 인기를 끌지 못하는 목적을 위해 노력하는 능력일 수 있다.[32] 에리히 프롬이 지적했듯, 광기의 사회에서는 제정신을 유지한다는 것 자체가 광기의 표식이다! 매슬로는《존재의 심리학》서문에서 그 같은 생각에 공감을 표했다.

> 병에 걸렸다는 것은 증상이 있다는 것을 의미할까? 이제, 질병은 당신이 증상을 보여야 할 때 증상을 보이지 않는 것으로 구성될 수 있다고 생각한다. 건강하다는 것은 증상이 없다는 것을 의미할까? 그렇지 않다. 아우슈비츠나 다하우 수용소에 있던 나치 중 그 누가 건강했는가? 양심의 가책을 느꼈던 사람이나 얼음 같고

깨끗하고 행복한 양심을 지닌 사람이 건강했을까? 진정한 인간으로서 갈등, 고통, 우울증, 분노 등을 느끼지 않는 것이 가능했을까?[33]

매슬로는 자기 자신의 본성, 운명, 능력, 삶의 소명에 대한 정확한 인식에 기반하는 본질적 양심을 잃어버려서는 안 된다고 주장했다. 하지만 자신에게 소명이란 것이 아예 없다고 느낀다면 어떻게 될까? 아니면 실제로 자신의 성장을 방해하고 건강에 해로우며, 최선의 자아와 어울리지 않는 소명을 갖고 있다면 어떨까? 그것도 아니라면 이상적인 소명은 있지만 자신의 목표를 달성할 수 없을 것처럼 생각한다면 어떨까? 이들 모두는 좌절과 불안의 중요한 원천으로서 분명 성장을 방해할 것이다. 이제부터는 최근의 과학이 알려주는 슬기롭게 노력하고 추구하는 방법을 살펴보고자 한다.

슬기로운 노력

할 만한 가치가 없는 것은 잘 할 가치도 없다.
— 에이브러햄 매슬로, 《유사이키안 경영》

단순히 목적이 있다는 것만으로는 성장할 수 없다. 의식적으로 스스로에게 설정할 수 있는 많은 노력이 있다. 하지만 이러한 노력은 우리가 온전한 인간으로 성장하는 데 실질적인 도움이 되지 않고, 대부분 우리의 자아실현에 완전히 해가 될 수도 있다. 연구에 따르면 결국 자신에게 적합한 목표를 선택하는 것이 무엇보다 중요하다.

목적의 의미

1980년대에 로버트 에몬스는 혁신적인 방법을 사용하여 개인적인 노력에 관한 연구를 시작했다. 그는 사람들에게 자신이 기울인 노력을 나열하도록 했다.[34] 이 방법은 그다지 혁신적으로 들리지 않을 수도 있다. 하지만 이 주제와 관련된 선행 연구의 대부분은 사람들에게 연구자가 미리 작성한 목록에서 각자의 노력과 부합하는 것을 선택하도록 요청했었다. 에몬스는 몰입 및 창의력 연구자 미하이 칙센트미하이가 개발한 또 다른 혁신적 방법인 경험 샘플링을 활용했다.[35] 이 방법에 따르면 참가자는 3주에 걸쳐 정기적으로 자신의 기분과 생각을 보고해야 한다.

에몬스는 노력과 기분의 명확한 관계를 발견했다. 사람들은 자신의 노력을 소중히 여기고 더 많이 노력할수록 3주 동안 더 많은 행복, 기쁨 및 만족을 느낀다고 답했다. 반면에 불행, 우울 및 좌절을 느낀다고 답한 사람들은 성공 가능성의 인지 정도가 낮고, 자신의 노력에 대한 회의가 크며, 노력 간의 갈등이 더 큰 것으로 나타났다. 물론 개인적인 노력의 존재만으로도 삶의 만족도는 더 높아졌지만, 삶의 만족도가 가장 높은 사람은 자신의 노력을 중요하고 가치 있게 여기며 자신의 다른 노력과 갈등을 일으키지 않을 것 같다고 인식한 사람이었다.

개인적인 노력에 관한 초기 연구는 적어도 무언가를 위해 노력한다는 것이 삶에서 얼마나 중요한지를 보여주었다. 지난 25년 동안 에 몬스의 제자인 케논 셀던은 여러 중요한 방향으로 이러한 연구를 확장해왔다.[36] 셀던 연구팀이 보여준 한 가지 결과는 개인적인 노력을 선택하고 진행하는 것이 안녕감에 도움이 되지만, 노력의 내용 또한 중요하다는 사실이다. 숙달, 자기계발, 창의성, 연결, 사회 공헌 등 성장에 도움이 되는 목표는 권력, 돈, 자부심, 외모, 인기 등 불안정이 주도하거나 지위와 관련된 목표보다 더 큰 안녕감으로 이어질 가능성이 높다.

물론 우리에게는 많은 욕구가 있고, 우리는 살면서 다양한 노력을 기울인다. 사람들은 심리학 실험에서 자신의 노력을 나열하라는 요청을 받으면 다양한 항목을 적어내는 경향이 있다. 그러나 그들의 노력은 대부분 원만하게 통합되지 않으며, 일부는 완전히 분열되어 삶의 일관성 결핍과 의미 부족으로 이어질 수 있다. 연구에 따르면 최적의 심리적 건강에는 올바른 목표의 내용뿐만 아니라 다양한 노력의 통합이 필요하다.

이상적인 경우라면, 노력은 우리의 궁극적인 관심을 지지하고 우리가 온전한 인간이 되도록 돕는 방식으로 조직될 것이다.[37] 자기관리 연구자들은 목표 지향적 행동이 단기적으로는 구체적이고 실행 가능한 목표부터 장기적으로는 지극히 추상적이며 삶 전체를 아우르는 목표에 이르기까지 계층적으로 조직되어 있다고 강조한다.[38] 예를 들어 '훌륭한 헬스 코치가 되고 싶다'와 같은 최고 수준의 노력은 '피자가 먹고 싶다'처럼 자동적·습관적 활동과 관련된 낮은 수준의 노력보다 의식적이고 자기 정의적일 가능성이 높다.

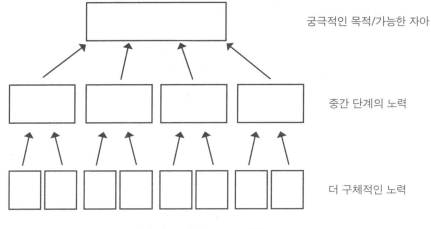

중간 단계의 노력

더 구체적인 노력

궁극적인 목적/가능한 자아

개인적인 노력의 목표 계층

우리 행동의 많은 부분은 습관의 영향을 받으며, 의식은 일반적으로 행동을 취하거나 발상을 받아들이는 모임에 늦게 도착한다. 그럼에도 의식에는 여전히 하나 또는 다른 선택지를 지지하며 다양한 행동 가능성 중에서 하나를 선택할 수 있는 능력이 있다.[39] 말 그대로 우리에게 '자유의지'란 것이 존재하는지에 대한 논쟁이 한창이다.[40] 여기에서 그러한 논쟁에 종지부를 찍으려는 것은 아니다. 하지만 나는 우리의 가장 자기 정의로운 노력이나 소명은 숙고에서 헌신에 이르기까지 어떤 의도를 갖고 중대한 결심을 내릴 수 있게 도와준다는 의미에서 우리에게 자유의지를 제공한다고 믿는다.[41] 우리의 목적을 슬기롭게 선택했다면, 공동의 목적을 달성하도록 의도적으로 우선순위를 바꾸고 노력을 재구성하여, 현재의 자아를 초월해 최선의 자아로 나아갈 수 있을 것이다.[42]

우리의 자아에 명확한 이미지를 갖는 것은 정말 중요하다. 창의력 연구자 폴 토랜스는 1950년대에 평생 나타나는 창의성의 가장 중요한 특성을 정의하기 위해 초등학교 학생들을 대상으로 장기 연구를 시작했다. 25년간 이어진 연구에 따르면, 창의성의 가장 중요한 예측 요인 중 하나는 참가자가 청소년기에 자신의 미래 이미지와 사랑에 빠진 정도였다.[43] 이러한 단일 변수는 토랜스 연구팀이 연구에 포함시킨 학업 성취도의 다른 모든 단일 측정치를 능가했다. 토랜스는 논문〈'무언가와 사랑에 빠지는 것'의 중요성〉에서 다음과 같이 말했다. "우리의 고군분투와 탐색이 갑자기 완전히 새로운 미래라는 눈부신 아우라로 변모하는 순간, 인생에서 가장 활기차고 흥미진진한 순간이 펼쳐진다."[44]

따라서 인생에서 가장 현명한 길은 미래의 비전에 표현되고 자신의 다른 노력과 더할 나위 없이 통합되는 목표에 자발적으로 헌신하는 것이다. 미래의 비전에 득이 되는 광대한 비전을 제공하지 못하는 습관은 의식적으로 바꿔야만 할 수도 있다. 사실 우리의 목표 계층이 '해야 할 일' 목록에 있는 항목으로만 구성될 필요는 없다. '하지 않을 일'의 목록 또한 중요하다. 이 목록은 '좀 더 깊은 차원에서 나와 어울리지 않는 기회를 우아하게 거절하기'와 같은 내용을 포함할 수 있다.

분산된 계층들도 존재한다. '세계적인 뮤지션 되기'를 최우선으로 삼는 사람의 경우를 살펴보자.

이 사람의 일상적인 노력은 지위와 관련된 노력과 성장 지향적 노력이 혼합되어 있다. 이러한 노력이 모두 세계적인 뮤지션이 되려는 그의 궁극적 목표에 똑같이 도움이 되는 것은 아니며, 따라서 위의 중간단계 목표 중 일부를 보다 구체적으로 실행 가능한 노력이나 성장

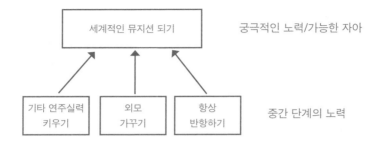

과 기술의 숙달과 직접적으로 관련이 있는 노력으로 교체한다면 실제로 목적을 달성할 가능성은 높아질 것이다. 이 같은 노력으로는 더 많은 멘토를 찾고, 뮤지션으로서의 자질과 관련된 홍보 능력을 연구하며, 더 많은 콘서트에 참석하고, 관련 업계의 사람들과 더 많은 관계를 맺는 등을 예로 들 수 있다.

또한 추구할 만한 가치가 없는 노력을 위해 잘 통합된 목표 계층을 가질 수도 있다. 예를 들어 '더 많은 소셜 미디어 팔로워 확보하기'에 가장 많은 노력을 기울일 수도 있지만, 이러한 목표를 실현하는 것만으로는 온전한 인간으로 성장하는 데 그다지 도움이 될 것 같지 않다. 어떤 사람들은 단순히 '유명해지기' 위해 보다 일반적인 노력을 기울일 수도 있다. 다음은 성장과는 직접적으로 관련이 없는 목표를 중심으로 잘 통합된 계층 구조의 사례이다.

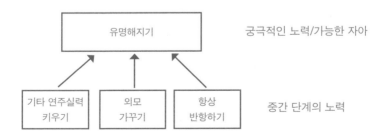

물론 이러한 각각의 하위 수준 목표는 유명해질 가능성을 높일 수 있다. 하지만 그러한 목표가 정말 노력할 가치가 있는 것일까? 여러 높은 수준의 목표가 있다면, 당신의 노력 계층에 한층 심화된 통합이 이루어져 있는지 확인하는 것은 중요하다. 그렇게 될 때 하나의 인생 프로젝트는 다른 프로젝트의 성장을 촉진할 가능성이 있기 때문이다. 다른 삶의 영역들의 성장을 촉진할 수 있는 목표 계층의 예는 아래의 표에서 확인할 수 있다.

계층 구조가 어떻든, 다양한 노력과 목표가 당신이 최선의 자아를 실현하는 데 더 가까워지게 하고, 더 중요한 목표에서 멀어지게 할 수 있는 유혹적인 산만함과 외적인 요구를 피할 수 있도록 도와주게끔 구성되었는지 확인하자. 셀던과 캐서 연구팀은 이를 뒷받침하여, 성장에 도움이 되는 노력과 이들 노력 간의 조화로운 통합이 더 대단한 일상의 기분, 삶의 만족도, 자아실현, 활력, 의미 있는 활동의 참여 그

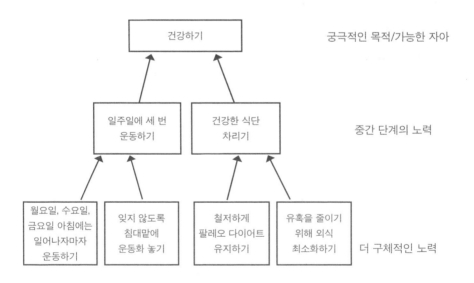

리고 삶의 다른 역할의 조화 등을 포함한 다양하고 건강한 결과와 관련이 있다는 것을 발견했다.[45]

목적의 이유

> 이상적인 조건이라면 한 사람과 그의 자아를 실현하는 일, 예컨대 이유, 책임, 요청, 소명, 과업 등에는 동조화 및 상호 선택이 존재할 것이다. 즉 각각의 과업은 열쇠와 자물쇠처럼 세상에서 가장 독특하고 적절하게 그 일을 처리할 수 있는 오직 한 사람만을 '요청'하고, 그 한 사람은 그 요청을 가장 강하게 느끼며 답하고, 그 파장에 맞춰서 요청에 반응할 것이다. 그 둘에는 행복한 결혼생활이나 좋은 친구관계에서처럼, 또는 서로를 위해 설계된 사이인 것처럼 특정한 상호작용과 상호 적합성이 존재한다.
>
> — 에이브러햄 매슬로, 《유사이키안 경영》

성장에 많은 도움이 되는 목표를 선택하는 것뿐만 아니라, 올바른 이유에 따라 선택하여 여러 목표가 서로 공감하게 하는 것 또한 중요하다. 하나의 성장 목표를 정했지만 그 목표가 진정한 자기 자신이라고 느끼지 못하는 경우는 흔히 찾아볼 수 있다.

셸던은 특정 목표를 선택한 이유를 의식적으로 성찰함으로써 노력의 바탕에 있는 동기를 이해할 수 있다는 사실을 발견했다. 이 같은 과정이 어떻게 작동하는지 알기 위해서는 자기결정 이론의 중심 원리를 이해하는 것이 필요하다.[46] 자기결정 이론에 따르면, 삶에 주인의식을 느끼는 정도는 사람마다 다르다. 자신의 선택이 내면 깊은 곳에 내재하는 무언가를 반영한다고 느끼는 사람이 있는가 하면, 어떤 사람은 외적인 힘이나 내적인 불안정 혹은 죄책감에 통제되어 선택한다고 여기는 등, 사람마다 느끼는 정도는 놀랄 만큼 큰 차이를 보인다. 이처럼 다양한 동기는 '동기의 질Motivational quality, MQ'과 일맥상통하는데, 이는 칼 로저스의 '자율성의 기울기motivational quality' 개념과 유사하다.[47]

동기 부여의 질은 마지못해 하는 척만 하는 총체적인 무동기에서 외부·내부의 압력, 개인적 가치, 하는 일에서 고유한 만족과 즐거움을 찾는 내재적 동기에 이르기까지 아주 다양하다. 최고 수준의 동기를 가진 사람은 자신이 하는 일을 매우 소중히 여기고 그 일을 하면서 내재적 만족을 얻는 사람이다.

셸던이 수행한 연구의 혁신적인 주요 성과는 이렇게 강력한 동기부여의 큰 틀을 개인적인 노력에 관한 연구에 적용했다는 점이다. 그리고 놀랍게도, 그는 누군가가 특정 노력을 목록에 기입했다고 해서 주인의식을 느꼈다는 것을 의미하지는 않는다는 사실을 발견했다. 일부 사람의 목표는 그것이 실제로는 자기 자신의 가장 깊은 관심사, 가치관, 재능, 욕구 또는 동기에서 비롯된 것이 아닌 것처럼 비자율적으로 느껴진다.[48]

어떻게 자율적인 노력을 하는 사람과 통제되고 있다고 느끼는 사람을 구분할까? 셸던의 초기 연구는 자신의 노력에서 가장 큰 자율성을 느낀 사람이 경험에 더 개방적이고 내면의 경험을 더 염두에 둔다는 사실을 보여주었다. 또한 그런 사람은 자아실현 테스트에서도 더 높은 점수를 받았다. 후속 연구에 따르면, 한 개인을 가장 정확하게 대변하는 노력은 자기 일치적 목표self-concordant(목표를 추구하는 사람

무동기	외부의 압력	내부의 압력	개인적 가치	내재적 동기
마지못해 하는 척만 하는 것처럼 느껴진다.	• 보상/공허한 칭찬 • 처벌/위협 • 타인에 의한 압력에 의해 통제된다.	• 죄책감/수치 • 자기압박감 • 자아관여에 의해 통제된다.	일이 즐겁지 않더라도 일과 일의 목표를 지지하고 소중하게 생각한다.	일에 내재한 만족감을 느낀다. 내 일은 은근히 즐겁다.

낮은 MQ 연관 항목
낮은 생산성
낮은 창의성
학습량 감소
보상에 대한 만족도 감소
가치 및 정책에 대한 헌신 감소
충성도와 신뢰도 감소

높은 MQ 연관 항목
강력한 성과
더 많은 혁신
심층학습
직무 및 보상 만족도 향상
가치와 정책에 대한 더 큰 헌신
충성도와 신뢰도 증가

동기의 질 연속체

의 관심이나 가치가 그 목표를 이루려는 이유와 일치하는 경우)이다. 많은 연구결과는 자기 일치적 목표를 선택하는 것은 성장, 성취 및 안녕감의 상승 곡선을 설정하는 것뿐만 아니라 기울이는 노력의 양과 가능성 및 결국 목표를 달성할 가능성과 관련해서도 중요한 의미가 있다고 말해준다.[49]

자신에게 맞지 않는 무언가를 위해 노력하는 데에는 여러 이유가 있다. 셸던은 그중 한 가지로, 자신의 노력에서 자기 일치성, 즉 내재적 관심이나 가치와의 적합성을 찾지 못하는 사람이 외부의 영향에 더 의존한다는 사실을 제시했다. 부모, 친구, 소셜 미디어 등 실제로 여러분의 헌신과 노력에 큰 영향을 끼칠 수 있는 다양한 사회적 압력이 존재한다. 결과적으로 의도적으로 소중히 여기거나 '그래야만 한다'라고 생각하지만, 실제로 마음속 깊은 곳에서는 그다지 가치를 두지 않는 상황에 처하거나 직업을 갖게 될 수 있다. 많은 사회적 압력에는 친 사회적 목적을 위한 무언가를 유도하는 압력처럼 좋은 의도가 있다. 그러나 애덤 그랜트의 연구결과에 따르면, 친사회적 동기는 있지만 자신의 활동에 대한 내재적 기쁨이 없다면, 그 같은 부조화는 끈기, 성과, 생산성에 해로운 영향을 끼칠 수 있다.[50]

우리는 종종 '그래야만 한다'라는 합리적 자아 차원에서 너무 많이 활동해서, 실존하는 모습인 경험적 자아와의 연결고리를 상실하고 만다.[51] 그러나 경험적 자아는 종종 우리가 누구인지에 대해 그리고 더욱 중요한 바인 장차 우리가 될 수 있는 가능성에 관해 상당한 지혜가 있다. 그러한 신호를 부끄러워해서는 안 된다. 우리는 그들을 온전히 아우르고 이해해 받아들여야 한다.

자신의 내면에서 가장 깊은 측면, 즉 최선의 자아를 알아내려고 한다면 유별난 장점 혹은 활용하고자 하는 자신의 성격 중 특정 측면을 평가하는 것이 도움이 될 수 있다. 이는 진실한 표현을 가능하게 해주고 활력을 불어넣어주며 생동감을 선사한다.[52] 여기에는 다양한 재능과 성격상의 강점, 즉 자기 자신과 다른 사람의 행복한 삶에 특별히 기여하는 성격이 포함된다.[53]

도덕적 목적

목적에 대한 욕구를 이야기할 때면, 누군가는 반드시 묻곤 한다. "히틀러는 어떻습니까? 그는 꽤나 목적의식이 강했던 것 같은데요." 이 문제와 관련해 나는 물론, 역사상 수많은 사람들이 파괴적인 수단을 통해 목적에 대한 욕구를 충족시키려 했다는 사실을 충분히 인정한다. 그렇기에 나는 통합된 욕구단계 구조를 반복해서 강조하는 것이다. 다른 성장 영역을 생략하고 곧바로 목적으로 건너뛰는 것은 위험하다. 현대의 연구결과에 따르면, 폭력적 극단주의의 기저에 있는 것은 개인적인 중요성에 대한 지배적인 욕구, 즉 중요해지고 싶고 '누군가'가 되고 싶으며, 삶의 의미를 가지려는 욕구이다.[54]

단순한 목적의 보유가 늘 건강한 것은 아니다. 자신과 타인에게서 최악의 상황을 이끌어내는 노력의 선택도 전적으로 가능하다. 그러한 노력은 안전, 소속감, 자부심 등 안정 욕구 중 하나의 결함을 채우기 위한 끝없는 탐색에 의해 동기가 부여되기 때문이다.

히틀러는 아마도 목적에 대한 욕구를 충족시켰을 것이다. 하지만 과연 성장을 가장 촉진하는 방식으로 한 것이었을까? 나는 이를 수사학적 질문(즉답이나 정답을 요구하는 대신, 질문을 받는 사람이 질문의 의도를 깊이 생각하여 자신만의 답을 찾게 하는 것)으로 남겨 둘 것이다. 그처럼 통합된 계층 구조에서 목적에 대한 욕구를 높은 곳에 두는 데에는 나름의 이유가 있다. 연구에 따르면 성장을 가장 촉진하는 목적은 안정된 환경, 소속감, 연결, 건강한 자존감이라는 강력한 기반 위에 구축되고 탐구와 사랑에 의해 주도되는 것이다. 그리고 이는 많은 욕구들을 심층적으로 통합할 수 있어야 한다.

캐나다의 심리학자 제레미 프라이머 연구팀은 지난 반세기 동안 영향력 있는 도덕적 인물들에 대한 광범한 분석을 수행했다.[55] 그들은 앤 콜비와 윌리엄 데이먼의 공저《관심 있는 사람들Some Do Care》에서 정한 기준에 따라 분석 대상들을 선정했다.[56] 콜비와 데이먼에 따르면 '도덕적 기준'은 다음과 같다.

- ▲ **원칙/미덕**: 그들은 인류에 대한 일반화된 존중을 포함하는 도덕적 이상이나 원칙에 대한 지속적인 헌신 혹은 도덕적 미덕의 지속적인 증거를 보여준다.
- ▲ **일관성**: 그들은 자신의 도덕적 이상이나 원칙에 따라 행동하려는 성향이 있으며, 이는 또한 자신의 행동과 의도, 자신의 행동에 내재한 수단과 목적의 일관성을 시사한다.
- ▲ **용기**: 그들은 자신의 도덕적 가치를 위해 자신의 이익을 기꺼이 희생하려는 의지를 보여준다.
- ▲ **영감**: 그들은 다른 사람에게 영감을 주어 도덕적으로 행동하도록 고무하는 성향이 있다.
- ▲ **겸손**: 그들은 세계 전체와 비교한 자신의 중요성에 대해 현실적인 겸손함을 드러내며, 이는 자기 자신의 자아에 대한 관심이 상대적으로 적음을 의미한다.

이러한 기준을 토대로 한 전문가 평가를 바탕으로 프라이머 연구팀은 영향력 있는 인물 중 도덕적 귀감을 선정했다. 그 목록에는 로자

파크스, 시린 에바디, 넬슨 만델라, 모한다스 간디, 아웅산 수치, 달라이 라마 14세, 마틴 루터 킹 주니어, 안드레이 사하로프, 에멀린 팽크허스트 및 엘리너 루스벨트가 있다. 이들은 콜비와 데이먼이 제시한 다섯 기준 모두에서 높은 점수를 받았다.

이와는 대조적으로 아돌프 히틀러와 마오쩌둥 같은 '독재자'들은 매우 영향력 있는 인물이었지만, '원칙/미덕'과 '겸손'의 항목에서는 낮은 점수를 받았으며 나머지는 중립적이었다. 블라드미르 푸틴, 김정일, 엘리엇 스피처, 도널드 럼스펠드, 멜 깁슨 같은 '종파주의자'들은 다섯 가지 도덕적 항목 모두에서 낮은 점수를 받았다. 마릴린 먼로, 빌 벨리칙, 데이비드 베컴, 콘돌리자 라이스, 후진타오, 아놀드 슈워제네거와 같은 '성공한 인물'들은 모든 도덕적 측면에서 중립에 가까운 점수를 받았다. 물론 위 분류에 동의하지 않을 수 있지만, 이 목록은 정치적인 근거에 따라 구분한 것이 아니다. 적어도 좋은 사람을 만드는 요인이라는 주제에 관해서 진보주의자와 보수주의자들은 영향력 있는 사람들을 도덕적으로 판단할 때 배려, 공정성, 순수성을 포함하여 놀랍도록 유사한 도덕적 기반에 의존한다.[57]

어쨌거나 이를 통해 그들이 찾아낸 것은 무엇일까? 어떤 의미에서 영향력 있는 인물은 모두 비슷한 부류의 사람이었다. 즉 그들은 모두 목표 추구에 있어서 매우 적극적이었다. 동일한 맥락에서 심리학자 안드레아 쿠제프스키는 영웅과 악당의 공통점은 강인함, 용기, 위험 감수, 반항심 역량이라고 지적했다.[58] 그녀는 심지어 그런 두려움 없는 영웅들을 묘사하기 위해 이들에게 'X-이타주의자'라는 이름을 붙이기도 했다.

그렇지만 두 그룹은 주요 변수가 달랐다. 도덕적 귀감은 선택의지와 친교 욕구의 저울질에서 균형을 이룬 반면, 다른 영향력 있는 인물들은 모두 훨씬 더 강력하고 완화되지 않은 선택의지를 보여주었다. 특히 도덕적 귀감은 계몽된 이기심을 보여주었는데, 이들은 자신의 이익을 증진하는 것이 반드시 타인을 돕는 것과 관련이 있게 만듦으로써 선택의지와 친교 욕구의 통합을 가능하게 했다.[59] 그리고 이 점은 매슬로의 시너지 개념화와 매우 유사하다.

영향력 있는 인물은 궁극적인 목적에서도 매우 다양했다. 도덕적 귀감에게 선택의지란 언제나 친교를 위해 봉사하는 것이었다. 선택의지는 그들의 인도주의적인 노력을 성취하기 위한 도구일 뿐이었다. 그 예로 영국인 여성 참정권 운동가 에멀린 팽크허스트가 1913년 10월 21일 뉴욕에서 했던 연설을 들 수 있다.

> 우리에게 투쟁의 경험이 있어 기쁩니다. 전 세계의 모든 여성을 위해 그 모든 투쟁을 하게 되어 기쁩니다. 우리가 여러분에게 요청하는 것은 우리를 지지해 달라는 것이 전부입니다. 어쩌면 여러분은 우리처럼 투쟁할 생각은 없을 수도 있습니다. 그렇지만 여러분에게 우리가 투쟁하는 의미를 이해해주기를 부탁드립니다. 우리 여성이 위대한 이념을 위해 투쟁하고 있음을, 우리가 인류의 더 나은 미래를 원하고 있음을 그리고 여성의 해방과 고양을 통해 그처럼 더 나은 미래가 이루어지리라 믿고 있음을 이해해주기를 부탁드립니다.[60]

이 연설에서 "여성의 권리를 위한 싸움"이라는 도구적 선택의지는 "인류의 더 나은 미래"라는 친교를 위해 헌신한다. 하지만 도덕적 귀감이 아닌 다른 영향력 있는 인물에게 선택의지는 선택의지를 위한 것이었다. 그들에게는 분명한 친사회적 목표가 전혀 없거나, '위대한' 같은 특정 개선의 요청이 있거나, 더 많은 권력, 돈, 지위, 다른 사람들에 대한 통제라는 욕구가 명시적으로 표현되었다. 프라이머 연구팀은 선택의지와 친교가 대부분의 사람에게 심리적으로 분리되어 있지만, 도덕적 귀감이 되는 사람은 이러한 인간 존재의 이중성을 예외적으로 통합시키고 있음을 보여준다고 주장했다.[61]

우리 모두가 모한다스 간디나 엘리너 루스벨트 같은 사람이 될 수도 없고, 또 그렇게 되려고 노력하지도 않는다. 하지만 우리의 내면 가장 깊은 부분을 구현하려는 선택의지가 타인에게 긍정적인 영향을 끼치기 위한 욕구와 통합될 때, 우리 모두에게는 성장과 에너지 그리고 완전성의 가장 큰 원천이 찾아온다. 그것이 기술을 익히는 것이든, 예술적 창작물을 창조하는 것이든, 리더십을 고무하는 것이든, 인도주의적인 조직에 참여하는 것이든 상관없다. 우리가 자율적이라 느낌과 우리에게 긍정적인 영향을 주려는 동기가 있을 때, 우리는 가장 행복하고 지속적이며 생산적이고 최고의 성과를 이루는 경향이 있다.[62] 셀던은 이렇게 말했다. "가장 행복한 사람은 좋은 이유로 좋은 일을 하는 사람입니다."[63]

이처럼 높은 수준의 통합은 쉽지 않고, 상당한 자기계발을 필요로 한다. 그러나 온전한 인간이 되기 위해서는 꼭 필요한 요소이다. 심리학자 윌리엄 내스비와 낸시 리드는 "선택의지의 영웅은 용과 싸우는 것과는 차이가 있다. 더 높은 차원의 영웅만이 선택의지와 친교를 통합시키며 (…) 내면의 진짜 용과 싸우기 위해 자신의 검을 뽑아든다"[64]라고 말했다.

요약하자면, 슬기롭게 노력한다는 것은 첫째 자신의 가장 심층적인 성장 충동에 꼭 들어맞고, 둘째 즐겁다고 느끼며 자유롭게 선택되며, 셋째 계속 성장하고 사회에 기여할 미래의 자아로 나아가도록 도와주며, 마지막으로 자신의 다른 기본적인 욕구뿐만 아니라 삶의 다른 노력과 잘 통합되어 전체를 아우르는 노력의 선택을 포함한다.

그러나 슬기롭게 노력하는 것은 첫 번째 단계에 불과하다. 목적에 대한 욕구의 충족이라는 삶이 완전히 뒤바뀌는 특전을 경험하려면 슬기롭게 목적을 추구하며 사는 것이 중요하다.

슬기롭게 추구하기

의도적으로 당신이 될 수 있는 것보다 작은 존재가 될 계획을 세웠다면, 분명 당신의 여생이 매우 불행해질 것이라고 경고한다. 그리한다면 당신은 자신의 역량과 가능성을 회피하게 될 것이다.

— 에이브러햄 매슬로, 《인간 본성의 더 먼 곳》

어울리는 소명을 갖는 것과 소명에 따라 사는 것은 완전히 별개의 문제이다. 노력은 목적을 향해 나아가는 이에게 중요한 힘을 불어넣는다. 그러나 노력만으로는 충분하지 않다. 소명대로 산다는 것은 슬기롭게 추구함을 포함한다. 다음의 특성들은 최적의 건강, 성장, 안녕감으로 이어지는 방식으로 목적을 달성하는 데 필요한 요소들이다.

- ▲ SMART한 목표
- ▲ 근성과 평정심
- ▲ 조화로운 열정
- ▲ 자신의 특징적인 장점 발휘하기
- ▲ 희망
- ▲ 지지 받기
- ▲ 언제 변화해야 할지 알기

SMART한 목표

우리가 스스로 설정한 목표를 달성하기 위해서는 무엇보다도 성공을 위해 현실적이고 의미 있는 목표를 설정하는 것이 매우 중요하다. 따라서 우리는 어떤 목표를 세워야 하는지 숙고하기 위해 다음 항목들의 머리글자인 'SMART'에 의존한다.

S   구체적인specific

M   측정 가능한measurable

A   성취 가능한achievable

R   적절한relevant

T   구체적 시간이 제시되는time-specific[65]

이러한 목표를 설정함으로써, 우리는 거창한 포괄적 목표를 좀 더 부분적이고 성취 가능한 작업으로 세분화하면서 효능을 향상시킬 수 있다. 약어 SMART의 머리글자를 하나씩 들여다보며 좀 더 자세히 살펴보자.[66]

통합 목표: 더 많이 운동하고 싶다

SMART하게 만들기

S: 목표는 최대한 구체적이어야 한다. 언제, 어디서, 무엇을, 누구를 위해 어떤 일이 일어나기를 원하는지 명시적으로 설명해야 한다. 안녕감을 향상시킬 수 있는 방법은 여러 가지가 있지만, 하나의 영역에 집중하고 구체화하자. ('주당 최소 150분 동안 체육관에서 운동을 하고 싶다.')

M: 목표는 측정 가능해야 한다. 현재 또는 기준 값과 예상되는 변화의 정도가 있어야 한다. ('현재는 1주일에 90분 정도 운동하고 있으며, 다음 달에는 1주일에 150분 정도로 늘리고 싶다.')

A: 목표는 현실적이어야 한다. 욕심이 지나쳐 달성할 수 없는 목표를 세우면 불만이 생기거나 동기를 상실할 수 있다. 따라서 목표를 달성하기 위한 현실적인 계획표를 작성해서 성취 가능한 목표인지 확인해보자. ('이건 분명 달성 가능한 목표이다. 월요일, 목요일, 금요일에는 아침에 그리고 수요일과 금요일에는 저녁에 실행할 수 있기 때문이다.')

R: 목표는 궁극적인 목표와 일치해야 한다. 단기 목표가 포괄적 목표와 일치하는지 정기적으로 확인하자. ('운동은 언제나 활력을

북돋워주고, 하고 나면 기분이 좋아진다. 그래서 더 많이 운동하고 싶다. 운동은 나의 기분, 인지력, 수면의 질, 전반적인 활력에 도움이 된다.')

T: 목표에는 성공 여부를 측정하고, 너무 많은 시간이 지나기 전에 목표를 수정할 수 있도록 구체적인 시간을 제시해야 한다.
('다음 달에는 1주일에 150분씩 운동하고 싶다. 그러기 위해 나는 매주 이 계획이 실현 가능한지 확인하고, 그에 따라 진행할 것이다.')

그릿과 평정심

우리가 되어야만 하는 것과 비교할 때, 우리는 겨우 반쯤 깨어 있다. 불길은 약해지고 외풍도 확인됐다. 우리는 사용 가능한 정신 자원의 극히 일부만을 사용하고 있다. (···) 전 세계의 인간 엄청난 자원이 있지만, 극히 일부만이 극한의 사용을 추구한다.

— 윌리엄 제임스, 《인간의 에너지》

행복한 삶도 어둠이 없으면 존재할 수 없고, 슬픔이라는 균형이 없으면 행복은 그 의미를 잃도 말 것이다. 무슨 일이든 인내와 평정이 함께 한다고 생각하는 것이 훨씬 낫다.

— 칼 융, 《삶의 기술》

목적을 달성하기 위해서는 자신의 가장 깊은 열정이 시간이 흐를수록 발전 및 성장한다는 사실을 인식하는 것이 중요하다. 목적에 따라 산다는 것은 열정과 인내의 지속적·주기적인 과정으로 구성된다.[67] 최근 연구에 따르면, 2년 동안 소명이 강해질수록 3년째 되는 해에는 소명에 따라 살게 될 가능성이 더욱 커진다고 한다.[68]

일단 소명이 주어지고 그 소명을 향해 나아가기 시작하면, 우리는 그 노력에 더 많은 열정을 갖게 될 것이며, 우리는 성장과 발전의 상승 곡선을 그리며 더 많은 노력을 기울일 것이다.[69] 그렇기 때문에, 우리의 열정과 관심이 이미 완전하게 형성되어 있어서 찾아내기만 하면 된다고 생각해서는 안 되는 것이다. 관심사가 어느 정도 고정되어 있다고 믿는 사람은 상황이 어려워지면 관심을 잃을 가능성이 높아서, 너무 쉽게 포기할 가능성도 커진다.[70] 그저 슬기롭게 노력하고 있다고 해서 최고의 목표를 쉽사리 성취할 수 있는 것은 아니다.

최근 몇 년 사이 안젤라 덕워스의 연구로 인해, 장기적으로 가치 있는 목표에 대한 열정과 인내를 뜻하는 '그릿Grit' 개념은 일반인들에게도 널리 알려졌다. 실제로 근성은 목적 달성에 있어서 절대적으로 필요하다.[71] 덕워스가 강조하듯, 넘어졌을 때나 실수했을 때, 심지어는 목표를 향해 나아가는 과정이 멈추거나 느려질 때도 그릿은 그러한 (장기적인) 목표를 흔들림 없이 고수하게 도와준다.[72] 그릿은 목표로 가는 길이 힘들어져도 너무 빨리 포기하지 않는 것이며, 우리가 가장 소중하게 여기는 헌신의 일관성을 의미한다. 덕워스는 그릿을 100미터 달리기가 아니라 마라톤처럼 사는 삶이라고 말했다.[73]

안타깝게도 많은 이들이 그릿을 잘못 이해하고 있다.[74] 가장 심각한 오해 중 하나는 언제나 고개를 숙인 채 자중하며, 자신이나 다른 사람에게 어떤 결과를 불러오든 외곬으로 하나의 특정한 목표만을 추구하는 것을 그릿으로 이해하는 것이다. 나와 리브 레벨레는 이 같은 가정의 검증에 관심을 두었다. '나는 다양한 주제와 프로젝트에 관심이 있다'의 예처럼 다양한 관심사를 갖는 것과 '나의 관심사는 매우 불안정하고 바람처럼 끊임없이 변하는 것 같다'처럼 관심사의 일관성이 없는 것을 구분하는 것이 중요하다고 믿었기 때문이다.[75]

우리는 다양한 관심사를 갖는 것과 관심사의 일관성이 없는 것에서 아무런 상관관계도 찾아내지 못했다. 반면 다양한 관심사를 갖는 것과 역경 속에서도 불굴의 인내심을 발휘하는 것에는 유의미한 긍정적 상관관계가 있음을 발견했다. 다시 말해 흥미를 느껴서 벌여 놓은 많은 프로젝트가 높은 포기의 가능성을 의미하지는 않는다. 다양한 관심사를 갖는다는 것은 더 높은 수준의 건강, 삶의 만족도, 자기 수용, 삶의 목적, 개인적 성장, 온전함의 느낌, 긍정적인 관계, 자율성, 스트레스 내성, 심리적 유연성, 업무 만족도, 작업 성과, 창의성 및 세상에 긍정적인 영향을 남기려는 욕구뿐만 아니라 탐구 욕구와도 밀접한 관련이 있다. 그에 반해 일관성이 결여된 관심사는 이러한 결과와 부정적인 상관관계가 있었다. 우리의 연구는 다양한 관심사를 두면서도 여전히 소중하게 여기는 관심사에 극도의 일관성을 유지할 수 있음을 분명하게 보여준다.[76] 사실 그릿이 탐구 및 건강한 자기애를 포함한 사랑과 결합될 때, 좌절 속에서도 끈기 있게 버텨내려는 의지는 더 강해진다.

불교의 '평정심' 개념은 성장에 가장 도움이 된다고 생각하는 근성의 풍미를 그대로 담고 있다. 결과에 관계없이 장기적인 목표를 강박적으로 추구하는 것과는 달리, 평정심의 주요 요소는 삶의 불가피한 스트레스 요인에 직면할 때 따뜻함과 개방성을 발산하는 것이다. 부처님은 평정심을 가진 사람을 풍부하고 고귀하며 헤아릴 수 없고 적개심이 없고 악의가 없는 사람이라고 가리켰다.[77]

평정심은 또한 마음 다스리기와 관찰, 맹목적으로 목적을 추구하기보다는 끊임없이 새로운 정보에 마음을 열고 현실에 대한 정직한 인식과 지혜를 끊임없이 추구하며 자신의 발전뿐만 아니라 타인과 자신의 성장에 끼치는 영향을 지속적으로 모니터링하는 등의 함양으로 이루어진다.

평정심의 세 번째 양상은 균형, 안정, 중심성이다. 평정심은 건강한 진정성과 존재의 가장 생생한 중심에 기반을 둔 내면의 힘을 이끌어낸다. 자신의 모습이 안정될수록, 이상향이 되기 위한 여정에서 만나게 되는 불가피한 장애물을 견뎌낼 가능성은 높아진다.

심리학자 미아 바이니오와 다이바 다우칸타이테는 근성이 자율성, 환경 숙달, 자기 수용, 개인적인 성장, 삶의 목적, 타인과의 긍정적인 관계를 포함하여 안녕감의 여러 지표와 상관관계가 있음을 발견해 이와 같은 주장을 뒷받침했다. 그러나 이러한 관계는 개인이 보고하는 진정성의 수준과 세상이 이해 및 관리가 가능하며 의미 있다고 느끼는 정도인 일관성의 감각에 따라 달라졌다.[78] 하지만 평정심이 가미된 그릿은 안녕감과 성장에 큰 도움이 된다는 사실은 분명하다.

지금까지 이 책을 읽은 독자라면 의아해할 수도 있겠다. 불가피한 삶의 혹독함에서 그 누가 굳건하게 따뜻함, 동의, 개인적인 판단이 개재되지 않은 열린 마음을 발산할 수 있단 말인가? 목적을 달성하기 위해서는 때때로 누군가에게 가혹한 행동을 취해야 하는 게 아닐까? 하지만 평정심은 통합된 욕구 단계의 일부일 뿐임을 기억하자. 특히 매슬로 자신은 행동이 진정으로 필요할 때 자아실현의 특성이 때로는 행동과 양립할 수 없는 것처럼 보일 수 있음을 관찰했다. 매슬로는 설사 B-인식이 호랑이를 죽이는 것에 반대한다 할지라도, 자아실현의 요구가 이를 필요로 할 수도 있다고 말했다.[79] 실제로 때로는 자기 자신의 존재 또는 타인의 존재를 보호하기 위해 단호한 조치를 취해야 할 때가 있다. 그렇다면 자신의 목적을 달성해 온전한 인간이 되기 위한 핵심 비결은 평정심을 기본으로 삼되, 방어와 전투 및 강력한 입장을 취할 수 있는 역량을 유지하는 것이다.

그럼에도 평정심은 대부분의 사람에게 폭풍우를 우아하게 헤쳐 나가고, 세상을 살아가면서 진심으로 하고 싶어 했던 일들을 하지 못하도록 너무 자주 방해하는 곤란한 문제와 극적인 사건에서 집중력을 유지하기 위해 꼭 필요하다.

조화로운 열정

목적을 달성하려 살다보면 종종 불안감에 휩싸일 때가 있다. 안타깝게도 이러한 상황은 우리의 목적 전체를 무너뜨릴 수도 있다. 슬기롭게 노력하기 위해서는 무엇 때문에 특정 목적에 헌신했는지 계속 그 이유를 가늠하고 평가해야 한다.

열정을 연구한 로베르 발레랑의 표현을 빌리자면, 목적과 관련된 당신의 활동은 '조화로운 열정'인가 아니면 대부분 '강박적인 열정'인가? 발레랑 연구팀은 열정을 '좋아하거나 심지어 사랑하며, 중요하다고 생각하여 상당한 시간과 에너지를 투자하는 자기 정의적인 활동에 드러내는 강한 성향'으로 정의한다.[80] 당신이 무언가에 열정을 가질 때, 그 무언가는 우연히 관여되어 단순히 즐기는 활동이 아니라, '나는 작가다'라는 표현에서 나타나듯 현재 당신의 일부가 된다. 조화롭거나 강박적인 형태의 열정은 모두 열정의 형태로서, 자신이 사랑하는 활동이나 자기를 정의하는 활동에 참여하는 것이다. 그럼에도 두 형태의 열정은 어떻게 당신의 정체성과 삶에 통합되었는지에 있어 확연한 차이를 보이며, 성장과 발전에 전혀 다른 영향을 끼친다.[81]

목적을 추구하며 살면서 스스로에게 다음과 같이 물어보자. '최고의 자아에서 비롯된 지금의 활동이 내게 기쁨과 자유를 느끼게 해주기 때문에, 이 활동을 추구하고 있는 것인가? 아니면 외부의 압력에 의해서든 내적인 강박감·죄책감·불안감에 의해서든, 목적과 관련된 활동을 추구해야만 한다고 통제당하거나 강요당하고 있다고 느끼는가?' 또한 자신의 목적을 추구하느라 너무 몰두하는 바람에 자신의 다른 면들이 가려지거나, 목적과 직접적으로 관련은 없지만 성장과 온전함을 느끼게 해주는 다른 활동을 외면하고 있는 것은 아닌지 꼼꼼히 살펴보는 것도 중요하다.

물론 목적과 관련된 활동에 강박적이면서 조화롭기도 한 혼합된 열정을 갖는 것도 가능하며, 특히 강박적인 열정은 자아가 위협받을 때 좀 더 즉각적인 성과를 북돋울 수 있다.[82] 그럼에도 장기적으로는 순도가 높은 조화로운 열정을 갖는 것이 육체적 건강, 안녕감, 숙달, 성과 및 창의성에 훨씬 더 도움이 된다.[83] 조화로운 목표 추구는 실제로 강박적 성찰과 사소한 불안감을 몰아낼 수 있다.[84] 그리고 목적과 관련된 활동에 탐험과 사랑을 느끼며 접근하도록 해주고, 실제로 목적을 달성할 가능성을 높여준다.

조화로운 열정은 과도한 강박적 열정이 초래할 수 있는 부정적인 면으로부터 우리를 보호해주면서 성장을 촉진한다.[85] 그에 반해 강박적 열정은 자기 관리 따위를 고려하지 않는다. 그래서 휴식, 아름다운 일몰 감상하기, 긍정적인 관계에 참여하기, 새로운 취미 습득하기 등 삶에 활력을 불어넣는 다른 요소를 배제한 채, 목적 관련 행위만을 추구하도록 부추긴다. 목적 달성을 추구하며 살아가면서, 목적과 관련된 자신의 열정적인 활동이 지나칠 정도로 강박적이지는 않은지, 온전한 인간으로 성장해가는 것을 방해하지는 않는지 주기적으로 되돌아볼 필요가 있다.

자신만의 강점 발휘하기

목적을 추구하며 살아가면서, 자기 성격의 가장 큰 장점을 새롭고 다양한 방식으로 꾸준히 사용하고 있는지 확인해보자.[86] 여러 연구결과에 따르면 일상에서 자신의 고유한 장점을 새롭고 다양하게 사용하는 방법을 많이 찾아낼수록 안녕감은 커지고 불안과 우울증을 경험할 확률은 낮아진다.[87] 목적을 추구하는 삶을 살고 있다고 진심으로 느낄수록 깊은 내면의 탄탄한 중심에 의해 주도되기 때문에, 어려운 난관에 당당하게 맞설 가능성도 높아진다.

희망

함양할 수만 있다면 아주 좋은 성격이 몇몇 있다.[88] 그중 목적을 향한 여정에서 보편적으로 육성할 가치가 있는 두 가지는 앞서 설명한 탐구와 사랑이다. 그리고 다른 하나는 바로 희망이다. 희망은 단순히 긍정적인 미래에 대한 낙관적인 기대로 국한되지 않는다.[89] 여기서 희망은 그보다는 목표를 달성하기 위한 의지와 방법으로 구성된다.

작고한 희망연구가 찰스 스나이더와 셰인 로페즈는 목표에 의해 더 많은 힘을 부여받고 가능한 장애물을 상상하며 그 장애물을 극복하기 위한 전략을 고안할수록, 더 많은 희망을 갖게 되고 장애물이 성장을 저해할 가능성이 작아진다는 사실을 발견했다.[90]

희망적인 사고방식은 가고 싶은 곳으로 갈 수 있는 여러 경로가 있다는 믿음을 키워주고, 그 길들 가운데 하나가 차단된 것처럼 보일 때 유연하게 대처하도록 도와준다. 희망이 있는 사람은 실패를 성장의 기회로 해석하고, 실패의 원인을 성격적 결함보다는 잘못된 전략으로 이해하며, 실패에 대처하기 위해 다양한 자원과 전략을 끌어 모으고, 목표 달성을 가로막는 잠재적 장벽을 인식할 가능성이 높다.[91]

어린 시절 나를 지탱해준 것은 희망이었다. 나는 어려서부터 약간의 청각정보 처리와 불안 장애가 있어서 특수교육을 받았다. 9학년 때 선생님 한 분이 왜 여전히 특수교육을 받는지 물었고, 그때 비로소 나는 특수교육에서 벗어나야겠다는 영감을 얻었다. 하지만 시험 불안은 좀처럼 사라지지 않았고, 나는 여전히 듣고 싶은 수업을 듣거나 대학 진학에 도움이 될 만한 학교에 들어가는 데 어려움을 겪었다. 그러나 장애물을 만날 때마다 나는 대체 경로를 찾아내려고 노력했다. 카네기멜런대학 심리학과 입학을 거부당한 후, 나는 오디션을 통해 오페라과에 합격했다. 그리고 나는 가능한 모든 수단과 방법을 동원해 심리학과에 들어갔다. 나의 의지는 단호했고, 장애물이 있었지만 목표를 달성하기 위한 활력으로 넘쳐났다.

그런 힘든 시절을 겪었던 나는 스나이더와 로페즈가 개념화한 희망의 힘을 누구보다도 분명하게 지지할 수 있다. 여러분도 다음의 희망 척도 혹은 미래 척도를 활용해 현재의 희망 수준을 측정해보자.

희망 척도

목표 지향 에너지

▲ 내 목표를 열정적으로 추구한다.

▲ 과거의 경험을 통해 나는 미래를 잘 준비할 수 있었다.

▲ 나의 인생은 꽤 성공적인 편에 속한다.

▲ 내가 설정한 목표를 반드시 달성한다.

경로

▲ 곤경에서 벗어나는 여러 방법을 생각할 수 있다.

▲ 나에게는 문제를 해결하는 여러 방법이 있다.

▲ 인생에서 내가 중요시하는 것들을 얻을 수 있는 여러 방법이 있다고 생각한다.

▲ 설사 다른 사람들이 낙담하더라도, 나만큼은 문제를 해결할 방법을 찾아낼 수 있을 거라고 믿는다.

연구에 따르면 희망은 육체적 건강, 정신건강, 학업 성취도, 창의성, 운동 능력을 포함하여 삶의 여러 긍정적인 결과와 관련된다.[92] 희망은 또한 우울증 발현 등 같은 부정적인 사건을 경험할 때, 부정적인 영향력의 완화에도 도움이 될 수 있다. 그리고 상실감과 역경에 직면한 우리의 회복력을 증가시켜 주기도 한다.[93] 1년 동안 여러 성격의 강점을 추적한 최근 연구에서는, 충격적인 삶이 안녕감에 미치는 부정적인 영향에 유일하게 완충작용을 해주는 성격상 강점이 바로 희망인 것으로 나타났다.[94] 따라서 희망은 회복력과 평정심의 증진에 특히 중요한 것으로 보이며, 슬기로운 목적 추구에 있어 아주 중요한 도구 가운데 하나이다.

지지를 받는다는 것

가장 탐구적이고 사랑받으며 목적의식이 있는 개인조차도, 지원받지 못하는 환경에서는 완전한 자아실현에 어려움을 겪을 것이다. 이번 장에서 언급한 희망과 근성 같은 심리적 요인이 중요한 것은 분명하다. 하지만 심각한 불이익을 받거나 가혹하고 지원받지 못하는 환경에 처한 사람의 실패를 단순히 희망이나 근성이 부족한 탓으로 돌리지 않는 것도 중요하다. 환경은 그만큼 중요하다.

환경적 지지는 사람들에게서 최상의 결과를 이끌어내기 위해 함께 작동하는 두 가지 구성요소, 즉 계몽된 리더십과 계몽된 문화를 포함한다. 이 둘은 모든 인간의 노력과 사회라는 측면에서 가치가 있지만, 여기서는 무엇보다도 조직적인 업무공간에 초점을 맞추고자 한다. 그 이유는 많은 사람이 일을 하며, 이러한 교훈을 자신의 삶에 적용할 수 있기 때문이다.

우선 계몽된 리더십을 보자. 리더가 일련의 뚜렷한 특성들을 보여줄 때, 직원들은 자신의 업무에서 성취감을 느끼고 본질적으로 즐겁고 중요하다고 생각할 가능성이 높으며, 조직에의 헌신도 및 목적과 창의성 영역에서 더 높은 수준을 드러낸다.[95] 최근 몇 년 '변혁적 리더십'이나 '힘을 실어주는 리더십' 같은 용어가 대중의 인기를 끌었다.

그럼에도 나는 매슬로의 관점에서, 이 같은 특성을 '계몽된 리더십'이라 부르려 한다. 계몽된 지도자는 다음과 같은 특성이 있다.

▲ 계몽된 리더는 모범을 보인다. 그는 성과에 높은 기준을 설정하고 조직의 다른 누구 못지않게 열심히 일하며, 조직의 미래에 대한 열정과 설득력 있는 목적 또는 비전을 분명하게 표현한다.

▲ 계몽된 리더는 직원들에게 정보를 제공하는 데 능숙하다. 그는 업무와 조직의 광범한 목적 및 비전의 연관관계를 분명하게 알려주고, 자신이 기대하는 바를 명확히 밝히며, 직원들이 우려하는 바에 솔직하고 공정한 답변을 제공한다.

▲ 계몽된 리더는 직원을 신뢰하며, 높은 기대치를 충족시킬 것이라는 자신감과 믿음이 있음을 명시적으로 밝힌다.

▲ 계몽된 리더는 참여형 의사결정에 관여하고 권력의 계층 구조를 경시하고 모든 직원에게 의견을 표명하도록 장려하고 기회를 제공하며, 직장 내에서의 결정을 위해 피드백을 활용한다.

▲ 계몽된 리더는 필요 시 직원에게 도움을 제공하고 직원에게 스스로 문제를 해결하는 방법을 가르치고 직원이 훌륭한 성과를 낼 때 칭찬하며, 그들이 업무를 계속하도록 돕고, 때로는 직원들에게서 생각보다 더 큰 가능성을 알아보는 일에 익숙하다.

▲ 계몽된 리더는 직원들과 개별적으로 대화하며 피드백을 받을 수 있는 시간을 내고 직장에서의 안녕감과 의미를 증대시키는 방법을 파악하며, 도전적이지만 직원들이 계속 성장하고 발전하며 진정한 자부심을 느끼도록 도와주는 업무를 할당하면서 자신이

직원들에게 많은 관심을 쏟고 있음을 보여준다.

지지받기의 또 다른 중요한 점은 근무 환경, 즉 문화다. 계몽된 문화는 자율성을 지원한다.[96] 자율성을 지원하는 환경에 있는 사람은 자신의 결정이 자유롭게 선택된 것이며, 자신이 가장 헌신하는 목표와 지고의 노력이 외부 보상이나 관리자의 지시에 따라야 하는 의무의 결과라기보다는 스스로 선택해 지지하는 것이라고 느낀다. 물론 일부 작업은 관리자에 의해 할당되지만, 핵심은 실무자가 업무에 참여하도록 통제당하거나 압력을 받기보다는 자신이 무언가를 해야 하는 이유에 명확하고 의미 있는 설명을 제공받는다는 사실이다. 따라서 직원들은 작업을 어떻게 관리할지 선택할 여지가 있다고 느낀다. 최근 연구에 따르면 사람들은 심리적으로 자유롭고 자율적이라고 느낄수록 그만큼 더 자신의 행동에 책임을 지며 실패에 따르는 비난을 감수할 가능성도 크다.[97] 엘리너 루스벨트가 강조하듯 자유는 모든 인간에게 엄청난 것을 요구하고 이에는 책임이 따른다. 책임감은 사람들이 자신의 결정을 스스로 결정한 것이고 자율적이라 느끼는 한, 기꺼이 짊어지는 부담인 것 같다.

자율성을 지원하는 조직은 개방적이고 미래 지향적이며 성장 지향적이다. 직원들은 창의성에 기여한다면 위험하고 탐구적이며, 심지어는 실패할 확률이 농후한 일조차 거리낌 없이 떠맡는다.[98] 직원들은 자유롭게 자기를 표현할 뿐만 아니라, 자신이 맡은 일을 감당할 능력이 없다고 판단되면 기꺼이 조직을 떠날 수 있다고 생각한다. 현대조직은 권위주의를 부정하기에 상급자일지라도 심각한 실수를 하면 도전받을 수 있다. 직원은 누구나 자신의 의견을 말할 수 있고, 생각이 다른 사람과 정중하고 합리적인 토론을 할 수 있다고 생각한다.

또한 자율성을 지원하는 조직에서는 직원 대다수가 지지하고 특정 집단의 이해관계를 넘는 자기초월적 가치를 포함하는 것이 직장의 핵심 가치를 형성한다. 앞서 언급했듯이 대부분의 직원은 성과를 올리고 싶어 할 뿐만 아니라, 자신이 더 큰 이익을 얻는다고 느끼고 싶어 한다.[99] 직원은 회사가 단순히 회사의 오너뿐만 아니라 더 넓은 지역사회와 모든 이해 관계자에게 관심을 둔다고 느낄 때 성장 동기를 부여받을 가능성이 높아진다.[100]

자율성을 지원하는 환경은 동료 직원의 지원을 포함한다. 동료들은 서로의 성장과 자유에 관심이 있고 전문지식과 노하우를 공유하며, 일정을 맞추지 못하거나 가장 소중한 목표의 성취에 어려움을 겪는 사람을 돕는다.[101] 연구에 따르면 동료의 지원은 성장 동기를 향상시켜 목적을 달성하는 데 커다란 도움을 제공할 수 있다.[102] 또한 그러한 문화는 냉소주의의 위험을 최소화한다. 모두가 서로를 믿고, 서로의 최고 장점을 보려고 노력한다. 사람들은 자신에게 득이 되는 무언가를 얻기 위해 다른 사람과 상호작용하는 것이 아니라, 진정으로 다른 사람을 존중하며 그들의 성장과 발전과 자유를 배려한다.

마지막으로, 자율성을 지원하는 조직 문화는 일정한 정도의 잡 크래프팅job-crafting(자신에게 주어진 업무를 스스로 변화시켜 일을 더욱 의미 있게 만드는 일련의 활동)을 허용하여 직원들이 자신의 일에 성장, 참여, 직업 만족도, 탄력성, 목적 및 안녕감을 느끼는 것이 가능하게끔 설계하도록 해준다.[103] 잡 크래프터는 자신의 업무처리 방식을 새롭게 디자인해 업무를 수행함으로써 사회적 연결을 증대시키고, 업무를 보다 의미 있고 사회에 유익한 것으로 재구성할 수 있다. 다시 말해 간호사도 치료사가 될 수 있고, 변화가 매우 제한된 것처럼 보이는 직무에도 잡 크래프팅의 기회를 제공할 수 있다. 이와 같은 맥락에서 저스틴 버그, 제인 더튼, 에이미 리즈니에프스키는 "조립 라인의 생산직은 동료들과 함께 즐거운 사회적 관계를 구축하거나, 중요한 장비를 체계화하기 위한 선반 시스템 구축 같은 자신의 재능을 사용하기 위해 추가 업무를 맡음으로써 자신의 직무와 관련된 잡 크래프팅을 실현할 수 있다"[104]라고 말했다.

또한 잡 크래프팅에는 '미응답 소명unanswered callings'을 만족시킬 수 있는 잠재력이나 현재 종사하는 직무 외의 직업에 대한 소망과 열정이 있다.[105] 따로 시간을 내어 학생이나 학부모와 대화하는 등 개인 차원에서 다른 사람을 돕고자 하는 열정적인 사서처럼 자신의 열정과 관련된 일에 더 많은 시간과 에너지를 투자할 수 있다. 또는 미묘한 단어 선택 및 대상을 전달하는 방식과 관련된 문제에 관해 고위 경영진에게 도움을 주는 등 글쓰기와 의사소통에 열정적인 말단 직원처럼 자신이 답하지 못한 소명과 관련된 추가 작업을 포함하도록 현재의 업무 레퍼토리를 확장시킬 수도 있다. 책상 위에 올라가 방방 뛰거나 어떻게든 학생들을 주목시키기 위해 우스갯소리를 하는 등 관습에 얽매이지 않은 색다른 방법을 교실로 가져와 자신의 직무를 록 뮤지션이나 연기자로 재구성하는 선생님처럼 자신이 답하지 못한 소명을 더욱 훌륭하게 통합시키기 위해 직무의 목적을 재구성할 수 있다. 자신의 역할을 일종의 치료사로 간주하는 선생님은 학생들과 다른 동료 선생님들이 더욱 즐겁고 창의적으로 그리고 삶에 더 많은 애착을 갖고 살도록 도와준다.

물론 대리만족이나 현재의 직업에 관련된 활동을 통합함으로써 미응답 소명과 접하게 되면 할 수도 있는 일을 하지 않은 것에 대한 깊은 후회와 불안 및 스트레스를 유발할 수 있다. 그러나 버그 연구팀은 답하지 못한 소명을 가진 사람이 자신의 현재 직업을 소명으로 보지 않을 때, 즉 연구자들이 '어긋난 소명'이라고 부르는 상황이 발생할 때, 오히려 장기간 지속되는 후회가 발생할 가능성이 높아진다는 사실을 발견했다. 직원들이 자신의 현재 직업도 소명으로 간주하는 경우에는 그들의 추가적 소명이 부정적인 감정의 원인이 될 가능성은 훨씬 적었다. 아마도 다양한 관심사를 갖는 것이 성장과 연관된 삶의 많은 결과와 관련이 있기 때문일 것이다.

하루를 마무리할 때 자신이 성장과 자유를 지나치게 방해하는 문화에서 살고 있다고 생각하거나 삶에서 건강하게 균형 잡힌 다른 열정을 추구할 기회가 거의 없다고 느껴진다면, 그때야말로 진지하게 변화를 고민해볼 시간일지도 모른다. 사실 현재의 직업이나 목적이 더 이상 성장에 도움이 되지 않는다는 것을 깨닫는 순간 역시 온전한 인간이 되기 위해 필수적인 부분이다.

언제 변화해야 할지 알기

물론 목적은 탐구, 사랑, 목적 등 성장의 다른 요소와 분리되어 있지 않다. 이들 저마다는 항해의 일부이며, 성장에 필요한 필수적인 요인은 목표 추구와 노력의 유연성이다. 성장을 시도하다 보면 때로 꽉

막혀서 오도 가도 못할 수 있다. 하지만 실패한 목적은 바로 건강, 성장 및 발달에 도움이 되는 일종의 지표이기도 하다. 즉 때로는 방향을 바꾸는 것이 최선의 선택일 수 있는 것이다.

물론 너무 서둘러 방향을 틀지 않는 것이 중요하다. 소명의 실현에는 시간이 걸린다. 자기 자신의 소명을 발전시키거나, 난관에 직면해도 굴하지 않고 인내하며 평정을 유지할 수 있는 힘을 키우기 위해서는 말이다. 하지만 때로는 소명이나 최선의 노력이 실현 불가능한 것으로 드러나서 제아무리 최선을 다해 잡 크래프팅을 시도하고 건강한 환경의 힘을 빌려도 결코 소명을 살리지 못할 때도 있다. 도달 불가능해 보이는 목표, 사고로 인한 장애, 실업 또는 평범한 노년기 등 아무리 봐도 불가능하다고 생각하게 하는 여러 이유가 있다. 하지만 이들 중 그 어느 것도 성장을 완전히 포기하게 하지는 못한다.

목적을 이루기 위해 노력하는 과정에서 마주치는 심리적 도전은 종종 성장을 증대시키는 아주 확실한 과정일 수 있다. 매슬로의 말처럼 과연 고통과 회한, 슬픔과 시련 없는 성장과 자아실현이 가능할까?[106] 불편한 경험이 반드시 나쁜 것은 아니며, 그 같은 경험을 겪지 않도록 누군가를 보호해주는 것은 오히려 그 사람의 온전함과 본성 및 미래의 발전 가능성에 대한 존중이 부족함을 보여주는 것이다. **삶이란 결국 끊임없이 진화하는 발견의 과정이다.** 미래의 소명을 포함하여, 인생의 다른 영역과 아무 관련이 없는 것처럼 보일지라도 모든 경험에는 배워야 할 것이 있기 마련이다.

사실 성장을 방해하는 목적에서 벗어나 더 건강한 목적에 다시 관여할 수 있다는 것은 신체 건강과 안녕감을 향상시키는 경향이 있다.[107] 심리학자 카스텐 로쉬 연구팀은 성취 불가능한 목표에 직면한 사람들이 특정한 목표에서 벗어나고 그 목표를 추구하려는 노력을 완전히 거둬들이며, 심지어는 그 목표를 생각하는 것조차 중단함으로써 성장할 수 있다고 주장한다. 다시 말해 때로는 그냥 놓아버리는 것이 성장과 발전을 위한 최선의 길인 것이다. 이는 결코 중도 포기가 아니라, 슬기로운 변화의 시도이다. 이 같은 놓아주기는 우리의 한정된 자원을 새로운 목적을 추진하고 미래의 개발을 촉진하는 대안 선택에 투자할 수 있도록 해주기 때문이다.[108]

변화와 발전은 삶 자체의 고유한 특성이다. 목표에서 벗어난 후에 번성하는 사람은 스스로를 다시 회복시키고, 최대한 빠르게 더 유망하고 높은 차원의 노력을 찾아내 헌신하며 노력을 기울인다.[109] 최상의 경우 새로운 목표는 활력을 북돋워주고 자아를 구성하며 의미의 원천을 제공한다.

이로써 우리는 목적에 대한 욕구를 낱낱이 살펴보았다. 하지만 목적은 사실 인간 본성의 한층 더 높은 차원으로 연결하는 다리일 뿐이다. 매슬로는 그 같은 사실을 어느 여름날 우연한 만남에서 깨달았다.

인간 본성의 더 높은 차원을 향해

1962년 6월, 매슬로와 그의 아내 베르타는 차를 몰고 캘리포니아주 빅서Big Sur 인근의 1번 고속도로를 달리고 있었다. 그날은 유난히 길게만 느껴지는 하루였고, 점점 더 피곤해진 그들은 하룻밤 묵을 숙소를 찾기로 결심했다. 하지만 구불구불한 길에서는 좀처럼 숙박할 만한 곳이 눈에 띄지 않았다. 바닷가 절벽에 격렬하게 부딪히는 파도 소리만이 울려 퍼지는 칠흑 같은 어둠 속을 달리던 그들은 마침내 불빛을 발견했다.[110]

매슬로는 조심조심 빅서 온천여관 부지로 차를 운전해 들어갔다. 매슬로가 훗날 회상했듯, 그 순간은 그에게 영화 〈사이코〉의 베이츠 모텔, 세상 막다른 곳에 존재할 것 같은 으스스한 장소를 떠올리게 했다.[111] 체크인 카운터에 앉아 있던 지아푸 펑이라는 무뚝뚝한 중국인 남자가 무례하게 물었다. "원하는 게 뭐요?"[112] 매슬로는 그런 펑의 매너를 거만하고 사람을 얕잡아보는 듯했다고 묘사했다.[113] 펑은 펜을 내밀고 퉁명스럽게 숙박부에 이름을 적어 넣으라고 요청했다. 베르타는 여관 주인의 냉담한 태도에 질려 그곳을 즉시 떠나려 했지만, 그러기에 매슬로는 너무 지쳐 있었다.

그런데 숙박부를 들여다보던 펑의 태도가 갑자기 돌변했다. "매슬로 씨?" 펑은 흥분한 목소리로 거듭 물었다. "에이브러햄 매슬로 박사님이십니까?" 여관 주인은 고개 숙여 절하며 믿을 수 없다는 듯 그의 이름을 노래 불렀다. "매슬로 씨에요! 매슬로 씨! 매슬로 씨라고요!" 에솔렌 연구소Esalen Institute의 공동 창립자인 리처드 프라이스가 달려 나와, 매슬로의 저서 《존재의 심리학》을 직원들에게 반드시 읽도록 시켰으며, 자신의 목표는 아직 계획단계지만 인본주의 심리학에 관심이 있는 저명한 작가와 사상가 및 치료사들을 초대해 워크숍을 개최하는 것이라고 매슬로 부부에게 말했다.[114] 그가 초대를 계획하던 연사 중에는 매슬로의 친구이자 동료인 칼 로저스, 롤로 메이, 올더스 헉슬리, 프랭크 배런, 가드너 머피, 아놀드 토인비 등이 있었다.

자신의 아이디어에 몰입된 현실 속의 또 다른 실험실을 마주한 매슬로는 기쁘고 반가웠다. 심리치료사이자 작가인 제시카 그로건은 매슬로가 에솔렌에서 브랜다이스대학의 동료들과는 달리 자신의 생각에 진심으로 귀 기울이는 사람들, 영혼의 친구들을 만났다고 말했다.[115] 에솔렌 연구소의 또 다른 설립자인 마이클 머피는 그날 저녁 부재중이었다. 그러나 두 사람은 그해 가을 서신을 주고받기 시작했고, 1964년 9월 로스앤젤레스에서 열린 인본주의 심리학회AHP 회의에서 처음으로 만났다. AHP의 창립 후원자인 매슬로는 기조 연설자로 연단에 올라 빅서 온천여관의 카탈로그를 들고 회의실에 모인 사람들에게 말했다. "여러분에게 이 카탈로그를 바칩니다. 가장 중요한 단어는 '뜨거운hot'입니다. 이곳은 정말 뜨겁습니다."[116] 머피는 훗날 내게 말했다. "첫 만남부터 우리는 아주 친한 친구 같았습니다." 머피에 따르면, 매슬로는 딸들에게 머피를 '새로 얻은 아들'이라고 소개했고, 머피는 그런 매슬로를 '제2의 아버지'로 생각했다.[117]

1962년 여름은 바로 매슬로의 여름이었다. 그는 자신의 아이디어가 직장에서 실제로 적용될 뿐만 아니라, 성장하는 영적 운동의 일부가 되는 것을 목격했다. 그는 곧 자신의 아이디어가 반反문화에 의해 얼마나 정확하게 적용되는지 약간의 의구심을 품게 되었지만, 에솔렌에서의 그의 만남은 절정 경험에 관한 그의 아이디어를 분명 새로운 방향으로 안내했다. 궁극적으로 매슬로는 자아실현이 실제로는 인간의 욕구단계의 정점이 아니라고 믿게 되었다. 즉 그는 더 높은 무언가를 향한 인간의 열망이 존재함을 깨달았다.

3부 건강한 초월

1928년 10월 23일, 20세의 학부생 에이브러햄 매슬로는 수기로 쓴 철학논문을 교수에게 제출했다. 이는 많은 이들이 랄프 왈도 에머슨의 가장 위대한 저술 중 하나로 손꼽는 에세이 《초영혼The Over-Soul》에 관한 논문이었다. 하지만 청년 매슬로의 생각은 달랐다. 그의 논문은 다음과 같이 시작했다.

나는 에머슨과 그와 비슷한 부류의 사람들을 격하게 혐오한다. (…) 에머슨이야말로 말 많은 설교자, 미신적인 신비주의자, (그나마 그를 존중해 사상가라고 부를 수 있다면) 조잡한 사상가 그리고 최종적으로는 인간이 될 수 있는 최악의 철학자라고 생각한다. 그는 언젠가 죽어야만 하는 다른 모든 가련한 존재들을 구속하는 사고의 모든 논리와 규칙을 뻔뻔하게 초월한다. 심오한 사상가로 위장한 (분명 보잘것없는) 시인일 뿐이다.[1]

참으로 당돌하지 않은가! 하지만 이는 시작에 불과했다. 그는 몇 페이지에 걸쳐 에머슨의 '현란한' 문체와 모순된 논리를 신랄하게 비판했다. 젊은 매슬로는 계속해서 적었다. "이 모든 혼란, 우왕좌왕하는 문장, 상충되는 생각을 우리는 무엇이라고 말해야 하는가? 이것이 철학인가? 아니다. 이것은 무엇인가? 이것은 수사적인 어리석음이며, 허튼소리다!"[2] 매슬로의 논문을 읽었다면, 나 역시 그의 교수였던 저명한 철학자 맥스 오토처럼 반응했을 것이다.

> 귀하의 글은 박력 있고, 나름 호소력을 가지고 있습니다. 하지만 동시에 전혀 근거 없는 진술을 하고 있다면, 단호하고 최종적인 태도에 대해 할 만한 이야기가 별로 없습니다. 논문을 쓰는 이유가 무엇입니까? 비판의 단순 명쾌함과 힘을 유지하면서, 그것을 더욱 정확한 지식과 연결시킬 수 있기를 바랍니다.[3]

그러나 매슬로의 논문에는 더 많은 것이 담겨 있다. 다음은 그의 리포트의 마지막 단락이다.

> 에머슨의 신비체험에 입각한 초영혼의 존재 증명에 관해, 나는 이렇게 말할 수 있다. 나도 신비한 경험을 한 적이 있다. (…) 그 같은 체험에서 나는 무언가에 대한 맹목적인 암중모색, 충족되지 못한 욕망이라는 압도적인 느낌, 너무 강렬해서 울 것만 같았던 무력감을 경험한 적이 있다. 신비로운 경험의 순간, 우리는 인류의 놀라운 가능성과 불가해한 깊이를 보게 된다. (…) (경이로

운 경험의 기원을) 인간에게서 찾아보는 것은 어떨까? 신비체험에서 인간의 본질적인 무력함과 왜소함을 추론하는 대신 (…) 인류의 위대함이라는 더욱 크고 경이로운 개념과 미래를 향해, 희미하게나마 미래를 엿보는 진보의 멋진 풍경을 완성시킬 수 있지 않을까?[4]

혹여 학부생 중 한 명이 이 단락을 썼다면, 나는 아마도 잠시 멈춰 숨을 돌렸을 것이다. 그렇다. 분명히 여기에는 내면 깊은 곳에 존재하는 무언가에 꽂힌 학생 한 명이 있었다. 그 무언가는 그에게서 위대한 '격렬함'을 끄집어냈다. 그러나 여기에는 인간 조건을 꿰뚫어보는 탁월한 시야와 선견지명을 가진 학생도 분명 존재했다.

이 학부 논문에는 매슬로가 훗날 사상가이자 연구자 그리고 작가로서 보여주게 되는 많은 발전의 원천이 있다. 우선 이 글에는 매슬로의 전반적인 스타일의 대부분이 담겨 있다. 무엇보다도 그는 늘 글을 격렬하게 썼다. 한때 그의 동료였던 리처드 로우리는 이렇게 말했다. "(매슬로의) 방식은 좋든 나쁘든, 세상에 전해야 할 진실이 많다고 느끼며, 인생은 짧다는 것을 인식하여 지극히 상투적인 일상에도 시간을 거의 할애할 수 없었던 사람의 문체였다."[5] 이 논문은 또한 자신의 속마음을 정직하고 직접적으로 말하던 매슬로의 성향을 분명하게 보여준다. 매슬로는 강의, 글, 개인적인 일지에서 '가식'에 대한 반감을 반복해서 드러냈다.[6]

하지만 에머슨에 관한 매슬로의 논문에서 가장 특별한 점은 무엇보다도 매슬로가 평생에 걸쳐 벌이게 되는 모든 작업의 기반이 깃들어 있다는 점이다.* 이 논문은 매슬로가 결국 어릴 때부터 분명히 인식했던 인간성에 관한 고상한 비전을 실현하기 위해 여생을 보내게 될 것임을 암시할 뿐만 아니라, 그가 오래전부터 깊은 내면의 영적 갈등과 씨름해 왔음을 보여준다. 물론 그의 이 같은 노력은 생애 말기에 이르러서야 어느 정도 성숙한 통합의 모양새를 갖추게 된다. 이제는 매슬로의 분열된 자아뿐만 아니라, 이제껏 책 전체에서 설명한 욕구의 총체적 계층 구조를 통합할 때이다. 즉 '초월'을 위한 시간이다.

---

* 《초영혼》에는 에머슨이 나중에 별도 발표한 〈통합〉이라는 시가 수록되어 있다. 이 시는 자연의 고유한 이중성 및 동과 서, 잔디와 돌 그리고 밤과 낮처럼 공존하며 온전함을 이루는 극단의 필요성에 초점을 맞춘다. 젊은 매슬로가 의식하지 못했을 수도 있는 점은 통합, 통일성, 온전함 등 에머슨이 쓴 수필의 주제가 되는 주요 개념이 자신의 영혼과 깊이 공명하게 될 것이며, 얼마 지나지 않아 인간 동기에 대한 새로운 이론의 토대를 형성하고, 결국 심리학 분야에서 혁명적인 새 물결을 일으키게 될 것이라는 사실이다.

7장

절정 경험:
오늘의 나를
넘어서는 마음

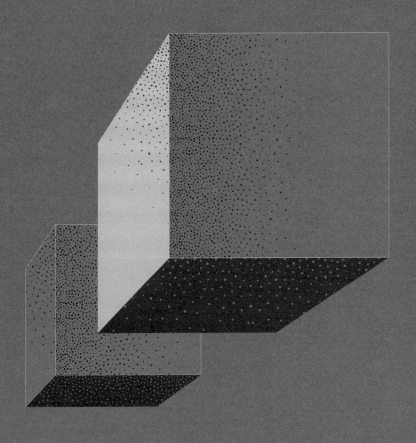

천국은 삶을 통해 우리를 기다리고 있으며, 노력이라는 평범한 삶으로 돌아와야 하기 전 잠시 들러서 즐길 수 있도록 준비되어 있다. 일단 천국에 들어가게 되면 우리는 영원히 그곳을 기억할 수 있고, 그 기억으로 우리 자신을 먹여 살리며 스트레스를 받는 시기도 견딜 수 있다.

— 에이브러햄 매슬로, 《존재의 심리학》

1954년,《동기와 성격》을 마무리한 매슬로는 오랫동안 그를 매료시켰던 자아실현적인 사람의 특별한 성격에 관심을 돌렸다. 그가 연구한 자아실현적인 사람 중 상당수는 고조된 기쁨, 평온함, 아름다움 또는 경이로움의 특이한 순간을 묘사할 때 전통적인 신비주의자처럼 보이는 경향이 있었다.[1] 그는 연구를 시작하면서 깜짝 놀랐다. 백 년에 한 번꼴로 성인에게나 나타났을 법한 신비체험이 사실은 그리 드문 일이 아니라는 인상을 받았기 때문이다.[2]

매슬로는 아주 다양한 사람이 절정 경험을 경험했으며, 이 같은 절정 경험은 탁월한 운동능력이나 음악적 재능, 창의적인 경험, 심미적 인지, 사랑의 경험, 성적인 경험, 출산, 통찰과 이해의 순간, 종교적이거나 신비주의적인 경험 그리고 심오한 도전 극복하기 등 완벽에 가까운 모든 경험을 이끌어내는 것 같다는 사실을 관찰했다.[3] 더욱이 심리적으로 건강하고 경험의 빈도가 잦을수록, 그들이 느끼는 절정은 높아지고 강도와 빛의 밝기 또한 강해지는 것 같아 보였다. 그러한 관찰은 매슬로로 하여금 절정 경험을 일반화하고 그런 경험에서 전통적인 종교의 의미를 제거하도록 영감을 주었다. 그리고 1954년, 그는 마침내 매혹적인 인간의 경험을 이해하기 위한 연구에 깊이 뛰어들기 시작했다.*

그가 걸은 연구의 과정은 결코 순탄하지 않았다. 평생 무신론자였던 매슬로는 조직화된 종교를 교리 및 미신과 연관 지었다. 일찍이 윌리엄 제임스는 1902년 발표한 서사시집《종교적 경험의 다양성The Varieties of Religious Experience》에서 신비체험을 긍정적인 경험으로 취급했지만, 제임스는 그러한 경험을 주로 종교적인 맥락에서 논의했다.**4 이 같은 상황에서 매슬로는 신비체험을 본격적으로 연구하겠다는 의사를 공식적으로 밝혔고, 그의 동료들은 회의적인 반응을 보였다. 하지만 에드워드 호프만이 말했듯이, 동료들의 선의가 담긴 비웃음에도 불구하고 매슬로는 홀로 이 영역으로의 모험을 감행했다."5

매슬로는 인도의 철학자 지두 크리슈나무르티의《자기로부터의 혁명》과 앨런 와츠의《불안이 주는 지혜》를 포함한 동양의 종교적인 사상에서 신비주의, 종교, 예술, 창의성 및 낭만적인 사랑에 관한 문헌에 이르기까지 다양한 책들을 읽어나갔다. 그는 '삼매三昧'로 알

---

* 매슬로가 서둘러 이 주제에 깊이 파고들지 못했던 여러 이유 중 하나로 1947년에 원인 불명의 병을 앓았다는 사실을 들 수 있는데, 이는 아마도 그의 첫 심장 발작이었을 가능성이 높다.
** 제임스 이후 신비체험이라는 주제에 관한 심리학적인 저술들은 종교적인 기조를 유지했지만, 신비로운 경험을 훨씬 덜 호의적으로 바라보았다. 노벨문학상 수상자 로맹 롤랑은 1927년 프로이트에게 '즉흥적인 종교적 감상, 즉 (…) 영원한 (…) 넓은 바다 같은 (…) 느낌'이라는 단순하고 직접적인 사실'의 분석을 요청하는 편지를 썼다. 프로이트는 그 같은 '하나 됨이라는 넓은 바다 같은 경험'은 유치한 나르시시즘의 표현일 뿐이며, 자궁으로의 신경증적 퇴보증상이라고 대답했다.

려진 요가의 무아지경을 검토했고, 당시 영어판으로 막 출간되었던 독일의 심리학자 칼 융의 종교에 관한 책들을 탐독했다. 매슬로는 1954년 여름의 미발표 에세이에서 '영원함'이라는 제목으로 신비체험의 예시를 브레인스토밍하기도 했다.[6] 이 글에서 그는 신비로운 상태, 최면 상태, 미적 몰입 및 초월적인 섹스를 예로 언급했다.

절정 경험이라는 주제를 공식적으로 연구할 준비가 된 매슬로는 현상학적 접근방식을 설계했다. 그는 대학생 190명에게 다음과 같이 부탁했다.

> 여러분의 인생에서 가장 멋진 경험들을 떠올려보세요. 사랑에 빠지거나. 음악을 듣거나, 책이나 그림 또는 위대한 창조적인 순간으로부터 갑자기 충격을 받는 등 가장 행복한 순간, 무아의 순간, 황홀한 순간을 생각해보세요. 그리고 그 같은 순간들을 목록으로 정리해보고, 여러분이 그런 격렬한 순간에 어떤 느낌을 받는지, 여러분이 평소 느끼는 방식과 어떻게 다른지 그리고 어떤 면에서 그 순간에 여러분이 다른 사람이 되는지를 말해주세요.

매슬로는 평소 알고 지내던 자아실현적인 사람들로부터 보고서를 받았고, 그가 새로운 연구에 착수했음을 알게 된 사람들 또한 자발적으로 편지를 보내왔다. 얼마 지나지 않아 그는 윌리엄 제임스 이후 다른 어떤 주요 심리학자보다 신비체험에 관해 많은 주관적인 보고서를 축적했다. 자아실현 연구에서 했던 것처럼 그는 광범한 보고서와 문헌을 바탕으로 절정 경험에 대한 인상적이고 이상적인 '합성사진'

을 만들었다. '절정 경험'이라는 술어는 일반인도 쉽게 느낄 수 있도록 종교적인 색채를 최대한 지워내기 위해 그가 선택한 용어였다.

1956년 봄, 매슬로는 예비조사 결과에 매우 흥분했고, 그 결과를 동료들과 공유하기로 결정했다. 하지만 놀랍게도 그의 논문은《심리학 리뷰Psychological Review》,《미국의 심리학자American Psychologist》,《정신의학Psychiatry》같은 최고 권위의 저널들에서 계속 게재 부적합 판정을 받았다. 그는 자신의 연구와 사고가 주류 심리학에서 얼마나 멀리 벗어나 있는지를 분명히 깨닫게 되었다. 하지만 매슬로는 이에 굴하지 않고 그를 권위 있는 학회 회장으로 선출했던 1956년 APA 학술대회에서 연설하며 이 논문을 소개했다. 기조 연설자로 나섰던 그에게는 원하는 주제를 자유롭게 발표할 수 있는 기회가 주어졌다.

1956년 9월 1일, 매슬로는 '절정 경험에 대한 인지'라는 주제로 강연을 했다.[7] 그의 강연은 다음과 같이 시작되었다. "자아실현을 추구하는 사람, 즉 높은 수준의 성숙과 건강 및 자아성취에 도달한 사람은 우리에게 가르쳐줄 것이 아주 많아서 때로는 다른 종류의 인간처럼 보이기도 합니다. 그러나 그들이 전하는 것은 너무나 새롭고, 그래서 인간 본성의 가장 높은 영역과 그것의 궁극적인 가능성 및 열망을 탐구하는 것은 고되며 어려운 작업입니다."[8]

이러한 절대적 존재의 일시적 상태인 절정 경험은 어떤 모습으로 인식되었을까? 매슬로는 다음의 항목들을 포함해 총 열일곱 가지 특성을 소개했다.

- ▲ 완전한 몰입
- ▲ 더 풍부한 인지
- ▲ 물리적 시간과 공간에 대한 방향 감각 상실
- ▲ 경험의 내적인 보상
- ▲ 자아의 초월
- ▲ 이분법의 초월
- ▲ 두려움, 불안, 억제의 순간적인 상실
- ▲ 자신과 타인에 대한 더 큰 수용과 용서
- ▲ 고양된 심미주의, 경이, 경외, 항복
- ▲ 인간과 세계의 융합

매슬로는 각자 최고의 순간을 누리고 있는 사람에게는 진실한 것과 선한 것 그리고 아름다운 것이 아주 높은 상관관계를 이루고 있어서, 이들은 모든 실제적인 목적을 위해 하나의 단일체로 융합된다는 주장에 주목했다.[9] 매슬로는 이러한 주장이 사실로 드러난다면, 객관적인 인식일수록 가치와 더욱 무관해진다는 과학계의 일반적인 가정과 정면으로 상충될 것이라고 믿었다. 매슬로는 말했다. "사실과 가치는 (지식인들에 의해) 거의 언제나 반의어이자 상호 배타적인 것으로 간주되어 왔습니다. 그러나 어쩌면 그 반대일지도 모릅니다. 자아와 가장 분리되고 객관적이며 동기가 없고 수동적인 인지를 조사할 때 우리는 그러한 인지가 가치를 직접 인식하고, 가치는 현실을 외면할 수 없으며, '사실'의 가장 심오한 인식은 경이로움, 감탄, 경외심 그리고 승인, 즉 가치로 물들어져 있다는 것을 깨닫기 때문입니다."*

매슬로는 절정 경험은 정신적 고통으로부터 우리를 보호하기 위해 진화된 많은 인지 왜곡의 방해를 받지 않고 더 많은 온전한 진실을 보게끔 하는 기회를 제공한다고 믿었다. 매슬로는 연설에서 다음과 같이 함축적인 의미를 지적했다. "자아실현을 추구하는 사람은 다른 사람보다 현실을 더 효율적이고 완전하며 동기에 의해 덜 오염된 상태로 인지할 수 있고, 또 그렇게 인지한다면 우리는 그것들을 생물학적 분석 자료로 활용할 수 있을 것입니다. 그들의 더 큰 감성과 지각을 통해, 현실을 분석하는 더 나은 보고서를 얻을 수 있는 것입니다. (…) 광산에서 새어 나오던 가스를 누구보다도 먼저 탐지할 수 있었던 민감한 카나리아처럼 말입니다."[10]

확실히 매슬로는 절정 경험이 반드시 현실에 대한 더욱 정확한 인식으로 이어진다고는 믿지 않았고, 더 많은 현실 검증이 필요하다고 지적했다.[11] 그럼에도 매슬로는 절정 경험이 그 같은 경험을 체험하는 당사자에게 심오하면서도 변화의 계기가 되는 경우가 많다고 지적했다. 매슬로는 심리학자와 인류학자가 쓴 두 가지 보고서를 인용해, 특정 신경증적 증상을 영원히 제거할 수 있을 정도로 강렬한 경험에 관해 언급했다.[12] 매슬로는 다음처럼 말했다. "(그 같은 경험을 한) 사람은 보통 칙칙하고 재미없으며 고통스럽고, 심지어 불쾌하기까지 한 삶이라도 살 만한 가치가 있다고 느끼는 경우가 더 많았습니다. (…) 아름다움, 진실, 의미가 존재하는 것이 입증되었기 때문입니다.

---

* 이는 아주 흥미로운 문제로, 현대 심리학자들이 좀 더 진지하게 논의하고 조사해볼 만한 과제라고 생각한다.

나는 그러한 경험의 여파가 모두 일반화될 수 있으며, 절정 경험이 각자 정의한 천국을 방문한 것과 비슷하다면 그곳을 다녀온 사람의 느낌을 전달하는 것일 수 있다고 생각합니다."[13]

매슬로는 절정 경험을 한 사람은 누구나 일시적으로 자아실현적 사람의 많은 특성을 취할 수 있다는 점을 지적하며 연설을 마무리했다. "잠시 그들은 자아실현자가 되고, 이는 그들에게 가장 행복하고 가장 스릴 넘치는 순간일 뿐만 아니라 가장 성숙하고 개성적이며 가장 큰 성취감을 느끼는 순간, 다시 말해 가장 건강한 순간이기도 합니다."[14,15] 매슬로는 자아실현적 사람을 진정 다른 사람과 구별해주는 것은 절정 경험을 훨씬 더 자주 강렬하게 경험한다는 점이라고 말했다. "이는 자아실현을 전부 또는 전무의 문제가 아니라 정도와 빈도의 문제로 만들고, 따라서 이용 가능한 연구 절차에 더욱 적합하도록 만듭니다."[16,17]

매슬로의 연설은 호평을 받았다. 하지만 안타깝게도 그 내용을 담은 책은 1959년까지 출판되지 않았고, 그래서 많은 사람들이 그 내용을 접하기까지 오랜 시간이 걸렸다. 그럼에도 매슬로는 절정 경험을 주제로 폭넓게 강의했으며, 1964년에《종교, 가치 그리고 절정 경험 Religions, Values, and Peak Experiences》을 출간했다.[18] 그 책에서 매슬로는 다음과 같이 썼다. "우리가 알고 있는 모든 뛰어난 종교의 시초, 고유한 핵심, 정수, 보편적인 중심은 (…) 극도로 민감한 몇몇 선지자나 현자의 사적이고 고독하며 개인적인 깨달음, 계시 또는 엑스터시였다. (…) 그러나 최근 들어 이러한 계시나 신비로운 깨달음은 현재 많은 심리학자들이 연구하는 절정 경험, 엑스터시 또는 '초월적' 경험 항목에 포함할 수 있는 것으로 이해되고 있다."[19]

초월적 경험에 관한 과학적 조사는 오늘날 '행복학'의 흥미로운 영역 중 하나라고 생각한다.

초월적 경험에 관한 과학

초월자를 향한 지향은 유전적 구성에 내장된 욕구에서 비롯된다.
— 랄프 피드몬트,《영적인 것은 여섯 번째 성격 요인인가?》

많은 사람은 종교나 영적인 것이 삶의 중심이라고 생각한다. (⋯) 인간 본성에 관한 완벽한 이론이라면 바로 이 점을 이해해야 한다.
— 폴 블룸,《종교는 자연스러운 것이다》

대학교 1학년 때, 데이비드 야든은 길을 잃고 혼란에 빠졌다. 그는 자신이 누구인지 또는 자신의 삶이 어디로 가고 있는지 알지 못했고, 자신만의 세계관을 형성하기 위해 고군분투하고 있었다. 많은 것들이 유동적이었다. 그는 다소 우울해지기까지 하면서 대학의 파티나 사교모임을 피했다. 그러던 어느 날 저녁, 그는 기숙사 침대에 누워 '무슨 일이 일어나든 그냥 그러려니 하자'고 생각하며, 모든 혼란과 불확실성에도 불구하고 앞으로 나아가는 것을 받아들였다. 그리고 그 순간, 야든의 삶을 영원히 바꿔놓을 어떤 일이 일어났다.

정말이지 어디선가 난데없이 툭 튀어나온 것처럼 가슴 속에서 작열감이 느껴졌다. 그건 속쓰림처럼 육체적인 느낌이었다. 그 열기는 내 몸 전체로 퍼져나갔고, 어느 순간 내 마음속의 목소리가 그건 사랑이라고 말했다. 그 시점에서 나는 몸 밖으로 빠져나가거나 마음속으로 들어가, 그곳에서 360도의 경계 없는 지평선을 볼 수 있는 것 같은 느낌이 들었다. 그 정교한 구조와 나 사이에는 아무런 구분이 없었고, 내가 그 구조의 일부인 것처럼 느껴졌다. 그리고 이제 사랑이라고 느꼈던 그 느낌과 열기는 비등점에 도달했다. 더는 참을 수 없었다. 컵에 물이 가득 차서 밖으로 흘러넘치는 느낌이었다. 영원처럼 길게 느껴졌지만, 기껏해야 1분~2분 뒤였을 것이다. 나는 눈을 뜨고 웃으면서 동시에 울고 있었다. 그때 일을 생각하면, 지금 당장이라도 울 수 있을 것만 같다. 울면서 우는 느낌. 그건 정말 혼란스럽고 역설적이다. 그것은 나를 꿰뚫고 샘솟는 해방, 안도, 기쁨이었다. 그 느낌은 신랄하고 아름다우며 강력했다. 가장 먼저 생각했다. '모든 것이 달라졌다. 나는 다르게 느끼고. 이 감각을 느끼는 지금의 내가 누구인지 모르겠다.' 내 주변의 모든 것이 새롭고 신선했다. 나와 다른 사람에 가로놓인 벽처럼 멀게만 느껴지던 세상이 완전히 일부가 되어 모두를 아우른 듯했다. 미래뿐만 아니라 모든 것이 새롭고 흥미로워 보였다. 갑자기 근심 걱정이 사라졌고, 앞으로 펼쳐질 길들이 너무나도 재미있을 것 같았다. 눈을 뜨는 순간, 나는 나 자신, 세상, 미래를 다르게 보고 있었다. 하지만 무엇보다도 궁금했다. 대체 내게 무슨 일이 일어난 걸까?[20]

그 질문은 핵심을 찌를 만큼 본질적인 것이었다. 야든에게 그 경험은 삶을 바꾸는 계기였다. 그 시기는 인생에서 최저점에 달한 때였고, 그 순간 그는 인생에서 최고의 순간을 맛보았다. 그는 채소 섭취와 운동을 시작했다. 갑자기 자기 관리를 하고 싶어진 것이다. 그는 또한 이전보다 더 많은 책을 읽기 시작했다. 야든은 신비로운 경험을 한 뒤로 매일같이 도서관에 갔다. 우선 그의 경험을 자리매김할 수 있는 유일한 틀은 종교였다. 그는 신앙심이 깊은 가정에서 자랐고 일요일마다 교회에 나갔다. 하지만 그는 어려서부터 항상 의문을 제기했고, 그러한 신비로운 경험을 할 당시에는 스스로를 기독교 신자라고 생각하지 않았지만 종교 공동체에서 받은 혜택에는 깊은 감사를 표했다. 하지만 신비로운 경험 이후 그는 한동안 신앙인이었다.

야든은 비교종교학 문헌을 읽기 시작했다. 그가 본 것이 왠지 모든 종교가 동일한 진리에 이르는 서로 다른 길이라는 사실을 보여준 것처럼 느껴졌다. 그리고 그는 비교종교학에 관한 연구가 그에게 궁극적인 진리를 보여줄 것이라고 생각했다. 그의 독서는 곧 철학으로 이어졌고, 그는 철학적 지식이 자신의 경험으로부터 도출할 수 있었던 결론에 더 큰 겸손함을 주었다고 회상했다. 그는 불가지론자(사물의 본질을 인간의 경험으로는 결코 인식할 수 없다는 생각을 가진 사람) 혹은 무신론자가 되었고, 지금도 여전하다.

야든은 내게 "'보는 것은 믿는 것이다'는 '보는 것은 지각하는 것이다'가 되었고, 지각한 것에 의문을 품을 수 있다"고 말했다. 이러한 생각은 그를 윌리엄 제임스의 《종교적 경험의 다양성》이라는 책으로 이끌었다. 야든은 다양한 사람의 이야기를 소개함에 있어 세심하고 개인적인 판단을 삼가며 열린 마음으로 대하는 제임스의 모습을 보고 깜짝 놀랐다. 제임스는 신비로운 경험의 '뿌리가 아닌 열매', 즉 경험의 출처보다는 효과에 더 관심이 있었다. 그는 믿음의 문제와는 관계없이, 신비로운 경험들을 대부분 과학적으로 연구할 수 있다는 사실을 깨달았다. 야든에게 더욱 중요했던 것은 '그 책이 내가 미친 것이 아니라는 걸 확인시켜 주었다'라는 사실이었다. 그리고 사람들이 자신의 경험을 이해할 수 있도록 도와주면서 그들을 앞으로 나아가게 하는 일은 그의 소명 중 일부가 되었다.

> 누군가 이러한 경험을 이야기하면, 사람들은 의심의 눈초리로 그를 바라본다. 대부분의 사람들은 병리학적 원인부터 먼저 떠올린다. 그것은 심리학자에게는 당연한 사실이다. 나도 그러한 느낌을 받았었다. 나는 상당히 비판적이고 자기성찰적인 사람이다. 어쩌면 내가 미쳐가고 있는 것인지도 몰랐다. 그게 사실이라고 생각하도록 하는 것은 아무것도 없었지만, 우리는 우리의 문화로부터 그런 종류의 메시지를 받는다. 하지만《종교적 경험의 다양성》은 내게 '그렇지 않다'고 말해주었다. 역사를 통틀어 다양한 문화의 사람들이 그러한 경험을 했으며, 그들은 대부분 매우 긍정적인 경우가 많았음을 알려주었다. 나는 정말 안심이 되었다. 내 집에 돌아온 것 같은 느낌을 받았다.[21]

윌리엄 제임스의 책을 읽은 후 야든은 현대 실험심리학 책들을 더 많이 읽게 되었고, 마침내 토마스제퍼슨대학의 앤드류 뉴버그의 신경과학 연구를 접했다. '신경신학neurotheology'이라는 새로운 분야의 창시자인 뉴버그 연구팀은 2001년에《신은 왜 우리 곁을 떠나지 않는가》를 출간했고, 그 책에서 영적 경험에 관한 신경과학 연구결과를 소개했다. 티베트 수도사부터 프란체스코 수도회 수녀까지, 뉴버그는 야든이 경험한 것과 같은 강렬한 느낌을 경험한 명상 전문가의 뇌를 스캔했다. 뉴버그는 종교나 영적인 신념과는 관계없이 동일한 뇌 영역이 이러한 경험과 관련됨을 발견했다. 그것은 바로 공간적 신체 인식과 관련된 뇌 영역인 상두정엽superior parietal lobe〔공간과 시간 정보, 공간 내 몸의 위치와 방향에 대한 정보를 처리하는 위치 및 방향의 인식 영역〕이었다.[22]

독서에서 영감을 받은 야든은 청소년의 자기초월적 경험과 통과의례를 주제로 졸업논문을 완성했다. 개인적인 연구를 위해 그는 현대판 통과의례라 할 수 있는 명상 수련회에 참가했고 해병대 신병훈련 캠프를 마쳤다. 그런 다음 야든은 뉴버그 및 현대 긍정심리학의 창시자인 마틴 셀리그만과 함께 공부했던 펜실베이니아대학에서, 응용 긍정심리학 석사 프로그램의 일환으로 호스피스 자원 봉사자로 일하면서 웰 다잉과 자기초월을 주제로 석사논문을 작성했다. 야든은 현재 펜실베이니아대학에서 셀리그만과 함께 심리학 박사과정을 밟고 있으며, 과학적 연구를 통해 신비로운 경험의 원인과 결과를 이해하고 밝히는 데 평생을 바치려 한다.

꿈의 연구진인 조너선 하이트, 랄프 후드, 데이비드 바고 그리고 앤드류 뉴버그와《일반 심리학 리뷰Review of General Psychology》에 발표한 야든의 논문 〈자기초월적 경험의 다양성〉에 영감을 준 것은 바로 자기초월과 안녕감의 교차점이다.[23] 이 논문은 자기초월적 경험에 관한 많은 심리학 문헌을 집약했는데, 나는 매슬로의 용어와 일치시키기 위해 이를 단순히 '초월적 경험'이라고 칭하고자 한다.

초월적 경험의 다른 이름[24]

- ▲ 신비 경험Mystic Experience
- ▲ 절정 경험Peak Experience
- ▲ 종교적, 영적, 신비적 경험Religious, Spiritual and Mystical Experiences
- ▲ 밝은 빛Clear Light
- ▲ 우주 의식Cosmic Consciousness
- ▲ 탈脫자동화Deautomatization
- ▲ 자아멸각自我滅却의 경지Fana
- ▲ 신비로운 통합Mystical Union
- ▲ 몰입 경험Flow Experience
- ▲ 최적 경험Optimal Experience
- ▲ 고양 경험Elevating Experience
- ▲ 신의 경험God Experience
- ▲ 강렬 경험Intensity Experience
- ▲ 내면의 빛Inward Light
- ▲ 살아있는 사랑의 불꽃Living Flame of Love
- ▲ 사랑의 불Love-Fire
- ▲ 거룩한 존재에 대한 경험Numinous Experience
- ▲ 객관 의식Objective Consciousness

▲ 모든 것을 이해하는 신의 평화The Peace of God, which Passeth All Understanding

▲ 삼매Samadhi

▲ 갑작스런 깨달음Satori

▲ 주술적 황홀경Shamanic Ecstasy

▲ 소리 너머의 고요The Silence Beyond Sound

▲ 잠재의식Subliminal Consciousness

연구자들은 초월적 경험을 '자기중심성의 감소와 유대감의 증가를 특징으로 하는 일시적인 정신 상태'라고 정의한다. 뉴버그의 초기 연구 이후 활발하게 이어진 연구결과에 따르면, 신비로운 유체 이탈 경험을 보고한 사람은 자기 경계와 자기중심적 공간 인식을 담당하는 뇌 영역인 주변 측두엽 접합부뿐만 아니라 상부 및 하부 두정엽의 활성화가 감소하는 것으로 나타났다.[25] 야든 연구팀은 다음과 같이 언급했다. "일련의 추론은 대부분의 두려움과 불안이 신체적·사회적인 자아의 손상 가능성에서 비롯되는 것임을 강조한다. 그러므로 자아가 일시적으로 사라진다면 그러한 두려움과 불안감 또한 감소할 수 있다."

극단적인 경우, 초월은 모든 존재와 자연 그리고 우주(공간적인 환경) 뿐만 아니라 다른 인간(사회적인 환경)을 포함한 모든 것('절대적인 일원적 존재')과 완전한 일치감을 느끼는 것이다.*[26] 제임스는 보고된 신비적

---

* 신비로운 경험을 확인해주는 수단 가운데 하나로는 신비적 분위기, 긍정적 분위기, 시간과 공간의 초월, 형언 불가능성의 네 가지 측면으로 구성된 신비적 경험 질문표가 있다. 연구자들은

경험의 극단적인 사례로 '우주 한가운데의 집에 와 있는 듯한 느낌'을 언급했다.[27]

그러나 초월적 경험이 모두 신비적인 것은 아니다. 세상에는 다양한 초월적 경험이 존재하며, 이들은 저마다 세상과 하나 되는 느낌의 강도와 정도가 다르다. 단일적 연속체unitary continuum[28]라는 개념은 흥미진진한 책이나 스포츠 경기 또는 창의적 활동에 깊숙이 빠져드는 경험 등 심리학자 미하이 칙센트미하이가 말하는 몰입 경험부터,[29] 명상으로 깊이 침잠하는 경험,[30] 사심 없는 친절한 행동에 느끼는 감사,[31] 사랑하는 사람과 하나가 되는 것,[32] 아름다운 일몰 광경이나 하늘의 별을 바라보며 경외를 느끼는 것,[33] 영감을 주는 롤 모델이든 거장의 연주든 지적인 아이디어든 도덕적으로 아름다운 행위이든, 우리에게서 초월적 각성[34]을 이끌어내는 무언가에 영감을 받는 것 등에 이르기까지, 우리를 위대한 신비적 깨달음으로 인도하는 모든 가능성을 포함한다.[35]

다음 그림은 야든 연구팀이 2017년에 발표한 〈자기 초월적 경험의 다양성〉에서 채택한 개념 그래프이다. 이 그래프는 세계와 다양한 수준에서 연결된 일련의 초월적 경험을 제시하며, 연상적·시연적인 목적이 있다. 이 모델을 더욱 구체화하기 위해서는 추가 연구가 필요하다.

초월적 경험은 여러 측면에서 차이가 있지만, 모두 타인과 세상 및

네 가지 하위척도 각각에서 60퍼센트 이상의 점수를 받은 경우를 '완전한 신비적 경험'으로 분류한다. Barrett, F. S., Johnson, M. W., & Griffiths, R. R. (2015). Validation of the revised Mystical Experience Questionnaire in experimental sessions with psilocybin. *Journal of Psychopharmacology, 29*(11), 1182-1190.

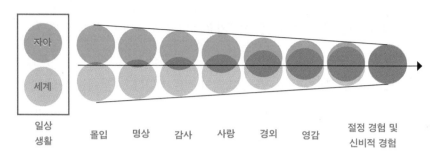

일상
생활 몰입 명상 감사 사랑 경외 영감 절정 경험 및
신비적 경험

단일적 연속체
감지된 단일성이 증가하는 정도

자기 자신과의 연결에 대한 경계를 약화시킨다는 공통점이 있다. 윌리엄 제임스는 개인적으로 초월적 경험의 핵심 측면을 관찰하고 이렇게 말했다. "나의 지난 경험들은 모두 어떤 형이상학적 의미를 부여할 수밖에 없는 일종의 통찰력으로 수렴한다. (…) 모든 어려움과 문제를 야기하는 모순과 갈등으로 가득한 세상의 대립적인 것들이 모두 하나가 된 것과 같다."

현대 연구에 따르면 초월적 의식 상태는 가정생활의 긍정적인 변화, 죽음에 대한 두려움의 감소, 건강 및 목적의식의 증가 등 긍정적인 정신건강뿐만 아니라 이타주의 및 친사회적 행동 증가에 대한 동기 부여와 관련이 있다.[36] 초월적 경험 중 발생하는 일종의 자아 상실은 건강과 성장에 매우 유익한 것으로 보인다. 그렇다면 특히 어떤 형태의 자아 상실이 그러한 경험과 연관되어 있을까?

건강한 자아 상실

우리는 깨어 있는 시간의 대부분을 우리의 이익을 늘리기 위해 소비할 수 있다. 하지만 우리는 모두 자기 이해를 초월하여 단순히 전체의 일부가 될 수 있는 능력이 있다. 그것은 단지 능력이 아니라, 인생에서 가장 소중한 경험으로 들어가는 문이다.

— 조너선 하이트,《바른 마음》

안전하지 못하거나 받아들여지지 않거나 존경받지 못한다고 느끼는 불안에 사로잡힐 때면, 자신이 누구인지 또는 자기 자신의 진정한 정체성이 무엇인지 종종 헷갈린다. 세상은 때때로 훨씬 덜 현실적인 것처럼 느껴지고, 우리는 다른 사람과 더더욱 단절된 것 같은 느낌을 받게 된다. 환경의 영향을 많이 받는 이러한 형태의 자아 상실은 종종 자기 자신의 통제 능력 상실에 대한 두려움과 나머지 성격 구조의 건전한 통합 결여뿐만 아니라 과도한 자기 중심을 초래한다.

그러나 자아 상실이라는 초월적 순간에는 순수한 존재감이 고조되고, 그 경험은 실제보다 더 현실적으로 느껴지곤 한다.[37] 윌리엄 제임스는 이를 신비적 경험의 순수이성적 특성이라고 칭했다.[38] 더욱이 현실감과 관련된 언어는 '모두' '모든 것' '우리' 그리고 '가까운' 같이 더 큰 전체와 포괄성 및 물리적 근접성의 커다란 연결고리를 보여주고, '나' 혹은 '나의my' 같은 1인칭 대명사의 사용은 줄어든다.[39] 건강한 자아 상실은 두려움을 포함하지 않는다. 그보다는 현재의 순간과 내면의 경험에 대한 호기심과 열린 마음이 특징이다.

건강한 자아 상실은 마크 리어리가 저低이기적 의식 상태라고 부르는 것과 비슷하다.[40] 리어리에 따르면 저이기적 상태에 있는 사람들은 주로 현재 상황에 초점을 맞춘다. 그들은 자신의 생각, 동기 그리고 감정을 최소한으로 성찰한다. 일단 추상적인 방식과 대비되는 구체적인 방식으로 스스로를 생각하고 평가하며, 자신에 대한 다른 사람의 인식이나 평가에 그다지 신경 쓰지 않는 편이다.[41] 저이기적 상태는 조용한 자아와 유사하다(5장 참고). 상당히 조용해진 자아를 갖는다는 것은 강한 자아감을 갖는 것, 약화되지 않고 증가된 진정성을 갖는 것과 밀접한 관련이 있다. 사실 가장 조용한 자기 방어를 가진 사람은 종종 가장 강한 자아감을 지니고 있기도 하다. 하버드 심리치료사이자 불교신자 잭 엥글러는 "아무도 될 수 없게 되기 전에 우리는 누군가가 되어야만 한다"[42]고 강조했다.

매슬로는 1962년의 글 〈진정한 정체성 경험으로서의 절정 경험〉에서 "정체성, 자율성 또는 자아의 가장 큰 성과는 그 자체인 동시에 그 자체를 초월하는 것이고 자아를 넘어서는 것이다. 그렇게 될 때 그 사람은 이기적이지 않을 수 있다"라고 언급하면서, 이 모순처럼 보이는 현상을 이해하고자 노력했다.[43] 그 같은 역설을 완전히 이해하고 있지는 못하다고 인정하면서도, 매슬로는 그 순간에 초월하는 자아의 특정한 측면을 더 구체적으로 설명하려 했다. "보통은 우리와 함께 있지만 몰두, 관심, 집중 또는 산만함 때문에 우리가 거의 느끼지 못하는 자의식이나 자기 관찰이 완전히 상실되는 경우가 있다. 또는 높은 수준의 절정 경험에서든, 영화나 소설, 축구 경기에 빠져버리는 것과 같은 낮은 수준에서든 자기 자신과 자신의 사소한 고통, 외모나 근심 걱정을 잊을 때가 있다. 그리고 이 같은 상황은 거의 언제나 기분

좋은 상태로 느껴진다."[44, 45]

다시 한번 우리는 자아실현을 하는 사람이 일반적인 이분법을 해결해내는 것을 알게 된다. 우리는 고조된 연결감을 고조된 개성감과 반대되는 것으로 생각하는 경향이 있다. 그러나 매슬로가 지적했듯 자아실현자는 이분법을 자연스럽게 해결한다. "자아실현자가 가장 개인주의적임과 동시에 가장 이타적이며 사회적이고 모든 인간을 사랑한다는 사실은 분명하다. 이제 우리 문화권에서 이러한 자질을 단일 연속체의 양끝에 놓고 있다는 사실은 수정되어야만 한다. 이러한 자질들은 함께 어우러지는 것이고, 이분법은 자아를 실현한 사람들에게서 해결된다."[46]

가장 통합적인 초월적 경험 중 하나는 경외감이다. 야든은 강의를 하면서 사람들에게 모든 것과 하나가 되는 것을 느낀 적이 있다면 손을 들어달라고 요청했고, 청중의 약 3분의 1 정도만이 손을 들었다. 그리고 삶의 방향을 바꾸는 심오한 종교적 체험이나 깨달음을 가졌던 사람은 손을 들어달라고 하자, 예상했듯 약간 더 많은 사람이 손을 들었다. 마지막으로 야든은 경외감을 느낀 적이 있는지 물었고, 이번에는 거의 모든 사람이 손을 들었다. 그 이유는 무엇일까? 야든은 경외감이 모든 사람의 영적인 경험이기 때문이라고 설명했다.

경외감: 모든 사람의 영적인 경험

경외감, 즐거움, 경이로움, 황홀함으로 삶의 기본적인 요소들을 계속 신선하고
순수하게 감상하는 놀라운 능력을 가진 사람은 정말 운이 좋은 사람이다.
— 에이브러햄 매슬로, 《존재의 심리학》

경외감과 경이로움의 개념은 철학과 종교에서 오랜 역사를 가지고
있지만, 제임스와 매슬로는 이를 심리학 분야에 도입하는 데 일조했
다. 오늘날 경외감에 대한 현대적 연구의 대부분은 대처 켈트너와 조
너선 하이트가 2003년에 쓴 논문 〈경외심, 도덕적, 정신적 그리고 심
미적 감정에의 접근법〉에서 비롯되었다.[47] 이들은 경외심 경험의 중
심이 되는 두 가지 중요한 인지적 평가가 존재한다고 주장했다. 하나
는 '광대함'의 인식이고, 다른 하나는 경험을 정신적으로 처리하기 위
한 치열한 노력이다. 광대함은 그랜드캐니언을 보는 것처럼 굳이 지
각적이어야 할 필요는 없으며, 오히려 영원을 관조하듯 개념적일 수
도 있다. 경외감은 독특하고 복잡한 감정이다. 이는 황홀경과 두려움
처럼 서로 잘 어울리지 않는 감정을 혼합시키기 때문이다.[48]

2003년 이후 수행된 연구는 경외감을 삶의 만족도 증가,[49] 이용 가
능한 더 많은 시간이 있다는 느낌,[50] 증가된 관대함과 도움[51] 그리고
공격적 태도의 감소[52]와 연결시켰다. 경외감은 또한 우리가 우리의
신체를 인식하는 방식에도 영향을 끼쳐, 신체의 크기를 과소평가하
고,[53] 일시적으로 종교적이고 영적인 감정과 행동을 증가시키며,[54] 일
시적으로 초자연적 믿음과 무작위 사건에서 인간의 선택 의지를 인

식하는 경향을 증가시키도록 이끌 수 있다.[55]

나는 2014년 펜실베이니아대학에서 야든과 만났고, 우리는 상호 연구에 관한 관심을 계기로 친해져 5장에서 언급했던 '빛의 3요소' 연구를 포함한 여러 프로젝트에서 협력했다. 야든은 경외심에 관한 실험적 문헌들에 경외심을 느끼는 상태를 측정하는 수단이 결여되어 있다는 사실을 발견했다. 따라서 우리는 문헌이 설명하는 경외감의 다양한 측면을 기반으로 최대한 포괄적인 척도를 만들었다.[56] 우리는 실험 참가자들에게 가장 최근에 강렬한 경외감을 느꼈던 특정 시간을 떠올려보고 간략한 보고서를 작성하도록 부탁했다.[57] 익명의 참가자들이 응답한 내용의 일부는 다음과 같다.

겨울방학을 맞아 놀러 간 곳에서 호수를 바라본 순간, 나는 문득 경외감을 느꼈다. 말 그대로 내 입은 딱 벌어졌고, 가슴이 벅찰 만큼 깊은 인상을 받았다. 눈앞의 풍경은 엄청나게 아름다웠다. 눈은 환해지고, 얼굴은 눈 앞에 펼쳐진 광경을 바라보며 강렬한 기쁨과 안도감 그리고 경외감으로 환하게 웃고 있었다.

마지막으로 경외감을 경험한 것은 딸이 색소폰으로 〈고요한 밤 거룩한 밤〉을 연주하는 것을 지켜보던 때였다. 학교의 재즈 앙상블에서 활동하던 딸에게 졸업식에서 솔로로 연주할 기회가 주어졌다. (…) 최근 그녀가 연주하는 것을 보며 놀라고 말았다.

내가 강렬한 경외감을 느꼈던 때는 아내와 로키 산맥으로 신혼 여행을 갔을 때였다. 나는 일찍이 미주리주 밖으로 벗어나 본 적이 없었고, 로키 산맥만큼 거대한 무언가에 대해 생각해볼 기회가 없었다.

대다수의 참가자는 경외감의 경험을 매우 긍정적이라고 평가했다. 우리는 참가자들에게 경외감을 불러일으킨 이유를 구체적으로 설명해 달라고 요청했다. 뛰어난 기술, 신과의 만남, 위대한 미덕, 건물 또는 기념물, 강력한 지도자, 위대한 이론 또는 사상, 음악, 예술, 깨달음의 순간 등 많은 요인이 거론되었지만, '자연 풍경'이 최다 유발 요인으로 밝혀졌다. 두 번째로 많이 나타난 유발 요인은 '기타' 범주로, 매슬로가 관찰했던 것과 마찬가지로 많은 참가자들은 출산을 강렬한 경외감을 유발하는 요인으로 언급했다.

그리고 우리는 참가자들에게 경외감의 특정 경험에 대한 새로운 항목이 포함된 설문조사를 요청했다. 경외감 경험 척도의 여섯 측면은 광대함('나는 나보다 거대한 무언가를 경험했다'), 수용의 필요성('그러한 경험을 완전히 이해하는 것이 어려웠다'), 시간('나는 순간적으로 상황이 느긋해지는 것을 느꼈다'), 자기 축소('나의 자아감이 줄어듦을 느꼈다'), 유대감('내가 전 인류와 밀접하게 연결되어 있음을 느꼈다'), 신체적 감각('몸이 오슬오슬 떨림을 느꼈다')으로 구성되었다.

우리는 경외감 경험의 여섯 측면 모두가 실질적으로 서로 연관된다는 사실을 발견했으며, 이는 측면들이 경외감 경험 중 동시에 발생하는 경향이 있다는 것을 시사한다. 여섯 척도는 모두 일련의 중요한 변수와 관련이 있다. 첫째, 경외감 경험이 클수록 경험의 강렬함은 높아진다. 경외감 경험은 경이, 호기심, 영감, 만족, 감사, 사랑, 신뢰, 행복, 기쁨의 고조된 감정과 관련이 있다.

경외감 경험과 고유하게 관련된 것 중 유일하게 불편한 감정은 '스트레스를 받고, 불안해지고, 압도되는 것 같았다'라는 느낌이었다. 이는 경외감이 찬양과 두려움 혹은 숭배의 독특한 조합이라는 사실과 일치한다.[58] 경외감 경험과 관련된 가장 큰 성격상 특성은 경험에 대한 개방성이다. 이는 경험에 대한 개방성이 몰입, 도취, 의미에 대한 공감 그리고 그 밖의 초월적 경험과도 관련이 있다는 점을 고려할 때 상당히 의미가 있다(4장 참고).

마지막으로, 우리는 경외감 경험이 종교성과는 관련이 없지만 영성, 종교행사 참석, 기도 및 명상과 같은 의식과는 밀접한 관련이 있다는 것을 발견했다. 따라서 종교는 근본적으로 사회적인 기능과 공동체 결집의 기능을 제공하는 등 분명 초월적 경험 이상의 것을 포괄하지만,[59] 우리의 연구결과는 종교적 믿음과는 관계없이 특정한 영적 수행, 의식 그리고 개입이 경외감 및 다른 초월적 경험을 증대시킬 수 있다는 사실을 시사한다.[60]

정신에 변화를 주는 개입

이러한 약물(특히 강력한 환각제인 LSD나 실로시빈)들은 (…) 핵심적인 종교적 계시와 함께 절정이 아닌 순간에서 절정 경험을 만들어내는 데 사용될 수 있으며, 그를 통해 둘로 갈라진 인류 반쪽의 틈새를 메워준다.

— 에이브러햄 매슬로, 《종교, 가치 그리고 절정 경험》

2012년 4월 15일, 미국 애리조나주 남쪽에 있는 도시 투손과 라스베이거스 상공의 비행기에서 캐서린 맥클린은 '사망'했다. 맥클린은 항상 불안에 떨던 인물이었다. 명상, 일에의 몰두 또는 환각제에 손을 대는 것과 같은 특정한 일들은 일시적이나마 불안을 몰아낼 수 있었다. 하지만 그날, 모든 것이 바뀌었다.

맥클린은 두 해 동안 존스홉킨스대학에서 롤랜드 그리피스와 함께 정신약리학 박사후과정을 밟으며, 이른바 '마법의 버섯'에서 발견되는 주된 화학물질인 실로시빈에 대한 합법적인 실험을 수행하고 있었다. 그러던 어느 날, 학회에 참석했던 그녀는 교사 한 사람과 길을 걷고 있었고 그 교사는 그녀에게 많은 것을 생각하게 하는 의미심장한 말을 건넸다.

그 만남 이후, 맥클린은 어느 폭포를 찾아가 앉아서 자신의 숨결을 따라 명상했다. 그녀의 마음속으로 질문 하나가 떠올랐다. '나는 지금 어디에 있는가?' 스스로에게 그렇게 질문하자마자 모든 것들이 에너지의 소용돌이 속으로 녹아들었다. 그 순간의 느낌은 끔찍했다. 인간이나 지구상의 생명에 대해 또는 내가 돌아갈 것인지 말지에 대해 전혀 신경 쓰지 않는 에너지의 소용돌이 속으로 빨려 들어가는 것만 같았기 때문이다. 그러나 그녀가 자신의 몸으로 돌아왔을 때 모든 것은 빛나고 훌륭했으며, 맥클린은 육체가 있고 살아 있다는 것에 깊은 감사를 느꼈다. 그리고 지구를 생물학적 생명의 낙원으로 보게 되었다. 이제 곧 밝혀지겠지만, 이는 단지 그녀의 '사망'의 전조에 불과했다.

며칠 뒤, 실로시빈을 주제로 한 첫 공개 강연을 마친 맥클린은 집으로 향하고 있었다. 그녀의 두 발이 비행기로 연결된 이동식 탑승교를 따라 걷기 시작했고, 그 순간 자신이 곧 죽을지도 모른다는 걸 눈치 챘다. 그렇다. 그녀는 알고 있었다. 맥클린이 자신의 좌석을 찾아 다가가자 공황이 시작되었다. 그녀는 당시 상황을 이렇게 회상했다. "나는 땀을 흘리고 있었다. 어떻게든 비행기에서 내리기 위한 핑계를 생각해내려 했다." 하지만 그녀는 비행기에 남았다. 어쩌면 그것은 며칠 전 명상의 경험이었을지 몰랐다. 그녀는 자신이 결코 통제할 수 없는 순간에 굴복했고, 매 호흡이 마지막인 것처럼 숨결을 따라 명상하기 시작했다. 바로 그때 일이 벌어졌다.

그녀는 이렇게 말했다. "죽음의 그 순간은 정말 일종의 용두사미였다. 실제로는 아무런 일도 일어나지 않았다. 그저 '캐서린 맥클린'이라고 표시된 전등의 스위치가 꺼진 것과 같았다. 눈을 뜨고 창밖을 내다보며 '오, 바로 이거야!' 하고 생각했던 기억이 난다." 그녀는 즉각적인 안도감과 완전한 자유를 느꼈다. 그러나 그때 공황이 시작되었다. 그녀는 돌이킬 수 없다는 것을 알았다. 비행기에서 내리던 순간, 그녀에겐 모든 것이 낯설고 비현실적인 것처럼 보였다. 모든 것의 볼륨이 키워진 것 같았고 방향을 찾기가 어려웠다. 그 후 몇 달 동안 그녀는 마치 삶과 죽음 사이에 갇혀 있는 것처럼 느꼈다. 발밑의 땅은 유동적인 것처럼 느껴졌고, 가끔씩 거울을 들여다볼 때면 병든 시체가 그녀를 응시하고 있었다. 맥클린은 '사망'했지만 여전히 살아 있다는 새로운 현실에 적응하는 데 어려움을 겪었다.

결국 맥클린은 자신에게 일어난 일을 이해하려는 노력을 포기하고 그 경험을 즐기기 시작했다. 그녀는 자신에게 일어난 일을 완전히 받아들였다. "늘 나와 함께 살아왔던 두려움의 큰 덩어리가 사라진 것 같았다. 하지만 다른 부분은 여전히 주변에 남아 있었다. 나는 두려워하는 법을 잊었다. 그리고 세상이 활짝 열렸다. 그 순간 내 주변의 모든 것과 모든 사람은 너무나 완벽한 듯했고, 정말이지 참을 수 없었다. 모든 일이 가능해 보였고, 그처럼 빛나는 경이로운 세상에서 살고 있다는 게 행운이라고 느껴졌다."

맥클린은 자신이 겪었던 경험의 정확한 원인을 결코 알 수 없을 것이라는 사실을 인정한다. 하지만 그녀는 이러한 경험을 할 수 있었던 것을 각계각층의 사람들과 함께 한 100회가 넘는 고용량의 환각 세션 덕분으로 돌렸다. 그녀는 이렇게 말했다. "초월적 경험과 죽음을 기대하도록 나의 뇌가 영구적으로 재연결된 것 같았다."[61] 존스홉킨스대학에서 일하는 동안, 맥클린은 신비로운 경험을 유도하는 실로시빈 세션 후 경험에 대한 개방성에서 상당한 변화를 보여주는 획기적인 연구를 이끌었다.[62] 이제껏 살펴본 바와 같이, 경험에 대한 개방성은 창의성, 사랑 그리고 그 밖의 초월적 경험과 관련된 강력한 예측변수이다. 맥클린 연구팀은 신비적 경험을 한 지 1년이 지난 후에도 개방성이 높게 유지된다는 사실을 밝혀냈다.

수년 동안 각각의 작은 표본의 크기를 상쇄하는 수많은 연구결과가 축적되면서 환각이 성격, 안녕감 그리고 확장된 세계관에 끼치는 전반적인 영향은 놀랄 만큼 일관되게 나타났다.[63] 한 연구에 따르면 환각 물질에 의해 유발된 경험은 환각제에 의존하지 않고 유발된 종교적, 영적 또는 신비적 경험보다 더 강렬하게 신비로운 것으로 평가

되었으며, 그 결과 죽음에 대한 두려움은 감소하고 목적의식은 증가하며 영성 또한 증가한 것으로 나타났다.[64] 또 다른 연구는 두 달 동안 실험실에서 통제된 환각 세션의 참가자들이 기분, 이타주의, 안녕감 또는 삶의 만족감에서 긍정적인 변화를 보였다는 사실을 밝혀냈다.[65] 심지어 참가자 대부분은 이러한 경험을 지금껏 살아오면서 겪었던 경험 중 가장 의미 있는 다섯 경험 중 하나로 평가했다.

환각제는 흡연자들의 금연을 도왔다. 죽음과 직면한 말기암 환자는 우울증과 불안감을 훨씬 적게 느꼈고, 심지어 안녕감과 삶의 만족도가 증가하기까지 했다.[66] 치료 저항성 우울증TRD 환자는 불안 수준이 감소하고, 기분과 경험에 대한 개방성은 높아졌다. 그리고 환각제는 참전 용사들이 겪는 PTSD와 침습적 플래시백을 상당히 낮춰준다. MDMA 지원 심리치료 또한 PTSD를 치료하고 자폐성 성인의 사회적 불안을 개선할 수 있는 가능성을 보여준다.[67] 우울증의 경우, 실로시빈 치료는 기존의 항우울제 치료보다 기분과 경험에 대한 개방성의 개선에서 더 큰 효과를 보이기도 했다.[68]

이러한 효과의 기초가 되는 메커니즘을 가장 잘 이해하고 있는 사람은 메리 코시마노이다. 코시마노는 존스 홉킨스 실로시빈 연구 프로젝트의 사회복지사, 수석 세션 가이드 및 연구 코디네이터로 19년 이상 근무했으며, 380회 이상의 연구 세션을 직접 진행했고 1000회가 넘는 준비 및 통합 회의에 참여했다. 맥클린은 코시마노에 대해 "그녀는 매우 겸손하고 조용한 사람이다. 하지만 그녀가 없었다면 홉킨스라는 기업은 존재하지 않았을 것이다. 내 생각에 그녀야말로 진정한 성인"[69]이라고 말했다.

코시마노는 2014년의 글 〈사랑, 우리의 진정한 자아의 본질〉에서 수석 세션 가이드로서의 경험을 다음과 같이 회고했다. "임상적 관점을 바탕으로 나는 이 연구의 가장 중요한 결과 중 하나라고 생각하는 것을 공유하고 싶다. 실로시빈은 우리의 진정한 본성, 즉 진정한 자아와 다시 연결되는 수단을 제공하여 우리 삶에서 의미를 찾도록 도움을 줄 수 있다. (…) 나는 인간이 진정으로 원하는 것은 사랑을 주고받는 일이라고 믿는다. 사랑은 서로를 연결하는 것이고, 그러한 연결은 서로가 친밀해지고 다른 사람과 우리 자신을 공유함으로써 만들어지는 것이라고 믿는다. 나는 우리의 진정한 자아의 본질은 사랑이라고 생각한다. (…) 그러나 우리는 자주 이러한 연결에 스스로를 개방하는 것을 두려워해서, 장벽을 세우고 가면을 착용한다. 우리가 이런 장벽을 제거하고 방어벽을 무너뜨릴 수 있다면, 자신을 인식하고 받아들이기 시작하면서 사랑을 주고받을 수 있게 될 것이다."[70]

코시마노는 준비 세션과 실로시빈 자체 효과의 조합으로 연구 세션이 삶을 변화시킨다고 믿는다. 준비 세션에서 연구자들은 참가자가 안전하고 안정되어 있다고 느끼는지 확인한다. 그들은 신뢰의 환경을 조성하고, 참가자들이 자신의 이야기를 들려주는 데 취약하다는 것에 편안하게 느끼도록 격려하며, 친밀한 대화와 자기 노출을 권장한다. 코시마노는 이러한 기초 작업을 통해 참가자가 특히 광범한 경험을 할 준비가 된 아주 편안한 상태에서 실로시빈 세션을 시작할 수 있다고 생각한다.

일부 참가자는 이러한 실로시빈 세션에서 그들이 처음으로 완전히 보여졌다고 느꼈다고 보고한다. 한 참가자는 다음과 같이 기록했다. "일단 어둠 속을 지나고 나면, 점점 더 평화와 유대감이 증가하는 것을 느끼기 시작했습니다. (…) 온몸에서 강렬한 사랑과 기쁨이 솟아올랐고, 그보다 더 행복한 기분은 상상할 수 없었습니다. 저는 일상의 근심 걱정이 무의미하며, 진정 중요한 것은 내 가족과 친구와의 인연이라는 사실을 깨달았습니다."

코시마노는 암 환자를 대상으로 한 연구에서 환자들이 세상에서의 그들의 위치뿐만 아니라 심지어는 그들 자신과도 '단절'되었으며, 진단 이후 삶이 극적으로 변했다고 느끼면서 연구에 임한다는 사실을 관찰했다. 많은 사람들은 일을 계속하기에 너무 약해졌고, 그 때문에 일자리를 잃었다. 연구를 시작하며 그들은 스스로 약하고 피곤하며 활력이 부족하다고 느꼈다. 한때 그들에게 삶의 목적과 의미를 부여했던 것이 이제는 무의미한 것처럼 여겨졌다.

그러나 실험 이후 암 환자들은 다음의 두 가지 질문에 아주 긍정적 반응을 보였다. 첫째, 당신은 누구이며 어디로 향하고 있는지에 대한 느낌이 갑자기 바뀌었습니까? 둘째, 당신은 종종 마음이 허전하다고 느낍니까? 코시마노는 이 세션이 환자로 하여금 그들의 진정한 자아와 다시 연결되고, 그들 자신이 사랑받고 관계를 맺을 가치가 있는 존재임을 믿게 하는 데 도움이 되었다고 확신했다. 어쩌면 '진정한 자아'는 존재하지 않을 수도 있다(부록 1 참고). 하지만 이 연구는 개방성과 사랑 및 의미로 가득한 성장 지향적 핵심이 우리 모두에게 존재하지만, 일상적인 인식과 두려움 그리고 불안에 의해 억제된다는 생각을 지지해준다.

물론 환각제만이 이러한 엄청난 관점의 전환을 불러일으키는 유일한 길은 아니다. 초월적 경험 또한 다양한 명상과 기도 수행을 통해 유도될 수 있다.[71] 최근 연구에 따르면 신비적 경험을 유도하는 실로 시빈 세션은 명상이나 기타 영적 수행과 연합하여 불안감 및 두려움의 감소 그리고 평화/화합, 기쁨/강렬한 행복감, 대인 관계의 친밀함, 감사, 삶의 의미/목적, 용서, 죽음의 수용 등의 상승을 포함해 심리적 기능에 가장 크고 지속적인 긍정적 변화를 가져온다. 그리고 친사회적 태도와 행동의 증가를 이끌어낸다.[72]

바바라 프레드릭슨, 대처 켈트너, 패티 반 키펠렌, 바실리스 사로글루를 포함한 연구자들은 그들의 작업에 '경외감 유도' 기술을 도입했다. 그들은 참가자들에게 경외감을 불러일으키는 건축물과 자연 경관의 사진과 영상을 보여준 다음, 경외감 경험에 대해 글을 쓰고 읽거나 애정 어린 명상에 참여하도록 했다.[73]

초월적 경험을 강화하기 위해 활용할 수 있는 유망 기술들도 존재한다. 역사가 유발 하라리가 지적했듯, 그런 기술에는 인류의 미래를 바꿀 수 있는 잠재력이 있다. "미래에는 강력한 약물, 유전공학, 전자 헬멧 그리고 직접적인 뇌-컴퓨터 인터페이스가 이러한 장소로의 통로를 열 수도 있을 것이다. 콜럼버스와 마젤란이 새로운 섬과 미지의 대륙을 탐험하기 위해 수평선 너머로 항해한 것처럼, 우리는 언젠가 마음과 정반대되는 지점으로 나아갈 수 있을 것이다."[74]

그러한 기술 중 하나는 가상현실VR로서, 특히 경외감을 불러일으키 데 유망한 도구이다. 높은 산의 정상에 도달하거나 우주에서 지구를 내려다보는 것 같이 굉장히 경이로운 경험 중 일부는 실험실 환경에서 구현하기가 쉽지 않지만,[75] VR 기술의 도움을 받아 점점 더 현실적인 것으로 변하고 있다. 하라리는 말한다. "이론적으로 '실제' 세계와 구별할 수 없을 전체 가상세계를 시뮬레이션하는 것이 가능해져야 한다."[76,77]

가상현실은 또한 일상에서 파리의 거리를 걷거나 에베레스트산을 오르거나 지구 궤도를 돌 기회가 없는 입원 환자나 신체장애가 있는 사람들을 도울 수 있다.[78] 앨리스 치리코 연구팀은 실험실에서 참가자들에게 360도 VR 환경을 통해 높다란 나무들이 빽빽이 들어선 숲을 보여줌으로써 그들의 경외감을 불러일으켰다. 그들은 경외감 경험의 강도를 높인 것처럼 존재감을 높이며 창의적 사고를 향상시킬 수 있었다.[79]

비침습적인 뇌 자극은 초월적 경험을 유도하는 또 다른 유망 기술이다. 뇌심부 자극이나 전기충격 요법과 같은 침습적 뇌 자극 기술이 존재하는 한편, 비침습적 형태의 뇌 자극은 안녕감과 초월적 경험에 영향을 미칠 수 있는 가능성을 보여주기 시작했다. 비침습적 기술 중 하나는 경두개 자기 자극법TMS으로, 두개골을 통해 피질로 자기 파동을 전달하거나 특정 뉴런 다발에 영향을 주는 방식이다.[80] 또 다른 비침습적 기술로는 경두개 직류 자극tDCS이 있으며, 전류의 저전압 전하에 의존해 외피의 흥분성과 뇌의 목표 지점에서의 자발적인 신경 발화를 증가시키거나 감소시킨다.[81] 최근 연구에 따르면 TMS와 tDCS 모두 통찰력, 상상력, 도덕성, 학습력 그리고 주의력 향상뿐만 아니라 우울한 반추의 감소 등을 포함한 다양한 방식으로 인지와 행동에 영향을 끼칠 수 있다고 한다.[82] 심지어 tDSC는 육체적이고 성적인 폭력을 수행하려는 욕구를 줄이는 가능성을 보여주고, 그러한 폭

력이 도덕적으로 잘못되었다는 인식을 높일 수도 있다.[83]

정신에 변화를 주는 개입의 건강한 통합

기술이 발전함에 따라 기술 사용의 윤리적 의미를 고려하는 것이 점점 더 중요해질 것이다.[84] 중요한 고려 사항 가운데 하나는 그러한 기술이 인간의 자율성과 의미를 제한할 위험이 어느 정도인지를 판단하는 것이다. 역경을 극복하기 위한 투쟁은 삶에 의미를 부여한다. 우리 대부분은 우리가 원할 때마다 즉각적인 행복이나 초월감을 투여받을 수 있는 삶보다는 자율적이고 가끔씩은 투쟁하기도 하는 삶을 선택할 것이다.[85]

나는 야든과 맥클린의 경험에 있는 유사점에 놀랐다. 두 사람 모두에게는 가장 낮은 최저점 뒤에 가장 높은 최고점이 이어지는 것처럼 보였다. 매슬로는 역경을 극복하고 역경 때문에 약해지기보다는 오히려 강해진 사람들에게는 높은 확률로 절정 경험이 나타난다는 사실을 깨달았다.[86] 뉴버그는 이 점이 실제로 그의 연구에서 찾아낸 보편적인 발견이라고 말했다. 즉 많은 사람이 어떤 종류의 강렬한 에피소드를 겪은 뒤 뒤따르는 명상 세션에서 절정 경험을 체험한다는 것이다.[87] 인생에서 가장 심오한 경험은 언뜻 생명을 위협하거나 불가능해 보이는 난관을 극복한 후, 그 경험을 완전히 받아들이거나 곰곰이 되새기며 깊은 통찰을 얻어내는 경험일 것이다. 그렇다. 우리는 두려움을 안고 살아갈 필요가 없다.

그러므로 '어떻게 초월적 경험을 일상생활의 지속적인 흐름에 통합시킬 수 있는가?'라는 질문은 '어떻게 초월적 경험을 증가시킬 수 있는가?'라는 질문만큼이나 중요할 수 있다. 2014년 캐서린 맥클린은 건강한 환각적 통합의 개척에 집중하기 위해 학계를 떠났고, 환각제 사용의 결과로 강렬한 초월적 경험을 한 사람을 위한 커뮤니티를 확대했다. 맥클린의 현재 작업을 안내하는 핵심 질문은 다음과 같다. '사람들이 건강한 커뮤니티를 형성하고 더 나은 인간이 되도록 돕기 위해 어떻게 이러한 절정 경험을 활용할 수 있는가?'[88]

매슬로는 1966년 11월 29일에 쓴 〈약물 비평〉이라는 제목의 미발표 논문에서 열심히 일하거나 어려운 기술을 습득하여 수입을 올렸다면 건강을 키우는 것이지만, 그러지 못했다면 병을 키우는 것이라고 기록했다.[89] 매슬로는 진정성 있고 오랫동안 지속되는 자아실현에는 지름길이 없으며, 내적인 통합이 없는 일시적인 초월은 위험할 수 있다고 생각했다. 매슬로는 이렇게 말했다. "당신의 축복을 사는 것보다는 축복을 위해 일하는 것이 분명 더 낫다고 생각한다. 내가 얻지 못한 낙원은 가치가 없다.[90] 에베레스트산 정상까지 에스컬레이터를 설치해야 할까? 아니면 광야를 통과하는 자동차 도로를 더 많이 만들어야 할까? 그도 아니면 일상적인 삶을 더 쉽게 만들어야 할까?"[91]

매슬로는 절정 경험의 놀라운 중요성과 그러한 경험이 지닌 진정으로 변화시킬 수 있는 잠재력을 인정하고, 적어도 사람들에게 지구상에 천국을 건설하는 것이 가능하다는 것을 보여주려 노력했다. 그러면서 매슬로는 누군가를 완전히 이해하려면 절정 경험을 자신과 세상을 살기 좋은 곳으로 만들기 위한 지속적인 의식의 흐름과 건강하게 통합시켜야 한다고 점점 더 확신하게 되었다.

1968년의 어느 봄날, 매슬로는 〈에이브러햄 매슬로 되기〉라는 제목의 다큐멘터리를 찍기 위해 친구인 워렌 베니스와 폭넓은 주제로 인터뷰를 진행했다. 인터뷰는 매슬로가 손녀 지니의 탄생을 축하하기 위해 오하이오주 콜럼버스로 떠나기 직전에 버팔로에서 진행되었다. 매슬로는 지니와 함께 시간을 보내며 경험했던 많은 절정 경험을 일기에 적곤 했다. 다큐멘터리를 촬영하는 동안, 매슬로는 베니스에게 자신이 이제 막 인류와 사회 그리고 종교에 대한 새로운 이미지, 즉 '보편주의의 토대'를 접했다고 말했다. 그는 설명했다. "좋은 사회는 하나의 세계여야만 하네. 아직은 잘 모르겠지만, 민족주의는 죽은 것 같군. 마찬가지로 착한 사람은 인류의 일원이어야 하고, 그 역시 그것을 알아야 하네." 매슬로에게 중요한 두 가지 질문은 '인간의 본성은 얼마나 좋은 사회를 허용하는가?'와 '사회는 얼마나 선한 인간의 본성을 허용하는가?'였다.

　카메라가 꺼지자, 매슬로는 베니스 쪽으로 돌아앉으며 말했다. "나는 중대 결정을 내려야만 해." 얼마 전 심장마비를 겪은 이후로 그는 간헐적인 가슴의 통증, 두근거림, 불면증, 병적인 탈진, 전반적인 피로감, 무기력증, 떨림, 우울증에 시달리고 있었다.[92] 그는 이제 글을 쓰기 위해 얼마나 많은 에너지를 소모해야 하는지 잘 알고 있었다. 매슬로는 친구에게 물었다. "내가 좋은 심리학에 대해 쓸 수 있는 걸 모두 썼을까?" 아울러 매슬로는 친구인 사가푸드의 회장이자 CEO 빌 로플린이 자신에게 캘리포니아로 돌아가 때때로 회사에 자문을 제공할 기회를 제공했으며, 이는 그에게 글을 쓸 수 있는 충분한 시간을 줄 것이라고 설명했다. 매슬로는 계속 베니스에게 말했다. "며칠 동안 고민했고 베르타랑 상의한 결과, 여러 대학에서 보내온 모든 제안을 거절하고, 서부로 가서 남은 시간을 글을 쓰는 데 투자하기로 했어. 나는 모든 외부 환경에서 벗어나려고 해. 하버드도 싫고, 브랜다이스도 싫어. 내 인생의 마지막 노래를 달콤하고 기쁜 마음으로 만들고 싶어."[93]

8장

Z 이론:
인간 본성의 더 먼 곳

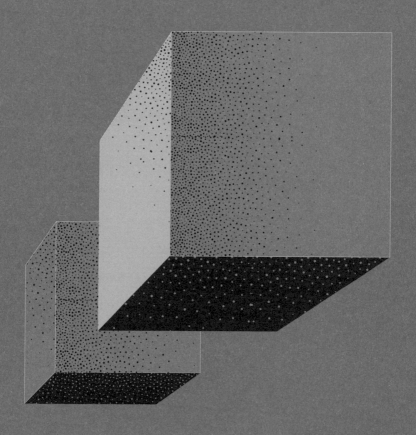

인간의 삶을 이해하기 위해서는 반드시 최고의 열망이 고려되어야 한다.
— 에이브러햄 매슬로,《동기와 성격》, 1970년 개정판 서문

세 번째 심리학은 초월적 경험과 초월적인 가치를 다루는 네 번째 심리학
인 '초超인본주의transhumanism 심리학'을 낳는다.
— 에이브러햄 매슬로, '인간 본성의 더 먼 곳', 유니테리언 교회 강연

'초월'이라는 단어만큼 다양한 방식으로 사용된 단어는 없을 것이다. 사실 내가 초월에 관한 책을 쓰고 있다고 사람들에게 말했을 때, 나는 필연적인 질문을 받았다. '초월의 의미는 무엇인가?' 매슬로는 1969년의 논문 〈초월의 다양한 의미〉에서 초월이라는 단어의 서른다섯 가지 개념적인 설명을 제시했다. 이에는 자의식 상실이라는 의미부터 자기 자아의 초월, 자연 세계의 수용, 이분법의 초월, 다른 사람에 대한 의존성 초월, '우리 vs. 그들'로 이분화된 민족주의와 애국심 또는 자민족 중심주의 초월, 시간과 공간 초월, 더 높은 수준의 본성을 위하여 평범하고 일상적인 인간성의 초월, 인간을 초월한 '우주 의식' 경험 등이 있다.

이처럼 거대한 정의의 혼합을 대하면, 이렇게 질문하고 싶은 유혹이 생긴다. 그렇다면 진정한 초월은 무엇인가? 진정한 초월이 가능할까? 지금쯤이면 독자 여러분들은 이러한 질문 자체가 올바른 질문이 아니라는 사실을 깨달았기를 바란다. 가장 건강한 형태의 초월은 우리 존재의 어느 한 측면에 있는 것이 아니라, 우리 존재 전체의 건강한 통합을 포함한다. 매슬로의 저술과 자아실현과 최고의 인간 본성에 관한 현대 심리학 연구를 고려할 때, 나는 '건강한 초월'을 다음과 같이 정의하기를 제안한다.

> 건강한 초월이란 좋은 사회를 만들기 위해 자신의 전체 자아를 조화롭게 통합시키는 데서 비롯되는 새로운 현상이다.

내가 가장 건강한 형태라고 생각하는 초월에 대한 이해는 우리 자신이나 다른 누군가의 일부를 외면거나, 나머지 다른 인간성보다 높은 층에 자리한다고 생각하는 것이 아니다. 건강한 초월은 전체 밖에 있거나 전체보다 우월하다고 느끼는 것이 아니라, 인간 존재 전체의 어느 한 조화로운 부분이 되는 것이다. 이는 또한 어떤 인간이 실제로 달성한 수준이 아니라, 모든 인류가 길을 찾기 위해 바라보며 걷는 북극성 같은 지표이다. 간단히 말해서 건강한 초월은 최상의 자아를 실현하기 위해 도움이 되는 모든 것을 활용하는 것을 포함하며, 그렇게 해서 인류 전체의 기준을 끌어올리는 데 도움을 줄 수 있다.

우리 중에는 이처럼 더 높은 가치와 경험에 의해 지속적으로 동기를 부여받는 사람이 있다. 이러한 '초월자'에게 자아실현은 단지 초월적 존재의 상태로 건너가는 징검다리일 뿐이다. 이들은 우리 모두에게 무엇이 가능한지 그리고 인류로서 우리가 무엇이 될 수 있는지를 보여준다.

초월자들

1967년 초, 매슬로는 상이한 방식의 자아실현자가 실제로 존재하는지 궁금했다. 1967년 5월 28일의 일기에서 그는 자아실현과 관련해 '하나의 중요한 통찰'을 포함하여 '모든 종류의 통찰'을 이야기했다. 매슬로는 그의 일기에 이렇게 적었다. "자아실현 비평을 작성하고 출판하려 했지만, 결국 그렇게 하지 않았다. 이제는 왜 그랬는지 알 것 같다. 나는 건강함을 넘어서는 자아실현의 예를 찾기 위해 숨겨지고 무의식적인 그래서 결과적으로 잘못된 선택기준을 사용했다고 생각한다."[1]

몇 주 후의 일기에서 매슬로는 그의 친구이자 성격학personology을 창시한 헨리 머레이와 토론을 나눈 후, 이러한 통찰에 대해 추가적인 내용을 기입했다.

> 나는 그(헨리 머레이)에게 새로 발견한 것을 말했다. (…) B-인간은 증상이 없는 '건강인'보다 더 많이 증상에 시달리고, 더 많은 가치-병리 증상을 보일 수 있다. 어쩌면 B-영역을 알지 못하거나 신경 쓰지 않았고, 최고의 정점에서 B-영역을 경험해본 적이 없어서 증상이 없는 것일 수도 있다. 이제는 그런 상황 또한 변화했음이 분명할 것이다. (…) 가치-병리 증상을 보이는 것은 증상이 없는 것보다 더 '높다.' (그리고 보다 B-건강하다?) (…) 가치-병리 증상은 아주 대단한 성취일 수 있다. 그들의 좌절된 이상주의의 증상을 통해 그들이 손을 뻗어 도달하려 하고, 이를 통해 도달할

수 있는 아름다운 B-영역을 바라볼 수 있게 해주는 사람을 진심
으로 존경할 수 있게 된다. (…) 어려움을 겪으며 위로 올라가는
사람은 그 (자아실현의) 수준에서 완벽하게 만족하는 사람보다 실
제로 더 나은 예후를 보인다. (나는 정말로 가치-병리 증상의 장점을 선
전하고 극구 칭찬했다!)[2]

이러한 통찰의 중요성을 간과해서는 안 된다. 매슬로는 그의 욕구
단계이론에 단지 일시적인 절정 경험이 아니라 추가적인 동기가 존
재한다는 사실을 깨달았다.[3] 아주 중요한 차이가 있다. 절정 경험은
엄청난 변화의 잠재력이 있지만, 인생에서 가장 높은 동기와는 관계
없이 누구나 경험할 수 있는 것이다. 그들의 최고의 동기와는 별개로,
누구나 일시적으로 배고픔이나 외로움을 느끼거나 자존심에 상처를
입을 수 있는 것처럼 말이다. 그러나 매슬로가 '자아실현에 성공한 사
람'이라는 우산 아래 포함시킨 많은 사람은 정기적으로 건강과 성장
에 의해 동기를 부여받았던 반면, 그의 가장 높은 동기는 초월적 경험
과 초월적 가치를 향한 끊임없는 노력으로 여겨졌다. 중요한 것은 이
들이 기본적으로 행복에 의해 동기가 부여되지 않았으며, 실제로 그
들 중 많은 이들은 절정 경험을 통해 종종 얻을 수 있었던 인류를 위
한 더 높은 비전을 실현하기 위해 고군분투하며 계속 좌절했다는 점
이다.

이듬해 인본주의 심리학자 월라드 프릭과의 인터뷰에서 매슬로는
"우리는 10여 년 전에 생각했던 것보다 훨씬 다양한 자아실현자에 관
해 이야기할 수 있게 되었다"고 지적했다.[4] 그는 "모든 것을 가졌지만

3부 건강한 초월

(…) 매우 불행하고, 자신의 길을 알지 못하고 이리저리 비틀거리며, 온갖 멍청한 일과 어리석은 일을 할 수도 있는" 사람을 알게 되었다고 말했다. 그는 그런 사람을 모든 욕구가 충족되고 일체의 신경증에서 자유로우며 자신의 능력을 잘 사용하면서도 그저 건강할 뿐인 사람과 구별했다.

그런 다음 그는 자아실현을 하면서도 초월자인 또 다른 유형의 사람을 언급했다. 이들은 매슬로에게 그들의 가치체계가 깨달음에 이르는 보살의 길, 즉 인류에 대한 봉사 혹은 다른 사람에게 도움이 되는 사람을 의미했다. 매슬로는 이렇게 말했다. "그들은 단순히 다른 사람들뿐만 아니라 그들 자신을 위해서도 더 나은 인간이 되고, 마침내 자아를 초월하는 사람이 되었다."

매슬로는 그가 새로 이해한 흥미진진한 내용을 취해, 1969년《트랜스퍼스널 심리학 저널》에 게재한 〈Z 이론〉이라는 제목의 논문에 담았다. 초월자와 단순히 건강한 사람의 구분을 반영하여, 매슬로는 단순히 건강한 사람은 더글러스 맥그리거의 Y 이론의 기대치를 충족한다고 주장했다. 단순히 건강한 사람은 욕구의 결핍을 알지 못하고, 자신의 잠재력 실현, 정체성, 개성 및 독창성 발달이라는 욕구에 의해 주도된다. 매슬로는 말했다. "그런 사람들은 세상에서 살아가며, 그 세상에서 성취를 이루고자 한다. 그들은 (건강한) 정치인이나 현실적인 사람들이 하는 것처럼, 세상을 지배하고 이끌며 좋은 목적으로 사용한다."⁵

초월자 또한 Y 이론의 기대를 충족시킨다고 주장하면서도, 매슬로는 초월자들이 어쩌면 가끔씩 혹은 늘 그렇듯이, 세상과 자기 자신에 대한 그들의 견해를 변화시킨 이해나 통찰 또는 인식을 더 자주 얻으면서 Y 이론 역시 초월한다고 주장했다.[6] 매슬로는 초월자들이 기본욕구의 만족이나 자신의 고유한 자아의 성취를 넘어서는 더 높은 이상과 가치에 의해 메타동기화metamotivated된다고 제안했다. 이러한 메타동기화는 자기 자신 밖의 소명에 대한 헌신뿐만 아니라, 궁극적인 가치나 존재의 가치인 B-가치에 대한 헌신을 포함한다. 매슬로의 B-가치 목록은 진실, 선함, 아름다움, 정의, 의미, 재미, 생동감, 독특함, 탁월함, 단순함, 우아함 그리고 완전함을 포함한다.

매슬로는 초월자들에게 그들의 일을 하는 이유가 무엇인지, 무엇이 그들의 삶을 살 만한 가치가 있게 만드는지 물었고, 그들은 종종 그러한 가치들을 인용하곤 했다. 그들이 자신의 일에 그렇게 많은 시간을 할애하는 더 이상의 특별한 이유는 없었다. 그러한 가치는 다른 어떤 것에도 도움이 되지 않았고, 다른 목표를 달성하는 데에도 그다지 중요한 역할을 하지 않았다. 매슬로가 왜 그렇게 정의에 관심이 많은지 묻자, 응답자들은 '그냥 하는 것'이라는 것과 비슷하게 대답하곤 했다. 매슬로는 병을 피하고 완전한 인간성이나 성장을 달성하기 위해서는 메타욕구의 만족이 필요하다고 믿었다. 매슬로는 말했다. "메타욕구는 그를 위해서라면 기꺼이 살거나 죽을 만한 가치가 있는 것들이다. 그것들을 생각하거나 그것들과 융합되는 것은 인간이 누릴 수 있는 가장 큰 기쁨을 준다."

또한 매슬로는 B-가치의 박탈이 메타병리를 초래할 수 있으며, 그러한 좌절된 이상주의는 메타불만을 유발할 수 있다는 흥미로운 주장을 제시했다. 매슬로는 초월자의 메타불만이 그들의 정신건강의

지표가 될 수 있다고 믿었다. 안전, 지위, 돈, 권력, 존중, 수용, 애정의 부족함을 불평하는 것은 아름다움, 유머, 선함, 정의, 독특함, 완전성 그리고 세상의 의미의 심각한 부족을 불평하는 것과는 분명 다른 종류인 듯하다.

매슬로는 논문에서 초월자와 단순히 건강한 사람 간 일련의 차이점들을 설명했다. 그러면서 그는 초월적·비초월적 자아실현자들이 모두 그가 원래 자아실현을 추구하는 사람을 묘사한 모든 특성을 공유하지만, 그 특성들을 초월하기도 한다는 점을 강조했다. 그들이 특성들을 초월하는 방식은 다음과 같다.

매슬로가 제시하는 초월자의 특성[7]

▲ 절정 경험과 고원 경험plateau experience은 초월자의 삶에서 가장 중요한 것, 높은 곳, 삶의 검증자 그리고 삶의 가장 소중한 측면이 된다.

▲ 시인, 신비주의자, 선지자, 진지한 종교인, 영원의 측면에서 사는 사람들의 언어인 존재의 언어, 즉 B-언어를 쉽고 자연스러우며 무의식적으로 말한다.

▲ 세속적인 것 내부의 신성함, 즉 모든 것의 신성함을 인식하는 동시에 실제적·일상적인 차원에서 세속적인 것을 바라본다. 마음먹은 대로 모든 것을 신성시할 수 있다. 즉 영원의 측면에서 그것들을 인식한다. 더구나 이 능력은 좋은 현실의 실험과도 상호배타적이지 않다.

▲ 완벽, 진실, 아름다움, 선함, 통일성, 이분법 초월, B-즐거움과 같

은 B-가치에 의해 의식적, 의도적으로 동기를 부여받는다.

▲ 첫 만남에서도 어떻게든 서로를 알아보고, 거의 즉각적인 친밀감과 상호 이해에 이르는 것처럼 보인다.

▲ 아름다움에 잘 반응하고, 나아가 대부분의 사람에게 추하게 보일 수도 있는 것을 포함해 모든 것을 아름답게 포장하는 경향이 있다.

▲ 세상을 '건강한' 자아실현자나 실제적인 자아실현자보다 전체론적으로 이해한다. 그에게 인류는 하나이고, 우주도 하나이며, 국가의 이익, 아버지의 종교 또는 다른 등급의 사람이나 IQ 같은 개념은 존재하지 않거나 존재하더라도 쉽게 초월된다.

▲ 이처럼 전체론적인 지각에 대한 진술이 겹치는 것은 정신내적이고, 대인적이며, 문화 내적이고, 국제적인 시너지 효과에 대한 자아실현자의 자연스러운 경향을 강화한다. 시너지는 이기심과 이타심의 이분법을 초월하고, 두 개념을 단일한 상위 개념에 포함시킨다. 이는 경쟁력, 제로섬, 승패 위주의 승부의식의 초월이다.

▲ 자아를 더 자주, 더 쉽게 초월한다.

▲ 가장 자아실현적인 사람처럼 사랑스러울 뿐만 아니라, 더 많은 경외감을 불러일으키고, 같은 세상을 사는 사람 같지 않고, 더 쉽게 존경받는다. 그들은 '대단한 사람이다'라는 생각을 더 자주 자아낸다.

▲ 혁신가가 되고, 새로운 것과 실제로 존재할 수 있는 것 그리고 가능성으로 존재하는 것, 실현될 수 있는 것의 발견자가 될 가능성이 훨씬 크다.

▲ 건강한 사람보다 덜 '행복'하다. 초월자들은 황홀하고 더 열광하며 더 높은 수준의 행복을 경험할 수 있지만, 동시에 평범한 사람들과 마찬가지로, 아니 어쩌면 더 쉽게 어리석음, 자기 패배, 맹목성, 서로에 대한 잔인함, 근시안성에 관한 일종의 범우주적 슬픔이나 B-슬픔을 느끼는 경향이 있다. 이것은 아마도 그들이 세상의 아름다움, 인간 본성의 성스러운 가능성, 그처럼 많은 인간의 사악함의 불필요성, 명백해 보이는 좋은 세상의 필요성을 직접적으로 인식하는 것에 대해 그리고 더 높은 IQ나 개별적인 일부 직업에 대한 더 큰 전문성보다는 인간의 선함을 위해 지불해야 하는 대가일 것이다.

▲ D-영역과 B-영역 모두에서 더 쉽게 살 수 있다. 모두를 훨씬 더 쉽게 신성화할 수 있기 때문이다. 모든 초월자는 모든 사람과 생명체, 심지어는 모든 무생물의 신성함까지도 그것의 실체에서 너무나도 쉽고 직접적으로 인식할 수 있고, 단 한순간도 잊지 않기 때문이다.

▲ 지식의 증가가 신비감, 경외감, 겸손함, 궁극적인 무지, 존경심 및 헌신감의 증가와 관련이 있다는 것을 발견한다. 대부분의 사람은 신비를 줄이고 불안을 감소시키기 위하여 지식을 추구한다. 하지만 절정 경험자나 특히 초월자 그리고 일반적인 자아실현자에게 신비는 무섭기보다는 매력적이고 도전적인 존재이다.

▲ 괴짜처럼 보이는 창조자를 잘 알아보는 선별자일 가능성이 높다. 초월자는 창의적이지 않은 괴짜도 더 잘 가려낼 수 있다.

▲ 전체론적 관점에서 때로는 악(惡)의 불가피함과 필요성을 이해

한다는 의미로 '악과 화해'하는 경향이 있다. 이는 악에 대한 더 나은 이해를 의미하기 때문에, 악에 대한 더 큰 연민과 덜 양가적이고 굴하지 않는 싸움을 일으켜야 한다. 더 깊이 이해한다는 것은 더욱 단호하고, 갈등과 양가성 및 후회가 적어질수록 더 빠르고 확실하며, 효과적으로 행동함을 의미한다. 필요하다면 악한 사람을 측은히 여기며 쓰러뜨릴 수도 있다.

▲ 스스로를 재능의 운반자이자 개인의 한계를 초월한 도구로 간주하는 경향이 있다. 이는 자기 자신에 대한 특정한 종류의 객관성이나 거리두기를 의미하는데, 이러한 태도가 비초월자에게는 오만함이나 지나친 자신감, 심지어는 편집증처럼 비쳐질 수 있다.

▲ 역사적, 관습적, 미신적 그리고 제도적 의미를 제외하고는 유신론·무신론적 의미 모두에서 대단히 종교적이거나 영적인 경향이 있다.

▲ 자기애와 자아와 정체성을 초월하고 자아실현을 넘어서는 것이 더 쉽다고 생각한다. 비초월적 자아실현자는 주로 강한 정체성을 가진 사람 그리고 자신이 누구이며 어디로 가고 있고 무엇을 원하며 자신이 무엇을 위해 좋은지를 알고 있는 사람, 다시 말해 스스로를 자신의 진정한 본성에 따라 형상화하고 확실하게 활용하는 강한 자아로서 묘사된다. 물론 이것만으로 초월자를 충분히 설명하지 못한다. 이러한 묘사는 분명 초월자에게 해당되지만, 초월자는 이런 것들보다 더 많은 것을 가지고 있기 때문이다.

▲ B-영역을 더 잘 감지하는 능력으로 더 많은 최종 경험end experiences을 하고, 물웅덩이의 색깔, 유리창에 뿌려지는 빗방울, 피부의 부드러움 또는 애벌레의 움직임 등에 넋을 빼앗긴 어린아이처럼 더 많은 매혹에 빠진다.

▲ 다소 도교적이고 아주 건강하며 다소 실용적이다. B-인지는 모든 것을 더욱 경이롭고 완벽하게, 다시 말해 본래부터 당연히 그래야만 하는 것처럼 보이게 만든다. 그러므로 본래 모습 그대로 훌륭한 대상에 무언가를 보태려는 충동이나 개선하고자 하는 필요성 또는 개입하려는 생각은 줄어든다. 그렇다면 그것에 어떤 조치를 취하기보다는 단순히 응시하며 살펴보려는 충동이 더 강해지기 마련이다.

▲ 포스트 양가성postambivalence은 모든 자아실현자에게 중요한 특징이 되는 경향이 있으며, 일부 초월자의 경우에는 더욱 그런 편이다. 프로이트의 이론에서 비롯된 이 용어는 사랑이나 우정, 성, 권위 또는 권력 등으로 이어지는 더욱 일반적인 사랑과 증오의 혼합이 아니라 완전히 전폭적이고 상충되지 않은 사랑, 수용, 표현력을 의미한다.

▲ 성격의 성숙도가 증가함에 따라, 돈과 칭찬 외에 더 높은 수준의 페이(메타페이)와 보상(메타보상)의 중요성이 증가한다. 물론 자아실현자는 대부분 어차피 일과 놀이를 결합했을 것이다. 즉 자신의 일을 사랑한다. 그는 취미로 할 일을 하며 돈을 받고, 본질적으로 만족스러움을 선사하는 일을 하며 돈을 벌 수도 있을 것이다. 그러나 초월자는 그에 더해, 더 많은 절정 경험과 B-인지를 가능하게 해줄 것 같은 일을 적극적으로 찾아나선다.[8]

전체적으로 초월자의 특성은 매슬로가 '건강한 어린아이 같음' 혹은 '두 번째의 순진함'으로 언급한 것과 같은 완전한 세계관을 대변하는데, 그 안에는 모든 단계에서의 한 사람의 진정한 통합이 담겨 있다.[9] 이 세계관은 안정 및 성장욕구에 대한 만족을 포함하지만, 이를 초월하기도 한다. 초월자는 존재의 D-영역과 B-영역 모두를 유유히 항해할 수 있다.

Z 이론의 세계관은 경외감, 아름다움, 경이, 음미, 탐험, 발견, 개방성, 전체론적 인식, 무조건적인 수용, 감사, B-사랑, B-겸손(자신을 숨기기보다는 자신의 능력에 대한 정직한 평가),[10] B-재미,[11] 자아 초월, 시너지, 단일성, 일에 대한 내재적 동기, 삶의 궁극적인 가치에 대한 동기로 가득하다. Z 이론의 세계관에서 핵심 요소로 부각되는 것은 이분법의 초월이다. 즉 남성과 여성, 감성과 이성, 성욕과 사랑, 선과 악, 민족과 세계, 이기심과 이타심, 친절과 무자비, 행복과 슬픔, 신비와 현실 같은 일상의 이분법은 더 이상 이분법으로 간주되지 않고, 더 크게 통합된 전체의 일부로 간주된다.

Z 이론의 세계관은 제인 러빙거가 말한 발달 단계의 통합 단계, 에릭 에릭슨이 말한 심리사회적 발달 단계의 자아 통합 및 세대 계승성 generativity 단계, 로버트 키건이 말한 건설적 발달이론의 개인 간 단계, 수잔 쿡-그로이터가 말한 자아발달이론의 탈관습적 단계 같은 심리학 문헌에서 소개되는 다른 중요한 자아발달이론과 일치한다. 또한 고전적인 심리학 문헌 외에도, 켄 윌버의 통합이론에서 가장 높은 의식상태와 클레어 그레이브스의 나선 역학의 두 번째 단계와도 연결된다.[12]

3부 건강한 초월

Z 이론의 세계관은 지혜에 관한 현대 심리학의 연구결과와 놀라울 만큼 유사하다.[13,14] 지혜는 심리학 문학에서 종종 인지적·정서적·행동적 차원의 통합을 포함하는 것으로 개념화된다. 여기에는 다양한 관점을 받아들이고 도전받을 때 방어적이지 않은 방식으로 대응하며, 의미를 도출하기 위해 다양한 감정을 표현하고 인간의 진실을 비판적으로 평가하며, 인간 문제의 불확실하고 역설적인 본질을 인식하는 능력이 포함된다.[15]

임상심리학자 디어드레 크레이머는 이렇게 말했다. "지혜로운 사람은 긍정적인 것과 부정적인 것을 살펴보고, 이를 종합하여 모든 연약함과 취약성에서 더 인간적이고 통합된 자아감각을 창조하는 법을 배웠다. (…) 그들은 자신의 성찰 능력을 인간관계에 대한 깊고 변함없는 관심과 타인에 대한 생성적 관심과 통합하기 위해 먼저 자기 관심사를 포용하고, 그런 다음 이를 초월할 수 있는 것 같다."[16] 지혜는 나이가 들어감에 따라 증가하는 경향이 있으며, 경험에 대한 개방성, 자기반성 및 내적 성찰 능력, 개인적인 성장 동기, 자기 견해에 대해 기꺼이 회의적인 태도 유지하기, 추정과 신념에 지속적으로 의문 제기하기, 자신의 정체성과 관련된 새로운 정보를 탐색하고 평가하기 등에서 높은 수준을 유지하는 사람에게서 주로 발견된다.[17]

Z 이론의 관점에서 우리는 인간의 모든 욕구에 애정을 가지고 일방적인 판단을 하지 않으면서도 그것들을 서로 **분리된 것이 아니라 통합되고 조화를 이루는 것으로 간주하며, 최대한 높고 유리한 관점에서 내려다볼 수 있다.** 이러한 높고 유리한 지점은 우리 자신의 자아나 정체성에 묶여 있지 않지만, 필요한 경우 그 모든 것을 분명하게 볼 수 있

다. 아마도 이는 하늘 높이 자유롭게 날아오르거나 인간 경험의 풍경 속으로 뛰어들어 어떤 각도에서든 볼 수 있는 한 마리 바닷새의 유리한 관점과도 같다. 그렇게 해서 건강한 초월은 삶의 바람과 파도를 헤쳐나가는 우리에게 도움을 준다.

이제는 자아실현과 자기초월이 서로 조화롭게 어울릴 수 있다는 점이 분명해졌을 것이다.[18] 나는 자아실현에 관한 동양과 서양 그리고 고유한 철학적 개념의 진정한 통합이 가능할 뿐만 아니라, 인간 본성의 최고봉에 오르기 위해서 꼭 필요한 것이라고 생각한다. 온전한 인간이 된다는 것은 안정, 성장 및 초월의 계층적 통합을 포함한다. 우리는 이러한 영역을 서로 경쟁시킬 필요가 없으며, 이들은 가장 높은 수준의 통합에서 하나의 단일체로 융합된다.

매슬로는 1961년의 공개 강연에서 말했다. "제가 말한 요점을 분명히 밝혔으면 좋겠습니다. 우리는 1차 과정과 2차 과정, 의식과 무의식, 합리적인 것과 직관적인 것, 과학적인 것과 미학적인 것, 일과 놀이, 추상과 구체, 간접경험과 직접경험의 이분법을 해결하고 초월해야 세상과 우리 자신에 관한 모든 것을 인식할 수 있습니다. 그때 비로소 우리는 온전한 과학, 언어, 수학, 예술, 교육, 인간을 창조할 수 있습니다."[19]

인간이 될 수 '있는' 것

인간의 본성은 과소평가되어 왔다.
— 에이브러햄 매슬로, '인간 본성의 더 먼 곳', 유니테리언 교회 강연

인간 본성의 모든 측면에 대한 우리의 이해를 통합하고, 진정으로 포괄적인 심리학을 창조할 때가 되었다.
— 에이브러햄 매슬로, 〈인본주의 심리학에 기초한 새로운 정치의 구축〉

Z 이론의 세계관은 사람과 선한 사회에 깊은 영향을 미치며, 인간이 될 수 있는 것에 영감을 주는 비전을 제공한다. 나는 이 비전이야말로 오늘날 우리가 살고 있는 양극화되고 비인간화된 세상에서 꼭 필요한·것이라고 생각한다. 그래서 이 섹션에서는 인본주의 심리학의 핵심 원칙을 인간의 노력과 경험의 모든 측면에 불어넣으려 평생 애썼던 매슬로의 사명을 토대 삼아 '인간이 될 수 있는 것'에 관한 개인적인 생각을 소개하고자 한다.

첫째, Z 이론은 과학적 조사가 가능한 주제의 범위를 확장시킨다.* 그는 강연 '인간 본성의 더 먼 곳'에서 말했다. "가치와 가치 경험과 절정 경험 혹은 초월 경험으로 들어가는 문을 열면, 완전히 새로운 가능성을 조사할 수 있습니다."[20] 실제로 심리학 분야의 다양한 영역에서 활동하는 일련의 현대 연구자들은 이타주의, 도덕성, 사랑, 연결,

---

* 매슬로는 저서 《과학의 심리학》에서 '어엿한 지식과 인식 가능성의 영역에서 추방된 모든 초월 경험 그리고 경외감, 경이, 신비, 엑스터시, 아름다움 및 절정 경험이 갖고 있는 과학 내의 체계적인 지위 부정'이라며 과학의 세속화를 비판했다. Maslow, *The psychology of science*, p. 121.

희망, 용서, 웃음, 감사, 명상, 영성, 절정 경험 그리고 심지어는 위대한 신비로운 깨달음 등에 대한 인간의 능력을 포함하여 우리 인간의 더 높은 본성의 문화적·진화적·생물학적 기초를 조사하고 있다.[21] 물론 여전히 더 많은 연구가 필요하다. 하지만 매슬로가 살아 있었다면, 우리 인간의 더 높은 단계의 본성에 내재한 잠재력을 이해하려는 분야에서 지금까지 이뤄낸 발전을 바라보며 무척 기뻐했을 것이라고 생각한다.

둘째, Z 이론은 우정에서 가족, 낭만적인 사랑, 섹스에 이르기까지 인간관계에 관한 새로운 이미지를 제공한다. 매슬로는 이러한 각각의 관계를 사랑이 상호 고객 만족보다 훨씬 더 큰 것으로서 최고 단계에 자리하는 계층 구조의 일부로 간주했다.[22] 이 책에서 이제껏 살펴본 것처럼 교사-아동 관계, 학생-교사 관계, 치료사-환자 관계, 산업 분야, 경영이나 리더십 분야까지 모든 측면에서 B-사랑은 D-사랑과 매우 달라 보인다.

교육 분야를 살펴보자. 진정한 인본주의 교육은 전체 아동을 가르치고, 아동과 그들의 고유한 개인적인 목표, 꿈, 열망이 교사의 커리큘럼에 얼마나 밀접하게 연관되어 있는지와 관계없이 저마다 가치 있는 것으로 대우하는 것을 포함한다.[23] 학교가 표준화된 교과 내용을 배우는 곳일 뿐만 아니라, 경이로움과 경외감과 자아실현 그리고 인류에 대한 희망으로 가득 찬 곳이라고 상상해보자. 나아가 학교가 지금처럼 삶과 분리되지 않았다고 상상해보자. 아이들이 방과 후 남은 하루 동안 전 세계를 공부하는 학습자가 되겠다는 영감을 받고 집으로 돌아갈 수 있다면 어떨까? 배움에 대한 애정을 심어주는 것은 학생들에게 중요한 B-가치를 심어주는 일일 것이다. 매슬로는 다음과 같이 지적했다. "인본주의 교육은 인간의 삶 전체를 교육하는 것을 의미한다. 이는 특정한 어느 건물 안에서만 이뤄질 뿐 그곳을 벗어나면 사라지는 부류의 교육이 아니다."[24]

이와 동일한 원칙이 치료 경험에도 적용된다. 먼저 임상 환자를 온전한 인간으로 대하고, 그런 다음 그들의 DSM 관련 임상 증상을 치료한다고 상상해보자. 임상의의 소파에 앉은 상당수의 초월자들은 좌절된 이상주의의 건강한 증상을 보여주는데, 이는 약을 복용하고 그들의 나머지 존재로부터 단절되어야 하는 무언가라기보다는 오히려 격려할 수 있는 것이다. 많은 환자에게 필요한 것은 그들의 가장 강력한 잠재력을 차단하고 통제하는 것이 아니라, 그들의 어두운 면을 건강하게 통합하는 것이다.

Z 이론의 세계관은 또한 우리가 더 큰 기쁨을 경험할 수 있게 해준다. B-가치와 관련된 일종의 기쁨을 '메타쾌락주의metahedonism'라고 부르며, 매슬로는 "고통으로부터의 해방에서 시작해, 뜨거운 욕조에 몸을 담글 때의 만족, 좋은 친구와 함께 할 수 있는 행복, 위대한 음악의 기쁨, 아이를 낳는 더없는 행복, 최고의 사랑 경험의 황홀감을 거쳐, B-가치와의 결합에 이르기까지"[25] 쾌락의 계층이 존재할 수 있다는 생각을 제시했다.

우리 모두가 가능한 깊은 기쁨을 배웠다고 상상해보자. 연구에 따르면 임상적으로 우울하고 불안해하는 사람들이 열흘 동안 미덕과 관용과 용기 등의 행동을 관찰하면서 도덕적 고양 개입을 받은 뒤, 다른 사람을 돕기 위한 노력의 증가, 타인과의 친밀감 증가, 대인 관계 갈등 및 고통 증상의 감소를 보여주는 것으로 나타났다.[26] 때로 불만과 스트레스를 치료하는 해독제는 존재의 B-영역으로의 전진이고, 그 결과로 경험할 수 있는 메타쾌락주의를 향한 압박이다.

이는 또한 성적 경험에도 적용된다. 메타쾌락주의적 성적 경험은 어떤 모습일까? 매슬로가 지적했듯 섹스는 "더 높은 단계에서, 특히 사랑의 관계에서 절정 경험과 신비롭고 합일적인 경험을 위한 방아쇠로, 간단히 말해서 천국으로 들어가는 문 중 하나로 간주될 수 있다. 이것은 과학이 탐구할 영역을 열어준다. 전체 인구를 표본으로 취해 대부분의 사람들의 성생활을 조사한다면, 인구의 99퍼센트가 실제로 성생활의 가능성을 알지 못한다는 사실을 깨달을 것이기 때문이다. 그들은 그 느낌이 얼마나 높을 수 있는 것인지 모른다."[27] 앞서 논의한 바와 같이 B-사랑은 보다 만족스럽고 초월적인 쾌락을 제공한다(5장 참고).

오늘날 우리가 지켜보는 많은 분열에 대한 시사점도 있다. Z 이론의 세계관은 종교적·정치적으로 믿음과 신념이 다른 사람들도 건강한 상호작용을 할 수 있는 가능성을 허용한다. 매슬로가 언급했듯이, 공통의 정체성이나 종교적·정치적 신념을 근거로 가장 연결되어 있다고 느끼는 사람뿐만 아니라 모든 사람이 삶의 모든 것의 종교화·신성화라는 주제를 이야기할 수 있다.

종교를 생각해 보자. 종교적 믿음과는 관계없이 우리는 모두 우리를 인간이라는 하나의 종으로서 묶는 일반적인 영적 경험을 통해 통합될 수 있다. 매슬로는 말했다. "특성상 성스러운 장소가 있다. 또는 일단 문을 열고 들어서면 왠지 종교적인 느낌을 느껴야 하고, 다시 문

밖으로 나갈 때까지 그런 느낌을 유지해야 할 것만 같은 장소가 있다. 그렇다면 그런 곳은 잊어버려라. 그러면 다음번이나 다음 건물에 들어설 때까지 종교적인 느낌을 갖지 않을 것이다."[28] 그러나 매슬로는 단언했다. "나는 절정 경험이 언제 어디서나 그리고 사실상 누구에게나 일어날 수 있다고 생각한다."

'신성한'이라는 단어는 대체로 종교적 의미를 함축한다. 하지만 매슬로는 존경, 신비, 경이, 경외감을 경험하면서 누구나 그리고 어느 곳에서나 신성한 느낌을 가질 수 있다고 지적했다. 단지 일요일 교회에서만 모든 인류와 연결되어 하나 됨을 느끼는 대신, 교회를 나서자마자 트위터를 하며 우리와 뜻이 맞지 않는 사람들을 초대하고, 우리가 일상에서 갖는 모든 만남에서 신성한 느낌을 유지하며 우리 모두가 서로에게 그렇게 했다고 상상해보자.

Z 이론의 세계관은 또한 현재의 정치 환경에도 시사하는 바가 많다. 매슬로는 인간 간의 유사성이 차이점보다 더 깊고 강하다는 인본주의 심리학의 기본 원리에 근거하여, '심리정치학psychopolitics'이라는 새로운 견해를 연구했었다. 우리가 다른 사람을 먼저 인류의 일부로 인정하고, 그들의 정치적 소속은 부차적인 것으로 취급하는 '하나의 세계' 정치를 상상해보자.

또한 인본주의 정치는 우리의 안정 욕구뿐만 아니라 성장 및 초월 욕구 모두를 포함하여 인간 본성에 대한 현실적인 이해라는 기반 위에서 가능해질 것이다. 확실히 정치인에게는 환경의 일관성을 유지하면서 안전과 안정 그리고 소속감을 중요시하는 것이 필수적이다. 적절한 안정성 없이 완전히 성장하기란 쉽지 않다. 그러나 매슬로는 자아실현과 초월에 대한 가능성을 소홀히 해서는 안 된다고 주장했다. "법과 질서라는 확고한 기반 없이 진정한 성장은 불가능하다. 그러나 사회가 법과 질서 수준에 갇히거나 고착되어, 그러한 조건만을 지나치게 강조하게 되면 오히려 개개인의 성장 가능성이 제한될 수 있다."[29]

이것이 바로 보수와 진보가 서로를 보완할 수 있는 이유이다. 사회는 전통문화를 보존하고 사회의 안정에 깊이 관심을 갖는 권력층뿐만 아니라, 가장 취약하고 지원이 필요한 사람들의 고통과 평등에 관심이 있는 사람도 필요하다.[30] 실제로 진보주의자와 보수주의자는 뜻을 같이 할 수 있다. 단지 방식이 다를 뿐이다. 보수주의는 정중함, 전통적인 도덕적 가치, 자신의 친구나 가족이나 민족 같은 좁고 지역주의적인 삶의 측면에 대한 헌신과 관련이 있다. 그에 반해 진보주의는 보편적인 연민과 평등주의에 관심이 있다.[31] 합의를 근간으로 하는 두 가지 측면은 하나의 세계 정치에 중요하게 기여할 수 있다.

그보다도 건강한 민주주의의 가장 큰 실제적 위협은 서로에 대한 적대적 성향과 거대한 정치적 권력의 행사자 간 적대감의 고조이다. 정치적 혼란과 불평등은 가장 깊은 불안감을 유발하기 때문에 적대감, 불신, 냉소주의를 조장한다. 매우 불안정한 사회에서는 질서, 안정, 소속감에 대한 욕구가 훨씬 더 시급해짐에 따라 사람들의 더 높은 동기는 외면당하기 쉽다. 이러한 불안한 상황에서 우리는 B-사랑과 B-가치를 향한 노력을 소홀히 하지 않도록 조심해야만 한다. 그렇지 않으면 포퓰리즘과 권위주의의 불길에 부채질을 하는 위험을 감수할 수도 있다.

이는 전 세계의 현재 상황과 관련이 있다. 네덜란드의 정치학자 카스 무데는 포퓰리즘 담론이 서구 민주주의의 정치에서 주류가 되었다고 지적했다.[32] 포퓰리즘의 핵심 특징은 반체제 메시지와 '순수한 국민'의 중요성에 초점을 맞추는 것이다.[33] 그 구분은 진보적 가치와 보수적 가치가 아니라, 국민과 권력자 사이에 존재한다.

영광을 추구하는 기회주의적 정치인들은 증오와 공포의 언어로 말하면서 존재의 D-영역의 힘을 활용하는 방식으로 자신들의 메시지를 전달할 수 있다.[34] 전 세계를 대상으로 이루어진 대규모 연구에 따르면, 포퓰리스트의 반체제 메시지는 매우 적대적인 사람들에게서 가장 큰 공감을 불러일으킨다.[35] 생리학적으로 타인에게 적대적인 성향을 보이는 경향이 있는 사람은 반체제 메시지를 유독 정서적으로 자극적이라고 받아들인다. 점점 더 심화 및 악화되는 타인에 대한 적대감은 건강한 민주주의를 극도로 위협하고 있다. 매슬로는 1969년에 쓴 미발표 에세이 〈인본주의 심리학에 기반을 둔 새로운 정치 구축〉에서 다음과 같이 언급했다.

> 그러므로 민주주의 사회는 다른 사람에 대한 연민이나 존경과 같은 일련의 감정에 뿌리를 두고 있으며, 분명 인간의 악한 능력에 대한 매우 현실적인 이해와 통합될 수 있음을 강조하는 것이 중요하다. 우리가 다른 사람을 믿지 않거나, 좋아하지 않거나, 그들을 불쌍히 여기지 않거나, 그에게 형제애를 느끼고 있지 않다면 당연히 민주사회는 불가능할 것이다. 그리고 인간의 역사는 분명 이 점을 증명하는 많은 사례를 보여준다.[36]

마지막으로, 건강한 초월의 실현은 문명의 새로운 비전을 제시한다. 역사적으로 사회의 이익과 개인의 이익은 상호 배타적이며, 때로는 심지어 적대적인 것으로 여겨졌다. 개인에게 좋은 것은 모두 문명에 좋지 않다는 주장이 널리 퍼졌던 것이다. 그러나 우리가 더 높은 통합의 단계로 올라가며 확인했듯, 실상은 반드시 그런 것만이 아니다. 개개인의 목적과 가치는 사회에 유익한 것과 시너지 효과를 낼 수 있다. 가장 건강한 사회는 인간의 욕구에 관한 현실적인 이해를 바탕으로 구축되며, 사회의 구성원인 개인에게 가장 큰 성장을 촉진하는 잠재력을 제공한다. 그렇다면 우리는 모든 사람에게 안정, 성장, 초월 등 욕구를 충족시킬 수 있는 기회를 얼마나 허용하고 있는가?

우리의 사회 구조에서 이러한 시너지 효과를 높일 수 있는 구체적인 변화들이 있다. 앞서 언급했듯이 매슬로는 미덕이 보상받는 사회가 가장 건강한 사회라고 제안했다. 즉 많은 돈을 가지거나 권위 있는 업적을 이룬 사람들에게만 보상을 주는 것이 아니라, 선의로 행동하는 사람에게도 보상을 주는 사회가 필요한 것이다. 그 대표적인 사례는 아마도 블랙풋 인디언 사회일 것이다. 이러한 변화는 조기 교육, 선함에 대한 보답, 다른 사람과 관련된 표준검사 결과에 대한 학습 의지로 시작할 수 있다. 이는 집단에 도움이 될 뿐만 아니라, 개인이 사회에서 추구하는 것의 한계치 또한 높여줄 것이다.

이제는 우리가 살고 있는 사회에 책임을 지고, 모든 사람이 자아실현을 넘어 초월할 수 있게 도와주는 여건을 조성하도록 우리 모두가 힘을 보태야 할 때다. 우리는 좋은 사회를 더 좋게 만드는 동시에 우리 자신을 더 좋게 만들도록 노력할 수 있다. 좋은 사회를 개선하려는 노력은 인간 본성에 대한 자신의 관점을 바꾸는 과정 중 우리의 내부에서부터 시작된다. 그렇게 함으로써 우리는 나아가 육체적 존재를 초월할 수 있고, 오랫동안 미래 세대에 좋은 영향을 끼칠 수 있을 것이다.

알 수 없는 궁극의 영역

(인간 조건의) 아이러니는 죽음과 소멸에 대한 불안에서 자유로워지는 것이 가장 근원적인 욕구라는 사실이다. 그러나 그러한 불안을 깨우는 것이 삶 자체이기에, 우리는 완전히 살아 있음에서 벗어나야 한다.

— 어니스트 베커, 《죽음의 부정》

우리는 우리 자신보다 더 큰 무엇인가와의 통합을 경험할 수 있으며, 그 통합에서 가장 큰 평화를 찾습니다.

— 윌리엄 제임스, 《종교적 경험의 다양성》

몇 년 전 이 책을 쓰기 시작하면서 나는 실존적 위기에 봉착했다. 나는 예후가 아주 좋은 수술을 받은 후 의사에게 사망 확률은 아주 낮다는 이야기를 들었다. 당시 되묻고 싶었던 일이 기억난다. '사망률이 제로는 아니라는 뜻입니까? 내가 죽을 가능성도 있다는 뜻입니까?' 치료과정은 차질 없이 진행되었지만, 그 일을 겪은 나는 새삼 언젠가는 죽어야 한다는 사실과 직면하게 되었다. 몇몇 묘한 이유로 나는 이 생명이, 적어도 내 몸 안에 깃든 이 생명이 영원히 지속되지는 않을 것이라는 진중한 의식 없이 인생의 약 40년을 살아왔다. 그리고 솔직히 그런 생각이 나를 두렵게 했다.

상황의 심각성을 이해하기 위해, 나는 인류학자 어니스트 베커가 쓴 고전《죽음의 부정》을 읽었다. 오스트리아의 정신분석가 오토 랑크의 작업에 상당 부분 의지해, 그는 모든 것의 근저에는 '공황의 진동'이 존재한다고 선언했다. 베커에 따르면 이는 '실존적 역설'의 결과이다.

> 무無에서 나온 것, 이름, 자아의식, 깊은 내면의 감정, 삶에 대한 극심한 내면의 갈망, 자기표현을 갖고 있다는 것 그리고 이 모든 것에도 불구하고 죽는다는 것, 이것이 바로 공포이다.[37]

나는 베커가 묘사한 공황의 진동을 확실히 이해했다. 그러나 그가 제시한 해결책은 인간의 이해를 넘는 계획으로 설계된 창조물의 '보이지 않는 신비에 대한 맹신'을 포함할 뿐, 설사 그러한 신비를 맹목적으로 믿더라도 실제 삶을 어떻게 살아가야 하는지에 대해서는 아무런 지침도 제공하지 않았다.

그러던 중 우연히 기회가 찾아왔다. 스윔 포니Swim Pony라는 실험 극단에서 일하던 친구가 '종말The End'이라는 인터랙티브 게임을 만들고 있었다. 나는 그 프로젝트에 참여해 게임을 하는 것이 안녕감 향상에 도움이 되는지를 평가해달라는 요청을 받았고 흔쾌히 계약서에 서명했다.

그로부터 얼마 지나지 않아 내 앞으로 소포 하나가 도착했다. 소포에는 잡지 한 권, 카드마다 좋은 기억을 연상시키는 이미지가 있는 카

3부 건강한 초월

드 한 벌, 약 한 달 후에 열리는 파티에 참석하라는 초대장과 장소는 추후에 다시 알려주겠다는 안내문이 들어 있었다. 다음과 같은 문자 메시지도 받았다. "안녕하세요, 저는 '종말'입니다. 플레이할 준비가 되면 문자 메시지를 보내주세요." 어허, 내가 지금 여기서 대체 무엇을 하고 있는 거지?

자신을 '종말'이라고 소개한 독립체가 게임의 규칙을 설명해주었다. 나는 파티가 열리는 날까지 매일 한 장씩 새로운 카드를 뽑아야 했고, 각각의 카드는 내가 수행해야 할 임무를 지시했다. 그런 다음 그 경험을 통해 배운 교훈, 그 경험의 결과로서 나 자신에 대해 알게 된 모든 것 그리고 이미 플레이한 카드의 경험과 연결되는 모든 패턴에 관하여 나는 '종말'과 곰곰이 숙고해야 했다. 그렇게 나는 '공황의 진동'에 완전히 빠져들었다.

그동안 나는 '광대한 우주에 대해 안내된 명상하기', '나 자신의 사망기사 작성하기', '묘지를 산책하며 내 느낌 인식하기', '내 인생의 이상적인 날과 그날을 누구와 함께 보내고 싶은지 상상하기', '이제 살날이 얼마 남지 않았다는 말을 들으면 기분이 어떤지 경험해보기', '죽음 이후에 내 몸으로 무엇을 하고 싶은지와 내 몸이 마비되어 옴짝달싹 못하게 된다면 어떤 의료 시술에 동의할지 조사해보기'에 이르기까지 강도와 점차 신랄해지는 탐구에 착수했다. 극도로 감정적이었던 시간 동안, 완전 무방비상태로 죽음에 관하여 나를 그토록 정말 두렵게 만들었던 것과 정면으로 맞닥뜨렸다.

나는 여러 번에 걸쳐 이 게임을 하는 이유에 대해 솔직한 생각을 말해달라는 요청을 받았다. 첫 대답은 "알 수 없는 궁극의 영역이 두렵고 불안하기 때문입니다. 물론 그것의 실체가 무척 궁금하기도 하고"였다. 그리고 중간 단계쯤에 이르러, 지금까지의 경험을 바탕으로 이전의 진술을 수정하고 싶은지 묻는 질문에는 나는 이렇게 대답했다. "어쨌거나 내 기본 상태를 불안에서 호기심으로 바꾸고 싶습니다. 나는 본래 아주 호기심이 많은 편인데, 이러한 기본값이 방해가될 수 있거든요."

일단 '종말' 게임이 완료되고, 나는 다른 플레이어들과 만나 그동안의 경험을 되돌아보았다. 물론 모임장소는 공동묘지였다. 우리는 모두 이 게임이 각자의 삶을 변화시켰다는 점에 동의했다. 우리는 삶에서 가장 중요한 것이 무엇인지 이해하고 어느 때보다도 죽음에 대해잘 알게 되었지만, 동시에 삶에 대해서도 잘 알게 되었다. 나를 포함한 모든 플레이어의 데이터를 살펴보면서, 나는 공동묘지에서 나눴던 대화를 확인할 수 있었다. 게임 이전과 이후를 비교할 때, 다음과같은 안녕감의 측면에서 통계적으로 유의미한 변화가 나타났다.

- ▲ 필요할 경우, 다른 사람의 도움을 받거나 다른 사람을 지원하기
- ▲ 삶의 방향 감각을 느끼기
- ▲ 덜 불안하다고 느끼기
- ▲ 전반적으로 행복하다고 느끼기

처음에는 그 데이터를 확인하며 당혹스러웠다. 베커와 그의 이론을 기반으로 한 공포관리이론Terror Management Theory, TMT에 따르면, 죽음에 대한 인식은 불안감과 방어적인 태도를 증가시켜야 했다.[38]

그러나 '종말' 게임 참가자들이 실제로 경험한 것은 정반대였다. 오히려 우리는 우리의 삶에 대한 새로운 경이와 기쁨을 느꼈고, 우리가 가장 관심을 갖는 것에 더욱 집중하게 되었다. 그렇다면 이 같은 모순적인 결과를 어떻게 설명할 수 있을까?

이제 이 책을 마무리하면서, 책 전체에 걸쳐 소개한 다른 역설들처럼 그 사실 또한 역설인 것처럼 보일 뿐이라는 사실을 더욱 분명하게 알 수 있다. 그리고 그것이 바로 Z 이론의 실체이다. 죽음에 대한 두려움에 관해, 나는 절대적 소멸이라는 단순한 두려움보다 훨씬 더 많은 것들이 관여한다고 생각한다.[39] 공포관리이론과는 달리, 인간이 특별히 죽음이라는 실존적 현실에 대처하기 위해 방어기제를 진화시켰다고 생각하지 않는다. 어쨌거나 연구결과에 따르면 사람들은 더 이상 존재하지 않게 되는 것만을 두려워하는 것이 아니다. 그보다는 오히려 알 수 없는 것, 사랑하는 사람들과의 분리, 영원한 지옥살이를 두려워하는 경우가 많다.[40] 실제로 죽지 않고 영원히 혼자 사는 삶과 사랑하는 사람의 품에 안겨 때 이른 죽음을 맞이하는 것 중 하나를 선택하라 하면, 대부분의 사람들은 죽음을 선택한다.[41]

어니스트 베커가 묘사한 공황의 진동은 소멸 자체에 대한 우리의 두려움 때문이 아니라, 소멸이라는 생각이 우리가 만족이라는 개념과 동일시하는 욕구에 극히 위협적인 존재로 여겨지기 때문에 발생한다.[42] 죽음의 인식은 상상과 자기 인식을 위해 개발된 우리 인간의 고유한 능력의 부산물일 가능성이 크고, 그렇게 해서 죽음이라는 개념은 우연히 우리의 수많은 방어태세를 활성화시킨다. 특히 죽음은 궁극적인 불확실성이기에, 언젠가는 반드시 죽어야만 한다는 생각은 우리 안에 깊이 자리하고 있는 불확실성에 대한 두려움을 활성화시킨다. 그리고 죽음은 우리를 다른 사람들로부터 떼어놓기에, 소속감이나 타인과의 연결이라는 안정성을 위협한다. 또한 죽음은 자존감, 특히 나르시시즘적 자존감을 위협한다. 신적인 존재가 되려는 끊임없는 노력에 죽음보다 더 큰 방해물은 없기 때문이다.

언젠가는 반드시 죽어야만 한다는 인식에 직면하면 지나치리만큼 많은 방어태세를 드러내고, 가장 불안하고 불확실하다고 느낄 때면 관심사를 보다 즉각적이고 이기적인 문제로 전환하는 경향은 어찌 보면 너무나 당연한 것이다. 하지만 반드시 그래야만 하는 것은 아니다. 최소한 불안이라는 함정에서 빠져나올 수 있는 한은 말이다. 어빈 얄롬이 말하듯, 비록 죽음이라는 물질적 '특성'은 우리를 파괴하지만 죽음이라는 '개념'은 우리를 구할 수 있다.[43] 얄롬은 또한 자신의 존재를 충분히 의식하는 상태라면, 사람들은 사물이 존재하는 방식이 아니라, 존재한다는 사실에 경이로움을 느낀다고 말했다.[44]

얄롬은 말기암 환자를 대상으로 한 자신의 심리치료를 포함하여 실제로 죽음에 직면했던 일련의 사람들을 연구하면서, 그 같은 경험은 종종 매우 변형적인 힘을 발휘해 삶의 우선순위의 재배열, 해방감, 현재 살아 있다는 감각의 강화, 계절의 변화나 낙엽 같은 삶의 기본적인 사실에 대한 생생한 감상과 수용, 사랑하는 사람과의 더 깊은 소통 그리고 대인 공포증의 감소로 이어진다는 사실을 발견했다.[45] 다음은 자살을 시도했던 사람의 진술이다.

나는 살아 있다는 새로운 희망과 목적으로 다시 채워졌다. 대부분의 사람들은 그런 느낌을 이해하지 못한다. 나는 새가 날아다니는 것을 보는 것과 같은 삶의 기적에 감사한다. 당신이 모든 것을 잃어버릴 때, 그런 기적의 의미는 더욱 강해질 것이다. 나는 모든 것과의 일체감, 모든 사람들과의 하나 됨을 느꼈다. 정신적으로 거듭 태어난 후 나는 모든 사람의 고통도 느낀다. 모든 것이 깨끗하고 밝아 보인다.[46]

이러한 변화는 궁극적인 미지라는 상황과 반복해서 직면하는 기회를 가진 사람 누구에게나 가능하다는 사실을 보여주는 사례들이 있다. 《행복의 지도》의 저자 에릭 와이너는 많은 시민의 행복과 안녕감을 측정하는 데 사용되는 집단지수인 국민총행복Gross National Happines〔문화적 전통과 환경 보호, 부의 공평한 분배를 통해 국민의 삶의 질을 높이겠다는 부탄의 국정 운영철학〕으로 유명한 불교국가인 부탄을 방문했다. 부탄에서는 죽음이나 죽음의 끔찍한 이미지를 날마다 공공연히 마주할 수 있고, 그 누구도, 심지어는 어린이조차도 필멸성의 인식에서 자유로울 수 없다.[47] 부탄에서는 죽음의 원인이 많고 다양하며, 누군가가 죽으면 아주 정교하고 긴 의식이 행해진다. 부탄의 수도 팀푸의 주민 한 사람이 바이너에게 이렇게 말했다. "매일 5분 동안, 죽음에 대해 생각해야 합니다. (…) 그런 생각의 시간은 당신을 치료해줄 것입니다. (…) 죽음에 대한 두려움, 우리가 원하는 것을 성취하기 전에, 또는 자식들이 성장하는 것을 보지 못한 채 죽는다는 두려움, 이것이 바로 당신을 힘들게 합니다."[48]

최근의 연구결과는 심리 실험실에서조차 일정 기간 지속적으로 필연적인 죽음에 대해 좀 더 깊고 개인적으로 사색할 수 있는 기회가 주어지면, 사람들은 돈, 이미지, 인기 같은 외적이고 지위 지향적인 가치에서 벗어나, 자아수용, 친밀감, 공동체감 같은 성장 지향적 가치로 전환하는 경향이 있음을 보여준다.[49] 특히 장기간에 걸친 죽음의 인식 이후 성장을 예측할 수 있게 해주는 세 가지 주요 특징은 명상, 경험에 대한 개방성 그리고 조용한 자아를 갖는 것이다.[50] 이들이 바로 존재의 B-영역의 일부이다. 개방성, 호기심, 깊은 사색, 명상, 겸손 및 자기 연민으로 죽음을 탐구하는 것은 불안이 야기하는 방어벽을 뛰어넘는 데 도움이 된다.[51]

물론 이는 말처럼 쉬운 일은 아니다! 존재의 D-영역은 강력한 힘이다. 얄롬 자신도 자동차 사고 후 깨달았던 것처럼, 우리는 안정을 위협받게 되면 방어기제와 불안감으로 되돌아가는 경향이 있다. 그렇기 때문에 이러한 세상에서의 존재 방식은 지속적으로 실행되어야 한다. 얄롬은 "죽음에 대한 근원적인 불안은 자존감, 대인관계 거부에 대한 두려움이나 굴욕 같은 더 작은 관심사로 세속화되기 전, 잠시 피어났던 꽃에 불과했다"[52]고 말했다.

결국 가장 중요한 것은 **좋은 죽음을 맞이하는 가장 좋은 방법은 좋은 삶을 사는 것**이라는 사실이다. 발달심리학자 게리 래커와 실존적 긍정심리학자 폴 윙은 순수한 쾌락과 편안함에서 개인적인 성장, 창의성, 자아실현, 타인에 대한 봉사, 더 큰 사회적·정치적 목적에의 헌신, 개인의 영역을 초월해 우주적 의미와 궁극적인 목적을 아우르는 삶의 가치에 대한 헌신에 이르기까지, 의미에도 다양한 깊이와 단계가 있다고 주장했다. 아울러 그들은 더 높은 수준의 의미에 헌신할 때,

그에 비례하여 삶의 개인적인 의미 또한 증가한다고 강조했다.[53]

의미 연구가 타탸나 슈넬 연구팀이 수행한 최근 연구는 게리 래커와 폴 윙의 이론을 한층 더 뒷받침해준다. 그들은 저마다의 삶에서 의미감과 가장 밀접한 관련이 있는 의미의 원천이 자아실현과 초월을 통합하는 것, 예를 들어 생성력, 공감, 내면의 조화, 성장, 가치, 영성, 창의력, 배려, 사랑 등을 포함한다는 것을 발견했다. 그리고 이 목록의 아래쪽에는 재미, 개인주의, 성취, 전통, 질서 및 편안함과 같은 것들이 자리한다.

매슬로가 말년에 작성한 사적인 글들을 살펴보면서, 나는 그 자신의 필연적인 죽음에 대한 인식과 완전한 인간성 발달에 힘입어 그가 생각하는 의미의 깊이가 눈에 띄게 변화하는 것을 확인할 수 있었다.

고원 경험

선불교의 승려와 현대 인본주의 심리학자와 트랜스퍼스널 심리학자 같은 진정한 신비주의자로부터 얻는 큰 가르침은 신성한 것이 평범함에서, 즉 일상적인 삶과 이웃과 친구와 가족과 누군가의 뒷마당에서 발견된다는 사실이다.
— 에이브러햄 매슬로,《종교, 가치 그리고 절정 경험》

죽음에 대한 인식이 초월적인 것, 초개인적인 것, 초인간적인 것을 야기하는가?
— 리처드 로우리,《에이브러햄 매슬로의 일기》, 1970년 3월 28일에서 재인용

죽기 불과 몇 달 전 콘퍼런스에서 매슬로는 심정을 밝혔다. "심장

마비는 내게 죽음과 진정으로 대면할 기회를 선사했습니다. 그날 이후로 저는 '사후의 삶'이라고 칭했던 삶을 살았습니다. 이미 죽음의 과정을 거쳤기에, 저에게는 그때부터 모든 것이 뜻밖에 얻은 횡재입니다."[54]

그러나 그의 일기는 전혀 다른 이야기를 들려준다. 일기에는 죽는 순간까지 최대한 솔직하게 내면의 갈등, 투쟁 및 불안정에 직면해가는 인간의 모습이 드러났다. 그의 삶을 괴롭힌 한 가지 내적 갈등은 다른 사람과 연결되고 다른 사람에게 사랑받으며, 자신의 중요성을 확인받고자 하는 채울 수 없는 끝없는 욕구였다. 그러나 그에게는 또한 "내 어깨에서 책임감과 권위의 큰 무게감을 느꼈다. (⋯) 권위자가 되어야 한다는 책임감이 너무나 무겁게 느껴져서, 긴장과 탈진 상태에 빠졌다"라며 자기 자신을 메시아 같은 존재로 생각하는 과대망상적 측면도 있었다.[55] 베커에 따르면 우리는 모두 신과 같은 존재가 되기를 원하지만 동시에 더 큰 전체의 일부가 되고자 하는 욕구에서 어느 정도 비슷한 갈등에 직면한다.[56]

매슬로의 삶을 휘감았던 또 다른 내적 갈등에는 그의 초超이성적인 과학적 측면과 직관적이고 영적인 측면이 있다. 매슬로는 한편으로는 혼돈, 파괴, 증오, 반反가치의 세력에 맞서 싸우는 것이 그의 의무라고 믿었다. 그리고 종종 나약한 생각을 한다고 판단했던 비현실적인 진보주의자들을 위시해 유토피아적인 사상가, 미신적인 사람들을 비판했다.[57,58] 반면에 그의 진정으로 부드러운 측면은 진심어리고 무한하며 황홀한 경험[59]을 높이 평가했고, 인간 본성의 더 높은 범위를 탐구하는 대다수 과학자들의 냉소주의와 부정적인 태도를 매우 못마땅해 했다.

생애 마지막 몇 년 동안 매슬로는 두 자아개념을 변호하면서 수시로 입장을 바꾸었고, 그 결과 친구와 동료들로부터 소외감을 느꼈다고 종종 보고했다. 매슬로의 후기 일기에 대한 광범한 분석을 수행한 임상심리학자 린 하이츠먼은 "종교적 위선, 미신 및 혼돈에 대항하는 십자군으로서의 자아상과 직접적으로 충돌하는 자신의 새로 부각되는 영적 감수성이 그에게 분명 상당한 불안을 안겨주었을 것"[60,61]이라고 언급했다.

이러한 내적 갈등에도 불구하고 매슬로는 마지막 몇 달 동안 그 같은 갈등을 일시적으로나마 초월하고, 자기 자신보다 더 크고 웅장한 세상을 엿볼 수 있었다.[62] 그는 완벽과 웅장함을 향한 끊임없는 노력에서 벗어날 수 있었고, 자신의 내적 갈등을 통합하고 삶을 있는 그대로 받아들일 수 있었다. 그는 심지어 불완전한 인간 존재와 그가 오랫동안 집착했던 주제인 '악의 존재'와 화해하기까지 했다. 매슬로는 1970년 4월 28일자 일기에서 자신이 선과 악의 대립관계를 초월할 수 있는 더 높은 통합과 수용 단계에 도달했음을 보여주었다.

사람들은 인간의 나약한 면을 기분 좋게 받아들일 수 있어야 하고 그런 점을 미리 예상해야 하며, 따라서 겉모습만으로 환멸을 느껴서는 안 된다. 즉 인간 본성을 완벽주의나 선험적인 입장이 아니라, '현실적'으로 대해야 한다. (…) 이런 점을 설명하는 가장 좋은 방법은 '나무나 고양이나 말에 관한 사실주의'와 같은 의미인 '인간 본성에 관한 사실주의'라고 생각한다. 그래서 나는 그게 기본적으로 '선'이라 정의할 수 있다고 생각하며, 선과 악에 대해 이야기하기보다는 '나는 현실적이라서 인간의 약점을 받아들인다'고 말하는 대안을 제시할 수 있을 것이다. 궁극적으로 나무에든 호랑이에든 또는 인간에게든 '선'과 '악'이라는 단어를 사용하지 말아야 한다.[63]

이러한 깊은 통합과 수용 덕분에 매슬로는 어느 때보다도 더 자주 공감하며 경험의 초월적 영역에 깊이 빠져들 수 있었다. 하이츠먼은 이렇게 말했다. "그는 자신의 삶의 경험을 깎아내리는 대신, 일찍이 회피했었던 인간 조건의 가혹한 현실과 양가적 본질을 받아들임으로써 삶이 훨씬 더 감동적이고 활기차며 경이로워졌다는 것을 발견했다. (…) 그는 별을 따려 하기보다는 아주 작은 꽃에서 생명의 기적을 발견할 수 있다는 것을 깨달았다."[64]

매슬로의 생애 마지막 몇 달 동안의 일기에는 세상의 현실에 순응하는 압도적인 감동이 흐른다. 다음은 1970년 3월 26일자 일기다.

햇볕이 내리쬐는 뒷마당에서 부겐빌레아꽃 덩굴과 그 위에 앉은 새들 그리고 여기저기에서 지저귀는 새들을 보면서 글을 쓰고 있었다. (…) 그 모두가 더해지자 눈시울이 뜨거워졌다. 그러나 눈물은 순수한 아름다움과 모든 행운의 축적에서 비롯된 것이다. 그 눈물은 진정 심미적인 눈물이기도 하다. (…) 하지만 순수한 아름다움을 감당하기에는 아름다움이 너무나 크다는 사실을 덧붙여야 할 것 같다. 순수한 아름다움은 우리가 흡수하거나 완전히 이해할 수 있는 것 이상이다. 우리의 힘으로는 어쩔 수 없는 것이고, 우리가 동화되거나 통제할 수 있는 것 이상이다. 그 눈물은 어쩌면 통제나 의지를 포기하는 행복감의 표시일까? 아니면, 행복한 무력감의 표시일까?[65]

그로부터 이틀 뒤인 1970년 3월 28일자 일기는 타인을 향한 애정에서 자신의 필연적인 죽음과 화해하는 효과에 대해 다음과 같이 기록했다.

필연적인 죽음과 화해하는 사람들은 경쟁을 포기한다. 내가 자아실현이라고 불렀던 것이 필연적인 죽음과 서로 조화를 이룰 수 있는 것인지 나는 여전히 궁금하다. (…) 박탈자인 만큼 죽음은 사람에 대한 공감, 연민, 동정심, 타인과의 동일시, 감정이입, 직관 및 타인의 이해를 끌어내는 데 도움을 줄 뿐만 아니라, 죽음이 아니었더라면 인지하지 못했을 많은 것에 대한 인식을 확장시킨다.

몇 주 후, 캔자스주 카운슬그로브에서 열린 트랜스퍼스널 콘퍼런스에서 매슬로는 자신이 겪고 있던 경험을 '고원 경험'[66]이라고 명명했다. 이 표현은 그가 동인도 출신의 동료 아스라니에게서 빌려온 것이었는데, 아스라니는 이를 영국 작가 아서 오스본의 표현이라 말했다. 매슬로는 절정 경험이 황홀하고 순간적이지만, 고원 경험은 인지적이고 더 오래 지속되며 평범함에서 비범함을 보는 것을 포함한다고 주장했다.[67] 매슬로는 고원 경험에 존재하는 의식의 형태를 '단일적 의식'이라고 언급하며, 이를 '신성한 것과 평범한 것의 동시적 지각'이라고 정의했다. 매슬로는 이렇게 말했다. "나는 이제 영원의 측면에서 지각하고, 평범한 것에 신비주의적이고 시적이며 상징적인 존재가 된다. (⋯) 여기에는 하나의 역설이 있다. 이는 경이롭고 신비롭지만 자율적 폭발을 일으키지 않기 때문이다."[68] 매슬로는 1970년 판《종교, 가치 그리고 절정 경험》의 서문에서 이에 대해 상세히 설명하면서, 의식의 고원 상태는 목격자이자 평가자가 되지만, 평범함과 여유를 가질 수 있다고 지적했다.[69]

매슬로는 1970년 4월의 카운슬그로브 콘퍼런스에서 고원 경험의 주요 계기가 필연적인 죽음과의 대면이라고 언급했다.

> 죽음의 경험은 삶을 훨씬 더 소중하고 감동적이고 생생하게 만들어줍니다. 그리고 당신은 삶에 감사하고 삶에 매달리게 됩니다. (⋯) 파도타기를 하다 보면 인간의 찰나성과 파도의 영원함의 대비를 느낄 수 있습니다. 그 파도가 평생 존재할 거라는 사실, 늘 존재해왔다는 사실 그리고 백만 년의 나이를 먹고 지금부터 백만 년이 지난 뒤에도 존재할 무언가를 당신이 목격하고 있다는 사실 말입니다. 제가 잠시 스쳐가는 존재에 불과하다는 것에 한편으로는 슬프지만 다른 한편으로는 크게 감사합니다. 파도타기가 지금의 제게는 그 어느 때보다도 더 아름답고 감동적입니다. 이는 아마도 일시적인 것과 (목격의 관점에서라면 거짓인) 영원한 것을 동시적으로 지각하는 생생한 예시일 것입니다. 파도를 생

각하면서 저는 언젠가는 죽어야만 하는 존재지만 파도는 그렇지 않다는 사실을 깨닫습니다. 이 사실이 강렬한 대조를 이룹니다.*

매슬로는 고원 경험이 절정 경험보다 자발적이며, '지하철을 타기보다는 미술관을 찾거나 초원으로 나갈 수 있다'라는 진술처럼 의도적으로 찾을 수 있는 것이라고 믿었다. 심지어 그는 고원 경험을 가르칠 수 있다고 생각했다.[70] 1970년 3월 28일자 일기에서 그는 고원 상태를 이끌어내는 데 도움이 되는 훈련법을 개발하려는 의도를 언급하기도 했다. 매슬로는 이렇게 적었다. "B-운동, 통합 운동, 신성화 운동 등을 포함하여 이에 대해 깊이 생각하고 있다. 그들은 자동적으로 B-사랑에 도움이 될 것이다."

그날 일기에서 매슬로는 나에게 정말 충격적인 말을 했다. 그는 자신의 오랜 내면의 갈등을 해결할 수 있었지만 그 '일을 완성하기'까지 수년이 걸렸다고 밝혔다. 나는 그의 동기 이론과 궁극적으로는 그의 Z 이론의 전개가 일부는 세상을 위한 것이었고, 일부는 자신을 위한 염원이었다는 느낌을 받았다. 그는 자신의 문제를 해결함과 동시에 내부에서 더 높은 가능성을 발견하고 있었고, 그 가능성을 모든 인간의 본성에 내재하는 가능성으로서 공유하고자 했다.[71]

매슬로는 고맙게도 모든 인간을 위해 존재의 모든 복잡성을 기꺼이 수용하려 했다. 하이츠먼은 다음과 같이 말했다. "매슬로의 인간성 자체가 인본주의 심리학의 기본 원리에 대한 살아있는 찬사라고 믿는

---

* 콘퍼런스가 끝나고 닷새 후, 매슬로는 자신의 생각을 다음과 같이 적었다. "고원에 대해 이야기하면서 나는 파도와 지니(그의 손녀)로부터 떨어져 있어야 했다. 너무나 떨리고 감동적인 순간이었다."

다. (⋯) 나는 그의 개인적인 투쟁이 고원 경험에 깊이와 의미를 부여했다고 생각한다. 가장 중요한 것은 그가 인간의 불완전함을 받아들이는 법을 배우고 이 세상에서 남은 시간을 즐기기 시작했을 때, 비소로 다른 모든 사람처럼 인간적인 사람이 되었다는 점이다. 어쩌면 그 이상이 되었을지도 모르겠다."[72] 자신의 인간적인 모습을 완전히 포용하고 스스로를 열어 일상의 세계와 더욱 깊게 연결시키며, 매슬로는 마침내 그의 가장 큰 평화, 가장 깊은 완성감 그리고 미래 세대가 그가 남긴 평생의 연구와 비전을 이어갈 것이라는 자신감을 얻었다.

1970년 2월 12일자 일기에 매슬로는 다음과 같이 적었다. "나는 내가 지금 내 힘과 유용성의 절정에 도달했다고 생각했다. 그리고 이는 언제든 죽을 때가 되면 수확할 사과들을 모두 남긴 채 나무를 베어버리는 것과 같을 것이다. 슬프지만 어쩔 수 없이 받아들여야 한다. 삶이 그렇게 풍요로웠다면 여기에 매달리는 것은 탐욕스럽고 배은망덕한 일일 것이기 때문이다."

매슬로는 그로부터 며칠 후 학회지 《오늘의 심리학》에 보낸 테이프에서 이 같은 감정을 그대로 드러냈다.

저는 정말로 혼신의 힘을 다했습니다. 이것이 제가 할 수 있는 최선이었고, 이제는 죽기 좋은 때일 뿐만 아니라 기꺼이 죽을 준비가 되어 있습니다. (⋯) 이는 데이비드 레비가 '행동의 완성'이라 불렀던 것입니다. 좋은 결말이자 마무리 같습니다. (⋯) 당신이 죽음과 화해하고 있거나, 좋은 죽음, 위엄 있는 죽음을 맞이할 것이라는 확신이 든다면, 당신의 매 순간은 변화할 것입니다.

죽음에 대한 두려움이라는 만연한 저류가 사라지기 때문입니다. (…) 저는 마지막 삶을 살고 있습니다. 그리고 그 시간에는 모든 것이 그 자체로 목적이 되어야 합니다. 미래를 준비하는 데 시간을 낭비해서는 안 되며, 훗날의 목적을 위한 수단으로 자기 자신을 채우지 않아야 합니다.

때때로 저는 제 글이 아직 태어나지 않은 미래와의 대화 수단이라고 생각합니다. 제 글은 후손에 대한 일종의 사랑 표현입니다. 단순한 돈이 아닌 애정 어린 메모, 약간의 조언 그리고 제가 여지껏 살아오면서 배운 교훈이 그들에게 도움이 될 수 있기를 바랍니다.

매슬로의 메시지는 여기에서 마무리되었다.[73]

B-영역에서 더 많이 살기[74]

나는 매슬로가 그의 생애의 마지막 몇 년 동안 작업했던 B-운동의 일부를 추적할 수 있었다. 독자 여러분의 통합, 완전성 및 초월적 경험의 여정에 도움이 될 수 있기를 바라며, 여기에 그중 일부를 소개한다. 아래 항목들은 시간이 지나도 변치 않는 것들이기에 언제든 계속 도움을 받을 수 있을 것이다.

▲ 현재 상황을 점검한다.

▲ 수단뿐만 아니라 목표에 집중한다.

▲ 익숙함을 경계하고, 신선한 경험을 찾는다.

▲ 결핍 문제를 해결한다. 즉 결핍 영역이 항상 존재 영역보다 우세하다고 간주하지 않는다.

▲ 의도적으로 B-영역으로 이동하여 결핍 영역에서 벗어난다. 미술관, 도서관, 박물관, 아름답거나 웅대한 나무, 산이나 바닷가를 찾는다.

▲ D-영역과 B-영역의 이분화를 피한다. 두 영역은 계층적으로 통합되어 있거나 통합되어야 한다. 둘 중 하나를 선택할 필요는 없다. 존재 영역의 가장 확고한 기반은 안전 욕구, 연결 욕구 또는 자존감 욕구 등 결핍 욕구를 충족시키는 것이다.

▲ 조용한 명상의 시간, 속세에서 벗어나고 일상적인 영역, 가까운 관심사, 염려, 불길한 예감에서 벗어나는 시간을 늘린다. 주기적으로 시공간의 문제에서, 즉 시계와 달력과 책임감 그리고 세상의 요구와 의무와 다른 사람으로부터 벗어난다.

▲ 꿈꾸는 상태로 들어간다.

▲ 우주의 영원하고 고유한 법칙을 인지한다. 이 법칙을 받아들이거나 심지어 사랑하는 것은 도교적이며 훌륭한 우주 시민의 본질이다.

▲ 자신의 과거를 받아들인다.

▲ 죄책감으로부터 도망치지 말고 받아들인다.

▲ 자기 자신에게 연민을 갖는다. 자신의 약점을 인간 본성의 표현으로서 이해하고, 받아들이고, 용서하고, 심지어 사랑한다. 자기

자신을 즐기며 미소 짓는다.

- ▲ 스스로에게 다음과 같이 물어본다. '이 상황이 어린아이에게는 어떻게 보일까? 순진한 사람에게는? 개인적인 야망과 경쟁을 뛰어넘는 아주 나이 많은 노인에게는?'

- ▲ 삶에 대한 경이감을 회복하려고 노력한다. 예를 들어, 아기는 일종의 기적이다. 이제 그 아기에게 무슨 일이든 일어날 수 있고, 마음만 있다면 무엇이든 할 수 있다고 생각한다. 무한한 가능성, 감탄, 경외, 존경, 경이로움의 감정을 함양한다.

- ▲ 삶의 현재 상황을 더 잘 이해하려면 자신보다 운이 좋아 보이는 사람이 아니라 자신보다 운이 나쁜 사람과 자신을 비교한다.

- ▲ 냉소적인 세상에서 선한 것을 부끄럽게 여기지 않는다.

- ▲ 세상에 영향을 끼치는 개인의 힘을 결코 과소평가하지 않는다. 동굴 안의 촛불 하나가 모든 것을 밝게 비춤을 기억한다.

- ▲ 진정한 위엄과 자부심을 되찾기 위해 숨기려 하지 말고, 제복, 훈장, 학사모와 가운, 라벨, 사회적 역할 등 외적인 표식에 의존하지 않는다. 궁극적으로 벌거벗은 자신을 드러내는 모습을 보여준다. 자신의 은밀한 상처, 수치심, 죄책감을 보여준다.

- ▲ 동화 속 한 아이가 '황제는 옷을 입지 않았어요!'라고 말하자, 그제서야 모두가 그 사실을 보게 되었다는 것을 기억한다.

- ▲ 타인의 잣대에 휘둘리지 않는다. 자신에게 맞지 않다면 의사, 목사, 교사가 시키더라도 행동하지 않는다.

- ▲ 자신의 무지함을 감추지 말고 인정한다.

- ▲ 계획적이고 실험적인 자선활동에 참여한다. 때때로 우울하다거

나 불안해하는 등 스스로에게 좋지 않은 상황이라면, 적어도 다른 사람에게는 좋은 사람이 될 수 있다.

▲ 자신이 이기적이고 오만하며 으스대거나 교만하다고 생각한다면, 자신이 언젠가는 반드시 죽어야만 한다는 존재임을 생각해본다. 또는 오만하고 자만심이 많은 사람을 떠올리며 그들이 어떤 모습으로 보이는지 확인한다. 자신도 그런 사람처럼 보이고 싶은가? 그렇게 진지한 모습이고 싶은가? 그렇게 유머감각이라고는 전혀 없는 사람이 되고 싶은가?

▲ 훌륭하고 아름다우며, 사랑스럽고 존경할 만한 사람을 생각한다.

▲ 개미집이나 땅 위의 벌레처럼 작은 세계에 축소된 몰두 혹은 확대된 매력을 느껴본다. 꽃이나 풀잎, 모래알, 또는 땅을 자세히 살펴본다. 간섭받지 말고 주의 깊게 관찰한다.

▲ 예술가나 사진작가들의 기법을 활용해 대상 자체를 보려고 노력한다. 예를 들어 대상의 프레임을 짜고, 그 틀에 맞춰 대상을 주변 환경에서 잘라내며, 자신의 선입견이나 기대 및 그것이 어떤 모습이어야 하는지에 대한 이론에서 벗어난다. 대상을 확대하거나 눈을 가늘게 뜨고 바라본다. 그렇게 하면 전체적인 윤곽만 볼 수 있다. 또는 물구나무를 설 때와 같이 예상치 못한 각도에서 바라본다. 거울에 비친 대상을 본다. 대상을 예상치 못한 배경, 비정상적인 병치 또는 컬러 필터를 통해 배치한다. 그리고 아주 오랫동안 그것을 쳐다본다. 자유롭게 마음에 떠오르는 생각을 연상하거나 꿈을 꾸듯 공상에 잠긴 채 응시한다.

▲ 아기나 어린아이들과 오랫동안 함께 있는다. 그들은 존재 영역

에 좀 더 가깝다. 때로는 새끼고양이, 강아지, 원숭이 또는 유인
원과 같은 동물에서 존재 영역을 경험할 수 있다.

▲ 백년 또는 천년 후의 미래를 그리는 역사가의 관점에서 자신의
삶을 생각해본다.

▲ 인간이 아닌 다른 생명체의 관점에서 자신의 삶을 생각해본
다.('개미에게 나의 삶이 어떻게 보일까?')

▲ 자신에게 주어진 시간이 오직 일 년뿐이라고 상상해본다.

▲ 아프리카의 어느 외딴 마을처럼 아주 멀리 떨어진 곳에서 바라
보듯, 자신의 일상을 관조한다.

▲ 친숙한 사람이나 상황을 처음 보듯 바라본다.

▲ 친숙한 사람이나 상황을 마지막으로 보는 것처럼 바라본다. 예
를 들어 그 사람을 다시 만나기 전에 죽을 것이라고 상상해본다.
어떤 느낌이 들 것인지, 진정으로 잃는 것이 무엇인지 그리고 무
엇이 가장 유감스러울지에 대해 최대한 생생하게 생각해본다.
양심의 가책이나 후회할 만한 게 있는가? 훗날 영혼을 갉아먹는
불완전함이라는 느낌을 받지 않으려면 어떻게 효과적인 작별인
사를 해야 할까? 그리고 이 사람에 대한 기억을 어떻게 가장 잘
보존할 수 있을까?

▲ 자신이 죽어가고 있거나 이제 곧 처형당할 상황에 있다고 상상
해본다. 그런 다음 모든 존재가 얼마나 생생하고 소중한지를 상
상한다. 자신이 가장 사랑하는 사람과 생생하게 작별 인사를 나
눈다고 상상해본다. 그들에게 저마다 무엇이라 말하겠는가? 무
엇이 가장 하고 싶은가? 기분은 어떤가?

다시, 놀라운 가능성과 불가해한 깊이

미국 심리학의 역사를 모아 둔 애크런대학의 기록보관소에서 보냈던 여정을 끝내는 순간이었다. 나는 '에이브러햄 매슬로'라는 사람의 존재를 아주 깊이 들여다보느라 육체적으로나 정신적으로 지쳐 있었다. 너무나 많은 편지, 원고, 일기 항목 그리고 미출판 에세이로 내 머릿속은 잔뜩 뒤엉켜 있었다. 하지만 찾아야 하는 것이 있었다. 내 머릿속에는 하나의 신화적인 존재가 수백 개의 폴더에 파편으로 존재했고, 그중 하나의 문서를 찾아야 했다.'

도서관 이용 시간이 다 되어갈 무렵, 나는 책상 위의 남은 폴더들을 서둘러 훑었다. 그리고 나는 매슬로가 남긴 마지막 글을 발견했다. 그 메모지의 맨 위에는 '이것은 1970년 6월 8일, A.H.M〔에이브러햄 매슬로〕가 죽기 전 마지막으로 쓴 원고다. B.G.M.〔베르타 G. 매슬로〕'라고 쓴 손 글씨가 적혀 있었다.

나는 그것을 보고 싶어 참을 수가 없었다. 정말로 그랬다. 나는 차마 그 메모지를 읽어볼 수 없었다. 그것은 바로 내가 그토록 찾고 있던 것이자, 한 인간의 존재에 대한 마지막 진술이었다. 그저 어떤 한 사람이 아니라, 나로 하여금 그토록 많은 생각을 공식적으로 조사하도록 하고, 나 자신과 다른 사람을 위한 더 큰 가능성을 보도록 하고, 항상 인간 본성의 더 먼 곳을 추구하는 동시에 인간 노력의 실체를 완전히 인식하고 있게 해주었던 사람의 마지막 글이었다. 그뿐만 아니라, 나는 '에이브러햄 매슬로'라는 사람을 온전한 인간으로서 아주 좋아하게 되었다. 흔히들 말하는 그가 평생 용감하게 맞서 싸웠던 모순과 역설에도 '불구하고'가 아니라, 정확하게 말해 그 모순과 역설 '때문'이었다.

결국 나는 그 메모를 읽기 시작했다. 페이지를 넘기며 매슬로가 인본주의 혁명의 토대를 마련했던 일련의 공리 또는 명제를 완성하기 위해 애쓰던 모습을 확인하던 나의 두 눈에서는 눈물이 흘러나왔다. 그의 마지막 글과 함께 있던 또 다른 폴더의 내용을 꼼꼼히 탐독하면서, 나는 이 공리들이 그가 인류와 사회에게 새로운 이미지를 제공하고자 노력했던 책의 일부라는 것을 발견했다. 마지막 순간까지 매슬로는 인본주의 심리학의 기본 공리를 세우고 과학, 종교, 경영, 정치, 경제, 교육, 예술, 저널리즘 등 다양한 영역에서의 인간의 노력에 최대한 많은 영향을 줄 수 있는 책을 쓰고 있었다. 나는 또한 그에게 전적으로 인본주의 교육에 이바지하는 책을 쓸 계획이 있었다는 사실을 알 수 있었다.

그에게는 심지어 책을 통해 인간의 이익과 종을 초월하는 가치에 초점을 맞추는 심리학의 다섯 번째 흐름인 트랜스휴머니즘transhumanism의 필요성을 제안하려는 계획이 있었다.[2] 매슬로는 이렇게 적었다. "종의 이익에서 한 걸음 비켜선다는 것, 그렇게 우리를 위협하며 나름의 가치를 가진 호랑이의 시선으로 바라볼 수 있다는 것은 극히 어려운 일이다. 하지만 트랜스휴먼이 되는 것은 비록 어려운 일이지만 때로는 가능하며 실제로 일어나기도 한다."

물론 매슬로의 포부는 일견 과장되고 거창했지만, 그러한 시각은 인간을 진정으로 과소평가했던 심리학을 바로잡고자 했던 중요한 제안이었고, 여전히 그런 역할을 수행하고 있다. 1970년 6월 10일, 캘리포니아 팔로 알토의 스탠퍼드 교회에서 행한 추도 연설에서 워렌 베니스는 말했다. "점점 더 인간적으로 변하는 예술과 과학 그리고 영혼의 민주화. 이는 매슬로가 우리 모두에게 선사한 큰 선물입니다. 우리는 영원히 이런 선물을 준 그에게 감사해야 합니다."[3]

매슬로의 출판되지 않은 책《인간 본성의 가능성The Possibilities for Human Nature》중 한 챕터의 초고를 읽던 나는 그가 책을 쓰면서 의도했던 내용을 간략하게 요약한 글을 접하게 되었다. 나는 깜짝 놀랐다. 그 내용이 스무 살의 젊은 청년 매슬로가 학부 강의에서 작성했던 수필의 결론 단락과 눈에 띄게 유사했기 때문이다.

이 책의 내용을 한 문장으로 요약한다면, 인간은 더 높은 본성을 가지고 있고, 그런 본성이 바로 인간 본질의 일부라는 사실을 발견하면서 찾아낸 결과를 설명한 책이라고 할 수 있다. 더욱 간단하게 말하면 인간은 그 자신의 인간적·생물학적인 본성 덕분에 놀랄 만큼 멋진 존재일 수 있다. 우리의 성자와 현자, 영웅과 정치가를 설명하기 위해 초자연적인 신에게 의존할 필요는 없다. 아무런 도움도 받지 못한 인간만이 그처럼 선하거나 현명할 수 있다고 믿지 않는 것처럼 말이다.[4]

사는 동안 우리는 아주 다양한 방식으로 변화한다. 하지만 현실에서 실현되기만을 기다리는 씨앗들이 여전히 다양한 방식으로 존재한다. 매슬로의 수기 메모들을 넘기다가, 나는 비어 있는 페이지에 다다랐다. 그리고 또 다른 빈 페이지가 나왔고, 계속 또 다른 빈 페이지가 나왔다. 나는 매슬로가 삶의 마지막 날에 운동을 하려고 앉아 있던 자리에서 일어나며, 지금 내가 손에 쥐고 있는 바로 이 메모장을 내려놓는 모습을 상상했다. 그리고 그는 오직 메모장만을 남겨 놓은 채 우리 곁을 영원히 떠나갔다. 그 순간 하나의 생각이 문득 떠올랐다. 이것이 바로 인생이다.

완벽해지기 위해 발버둥쳐서도 안 되지만, **우리는 모두 짧고 고통스럽지만 때로는 기적과도 같은 이 삶을 초월할 수 있다.** 우리 모두에게는 미래 세대가 저마다의 방식으로 나머지 페이지를 채우도록 돕고 안내할 수 있는 지침이 될 잠재력이 있다.

이것이 바로 매슬로가 나를 위해 해준 일이다. 나는 그의 삶의 여정을 목격할 수 있게 해준 특권과 그것이 내 삶의 여정에 제공한 영감과 견고한 기반에 영원히 감사할 것이다. 그리고 그 결실이 바로 지금 여러분 앞에 있다. 이제 이 책에 담긴 정보와 인류애가 여러분이 지금 있는 자리에서 벗어나, 저마다 완전한 존재로 살아갈 수 있도록 영감을 주기를 바란다. 저 밖의 넓은 세상은 빈 페이지로 가득하다.

그리고 그 페이지들은 여러분이 자신만의 방식으로, 그저 존재하기
만 한 것이 아니라 잘 살았던 방식으로 채워주기를 기다리고 있다.

온전한 인간이
되기 위한
일곱 가지 원칙

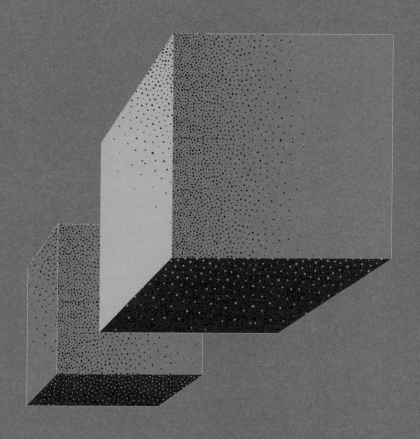

독일의 인본주의 발달심리학자인 샤를로테 뷜러는 1970년에 열린 제1회 인본주의 심리학 국제회의에서 다음과 같이 말했다. "인본주의 심리학의 제반 양상에서 가장 보편적으로 합의된 내용 중 하나는 우리가 온전한 인간에 대한 연구와 이해에 접근하기 위해 노력한다는 것입니다."[1]

　온전함은 목적지가 아니라 하나의 열망이다. 온전함은 일찍이 성취되었던 적이 있는 상태가 아닌 하나의 과정인 것이다. 어떤 사람이 자신이 '완전히 온전하다'고 말한다면, 우리는 아마도 그 사람의 등에 전선이 연결된 것은 아닌지 확인해 보고 싶어질 것이다. 그는 아마도 인간이 아닐 것이다. 하나의 온전한 인간이 되는 과정은 발견, 개방, 용기의 지속적인 여정으로, 그 여정 동안 자기 자신과 외부 세계의 통합 및 조화의 수준이 점점 더 높아지는 단계에 도달하게 되고, 그에 따라 진정으로 원하는 사람이 될 수 있도록 도와주는 더 큰 유연성과 자유를 얻게 된다. 우리는 언제나 변화의 상태에 있고, 그렇기 때문에 언제나 되어가는 상태로 존재한다.

이 부록에서 나는 온전한 사람이 되기 위한 일곱 가지 핵심 원칙을 소개하고자 한다. 이 원칙들은 자신만의 방식으로 자아를 실현하고 궁극적으로 가장 만족스럽고 심오한 초월의 순간을 경험하기 위한 개인적인 여정에서 건강한 기반이 되어줄 것이다.

원칙 1: 최상의 자아가 아니라 온전한 자아를 받아들여라[2]

칼 로저스는 그의 저서 《진정한 사람 되기》에서, 심리치료 중 사람들이 보여주는 문제들은 학교나 배우자나 동료나 자기 자신의 통제할 수 없거나 기괴한 행동 내지 누군가의 무서운 감정처럼 삶의 전반적인 영역에 걸쳐 나타나는 온갖 경험들과 관련이 있지만, 이에는 아마도 하나의 문제만이 있을 것이라고 말했다.[3] 로저스는 사람들의 불평불만의 기저에는 실제로 다음과 같은 질문이 깔려 있다는 사실을 관찰했다. '나는 진정 누구인가? 나의 모든 표면적인 행동의 기초가 되는 실제적인 자아와 어떻게 접촉할 수 있는가? 어떻게 나 자신이 될 수 있는가?'

내 생각에 이건 잘못된 질문이다. 우리의 마음이 나타내는 모든 측면은 우리의 일부이다. 성향, 태도, 가치관 또는 목표 등 우리의 정신세계를 구성하는 몇몇 진정한 부분을 반영하지 않는 의도적인 행동이란 생각하기조차 결코 쉽지 않은 일일 것이다.[4] 우리는 저마다 여러 요소들을 포함한다. 따라서 나는 개인적인 성장을 위해서라면 자기 자신에게 이렇게 물어봐야 한다고 믿는다. '이 세상에 머무는 동안 어떤 잠재력을 함양하고 발달시키고 실현하는 데에 나에게 주어진 시간을 가장 많이 할애할 것인가?' 그리고 이 질문에 최대한 자유롭게 대답할 수 있기 위해서, 우리는 자신의 의식을 심연까지 꿰뚫어보고 자아 전체를 받아들여야 한다.

하지만 대부분의 사람들은 스스로에게 최고의 만족감을 주는 충동이나 욕구만을 자기 자신과 동일시한다. 문화에 상관없이 전 세계적으로, 사람들은 진정성 긍정 편향authenticity positivity bias을 보여주는 경향이 있다. 즉 사람들은 '진정한 자아'를 묘사하기 위해서 친절, 기부, 정직 같이 그들의 가장 긍정적이고 도덕적인 자질을 포함하려 한다.[5] 사람들은 심지어 그들의 긍정적인 행동과 부정적인 행동 모두가 각자의 개인적인 특성이나 욕구와 일치할 때에도 긍정적인 행동이 부정적인 행동보다 진정성이 있다고 판단한다.[6] 우리가 진정한 자아라고 생각하는 것이 실제로는 그저 우리가 가장 소중한 가치를 부여하는 자아로 보인다.[7]

일반적으로 알려진 것과는 달리 우리는 나쁜 점들까지 모두 포함한, 있는 그대로의 진짜 본성과 일치하게 행동할 때 가장 진실하다고 느끼지 않는다. 개인적인 성격과는 관계없이 만족스럽고 차분하며, 즐겁고, 사랑스럽고 자기 수용적이며, 사교적이고, 자유롭고 유능하며 목표를 향해 나아가고, 현재의 순간에 충실하고 새로운 경험에 마음이 열려 있을 때, 우리는 모두 가장 진정성 있고 자신과 연결되어 있다고 느끼곤 한다.[8] 다시 말해 우리의 기본적인 욕구가 충족될 때 우리는 가장 진정성이 있다고 느끼는 경향이 있으며, 특정한 방식으로 행동하도록 자유롭게 선택하고 우리의 주관적인 경험의 주체가 된 것처럼 느끼는 경향이 있다는 것이다.[9]

또한 진정성에는 뚜렷한 사회적 측면이 존재하는데, 이는 우리가 하나의 종으로서 얼마나 사회적인지 그리고 인간 진화의 과정을 지나 하나의 집단 내에서 명성과 독특한 역할을 획득하는 것이 얼마나 중요한지를 고려한다고 예상된다.[10] 사람은 가까운 지인과 시간을 보낼 때, 다른 사람들 및 그들의 환경과 조화를 이루고 있을 때 그리고 사회적으로 바람직한 행동을 할 때 진정성이 있다고 느끼는 경향이 있다.[11] 반면 우리는 사회적으로 고립되어 있다고 느낄 때, 우리의 관계에서 갈등과 오해가 발생할 때, 우리의 기준이나 다른 사람의 기준에 미치지 못하는 평가 상황에 있을 때 가장 진정성이 없다고 느끼는 경향이 있다.[12]

진성성 있는 느낌과 사회적으로 바람직한 행동에 참여하는 것의 강한 연관성 때문에, 사람들이 자신의 진정한 자아라고 생각하는 것이 어쩌면 실제로는 단지 다른 사람에게 보이고 싶어 하는 모습에 불과할지도 모른다.[13] 사회심리학자 로이 바우마이스터에 따르면, 우리는 다른 사람들이 우리를 생각하는 방식이 우리가 원하는 바와 일치할 때 진정성과 만족감을 느낀다고 한다. 그가 지적하듯, 사람에게는 단지 그들 스스로에게 긍정적인 특성이 있다고 확신하는 것만으로는 충분하지가 않으며, 또한 다른 사람이 자신에게 높은 평가를 내려주기를 바라는 경향이 있다.[14] 우리가 가장 진정성 있다고 느꼈던 개인적인 경험을 돌이켜본다면, 우리는 아마 우리가 가장 소중하게 여기는 가치와 재능이 다른 사람들에 의해 가장 가치 있다고 인정받았던 빛나는 순간을 떠올릴 것이다.

반면 바우마이스터는 사람들이 원하는 평판을 얻는 것에 실패하면 자신의 행동에 진정한 자아가 반영되지 않았다는 이유를 들어 '그건 진짜 내 모습이 아니야' 같은 말을 하며 자신의 행동을 진정성이 없는 것으로 일축하려 한다고 주장한다. 그러한 부정의 대표적인 예는 불법 약물 남용, 부정한 성관계, 횡령 또는 뇌물 그리고 평판에 나쁜 영향을 주는 그 밖의 행위를 적발당한 유명인과 정치인들이 대중에게 호소할 때 주로 나타난다.[15]

이는 사람들의 진정성에 대한 평가가 왜 그들의 도덕성 및 가장 가치 있는 목표와 그처럼 밀접하게 연관되어 있는지 그리고 단순히 과거의 도덕적 경험을 반영하는 것이 왜 진정성에 대한 느낌을 증가시키는지 그 이유를 설명해준다.[16] 결국, 새로운 인도주의적인 비영리 단체를 발표하는 것처럼 우리의 '더 높은' 목표와 일치되는 방식으로 행동하는 것이 일반적으로 초콜릿 아이스크림을 먹으면서 넷플릭스를 시청하는 것보다 모두에게 더 진정성 있는 것으로 인식된다. 사실은 두 가지 행동 모두 당신의 모습임에도 말이다.

이 모든 것들은 실로 참된 자아의 실존에 크나큰 의구심을 제기한다.[17] 그럼에도 최소한 참된 자아와 접촉하는 느낌은 많은 안녕감 지표의 유력한 예측 지표이기도 하다.[18] 또한 참된 자아의 개념은 우리가 자신의 이상에 따라 살고 있는지 아닌지를 평가하는 유용한 지침으로 사용될 수도 있다.[19] 철학가 발레리 티베리우스가 지적했듯, 가

치가 넘치는 삶은 안녕감의 주된 원천이다.[20]

물론 참된 자아는 어쩌면 편리한 허구일 수도 있다. 하지만 나는 우리 각자의 내면에는 분명 **온전한 사람으로서의 성장과 건강에 가장 도움이 되는 자아의 측면이 존재한다고 확신한다.**[*] 저마다는 건강하고 창의적이며 성장에 동기를 부여하는 최고의 자아를 가지고 있으며, 이는 우리로 하여금 자기 자신 및 타인과 완전히 연결되어 있다고 느끼게끔 믿게 만든다. 자신을 보호하기 위해 뒤집어쓴 사회적 가면을 벗고 방어벽을 허물수록, 우리는 스스로에게 성장과 발달 및 창의성을 위한 더 큰 기회를 더 많이 열어주는 것이다.

최고의 자아와 접촉하기 위해 가장 중요한 첫 번째 단계는 우리의 온전한 자아를 최대한 많이 인식하고, 우리 존재의 총체성을 받아들이는 것이다. 여기에는 당신이 싫어하지만 그렇다고 그냥 무시해 버리기에는 너무 이른 자아의 측면들도 모두 포함된다. 실제로 실존주의 심리치료사 어빈 얄롬은 자신의 치료를 받고 완쾌된 환자들에게 효과의 정도에 따라 예순 개의 치료 요소들을 평가해 달라고 요청했다. 그리고 그 결과 지금까지 월등한 차이로 가장 많이 뽑힌 항목이 '이전에는 알지 못했거나 받아들일 수 없었던 나 자신의 부분을 발견

---

[*] 내가 '최고의 자아'라고 정의하는 것은 카렌 호나이의 '진짜' 또는 '실제' 자아 개념과 유사하며, 그녀는 이를 자아의 살아 있고 독특하며 개인적인 중심이라고 주장했다. 하지만 나는 자아의 중심이 하나뿐이라고 생각하지 않는다. 자아의 여러 측면이 우리에게 이러한 생생함의 느낌을 줄 수 있기 때문이다. 그럼에도 나는 호나이가 자기 소외의 해로운 영향에 주목하는 것에 동의한다. 호나이에 따르면 자기 소외는 '악마와의 계약'을 체결하는 것과 비슷하다. 영광을 약속하는 대가로 우리는 우리 자신의 감정, 소망, 신념, 에너지 그리고 우리 자신의 삶에서 적극적인 결정권을 행사한다는 느낌을 상실하게 된다. 그리고 하나의 유기적인 전체로서의 자신을 느끼는 것을 잃어버린 결과로, 우리는 '영혼'을 잃고 '자기 자신 안에 있는 지옥'으로 갈 수밖에 없다고 호나이는 주장한다. Horney, *Neurosis and human growth*.

하고 받아들이는 것'임을 확인할 수 있었다.²¹

물론 '수용'이 반드시 '좋아함'을 의미하는 것은 아니다. 예를 들어 치즈를 얹고 시럽을 잔뜩 바른 도넛 한 더즌을 먹고 싶은 강렬한 욕망을 거부하는 것은 완벽하게 이성적인 일이다.²² 하지만 칼 로저스의 말에 따르면, 아이러니하게도 스스로의 모습을 있는 그대로 받아들일 때 비로소 변화할 수 있다.²³ 받아들이는 것의 일부는 단지 당신이 좋아하거나 당신에게 최고의 만족감을 주는 행동이나 마음의 측면만이 아니라, 당신의 자아 전체에 책임감을 가지는 것이다.*²⁴

우리의 일생에서 어떤 잠재력을 실현하는 데에 제한된 시간을 가장 많이 사용하고 싶은지를 발견하고 궁극적으로 결정하는 것은 결코 쉬운 일이 아니다. 우리에게는 될 수 있는 부분에 대한 크고 알려지지 않은 잠재력이 있다는 것을 스스로 잘 알고 있지만, 환경적인 조건 같은 실제의 외부 현실과 우리의 성격 구조를 지배하는 극단적인 특성 같은 내부 현실이 존재하며, 이들은 몇몇의 잠재력을 함양하는 가능성에 영향을 끼친다. 설상가상으로 몇몇의 잠재적인 자아들은 실현되는 경우 분명 서로 충돌할 것이다. 로저스는 이러한 어려움을 인정했다. 하지만 적절한 환경적인 조건을 이용한다면, 시간이 지남에 따라 우리는 점차 가장 성장 지향적이고 우리에게 활력과 창의성과 온전함의 의식을 야기하는 자아의 측면을 식별하고 신뢰하는 법을 배울 수 있을 것이라고 주장했다.

---

* 가장 효과적인 치료 요인에 대한 연구에서, 얄롬은 수용에 가까운 두 번째 순간은 '내가 다른 사람들로부터 아무리 많은 지지와 지도를 받게 되더라도 내 삶의 방식에 대한 궁극적인 책임은 결국 내게 있다는 사실을 배우는 것'이라는 점을 발견했다. Yalom, *Existential psychotherapy*.

원칙 2: 자아실현의 성향을
신뢰하는 법을 배워라

아주 어린 나이에 우리는 배고픔이나 피곤함 또는 두려움이라는 감정을 느낀다. 그렇지만 우리에게는 종종 부모님이나 다른 양육자들로부터 '네가 그렇게 느낀다면 나는 너를 사랑하지 않을 거야' 같은 선의의 메시지 또는 그렇게까지 선의는 아닌 메시지를 받게 된다. 이 같은 상황은 욕구에 대한 표현이 양육자의 필요만큼 중요하지 않은 것으로 무시될 때면 언제든 일련의 미묘하거나 미묘하지 않은 방법으로 발생할 수 있다. 그래서 우리는 실제로 느끼는 대로가 아니라, 어떻게 느껴야 하는지에 따라 행동하기 시작한다. 그 결과 많은 이들은 진짜 자아를 직면하는 두려움과 자기 자신에 대한 불안감에 이끌려 다른 사람의 생각과 의견에 점점 더 휘둘리며 자라게 된다. 그리고 우리는 다른 사람의 믿음과 욕구 그리고 가치관을 우리 존재의 본질로 주입시키게 된다. 우리는 진정한 욕구를 느낄 수 없게 될 뿐만 아니라, 최고의 자아로부터 자신을 소외시키게 된다.

인본주의 심리학의 창시자 중 한 명인 심리치료사 칼 로저스에게 있어 가장 외로운 상태는 사회적 관계에서의 외로움이 아니라, 자신의 경험으로부터 완전히 분리된 상태이다. 온전한 자아의 발달이 건강한 환자들을 관찰한 결과를 토대로, 로저스는 '완전히 기능하는 인간fully functioning person'이라는 개념을 발전시켰다.[25] 다른 많은 인본주의 심리학의 창시자들과 마찬가지로, 로저스는 진정한 자아가 되겠다는 의지는 실제로 절망의 정반대라고 말한 실존주의 철학자 쇠렌 키르케고르에게 영감을 받았다.[26] 로저스에 따르면 완전히 기능하는 인간은 다음과 같다.

- ▲ 모든 경험적인 요소에 개방적이다.
- ▲ 감성적인 삶에 대한 도구로서 자신의 경험에 대한 신뢰를 발달시킨다.
- ▲ 평가의 장소를 자신의 내부에 있는 것으로 받아들인다.
- ▲ 유동적이고 지속적인 과정에 참여하여 자신의 삶을 사는 방법을 배우며, 이 과정을 통해 경험의 흐름에 따라 새로운 측면을 지속적으로 발견한다.[27]

로저스는 우리 각자가 유기체적 가치평가 과정organismic valuing process, OVP의 존재로 설명될 수 있는 타고난 자아실현 성향을 갖고 있다고 생각했다. 그에 따르면 OVP는 인간에게 중요한 부분이며, 환경의 피드백에 끊임없이 답하고, 성장의 흐름을 지속적으로 방해하는 선택을 수정하면서 유기체가 성장으로 나아가도록 진화했다.[28] 로저스는 사람이 가장 깊은 가치를 내적으로 자유롭게 선택할 때, 다른 사람의 생존과 발전뿐만 아니라 자신의 생존과 성장 및 발전을 더욱 향상시키는 경험과 목표를 중요시하게 된다고 믿었다.

현대 연구는 OVP의 존재와 중요성을 뒷받침한다. 긍정 조직심리학자 레나 고빈지와 알렉스 린리는 OVP를 측정하기 위한 척도를 만들어냈고, 이것이 더 큰 행복, 지식, 자신의 가장 큰 강점의 사용, 일상에서의 활력감과 비례하는 상관관계를 가지고 있음을 발견했다.[29] 다음은 우리가 우리의 가장 깊은 감정과 욕구 및 가치와 얼마나 접촉하고 있는지를 대략적이나마 평가하는 항목들이다.

유기체적 가치평가 척도

- ▲ 나에게 맞는 것들을 알고 있다.
- ▲ 삶에서 필요한 것을 얻는다.
- ▲ 내가 내리는 결정은 나에게 맞는 결정이다.
- ▲ 나 자신과 연결되어 있다고 느낀다.
- ▲ 나 자신과 일체감을 느낀다.
- ▲ 나에게 맞는 일을 한다.
- ▲ 내가 내리는 결정은 나에게 맞는 것을 우선으로 한다.
- ▲ 나 자신이 하는 말을 들을 수 있다.

OVP와 관련된 또 다른 연구에서, 케넌 셸던은 자율성이 주어지는 경우 사람들은 시간이 지남에 따라 성장 선택을 선호하는 경향을 보인다는 것을 입증했다.[30] 셸던은 실험 참가자에게 시간을 갖고 자유롭게 선택할 수 있는 선택권을 제공했으며, 다양한 목표 중 선택된 목표는 자연스럽게 '안정'과 '성장', 두 그룹으로 분류된다는 사실을 발견했다.

안정 목표 vs. 성장 목표

안정 목표

- ▲ 존경받는 의견을 가져라.

▲ 멋진 것을 많이 보유해라.

▲ 많은 사람에게 칭찬받아라.

▲ 많은 사람에게 알려져라.

▲ 경제적으로 성공하라.

▲ 호평을 받고 인기를 얻어라.

▲ 보수가 높은 좋은 일자리를 찾아라.

성장 목표

▲ 도움이 필요한 사람을 도와라.

▲ 사랑하는 사람에게 애정을 표현하라.

▲ 친밀한 사람에게 많은 사랑을 느껴라.

▲ 다른 사람의 삶을 더 좋게 만들어라.

▲ 자신이 누구인지 받아들여라.

▲ 세상을 더 나은 것으로 만들도록 도와라.

▲ 무엇이든 지속적인 기여를 하라.

셸던은 완전히 자유로운 선택이라는 여건에서는 시간이 지날수록 사람들이 성장할 수 있는 가능성이 좀 더 높은 방향으로 마음을 바꾸며 성장을 향해 나아가는 경향이 있음을 발견했다. 물론 이러한 목표가 100퍼센트의 성장과 0퍼센트의 안정을 추구하는 것은 아니다. 우리에게는 안정 목표와 성장 목표 모두가 필요하다. 중요한 것은 최적의 선택 조건에서는 시간이 지남에 따라 상대적인 균형이 성장으로 기울어지는 경향을 보인다는 사실이다. 셸던은 실제로 가장 먼저 안정 목표를 가장 높게 채택한 사람이 시간이 지남에 따라 가장 많이 성장 목표로 이동했음을 발견했다. 셀던은 보람이 없는 가치를 지닌 사람은 (성장과 관련된) 동기를 부여하는 변화가 가장 필요하기 때문에 그러한 변화를 증명해줄 가능성이 가장 높다고 말했다.[31] 그러므로 이 연구는 불안, 두려움, 죄책감으로부터 자유로울 때, 대부분의 사람은 자신의 고유한 잠재력을 실현하는 방향으로 나아갈 뿐만 아니라 선한 방향으로 움직이는 경향도 있음을 제시한다.

이는 우리에게 희망을 주고, 최적의 조건하에서 어떤 일이 가능한지를 짚어줄 것이다. 하지만 현실 세계에서 대부분의 사람에게는 자신이 가장 가치 있게 생각하는 쪽으로 선택할 자유가 주어지지 않았다는 점을 감안할 때, 이는 우리에게 건강한 현실 감각을 주기도 할 것이다. 문화적인 분위기는 매우 중요하다. 예를 들어 민족성, 인종, 종교, 성별, 사회경제적 지위, 성적인 성향, 장애 또는 학습장애, 영재, 학습장애가 있는 영재 등 특수한 교육 상태에 기초하는 소외된 정체성을 가진 개개인은 종종 자신을 완전히 표현하는 것을 편안하게 느끼도록 도와주는 주위의 격려와 지원을 받지 못하는 경우가 있다.[32] 그런 사람의 경우 자신이 진정으로 적합하지 않다고 느끼거나 소수자인 자신의 상황이 두드러지게 나타나는 환경에서 진정성을 느끼는 데 더 큰 어려움을 겪을 수도 있다.[33]

기관의 문화 역시 기관 내의 모든 사람에게 영향을 미칠 수 있다. 셀던은 로스쿨에 입학한 신입생이 입학한 첫 해에 성장 목표에서 안정 목표로 이동한 사실을 발견했는데, 이는 아마도 전통적인 법 교육이 학생들을 그들의 감정, 가치 그리고 이상으로부터 분리시키는 심각한 불안정을 유발했기 때문일 것이다.[34] 나중에 살펴보겠지만 사람을 현재에 더 집중하고 덜 협조적이며 자신의 온전한 자아와 덜 연결되도록 이끄는 가혹하고 예측할 수 없는 환경적인 조건이 상당수 존재한다. 환경적인 조건은 우리의 자아실현 성향이 현실화하는 것을 방해할 수 있을 뿐만 아니라, 내부에서조차 아주 다양하고 때로는 종종 무의식적인 마음의 측면들이 끊임없이 우리의 주의를 끌고자 한다. 그렇기 때문에 우리의 내적 갈등과 극단적인 특성의 자각을 포함해 인식하고 있다는 것은 아주 중요하다.

원칙 3: 내면의 갈등을 인식하라

갈등이 있다는 것은 인간적이다. 다른 사람과의 갈등이나 우리 자신과의 갈등 모두 마찬가지이다. 우리에게는 일련의 보편적인 기본 욕구가 존재하는가 하면, 저마다 그러한 욕구를 충족시키기 위한 극적인 다른 방법도 존재한다. 또한 가장 중요하게 여기는 욕구는 무엇이며, 그것이 언제 가장 두드러지게 나타나는가 하는가에 있어서도 우리는 각자 다르다. 이런 차이는 사람들에게 상당한 갈등을 유발할 수 있다. 하지만 우리의 내적 갈등도 그에 못지않게 중요하다. 우리의 내적 갈등은 일반적으로 경계를 뚫고 나가, 좌절감과 공격적인 충동이 타인에게 향하도록 유도한다. 내적 갈등은 자아실현을 향한 투쟁에 있어서 중요한 요소이다.

때때로 당신 안에 존재하는 다수의 성격이 계속 서로 싸우고 있는 것처럼 느껴진다면, 그건 실제로 당신 안에 끊임없이 싸우고 있는 다수의 성격이 존재하기 때문이다. 우리들 각자에게는 종종 모순되고 양립할 수 없는 한 꾸러미의 성향, 정서적 경향, 가치, 태도, 신념 그리고 동기가 있다.[35] 초기 정신 분석가와 인본주의 심리학자들은 우리의 내적 갈등에 대해 많은 이야기를 나누었고, 진화 심리학, 사회 심리학, 인지 과학, 인공두뇌학을 포함하는 현대 심리학의 연구들은 우리의 마음이 실제로 분열되어 있음을 실증적으로 보여주었다.[36]

인간에게는 지구상의 모든 살아 있는 유기체와 마찬가지로 인공두뇌학의 체계, 즉 목표 지향적인 체계가 있다.[37] 그러한 존재로서 인간은 종종 서로 상충되는 다수의 목표를 가지고 있는데, 그중 일부는 의식하고 있지만 나머지 대부분은 그렇지 못하다. 우리의 각각의 목표는 달성되었을 때 세상이 어떻게 보일지에 대한 자신만의 미래를 상상해 그리며, 그 모습은 목표를 달성하기 위해 취해야 할 조치의 일부를 보여준다. 우리의 미래 비전이 언제나 명확한 것은 아니지만, 그럼에도 행동과 세상을 경험하는 방식을 주도한다. 우리는 현재 상태와 목표 상태의 불일치를 줄이는 데 도움이 될 세계의 가장 적절한 기능에 주의를 기울이면서. 현재 경험을 존재하고자 하는 지점과 지속적으로 비교한다.

우리에게는 많은 목표가 있고, 그만큼 많은 충동도 있다. 매슬로가 말했듯, 인간은 결핍된 동물이며, 실제로 항상 무언가를 원하고 있다.[38] 우리의 목표 중 많은 것은 우리의 DNA에 이미 탑재되어 있는데, 바로 이것들이 우리의 먼 조상들의 생존과 번식을 증대시켰기 때문이다.[39] 그러나 우리가 특정한 하위 자아sub-self 혹은 진화된 마음의 구성요소에 더 많이 참여할수록 그 하위 자아가 더 강해지고 더 빠르게 활성화된다는 사실을 인식하는 것이 중요하다. 반대로 마음의 그 구성요소에 신경을 덜 쏠수록, 그 신호는 점점 더 약해진다.

또한 우리의 목표 중 상당수는 아직 탑재되어 있지 않다. 인류는 목표 추구와 관련해 동물의 왕국에서는 전례를 찾아볼 수 없을 만큼의 유연성을 보여준다. 성공적인 인도주의적 비영리 단체 운영부터 스키볼 세계챔피언, 가장 영향력 있는 SNS 인플루언서 그리고 세상에서 가장 대단한 게으름뱅이에 이르기까지,[40] 인간이 생각해낼 수 있는 놀랍도록 다양한 목표는 종종 심각한 내적 갈등으로 이어진다. 단지 이러한 갈등에 직면한다는 사실을 아는 것만으로도 우리는 자신의 약점뿐만 아니라 다른 사람의 약점 또한 기꺼이 용서해줄 수 있게 된다.

우리가 가진 뇌와 복잡한 계산에서 종종 발생하는 당황스러운 뇌의 결과물을 인식할 수 있는 고유한 능력을 감안할 때, 우리는 실제로 내적 갈등 관리를 꽤 잘 해내고 있는 편이다. 확실히 현실은 때로 견딜 수 없게 느껴질 수 있으며, 자신의 삶에서 느끼는 전반적인 만족감에도 불구하고 정신질환은 대다수가 생각하는 것보다 훨씬 더 흔하게 나타나고 있다. 사실 대부분의 사람은 삶의 어느 시점에서 진단 가능한 정신질환을 앓고 있다.[41] 그럼에도 상당수가 사는 것이 꽤나 행복하다고 보고하고, 생애 전반에 긍정적인 발달 변화를 보이며, 회복력과 존엄성 그리고 우아함에 있어서 비범한 능력을 보여준다.[42] 회복성 연구자 프로마 월시가 말했듯, 인간에게는 고군분투할 수 있는 능력이 있다.[43]

당신이 인류 전반에 걸쳐 존재하며 종종 순간적인 광기 상태까지 유발하는 내전의 사례를 찾고 있다면, 낭만적인 사랑의 영역보다 더 완벽한 예는 없을 것이다. 친구, 형제자매, 부모, 자녀 그리고 모든 인류에게는 하나의 온전한 인간이 되는 것에 기여하는 많은 관계가 있다. 그러나 가장 적극적으로 추구하고, 짜릿하고, 성취감이 넘치고, 절망하고, 미치고 또 혼란스러운 사랑의 형태는 낭만적인 사랑이다.*

전형적인 낭만적 관계는 애착, 보살핌, 성욕 그리고 낭만적인 열정의 조합이다.[44] 이러한 요소에는 종종 낭만적인 관계 안에 깊게 얽혀 있지만, 각각의 요소는 말 그대로 자신만의 목표가 있다. 이들 각각은 생존 및 번식과 관련된 특정한 문제를 촉진하기 위해 진화한 구체적인 체계의 전형적인 특질이다.

애착, 보살핌, 성욕, 낭만적인 열정이라는 낭만적인 사랑의 요소들은 강렬함의 정도가 서로 다른 요소들과 협업하며, 전 세계의 사람이 낭만적인 사랑을 표현하는 수많은 방법을 만들어낸다. 낭만적인 사

---

* 낭만적인 사랑은 아주 강력하고 보편적이어서, 인류학자 헬렌 피셔는 낭만적인 사랑이야말로 다른 형태의 사랑과는 구분되는 근본적인 욕구라고 주장했다. 실제로 기쁨과 슬픔이 모두 포함된 낭만적인 사랑의 표현은 어느 문화권에서나 찾아볼 수 있으며, 연령이나 성별, 성적 취향, 인종, 민족에 따라 크게 달라지지 않는다. 물론 그렇다고 문화적인 요인이 중요하지 않다는 뜻은 아니다. 심리학자 리사 다이아몬드는 다음과 같이 말했다. "성적인 흥분과 낭만적인 사랑에 대한 인간의 경험은 항상 사회적, 문화적, 대인관계라는 맥락에서 숙고된다. 사랑은 생물학적인 것이 아니며, 그렇다고 문화적인 것도 아니다. 사랑에 빠진 우리가 무언가를 쏟아붓게끔 만드는 우리 뇌의 메커니즘은 주변 환경으로부터 들어오는 특정한 정보에 반응하도록 정교하게 조정된다."Diamond, L. M. (2003). What does sexual orientation orient? A biobehavioral model distinguishing romantic love and sexual desire. *Psychological Review, 110*(1), 173-192; Fisher, H. E. (1998). Lust, attraction, and attachment in mammalian reproduction. *Human Nature, 9*(1), 23-52; Fisher, H. E. (2004). *Why we love: The nature and chemistry of romantic love*. New York: Henry Holt; Tolman, D. L., & Diamond, L. M. (2001). *Desegregating sexuality research: Cultural and biological perspectives on gender and desire. Annual Review of Sex Research, 12*, 33-74; Jenkins, C. (2017). *What love is: And what it could be*. New York: Basic Books.

랑의 각 요소에는 서로 다른 목표가 있다는 사실은 전 세계에서 찾아볼 수 있는 많은 휴먼 드라마를 설명하는 데 도움이 된다. 인류학자 헬렌 피셔는 말했다. "이러한 짝짓기 욕구의 상대적인 신경학적 독립성은 바람피우기, 성적 질투, 스토킹, 배우자 학대, 사랑으로 인한 살인, 사랑으로 인한 자살 그리고 불안정하고 해체된 관계와 연관된 임상적 우울증 등 오늘날 나타나는 교차-문화적 패턴을 설명하는 데 도움이 된다."[45]

서로 다른 환경적인 유발 요인은 서로 다른 목표를 활성화시킬 수 있고, 그래서 피셔가 말했듯 "누군가는 한 사람에게 깊은 애착을 느끼면서, 다른 사람에게는 낭만적인 열정을 느끼고, 동시에 일련의 다른 사람들에게는 성적인 욕구를 느낄 수 있다."[46] 낭만적인 사랑의 모든 요소의 조합은 이론적으로 가능하다. 우리는 좋아하지 않는 사람들, 심지어는 우리가 경멸하는 사람들에게도 집착하며 의존할 수 있다. 또한 알지도 못하는 사람에게 깊은 관심을 가질 수 있으며, 제3세계 국가의 굶주림에 시달리는 아이들의 고통을 덜어주고자 하는 동기를 부여받기도 한다. 우리는 평소 혐오감을 느끼던 사람에게서 격렬한 욕정을 느낄 수 있고, 설사 그 매력이 우리의 성적 지향성에 위반되더라도 이제껏 단 한 번도 성적인 욕망을 느끼지 못했던 사람과 사랑에 빠질 수 있다.[47] 인간은 많은 것을 포함하고 있다는 월트 휘트먼의 말이 새삼 떠오른다.

물론 낭만적인 사랑의 요소 간에 반드시 그런 전쟁이 벌어져야 할 필요는 없다. 이 요소들이 조화롭게 정렬되고 통합될 때, 관계에서는 가장 큰 만족이 발생하는 경향을 보인다. 보다 완전하고 초월적인 사랑은 가능하다(5장 참고). 그럼에도 인간관계에서 이렇게 다양한 체계를 건강한 방식으로 통합하지 못하면, 엄청난 혼란과 좌절을 초래할 수 있다.

원칙 4: 한쪽으로 치우친 발달을 주의하라

스위스의 정신과 의사 칼 융은 치료의 주된 목표가 한 사람을 '개별화의 길'로 나아가도록 돕는 것이며, 그 사람은 그 길에서 자신에게 내재하는 모순을 받아들여 고유한 잠재력을 성취할 수 있게 된다고 주장했다. 융은 일반적인 원칙인 '에난티오드로미아enantiodromia', 즉 대극 반전 현상을 제시했는데, 이는 비록 모순이 잠재의식의 그늘에 가려져 있을지 모르지만, 누군가의 성격에 어떤 극단적인 요소가 존재하면 균형을 회복하기 위해 그 반대되는 극단적 요소 또한 만들어진다는 일종의 자연계 균형 원리이다.[48] 융은 신경증 환자는 일방적인 발달 때문에 좌초된 것이라고 믿는 동시에, 치료에 사람들이 자신의 모든 면을 받아들이고 전체를 대략적으로 파악하도록 도울 수 있는 큰 잠재력이 있다고 생각했다.

카렌 호나이는 융의 생각을 확장했고, 인간의 사회적 행동의 편파적 패턴을 다수 확인한 뒤 이를 '신경증적 경향성'이라고 불렀다. 호나이는 이러한 경향성이 혼란과 고통의 시기에 안전감과 안정감을 제공하지만, 궁극적으로는 성장을 저해하는 다른 사람과 삶을 대하는 태도라고 주장했다. 호나이는 이 수많은 경향성을 다음과 같은 세

가지의 주요한 범주로 분류했다. 첫째, 순응과 다른 사람들의 호의를 사고자 하는 극단적인 욕구('사람들에게 다가가기'), 둘째, 다른 사람들에게 적대적이고 끊임없이 반항하고자 하는 극단적인 욕구('사람들에게 대항하기'), 마지막으로, 사람들로부터 분리되고 항상 자급자족에 대한 자신의 능력을 증명하고자 하는 극단적인 욕구('사람들로부터 멀어지기')[49]이다.

다른 사람의 애정과 칭찬을 원하고, 고독을 소중히 여기며, 욕구가 좌절되었을 때 좌절과 분노를 표현하고 싶어 하는 것은 지극히 정상적이고 건강한 일이다. 문제는 이러한 욕구가 너무 커져서 강박적인 것이 되어, 그 사람 전체를 사로잡아 버릴 능력을 가지게 될 때다. 온전한 사람이 되겠다는 목표 중 하나는 우리의 가장 높은 잠재력을 성장시키는 방향으로 나아갈 수 있는 최대한의 자유를 가지는 것이라는 걸 기억하자. 건강한 성격은 다채로운 노력에서 유연하게 전환하고, 온전한 사람으로의 성장을 실질적으로 도와주는 생산적인 방식으로 행동을 조절할 수 있다.

우리는 종종 한쪽으로 치우친 노력에 휘말려서 그것이 우리의 삶에 대해 결정하고 차지하는 정도를 자각하지 못한다. 그러한 순간에 우리는 압제적인 당위성에 지나치게 집착하게 되고, 그래서 실제로 진정으로 소중히 여기는 방향으로는 진행하지 못하게 된다. 호나이는 애정을 향한 기본적인 인간 노력의 신경증적 대응 사례를 다음과 같이 제시했다. "다른 사람으로부터 받는 애정에 대한 소망은 오직 그들에 대한 애정이 존재하고 그들과 공통점이 있다는 느낌을 받을 때에만 의미가 있다. (…) 그러나 애정에 대한 신경증적인 욕구에는 그 같은 상호성의 가치가 결여되어 있다. 신경증 환자가 느끼는 애정은 그가 낯설고 위험한 동물들에게 둘러싸여 있을 때만큼이나 중요하지 않다. 정확히 말하자면 그는 다른 사람에게 애정을 바라지 않는다. 그는 단지 다른 사람들이 자신에게 어떠한 공격적인 행동도 가하지 않는 것에만 관심이 있을 뿐이다. 상호 이해, 관용, 관심, 공감에 내재하는 특별한 가치는 그 관계에서 아무런 자리도 차지하지 못한다."[50] 신경증적 경향성의 강박적인 본능에는 다음과 같은 두 가지 주된 특징이 있다.

- ▲ 신경증적 경향성은 종종 무차별적으로 추구된다. 예를 들어 우리가 어떤 사람을 좋아하지 않을지라도, 그 사람은 우리를 반드시 좋아해야 한다.
- ▲ 어떤 상황에서든 신경증적 경향성을 방해하는 것은 종종 공황과 불안으로 이어진다. 예를 들어 무제한적인 자유에 대한 강박적 욕구를 가진 사람은 결혼 서약이든 체육관의 회원이 되기 위한 서명이든 관계없이 구속이나 속박에 대한 약간의 징후만으로도 공황에 빠지곤 한다.[51]

호나이가 지적했듯, 신경증적 경향성은 안전감과 안정감을 유지하는 데 매우 중요한 기능을 수행한다. 그렇기 때문에 신경증적 경향성이 어떤 식으로든 위협받게 된다면 사람은 큰 공포를 느끼게 되는 것이다. 신경증적 경향성은 환상을 누그러뜨린다. 자아의 지혜를 연구했던 조지 베일런트는 마음의 방어 메커니즘을 신체의 면역 메커니즘에 비유했다. "그것들은 고통을 걸러내고 자기 진정을 허용하는 다양한 환상을 제공함으로써 우리를 보호한다." 베일런트에 따르면, "우리의 방어(기제)는 갈등의 원인을 관리할 수 있도록 창의적으로 재배치한다. (…) 자아는 그것에 작용하는 힘에 대처하고 일종의 조화로 감소시키기 위해 고군분투한다."[52] 호나이는 우리의 신경증적 경향성에 인공적인 조화를 만들어내는 두 가지 방법이 있다고 주장한다.

- ▲ 우리는 성격의 특정한 측면을 억압하고, 그 반대되는 측면을 앞으로 내세운다. 예를 들어 어떤 상황에서도 결코 다른 사람에게 공격적으로 행동하지 않을 친절하고 다정한 사람이 될 수 있는 능력을 과도하게 강조한다. 또한 환경을 통제하고 다른 사람을 지배하는 능력을 과도하게 강조하고, 어떠한 상황에서도 물러서거나 사과하거나 친절함을 드러내어 '약하게 보일 것'임을 명확히 한다.
- ▲ 애초에 다른 사람과 갈등이 발생하지 않을 만큼의 거리를 둔다. 예를 들어 우리는 고독을 아주 소중히 여기기 때문에, 우리의 소중한 공간을 위태롭게 하고 신경증적 경향성을 자극하는 작은 빌미라도 생길 수 있는 것에는 절대 연루되지 않으려고 한다.

두 가지 전략 모두 사람이 그 순간에 기능하도록 하는 잘못된 일체감을 유발한다. 하지만 궁극적으로 호나이는 성장과 발전의 큰 잠재력을 믿었다. 실제로 호나이는 자신의 이론을 '건설적인' 이론이라 언급했고, 그 치료의 가장 높은 목표는 진심을 위한 노력, 즉 가식이 없어지고, 정서적으로 진실하게 되며, 자신의 감정과 일과 신념에 스스로를 완전히 담을 수 있게 되는 것이라고 말했다.[53,54] 축적된 연구결과가 보여주듯, 이것은 맹목적인 낙관주의가 아니다. 장기간 유지됐던 성격 또한 변할 수 있기 때문이다.

원칙 5: 자신에게 가장 적합한 상태를 만들어라

우리 모두에게는 살아 있는 한 근본적으로 변화할 수 있는 능력이 있습니다.
— 카렌 호나이, 《내 성격은 내가 분석한다》

호나이는 수용이 자아실현에서 가장 중요한 첫 단계라는 융의 의견에 동의했지만, 한 가지 중요한 측면에서는 의견을 달리 했다. 즉 호나이는 단순한 수용만으로는 충분하지 않으며, 나아가 광범한 자기분석을 기꺼이 겪고 성장에 필요한 상당한 노력과 고난을 감당해야 한다고 주장했다.[55] 그렇게 할 때 비로소 신경증적 경향성의 원인을 더 의식적으로 인식하고 비합리적인 신념을 시험하며 경험과 통찰력을 통해 세상에 대한 부적응적인 태도를 변화시킴으로써 점차 성장의 과정을 시작할 수 있다고 말했다. 매슬로는 치료에 대한 이러한 접근 방식을 반영해 다음과 같이 말했다. "치료의 과정은 성인이 다른 사람의 승인을 바라는 유치한 (억압된) 필요성이 더 이상 유치한 형태와 정도로 존재할 필요가 없다는 것과, 약해지고 무기력해지며 타인에게서 버림받는 것에 대한 두려움과 함께 다른 사람들을 잃게 될지도 모른다는 공포는 더 이상 실제적이지 않으며 어린아이였을 때나 정당화될 수 있다는 것을 발견하도록 도와준다. 성인은 어린이보다 다른 사람을 덜 중요하게 여길 수 있으며, 그래야만 한다."[56]

이러한 접근방식은 현대의 인지행동치료cognitive-behavioral therapy, CBT와 유사하며, 실제로 CBT의 창립자인 아론 벡은 카렌 호나이, 에이브러햄 매슬로, 고든 올포트 같은 인본주의 사상가로부터 많은 영향을 받았다.[57] 회복 지향적 인지 치료의 최근 연구에 따르면, 벡과 그의 연구팀은 정신분열증 환자를 진정 인간적인 관심사를 가진 인간으로 대할 때 환자들에게서 엄청난 성장을 목격할 수 있었다고 한다.[58] 정신분열증 환자에게는 약물뿐만 아니라 온전한 인간으로서의 사랑, 보살핌 그리고 치료가 필요한 것이다.

현대과학은 우리가 텅 빈 백지상태로 태어나지 않았음을 확인시켜준다. 즉 그 잠재력이 주제에 따른 독특한 변이를 발달시키는 것일지라도, 우리는 인간이 될 수 있는 잠재력을 가지고 태어난다.[59] 이는 인간이 코끼리나 호랑이로는 성장할 잠재력이 없다는 것과 우리 대부분은 마이클 조던처럼 훌륭한 농구 선수가 될 잠재력을 지니지 않았다는 것을 의미한다. 그리고 이는 좋은 환경이 주어진다면 당신은 전 세계에서 최고의 당신이 될 수 있는 잠재력이 있다는 것을 의미하기도 한다. 다시 말해 당신보다 더 당신이 될 수 있는 잠재력이 있는 사람은 없다. 그리고 환경과 상호작용하는 수천 개의 유전자의 정교하고 복잡한 일생의 상호작용을 통해 당신은 당신의 존재를 결정하는 결론을 내린다.[60,61] 그 과정에서 당신은 여전히 당신을 창조하고 있는 것이다.

최근 연구에 따르면 성격이 변하는 것은 쉽지 않지만, 의식적인 노력과 치료를 통해, 직업이나 사회적인 역할 또는 파트너 관계를 바꾸거나 새로운 정체성을 채택하는 것처럼 자신의 성격에 오랫동안 영향을 끼쳤던 환경을 바꿈으로써 삶 전반에 매우 실질적인 방식으로 성격을 바꿀 수 있다.[62]

현대의 성격심리학자들은 성격 특성을 밀도 분포로 생각하는 것을 선호한다. 환경적인 유발 요인은 어떤 순간에 어떤 자아가 나타나는지에 상당한 영향을 미치지만, 그럼에도 성격 차이에 관해 이야기하는 것은 여전히 의미 있는 일이다. 행동 분포를 전체적으로 관찰할 때 일관된 개인치가 존재하기 때문이다. 예를 들어 누구나 하루 동안 적어도 어느 정도 혼자만의 시간을 갖기를 원하지만, 더 오랫동안 혼자 있고 싶어하는 사람도 있다.

그럼에도 성격을 비석에 새겨져 고칠 수 없거나, 항상 변하지 않는 것으로 생각해서는 안 된다.[63] 하루에도 사람의 성격과 지적 기능은 꽤 많은 변화를 거듭한다.[64] 성격심리학자 윌리엄 플리슨은 마치 서로 다른 사람인 것처럼 사람들의 성격 특성이 하루에도 변화를 거듭한다는 사실을 발견했다. 실제로 성격과는 다르게 엉뚱한 행동을 하는 경우는 아주 흔하다.[65] 이 같은 상황은 우리의 도덕성을 포함하여 다른 특성 모두에도 똑같이 적용된다. 심지어 우리가 '성인'이라고 생각하는 사람조차 하루 동안 다양한 수준의 도덕적인 행동을 보여준다. 즉 그들이 하루 동안 보여주는 도덕적 행동의 빈도가 다른 사람에 비해 훨씬 높을 뿐이다.[66] 심리학자 돈 버거와 로버트 맥그레이스가 말했듯이, 미덕이란 우리가 지금까지 달성한 무엇이라기보다는 지속적으로 추구해야만 하는 것으로 생각하는 것이 더 적절하다.[67] 실제로 매슬로는 자아실현을 이룬 사람들도 여전히 인간이고, 물론 약간 덜 하기는 하지만 여전히 불완전함을 드러내는 경향이 매우 많다는 점을 반복해서 강조했다. 이러한 성격의 새로운 이해는 인본주의 심리학이 경험을 강조했던 것과 일치한다. 성격을 우리의 일상적인 경험 또는 상태의 패턴으로 간주하게 되면 우리는 외향적이었던 경험, 도덕적이었던 경험, 잔인했던 경험, 신경증적이었던 경험 등을 이야기할 수 있으며, 그렇게 해서 성격심리학과 존재의 심리학을 통합할 수 있게 된다.

겨우 삼십여 년 전에 태동한 성격의 새로운 이해는 성격 변화에 깊은 영향을 끼쳤다. 우리가 단지 우리의 반복되는 생각, 감정, 행동 패턴이 우리에 대해 말하는 정도까지만 외향적이고 배려심 많으며, 양심적이고 신경증적이며 심지어는 지능적이라는 것을 제시하기 때문이다.[68] 유전자는 확실히 성격심리학자 브라이언 리틀이 '생체적 본능'[69]이라고 부르는 행동 패턴에 강한 영향을 끼칠 수 있다. 하지만 특정한 삶의 방식과 관련해 신성시되거나 변화할 수 없는 것은 아무것도 없다. 즉 시간이 지남에 따라 이러한 패턴을 충분히 조정하는 과정에서 우리는 말 그대로 우리의 존재를 바꾸게 된다.

그렇다고 해서 성격 변화가 쉬운 일이라는 뜻은 결코 아니다. 자신을 너무 빨리 바꾸려고 하는 것은 매우 힘들고 소모적인 일일 수 있다. 일단 스스로 변화를 원해야 한다. 사람에게 만족 또는 타인과의 연결과도 같은 특정한 상태를 자연스레 경험할 때 진정성을 느끼는 경향이 있는 것이 분명한 사실이다. 하지만 최근 연구에 따르면 사람들에게 장기간에 걸쳐 본능적인 기질에 반대되는 행동을 하도록 강요하는 것은 불안감과 피로감을 증가시키고 진정성에 대한 느낌을 감소시킬 수 있다고 한다.[70]

어떤 사람은 단순히 사회적인 이상에 도달하기 위해 타고난 존재 방식을 바꾸고 싶어 하지 않을지도 모른다. 예를 들어 내향성 항목에서 높은 점수를 받은 많은 사람은 자신의 내향성 수준을 완벽하게 받아들인 상태에서, 자신이 왜 이미 맺고 있는 관계를 발전시키는 일보다 낯선 사람과의 사교에 더 많이 신경을 써야 하는 이유를 이해하지 못할 수도 있다.[71] 실제로 어느 한 연구에 따르면 자신의 내향성에 익숙한 사람은 좀 더 외향적이기를 원한다고 밝힌 내향적인 사람보다 더 높은 수준의 진정성을 보여주었다. 자기수용적·내향적인 사람일수록 외향적인 사람이 경험하는 수준에 가까운 안녕감을 성취할 수 있었다.[72]

여기서 짚고 넘어가야 하는 핵심은 장기적인 성격 변화의 경우 우리 자신이 변하기를 원해야 하고, 성격 변화의 목표를 기꺼이 따르고자 하며, 자기 자신을 바꾸려는 행동을 적극적이고 성공적으로 실천해야 한다는 것이다.[73] 그래도 무엇보다 반가운 사실은 시간이 지남에 따라 상태에 충분한 변화가 생기면 성격뿐만 아니라 인생에서 가장 가치 있는 목표에도 장기적인 변화가 찾아올 수 있다는 점이다.[74]

원칙 6: 행복이 아니라 성장을 위해 노력하라

초기 인본주의 심리학자들은 현대의 심리학 서적과 자기계발서에서 많은 관심을 받는 주제인 행복 또는 성취에 초점을 맞추지 않았다. 대신 그들은 주로 건강과 성장에 대한 개인적인 경로에 흥미를 보였다. 이 과정은 종종 불편한 감정을 완전히 경험하고, 그것을 받아들여 다른 인간 경험과 통합하는 것을 포함한다.[75] 그래서 나는 '긍정적'이나 '부정적' 같은 노골적인 표현 대신, '풍부한', '편안한', '불편한' 그리고 '고통스러운'과 같은 감정적인 경험을 묘사하는 용어를 더 선호한다.

연구자들은 맥락의 중요성을 고려해 인간의 특성, 감정 그리고 행동을 좀 더 미묘하게 이해하려는 태도를 취한다.[76] 놀랍게도 사람을 불편하게 하거나 참기 힘들 만큼 고통스러운 많은 감정이 성장에 도움을 줄 수 있고, 그와 마찬가지로 때로는 편안하거나 심지어는 격앙된 감정이 오히려 성장을 방해할 수도 있다. 요점은 정서적 풍경의 풍부함과 복잡성을 완전히 수용하고, 이를 건전하게 통합하는 것이다. 칼 로저스는 그의 심리치료 실습에서 다음과 같은 사실을 관찰했다. "치료를 통해 증세가 상당히 호전된 내담자들은 자신의 고통감과 더 친밀하게 살아갈 뿐만 아니라, 황홀감도 더 생생하게 느끼며 살아가는 것 같다. 분노가 더 분명하게 느껴지지만 사랑도 그렇다. 두려움은 그들이 더 깊게 알고 있는 경험이지만, 용기 또한 마찬가지이다. 그리고 그들이 이렇게 더 넓은 범위에서 온전히 살아갈 수 있는 이유는, 그들이 삶을 직면할 수 있는 믿을 만한 도구인 근본적인 자신감을 가지고 있기 때문이다."[77]

물론 우리 대부분은 기분이 좋기를 원한다. 대체로 사람들은 일상 생활에서 불편하거나 고통스러운 감정보다는 좋은 기분을 느끼기를 더 선호하는 경향이 있다. 좋은 소식은 사람들이 지속적으로 성장을 향해 나아갈 때 행복감과 삶의 만족감은 성장의 부수적인 현상으로 따라오는 경향이 있다는 사실이다.[78] 다시 말해 행복과 삶의 만족에 이르는 최선의 길은 이기적인 불안을 초월하고, 자신의 자아 중 최고의 상태가 되어, 세상에 긍정적으로 기여하는 것이다.

아무도 예상하지 못했던 인상적인 성공을 거둔 사람을 대상으로 이루어졌던 하버드대학의 장기 연구 프로그램 '다크호스 프로젝트'를 살펴보자.[79] 그들의 다크호스 목록에는 가정 요리사, 마스터 소믈리에, 인형극 공연자, 인생 코치, 시신 방부 처리사, 개 훈련사, 열기구 조종사 등이 포함됐다. 이들은 어떻게 개인적인 성취와 성공에 이르렀을까? 연구자들은 성공의 열쇠가 자신이 가장 관심을 갖는 일을 성장시키는 데에 집중하며, 다른 사람과 비교하거나 성공에 대한 전통적인 정의에 별다른 관심을 기울이지 않았다는 점에 있다는 것을 발견해냈다.[80] 그들은 자신만의 독특한 관심사, 능력 및 환경을 배양함으로써 성취와 달성을 이룰 수 있었던 것이다.

원칙 7: 어두운 면의 힘을 활용하라

나는 고전적인 프로이트주의자들이 (극단적인 경우) 모든 것을 병리학적으로 바라보는 경향이 있으며, 인간 존재의 건강한 가능성을 충분히 명확하게 바라보지 못하고, 모든 것을 갈색 안경을 통해 보는 점을 비판한다. 하지만 (극단적인) 성장학파 또한 똑같다. 이들은 세상을 장밋빛 안경을 쓰고 보는 경향이 있으며, 일반적으로 병리학이나 약점 및 성장 실패의 문제를 어물쩍 넘어가려는 경향이 있다. 한쪽은 오로지 죄악의 신학과도 같고, 다른 한쪽은 악이라고는 전혀 없는 신학과도 같으므로, 모두 부정확하고 비현실적이다.

— 에이브러햄 매슬로, 《존재의 심리학》

칼 로저스는 자신의 환자들에게 발견되는 공통적인 두려움은 치료가 그들의 방어벽을 완전히 제거함으로써 이전에는 모르고 있었던 자신의 측면을 완전히 경험하는 것, 다시 말해 그들 안에 갇혀 있던 '야수를 풀어주는 것'이라고 말했다. 그러나 로저스는 실제로 그와 정반대되는 경우가 발생한다는 것을 발견했다. "사람 안에는 어떠한 야수도 없다. 사람에게는 오직 사람만이 있고, 우리가 풀어줄 수 있었던 것도 바로 사람이었다."[81]

로저스는 사람이 자신의 모든 충동에 더욱 개방적일수록 경쟁 욕구에서 균형을 더 잘 맞추는 경향이 있으며, 현실적으로 적절한 상황일 때 공격성을 드러낼 수는 있지만, 고삐 풀린 공격성의 욕구를 보여주지는 않는다고 말했다. 그는 사람이 경험의 다양한 측면에 대한 인식을 거부할 때에만 두려워할 이유가 생긴다고 주장했다. 하지만 가장 완전한 인간일 때, 그 사람의 다양한 감정은 건설적인 조화에서 작동한다. 이는 항상 관습적인 것이 아니며, 항상 순응하는 것도 아니다. 또한 개별화와 동시에 사회화되기도 할 것이다.[82]

롤로 메이도 비슷한 관점이었지만, 인간의 사악함에 훨씬 더 현실적인 접근방식을 보여주었다.[83] 메이는 우리 모두에게 존재하는 '다이모닉daimonic'을 강조했다. 물론 이를 '악마성demonic'과 혼동해서는 안 된다. 메이는 인간은 근본적으로 선하거나 악한 것이 아니라, '악한 잠재력과 선한 잠재력의 혼합덩어리'라고 믿었다.[84] 메이는 다이모닉을 우리에 내재하는 잠재성으로서, 어떤 것이든 '그 사람 전체를 장악할 힘을 갖는 것'으로 정의했다.[85] 다이모닉이 성격과 통합되면 창의력이 향상될 수 있고 건설적인 결과를 낳을 수 있다. 그러나 다이모닉이 통합되지 않는다면 성격 전체를 장악할 수 있고, 그 결과는 파괴적인 활동이다.[86] 메이는 악의 잠재성을 피하는 것이 아니라 직접 대면함으로써 적대감, 공격성 그리고 분노를 건강하게 통합하는 것이 성장에 필수적이라고 생각했다.[87]

메이는 우리에게 선과 악의 잠재력이 모두 있다고 믿었지만, 환경이 이러한 잠재력을 건강한 방향으로 인도하는 데 중요한 역할을 할 수 있다는 지점에서 당대 다른 인본주의 심리학자들과 의견을 같이했다. 실제로 매슬로는 우리가 선택을 위한 좋은 환경을 만드는 것을 도울 수 있다고 반복해서 지적하기도 했다.[88]

삶의 건강한 적응을 위해 우리 마음의 방어력이 중요하다는 것을 다시금 상기시킨 조지 베일런트는 변화에 대한 우리의 위대한 잠재력 역시 강조했다.[89] 내적 갈등을 억누르거나 모든 것이 완벽하지 않음에도 완벽한 척 하는 것이 아니라, 우리의 방어기제를 뇌우에서 무지개로 전환함으로써 창의적인 표현과 지혜의 극대화에 기여할 수 있다. 베일런트는 이렇게 설명했다. "청소년기의 부적응적인 방어기제는 성숙의 미덕으로 발전할 수 있다. 이를 잘 사용한다면 정신적으로 건강하고 양심적이며 재미있고 창의적이며 이타적인 것으로 여겨진다. 하지만 잘못 사용한다면 정신과 의사는 우리가 아프다는 진단을 내리고, 이웃들은 우리를 불쾌하다고 여기며, 사회는 우리를 부도덕하다고 낙인찍게 된다."[90]

인본주의 심리학을 창시한 심리학자들은 순진한 낙관론자도 아니고 냉소적인 비관론자도 아니었다.* 매슬로는 인간 본성에 대한 균형 잡힌 관점을 주장하면서, 스스로를 '낙관적인 현실주의자'라고 불렀다.[91] 우리의 내적 갈등과 방어기제를 인정하는 동시에, 인본주의 심리학자들은 인간의 성장과 선의의 가능성을 보여주려 한 것이다.

---

* 예외가 있다면, 칼 로저스였을 것이다. 로저스는 특히 인간의 본성을 낙관적으로 보았다!

부록 2

성장 챌린지

(조딘 파인골드 공동 집필)

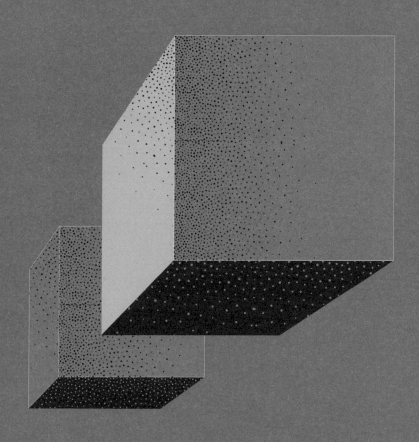

사람은 안전으로 돌아가거나 성장으로 나아가길 선택할 수 있다. 성
장은 계속 선택되고, 두려움은 극복되어야 한다.

— 에이브러햄 매슬로[1]

진심으로 축하한다! 여러분이 이 글을 읽고 있다면 성장, 통합 및 초월을 향한 개인적인 여정을 시작했을 것이다. 아래 제시되는 프롬프트, 활동 그리고 사고실험은 온전한 인간으로의 여정을 떠나는 여러분을 안내하고 돕기 위해 준비된 것이다.

각 항목은 이 책에서 언급한 과학을 포함해 이전의 도전을 기반으로 하기 때문에 순서대로 진행하는 것이 좋다.[2] 여러분과 여러분의 특수한 삶의 환경과 어떻게 공명하는지에 따라, 어떤 연습은 다른 연습보다 오랜 시간이 걸릴 수도 있다. 우리는 자기 자신과 자신의 인지된 결점에 대한 판단을 유예한 채, 아래 연습들을 의식적이고 주의 깊게 진행하기를 권한다. 이 여정은 자신의 온전한 자아에 관심을 보이고, 효과가 있는 것들을 활용하며, 이러한 강점들을 사용해 여러분의 존재를 향상시키도록 돕기 위한 것이다. 마음 내킬 때마다 각각의 연습에 시간을 할애하는 것도 좋지만, 경우에 따라서는 다른 연습으로 이동했다가 좀 더 준비가 되었을 때, 이전의 연습으로 다시 돌아가는 것이 더 좋은 방법일 수도 있다. 인생은 비디오 게임이 아니고, 인간의 발전은 종종 2보 전진과 1보 후퇴가 끊임없이 이어지는 역동성이라는 사실을 기억하자.[3] 마지막으로, 일지를 만들어 각각의 연습에 대한 생각을 기록하며 여러분의 여정을 체크할 것을 추천한다.

여러분이 몇 번이고 거듭해서 성장을 선택하는 이 용감한 길에 계속 남아 있기를 바란다. 여러분의 멋진 여정에 행운이 깃들기를!

성장 챌린지 1: 자신의 편향된 발달을 찾아내라

온전한 인간이 되는 길에서 가장 중요한 첫 단계는 자신의 편향된 발달에 대한 인식이다. 이번 성장 도전은 세상에 대한 우리 자신의 과대 반응을 식별하고 직면하기 위한 시작으로, 이를 통해 우리는 하루하루를 아무 생각 없이 살아가는 경향이 있는 수많은 환상에 빠지기보다는 좀 더 자신의 가치관에 충실한 채 살아가는 방향으로 나아갈 수 있게 된다. 물론 순응하고 공격적이며 우리의 주변 세상과 분리되어 있는 것이 중요할 때도 있다. 하지만 만약 자신이 다른 범주보다는 이러한 범주 중 어느 하나에 불균형적으로 빠져 있다는 사실을 발견하게 된다면, 이는 돛을 올리고 앞으로 나아가지 않는 불안정이라는 배에 스스로 갇혀 있음을 보여주는 것일지도 모른다.

도전

다음 페이지에 있는 순응성, 공격성, 분리됨 등, 각각의 표제어 아래의 다양한 항목을 꼼꼼히 읽어보자.[4] 그리고 각각의 표제어 아래에 동의하는 항목의 수를 집계하여, 카렌 호나이가 말했던 자신의 '신경증적 성향'을 평가하자.[5] 여기에 제일 먼저 주의를 기울여야 한다.

가장 두드러진 신경증적 성향: _____

각각의 표제어 아래에 있는 많은 서술문 중 여러 개에 동의한다면, 가장 먼저 떠오르는 문장을 선택하면 된다. 이제 여러분이 동의하는 각 서술문을 반영하는 구체적인 신념이나 행동에 자세히 설명해보자. 이러한 생각은 여러분의 삶에서 어떤 식으로 나타나는가?

고려할 점은 다음과 같다. '이러한 신념과 행동은 자신에게 어떤 방식으로 도움이 되는가?' '이들은 자신의 가치관에 따라 온전함을 느끼며 살아가는 데 어떤 방식으로 방해가 될 수 있는가?' '여러분을 방해하는 신념에 대해 어떻게 의문을 제기해야 더 큰 내면의 자유를 가지고 살 수 있게 될까?'

이러한 신념이 여러분의 삶에서 떠오를 때는, 그것을 더 자각하도록 노력하자. 어떻게 이러한 신념에 계속 도전하고, 자신을 자유롭게 해 이상향이 될 수 있을까?

순응성	공격성	분리됨
모든 사람은 나를 좋아해야 한다.	세상은 적대적이다.	완전히 자급자족한다.
완전히 자기희생적이다.	삶은 투쟁이다.	정말로 다른 사람이 필요치 않다.
혼자 있기보다는 항상 다른 누군가와 함께 있다.	주도하는 것을 좋아한다.	다른 사람 없이도 잘 살 수 있다.
다른 사람이 나에 대해 뭐라고 생각하는지 지나치게 신경 쓴다.	오직 가장 강한 자만이 살아남는다.	장기간의 계약을 피한다.
거절당하면 크게 상심한다.	'강력하다'는 느낌을 즐긴다.	나에게 영향력을 행사하려는 사람을 보면 화가 난다.
혼자일 때 약하고 무력하다.	다른 사람보다 똑똑한 것을 즐긴다.	다른 사람에게 충고 받는 것을 꺼린다.
다툼과 논쟁을 피하려고 한다.	다른 사람은 지나치게 감수성이 풍부하다.	친구나 가족 없이도 괜찮게 살 수 있다.
무언가가 잘못 되었을 때 내 잘못처럼 느끼는 경향이 있다.	거리낌이 없고 용감하다.	다른 사람이 나에게 그의 생각이나 감정을 공유하지 않는 편이 더 좋다.
먼저 사과하는 편이다.	이 세상에서 살아남기 위해서는 자기부터 먼저 생각해야 한다.	사람들과 함께 있을 때보다 혼자 있는 게 더 편하다.
끊임없이 동료로서 누군가가 필요하다.	가장 성공한 사람은 출세하기 위해 다른 사람을 짓밟는다는 것은 어쩔 수 없는 현실이다.	갈등을 피하려고 한다.

성장 챌린지 2: 자신의 어두운 면을 탐색하라

최근의 연구는 우리 삶에서 긍정적인 감정과 사건을 함양하는 것뿐만 아니라 가장 어렵거나 불편한 감정을 받아들이고 탐구하고 판단하지 않은 채 인정하며, 그들을 건강한 방식으로 발산할 수 있는 가능성을 찾는 것이 중요함을 시사한다.[6] 예를 들어 자만, 죄책감, 분노 또는 당혹감과 같은 감정은 후회하며 갈등을 해결하거나 이러한 부정적인 감정의 원인을 평가해 그것들에 대응하는 데 유용하게 사용할 수 있는 실마리가 되어준다. 마찬가지로 신체적·정신적 질병으로 고생하거나 특정한 불안을 품는 등, 때로는 우리에게 상처처럼 느껴질 수도 있는 삶의 특징은 실제로 큰 힘의 원천이 되어 다른 사람을 돕거나 이해할 수 있는 독특한 능력을 우리에게 제공한다.

이번 활동은 우리 자신의 불편한 감정이나 삶의 경험에 주의 깊게 반응하고 최적의 성장과 창의성을 위해 이러한 감정을 활용하는 방법에 대해 생각해보는 것을 수반한다.

도전

여러분을 안내하는 다음 질문 중 일부 또는 전체를 사용하여 자신의 '어두운 면'에 대해 심사숙고한 내용을 일지에 기록하자.

▲ 자신의 어두운 면을 생각할 때, 마음속에 무엇이 떠오르는가?

▲ 자신의 삶에서 특히 부정적인 느낌을 주는 몇 가지 상황은 무엇인가? (예를 들어 특정 장소에서 특정 사람들과 보낸 시간, 종종 무척 두려워

하지만 해야 하는 일 등)

▲ 자신의 삶에서 스스로가 어려움을 겪거나 잠재적인 상처로 간주하는 일은 무엇인가?

▲ 부정적인 감정, 정서적 상처 또는 자신의 정체성의 부정적인 부분을 어떤 방식으로 대처했는가?

▲ 당신은 어떤 새로운 방법으로 이러한 부정적인 감정 또는 상처를 받아들이고, 이를 토대로 스스로에 대해 판단하는 대신 소소한 개인적인 향상을 도모하거나 다른 사람과의 관계를 돈독히 하는 등의 생산적인 일을 할 수 있는가? 당신의 어두운 면이 어떤 방식으로 당신을 더 나은 친구, 학생 또는 인간으로 만들어줄 수 있는가? 어두운 면은 당신이 온전한 인간이 되는 데에 있어 어떤 식으로 도움을 주는가?

성장 챌린지 3: 자신의 두려움에 맞서라

이번 성장 도전은 우리의 건강과 전반적인 성장 능력을 저해하는 일상의 지속적인 불안에 더 잘 대처할 수 있도록, 자신의 심리적인 두려움을 확인하고 직면하는 것을 포함한다. 먼저 다음의 심리적 두려움의 척도를 살펴보고, 이어서 연습 안내문 또한 꼼꼼히 읽어보자.[7]

심리적 두려움의 척도

실패의 두려움

▲ 많은 사람이 나에게 의존하는 다소 어려운 상황에서 실패할까
  봐 두렵다.

▲ 성공할 수 있을 것이란 확신이 서지 않으면 무언가를 하는 것이
  불안하다.

▲ 문제를 즉시 이해하지 못하면 초조해진다.

거절의 두려움

▲ 새로운 사람을 알게 될 때, 종종 그에게 거절당할까 봐 두렵다.

▲ 낯선 사람에게 다가갈 때 그가 쌀쌀맞게 대하면 불안하다.

▲ 거절당하는 것은 나에게 큰 문제다.

통제력 상실의 두려움

▲ 통제력을 잃을 때 겁이 난다.

▲ 내가 어떤 일에 영향을 주지 못한다는 사실을 알게 되면, 즉시
  걱정하기 시작한다.

▲ 상황을 통제할 수 없다는 생각은 나를 두렵게 만든다.

정서적인 교류 상실의 두려움

▲ 좋은 친구가 연락을 끊으면 큰 충격에 빠진다.

▲ 사랑하는 사람과의 정서적인 교류를 잃어버리면 불안해진다.

▲ 친한 친구가 나를 바람맞히면 우리의 관계를 걱정하게 된다.

평판 상실의 두려움

▲ 나의 좋은 평판이 위태로워진다면 매우 걱정하게 될 것이다.

▲ 평판이 나빠질까봐 노심초사한다.

도전

자신이 느끼는 몇몇 두려움을 생각해 보자. 어떤 사람에게는 그런 두려움이 즉각적으로 떠오를 수 있지만, 그렇지 않다면 심리적 두려움의 척도를 찬찬히 읽어보며 어떤 진술문이 자신의 경우와 가장 잘 맞는지 확인해볼 수도 있다.

현재 삶의 경험을 바탕으로 심리적 두려움의 척도를 고려하여, 어떤 것을 가장 해결하고 싶은지 생각해 보자.

생각한 내용들을 기록하며, 다음의 항목을 탐색해 보자.

▲ 나는 무엇을 두려워하는가? 왜 그것을 그토록 두려워하는가? 그것이 나에게 일어나는 경우, 발생할 수 있는 최악의 결과는 무엇인가?

▲ 이 두려움이 가져올 수 있는 좋은 결과는 무엇인가? 나는 어떤 방법으로 한 사람의 인격체로서 성장할 수 있었나? 무엇을 배울 수 있었는가? 가장 큰 두려움을 극복할 때 자신의 어떤 부분, 즉 특별한 자질이나 강점에 도움을 받거나 의지할 수 있는가?

일상에서 언제 당신의 두려움이 당신에게 방해가 되는지 생각해보자. 공황상태에 빠졌다고 느끼거나 그러한 혐오적인 자극을 피하려

한다는 생각이 들 때는 이 두려움을 직면할 수 있도록, 긍정적인 일에 뒤따르는 것들을 받아들일 때와 동일하게 대할 수 있도록 노력하자.

성장 챌린지 4: 함께 성장하고 안정된 관계를 구축하라

때때로 우리는 모두 외부적인 스트레스 요인이나 우리 내면에 깊이 자리 잡은 회피나 불안 성향 때문에 관계에서 불안감을 느껴 보았다. 그러나 부부나 연인이 서로의 두려움이나 욕구를 표현할 때 이전까지 침묵하던 우려는 직접적으로 해결될 수 있으며, 파트너가 어떻게 느낄지 속마음을 읽거나 추측해야 하는 부담을 덜 수 있게 된다. 이 연습은 우리에게 가장 소중한 관계를 더 깊게 만들고 숨겨진 감정이나 불안을 이해하며 신뢰와 받아들임의 기반을 확보하기 위해 참여한 커플, 친구, 형제나 자매 등을 위해 고안된 것이다.

도전

주의를 산만하게 하는 것이 없는 편안한 환경에서 소중한 사람이나 친한 친구 등 파트너와 함께 앉아 보자. 휴대전화는 잠시 치워두고 그 순간에 완전히 집중하자.

파트너와 함께, 서로가 함께하는 즐거움, 미래에 대한 공통적인 관점, 서로에게 배운 것 등 당신이 가장 소중히 여기고 당신에게 가장 만족을 주는 관계의 요소를 적어도 두세 가지 떠올리고 제시하는 것부터 시작하자. 특별한 기억이나 이야기를 회상하고, 이전에는 표현하지 않았던 감정을 공유하면서, 당신의 관계를 성공적으로 만드는 요소에 대해 함께 자유롭고 진지하게 이야기해 보자.

일단 당신의 관계에서 가장 강력한 부분에 충분한 공감대가 형성되었다는 생각이 든다면, 이제 서로가 가질 수 있는 우려 또는 불안감을 공유하도록 하자. 이때는 '너'보다는 '나'로 시작하는 화법을 사용하여, 서로를 비난하는 의도나 느낌 없이 경험을 공유할 수 있도록 한다. 듣는 사람은 말하는 사람이 경험의 공유를 완전히 마칠 때까지 어떤 식으로든 개입하지 않으면서 참고 기다려야 한다. 그런 다음 듣는 사람은 파트너가 한 말을 다시 한번 되짚어봄으로써 말한 바를 제대로 이해했는지 확실히 해주어야 한다.

파트너와 함께 이야기한 우려에 대처할 수 있는 계획을 세우고, 첫 연습에서 얻었던 상호적인 강점을 활용하여 해결책을 마련하자.

아마도 공유된 문제나 걱정을 단번에 해결할 수는 없을 것이란 점에 유의하자. 이번 연습의 목표는 서로의 불안감을 안전하게 공유할 수 있는 환경을 만들고, 그렇게 해서 서로가 상대방의 요구사항에 좀더 세심한 관심을 갖고 잘 이해하기 위해 최선을 다하도록 도와주는 것이다. 서로의 강점을 함께 그리고 개인으로서 끌어내는 것은 불안과 걱정에 대처하는 훌륭한 접근방식이 될 수 있다.

각각의 파트너가 공유할 기회를 가지고, 서로의 걱정을 해소시켜주는 계획을 세울 수 있도록 입장을 바꿔보자.

성장 챌린지 5: 양질의 관계를 조성하라

　심지어는 다른 사람들과 연결되는 짧은 순간조차 우리의 하루를 활기차게 만들고 우리를 온전함의 경험으로 더 가까이 데려갈 수 있다. 같은 반 친구나 이웃 간의 긴장감과 어색함을 느끼는 대신, 신뢰와 유머와 서로 간의 긍정적인 존중에 의해 상호작용이 규정된다면 하루가 얼마나 다르게 느껴질지 상상해보자. 이번 연습은 우리가 삶에서 가지는 평균 이하의 관계나 중립적인 관계를 활력의 원천이자 지속적인 관계로 바꾸기 위한 것이다.

존중하는 관계	업무 활성화	신뢰하기	함께 놀기
▲ 온전히 관심을 기울여라 ▲ 진심으로 귀 기울여 들어라 ▲ 시간을 잘 지켜라 ▲ 긍정적이되, 진정성 있게 긍정하라 ▲ 소통하라	▲ 지도하라 ▲ 가능하게 하라 ▲ 수용하라 ▲ 육성하라	▲ 다른 사람과 공유하라 ▲ 자아를 개방하라 ▲ 피드백을 요청하고, 그에 따라 나아가라	▲ 함께 하는 시간을 재미 있게 만들어라 ▲ 경계심을 풀어라 ▲ 재미있는 행사를 만들어라

네 가지 영역에서 양질의 관계를 형성하는 방법[8]

도전

　당신의 개인적·직업적인 삶의 영역에서 당신이 다른 사람과 맺고 있는 상호작용이 결코 이상적이지 않은 관계를 선택하자. 그리고 그 관계의 현재 상태를 글로 적어 묘사하고 숙고해보자. 그 관계의 어떤 점이 평균 이하인 것일까?

그 사람과의 관계를 개선하기 위해 당신이 취할 수 있는 잠재적인 단계의 전략을 세워보자. 관계의 질을 높이고 진정한 긍정적 존중을 구축하기 위해 취할 수 있는 구체적인 행동으로는 무엇이 있는가?

준비가 되었다고 느끼면 관찰한 내용을 반영하여 실제로 시작해보자. 그 관계의 질과 관련해 어떠한 변화라도 알아챘는가? 그 변화는 당신의 활력 수준에 어떠한 영향을 미치는가? 당신은 어떻게 하면 그 관계나 다른 관계가 계속 양질의 것으로 유지되도록 만들 수 있다고 생각하는가?

성장 챌린지 6: 능동적이고 건설적으로 대응하라

칼 로저스의 인간중심 치료의 중요한 부분은 그가 '능동적인 청취'라고 언급했던 부분이었다.[9] 로저스는 능동적 청취를 효과적인 의사소통과 갈등 해결을 위한 필수 요소로 여겼다. 그의 접근방식은 파트너 모두가 그들이 말하고 있는 것을 확실하게 상호 이해하기 위해 그들이 들은 내용을 반복해보는 기법을 포함하고, 그것이 바로 함께 성장하고 안정된 관계를 구축하라는 성장 도전의 핵심이기도 하다. 오늘날 과학자들은 이러한 능동적이고 건설적인 대응 기법을 좀 더 정교하게 다듬어 설명한다.[10] 이번 성장 도전은 '긍정적인 소식에 대응하기'라는 맥락에서 여러분이 연습할 수 있도록 도울 것이다.

능동적-파괴적	능동적-건설적
그 일에 대해 비하하기 "새로 맡게 될 업무가 이미 네가 하고 있던 일보다 더 많은 스트레스와 불행을 안겨주지는 않을까?"	열정적으로 지지하기, 질문하기, 다른 사람이 긍정적인 부분을 활용하도록 도와주기 "정말 잘됐다! 나한테 처음부터 끝까지 다 말해줘!"
수동적-파괴적	수동적-건설적
그 일을 무시하고, 화제를 자신에게 돌리기 "오늘 나한테 무슨 일이 있었는지 아마 너는 믿지 못할 거야!"	차분하고 감정이 절제된 지지 제공하기 "정말 잘 됐다! 그런데 지금은 내가 너무 바빠서, 미안한데 나중에 다시 말해 줄 수 있을까?"

긍정적인 소식에 대응하는 방법
당신의 친구가 직장에서 승진하게 되었다는 이야기를 들려줄 때

도전

친구 또는 중요한 다른 사람 등 당신의 삶에서 가깝게 지내는 사람을 선택하자. 그들이 '오늘 인터뷰가 정말 잘 풀렸어!' 혹은 '이번 여름에 긴 휴가를 가기 위해 일을 다 끝냈어!' 같은 좋은 소식을 전할 때, 당신은 어떻게 반응하는지에 집중하자. 지속적이고 고착화된 패턴을 찾아내기까지 충분한 시간을 갖고 이 과정을 연습해보자.

당신은 열정적으로 반응하고 질문을 던지며 다른 사람의 성공에 대해서 한껏 기뻐하는가? 이런 유형의 반응을 다른 종류의 대응보다 더 자주 보여주는가? 그렇다면 당신은 능동적이고 건설적으로 대응하고 있는 것이다. 그리고 아마도 그 사람과 이미 훌륭한 관계를 가지고 있을 것이다. 그렇다면 이번에는 다른 사람을 이 연습의 대상으로 선택해보자.

전반적으로 그 같은 방식으로 대응하지 않는 사람을 찾을 때까지 다른 사람에 대한 당신의 반응 패턴에 대해 계속 관찰해보자. 그리고

그 사람에게는 능동적이고 건설적으로 대응하지 못하는 이유가 무엇인지 숙고해보자. 당신이 그 사람에게 깊은 관심을 가지고 있기 때문일 수도 있고, 당신이 보여주는 비판적인 반응은 그 사람을 보호하고자 하는 바람을 나타내기도 한다. 즉 당신은 친구가 자칫 무산될지도 모르는 일 때문에 지나치게 흥분하는 것을 원치 않을 수도 있는 것이다. 하지만 억제되고 차분한 열정의 지속적인 흐름 내지 겉으로는 '건설적인' 비판으로 보이는 당신의 반응은 상대방에게 지지를 받지 못하고 있다는 느낌을 갖게 할 수도 있으며, 그것이 당신에게서 듣는 이야기의 전부라면 관계에 큰 타격을 줄 수도 있다.

따라서 그 사람의 들려주는 좋은 소식에 능동적이고 건설적인 방식으로 응답할 수 있도록 하기로 결심하고, 능동적이고 건설적인 반응을 보여줄 수 있는 기회를 적어도 세 번 이상 찾도록 하자.

당신이 보여주었던 반응과 상대방이 보였던 반응 모두에 대한 상호작용을 일지에 기록하자. 당신의 반응 방식을 바꾸는 것이 도전적인 일이었는가? 당신의 파트너는 어떻게 반응했는가? 당신과 파트너 사이의 관계에 어떠한 변화가 일어났는지 감지했는가? 어떠한 변화라도 있었다면 당신은 이번 연습을 통해 무엇을 배웠는가?

성장 챌린지 7: 건강한 자기주장을 연습하라

자기주장을 연습하는 것은 다른 사람과 개방적이고 정직한 교류를 할 수 있게끔 해주고, 당신이 스스로의 행동과 태도를 통제함을 입

행동: 자신의 욕구, 바람, 감정을 직접적이고 솔직하게 표현한다. 다른 사람을 무시하지 않고, 그가 반대 의견을 가질 수 있도록 한다.
비언어적 표현: 몸의 긴장을 풀고, 빈번하지만 결코 노려보지는 않는 눈맞춤을 한다.
신념: 다른 사람의 욕구는 자신의 것만큼이나 중요하다. 즉 모든 사람에게는 도움이 될 만한 무언가가 있다.
감정: 자기 자신에 대해 긍정적으로 느끼며, 이는 다른 사람을 대할 때도 마찬가지다.
목표: 당신과 다른 사람은 당신의 자존감을 지켜준다. 자신을 표현하면서도 언제나 이기려고 하지 않는다.

행동: 침묵을 유지하고, 감정이나 욕구를 공유하지 않으며, 자책하고, 자주 사과한다.
비언어적 표현: 몸을 움츠리고, 시선은 아래를 향하며, 어깨를 구부리고, 눈 맞춤을 피하며, 소곤소곤 말한다.
신념: 다른 사람의 욕구가 당신의 것보다 중요하고, 당신의 것은 가치가 없다.
감정: 거절, 무력함, 좌절, 분노, 위축된 자존감에 대한 두려움이 있다.
목표: 갈등을 피하고, 스스로를 희생하여 다른 사람을 기쁘게 한다. 즉 자기 자신에 대한 통제권을 다른 사람에게 양도한다.

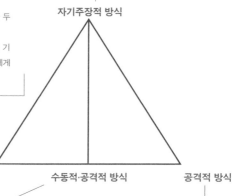

자기주장적 방식

수동적 방식   **수동적·공격적 방식**   **공격적 방식**

행동: 잊어버리고, 뒤로 미루고, 다른 '거부할 수 있는' 수단을 통해 다른 사람의 기대를 충족시키지 못한다. 자신의 행동에 따르는 개인적인 책임감을 부정한다.
비언어적 표현: 수동적 방식을 모방한다.
신념: 다른 사람에 대한 헌신에도 불구하고, 자신에게는 자기 마음대로 할 수 있는 권리가 있다.
감정: 좀 더 자기주장을 편다면 거부당할 수도 있다는 두려움, 다른 사람들의 요구에 대한 원망, 대립상황에 대한 두려움이 있다.
목표: 책임지지 않고 자신만의 길을 간다.

행동: 다른 견해는 마치 모두 비합리적인 것처럼 감정과 바람을 표현한다. 다른 사람의 욕구를 경멸하거나 무시하고 모욕한다.
비언어적 표현: 몸을 활짝 펴서 위협적으로 보이게 만든다. 뚫어져라 바라보는 시선으로 눈 맞추며, 목소리는 크다.
신념: 자신의 욕구가 다른 사람의 것보다 더 중요하다. 자신에게는 권리가 있고, 다른 사람에게는 없다.
감정: 화를 내거나 강렬하다. 이겼을 때는 승리감에 취하지만, 시간이 지나면 다른 사람을 아프게 한 것에 후회하고 죄책감과 자기증오를 느낀다.
목표: 다른 사람을 희생하여 승리하고, 장악한다.

증하는 의사소통 방식을 사용하는 것을 포함한다. 자기주장형 스타일은 수동적, 공격적, 수동적·공격적 그리고 교차적 스타일이라는 네 가지 의사소통 방식 중 하나이다.

도전[11]

각각의 의사소통 방식의 행동, 비언어적 표현, 신념, 감정 그리고 목표를 포함하고 있는 앞에 나온 피라미드 형태의 도표를 검토하자. 그리고 어떤 의사소통 방식이 자신의 주된 반응 방식인지를 판단하자. 이미 삶의 영역 대부분에서 자기주장적인 의사소통 방식을 사용하는 사람이라면, 이번 주에 완료할 다른 연습을 선택하도록 하자. 자신이 특정 상황을 제외하고는 거의 항상 자기주장적인 편이라면, 조금 더 자기주장적으로 소통할 수 있는 상황에 집중해 연습하자.

삶에 있어 당신이 좀 더 자기주장적이고 싶은 상황을 세 가지 정도 간단히 적어보자. 그리고 덜 수동적이거나, 덜 수동적·공격적이거나, 덜 공격적이고 싶은 항목들도 마찬가지로 정리해보자.

이제 다음의 문장을 완성해보자.

- ▲ 내가 가장 수동적으로 행동할 때는 ＿＿＿＿＿＿＿＿＿ 이다.
- ▲ 내가 종종 공격적으로 행동할 때는 ＿＿＿＿＿＿＿＿＿ 이다.
- ▲ 내가 자기주장적으로 행동할 때 갖는 가장 큰 두려움은 ＿＿ 이다.
- ▲ 나의 삶에서 내가 적극적으로 반응하기가 가장 힘들다고 생각하는 사람 세 명은 ＿＿＿＿＿＿＿＿＿ 이다.
- ▲ 내가 이미 꽤 적극적으로 행동할 때는 ＿＿＿＿＿＿＿＿ 이다.

이러한 질문의 답변에 대해 진지하게 숙고해보고, 삶의 한 영역에서 더욱 자기주장적인 방식으로 행동하는 연습을 해보자. 앞에 나온 도표가 강조한 것처럼 몇 가지 자기주장 기술을 연습하기 위해 노력한 뒤, 그에 대한 생각을 간단히 작성해보자. 이제 당신이 이 연습을 끝내게 될 때면 좀 더 자기주장적으로 행동할 수 있게 도와줄 몇 가지 추가적인 도움말을 소개한다.[12]

▲ 자기주장은 다른 사람의 행동이 아니라 자신의 행동을 통제하는 것이다. 여러분에게는 언제나 선택권이 있다. 사람들이 당신에게 요청하는 것을 막을 수는 없다. 하지만 당신에게는 거절할 자유와 권리가 있다.

▲ 사람은 초능력자가 아니다. 원하는 것이 있다면 분명하게 요구하라! 하지만 다른 사람이 그 부탁을 거절하더라도, 그것을 마음에 담아 두지는 말자.

▲ 상징적인 가치, 즉 행동 자체와는 달리 그러한 행동이 대변하는 것은 종종 대립을 어렵게 만든다. 다른 사람이 그의 성격이 아니라 행동을 바꾸도록 시도해보자.

성장 챌린지 8: 플러그를 뽑아라

이번 연습은 휴대전화, 텔레비전, 태블릿, 이메일, 스마트 워치 그리고 화면이 있는 모든 것들의 가상세계로부터 분리되어 현재의 순간에 접속하고, 자기 자신과 친구 그리고 가족과 함께 있기 위한 것이다. 스마트폰이나 다른 전자 기기들은 식사 중의 좋은 시간, 가족 및 친구들과 보내는 다른 좋은 시간 그리고 힘들었던 하루의 긴장을 풀거나 멋진 하루를 즐기는 혼자만의 시간에 방해가 될 뿐만 아니라 수면의 질을 저하시킬 수도 있다. 휴대전화와 텔레비전의 블루라이트 (청색광)은 멜라토닌 호르몬의 작용을 방해하고 생물학적 리듬을 망가뜨릴 수 있다.[13] 따라서 잠자리에 들기 최소 두 시간 전에는 전자 기기의 전원을 뽑고 어두운 방에서 잠을 청하는 것이 수면의 질을 크게 향상시킬 수 있다.

도전

플러그를 뽑을 저녁을 정해보자. '플러그 뽑기 챌린지'에 당신과 함께 할 친구나 가족을 초대하자. 당신 혼자든 친구나 가족 구성원들과 함께든, TV, 스마트폰, 태블릿, 컴퓨터 등을 포함한 모든 전자 기기를 꺼보자. 참가자들의 스마트폰을 위한 침낭으로는 깨끗한 양말이 적당할 것이다.

플러그를 뽑은 상태에서 당신이 수행할 활동을 계획해보자. 여기에는 저녁 식사 준비하기, 책읽기와 글쓰기, 산책 또는 하이킹 그리고 예술작품 만들기 등이 포함될 수 있다. 다른 사람과 함께 플러그 뽑기 챌린지를 진행하는 경우에는 모두 함께 요리하고 읽은 책을 주제로 토론하며, 공동으로 예술작품을 창작하고 보드 게임을 즐기며, 하이킹을 하고 제스처 게임을 할 수도 있다. 가족과 함께 도전하는 경우라면 가계도를 만들어볼 수도 있다.

플러그를 뽑은 상태에서 즐거운 저녁시간을 보낸 후에는 취침시간까지 계속 플러그를 뽑아 두자. 잠자리에 들기 전, 휴대전화를 켜거나 인터넷을 검색하고 싶은 유혹을 이겨내자. 그리고 최대한 여덟 시간에 가깝게 수면을 취할 수 있도록 적당한 시간에 잠을 청하자.

혼자 또는 다른 사람과 함께 플러그를 뽑은 저녁 시간을 보낸 경험에 대해 일지에 자세히 기록해보자. 플러그를 뽑아놓은 동안 무엇을 했는가? 느낌이 어땠는가? 지금은 기분이 어떤가? 이 연습으로부터 무엇을 배웠는가?

성장 챌린지 9: 완벽함은 잊어라!

우리의 자존감을 공고히 하는 것은 다른 사람들이 어떻게 생각하는지에 대해 덜 걱정하고, 더 많은 위험을 감수하며, 완벽한 페르소나를 보여주는 데에 우리의 에너지를 덜 소모하는 것을 포함한다. 많은 사람이 완벽함을 추구하느라 또는 매 순간 자신이 하는 일 자체보다는 주어진 일을 어떻게 하고 있는지 걱정하느라 자신의 소중한 시간과 에너지를 너무 많이 소비하곤 한다. 완벽주의를 추구할수록 우리는 녹초가 되고 고립되며, 다른 사람과 자기 자신에게 늘 불만을 느끼게 될 수 있다. 이번 도전은 우리 자신이나 타인이 우리에게 부과하는 완벽해야 한다는 압박에 대해 의문을 제기하고, 더 큰 자아실현의 방향으로 나아갈 수 있도록 '충분히 좋은 것'에 만족하는 법을 연습하는 것이다.

도전

자신이 완벽해지기 위해 고군분투하고 있다고 느끼는가? 그렇다면 삶의 어느 영역에서 그러한지 생각해보자. 그리고 다음의 질문의 답을 일지에 적어보자.

- ▲ 왜 완벽해야 한다는 압박감을 느끼는가?
- ▲ 완벽하기 위한 고군분투가 나에게 요구하는 것은 무엇인가? 그것은 나의 에너지에 어떻게 영향을 끼치는가?
- ▲ 그것이 나의 자존감에 어떤 영향을 주는가?
- ▲ 완벽 추구는 어떻게 도전수행을 실질적으로 방해할 수 있는가?
- ▲ 완벽을 달성하지 못함으로써 처하게 되는 위험은 무엇인가?
- ▲ 완벽하지 않을 때 일어날 최악의 일은 무엇인가?
- ▲ 그 같은 결과가 나올 가능성은 얼마나 되는가?

이러한 질문에 대해 심사숙고한 뒤, 자신의 삶에서 완벽함을 버릴 수 있는 몇 가지 방법을 찾아보자. 자신과 타인의 '충분히 좋은 것'을 좀 더 너그럽고 넉넉하게 받아들이기 위한 명확한 계획을 세워보자. 그렇다고 이 같은 관용이 평범함에 안주함을 의미하는 것은 아니다. 이는 관심의 초점을 '결과'에서 '과정'으로, '어떻게?'에서 '무엇을?'으로 전환하는 것을 의미한다. 이를 통해 우리 자신이 실패를 통해서조차 배우고 성장할 수 있도록 하는 것이다.

성장 챌린지 10: 인지 왜곡에 도전하라

진화를 거치는 동안, 인간은 넘치는 정보를 가지고 더 쉽게 결정을 내릴 수 있도록 세상을 탐색하는 방법을 개발해 냈다. 확증 편향은 우리의 신념을 뒷받침하는 정보를 인지하고 기억하며 가치를 부여하는 경향과 우리의 신념과 상충되는 증거를 무시하고 평가 절하하는 경향으로 정의되는 지름길이다. 문제는 아래에서 자세히 살펴보게 되듯, 우리의 신념 자체가 종종 인지 왜곡이나 사고의 비합리적인 패턴으로 가득하다는 것이다.[14]

그래서 우리는 종종 잘못된 신념에 의존하여 세상과 타인 및 우리 스스로에 대한 판단을 내리곤 한다. 이 잘못된 추론은 우리를 지치고 고립되게 하며, 다른 사람에게 끊임없이 실망하고 자기 자신에게 불만족을 느끼게 할 수 있다. 이번 연습은 우리가 겪는 사고의 오류 중 일부를 확인하고 이해하기 위한 것이다. 나아가 부정적인 사고 패턴을 깨고 우리의 성장에 도움이 되지 않는 핵심적인 신념을 변경할 수 있도록 그것들의 진실성에 적극적으로 도전하고 시험하는 것이다.[15] 그렇게 함으로써 우리는 궁극적으로 우리의 부정적인 자동 사고를 덜 진지하게 받아들이고, 우리 자신의 불안, 좌절, 부끄러움 그리고 신경증으로부터 벗어날 수 있다.

인지 왜곡에는 일반적으로 다음과 같은 것들이 포함되는데, 물론 이에만 국한되는 것은 아니다. 다음의 예시는 스콧의 개인적인 생활에서 가져온 것일 수도, 아닐 수도 있다.[16]

▲ **흑백 사고**: 모든 것을 극단적으로 바라본다. ('이 여자한테 거절당한다면 나는 인생의 패배자야.')

▲ **파국화**: 주어진 상황에서 최악의 상황이 발생할 것이라고 믿는다. ('내가 정말로 좋아하는 여자에게 다가가면 그녀는 100퍼센트 매몰차게 거절할 것이고, 그러면 모두가 그 사실을 알게 됨으로써 나는 완전히 창피를 당할 거야. 그리고 내가 퇴짜 맞는 동영상이 누군가의 인스타그램에 올라올 것이고, 엄마가 그 영상을 보게 되면….')

▲ **잘못 인식된 절망감**: 원하는 결과를 끌어낼 수 있는 능력을 실제보다 훨씬 보잘것없다고 믿는다. ('어쨌거나 그녀에게 다가가는 것은 의미가 없어. 나는 그저 그런 놈에 불과하니까.')

▲ **최소화**: 긍정적인 사건을 과소평가한다. ('그녀가 나한테 관심이 있는 것처럼 보이지만, 나한테는 그럴 만한 가치가 없을 거야. 그녀가 정말로 관심을 가졌던 것은 아마 내가 입었던 새 재킷이었고, 말이나 행동을 좋아한 건 아니었을 거야.')

▲ **개인화**: 어떤 상황의 결과를 오직 자신의 행동이나 태도의 결과로만 받아들인다. ('그녀는 애인이 있다고 말했어. 실제로 나에게 관심이 없고 오히려 거부감을 느꼈기 때문에 그렇게 말했을 거야.')

▲ **당연시**: 우리가 원하는 상황을 어차피 그렇게 될 수밖에 없었던 것으로 생각한다. ('그녀는 정말로 나를 좋아했어야 해. 그건 운명인 것 같았거든.')

▲ **자격 부여**: 자신의 행동이나 상황을 기반으로 특정한 결과를 기대한다. ('그녀는 나를 좋아할 수밖에 없어. 나는 그 정도로 멋진 남자거든.')

▲ **속단하기**: 결론을 뒷받침할 만한 증거가 별로 없음에도 불구하

고, 어떤 상황의 의미를 확신한다. ('그녀는 이틀 동안 내 문자에 답장을 하지 않았어. 분명 나를 피하려고 애쓰고 있는 거야.')

▲ **성급한 일반화**: 단 하나의 상황에서 일반적인 신념이나 결론을 끌어낸다. ('나는 그녀에게 거절당했어. 그러니까 나는 앞으로도 다시는 관심 있는 여자에게 다가갈 수 없을 거야. 나는 분명 사랑스럽지 않은 사람이니까.')

▲ **마음 읽기**: 직접적으로 의사소통을 하지 않더라도, 다른 사람이 자신의 생각을 알고 있거나 자신이 다른 사람의 생각을 알고 있다고 가정한다. ('그녀는 내가 자기에게 연애감정을 갖고 있다는 것을 알고 있어야만 해. 그건 말할 필요가 없는 거니까.')

▲ **정서적 추론**: 증거도 없이 자신이 느끼는 것이 사실이라고 추론한다. ('새 애인이 다른 남자와 이야기하는 것을 보면 질투가 나. 그녀가 나를 속인 게 틀림없어. 그게 아니라면 내가 왜 이런 감정을 느끼겠어?')

▲ **행복 아웃소싱**: 외부 요인을 우리 행복의 궁극적인 중재자로 만든다. ('최대한 많은 여성에게 매력적으로 다가가지 못한다면, 나는 인생에서 행복할 수 없어.')

도전

자신이 규칙적으로 겪게 되는 이러한 인지 왜곡 중 일부를 선택한다. 그리고 스스로에게 물어보자. 당신은 보통 언제 이러한 패턴에 빠지는가? 이러한 패턴은 자존감과 능력에 어떠한 영향을 주는가? 또, 다른 사람을 바라보는 방식에는 어떠한 영향을 끼치는가? 어떻게 하면 앞으로는 이러한 패턴에 빠지지 않도록 대비할 수 있는가?

이러한 인지 왜곡 중 어느 하나에 빠졌을 경우의 구체적인 예를 생각해보자. 그 같은 구체적인 예를 개략적으로 적어보고, 어떠한 함정에 빠졌는지를 기록하자. 그리고 각각의 왜곡에 대한 중요한 질문을 스스로에게 던져보자.

- ▲ **흑백 사고**: 그렇다면, 이 경우의 회색 영역은 무엇인가? ('내가 이 여자에게 거절당한다면, '나는 인생의 패배자야'가 아닌 또 다른 설명의 가능성이 있지는 않을까?')

- ▲ **파국화**: 그 같은 최악의 시나리오가 일어날 가능성은 얼마나 되는가? 어떤 증거를 토대로 그 같은 일이 일어날 것이라고 믿고 있는가? 그러한 결과를 개선할 의지가 있는가? ('내가 거절당한다면, 나의 존엄성과 자존감을 유지하기 위해 나는 무엇을 할 수 있을까?')

- ▲ **잘못 인식된 절망감**: 비록 성공할 확률이 낮다고 할지라도 위험을 감수한다면, 무엇을 얻을 수 있는가? ('그녀가 나를 노골적으로 거부할 수도 있지만, 반대로 그렇지 않다면? 내가 잃어야 하는 것은 무엇인가?')

- ▲ **최소화**: 상황에 도움을 주기 위해 무엇을 할 수 있었는가? ('멋진 새 재킷 외에 그녀는 나의 어떤 점을 좋아했을까?')

- ▲ **개인화**: 그 같은 상황을 바꾸기 위해 달리 무엇을 할 수 있었을까? ('그녀가 나를 아주 좋아했을 수도 있어. 하지만 그녀에게는 남자 친구가 있어. 그래, 때로는 타이밍이 안 맞을 때도 있는 거야.')

- ▲ **당연시**: 이 생각이 합리적인가? ('어떤 상황에서 우리가 함께 있어야 한다고 생각하게 되었을까?')

- ▲ **자격 부여**: 이 생각이 합리적인가? ('내가 멋진 남자라는 이유만으로 그녀가 나에게 낭만적인 감정을 가져야 하는 것이 당연할까? 심지어 그녀에게는

나에 대해 알 수 있는 기회조차 없었는데, 내게는 무엇 때문에 이 특별한 경우에 특별한 여성의 사랑을 받을 자격이 있는 걸까? 아니면 다른 요인이 작용하고 있는 걸까?')

▲ **속단하기**: 이 상황에 대한 다른 설명이 있을 수 있는가? ('그녀는 이틀 동안 내 문자에 답을 하지 않았어. 그건 어쩌면 나를 피하는 게 아니라, 바빴기 때문일 수도 있지 않을까? 혹시 문자 발송이 실패한 것은 아닐까? 아니면 일을 하고 있나?')

▲ **성급한 일반화**: 공정하고 전반적인 평가인가? ('나는 전체적으로 사랑스러운 사람이 아닌 걸까? 아니면 나의 방식이 효과적이지 않았던 다른 이유가 있는 것은 아닐까?')

▲ **마음 읽기**: 자신의 감정을 명확하게 전달했는가? 중요한 정보를 놓치고 있지는 않은가? ('그녀에게 내 감정을 적절하게 표현한 걸까? 어떻게 내 메시지를 좀 더 명확하게 전달할 수 있었을까?')

▲ **정서적 추론**: 자신의 감정이 그 상황을 사실대로 정확하게 반영하고 있는가? ('내가 느끼는 질투를 뒷받침할 실질적인 근거가 있는 걸까? 내가 틀렸을 가능성은 없을까?')

▲ **행복 아웃소싱**: 어떻게 매 순간의 행복을 위해 내면의 자아에 의지할 수 있는가? ('나는 나 자신의 어떤 점을 좋아하고, 매 순간을 극복하기 위해 어떻게 강점을 활용할 수 있을까?')

어떻게 왜곡에 빠지는 순간 곧바로 그 사실을 눈치 챌 수 있는가? 앞으로 이러한 왜곡 패턴 중 일부를 피할 수 있는 방법은 무엇인가? 부정적인 핵심 신념에 대한 증거를 테스트하는 과학자가 되어보자.

하루가 동안 가졌던 자신의 믿음에 대한 증거와 반하는 증거를 추적해 보자. 일지를 보며 기록된 내용을 분석해보자. 당신의 믿음은 정말로 합당한 것인가?[17]

어떻게 성장에 더욱 도움이 되는 새로운 핵심 신념을 구축할 수 있는가? 좀 더 현실적인 믿음을 식별할 수 있는지 확인해보자. 임상 심리학자 세스 길리한은 다음과 같이 말했다. "당신이 대안으로 갖게 된 믿음이 사실이라고 느끼는 데 어려움을 겪는다 해도 걱정하지 마십시오. 부정적인 핵심 신념은 집요하고 지속적일 수 있으며, 이를 고치기 위해서는 시간과 반복이 필요합니다."[18]

성장 챌린지 11: 사회적으로 호기심을 가져라

이번 도전은 우리가 다른 사람들에게 원하는 모습보다는, 우리가 살면서 만나는 사람들이 진정으로 어떤 사람인지 알기 위해 사회적 호기심을 기르기 위한 것이다.

도전

당신의 사회적 호기심을 실천할 사람을 선택하자. 그 사람은 당신이 아주 잘 아는 사람이거나 새로 만나기 시작한 사람일 수도 있다. 다음에 이 사람과 만나게 될 때는, 이전에는 미처 알지 못했던 그의 정보를 배우거나 알아차리도록 노력해보자. 그의 표정이나 미소, 목소리 등에 더 많은 관심을 기울임으로써 이 같은 섬세한 작업을 시작할 수 있다.

당신이 편안함을 느낄 때, 그 사람에 대한 당신의 관심을 나타내는 몇 가지 질문을 던져보자. 이러한 질문으로는 다음과 같은 것이 있다.

- ▲ 당신의 완벽한 하루는 어떤 모습인가?
- ▲ 세상 사람 누군가와 식사를 할 수 있다면, 당신은 누구와 할 것이며 그 이유는 무엇인가?
- ▲ 다른 사람이 당신의 가장 큰 장점으로 꼽는 것은 무엇이고, 그렇게 말하는 이유는 무엇인가?
- ▲ 당신이 두려워하는 것은 무엇이고, 그 이유는 무엇인가?
- ▲ 가까운 미래의 꿈은 무엇인가? 먼 미래의 꿈은 무엇인가?

언제 이러한 호기심을 보이는 것이 적절할지 확실히 판단해야 하고, 마찬가지로 당신의 파트너가 질문할 수 있도록 해야 하며 그에 답변할 준비가 되어 있어야 한다. 관계의 질에 대해 생각하고 있는 바를 확인하고, 당신 삶의 다른 사람과 이 같은 호기심을 연습해보자. 사회적 호기심을 추구한 경험과 이 연습의 결과물 그리고 당신이 그로부터 배웠을 모든 것을 글로 적어보자.

성장 챌린지 12: 미리 상황을 살피고, 안전지대를 넓힌 뒤 역경과 함께 성장하라

인간은 습관의 동물이기에 우리가 편안함을 느끼는 안전지대를 확장하거나 일상적인 생활을 바꾸는 것은 대단히 어렵고 불편한 일일 수 있다. 또한 우리 각자는 삶의 역경이나 상실을 경험했으며, 이러한 어려운 상황에 직면하면 부정적인 감정이나 압도당하는 느낌을 다시금 떠올릴 수도 있다. 그러나 우리의 안전지대에서 벗어나 변화를 수용하고, 안전한 방식으로 과거의 상실에 맞서는 것은 성장, 발견 그리고 한층 더 숙달된 듯한 느낌으로 이어질 수 있다.

도전

처음에는 약간의 불편함을 느끼게 하는 일, 즉 평소라면 좀처럼 하지 않을 일을 준비해보자. 내향적인 성향이 있는 경우라면, 저녁 모임 주최하기, 새 친구에게 커피 한잔을 제안하기, 낯선 사람이나 관계를 맺게 될 가능성이 있는 파트너와의 대화 유도하기, 예술 공연이나 운동 동아리 같은 공동체의 새로운 이벤트에 참석하기 등을 고려해보자. 또 당신이 좀 더 사교적인 성향이라면, 식사하러 나가기, 콘서트 가기, 영화 또는 스포츠 행사에 혼자 가기 등을 고려해보자. 어떤 활동을 선택하든, 목표는 뭔가 새로운 것을 시도하는 것이어야 한다. 즉 자신이 편안하게 느끼는 영역을 확장하는 것이다. 과거의 역경이나 상실을 직면하는 데에 어려움을 겪는 편이라면, 앉아서 과거의 고난을 글로 쓰면서 숙고하는 연습을 한다. 당신의 상실이나 도전을 떠올리고, 그 같은 상실의 여파로 당신에게는 어떤 문이 닫히게 되었는지 그리고 당시에는 어떤 느낌이 들었고, 지금은 어떤 느낌인지를 생각해 보자.

이 활동을 수행하는 동안 느껴지는 불편함을 있는 그대로 받아들이자. 그리고 당신이 경험할 수 있는 신체적 느낌에 대해 집중하며, 그 상황에서 스스로를 좀 더 편안하게 만들기 위해 무엇을 할 수 있는지에 대해 이해하려고 노력해보자.

이 연습을 완료한 후에는, 어떤 문을 열게 되었는지 글로 적어보며 살펴보자. 이 불편한 상황에서 어떤 좋은 결과가 나왔는가? 당신이 숙고한 역경에서는 어떤 유익함이 나왔는가? 어떻게 어떤 유형의 활동을 수행해야 할지 결정했는가? 즉각적으로 편안함을 느끼는 데에 있어 방해가 되는 장벽이 있었는가? 있었다면 그것은 무엇인가? 활동에 참여하는 과정에서 당신이 느끼는 편안함의 수준은 어떻게 변화했는가? 이 개인적인 탐구를 통해 배운 것이 있는가? 있다면 무엇을 배웠는가?

매번 수행해야 할 새로운 반성과 모험을 선택하면서, 이 활동을 반복해서 자유롭게 수행해보자!

성장 챌린지 13: 사랑과 친절을 연습하라

자기 자신과 타인을 향한 자애로움을 연습하는 것은 연민의 능력을 키우고, 신체적, 정신적, 사회적 유연성 그리고 스트레스에 대한 적응과 밀접한 관련이 있는 미주신경 긴장도를 연습하는 아주 좋은 방법이다.[19] 이번 연습은 다른 사람과 자기 자신을 향한 사랑과 친절을 실천하는 능력을 포함한다.

도전

아무런 방해도 받지 않고 명상할 수 있는 조용한 장소에서 5분~10분 정도 앉아 있자. 몸의 긴장을 풀고, 긴장을 유지할 수 있는 신체의 부분에 의식을 집중하자. 판단하거나 평가하지 말고 그 부분이 부드러워지게끔 하자.

당신을 사랑하는 사람이나 당신이 매우 사랑하는 사람을 떠올려보자. 그 사람은 살아 있는 누군가이거나, 이미 고인이 된 사람일 수도 있다. 그 사람에게서 발산되는 따뜻함과, 그 사람과 함께 있을 때 당신이 느끼는 감정을 상상해보자. 그 사람이 당신 곁에 서 있다고 최대한 생생하게 상상하며, 다음과 같은 문구로 당신의 모든 사랑과 친절을 보내보자.

- ▲ 무사하기를 바랍니다.
- ▲ 고통 없이 평화로운 삶을 살기를 바랍니다.
- ▲ 항상 지지받고 사랑받는다고 느끼기를 바랍니다.

그리고 당신에게 중립적인 사람 또는 지인이거나 낯선 사람에게 주목하자. 그 사람이 당신 옆에 서 있다고 상상하고, 준비가 되었다면 그들에게 모든 사랑과 친절을 담아 다음과 같은 문구로 보내보자.

▲ 무사하기를 바랍니다.

▲ 고통 없이 평화로운 삶을 살기를 바랍니다.

▲ 항상 지지받고 사랑받는다고 느끼기를 바랍니다.

마지막으로, 이제 자신에게 주의를 기울여보자. 당신을 사랑하고 당신이 잘되기를 기원하는 모든 사람에게 둘러싸인 채, 어느 방 안에 있다고 상상해보자. 사랑하는 사람에게서 발산되는 따뜻함을 느끼며, 그 순간을 즐기자. 준비가 되면 다음의 문구를 반복해보자.

▲ 나는 무사하기를 바랍니다.

▲ 나는 고통 없이 평화로운 삶을 살기를 바랍니다.

▲ 나는 항상 지지받고 사랑받고 있다고 느끼기를 바랍니다.

준비가 되었다고 느낀다면, 의식을 현재의 순간으로 되돌리자. 사랑하는 사람, 낯선 사람 그리고 자기 자신에게 사랑을 전하는 느낌이 어땠는지 생각해 보자. 어떻게 이 사랑을 당신의 일상생활 속으로 가져올 수 있겠는가?

일주일 정도 이 연습을 수행하며 당신이 깨닫는 것을 확인하자. 타인과 자신에 대한 사랑과 친절을 실천한 경험을 글로 적어 묘사해보자. 누구에게 긍정적인 감정을 전달하는 것이 가장 어려웠는가? 이 연습에서 무엇을 배우거나 얻었는가?

성장 챌린지 14:
자신을 가장 친한 친구처럼 대하라[20]

우리 자신 내면의 대화는 종종 냉정하고 심지어는 완전히 잔인하기도 하다. 자기 자신에게 친절하기를 연습하는 것은 친구나 사랑하는 사람 등 다른 사람에게 친절을 베푸는 것과 비교되는 좋은 도전이 될 수 있을 것이다.

도전

친한 친구나 가족이 어떤 일로 어려움을 겪거나 크게 낙담한 뒤 조언을 구하기 위해 당신을 찾아왔다고 생각해 보자. 당신은 이 상황에서 최대한 가장 좋은 친구로서 친구에게 어떤 반응을 보였는가? 또는 반응할 것인가? 당신이 평소 보여주는 행동이나 들려주는 말 그리고 당신이 친구들과 말할 때 일반적으로 사용하는 말투를 적어보자.

이제 당신의 삶에서 지금 또는 과거에 무언가로 인해 정말로 어려움을 겪었거나 스스로에 대해 기분이 좋지 않았을 때를 생각해 보자. 그런 상황에서 일반적으로 자기 자신에게 어떻게 반응하는지를 생각해보자. 당신은 무엇을 하고 무엇을 말하며, 스스로에게 어떤 어조를 사용하는가?

이번에는 당신이 자신의 가장 좋은 친구인 것처럼 상상하며, 자기 자신과 자신의 어려운 상황을 이야기하는 편지를 스스로에게 써보자. 이 경험에 대해 2인칭으로 편지를 써보자. 당신 자신이 그 상황을 기억하거나 스트레스와 고통에 대해 생각할 수 있도록 하자. 그런 다음 당신의 감정 또는 생각뿐만 아니라 당신이 무엇을 원하고 필요로 했는지 또는 하고 있는지를 인정하자. 예를 들어, 다음과 같은 편지를 쓸 수 있을 것이다. '켈리, 나는 네가 [슬픔/두려움/분노/스스로에 대해 실망 등]을 느끼고 있다는 것을 알아. 너는 정말로 [(⋯) 하기를 기대했었지/ (⋯) 하기 위해 최선을 다했지].'

스트레스와 고통 및 그 기저에 있는 핵심적인 욕구, 즉 건강, 안전, 사랑, 공감, 관계, 성취 등에 대한 욕구에 대해 적어보자. 모든 인간은 실수를 하고 때로는 실패하며, 화를 내고 실망을 경험하며, 상실을 알게 된다는 등 일반적인 인간성이 담긴 메시지를 적고, 연민이 담긴 조언이나 격려로 자기 자신의 멘토가 되어보자.

편지를 쓴 후에는 스스로에게 큰 소리로 읽어주거나, 어딘가에 보관했다가 자기연민이 필요할 때 다시 꺼내보도록 하자.

성장 챌린지 15: 당신의 정체성을 조화시켜라

우리는 자신의 정체성을 다양한 차원에서 인식하기에, 이러한 측면을 한데 통합하는 것이 때로는 매우 힘든 일인 것처럼 느껴질 수 있다. 우리는 살면서 다양한 역할을 수행하며, 이러한 역할을 조화롭게 결합시킨다면 더 큰 온전함을 경험할 수 있다.

도전

조용한 곳에 앉아서, 당신이 삶에서 가지는 모든 역할에 대해 적어 보자. 이 목록에는 '아들', '딸', '학생', '여자 친구/남자 친구', '이웃', '형제', '자매', '친구', '삼촌', '지도자', '공동체 구성원', '작가', '교사' 그리고 더 많은 것들이 포함될 수 있다. 당신은 또한 각각의 역할에서 나타나는 자신의 성격 차이를 생각해볼 수 있다. 예를 들어 학생이 되는 것은 부지런함을 유발한다. 형제로서의 당신은 보호적인 성향이 강하고, 또 다른 중요한 역할자로서의 당신은 바보처럼 좋은 사람일 수도 있다. 이러한 역할들이 당신의 일상생활에서 어떻게 서로 충돌할 수 있는지를 최대한 구체적으로 생각해 보자.

▲ 사업을 운영하며 부지런하고 진지하게 행동해야 할 때는 마냥 바보 같은 친구가 되는 것이 어려울 수 있다.
▲ 종교 모임의 리더로서, 나는 교회 신도들을 위해 늘 시간을 비워 둬야 한다. 또 아버지로서는 내 아이들이 언제든 내 도움을 받을 수 있기를 바란다. 그래서 때로는 이 모든 일을 수행할 수 있는 대역의 폭이 없는 것처럼 느껴지곤 한다.

다음으로, 이러한 동일한 역할들이 어떻게 서로를 보완할 수 있는 지 생각해 보자.

▲ 친구나 가족과 함께 있으며 얼빠진 사람처럼 멍하니 시간을 보내는 게 에너지를 재충전시켜 주고, 덕분에 직장에서 더욱 집중

해 업무를 수행할 수 있게 된다. 고객을 대할 때도 가끔은 바보 같이 구는 게 득이 될 때도 있다. 결국 우리는 모두 인간이다.

▲ 나는 아버지가 되면서 얻은 지식과 성장을 활용해, 종교적인 지도자로서의 내 역할에서 신도들을 도울 수 있다.

다음 한 주 동안은 당신의 삶에서 역할들을 강화하는 측면에 초점을 맞추어보자. 잠재적 갈등을 자신의 정체성의 다양한 부분을 조화시키고, 도전을 기회로 전환할 수 있는 새로운 방법을 찾는 좋은 계기라고 생각하자.

성장 챌린지 16: 뛰어난 강점들을 새로운 방식으로 활용하라

이번 성장 도전에서는 VIA 성격강점검사[21](부정적인 감정보다는 긍정적인 강점과 미덕 등 긍정적인 측면에 초점을 맞추는 긍정심리학을 기반으로 자신의 성격을 알아보는 이 검사는, 한 사람의 부족한 점이나 보완해야 될 점에 대해 이야기하는 대신, 그 사람이 어떤 성격을 갖고 있으며 그 성격이 갖는 장점만을 소개한다)를 통해 여러분의 성격의 강점을 확인하고, 분석하며, 그 강점을 새로운 방식으로 적용하게 될 것이다. 설문조사에 응하고 그 결과를 검토하면 알게 되겠지만, 강점은 상황설정이나 시간에 따라 고정되어 있는 특성이 아니다. 강점은 오히려 유연하고 성장하며, 주로 상황에 따라 달라진다.[22]

그래서 '관점'이나 '유머'와 같이 인생에서 높은 순위를 차지할 수 있는 강점들이 당신의 금전적인 계획과 관련해서는 쓸모가 없을 수도 있다. 마찬가지로 당신이 위험을 무릅쓸 때에는 그다지 '신중'하거나 '자기관리적'이지 않을 수 있지만, 당신이 사랑하는 사람이 관련될 때는 매우 '신중'하고 '내성적'일 수 있다. 때때로 강점은 적절하지 않거나 타당하지 않은 상황에서 과도하게 사용되거나 적용될 수 있다는 점에 유의하자. 특히 최적의 결과로 이어지도록 강점을 행사하는 '중용'이 중요하다.

이번 연습은 일상생활에서의 참여, 의미 그리고 숙련도를 높이기 위해 당신의 작업에 당신이 지닌 최고의 강점을 끌어들이기 위한 것이다. VIA 성격검사를 마치면 강점의 순위가 위에서부터 아래로 매겨진다. 낮은 순위의 강점이라고 반드시 약점인 것은 아니다. 이 개입은 당신의 최고 강점을 활용할 수 있도록 특별히 고안되었지만, 최저 강점에 초점을 맞추는 것도 고려해보자. 이에 대한 추가정보는 프롬프트에서 확인할 수 있다.

도전

VIA 성격강점검사를 해보자. viacharacter.org를 방문해 '무료검사 받기' 항목을 클릭하면 된다. 검사는 약 20분이 소요된다. 검사를 끝냈다면 결과를 검토해 보자. 각각의 강점이 무엇을 의미하는지에 대한 설명과 함께, 상위 스무 개의 강점을 볼 수 있다.

당신의 최고 강점 중 어느 것이 당신을 놀라게 하는가? 점수가 낮은 강점은 어떤가? 최고 강점을 사용할 수 없다면 당신의 삶은 어떤 모습이겠는가? 자신이 가진 최고 강점을 활용하는 것과, 약한 강점을 개선하는 데 집중하는 것 중 어느 쪽이 더 도움이 될 것이라 생각하는가? 이상의 질문에 대해 숙고해보고, 그 내용을 글로 적어보자.

이번 주에는 최고 강점을 활용하는 새로운 방법 세 가지를 찾아보자. 이 최고 강점을 사용하면 당신이 더 나은 사람이 되는 데 도움이 되겠는가? 당신이 더 나은 친구나 가족 구성원이 되는 것에 도움이 되겠는가? 장애물을 극복하는 것에 도움이 되겠는가? 긍정적인 경험을 만드는 것에 도움이 되겠는가? 이번 주 동안 당신이 최고 강점을 활용한 세 가지의 새로운 방법과 그렇게 했을 때 어떤 느낌이 들었는지에 대해 생각해 보자. 다음의 서식을 사용해 당신이 강점들을 어떤 새로운 방식으로 활용하고 있는지 기록해보자. 동일한 강점을 세 번 사용해도 되고, 세 가지의 다른 강점을 사용할 수도 있다.

'이번 주에 최고 강점을 활용하는 새로운 방법 찾아보기'는 매주 진행해도 좋은 과제이다. 다음 달에도, 일 년 뒤에도 그리고 평생 도전해보자!

강점 1:
이번 주에는 어떤 방식으로 이 강점을 사용했는가? 어떤 기분이 들었는가?
강점 2:
이번 주에는 어떤 방식으로 이 강점을 사용했는가? 어떤 기분이 들었는가?
강점 3:
이번 주에는 어떤 방식으로 이 강점을 사용했는가? 어떤 기분이 들었는가?

강점을 사용하는 새로운 방법

성장 챌린지 17: 당신의 '이키가이'는 무엇인가?

누군가의 '이키가이' 또는 '존재의 이유'를 찾기 위해서는 삶에서 내가 누구인지를 구성하는 가장 중요한 것, 즉 나를 흥분시키고 의미를 부여하며 온전함을 느끼도록 도와주는 것들을 탐구해야 한다. 이 책을 통해 여러분이 스스로의 이키가이를 더 많이 인식하고, 앞으로도 계속 자신을 가장 지지하는 일에 의도적으로 참여하는 새로운 방법을 배우게 되기를 바란다. 이번 연습은 여러분이 그 같은 여정을 통해 앞으로 나아가도록 고안되었다.

도전

다음 질문의 답을 생각해보고, 그 내용을 글로 적어보자.

- ▲ 내가 가장 잘하는 것은 무엇인가? 어떤 일이 내게는 그리 힘들지 않게 느껴지는가? (나에게 활력을 주고 나를 빛나게 만드는 일)
- ▲ 비록 힘들고 어려운 일이지만 사는 동안 추구하기로 선택한 것은 무엇인가?
- ▲ 내 인생에서 가장 가치 있는 것은 무엇인가?
- ▲ 나 자신의 더 큰 무언가의 일부라는 느낌을 주는 것은 무엇인가?
- ▲ 내 인생에서 가장 집중해서 주의를 기울이고, 나를 의식의 흐름 상태로 들어갈 수 있도록 하는 것은 무엇인가?
- ▲ 내일 학교 혹은 직장을 그만두고 무슨 일이든 할 수 있다면, 무엇을 할 것인가?

이러한 질문 중 하나 이상에서 나오는 측면에 주의하며, 부각되는 모든 주제를 생각해 보자. 이후 며칠은, 당신의 '존재의 이유' 혹은 '삶의 보람' 그리고 당신에게 의미와 활력을 선사하는 일들과 관련해 어떻게 시간을 보내고 있는지 곰곰이 생각해 보자.

당신의 이키가이와 더욱 조화되는 삶을 살기 위해 할 수 있는 일은 무엇인가? 하루에 한 번, 또는 적어도 일주일에 한 번은 이키가이에

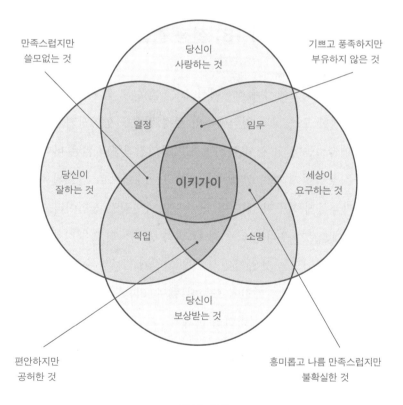

이키가이
'존재의 이유'를 의미하는 일본어

집중하기 위해서는 어떻게 해야 하는가?

참고로 자신의 이키가이를 발견하기 위한 여정은 무척 어렵게 느껴질 수 있다. 하지만 초조해하지 말자! 이키가이에 따라 산다는 것은 달리 말해, 당신에게 삶의 의미와 목적을 선사하는 일들을 더 많이 하며 사는 것이다. 이 여정을 계속 이어가면서 그러한 활동에 참여하는 것이 당신에게 어떠한 영향을 미치는지 생각해 보자.

성장 챌린지 18: 절정 경험 만들기

이번 연습은 학교에서나 직장에서, 또는 가족 및 친구와 함께처럼 당신이 선택한 모든 삶의 영역에서의 절정 경험을 향상시키기 위한 것이다. 매슬로는 절정 경험을 희귀하고 흥미진진하며 넓은 바다 같고 가슴을 뭉클하게 하며 상쾌하고 고양되는 경험으로, 진보된 현실 인식을 가능하게 해주며, 심지어 신비롭고 마법적인 경험이라고 묘사했다.[23] 매슬로가 우리 삶의 가장 큰 변화 중 하나라고 생각했던 그러한 경험에 뛰어드는 것은 당연히 아주 어렵게 느껴질 수 있다. 그래서 우리는 절정 경험의 촉진에 도움이 될 수 있는 개념인 몰입과 경외심을 이해하는 것부터 시작하려 한다.

몰입은 완전히 집중하고 완전히 빠져들어, 심지어는 자기 자신도 의식하지 못할 만큼 하나의 활동에 강렬하게 통합되는 상태를 의미한다.[24] 몰입을 유도하기 위한 아이디어는 기량과 도전 사이에서 최적의 균형을 찾는 것이다. 누구라도 일을 하는 동안 내내 불안해할 만큼 너무 어려운 일을 하고 싶지는 않을 테고, 그렇다고 지루할 만큼 너무 간단한 일을 하고 싶지도 않을 것이다. 최대한 많은 상황에서 몰입을 경험할 수 있는 능력을 배양한다면 우리는 더욱 행복하고 만족스러운 삶을 살아갈 수 있다. 물론 요리하기, 그림 그리기, 달리기와 같이 좋아하는 취미활동뿐만 아니라 대부분의 사람이 깨어 있는 시간 중 상당한 시간을 보내는 직업 활동에서도 몰입을 경험할 수 있다면 더할 나위 없이 이상적일 것이다.

몰입을 찾는 것은 몸과 마음으로 한계에 도전하는 것을 포함한다. 즉 새롭거나 어렵거나 가치가 있는 일을 성취하기 위해 노력하는 것이다. 그리고 매 순간의 과정에서 보상을 발견하는 것이다. 몰입을 강화시켜 주는 여덟 가지 방법은 다음 표에 제시된 바와 같다.[25]

경외심은 황홀감과 두려움이라는 감정의 복잡한 혼합으로 형성된다. 경외심을 경험하는 것은 매우 사적인 것일 수 있으며, 연구자들은 경외심을 유발하는 경험의 중심이 되는 두 가지 주요 인지 평가, 즉 광대함에 대한 인식과 경험을 정신적으로 처리하기 위한 노력을 설명했다.[26] 경외심을 경험하는 것은 삶의 만족도 향상, 세상을 경험할 수 있는 더 많은 시간이 있다는 느낌, 도와주는 행동과 관대함의 증가, 공격적인 태도의 감소 등 많은 긍정적인 결과들과 관련이 있다.

이번 연습은 경외심에 대한 여러분의 경험과 이해를 높이고, 여러분 자신의 경외심 경험을 숙고하기 위한 것이다.

주의를 조절하라	몰입은 당신의 주의를 통제하는 데 숙달되어 당신이 당면한 일에 완전히 몰두할 수 있게 되는 것이다. 주의력을 매우 엄격하게 통제하기 위해 당장은 많은 노력이 필요하지만, 장기적인 관점에서의 숙달을 위해서는 없어서는 안 될 중요한 요소이다.
새로운 경험에 스스로를 개방하라	캠핑을 가거나, 새로운 스포츠를 하거나, 낯선 장소로 여행을 가거나, 새로운 종류의 요리를 시도하는 것과 같은 새롭고 다양한 경험에 마음을 활짝 열자. 계속 도전하고, 쉽사리 만족하지 말자!
평생 배우는 사람이 되어라	삶의 과정에서 새로운 도전을 기대하고 수용하는 것은 이미 많은 기술에 숙달됐을 경우에 몰입을 찾아내는 핵심 구성요소이다.
몰입하는 것을 배워라	사람들은 종종 언제 몰입을 경험하는지 인지하지 못한다. 세심한 주의를 기울이고, 몰입을 경험하는 동안의 정확한 시간과 활동을 확실히 하고, 그런 다음 그러한 활동을 확대해보자.
틀에 박힌 업무를 변형하라	심부름, 작업 공간 청소, 기차 기다리기 또는 강의 듣기와 같은 일상적인 활동에서도 '미니' 몰입 상태를 찾을 수 있다. 머릿속의 퍼즐을 풀고, 낙서하고, 노랫말을 다시 써서 재미있는 이야기로 바꾸거나 시 또는 수수께끼를 만드는 등 일상적인 일을 변환시켜보자.
대화에서의 몰입	대화하고 있는 파트너에 대해 더 많은 것을 알아보기 위해 대화의 목표를 설정하자. 파트너는 무슨 생각을 하고 있는가? 파트너는 어떤 감정을 경험하고 있는가? 파트너에 대해 전에는 몰랐던 무엇인가를 알게 되었는가? 말하고 있는 이와 파트너의 작업에 대한 당신의 반응에 모든 주의를 기울여라. 다음과 같은 질문으로 대화 파트너가 계속 말하도록 유도해보자. '그래서 어떻게 되었나요?' '그렇게 생각하신 이유가 있으신가요?'
현명한 여가시간을 보내라	머리를 쓰고 기량을 연마하는 활동에 참여하여 여가시간을 '더욱 현명하게' 만들도록 노력하자. 직장이나 집에서 평소 사용하는 기량과 다를수록 더 좋다.
현명한 작업시간을 보내라	기술, 열정 그리고 가치에 맞도록 수행해야 하는 작업을 조정해보자.

도전

이전에 절정 경험을 경험했던 적이 있다면 그 경험을 떠올려보거나 살면서 엄청난 경외심을 느꼈거나 깊은 몰입감을 경험했던 시간을 떠올려 보자. 간단히 말해서 절정 경험에 가장 가까웠던 경험을 생각해 보자.

그런 경험은 삶의 어느 부분에서나 나올 수 있지만, 세부사항까지 기억할 수 있을 만큼 최근의 것이어야 한다. 그러한 절정 경험이나 경외심 또는 몰입 상태를 촉진한 것이 무엇이었는지, 즉 그 경험의 어떤 특징이 '절정' 상태를 유발했는지 생각해 보자. 그러한 특징들에는 다음과 같은 것이 포함될 수 있다.

- ▲ 광대함(어떤 웅장한 존재가 있다는 느낌)
- ▲ 자기축소(거대한 우주에서 작은 존재임을 느낌)
- ▲ 경험을 정신적으로 처리해야 한다는 느낌
- ▲ 연결성(주변의 모든 것과 연결되어 있다는 느낌)
- ▲ 시간과 공간에 대한 왜곡된 감각(시간이 평소보다 더 빠르거나 느리게 움직일 수 있음)
- ▲ 내면의 갈등이 없는, 하나의 조화로운 온전한 자아가 되는 느낌
- ▲ 두려움, 의심 또는 부정적인 자기 대화가 없는 상태
- ▲ 몸이 오싹해지거나 입이 떡 벌어질 만큼의 뚜렷한 신체적 감각에 대한 경험

그러한 경험을 촉진시킨 것과 방해가 되었을 수도 있는 것을 모두

생각해 보자. 그런 다음 그러한 절정 상태의 경험에 장애가 될 수도 있는 것들을 어떻게 해결할 수 있었는지 떠올려 보자.

이제 의도적으로 절정 경험을 가지기 위해 최선을 다해 시도해 보자! 밖으로 나가서 그 같은 활동을 안전하게 수행해보고, 계속 그 경험에 대해 성찰하며 그 내용을 글로 작성해 보자. 무엇을 했으며, 어떤 느낌이 들었는가? 여러분이 수행하는 활동은 고독한 활동일 수도 있고 다른 사람들과 함께 하는 것일 수도 있다. 몇 가지 잠재적인 도움은 8장을 참고하자.

성장 챌린지 19: 향유를 연습하라

매슬로의 '고원 경험'이라는 개념은 현대의 '향유' 개념과 크게 유사하다.[27] 현대과학은 향유의 네 가지 주된 유형, 즉 자축, 심취, 감사, 경탄을 확인했다. 네 가지 유형의 향유 중에서 어떤 것이 가장 자연스럽게 느껴지는가?

과거 어떤 것의 향유,[28] 현재의 향유, 기대되는 미래의 향유. 이 세 가지 시간적인 형태의 향유를 생각해 보자. 어떤 유형이 가장 자연스러운 경향으로 여겨지는가?

시간적인 형태와 당신이 선택한 향유의 유형을 사용하여, 향유 경험을 시도해보자. 다음 표에 제시된 전략 중 적어도 한 개 이상은 사용해보자. 예를 들어 당신이 즐겨 추억에 잠기고 매사에 감사하는 성향이 있는 사람이라면, 오래된 사진 앨범을 꺼내 어린 시절의 사진을 살펴보도록 하자. 다른 사람과 좋은 것을 공유하는 향유 전략을 위해 형제자매나 부모님과 함께 진행해도 좋을 것이다.

	내적인 자아	외적인 세계
인지적 성찰 (사고)	**자축** 칭찬과 축하 받아들이기 (축구경기에서 승리하거나 시험에서 1등을 차지한 뒤의 여운을 즐긴다.)	**감사** 감사를 경험하고 표현하기 (당신이 그토록 아름답고 가까운 관계를 가진 것에 대해 감사를 표현하며 어머니와 함께 보낸다.)
경험적 몰입 (행동)	**심취** 감각에 완전히 몰두하기 (긴장을 풀어주는 거품 목욕하기, 맛있는 초콜릿 한 조각을 천천히 먹기, 고급 와인 한 잔을 홀짝이기 등을 즐긴다.)	**경탄** 경이로운 경험에 빠져들기 (일출을 보기 위해 아침 일찍 일어나거나, 천둥 번개가 치는 동안 밖에 나가 하늘의 움직임에 감탄한다.)

향유의 네 가지 유형

최고의 성장 챌린지:
자신의 온전한 자아를 받아들여라

이제는 최종적으로, 당신이 가장 힘들어하는 부분을 포함하여 당신의 존재 전체를 받아들일 때이다. 받아들인다는 것에는 당신이 좋아하거나 최고의 당신을 느끼게 해주는 당신의 다양한 마음이나 행동뿐만 아니라, 당신의 온전한 자아에 책임을 지는 것도 포함된다.

도전

편안한 자세로 안정을 취하고, 몸의 긴장을 풀자. 근육이 이완되도록 집중하여, 호흡에 주의를 기울이자. 당신 주위의 세상을 지금 상태 그대로 호흡한다고 상상하며 깊게 숨을 들이마셔 보자. 그러면서 자신을 현재 순간으로 완전히 끌어들인 뒤, 숨을 내쉬며 지금 이 순간 이전에 있었던 모든 것을 놓아주자.

숨을 쉴 때는 자신의 것 중 마음에 드는 한두 가지에 정신을 집중시키자. 자신의 가장 큰 자산이라고 생각하는 부분을 자랑스러워하면서, 이러한 자질을 머릿속에서 반복하자.

준비가 되었다고 생각하면, 당신이 스스로에 대해 힘들어하는 몇몇 자질에 신경쓰도록 하자. 아마도 이것은 당신이 덜 바람직하다고 생각하거나 차라리 소유하지 않았으면 하고 바라는 자질일 것이다. 불편함을 느낄 수도 있겠지만 숨을 들이쉬고 내쉬며 이러한 자질에 흠뻑 몸을 담가보자.

일단 당신이 이런 자질을 떠올렸다면, 다음의 문구를 마음속으로 되뇌어보자.

- ▲ 나의 결점을 포함해, 나는 내 모든 것에 책임을 진다.
- ▲ 나의 약점은 개인적인 성장의 원천이다.
- ▲ 이 순간, 나는 나의 온전한 자아를 받아들인다.

이 문구를 반복해 되뇌며, 어떤 느낌이나 충동이 발생하더라도 그것을 통제하거나 바꾸려고 하지 말고 그냥 받아들여보자.

이번 연습을 수행한 느낌을 글로 적어 정리해보자. 또한 당신은 위에 제시된 문구 외에도 당신이 스스로 작성한 문구를 사용할 수도 있으며, 이는 당신이 존재 전체를 더 잘 받아들이도록 도움을 줄 수 있을 것이다.

감사의 말

이 책은 많은 생각과 연구결과 그리고 개인적인 협력을 종합한 결과물이다. 나에게 영감을 주고 내 생각에 영향을 끼치며 논의된 연구에 직접적으로 기여한 많은 분들에게 초월적 사랑과 감사를 느낀다. 언급될 자격이 있는 사람은 감사의 말을 가득 채워도 모자랄 만큼 많지만, 몇 분만큼은 반드시 소개해야 한다고 생각한다.

가장 먼저, 이 책을 제작해 준 편집자 마리안 리치와 나의 에이전트인 짐 리바인에게 감사드린다. 그들이 없었다면 이 프로젝트는 그저 나의 허황된 꿈으로 남아 있었을 것이다.

매슬로의 남아 있는 친구들과 가족 그리고 내가 그의 복잡한 심리학과 관대한 성격에 대해 이해할 수 있도록 도와준 그의 제자였던 폴 코스타, 제임스 패디먼, 톰 그리닝, 진 카플란, 미리암 카우더러, 아리 코플로브, 스탠리 크리프너, 리처드 로우리, 앤 매슬로, 리카르도 모란트, 마이클 머피 그리고 마일스 비치에게 깊은 감사의 마음을 전한다. 에이브러햄 매슬로와 실제로 대화할 수 없다는 생각이 나를 슬프게 했지만, 나는 그를 개인적으로 안다는 일이 어떤 것인지 들을 수 있는 절정 경험을 여러 차례 할 수 있었다. 무엇보다도 그를 아는 몇몇 사람들로부터 내가 매슬로의 삶을 어떻게 표현했는지에 대해 그가 아마도 무척이나 기뻐했을 것이라는 말을 듣는 순간은 무척이나 행복했었다.

만나서 내 프로젝트에 대해 논의해 주었으며, 포괄적이고 균형 잡힌 매슬로의 전기《인간이 될 권리》를 완성하고 매슬로의 출판되지 않은 논문 중 가장 중요한 것들을 모아 준 에드워드 호프먼에게 감사드린다. 그가 펴낸《미래의 비전》은 이 책을 쓰는 데 있어 필수적인 자료였고, 그 책이 존재했다는 사실에 깊은 감사를 표한다.

애크런대학 커밍스심리학역사센터의 미국 심리학 역사기록보관소의 문서보관 담당자 리젯 로이어 바튼에게 심심한 감사를 드린다. 리젯은 매슬로의 출판되지 않은 서신들, 일기, 수필 그리고 미완성 원고를 추적하고 있던 내게 진정 큰 도움을 주었다. 또한 매슬로가 생애 마지막 날들에 작성하고 있던 메모장을 추적하는 데 도움을 준 돈 블로호위악에게도 감사드린다.

사라 앨고어, 콜린 드영, 크리스 프레일리, 제인 더튼, 마크 리어리, 하라 이스트로프 마라노, 다니엘 네틀, 리브 레벨레, 커크 슈나이더, 케넌 셸던, 브랜든 와이스 및 데이비드 야든 등, 원고의 초안 단계에서 귀중한 피드백을 제공해 주었던 많은 분들에게 감사드린다. 특히 저작에 대한 지속적인 지원과 이 프로젝트에 대해 편집상 많은 지원을 베풀어준 하라 이스트로프 마라노에게 감사드린다.

지난 이십 년 동안 함께 일할 수 있어서 행복했던 많은 공동 작업자들에게 이루 말할 수 없는 감사를 보낸다. 이 책에 제시된 연구와의 관련성으로 특별히 언급하고자 하는 분들은 다음과 같다. 로저 비티, 케이스 캠벨, 콜린 드영, 안젤라 덕워스, 레베카 고트리프, 엘리자베스 하이드, 토드 카시단, 테일러 크라이스, 메리 헬렌 이모르디노-양, 에마누엘 야우크, 제임스 카우프만, 조슈아 밀러, 리브 레벨레, 마틴 셀리그먼, 루크 스미리, 제시 선, 엘리 츠카야마, 브랜든 와이스, 데이비드 야든, 특히 상상연구소에서 상상력과 창의력의 과학에 대한 우리의 이해를 증진시킬 기회를 주고, 긍정심리학센터를 통해 수많은 멋진 사람들과 상호작용을 하고 함께 일할 수 있는 기회를 주었으며, 그 안에서 긍정심리학 분야에 대해 배울 수 있게 해준 마틴 셀리그먼에게 특별한 감사를 보낸다.

이 책의 다양한 주제에 대해 나와 함께 논의해준 분들에게 감사드린다. 무엇보다도 이 프로젝트를 지지하고 다양한 단계의 과정에서 다채로운 관점으로 원고에 대한 유용한 제안을 제공해 준 인본주의 심리학 분야의 전설, 커크 슈나이더에게 감사를 표한다. 나는 롤로 메이와 제임스 부겐탈을 포함하여 그가 함께 일하는 데에서 기쁨을 가졌던 멘토와 공동 작업자들에게 경외감을 표한다. 나는 커크 슈나이더가 현대의 인본주의 심리학을 위해 한 일에 진심으로 감사하고 있으며, 다른 심리학 분야와 인본주의 심리학을 연결하는 데 도움을 주기 위해 그와 계속 협력할 수 있기를 기대한다. 진정성의 의미에 대해 나와 같이 이야기해 준 애덤 그랜트에게 감사를 보낸다. 나는 이 주제에 대해 그가 들려준 견해와 그가 이 책에 대해 보내준 격려에 감사한다. 두뇌가 어떤 식으로 예측 엔진이 될 수 있는지에 대해 설명해 주고, 그의 업적과 안전 욕구를 연결시키는 방법에 대한 몇 가지 아이디어를 설명해 준 앤디 클라크에게 감사를 표한다. 목적의 필요성에 대해 논의하고 스포츠 심리학자로서 주제에 대한 자신만의 독특하고 계몽적인 관점을 제공해 준 멋진 팟캐스트 방송의 호스트인 마이클 거바이스에게 감사를 표한다. 매슬로의 욕구단계의 구조를 시각적으로 가장 잘 표현할 수 있는 방법에 대해 논의하고 매슬로가 발달 심리학에 기여한 내용에 대해 가르쳐준 앤드류 블랜드 와 유진 드로베르티스에게 감사드린다. 언제나처럼, 몰입과 그 밖의 다른 모든 것들에 대해 이야기해 준 스티븐 코틀러에게 감사를 표한다.

이 책에 나오는 돛단배의 그림을 그린 삽화가이자 디자이너 그리고 돛단배 은유의 창시자인 앤디 오그든에게도 큰 감사를 드린다. 그가 아이디어를 제시하자마자 나는 그 아이디어가 완벽하다는 것을 즉시 알 수 있었다. 또한 원고의 초기 초안에서 일부 삽화에 도움을 준 사샤 브라운과 샬롯 리빙스턴에게 감사를 표한다.

나처럼 아주 민감한 작가에게는 가장 중요한 끊임없는 도덕적인 지지를 보여준 다음의 많은 친구들에게 감사를 표한다. 나오미 아르비트, 조슈아 아론슨, 수잔 바움, 수잔 케인, 스카이 클리어리, 제니퍼 코리, 콜린 드영, 조딘 파인골드, 제임스 카우프만, 토드 카시단, 다니엘 러너, 에리카 리프먼, 하라 이스트로프 마라노, 코리 무스카라, 엘리엇 사무엘 폴, 조라나 이브체비치 프링글, 데보라 레버, 엠마 제팔라, 에밀리 이스파하니 스미스, 다니엘 토마술로, 로라 테일러, 앨리스 와일더, 데이비드 야든. 이 친구들의 목록은 끝없이 이어진다. 그리고 이렇게 나의 부족함을 채워주는 친구들이 있어서 정말이지 다행이다.

굳이 말할 필요도 없지만, B-사랑과 무조건적이고 긍정적인 시선으로 늘 나를 바라봐주는 어머니와 아버지 바바라와 마이클 카우프만에게 진심으로 고개 숙여 감사를 표한다. 나는 두 분을 사랑한다. 내가 두 분을 얼마나 소중히 여기고, 그들의 존재에 대해 얼마나 가슴 깊이 감사하는지는 말로는 절대 표현할 수 없을 것이다.

그리고 마지막으로, 에이브, 감사합니다! 제가 당신에게 느끼는 우정이 일방적인 것임을 잘 알고 있지만, 당신과 상상의 대화를 나누며 당신의 삶과 생각을 배우는 시간은 저에게는 진정한 기쁨이었습니다. 저에게 인류의 '놀라운 가능성과 불가해한 깊이'를 지속적으로 보여주셔서 정말 감사합니다. 제가 당신을 자랑스럽게 만들었기를 진심으로 기원합니다.

주

들어가는 말 | 인간 본성의 놀라운 가능성

1. Brooks, D. (2017). When life asks for everything. *The New York Times*. Retrieved from https://www.nytimes.com/2017/09/19/opinion/when-life-asks-for-everything.html; Brooks, D. (2019). *The second mountain: The quest for a moral life*. NY: Random House.

2. Maslow, A. H. (1966/1996). Critique of self-actualization theory. In E. Hoffman (Ed.), *Future visions: The unpublished papers of Abraham Maslow* (pp. 26–32). Thousand Oaks, CA: Sage Publications.

3. Maslow, A. H. (1961). Peak experiences as acute identity experiences. *The American Journal of Psychoanalysis, 21*, 254–262, p. 260.

4. Maslow, A. H. (1998; originally published in 1962). *Toward a psychology of being* (3rd ed.) New York: Wiley, p. 231.

5. Maslow, A. H. (1969). The farther reaches of human nature. *Journal of Transpersonal Psychology, 1*(1), 1–9 , p. 1. 유니테리언 교회에서 행한 강연 전체는 다음에서 찾아볼 수 있음. at https://www.youtube.com/watch?v=pagvjnTEEvg.

6. Maslow, The farther reaches of human nature, pp. 3–4.

7. Lowry, R. (1979). *The journals of A. H. Maslow — two volumes (The A. H. Maslow series)*. Monterey, CA: Brooks/Cole, p. 1261.

8. Krippner, S. (1972). The plateau experience: A. H. Maslow and others. *Journal of Transpersonal Psychology, 4*(2), 107–120, p. 119.

9. International Study Project, Inc. (1972). *Abraham H. Maslow: A memorial volume*. Monterey, CA: Brooks/Cole, p. 53.

10. Lowry, *The journals of A. H. Maslow*, p. 869.

11. Michael Murphy, personal correspondence, May 10, 2018.

12. https://www.abrahammaslow.com/audio.html. *The Abraham Maslow audio collection: Volume 2, The farther reaches of human nature, part 8*, 1967.

13. Schneider, K. J. (2018). The chief peril is not a DSM diagnosis but the polarized mind. *Journal of Humanistic Psychology*, doi: 10.1177/0022167818789274; Peters, S. (2018). "The polarized mind" as alternative framework for human suffering. *Mad in America*. Retrieved from https://www.madinamerica.com/2018/07/polarized-mind-alternative-framework-human-suffering.

14. Kaufman, S. B. (2013). *Ungifted: Intelligence redefined*. New York: Basic Books. Kaufman, S. B. (2018) (Ed.). *Twice exceptional: Supporting and educating bright and creative students with learning difficulties*. New York: Oxford University Press.

15. Kaufman, S. B., Weiss, B., Miller, J. D., & Campbell, W. K. (2018). Clinical correlates of vulnerable and grandiose narcissism: A personality perspective. *Journal of Personality Disorders*, *32*, 384.

16. Maslow, *Toward a psychology of being*, p. 66.

17. Maslow, A. H. (1969). *The psychology of science: A reconnaissance*. Washington, DC: Gateway Editions, p. 15.

18. Maslow, *Toward a psychology of being*, p. 85.

19. Fromm, E. (1989). *The art of being*. New York: Bloomsbury Academic.

서장 | 새로운 욕구단계의 피라미드

1. Maslow, Critique of self-actualization theory, p. 28.

2. 매슬로는 저서 《동기와 성격》 초판에 "긍정심리학을 향하여"라는 챕터를 포함시켰는데, 이 챕터에서 그는 긍정심리학 분야에 대한 비전을 제시했다. 훗날 그는 개정판의 부록에 다음과 같이 썼다. "물론 긍정심리학에서 가장 적절하고 분명한 주제 선택은 심리적 건강, 미적 건강, 가치 건강, 신체 건강 등 다른 종류의 건강에 대한 연구이다. 그러나 긍정심리학은 또한 선한 사람, 안정되고 자신감 있는 사람, 민주적인 사람, 행복한 사람, 고요하고 차분하고 평화롭고 자비롭고 관대하고 친절한 사람, 창조주, 성자, 영웅, 강한 사람, 천재 그리고 인류의 다른 좋은 예시를 더 많이 연구할 것을 요구한다."

3. Maslow, *Toward a psychology of being*, p. 85.

4. Schneider, K. J., Pierson, J. F., & Bugental, J. F. T. (Eds.). (2015). *The handbook of humanistic psychology: Theory, research, and practice* (2nd ed.). Thousand Oaks, CA: Sage Publications, p. xix.

5. van Deurzen, E., et al. (Eds.). (2019). *The Wiley world handbook of existential therapy*. Hoboken, NJ: Wiley-Blackwell; Schneider, K. J., & Krug, O. T. (2017). *Existential-humanistic therapy* (2nd ed.). London: APA Books.

6. Bland, A. M., & DeRobertis, E. M. (2020). Humanistic perspective. In V. Zeigler-Hill & T. K. Shackelford (Eds.), *Encyclopedia of personality and individual differences*. Cham, Switzerland: Springer. Advance online publication. doi: 10.1007/978-3-319-28099-8_1484-2.

7. Jourard, S. M., & Landsman, T. (1980). *Healthy personality: An approach from the viewpoint of humanistic psychology*. New York: Macmillan; Kaufman, S. B. (2018). Do you have a healthy personality? *Scientific American Blogs*. Retrieved from https://blogs.scientifi c american.com/beautiful-minds/do-you-have-a-healthy-personality.

8. Compton, W. C., & Hoffman, E. L. (2019). *Positive psychology: The science of happiness and flourishing*. New York: Sage Publications; Basic Books; Lopez, S. J., Pedrotti, J. T., & Snyder, C. R. (2018). *Positive psychology: The scientific and practical explorations of human strengths*. New York: Sage Publications; Seligman, M. E. P. (2011). *Flourish: A visionary new understanding of happiness and well-being*. New York: Free Press; Seligman, M. E. P., & Csikszentmihalyi, M. (2000). Positive psychology: An introduction. *American Psychologist*, *55*, 5-14. The quote "makes life worth living" is from Seligman & Csikszentmihalyi (2000), p. 5.

9. 일부 인본주의 심리학자와 긍정심리학자는 긍정심리학 연구에서 주요 한계라고 인식한 인간 존재의 내재적 역설에 주목할 것을 요구해 왔다는 점에 유의해야 한다. 나는 이 같은 비판에 동의한다. 다음을 보라. DeRobertis, E. M., & Bland, A. M. (2018). Tapping the humanistic potential of self-determination theory: Awakening to paradox. The Humanistic Psychologist, 46(2), 105-128; Wong, P. T. P. (2010). What is existential positive psychology? International Journal of Existential Psychology & Psychotherapy, 3, 1-10; Wong, P. T. P. (2011). Positive psychology 2.0: Towards a balanced interactive model of the good life, Canadian Psychology, 52(2), 69-81.

10. Sheldon, K. M., & Kasser, T. (2001). Goals, congruence, and positive well-being: New empirical support for humanistic theories. *Journal of Humanistic Psychology*, *41*(1), 30-50.

11. Diener, E., Suh, E. N., Lucas, R. E., & Smith, H. L. (1999). Subjective well-being: Three decades of progress. *Psychological Bulletin*, *125*(2), 276-302; Kaufman, S. B. (2017). Which personality traits are most predictive of well-being? *Scientific American Blogs*. Retrieved from https://blogs.scientificamerican.com/beautiful-minds/which-personality-traits-are-most-predictive-of-well-being; Kern, M. L., Waters, L. E., Adler, A., & White, M. A. (2013). A multidimensional approach to measuring well-being in students: Application of the PERMA framework. *The Journal of Positive Psychology*, *10*(3), 262-271; Ryan & Deci, Self-determination theory and the facilitation of intrinsic motivation, social development, and well-being; Ryff, C. D., & Keyes, C. L. M. (1995). The structure of psychological well-being revisited. *Journal of Personality and Social Psychology*, *69*(4), 719-727; Seligman, M. E. P. (2011). *Flourish: A visionary new understanding of happiness and well-being*. New York: Simon & Schuster; Sun, J., Kaufman, S. B., & Smillie, L. D. (2016). Unique associations between Big Five personality aspects and multiple dimensions of well-being. *Journal of Personality*, *86*, 158-172; Yaden, D. B., Haidt, J., Hood, R. W., Vago, D. R., & Newberg, A. B. (2017). The varieties of self-transcendent experience. *Review of General Psychology*, *21*(2), 143-160.

12. Bland, A. M., & DeRobertis, E. M. (2017). Maslow's unacknowledged contributions to developmental psychology. *Journal of Humanistic Psychology*, doi: 10.1177/0022167 817739732.

13. Maslow, *Toward a psychology of being*, 212-213.

14. Maslow, A. H. (1987). *Motivation and personality* (3rd ed.). New York: HarperCollins, pp. 27-28.

15. Maslow, *Motivation and personality*, p. 37.

16. Maslow, *Motivation and personality*, p. 388.

17. Maslow, *Motivation and personality*, p. 390.

18. Maslow, *Toward a Psychology of Being*, p. 190.

19. Rowan, J. (1999). Ascent and descent in Maslow's theory. *Journal of Humanistic Psychology*, *39*(3), 125–133.

20. Bland, A. M., & DeRobertis, E. M. (2017). Maslow's unacknowledged contributions to developmental psychology. *Journal of Humanistic Psychology*, doi: 10.1177/0022167817 739732.

21. Bland & DeRobertis, Maslow's unacknowledged contributions to developmental psychology; Bridgman, T., Cummings, S., & Ballard, J. (2019). Who built Maslow's pyramid? A history of the creation of management studies' most famous symbol and its implications for management education. *Academy of Management Learning & Education*, *18*(1), https://doi.org/10.5465/amle.2017.0351; Eaton, S. E. (2012). Maslow's hierarchy of needs: Is the pyramid a hoax? *Learning, Teaching and Leadership*. Retrieved from https:// drsaraheaton.wordpress.com/2012/08/04/maslows-hierarchy-of-needs; Kaufman, S. B. (2019). Who created Maslow's iconic pyramid? *Scientific American Blogs*. Retrieved from https://blogs.scientificamerican.com/beautiful-minds/who-created-maslows-iconic-pyramid; Rowan, J. (1998). Maslow amended. *Journal of Humanistic Psychology*, *38*(1), 81–92.

22. 매슬로의 브루클린대학 교수 시절 학생 중 한 명인 미리암 카우더러는 매슬로가 수업에서 자신의 욕구단계 이론을 설명하기 위해 피라미드와 유사한 무언가를 제시했다고 말했다. 그렇지만 그는 피라미드의 창시자가 아니라, 아마도 무엇인가를 재현하고 있었을 것이다. 그의 학생 중 한 명인 아리 코플로브는 매슬로가 개인적인 서신에서 자신의 욕구이론을 피라미드로 표현하는 것을 좋아하지 않았음을 밝혔다고 전했다.

23. Bridgman et al., p. 90.

24. Mills, A. J., Simmons, T., & Helms Mills, J. C. (2005). *Reading organization theory: A critical approach to the study of behaviour and structure in organizations* (3rd ed.). Toronto: Garamond Press, p. 133.

25. Bridgman, Cummings, & Ballard, Who built Maslow's pyramid?, p. 94.

26. Sheldon, K. M., Elliot, A. J., Kim, Y., & Kasser, T. (2001). What is satisfying about satisfying events? Testing 10 candidate psychological needs. *Journal of Personality and Social Psychology*, *80*(2), 325–339; Oishi, S., Diener, E., Suh, E. M., & Lucas, R. E. (1999). Value as a moderator in subjective well-being. *Journal of Personality*, *67*(1), 157–184; Tay, L., & Diener, E. (2011). Needs and subjective well-being around the world. *Journal of Personality and Social Psychology*, *101*(2), 354–365.

27. MacLellan, L. (2019). "Maslow's pyramid" is based on an elitist misreading of the psychologist's work. *Quartz at Work*. Retrieved from https://qz.com/work/1588491/ maslow-didnt-make-the-pyramid-that-changed-management-history.

28. Lowry, R. J., foreword to Maslow, *Toward a psychology of being*, p. x.

29. 표면적으로 매슬로의 성장 동기 개념은 언뜻 보기에 캐롤 드웨크의 '성장 마인드셋growth mindset'과 '고정 마인드셋fixed mindset'의 구분과 유사해 보인다. 드웨크는 실제로 능력이 성장하고 향상될 수

있다고 생각하는 정도가 스포츠, 코칭, 비즈니스, 관계에 이르기까지 다양한 성취, 성공 및 높은 성과 수준과 관련이 있음을 보여주었다. 그러나 매슬로의 성장 동기 개념은 이보다 훨씬 광범위하다. 드웨크의 이론은 능력의 믿음에 관한 것으로 종종 고성능 환경에서 적용된다. 반면 매슬로의 동기 이론은 성과 및 성취의 외부 측정 기준에 초점을 맞추는 대신, 환경이나 조건과 관계없이 통합된 온전한 인간으로서 자기 자신의 완전한 능력의 성장에 초점을 맞춘다. 나는 개인적 성장 마인드셋을 지지할 기회가 있었는데 이것이 성장 동기라는 매슬로의 개념과 더 일치한다고 생각한다. 개인적인 성장 마인드셋은 시야를 넓히고 자기 자신과 세상을 바라보는 방식에 도전하며, 자신의 온전한 자아에 대한 지속적인 학습과 성장 및 이해로 이어지는 폭넓고 다양한 활동에 참여하려는 동기로 구성된다. 활동에 대한 성장 마인드셋, 즉 자신이 변화하고 성장할 수 있다고 믿는 태도를 가진 사람도 많지만, 여전히 많은 사람은 주로 신경증적 방어기제와 건강하지 않은 형태의 동기를 부여받는다. 자신이 성장할 수 있는 모든 영역이 반드시 성장할 가치가 있는 것은 아니다. 예를 들어 어떤 학생은 표준화된 성취 테스트에서 최고 점수를 받기 위해 자신의 모든 에너지를 쏟아붓는 성장 마인드셋을 적용할 수 있다. 하지만 반대로 예술, 음악, 역사 또는 수학과 같은 특정 영역에서의 자신의 최고의 잠재력을 포기하는 대가를 치를 수도 있다. 개인적인 성장 마인드셋이 단순히 지능과 능력을 변화시킬 수 있다는 믿음보다는 온전한 인간의 더 큰 성장으로 이어지는 경우들도 분명 존재한다. 다음을 보라. Dweck, C. S. (2007) *Mindset: The new psychology of success*. New York: Ballantine Books; Kaufman, S. B. (2015). Is it time for a personal growth mindset? *Scientific American Blogs*. Retrieved from https://blogs.scientificamerican.com/beauti ful-minds/is-it-time-for-a-personal-growth-mindset.

30. Wright, R. (2018). *Why Buddhism is true: The science and philosophy of meditation and enlightenment*. New York: Simon & Schuster, p. 3.

31. 특히 현대 성격 심리학자들은 사람이 성격 위계를 형성하는 일련의 예측 가능한 방식에 차이가 있다는 사실을 관찰했다. 계층 구조의 맨 꼭대기에는 안정성과 가소성이라는 두 가지 '메타 특성'만이 있다. 성격 신경과학자 콜린 드영은 이를 다음과 같이 정의한다.
    • 안정성: 충동의 중단으로부터 목표, 해석 그리고 전략을 보호한다.
    • 가소성: 새로운 목표, 해석 그리고 전략의 탐색 및 생성.
인간을 포함해 모든 유기체는 스스로 생존하고 적응하기 위해 안정성과 가소성이라는 능력 모두를 필요로 한다. 안정성은 합리적으로 예측 가능한 상황에서 작업을 계속할 수 있도록 도와준다. 하지만 안정성만으로는 충분하지 않다. 유기체는 또한 끊임없이 변화하고 복잡한 환경에 대처할 수 있어야 한다. 완벽한 예측이란 불가능하고, 따라서 완벽하게 작동하는 시스템은 안전성뿐만 아니라 가소성이라는 능력을 모두 갖추고 있어야 한다. 이는 인공지능 분야에서 흔히 "안정성-가소성 딜레마"라고 불린다. 다시 말해 연구자들은 인간과 마찬가지로 프로그래머에 의한 지속적인 입력 없이도 스스로 학습하고 적응할 수 있는 인공 시스템을 구축하려 시도하고 있다. 이러한 연구결과를 바탕으로 드영은 사이버네틱스와 인간의 성격 차이 사이의 연관성을 제시했다. 드영은 인간의 성격이 차이가 나는 모든 주요 원인은 궁극적으로 안정성 또는 가소성에 대한 동기와 관련될 수 있다고 주장한다. 결과적으로 안정성과 가소성은 통합된 방식으로 서로 의존하며, 사이버네틱 시스템이 끊임없이 복잡하고 변화하는 환경에서 목표를 추구할 수 있도록 서로 협력한다. 《인본주의 심리학 저널》에 최근 게재된 논문에서 나는 매슬로의 자아실현적 인간에 대한 설명이 정교하게 조정되고 최적의 기능을 발휘하는 사이버네틱 시스템과 유사하다는 견해를 테스트하고 확인했다. 다음을 보라. DeYoung, C. G., & Weisberg, Y. J. (2018). Cybernetic approaches to personality and social behavior. In K. Deaux & M. Snyder (Eds.), *The Oxford handbook of personality and social psychology* (2nd ed.) (pp. 387 – 413). New York, NY: Oxford University Press; Kaufman, S. B. (2018). Self-actualizing people in the 21st century: Integration with contemporary theory and research on personality and well-being. *Journal of Humanistic Psychology*, https://doi.org/10.1177/0022167818809187.

32. Kenrick, D. T., Griskevicius, V., Neuberg, S. L., & Schaller, M. (2010). Renovating the

pyramid of needs: Contemporary extensions built upon ancient foundations. *Perspectives on Psychological Science, 5*(3), 292–314 .

33. Kashdan, T. B., & Silvia, P. J. (2011). Curiosity and interest: The benefits of thriving on novelty and challenge. In S. J. Lopez & C. R. Snyder (Eds.), *The Oxford handbook of positive psychology* (2nd ed.) (pp. 367–74) . New York: Oxford University Press.

34. Kenrick, Griskevicius, Neuberg, & Schaller, Renovating the pyramid of needs, 292–314.

35. Portions of this chapter were adapted from the foreword to: Geher, G., & Wedberg, N. (2019). *Positive Evolutionary Psychology: Darwin's Guide to Living a Richer Life*. New York: Oxford University Press.

36. Colin DeYoung, personal correspondence, December 23, 2017.

37. Buss, D. (2015). *Evolutionary psychology: The new science of the mind* (5th ed.). New York: Psychology Press.

38. Fromm, E. (1955). *The sane society*. New York: Henry Holt, p. 25.

39. Yalom, I. D. (1989). *Love's executioner: & other tales of psychotherapy*. New York: Basic Books.

40. Yalom, I. D. (1980). *Existential psychotherapy*. New York: Basic Books.

41. Rogers, C. R. (1961). *On becoming a person: A therapist's view of psychotherapy*. New York: Houghton Mifflin, p. 186.

42. Rogers, *On becoming a person*, p. 196.

43. Tillich, P. (1952). *The courage to be*. New Haven, CT: Yale University Press.

1부 안정

1. Walters, J., & Gardner, H. (1992). The crystallizing experience: Discovering an intellectual gift. In R. S. Albert (Ed.), *Genius & Eminence* (2nd ed.). (pp. 135–56). Tarrytown, NY: Pergamon Press.

2. Unpublished notes from 1962, as quoted in Lowry, R. J. (1973). *A. H. Maslow: An intellectual portrait (The A.J. Maslow series)*. Monterey, CA: Brooks/Cole.

3. Sumner, W. G. (1906/2017). *Folkways: A study of the sociological importance of usages, manners, customs, mores, and morals*. CreateSpace Independent Publishing Platform, p. 7.

4. Hoffman, E. (1988). *The right to be human: A biography of Abraham Maslow*. Los Angeles: Tarcher.

5. Maslow, A. H., & Honigmann, J. (ca. 1943). *Northern Blackfoot culture and personality* (Unpublished manuscript; Maslow Papers, M443). Archives of the History of American Psychology, Cummings Center for the History of Psychology, University of Akron, Akron, OH.

6. Martin Heavy Head [mheavyhead]. (2017, October 21). Abraham Maslow had spent six weeks with Blackfoot People, an experience which he said "shook him to his knees." He was inspired by us. (Tweet). Retrieved from https://twitter.com/mheavyhead/status/921946655577927680.

7. Hoffman, *The right to be human*, p. 121.

8. Maslow, A. H. (1993/1971). *The farther reaches of human nature*. New York: Penguin Books, p. 218.

9. Blackstock, C. (2011). The emergence of the breath of life theory. *Journal of Social Work Values and Ethics*, 8(1); Kaufman, S. B. (2019). Honoring the wisdom of indigenous people with Richard Katz. *The Psychology Podcast*. Retrieved from https://scottbarrykaufman .com/podcast/honoring-the-wisdom-of-indigenous-peoples-with-richard-katz.

10. 그러나 일부 사람들은 한 걸음 더 나아가 매슬로의 동기 이론 전체와 그의 이론의 피라미드 표현이 원주민의 관점과 그들의 거주용 텐트인 티피의 디자인에서 영감을 받은 것일 수 있다고 주장했다. 나는 매슬로가 방문에서 분명 깊은 영감을 받았으며, 원주민의 일반적인 인생 철학이 그의 사고에 일정한 영향을 끼쳤다고 생각한다. 하지만 인간 욕구의 추진력에 관한 윌리엄 섬너의 설명, 자아실현에 관한 쿠르트 골드슈타인의 연구, 그리고 그밖에도 알프레드 아들러와 해리 할로우 및 카렌 호나이의 연구 등 내가 이 책에서 다룰 다른 위대한 연구자들이 매슬로의 이론에 끼친 영향 또한 결코 무시할 수 없다. 또한 1943년의 공식적인 표현에서 매슬로는 욕구단계의 최상위에 자아실현을 두고 있지만, 원주민의 관점에서는 자아실현이 티피의 맨 아랫부분에 자리하고 있다. 그러나 무엇보다 중요한 사실은 매슬로가 자신의 욕구단계를 피라미드로 나타내지 않았다는 점이다! 이 문제를 진지하게 받아들인 나는 매슬로와 친한 친구였던 심리학자 리처드 카츠와 이야기를 나눴다. 평생 원주민을 연구하는 데 전념해온 카츠는 매슬로의 욕구단계라는 아이디어가 단지 블랙풋 인디언 방문에서만 영향받은 것이라고는 생각하지 않았다. 그럼에도 우리 두 사람은 매슬로의 인디언 방문이 인간의 본성에 관한 그의 사고에 전반적인 영향을 끼쳤으며, 원주민의 지혜를 존중하는 것이야말로 아주 중요하다는 데 견해를 같이했다. 나는 사실, 영성과 초월에 관한 매슬로의 후기 저작과 내가 직접 수정한 욕구단계 구조가 '커뮤니티 실현'과 '문화적 영속성'의 토대로서 자아실현을 포함하는 원주민의 관점과 좀 더 일치한다고 믿는다. 요컨대, 나는 모든 이들이 기여한 바를 존중하고 인정하는 통합모델을 구축할 수 있다고 생각한다. 다음을 보라. Blackstock, The emergence of the breath of life theory; Kaufman, Honoring the wisdom of indigenous people with Richard Katz; Michel, K. L. (2014). Maslow's hierarchy connected to Blackfoot beliefs. *A Digital Native American*. Retrieved from https://lincolnmi chel.wordpress.com/2014/04/19/maslows-hierarchy-connected-to-blackfoot-beliefs.

11. Lowry, *A. H. Maslow: An intellectual portrait*.

12. Taylor, S. (2019). Original influences. *Psychology Today*. Retrieved from https:// www.psychologytoday.com/us/blog/out-the-darkness/201903/original-influences.

13. Maslow, A. H. (1938). *Report to the National Research Council*.

14. Lowry, *A. H. Maslow: An intellectual portrait*, p. 20.

15. Lowry, *A. H. Maslow: An intellectual portrait*.

16. Unpublished note, quoted in Lowry, *A. H. Maslow: An intellectual portrait*, p. 17.

1장 | 안전: 기본적인, 너무나 기본적인

1. Pinker, S. (2018). *Enlightenment now: The case for reason, science, humanism, and progress*. New York: Viking.

2. Whippman, R. (2017). Where were we while the pyramid was collapsing? At a yoga class. *Society*, 54(6), 527–529.

3. Whippman, Where were we while the pyramid was collapsing? At a yoga class, p. 528.

4. Bland & DeRobertis, Maslow's unacknowledged contributions to developmental psychology; Hoffman, *The right to be human*.

5. George, L., & Park, C. (2016). Meaning in life as comprehension, purpose, and mattering: Toward integration and new research questions. *Review of General Psychology, 20*(3), 205–220; Martela, F., & Steger, M. F. (2016). The three meanings of meaning in life: Distinguishing coherence, purpose, and significance. *The Journal of Positive Psychology, 11*(5), 531–545.

6. Morgan, J., & Farsides, T. (2009). Measuring meaning in life. *Journal of Happiness Studies, 10*(2), 197–214; Morgan, J., & Farsides, T. (2009). Psychometric evaluation of the meaningful life measure. *Journal of Happiness Studies, 10*(3), 351–366.

7. Martela & Steger, The three meanings of meaning in life, p. 539.

8. George, L. S., & Park, C. L. (2013). Are meaning and purpose distinct? An examination of correlates and predictors. *The Journal of Positive Psychology, 8*(5), 365–375.

9. Hirsh, J. B., Mar, R. A., & Peterson, J. B. (2012). Psychological entropy: A framework for understanding uncertainty-related anxiety. *Psychological Review, 119*(2), 304–320.

10. Clark, A. (2013). Whatever next?: Predictive brains, situated agents, and the future of cognitive science. *Behavioral and Brain Sciences, 36*(3), 181–204.

11. Friston, K. (2009). The free-energy principle: A rough guide to the brain? *Trends in Cognitive Sciences, 13*(7), 293–301; Friston, K. (2010). The free-energy principle: A unified brain theory? *Nature Reviews Neuroscience, 11*, 127–138; Hirsh, Mar, & Peterson, Psychological entropy; Kelso, J. (1995). *Dynamic patterns: The self-organization of brain and behavior*. Cambridge, MA: MIT Press.

12. Kauffman, S. A. (1993). *The origins of order: Self-organization and selection in evolution*. New York: Oxford University Press.

13. McEwen, B. S. (2007). Physiology and neurobiology of stress and adaptation: Central role of the brain. *Physiological Review, 87*(3), 873–904.

14. Bateson, M., & Nettle, D. (2016). The telomere lengthening conundrum— it could be biology. *Aging Cell, 16*(2), 312–319; Fox, N. A., & Shonkoff, J. P. (2011). How persistent fear and anxiety can affect young children's learning, behavior and health. *Early childhood matters*; Nettle, D., et al. (2017). Early-life adversity accelerates cellular ageing and affects adult inflammation: Experimental evidence from the European starling. *Scientific Reports, 7*, 40794; Storoni, M. (2019). *Stress-proof: The ultimate guide to living a stress-free life*. London: Yellow Kite.

15. Watts, A. W. (1951). *The wisdom of insecurity: A message for an age of anxiety*. New York: Vintage Books, p. 77.

16. Paulos, J. A. (2003). *A mathematician plays the stock market*. New York: Routledge.

17. Hirsh, J. B., & Inzlicht, M. (2008). The devil you know: Neuroticism predicts neural response to uncertainty. *Psychological Science, 19*(10), 962–967.

18. Cuijpers, P., et al. (2010). Economic costs of neuroticism: A population-based study. *Archives of General Psychiatry, 67*(10), 1086–1093; Lahey, B. B. (2009). Public health significance of neuroticism. *American Psychologist, 64*(4), 241–256; Tackett, J. L.,

et al. (2013). Common genetic influences on negative emotionality and a general psychopathology factor in childhood and adolescence. *Journal of Abnormal Psychology*, *122*(4), 1142–1153.

19. Schönbrodt, F. D., & Gerstenberg, F. X. R. (2012). An IRT analysis of motive questionnaires: The unified motive scales. *Journal of Research in Personality*, *46*(6), 725–742.

20. Fox & Shonkoff, How persistent fear and anxiety can affect young children's learning, behavior and health.

21. Maslow, *Motivation and personality*, p. 66.

22. Nettle, D. (2017). Does hunger contribute to socioeconomic gradients in behavior? *Frontiers in Psychology*, *8*, https://doi.org/10.3389/fpsyg.2017.00358.

23. Fessler, D. M. (2002). Pseudoparadoxical impulsivity in restrictive anorexia nervosa: A consequence of the logic of scarcity. *International Journal of Eating Disorders*, *31*(4), 376–388; Swanson, D. W., & Dinello, F. A. (1970). Severe obesity as a habituation syndrome: Evidence during a starvation study. *Archives of General Psychiatry*, *22*(2), 120–127.

24. Swanson & Dinello, Severe obesity as a habituation syndrome, p. 124.

25. Orquin, J. L., & Kurzban, R. (2016). A meta-analysis of blood glucose effects on human decision making. *Psychological Bulletin*, *142*(5), 546–567.

26. Nettle, Does hunger contribute to socioeconomic gradients in behavior?; Orquin & Kurzban, A meta-analysis of blood glucose effects on human decision making.

27. Nettle, Does hunger contribute to socioeconomic gradients in behavior?

28. Fessler, Pseudoparadoxical impulsivity in restrictive anorexia nervosa.

29. Bowlby, J. (1982; originally published in 1969). *Attachment and loss: Vol. 1. Attachment* (2nd ed.). New York: Basic Books; Bowlby, J. (1973). *Attachment and loss: Vol. 2. Separation: Anxiety and anger*. New York: Basic Books; Bowlby, J. (1980). *Attachment and loss: Vol. 3. Loss: Sadness and depression*. New York: Basic Books.

30. Fraley, R. C. (2019). Attachment in adulthood: Recent developments, emerging debates, and future directions. *Annual Review of Psychology*, *70*, 401–422; Fraley, R. C., & Shaver, P. R. (2008). Attachment theory and its place in contemporary personality research. In O. P. John, R. W. Robins, & L. A. Pervin (Eds.), *Handbook of personality: Theory and research* (3rd ed.) (pp. 518–541) . New York: Guilford Press.

31. Ainsworth, M. D. S., Blehar, M. C., Waters, E., & Wall, S. N. (1978). *Patterns of attachment*. Hillsdale, NJ: Erlbaum.

32. Kaufman, S. B. (2017). The latest science of attachment with R. Chris Fraley. *The Psychology Podcast*. Retrieved from https://scottbarrykaufman.com/podcast/latest-science-attachment-r-chris-fraley.

33. Bartholomew, K., & Horowitz, L. M. (1991). Attachment styles among young adults: A test of the four-category model. *Journal of Personality and Social Psychology*, *61*(2), 226–244; Hazan, C., & Shaver, P. R. (1987). Romantic love conceptualized as an attachment process. *Journal of Personality and Social Psychology*, *52*(3), 511–524.

34. Fraley, R. C., Hudson, N. W., Heffernan, M. E., & Segal, N. (2015). Are adult attachment styles categorical or dimensional? A taxometric analysis of general and relationship-

specific attachment orientations. *Journal of Personality and Social Psychology, 109*(2), 354–368; Fraley, R. C., & Spieker, S. J. (2003). Are infant attachment patterns continuously or categorically distributed? A taxometric analysis of strange situation behavior. *Developmental Psychology, 39*(3), 387–404.

35. Edenfield, J. L., Adams, K. S., & Briihl, D. S. (2012). Relationship maintenance strategy use by romantic attachment style. *North American Journal of Psychology, 14*, 149–162; Noftle, E. E., & Shaver, P. R. (2006). Attachment dimensions and the big five personality traits: Associations and comparative ability to predict relationship quality. *Journal of Research in Personality, 40*(2), 179–208; Mikulincer, M., & Shaver, P. R. (2005). Mental representations of attachment security: Theoretical foundation for a positive social psychology. In M. W. Baldwin (Ed.), *Interpersonal cognition* (pp. 233–66). New York: Guilford Press; Shaver, P. R., Mikulincer, M., Gross, J. T., Stern, J. A., & Cassidy, J. (2016). A lifespan perspective on attachment and care for others: Empathy, altruism, and prosocial behavior. In J. Cassidy & P. R. Shaver (Eds.), *Handbook of attachment: Theory, research, and clinical applications* (3rd ed.) (pp. 878–916). New York: Guilford Press; Mikulincer, M., & Shaver, P. R. (2016). *Attachment in adulthood: Structure, dynamics, and change* (2nd ed.). New York: Guilford Press; Mikulincer, M., Shaver, P. R., Gillath, O., & Nitzberg, R. A. (2005). Attachment, caregiving, and altruism: Boosting attachment security increases compassion and helping. *Journal of Personality and Social Psychology, 89*(5), 817–839.

36. Mikulincer & Shaver, *Attachment in adulthood.*

37. Gouin, J-P., et al. (2009). Attachment avoidance predicts inflammatory responses to marital conflict. *Brain, Behavior, and Immunity,23*(7), 898–904; Pietromonaco, P. R., & Beck, L. A. (2019). Adult attachment and physical health. *Current Opinion in Psychology,* 25, 115–120; Plotsky, P. M., et al. (2005). Long–term consequences of neonatal rearing on central corticotropin–releasing factor systems in adult male rat offspring, *Neuropsychopharmacology, 30*(12), 2192–2204; Robles, T. F., Brooks, K. P., Kane, H. S., & Schetter, C. D. (2013). Attachment, skin deep? Relationships between adult attachment and skin barrier recovery. *International Journal of Psychophysiology, 88*(3), 241–252.

38. Collins, N. L. (1996). Working models of attachment: Implications for explanation, emotion, and behavior. *Journal of Personality and Social Psychology, 71*(4), 810–832.

39. Vicary, A. M., & Fraley, R. C. (2007). Choose your own adventure: Attachment dynamics in a simulated relationship. *Personality and Social Psychology Bulletin, 33*(9), 1279–1291.

40. Wiebe, S. A., & Johnson, S. M. (2017). Creating relationships that foster resilience in Emotionally Focused Therapy. *Current Opinion in Psychology, 13*, 65–69.

41. Simpson, J. A., & Rholes, W. S. (2017). Adult attachment, stress, and romantic relationships. *Current Opinion in Psychology, 13*, 19–24.

42. Simpson & Rholes, Adult attachment, stress, and romantic relationships.

43. Simpson & Rholes, Adult attachment, stress, and romantic relationships.

44. Groh, A. M., et al. (2014). The significance of attachment security for children's social competence with peers: A meta–analytic study. *Attachment & Human Development, 16*(2), 103–136; Pinquart, M., Feussner, C., & Ahnert, L. (2013). Meta–analytic evidence for stability in attachments from infancy to early adulthood. *Attachment & Human Development,15*(2), 189–218.

45. Carnelley, K. B., Otway, L. J., & Rowe, A. C. (2015). The effects of attachment priming on depressed and anxious mood. *Clinical Psychological Science*, *4*(3), 433–450.

46. Bakermans-Kranenburg, M. J., van IJzendoon, M. H., & Juffer, F. (2003). Less is more: Meta-analyses of sensitivity and attachment interventions in early childhood. *Psychological Bulletin*, *129*(2), 195–215; Bakermans-Kranenburg, M. J., Van IJzendoorn, M. H., & Juffer, F. (2005). Disorganized infant attachment and preventive interventions: A review and meta-analysis. *Infant Mental Health Journal*, *26*(3), 191–216; Bernard, K., et al. (2012). Enhancing attachment organization among maltreated children: Results of a randomized clinical trial. *Child Development*, *83*(2), 623–636; van den Boom, D. C. (1994). The influence of temperament and mothering on attachment and exploration: An experimental manipulation of sensitive responsiveness among lower-class mothers with irritable infants. *Child Development*, *65*(5), 1457–1477.

47. Belsky, J., & Pluess, M. (2013). Beyond risk, resilience, and dysregulation: Phenotypic plasticity and human development. *Development and Psychopathology*, *25*(4, part 2), 1243–1261.

48. 매슬로는 1930년대에 아들러와 함께 비공식적인 연구를 진행했다. 그후 아들러의 관점에 영향을 받은 매슬로는 1957년, 〈어린이의 경계, 통제 그리고 안전 욕구〉라는 제목의 짧은 미공개 에세이를 썼다. 이 에세이에서 매슬로는 어린 자녀들은 외부의 통제를 필요로 하며, 심지어 "자신의 나약한 부모에 대해 경멸, 무시, 혐오를 느낄 수 있다"고 지적한다. 그는 '자아실현'이라는 용어를 만든 독일 태생의 미국 정신과 의사 쿠르트 골드슈타인이 자기 혼자만의 존재에 대한 "파국적 불안"이라고 일컬은 바를 피하기 위해 어린 자녀들은 분명한 경계 설정을 찾는다고 주장한다. 다음을 보라. Maslow, Limits, controls, and the safety need in children. In Hoffman, *Future visions*, pp. 45–46.

49. Maslow, Limits, controls, and the safety need in children. In Hoffman, *Future visions*, p. 46.

50. Fraley, R. C., & Roisman, G. I. (2015). Do early caregiving experiences leave an enduring or transient mark on developmental adaptation? *Current Opinion in Psychology*, *1*, 101–106; Simpson, J. A., Collins, W. A., Farrell, A. K., & Raby, K. L. (2015). Attachment and relationships across time: An organizational-developmental perspective. In V. Zayas & C. Hazan (Eds.), *Bases of Adult Attachment* (pp. 61–78). New York: Springer.

51. Kaufman, The latest science of attachment with R. Chris Fraley.

52. Plomin, R. (2018). *Blueprint: How DNA makes us who we are*. Cambridge, MA: MIT Press.

53. Bowlby, J. (1944). Forty-four juvenile thieves: Their characters and home life. *The International Journal of Psychoanalysis*, *25*, 19–53.

54. Finkelhor, D., Ormrod, R., Turner, H., & Hamby, S. L. (2005). The victimization of children and youth: A comprehensive, national survey. *Child Maltreatment*, *10*(1), 5–25; Fox & Shonkoff, How persistent fear and anxiety can affect young children's learning, behavior and health.

55. Belsky, J., Steinberg, L., Houts, R. M., Halpern-Felsher, B. L., & NICH Early Child Care Research Network. (2010). The development of reproductive strategy in females: Early maternal harshness → earlier menarche → increased sexual risk taking. *Developmental Psychology*, *46*(1), 120–128; Hartman, S., Li, Z., Nettle, D., & Belsky, J. (2017). External-environmental and internal-health early predictors of adolescent development. *Development and Psychopathology*, *29*(5), 1839–1849; Nettle, N., Frankenhuis, W. E., & Rickard, I. J. (2013). The evolution of predictive adaptive responses in human life history.

Proceedings of the Royal Society B, 280, 1766.

56. Takesian, A. E., & Hensch, T. K. (2013). Balancing plasticity/stability across brain development. *Progress in Brain Research*, 207, 3–34.

57. Teicher, M. H., & Samson, J. A. (2016). Annual research review: Enduring neurobiological effects of childhood abuse and neglect. *Journal of Child Psychology and Psychiatry*, 57(3), 241–266; Teicher, M. H., Samson, J. A., Anderson, C. M., & Ohashi, K. (2016). The effects of childhood maltreatment on brain structure, function and connectivity. *Nature Reviews Neuroscience*, 17(10), 652–656.

58. Teicher, Samson, Anderson, & Ohashi, The effects of childhood maltreatment on brain structure, function and connectivity.

59. Teicher, Samson, Anderson, & Ohashi, The effects of childhood maltreatment on brain structure, function and connectivity.

60. Jonason, P. K., Icho, A., & Ireland, K. (2016). Resources, harshness, and unpredictability: The socioeconomic conditions associated with the dark triad traits. *Evolutionary Psychology*, p. 8.

61. Tiecher, M. H., & Samson, J. A. (2013). Childhood maltreatment and psychopathology: A case for ecophenotypic variants as clinically and neurobiologically distinct subtypes. *American Journal of Psychiatry*, 170(10), 1114–1133; Teicher, Samson, Anderson, & Ohashi, The effects of childhood maltreatment on brain structure, function and connectivity.

62. Fox & Shonkoff, How persistent fear and anxiety can affect young children's learning, behavior and health.

63. Fox & Shonkoff, How persistent fear and anxiety can affect young children's learning, behavior and health.

64. Carew, M. B., & Rudy, J. W. (1991). Multiple functions of context during conditioning: A developmental analysis. *Developmental Psychobiology*, 24(3), 191–209; Kim, J. H., & Richardson, R. (2008). The effect of temporary amygdala inactivation on extinction and reextinction of fear in the developing rat: Unlearning as a potential mechanism for extinction early in development. *Journal of Neuroscience*, 28(6), 1282–1290; Maier, S. F., & Seligman, M. E. (2016). Learned helplessness at fifty: Insights from neuroscience. *Psychological Review*, 123(4), 349–367; Teicher, Samson, Anderson, & Ohashi, The effects of childhood maltreatment on brain structure, function and connectivity; Thompson, J. V., Sullivan, R. M., & Wilson, D. A. (2008). Developmental emergence of fear learning corresponds with changes in amygdala synaptic plasticity. *Brain Research*, 1200, 58–65.

65. Maier, S. F., & Seligman, M. E. (1976). Learned helplessness: Theory and evidence. *Journal of Experimental Psychology: General*, 105(1), 3–46.

66. Maier & Seligman, Learned helplessness at fifty.

67. Bolland, J. M. (2003). Hopelessness and risk behaviour among adolescents living in high-poverty inner-city neighborhoods. *Journal of Adolescence*, 26(2), 145–58; Brezina, T., Tekin, E., & Topalli, V. (2009). "Might not be a tomorrow": A multimethods approach to anticipated early death and youth crime. *Criminology*, 47(4), 1091–1129; Haushofer, J., & Fehr, E. (2014). On the psychology of poverty. *Science*, 344(6186), 862–867.

68. Infurna, F. J., Gerstorf, D., Ram, N., Schupp, J., & Wagner, G. G. (2011). Long-term

antecedents and outcomes of perceived control. *Psychology and Aging, 26*(3), 559–575.

69. Pepper, G. V., & Nettle, D. (2014). Out of control mortality matters: The effect of perceived uncontrollable mortality risk on a health-related decision. *PeerJ, 2*, e459.

70. Nettle, D., Pepper, G. V., Jobling, R., & Schroeder, K. B. (2014). Being there: A brief visit to a neighbourhood induces the social attitudes of that neighbourhood. *PeerJ, 2*, e236.

71. Nettle neigh-bour, Pepper, Jobling, & Schroeder, Being there: A brief visit to a neighbourhood induces the social attitudes of that neighbourhood.

72. 커뮤니티에 대한 사회적 태도와 신뢰 수준은 범죄와 처벌의 문화적 진화를 이해하는 데 실질적인 영향을 끼친다. 연구결과에 따르면 사회적으로 지탄받는 행동이 어떻게 널리 퍼질 수 있는지 설명해주는 다중적이고 동시적이며 상호 보완적인 메커니즘이 있다. 낮은 수준의 협력과 최소한의 처벌이 일반적인 문화에서는, 특히 극도의 빈곤과 열악한 환경조건에서라면 비협조적 전략은 실제로 적응이라는 차원에서 더 효과적일 수 있다. 다음을 보라. Cialdini, R. B., Reno, R. R., & Kallgren, C. A. (1990). A focus theory of normative conduct: Recycling the concept of norms to reduce littering in public places. *Journal of Personality and Social Psychology, 58*(6), 1015–1126; Traxler, C., & Winter, J. (2012). Survey evidence on conditional norm enforcement. *European Journal of Political Economy, 28*(3), 390–398; Wilson, D. S., & Csikszentmihalyi, M. (2007). Health and the ecology of altruism. In S. G. Post (Ed.), *Altruism and health: Perspectives from empirical research*. New York: Oxford University Press, pp. 314–331.

73. Costello, E. J., Compton, S. N., Keeler, G., & Angold, A. (2003). Relationships between poverty and psychopathology: A natural experiment. *JAMA, 290*(15), 2023–2029.

74. Costello, Relationships between poverty and psychopathology, p. 2028.

75. Maslow, *Motivation and personality*.

76. Ellis, B. J., Bianchi, J., Griskevicius, V., & Frankenhuis, W. E. (2017). Beyond risk and protective factors: An adaptation-based approach to resilience. *Perspectives on Psychological Science, 12*(4), 561–587, https://doi.org/10.1177/1745691617693054.

77. Sternberg, R. J. (1997). *Successful intelligence: How practical and creative intelligence determine success in life*. New York: Plume; Sternberg, R. J. (2014). The development of adaptive competence: Why cultural psychology is necessary and not just nice. *Developmental Review, 34*(3), 208–224.

78. Sternberg, The development of adaptive competence, p. 209.

79. Ellis, Bianchi, Griskevicius, & Frankenhuis, Beyond risk and protective factors, p. 561.

80. Ellis, Bianchi, Griskevicius, & Frankenhuis, Beyond risk and protective factors.

81. Kraus, M. W., Piff, P. K., Mendoza-Denton, R., Rheinschmidt, M. L., & Keltner, D. (2012). Social class, solipsism, and contextualism: How the rich are different from the poor. *Psychological Review, 119*(3), 546–572.

82. Mayer, J. D., Salovey, P., & Caruso, D. R. (2002). *Manual for the MSCEIT (Mayer-Salovey-Caruso Emotional Intelligence Test)*. Toronto: Multi-Health Systems.

83. Kaufman, S. B. (2014). The creative gifts of ADHD. *Scientific American Blogs*. Retrieved from https://blogs.scientificamerican.com/beautiful-minds/the-creative-gifts-of-adhd.

84. Hatt, B. (2007). Street smarts vs. book smarts: The figured world of smartness in the lives

of marginalized, urban youth. *The Urban Review, 39*(2), 145–166.

85. Nakkula, M. (2013). A crooked path to success. *Phi Delta Kappan, 94*(6), 60–63, https://do
i.org/10.1177/003172171309400615.

86. Fielding, M. (2001). Students as radical agents of change. *Journal of Educational Change,
2*(2), 123–141; Toshalis, E., & Nakkula, M. J. (2012). *Motivation, engagement, and student
voice: The students at the center series.* Boston: Jobs for the Future.

87. van Gelder, J-L., Hershfield, H. E., & Nordgren, L. F. (2013). Vividness of the future self
predicts delinquency. *Psychological Science, 24*(6), 974–980.

88. Cohen, G. L., Garcia, J., Apfel, N., & Master, A. (2006). Reducing the racial achievement
gap: A social-psychological intervention. *Science, 313*(5791), 1307–1310; Cohen, G. L.,
Garcia, J., Purdie-Vaughns, V., Apfel, N., & Brzustoski, P. (2009). Recursive processes in
self-affirmation: Intervening to close the minority achievement gap. *Science, 324*(5925),
400–403.

89. Oyserman, D., Bybee, D., & Terry, K. (2006). Possible selves and academic outcomes: How
and when possible selves impel action. *Journal of Personality and Social Psychology, 91*(1),
188–204; Oyserman, D., Terry, K., & Bybee, D. (2002). A possible selves intervention to
enhance school involvement. *Journal of Adolescence, 25*, 313–326.

90. Grant, A. (2018). What straight-A students get wrong. *The New York Times.* Retrieved
from https://www.nytimes.com/2018/12/08/opinion/college-gpa-career-success.html.

91. Seale, C. (2018). Today's disruptors can be tomorrow's innovators. *thinkLaw.* Retrieved
from https://www.thinklaw.us/todays-disruptors-tomorrows-innovators; Kaufman, S. B.,
(2019). Closing the critical thinking gap. *The Psychology Podcast.* Retrieved from https://
scottbarrykaufman.com/podcast/closing-the-critical-thinking-gap-with-colin-seale.

2장 | 연결: 우리는 모두 사회적 동물이다

1. Hoffman, *The right to be human*, p. 50.

2. Hoffman, *The right to be human*, p. 49.

3. Hoffman, *The right to be human*, p. 51.

4. Covin, R. (2011). *The need to be liked.* Self-published; Leary, M. R., & Guadagno, J. (2011).
The sociometer, self-esteem, and the regulation of interpersonal behavior. In K. D. Vohs &
R. F. Baumeister (Eds.), *Handbook of self-regulation: Research, theory, and applications* (pp.
339–354). New York: Guilford Press.

5. Baumeister, R. F., & Leary, M. R. (1995). The need to belong: Desire for interpersonal
attachments as a fundamental human motivation. *Psychological Bulletin, 117*(3), 497–529.

6. Leary, M. R., Koch, E. J., & Hechenbleikner, N. R. (2001). Emotional responses to
interpersonal rejection. In M. R. Leary (Ed.), *Interpersonal rejection* (pp. 145–166). New
York: Oxford University Press.

7. Cacioppo, J. T., & Patrick, W. (2009). *Loneliness: Human nature and the need for social
connection.* New York: W. W. Norton.

8. Cacioppo, J. T., et al. (2002). Do lonely days invade the nights? Potential social modulation

of sleep efficiency. *Psychological Science*, *13*(4), 384–387; Kurina, L. M., et al. (2011). Loneliness is associated with sleep fragmentation in a communal society. *Sleep*,*34*(11), 1519–1526; Luo, Y., Hawkley, L. C., Waite, L. J., & Cacioppo, J. T. (2012). Loneliness, health, and mortality in old age: A national longitudinal study. *Social Science & Medicine*, *74*(6), 907–914; Quora contributor. (2017). Loneliness might be a bigger health risk than smoking or obesity. *Forbes*. Retrieved from https://www.forbes.com/sites/quora/2017/01/18/loneliness-might-be-a-bigger-health-risk-than-smoking-or-obesity/amp.

9. Scelfo, J. (2015). Suicide on campus and the pressure of perfection. *The New York Times*. Retrieved from https://www.nytimes.com/2015/08/02/education/edlife/stress-social-media-and-suicide-on-campus.html; Firger, J. (2016). Suicide rate has increased 24 percent since 1999 in the U.S., says CDC. *Newsweek*. Retrieved from http://www.news week.com/us-suicide-rates-cdc-increase-24-percent-cdc-1999-2014-451606; Routledge, C. (2018). Suicides have increased. Is there an existential crisis? *The New York Times*. Retrieved from https://www.nytimes.com/2018/06/23/opin ion/sunday/suicide-rate-existential-crisis.html.

10. Sherif, M., Harvey, O. J., White, B. J., Hood, W. R., & Sherif, C. W. (1961). *The Robbers Cave Experiment: Intergroup conflict and cooperation*. Norman, OK: Institute of Group Relations, the University of Oklahoma.

11. McCauley, C. R., & Segal, M. E. (1987). Social psychology of terrorist groups. In C. Hendrick (Ed.), *Group processes and intergroup relations: Review of personality and social psychology*, *9*, 231–256. Thousand Oaks, CA: Sage Publications.

12. Rabbie, J. M., & Horwitz, M. (1969). Arousal of ingroup-outgroup bias by a chance win or loss. *Journal of Personality and Social Psychology*, *13*(3), 269–277.

13. Yang, X., & Dunham, Y. (2019). Minimal but meaningful: Probing the limits of randomly assigned social identities. *Journal of Experimental Child Psychology*, *185*, 19–34; Kaufman, S. B. (2019). In-group favoritism is difficult to change, even when the social groups are meaningless. *Scientific American Blogs*. Retrieved from https://blogs.scien tific american.com/beautiful-minds/in-group-favoritism-is-difficult-to-change-even-when-the-social-groups-are-meaningless.

14. Leary, M. R., Kelly, K. M., Cottrell, C. A., & Schreindorfer, L. S. (2013). Construct validity of the need to belong scale: Mapping the nomological network. *Journal of Personality Assessment*, *95*(6), 610–624.

15. Leary, Kelly, Cottrell, & Schreindorfer, Construct validity of the need to belong scale.

16. Mellor, D., Stokes, M., Firth, L., Hayashi, Y., & Cummins, R. (2008). Need for belonging, relationship satisfaction, loneliness, and life satisfaction. *Personality and Individual Differences*, *45*(3), 213–218.

17. Schöonbrodt , F. D., & Gerstenberg, F. X. R. (2012). An IRT analysis of motive questionnaires: The Unified Motive Scales. *Journal of Research in Personality*, *46*, 725–742.

18. Dutton, J., & Heaphy, E. D. (2003). The power of high-quality connections. In K. S. Cameron, J. E. Dutton, & R. E. Quinn (Eds.), *Positive organizational scholarship* (pp. 263–279). San Francisco: Berrett-Koehler Publishers, p. 264.

19. Dutton & Heaphy, The power of high-quality connections. In Cameron, Dutton, & Quinn, *Positive organizational scholarship*, p. 265.

20.   Rogers, C. R. (1951). *Client-centered therapy: Its current practice, implications, and theory.* Boston: Houghton-Mifflin.

21.   Sandelands, L. E. (2003). *Thinking about social life.* Lanham, MD: University Press of America, p. 250.

22.   Dutton & Heaphy, The power of high-quality connections. In Cameron, Dutton, & Quinn, *Positive organizational scholarship*, p. 267.

23.   Dutton & Heaphy, The power of high-quality connections. In Cameron, Dutton, & Quinn, *Positive organizational scholarship*, p. 266.

24.   Cummings, L. L., & Bromiley, P. (1996). The Organizational Trust Inventory (OTI): Development and validation. In R. M. Kramer & T. R. Tyler (Eds.), *Trust in organization: Frontiers of theory and research* (pp. 302–30). Thousand Oaks, CA: Sage Publications; Diener, E., Oishi, S., & Lucas, R. E. (2003). Personality, culture, and subjective well-being: Emotional and cognitive evaluations of life. *Annual Review of Psychology, 54,* 403–425.

25.   Algoe, S. B. (2019). Positive interpersonal processes. *Current Directions in Psychological Science, 28*(2), 183–188, doi: 10.1177/0963721419827272; Pawelski, S. P., & Pawleski, J. O. (2018). *Happy together: Using the science of positive psychology to build love that lasts.* New York: TarcherPerigee.

26.   Diener, E., & Seligman, M. E. P. (2002). Very happy people. *Psychological Science, 13*(1), 81–84.

27.   Compton, W. C., & Hoffman, E. (2019). *Positive psychology: The science of happiness and flourishing* (3rd ed.). Thousand Oaks, CA: Sage Publications.

28.   Fredrickson, B.L. (2013). *Love 2.0: Finding happiness and health in moments of connection.* New York: Plume.

29.   Hasson, U., Ghazanfar, A. A., Galantucci, B., Garrod, S., Keysers, C. (2012). Brain-to-brain coupling: A mechanism for creating and sharing a social world. *Trends in Cognitive Science, 16*(2), 114–121; Stephens, G. J., Silbert, L. J., & Hasson, U. (2010). Speaker-listener neural coupling underlies successful communication. *PNAS, 107*(32), 14425–14430; Zaki, J. (2019). *The war for kindness: Building empathy in a fractured world.* New York: Crown.

30.   Fredrickson, *Love 2.0*, p. 8.

31.   Depue, R. A., & Morrone-Strupinsky, J. V. (2005). A neurobehavioral model of affiliative bonding: Implications for conceptualizing a human trait of affiliation. *Behavioral and Brain Sciences, 28*(3), 313–350.

32.   Panksepp, J., Siviy, S. M., & Normansell, L. A. (1985). Brain opioids and social emotions. In M. Reite & T. Field (Eds.), *The psychobiology of attachment and separation* (pp. 3–49). New York: Academic Press.

33.   Panksepp, Brain opioids and social emotions, pp. 3–49.

34.   Bartz, J. A., Zaki, J., Bolger, N., & Ochsner, K. N. (2011). Social effects of oxytocin in humans: Context and person matter. *Trends in Cognitive Sciences, 15*(7), 301–09; Donaldson, Z. R., & Young, L. J. (2008). Oxytocin, vasopressin, and the neurogenetics of sociality. *Science, 322*(5903), 900–904.

35.   Guastella, A. J., & MacLeod, C. (2012). A critical review of the influence of oxytocin nasal spray on social cognition in humans: Evidence and future directions. *Hormones and*

Behavior, 61(3), 410–418; Kosfeld, M., Heinrichs, M., Zak, P. J., Fischbacher, U., & Fehr, E. (2005). Oxytocin increases trust in humans. *Nature, 435*, 673–676.

36.   비강 내 옥시토신 투여와 같은 간섭이 행동에 어느 정도의 의미심장한 영향을 미치는가는 여전히 해결되지 않은 연구주제이다. 실제로 최근에 진행된 어느 무작위 이중 맹검 플라시보 제어 피실험자 간 연구에서는 옥시토신과 바소프레신이 다수의 사회적 결과에 미치는 주요 효과를 발견하지 못했다. 다음을 보라. Tabak, B.A., et al. (2019). Null results of oxytocin and vasopressin administration across a range of social cognitive and behavioral paradigms: Evidence from a randomized controlled trial. *Psychoneuroendocrinology, 107*, 124–132.

37.   Debiec, J. (2005). Peptides of love and fear: Vasopressin and oxytocin modulate the integration of information in the amygdala. *BioEssays, 27*(9), 869–873; Kirsch, P., et al. (2005). Oxytocin modulates neural circuitry for social cognition and fear in humans. *Journal of Neuroscience, 25*(49), 11489–93.

38.   Bartz, Zaki, Bolger, & Ochsner, Social effects of oxytocin in humans; Kemp, A. H., & Guastella, A. J. (2011). The role of oxytocin in human affect: A novel hypothesis. *Current Directions in Psychological Science,20*(4), 222–231.

39.   De Dreu, C. K., & Kret, M. E. (2016). Oxytocin conditions intergroup relations through upregulated in-group empathy, cooperation, conformity, and defense. *Biological Psychiatry, 79*(3), 165–173 .

40.   Declerck, C. H., Boone, C., & Kiyonari, T. (2010). Oxytocin and cooperation under conditions of uncertainty: The modulating role of incentives and social information. *Hormones and Behavior, 57*(3), 368–374; De Dreue, C. K., et al. (2010). The neuropeptide oxytocin regulates parochial altruism in intergroup conflict among humans. *Science, 328*(5984), 1408–1411; Mikolajczak, M., Pinon, N., Lane, A., de Timary, P., & Luminet, O. (2010). Oxytocin not only increases trust when money is at stake, but also when confidential information is in the balance. *Biological Psychology, 85*(1), 182–184; Stallen, M., De Dreu, C. K., Shalvi, S., Smidts, A., & Sanfey, A. G. (2012). The herding hormone: Oxytocin stimulates in-group conformity. *Psychological Science, 23*(11), 1288–1292.

41.   Stallen, De Dreue, Shalvi, Smidts, & Sanfey, The herding hormone.

42.   De Dreu & Kret, Oxytocin conditions intergroup relations through upregulated in-group empathy, cooperation, conformity, and defense; Stallen, De Dreu, Shalvi, Smidts, & Sanfey, The herding hormone.

43.   Kok, B. E., & Fredrickson, B. L. (2011). Upward spirals of the heart: Autonomic flexibility, as indexed by vagal tone, reciprocally and prospectively predicts positive emotions and social connectedness. *Biological Psychology, 85*(3), 432–436.

44.   Knowledge Networks and Insight Policy Research. (2010). *Loneliness among older adults: A national survey of adults 45+*. Retrieved from https://assets.aarp.org/rgcenter/general/loneliness_2010.pdf; Wood, J. (2018). Loneliness epidemic growing into biggest threat to public health. *PsychCentral*. Retrieved from https://psychcentral.com/news/2017/08/06/loneliness-epidemic-growing-into-biggest-threat-to-public-health/124226.html.

45.   Cacioppo & Patrick, *Loneliness*, p. 5.

46.   Wood, Loneliness epidemic growing into biggest threat to public health.

47.   Hawkley, L. C., & Cacioppo, J. T. (2010). Loneliness matters: A theoretical and empirical review of consequences and mechanisms. *Annals of Behavioral Medicine, 40*(2), 218–227.

48. Valtorta, N. K., Kanaan, M., Gilbody, S., Ronzi, S., & Hanratty, B. (2016). Loneliness and social isolation as risk factors for coronary heart disease and stroke: Systematic review and meta-analysis of longitudinal observational studies. *Heart, 102*(13), 1009–1016; Storrs, C. (2016). People who are alone and lonely are at greater risk of heart disease. *CNN.* Retrieved from http://www.cnn.com/2016/04/20/health/can-loneliness-lead-to-heart-disease/index.html.

49. Luo, Hawkley, Waite & Cacioppo, Loneliness, health, and mortality in old age.

50. Holt-Lunstad, J., Smith, T. B., Baker, M., Harris, T., & Stephenson, D. (2015). Loneliness and social isolation as risk factors for mortality: A meta-analytic review. *Perspectives on Psychological Science, 10*(2), 227–237; Worland, J. (2015). Why loneliness may be the next big public-health issue. *Time.* Retrieved from http://time.com/3747784/loneliness-mortality.

51. Holt-Lunstad, J., Smith, T. B., & Layton, J. B. (2010). Social relationships and mortality risk: A meta-analytic review. *PLOS Medicine, 7*(7): e1000316, https://doi.org/10.1371/journal.pmed.1000316.

52. Braudy, L. (1997). *The frenzy of renown: Fame and its history.* New York: Vintage Books.

53. Roberts, John Cacioppo, who studied effects of loneliness, is dead at 66.

54. Levine, N. (2016). Stephen Fry reveals he attempted suicide after interviewing a homophobic Uganda politician. *NME.* Retrieved from http://www.nme.com/news/tv/stephen-fry-reveals-he-attempted-suicide-after-int-884674.

55. Fry, S. (2013). Only the lonely. *Stephen Fry.* Retrieved from http://www.stephenfry.com/2013/06/only-the-lonely.

56. Emma Seppälä, personal communication, July 1, 2016.

57. Emma Seppälä, personal communication, July 1, 2016.

58. Biswas-Diener, R., & Diener, E. (2006). The subjective well-being of the homeless, and lessons for happiness. *Social Indicators Research, 76*(2), 185–205.

59. Brown, K. W., & Kasser, T. (2005). Are psychological and ecological well-being compatible? The role of values, mindfulness, and lifestyle. *Social Indicators Research, 74*(2), 349–368; Jacob, J. C., & Brinkerhoff, M. B. (1999). Mindfulness and subjective well-being in the sustainability movement: A further elaboration of multiple discrepancies theory. *Social Indicators Research, 46*(3), 341–368.

60. Kasser, T., Ryan, R. M., Couchman, C. E., & Sheldon, K. M. (2004). Materialistic values: Their causes and consequences. In T. Kasser & A. D. Kanner (Eds.), *Psychology and consumer culture: The struggle for a good life in a materialistic world* (pp. 11–28). Washington, DC: American Psychological Association.

61. Hanniball, K. B., Aknin, L. B., & Wiwad, D. (2018). Spending money well. In D. S. Dunn (Ed.), *Positive psychology: Established and emerging issues* (pp. 61–79). New York: Routledge.

62. Kahneman, D., Krueger, A. B., Schkade, D., Schwarz, N., & Stone, A. A. (2006). Would you be happier if you were richer? A focusing illusion. *Science, 312*(5782), 1908–1910.

63. Piff, P. K., Kraus, M. W., Côté, S., Cheng, B. H., & Keltner, D. (2010). Having less, giving more: The influence of social class on prosocial behavior. *Journal of Personality and Social*

Psychology, *99*(5), 771–784.

64. Hanniball, Aknin, & Wiwad, Spending money well. In Dunn, *Positive psychology*; Piff, Kraus, Côté, Cheng, & Keltner, Having less, giving more.

65. Niemiec, C. P., Ryan, R. M., & Deci, E. L. (2009). The path taken: Consequences of attaining intrinsic and extrinsic aspirations in post-college life. *Journal of Research in Personality*, *73*(3), 291–306.

66. Quoidbach, J., Dunn, E. W., Petrides, K. V., & Mikolajczak, M. (2010). Money giveth, money taketh away: The dual effect of wealth on happiness. *Psychological Science*,*21*(6), 759–763.

67. Hanniball, Aknin, & Wiwad, Spending money well. In Dunn, *Positive psychology*.

68. Whillans, A. V., Dunn, E. W., Smeets, P., Bekkers, R., & Norton, M. I. (2017). Buying time promotes happiness. *PNAS*, *114*(32), 8523–8527.

69. Van Boven, L., & Gilovich, T. (2003). To do or to have? That is the question. *Journal of Personality and Social Psychology*, *85*(6), 1193–1202.

70. Mogilner, C. (2010). The pursuit of happiness: Time, money, and social connection. *Psychological Science*, *21*(9), 1348–1354.

71. Powdthavee, N. (2010). *The happiness equation: The surprising economics of our most valuable asset*. London: Icon Books.

72. Boyce, C. J., & Wood, A. M. (2011). Personality and marginal unity of income: Personality interacts with increases in household income to determine life satisfaction. *Journal of Economic Behavior & Organization*, *78*(1–2), 183–191.

73. Park, A. (2019). I'm a disabled teenager, and social media is my lifeline. *The New York Times*. Retrieved from https://www.nytimes.com/2019/06/05/learning/im-a-disabled-teenager-and-social-media-is-my-lifeline.html.

74. Utz, S., Jonas, K. J., & Tonkens, E. (2012). Effects of passion for massively multiplayer online role-playing games on interpersonal relationships. *Journal of Media Psychology: Theories, Methods, and Applications*, *24*(2), 77–86.

75. Szalavitz, M. (2013). More satisfaction, less divorce for people who meet spouses online. *Time*. Retrieved from http://healthland.time.com/2013/06/03/more-satisfaction-less-divorce-for-people-who-meet-spouses-online.

76. Kross, E., et al. (2013). Facebook use predicts declines in subjective well-being in young adults. *PLOS One*, *8*(8): e69841, https://doi.org/10.1371/journal.pone.0069841.

77. Emma Seppälä, personal correspondence, July 1, 2016.

78. Buettner, D. (2017). *The blue zones solution: Eating and living like the world's healthiest people*. Washington, DC: National Geographic; Buettner, D. (2012). The island where people forget to die. *The New York Times*. Retrieved from http://www.nytimes.com/2012/10/28/magazine/the-island-where-people-forget-to-die.html.

79. Buettner, The island where people forget to die.

80. Emma Seppälä, personal communication, July 1, 2016.

81. Lavigne, G. L., Vallerand, R. J., & Crevier-Braud, L. (2011). The fundamental need to

belong: On the distinction between growth and deficit-reduction orientations. *Personality and Social Psychology Bulletin, 37*(9), 1185–1201.

3장 | 자기 존중: 건강한 자존감과 나르시시즘 사이

1. Hoffman, *The right to be human*.

2. As quoted in Hoffman, *The right to be human*, p. 61.

3. Maslow, A. H. (1942). Self-esteem (dominance-feeling) and sexuality in women. *The Journal of Social Psychology, 16*, 259–294, p. 282.

4. Friedan, B. (1963). *The feminine mystique*. New York: W. W. Norton.

5. Hoffman, *The right to be human*.

6. Hoffman, *The right to be human*.

7. Hoffman, *The right to be human*.

8. Hoffman, *The right to be human*.

9. Maslow, A. H. (1937). Dominance-feeling, behavior, and status. *Psychological Review, 44*(5), 404–429.

10. Maslow, Dominance-feeling, behavior, and status.

11. Maslow, *Motivation and personality*, p. 13.

12. Baumeister, R. F., Campbell, J. D., Krueger, J. I., Vohs, K. D. (2003). Does high self-esteem cause better performance, interpersonal success, happiness, or healthier lifestyles? *Psychological Science in the Public Interest, 4*(1), 1–44; Diener, E., & Diener, M. (1995). Cross-cultural correlates of life satisfaction and self-esteem. *Journal of Personality and Social Psychology, 68*(4), 653–663; Orth, U., Robins, R. W., Trzesniewski, K. H., Maes, J., & Schmitt, M. (2009). Low self-esteem is a risk factor for depressive symptoms from young adulthood to old age. *Journal of Abnormal Psychology, 118*(3), 472–478.

13. Brooks, D. (2017). When life asks for everything. *The New York Times*. Retrieved from https://www.nytimes.com/2017/09/19/opinion/when-life-asks-for-everything.html.

14. Crocker, J., & Park, L. E. (2004). The costly pursuit of self-esteem. *Psychological Bulletin, 130*(3), 392–414.

15. Ryan, R. M., & Brown, K. W. (2003). Why we don't need self-esteem: On fundamental needs, contingent love, and mindfulness. *Psychological Inquiry,14*(1), 71–76.

16. Greenberg, J., Pyszczynski, T., & Solomon, S. (1986). The causes and consequences of a need for self-esteem: A terror management theory. In R.F . Baumeister (Ed.), *Public Self and Private Self*. Berlin: Springer-Verlag.

17. Tafarodi, R. W., & Swann, W. B., Jr. (1995). Self-liking and self-competence as dimen sions of global self-esteem: Initial validation of a measure. *Journal of Personality Assessment, 65*(2), 322–342; Tafarodi, R. W., & Swann, W. B., Jr. (2001). Two-dimensional self-esteem: Theory and measurement. *Personality and Individual Differences, 31*(5), 653–673.

18. Items adapted from Tafarodi & Swann, Two-dimensional self-esteem.

19. 매슬로는 1961년 2월 13일자 일기에서 이 점을 지적했다. "현재의 모습과 마땅히 되어야만 하는 모습 사이의 심연과도 같은 간극=우울, 좌절, 절망. 그러므로 자신의 이상적 자아뿐만 아니라 동시에 (지금까지 실현된) 현재의 자아를 어떻게든 사랑해야 한다. 그때 우리는 존재하는 동시에 무언가가 될 수 있다. 다시 말해 현재의 존재를 즐기면서 더 높은 수준의 존재를 향해 나아갈 수 있다. 해야만 하는 일이 제법 가치 있는 것으로 느껴진다."

20. Maslow, *Motivation and personality*.

21. Leary & Guadagno, The sociometer, self-esteem, and the regulation of interpersonal behavior. In Vohs & Baumeister, *Handbook of self-regulation*.

22. Leary, M. R., Jongman-Sereno, K. P., & Diebels, K. J. (2016). The pursuit of status: A self-presentational perspective on the quest for social value. In J. T. Cheng, J. L. Tracy, & C. Anderson (Eds.), *The Psychology of Social Status* (pp. 159-78). New York: Springer.

23. Leary & Guadagno, The sociometer, self-esteem, and the regulation of interpersonal behavior. In Vohs & Baumeister, *Handbook of self-regulation*.

24. Tafarodi & Swann, Two-dimensional self-esteem, p. 656.

25. Damon, W., & Hart, D. (1988). *Self-understanding in childhood and adolescence*. New York: Cambridge University Press; Rosenberg, M. (1986). Self-concept from middle childhood through adolescence. In J. Suls & A. G. Greenwald (Eds.), *Psychological perspectives on the self* (Vol. 3, pp. 107-135). Hillsdale, NJ: Lawrence Erlbaum Associates.

26. Tafarodi & Swann, Two-dimensional self-esteem; Bandura, A. (1977). Self-efficacy: To ward a unifying theory of behavioral change. *Psychological Review*, 84(2), 191-215.

27. Tafarodi & Swann, Two-dimensional self-esteem, p. 655.

28. 앨버트 반두라는 자기 효능감이 자존감과 별개의 문제라고 주장했던 반면, 그의 성격 연구는 일반적인 자기 효능감과 전면적인 자존감에 거의 동일한 상관관계가 있음을 보여주었다. 다음을 보라. Bandura, A. (1990). Conclusion: Reflections on nonability determinants of competence. In R. J. Sternberg & J. Kolligian Jr. (Eds.), *Competence considered* (pp. 315-62). New Haven, CT: Yale University Press; Bernard, L. C., Hutchison, S., Lavin, A., & Pennington, P. (1996). Ego-strength, hardiness, self-esteem, self-efficacy, optimism, and maladjustment: Health-related personality constructs and the "Big Five" model of personality. *Assessment*, 3(2), 115-131; Stanley, K. D., Murphy, M. R. (1997). A comparison of general self-efficacy with self-esteem. *Genetic, Social, and General Psychology Monographs*, 123(1), 79-99.

29. Tafarodi, R. W. (1998). Paradoxical self-esteem and selectivity in the processing of so cial information. *Journal of Personality and Social Psychology*, 74(5), 1181-1196.

30. Orth, U., Robins, R. W., Meier, L. L., & Conger, R. D. (2016). Refining the vulnerability model of low self-esteem and depression: Disentangling the effects of genuine self-esteem and narcissism. *Journal of Personality and Social Psychology*, 110(1), 133-149; Kaufamn, S. B. (2018). Why do people mistake narcissism for high self-esteem? *Scientific American Blogs*. Retrieved from https://blogs.scientificamerican.com/beauti ful-minds/why-do-people-mistake-narcissism-for-high-self-esteem; Kaufman, S. B. (2017). Nar cissism and self-esteem are very different. *Scientific American Blogs*. Retrieved from https://blogs.scientificamerican.com/beautiful-minds/narcissism-and-self-esteem-are-very-different.

31. Harter, S. (2015). *The construction of the self: Developmental and sociocultural foundations*

(2nd ed.). New York: Guilford Press.

32. Harter, *The construction of the self*.

33. Brummelman, E., et al. (2015). Origins of narcissism in children. *PNAS,112*(12), 3659 – 3662; Brummelman, E., Thomaes, S., Nelemans, S. A., de Castro, B. O., & Bushman, B. J. (2015). My child is God's gift to humanity: Development and validation of the Parental Overvaluation Scale (POS). *Journal of Personality and Social Psychology,108*(4), 665 – 679.

34. Gabbard, G. O. (1989). Two subtypes of narcissistic personality disorder. *Bulletin of the Menninger Clinic,53*(6), 527 – 532; Kaufman, S. B., Weiss, B., Miller, J. D., & Campbell, W. K. (2018). Clinical correlates of vulnerable and grandiose narcissism: A personality perspective. *Journal of Personality Disorders, 32*, 384; Kohut, H. (1966). Forms and transformations of narcissism. *Journal of the American Psychoanalytic Association,14*(2), 243 – 272; Kernberg, O. (1986). Narcissistic personality disorder. In A. A. Cooper, A. J. Frances, & M. H. Sachs (Eds.), *The personality disorders and neuroses* (Vol. 1, pp. 219 – 231). New York: Basic Books; Wink, P. (1991). Two faces of narcissism. *Journal of Personality and Social Psychology, 61*(4), 590 – 597.

35. Kernberg, Narcissistic personality disorder. In Cooper, Frances, & Sachs, *The personality disorders and neuroses*.

36. Kohut, Forms and transformations of narcissism.

37. 1965년 12월 5일, 하인츠 코후트는 뉴욕의 미국 정신분석협회에서 다음과 같은 발표를 했다. "나르시시즘이 (…) 그 자체로는 결코 병적이거나 불쾌하지 않다는 주장은 이론적으로는 물론 아무런 논란의 여지도 없지만, 부정적인 시선으로 나르시시즘을 바라보는 충분히 이해할 수 있는 경향이 존재한다." 코후트는 이러한 자아의 카텍시스cathexis(대상에 대한 관심이 끊임없이 지속되는 일. 정신분석학파는 정신적 에너지가 어떤 특정한 관념, 기억, 사고, 행동에 축적되는 것으로 해석)와 우리 모두의 내면에 이미 존재하는 나르시시즘을 활용할 수 있는 가능성을 명확하게 살펴보기 위해 다음과 같이 말을 이었다. "많은 경우 나르시시즘적 구조의 재구성 그리고 나르시시즘과 성격의 통합(이상의 강화, 유머, 창의성, 공감, 지혜와 같은 나르시시즘의 건강한 변형)을 어느 정도나마 달성하는 것은 자신의 나르시시즘을 대상애object love(자기애에 대응하는 정신분석학적 용어)로 바꾸려는 환자의 불안정한 요구에의 순응보다 더 진실하고 타당한 치료결과로 평가되어야 한다. 당시 널리 퍼진 '대상 관계' 이론에서 대상애는 타인과 긴밀한 관계를 형성하려는 충동을 의미했는데, 이는 사회적 관심이라는 아들러의 개념과 유사하다. 다음을 보라. Kohut, Forms and transformations of narcissism.

38. Kohut, Forms and transformations of narcissism.

39. Case vignette adapted from Russ, E., Shedler, J., Bradley, R., & Westen, D. (2008). Refining the construct of narcissistic personality disorder: Diagnostic criteria and subtypes. *The American Journal of Psychiatry, 165*(11), 1473 – 1481.

40. Arkin, R. M., Oleson, K. C., & Carroll, P. J. (2009). *Handbook of the uncertain self*. New York: Psychology Press.

41. Baumeister, R. F., Tice, D. M., & Hutton, D. G. (1989). Self-presentational motivations and personality differences in self-esteem. *Journal of Personality, 57*(3), 547 – 579, https://doi.org/10.1111/j.1467-6494.1989.tb02384.x.

42. 각각의 항목은 다음의 평가척도에서 변형된 것임. Glover, N., Miller, J. D., Lynam, D. R., Crego, C., & Widiger, T. A. (2012). The Five-Factor Narcissism Inventory: A five-factor measure of narcissistic personality traits. *Journal of Personality Assessment, 94*, 500 – 512; Pincus,

A. L., Ansell, E. B., Pimenel, C. A., Cain, N. M., Wright, A. G. C., and Levy, K. N. (2009). Initial construction and validation of the Pathological Narcissism Inventory. *Psychological Assessment*, 21, 365-379.

43. Leary & Guadagno, The sociometer, self-esteem, and the regulation of interpersonal behavior. In Vohs & Baumeister, *Handbook of self-regulation*.

44. Finzi-Dottan, R., & Karu, T. (2006). From emotional abuse in childhood to psychopathology in adulthood: A path mediated by immature defense mechanisms and self-esteem. *The Journal of Nervous and Mental Disease*, 194(8), 616-621; Riggs, S. A. (2010). Childhood emotional abuse and the attachment system across the life cycle: What theory and research tell us. *Journal of Aggression, Maltreatment & Trauma*, 19, 5-51.

45. Crowell, S. E., Beauchaine, T. P., & Linehan, M. M. (2009). A biosocial developmental model of borderline personality: Elaborating and extending Linehan's theory. *Psychological Bulletin*, 135, 495-510; Kaufman, S. B. (2019). There is no nature-nurture war. *Scientific American Blogs*. Retrieved from https://blogs.scientificamerican.com/beau tiful-minds/there-is-no-nature-nurture-war.

46. Crowell, S. E., Beauchaine, T. P., & Linehan, M. M. (2009). A biosocial developmental model of borderline personality: Elaborating and extending Linehan's theory. *Psychological Bulletin*, 135, 495-510; Kaufman, S. B. (2019). There is no nature-nurture war. *Scientific American Blogs*. Retrieved from https://blogs.scientificamerican.com/beau tiful-minds/there-is-no-nature-nurture-war.

47. Finzi-Dottan & Karu, From emotional abuse in childhood to psychopathology in adulthood.

48. Kaufman, Weiss, Miller, & Campbell, Clinical correlates of vulnerable and grandiose narcissism; Kaufman, S. B. (2018). Are narcissists more likely to experience impostor syndrome? *Scientific American Blogs*. Retrieved from https://blogs.scientificamerican .com/beautiful-minds/are-narcissists-more-likely-to-experience-impostor-syndrome.

49. 완전히 일치하지는 않지만 피해망상적 나르시시즘은 경계성 성격장애BPD의 특성을 측정하는 척도와 강한 상관관계를 보인다. BPD 진단을 받은 사람들은 또한 '연약한 자존감'의 느낌을 설명한다. 어느 BPD 환자는 이렇게 말했다. "나는 그저 타인에 대한 반응일 뿐입니다. 내게는 나 자신이라는 정체성이 없습니다. 타인들이 나의 존재를 제공합니다." 많은 BPD 환자뿐만 아니라 그가 피해망상적 나르시시스트로 진단 내린 환자들을 관찰한 정신분석가 오토 케른베르크는 자신의 환자들이 어떤 형태로도 바뀔 수 있지만 누군가가 집으려 하면 미끄러져 손에서 빠져나가는 젤라틴 같은 자아를 가지고 있다는 사실을 발견했다. 다음을 보라. Miller, J. D., et al. (2010). Grandiose and vulnerable narcissism: A nomological network analysis. *Journal of Personality*, 79(5), 1013-1042; Flury, J. M., & Ickes, W. (2005). Having a weak versus strong sense of self: The sense of self scale (SOSS). *Self and Identity*, 6(4), 281-303; Kernberg, O. F. (1975). Transference and countertransference in the treatment of borderline patients. *Journal of the National Association of Private Psychiatric Hospitals*, 7(2), 14-24; Laing, R. D. (1965). *The divided self: An existential study in sanity and madness*. Oxford, UK: Penguin Books.

50. Cowman, S. E., & Ferrari, J. R. (2002). "Am I for real?" Predicting impostor tendencies from self-handicapping and affective components. *Social Behavior and Personality: An International Journal*, 30(2), 119-125; Leary, M. R., Patton, K. M., Orlando, A. E., & Funk, W. W. (2001). The impostor phenomenon: Self-perceptions, reflected appraisals, and

interpersonal strategies. *Journal of Personality*, *68*(4), 725–756; McElwee, R. O., & Yurak, T. J. (2007). Feeling versus acting like an impostor: Real feelings of fraudulence of self-presentation? *Individual Differences Research*, *5*(3), 201–220.

51.   Smith, M. M., et al. (2016). Perfectionism and narcissism: A meta-analytic review. *Journal of Research in Personality*, *64*, 90–101.

52.   Beck, A. T., Davis, D. D., & Freeman, A. (2015) (Eds.). *Cognitive therapy of personality disorders* (3rd ed.). New York: Guilford Press; Gillihan, S. J. (2018). *Cognitive behavioral therapy made simple: 10 strategies for managing anxiety, depression, anger, panic, and worry*. Emeryville, CA: Althea Press; Gillihan, S. J. (2016). *Retrain your brain: Cognitive behavioral therapy in 7 weeks: A workbook for managing depression and anxiety*. Emeryville, CA: Althea Press; Hayes, S. C. (2019). *A liberated mind: How to pivot toward what matters*. New York: Avery; Hayes, S. C. (2005). *Get out of your mind and into your life: The new acceptance & commitment therapy*. Oakland, CA: New Harbinger Publications; Hayes, S. C., Strosahl, K. D., & Wilson, K. G. (2016). *Acceptance and commitment therapy: The process and practice of mindful change* (2nd ed.). New York: Guilford Press; Linehan, M. M. (2014). *DBT skills training manual*. New York: Guilford Press; Linehan, M. M. (2014). *DBT skills training handouts and worksheets* (2nd ed.). New York: Guilford Press; McKay, M., Wood, J. C., & Brantley, J. (2007). *The dialectical behavioral therapy skills workbook: Practical DBT exercises for learning mindfulness, interpersonal effectiveness, emotion regulation & distress tolerance*. Oakland, CA: New Harbinger Publications.

53.   Gillihan, S. J. (2016). *Retrain your brain: Cognitive behavioral therapy in 7 weeks: A workbook for managing depression and anxiety*. Emeryville, CA: Althea Press.

54.   Kaufman, S. B. (2017). Get out of your mind and live a vital life with Steven Hayes. *The Psychology Podcast*. Retrieved from http://scottbarrykaufman.com/podcast/get-mind-live-vital-life-steven-hayes.

55.   Kaufman, Weiss, Miller, & Campbell, Clinical correlates of vulnerable and grandiose narcissism.

56.   Maslow, The Jonah Complex: Understanding our fear of growth. In Hoffman, *Future visions* (pp. 47–51), p. 48.

57.   Maslow, The Jonah Complex: Understanding our fear of growth. In Hoffman, *Future visions*, p. 50.

58.   Brown, B. (2017). *Braving the wilderness: The quest for true belonging and the courage to stand alone*. New York: Random House, p. 158.

59.   이 사례는 다음에서 채택됨. Russ, Shedler, Bradley, & Westen, Refining the construct of narcissistic personality disorder.

60.   Items adapted from: Glover, N., Miller, J. D., Lynam, D. R., Crego, C., & Widiger, T. A. (2012). The Five-Factor Narcissism Inventory: A five-factor measure of narcissistic personality traits. *Journal of Personality Assessment*, *94*, 500–512.

61.   Gebauer, J. E., Sedikides, C., Verplanken, B., & Maio, G. R. (2012). Communal narcissism. *Journal of Personality and Social Psychology*, *103*(5), 854–878.

62.   Kaufman, Weiss, Miller, & Campbell, Clinical correlates of vulnerable and grandiose narcissism.

63. Beck, A. T., Davis, D. D., & Freeman, A. (2004). *Cognitive therapy of personality disorders* (3rd ed.). New York: Guilford Press; Ronningstam, E. (2010). Narcissistic personality disorder: A current review. *Current Psychiatry Reports, 12*, 68–75; Ronningstam, E. (2011). Narcissistic personality disorder: A clinical perspective. *Journal of Personality and Social Psychology, 17*, 89–99; Smith et al., Perfectionism and narcissism.

64. Smith et al., Perfectionism and narcissism.

65. Beck, Davis, & Freeman, *Cognitive therapy of personality disorders*; Flett, G. L., Sherry, S. B., Hewitt, P. L., & Nepon, T. (2014). Understanding the narcissistic perfectionists among us. In A. Besser (Ed.), *Handbook of the psychology of narcissism: Diverse perspectives* (pp. 43–66). New York: Nova Science Publishers; Smith et al., Perfectionism and narcissism.

66. Smith et al., Perfectionism and narcissism.

67. Herman, T. (2019). *The alter ego effect: The power of secret identities to transform your life.* New York: HarperBusiness.

68. Baumeister, R. F., & Vohs, K. D. (2001). Narcissism as addiction to esteem. *Psychological Inquiry, 12*(4), 206–210.

69. Jauk, E., & Kaufman, S. B. (2018). The higher the score, the darker the core: The nonlinear association between grandiose and vulnerable narcissism. *Frontiers in Psychology, 9*, https://doi.org/10.3389/fpsyg.2018.01305; Jauk, E., Weigle, E., Lehmann, K., Benedek, M., & Neubauer, A. C. (2017). The relationship between grandiose and vulnerable (hypersensitive) narcissism. *Frontiers in Psychology, 8*.

70. Gore, W. L., & Widiger, T. A. (2016). Fluctuation between grandiose and vulnerable narcissism. *Personality Disorders: Theory, Research, and Treatment, 7*(4), 363–371; Pincus, A. L., Cain, N. M., & Wright, A. G. (2014). Narcissistic grandiosity and narcissistic vulnerability in psychotherapy. *Personality Disorders: Theory, Research, and Treatment, 5*(4), 439–443; Hyatt, C. S., et al. (2016). Ratings of affective and interpersonal tendencies differ for grandiose and vulnerable narcissism: A replication and extension of Gore and Widiger (2016). *Journal of Personality, 86*(3), 422–434; Pincus, A. L., & Lukowitsky, M. R. (2010). Pathological narcissism and narcissistic personality disorder. *Annual Review of Clinical Psychology, 6*, 421–446; Wright, A. G., & Edershile, E. A. (2018). Issues resolved and unresolved in pathological narcissism. *Current Opinion in Psychology, 21*, 74–79.

71. 나르시시스트는 알면 알수록 그다지 매혹적이지 않다. 다음을 보라. Kaufman, S. B. (2015). Why do narcissists lose popularity over time? *Scientific American Blogs.* Retrieved from https://blogs.scientificamerican.com/beautiful-minds/why-do-narcissists-lose-popularity-over-time.

72. Baumeister & Vohs, Narcissism as addiction to esteem, p. 209.

73. Keltner, D. (2016). *The power paradox: How we gain and lose influence.* New York: Penguin Books.

74. de Zavala, A. G., Cichocka, A., Eidelson, R., & Jayawickreme, N. (2009). Collective narcissism and its social consequences. *Journal of Personality and Social Psychology, 97*(6), 1074–1096.

75. Cichocka, A. (2016). Understanding defensive and secure in-group positivity: The role of collective narcissism. *European Review of Social Psychology, 27*(1), 283–317.

76. de Zavala, A. G. (2019). Collective narcissism and in-group satisfaction are associated with different emotional profiles and psychological well-being. *Frontiers in Psychology*, *10*, 203.

77. de Zavala, Collective narcissism and in-group satisfaction are associated with different emotional profiles and psychological well-being.

78. Tracy, J. (2016). *Take pride: Why the deadliest sin holds the secret to human success*. New York: Houghton Mifflin Harcourt.

79. Cheng, J. T., Tracy, J. L., Foulsham, T., Kingstone, A., & Henrich, J. (2013). Two ways to the top: Evidence that dominance and prestige are distinct yet viable avenues to social rank and influence. *Journal of Personality and Social Psychology*, *104*, 103–125.

80. See Appendix to Kaufman, Self-actualizing people in the 21st century.

81. Keltner, *The power paradox*.

2부 성장

1. Hoffman, *The right to be human*.

2. Hoffman, *The right to be human*, p. 87.

3. Maslow, *The farther reaches of human nature*, p. 40.

4. Maslow, *The farther reaches of human nature*, p. 41.

5. Maslow, A. H., & Mittelmann, B. (1941). *Principles of abnormal psychology*. New York: Harper & Brothers.

6. Maslow and Mittelmann, *Principles of abnormal psychology*, p. 11.

7. Maslow and Mittelmann, *Principles of abnormal psychology*, p. 11.

8. Maslow and Mittelmann, *Principles of abnormal psychology*, p. 44.

9. Hoffman, E. (1992). Overcoming evil: An interview with Abraham Maslow, founder of humanistic psychology. *Psychology Today*. Retrieved from https://www.psychologyto day.com/articles/199201/abraham-maslow.

10. 다음은 (완전한 목록은 아니지만) 쿠르트 골드슈타인 외에도 그에게 주된 영향을 끼친 몇몇 사람들의 예이다. 대학에서 윌리엄 섬너의 문화적 습속에 관한 작업을 접하면서 그는 문화가 우리의 욕구를 만족시키고 우리가 그 욕구들을 충족시키기 위해 취하는 경로에 어떤 영향을 미치는지 알게 되었다. 루스 베네딕트에게는 문화 관련 제도가 사회의 전체론적 성격에 어떤 영향을 미칠 수 있는지 배웠다. 그는 블랙풋 인디언을 방문하면서 "우리 모두는 기본적으로 다 똑같은 인간이다"라는 사실을 알게 되었고, 또한 공동체의 중요성과 자신이 가진 것에 대한 감사, 미래 세대에게 되돌려주기에 대해서도 배웠다. 카렌 호나이의 정신분석학 저술에서 그는 자아실현을 위한 신경증을 극복해야 할 필요성에 대해 배웠다. 해리 할로우와의 공동작업을 통해서는 그는 원숭이 사이의 애정 욕구에 대해 배웠다. 알프레드 아들러에게서 그는 권력과 사회적 관심의 욕구에 대해 배웠고, 게슈탈트 심리학자들로부터는 전체가 부분의 합보다 더 크다는 것을 배웠다. 그리고 막스 베르트하이머의 강의를 들으면서 그는 재미, 심미적 즐거움 및 결핍에 의해 동기가 부여되지 않은 다른 황홀한 인간 경험과 같이 "동기 부여가 되지 않은 행동"이 심리학에서 갖는 가치에 대해 배웠다. 다음을 보라. Blackstock, The emergence of the breath of life theory; Kaufman, Honoring the wisdom of indigenous people with Richard Katz; Hoffman, *The right to be*

human.

11.	Foreword to Goldstein, K. (2000; originally published in 1934). *The organism*. New York: Zone Book, p. 7.

12.	Maslow, *Motivation and personality*, p. 46.

13.	Hoffman, *The right to be human*.

14.	(출판되지 않은) 이 초안에서 그는 다음과 같이 썼다. "우리가 점점 더 분명하게 볼 수 있는 진실은 인간에게 무한한 잠재력이 있으며, 이를 적절하게 사용한다면 인간의 삶을 천국의 환상과 매우 유사하게 만들 수 있다는 것이다. 잠재력에 있어 인간은 우주 전체에서 가장 경외심을 불러일으키는 현상이고, 가장 창의적이며 천진난만한 존재이다. 시대를 막론하고 철학자들은 진선미를 이해하고 그 힘을 대변하려고 노력해왔다. 이제 우리는 그것들을 찾을 수 있는 가장 좋은 곳이 바로 인간 자신이라는 것을 알고 있다." 다음을 보라. Hoffman, *The right to be human*, p. 165.

15.	Lowry, *A. H. Maslow: An intellectual portrait*.

16.	Lowry, *A. H. Maslow: An intellectual portrait*, p. 81.

17.	Hoffman, Overcoming evil.

18.	Lowry, *A. H. Maslow: An intellectual portrait*, p. 91.

19.	다음을 보라. Lowry, *A. H. Maslow: An intellectual portrait*.

20.	매슬로는 수업을 듣는 학생들 중에서 자아실현을 한 것처럼 보이는 학생들을 선별해, 그들이 정서적 안정성 테스트에서 받은 점수를 확인하곤 했다. 그런 다음 그들을 인터뷰하고, 당시 정신병리학의 표준척도로 간주되었던 로르샤흐 잉크반점 검사(개인에게 잠재해 있는 기본적 성격구조를 분석하기 위한 투사법의 하나)를 하도록 했다. 그러나 그는 곧바로 많은 문제에 봉착했다. 첫째, 그가 사용한 검사결과에 기반해서는 사실상 어떤 학생도 자아실현을 한 것으로 간주될 수 없었다. 매슬로는 또한 은연중에 지나칠 정도로 많은 매력적인 여학생을 선택하는 등 학생 선별 과정에서 자신이 편파적인 성향을 드러냈음을 알아차렸다. 하지만 항상 탐구자였던 그는 "어쨌든 자신의 작업을 계속해 나갔다."

4장 | 탐구: 무엇이 인간을 강인하게 만드는가

1.	Kashdan, T. B., & Silvia, P. J. (2011). Curiosity and interest: The benefits of thriving on novelty and challenge. In S. J. Lopez & R. Snyder (Eds.), *The Oxford Handbook of Positive Psychology* (pp. 367-374).

2.	Maslow, *Toward a psychology of being*.

3.	Maslow, *Toward a psychology of being*, p. 67.

4.	Maslow, *Toward a psychology of being*.

5.	Let Grow: Future-proofing our kids and our country. Retrieved from https://letgrow.org.

6.	Kashdan, T. B., et al. (2018). The five-dimensional curiosity scale: Capturing the bandwidth of curiosity and identifying four unique subgroups of curious people. *Journal of Research in Personality*, 73, 130-49.

7.	Maslow, *Toward a psychology of being*, p. 76.

8.	DeYoung, C. G. (2013). The neuromodulator of exploration: A unifying theory of the role of dopamine in personality. *Frontiers in Human Neuroscience*, 7; Peterson, J. B. (1999).

Maps of meaning: The architecture of belief. New York: Routledge; Schwartenbeck, P., FitzGerald, T., Dolan, R. J., & Friston, K. (2013). Exploration, novelty, surprise, and free energy minimization. *Frontiers in Psychology, 4,* 710.

9. DeYoung, The neuromodulator of exploration.

10. DeYoung, The neuromodulator of exploration.

11. DeYoung, The neuromodulator of exploration.

12. Lavigne, Vallerand, & Crevier-Braud, The fundamental need to belong.

13. Hartung, F-M., & Renner, B. (2013). Social curiosity and gossip: Related but different drives of social functioning. *PLOS One, 8*(7): e69996; Kashdan et al., The five-dimensional curiosity scale; Litman, J. A., & Pezzo, M. V. (2007). Dimensionality of interpersonal curiosity. *Personality and Individual Differences, 43*(6), 1448 –1459.

14. Kashdan et al., The five-dimensional curiosity scale.

15. Litman & Pezzo, Dimensionality of interpersonal curiosity.

16. Hartung, F-M, & Renner, B. (2011). Social curiosity and interpersonal perception: A judge × trait interaction. *Personality and Social Psychology Bulletin, 37*(6), 796 –814.

17. Hartung & Renner, Social curiosity and interpersonal perception; Vogt, D. W., & Colvin, C. R. (2003). Interpersonal orientation and the accuracy of personality judgments. *Journal of Personality, 71*(2), 267 –295.

18. Vogt & Colvin, Interpersonal orientation and the accuracy of personality judgments.

19. Hartung & Renner, Social curiosity and gossip.

20. Baumeister, R. F., Zhang, L., & Vohs, K. D. (2004). Gossip as cultural learning. *Review of General Psychology, 8*(2), 111 –121.

21. Baumeister, R. F. (2005). *The cultural animal: Human nature, meaning, and social life.* New York: Oxford University Press; Baumeister, R. F., Maranges, H. M., & Vohs, K. D. (2018). Human self as information agent: Functioning in a social environment based on shared meanings. *Review of General Psychology, 22*(1), 36 –47; Baumeister, Zhang, & Vohs, Gossip as cultural learning.

22. Hirsh, J. B., DeYoung, C. G., & Peterson, J. B. (2009). Metatraits and the Big Five differentially predict engagement and restraint of behavior. *Journal of Personality, 77*(4), 1 –17.

23. Renner, B. (2006). Curiosity about people: The development of a social curiosity measure in adults. *Journal of Personality Assessment, 87*(3), 305 –16.

24. 60 Minutes (2011, December 27). The ascent of Alex Honnold. Retrieved from https://www.cbsnews.com/news/the-ascent-of-alex-honnold-27-12-2011/.

25. Synnott, M. (2015). Legendary climber Alex Honnold shares his closest call. *National Geographic.* Retrieved from https://www.nationalgeographic.com/adventure/adven ture-blog/2015/12/30/ropeless-climber-alex-honnolds-closest-call.

26. Synnott, Legendary climber Alex Honnold shares his closest call.

27. Chen, C., Burton, M., Greenberger, E., & Dmitrieva, J. (1999). Population migration and the variation of dopamine D4 receptor (DRD4) allele frequencies around the globe. *Evolution*

and Human Behavior, 20(5), 309–324.

28. Synnott, Legendary climber Alex Honnold shares his closest call.

29. wwwAAASorg. (2018, April 5). *Alex Honnold's amygdala: Analyzing a thrill-seeker's brain* (Video file). Retrieved from https://www.youtube.com/watch? v=ib7SS49Kk-o.

30. Zuckerman, M. (2009). Sensation seeking. In M. R. Leary & R. H. Hoyle (Eds.), *Handbook of individual differences in social behavior* (pp. 455–465) . New York/London: Guilford Press.

31. Bjork, J. M., Knutson, B., & Hommer, D. W. (2008). Incentive-elicited striatal activation in adolescent children of alcoholics. *Addiction, 103*(8), 1308–1319.

32. Kashdan et al., The five-dimensional curiosity scale.

33. Maples-Keller, J. L., Berke, D. S., Few, L. R., & Miller, J. D. (2016). A review of sensation seeking and its empirical correlates: Dark, bright, and neutral hues. In V. Zeigler-Hill & D. K. Marcus (Eds.), *The dark side of personality: Science and practice in social, personality, and clinical psychology* (Chapter 7). Washington, DC: American Psychological Association.

34. Breivik, G. (1996). Personality, sensation seeking, and risk-taking among Everest climbers. *International Journal of Sport Psychology, 27*(3), 308–320; Zuckerman, M. (1994). *Behavioral expressions and biosocial bases of sensation seeking.* New York: Cambridge University Press; Goma-i-Freixanet, M. (1995). Prosocial and antisocial aspects of personality. *Personality and Individual Differences, 19*(2), 125–34; Maples-Keller, Berke, Few, & Miller, A review of sensation seeking and its empirical correlates. In Zeigler-Hill & Marcus, *The dark side of personality*; Okamoto, K., & Takaki, E. (1992). Structure of creativity measurements and their correlates with sensation seeking and need for uniqueness. *Japanese Journal of Experimental Social Psychology, 31*(3), 203–10; Rawlings, D., & Leow, S. H. (2008). Investigating the role of psychoticism and sensation seeking in predicting emotional reactions to music. *Psychology of Music, 36*(3), 269–287; Wymer, W., Self, D. R., & Findley, C. (2008). Sensation seekers and civic participation: Exploring the influence of sensation seeking and gender on intention to lead and volunteer. *International Journal of Nonprofit and Voluntary Sector Marketing, 13*(4), 287–300.

35. Jonas, K., & Kochansaka, G. (2018). An imbalance of approach and effortful control predicts externalizing problems: Support for extending the dual-systems model into early childhood. *Journal of Abnormal Child Psychology, 46*(8), 1573–1583.

36. Ravert, R. D., et al. (2013). The association between sensation seeking and well-being among college-attending emerging adults. *Journal of College Student Development, 54*(1), 17–28.

37. McKay, S., Skues, J. L., & Williams, B. J. (2018). With risk may come reward: Sensation seeking supports resilience through effective coping. *Personality and Individual Differences, 121*, 100–105.

38. Carroll, L. (2013). Problem-focused coping. In M. D. Gellman & J. R. Turner (Eds.), *Encyclopedia of Behavioral Medicine* (pp. 1540–1541). New York: Springer Science+ Business, pp. 1540–41.

39. Bonanno, G. A. (2004). Loss, trauma, and human resilience: Have we underestimated the human capacity to thrive after extremely adversive events? *American Psychologist,59*(1), 20–28.

40. Kessler, R. C., Sonnega, A., Bromet, E., Hughes, M., & Nelson, C. B. (1995). Posttraumatic stress disorder in the National Co-morbidity Survey. *Archives of General Psychiatry*, *52*(12), 1048–60.

41. Sears, S. R., Stanton, A. L., & Danoff-Burg, S. (2003). The Yellow Brick Road and the Emerald City: Benefit finding, positive reappraisal coping and posttraumatic growth in women with early-stage breast cancer. *Health Psychology*, *22*(5), 487–497; Tedeschi, R. G., & Calhoun, L. G. (1996). The Posttraumatic Growth Inventory: Measuring the positive legacy of trauma. *Journal of Traumatic Stress*, *9*(3), 455–472; Tedeschi, R. G., & Calhoun, L. G. (2009). Posttraumatic growth: Conceptual foundations and empirical evidence. *Psychological Inquiry*, *15*(1), 1–18.

42. Calhoun, L. G., & Tedeschi, R. G. (2001). Posttraumatic growth: The positive lesson of loss. In R. A. Neimeyer (Ed.), *Meaning reconstruction & the experience of loss* (pp. 157–172). Washington, DC: American Psychological Association.

43. Mangelsdorf, J., Eid, M., & Luhmann, M. (2019). Does growth require suffering? A systematic review and meta-analysis on genuine posttraumatic and postecastic growth. *Psychological Bulletin*, *145*(3), 302–338.

44. Dabrowski, K. (2016; originally published in 1964). *Positive disintegration*. Anna Maria, FL: Maurice Bassett.

45. Yalom, I. D., & Lieberman, M. A. (2016). Bereavement and heightened existential awareness. *Interpersonal and Biological Processes*, *54*(4), 334–45.

46. Viorst, J. (1986). *Necessary losses: The loves, illusions, dependencies and impossible expectations that all of us have to give up in order to grow*. London: Simon & Schuster, p. 295.

47. Dabrowski, K. (2016; originally published in 1964). *Positive disintegration*. Anna Maria, FL: Maurice Bassett.

48. DeYoung, C. G. (2014). Openness/intellect: A dimension of personality reflecting cognitive exploration. In M. L. Cooper and R. J. Larsen (Eds.), *APA handbook of personality and social psychology: Personality processes and individual differences* (Vol. 4, pp. 369–99). Washington, DC: American Psychological Association; Fayn, K., Silvia, P. J., Dejonckheere, E., Verdonck, S., & Kuppens, P. (2019). Confused or curious? Openness/intellect predicts more positive interest–confusion relations. *Journal of Personality and Social Psychology*, doi: 10.1037/pspp0000257; Oleynick, V. C., et al. (2019). Openness/intellect: The core of the creative personality. In G. J. Feist, R. Reiter-Palmon, & J. C. Kaufman (Eds.), *The Cambridge handbook of creativity and personality research* (pp. 9–27). New York: Cambridge University Press.

49. Kaufman, S. B., & Gregoire, C. (2016). *Wired to create: Unraveling the mysteries of the creative mind*. New York: TarcherPerigee; Tedeschi, R. G., & Calhoun, L. G. (2004). Posttrauamtic growth: Conceptual foundations and empirical evidence. *Psychological Inquiry*, *15*, 1–18.

50. Brooks, M., Graham-Kevan, N., Robinson, S., & Lowe, M. (2019). Trauma characteristics and posttraumatic growth: The mediating role of avoidance coping, intrusive thoughts, and social support. *Psychological Trauma*, *11*(2), 232–38.

51. Kaufman & Gregoire, *Wired to create*.

52. Batten, S. V., Orsillo, S. M., & Walser, R. D. (2005). Acceptance and mindfulness-based

540

approaches to the treatment of posttraumatic stress disorder. In S. M. Orsillo & L. Roemer (Eds.). *Acceptance and mindfulness-based approaches to anxiety: Conceptualization and treatment* (pp. 241–271). New York: Springer; Hayes, S. C., Luoma, J. B., Bond, F. W., Masuda, A., & Lillis, J. (2006). Acceptance and commitment therapy: Model, processes, and outcomes. *Behaviour Research and Therapy, 44*(1), 1–25; Kashdan, T. B., Breen, W. E., & Julian, T. (2010). Everyday strivings in combat veterans with posttraumatic stress disorder: Problems arise when avoidance and emotion regulation dominate. *Behavior Therapy, 41*(3), 350–363; Kashdan, T. B. (2010). Psychological flexibility as a fundamental aspect of health. *Clinical Psychology Review, 30*(7), 865–878.

53. Hayes, S. C. (2019). *A liberated mind: How to pivot toward what matters.* New York: Avery.

54. Kashdan, T. B., & Kane, J. Q. (2011). Posttraumatic distress and the presence of posttraumatic growth and meaning in life: Experiential avoidance as a moderator. *Personality and Individual Differences, 50*(1), 84–89.

55. Hayes, Luoma, Bond, Masuda, & Lillis, Acceptance and commitment therapy; Kashdan, T. B., & Breen, W. E. (2008). Social anxiety and positive emotions: A prospective examination of a self-regulatory model with tendencies to suppress or express emotions as a moderating variable. *Behavior Therapy, 39*(1), 1–12; Kashdan, T. B., Morina, N., & Priebe, S. (2008). Post-traumatic stress disorder, social anxiety disorder, and depression in survivors of the Kosovo War: Experiential avoidance as a contributor to distress and quality of life. *Journal of Anxiety Disorders, 23*(2), 185–196; Kashdan, T. B., & Steger, M. (2006). Expanding the topography of social anxiety: An experience–sampling assessment of positive emotions and events, and emotion suppression. *Psychological Science, 17*(2), 120–128.

56. Forgeard, M. J. C. (2013). Perceiving benefits after adversity: The relationship between self-reported posttraumatic growth and creativity. *Psychology of Aesthetics, Creativity, and the Arts, 7*(3), 245–264.

57. Zausner, T. (2007). *When walls become doorways: Creativity and the transforming illness.* New York: Harmony Books.

58. Kaufman, S. B. (2013). Turning adversity into creative growth. *Scientific American Blogs.* Retrieved from https://blogs.scientificamerican.com/beautiful-minds/turning-adversity-into-creative-growth.

59. Combs, A. W. (Ed.). (1962). *Perceiving, behaving, becoming: A new focus for education.* Washington, DC: National Education Association.

60. Combs, *Perceiving, behaving, becoming.*

61. Oleynick et al., Openness/intellect: The core of the creative personality. In Feist, Reiter-Palmon, & Kaufman, *The Cambridge handbook of creativity and personality.*

62. DeYoung, Openness/intellect: A dimension of personality reflecting cognitive exploration. In Cooper & Larsen, *APA handbook of personality and social psychology: Personality processes and individual differences*; Oleynick et al., Openness/intellect: The core of the creative personality. In Feist, Reiter-Palmon, & Kaufman, *The Cambridge handbook of creativity and personality research.*

63. Conner, T. S., & Silvia, P. J. (2015). Creative days: A daily diary study of emotion, personality, and everyday creativity. *Psychology of Aesthetics, Creativity, and the Arts,*

9(4), 463–470; Wolfradt, U., & Pretz, J. E. (2001). Individual differences in creativity: Personality, story writing, and hobbies. *European Journal of Personality*, 15(4), 297–310.

64. Silvia, P. J., et al. (2014). Everyday creativity in daily life: An experience-sampling study of "little c" creativity. *Psychology of Aesthetics, Creativity, and the Arts*, 8(2), 183–188.

65. 아래의 진술 항목들은 다음 출처에서 채택한 것임. Nelson, B., & Rawlings, D. (2010). Relating schizotypy and personality to the phenomenology of creativity. *Schizophrenia Bulletin*, 36, 388–399; Norris, P., & Epstein, S. (2011). An experiential thinking style: Its facets and relations with objective and subjective criterion measures. *Journal of Personality*, 79, 5; Soto, C. J., & John, O. P. (2017). The next Big Five Inventory (BFI-2): Developing and assessing a hierarchical model with 15 facets to enhance bandwidth, fidelity, and predictive power. *Journal of Personality and Social Psychology*, 113, 117–143; Tellegen, A., & Waller, N. G. (2008). Exploring personality through test construction: Development of the Multidimensional Personality Questionnaire. In G. J. Boyle, G. Matthews, & D. H. Saklofske (Eds.), *The Sage Handbook of personality theory and assessment* (pp. 261–292). London: Sage Publications; https://www.ocf.berkeley.edu/~jfkihlstrom/ ConsciousnessWeb/Meditation/TAS.htm.

66. Kaufman & Gregoire, *Wired to create*.

67. 리뷰는 다음을 보라. Kaufman & Gregoire, *Wired to create*.

68. Lubow, R., & Weiner, I. (Eds.). (2010). *Latent inhibition: Cognition, neuroscience and applications to schizophrenia*. New York: Cambridge University Press.

69. Carson, S. J., Peterson, J. B., & Higgins, D. M. (2003). Decreased latent inhibition is associated with increased creative achievement in high-functioning individuals. *Journal of Personality and Social Psychology*, 85(3), 499–506; Peterson, J. B., & Carson, S. (2000). Latent inhibition and openness to experience in a high-achieving student population. *Personality and Individual Differences*, 28(2), 323–332.

70. Nelson, B., & Rawlings, D. (2008). Relating schizotypy and personality to the phenomenology of creativity. *Schizophrenia Bulletin*, 36(2), 388–399.

71. Maslow, *Motivation and personality*, p. 163.

72. Poe, E. A. (2016; originally published in 1842). *The mystery of Marie Roget*. CreateSpace Independent Publishing Platform, p. 29.

73. Barbey, A. K., et al. (2012). An integrative architecture for general intelligence and executive function revealed by lesion mapping. *Brain*, 135(4), 1154–1164; DeYoung, C. G., Shamosh, N. A., Green, A. E., Braver, T. S., & Gray, J. R. (2009). Intellect as distinct from openness: Differences revealed by fMRI of working memory. *Journal of Personality and Social Psychology*, 97(5), 883–892.

74. 이 진술 항목들은 다음 출처에서 채택되었음. Norris, P., & Epstein, S. (2011). An experiential thinking style: Its facets and relations with objective and subjective criterion measures. *Journal of Personality*, 79, 5; Soto, C. J., & John, O. P. (2017). The next Big Five Inventory (BFI-2): Developing and assessing a hierarchical model with 15 facets to enhance bandwidth, fidelity, and predictive power. *Journal of Personality and Social Psychology*, 113, 117–143.

75. Kashdan et al., The five-dimensional curiosity scale.

76. Kashdan et al., The five-dimensional curiosity scale.

77. Maslow, *Motivation and personality*.

78. Kaufman, S. B. (2013). Opening up openness to experience: A four-factor model and relations to creative achievement in the arts and sciences. *Journal of Creative Behavior*, 47(4), 233–255.

79. Kaufman, S. B. (2017). Schools are missing what matters about learning. *The Atlantic*. Retrieved from https://www.theatlantic.com/education/archive/2017/07/the-underrated-gift-of-curiosity/534573.

80. Kaufman, S. B., et al. (2015). Openness to experience and intellect differentially predict creative achievement in the arts and sciences. *Journal of Personality*, 84(2), 248–258.

81. Kaufman et al., Openness to experience and intellect differentially predict creative achievement in the arts and sciences.

82. As quoted in Paul, E., & Kaufman, S. B. (Eds.). (2014). *The philosophy of creativity*. New York: Oxford University Press.

83. Kaufman, S. B., & Paul, E. S. (2014). Creativity and schizophrenia spectrum disorders across the arts and sciences. *Frontiers in Psychology*, 5, 1145.

84. Beaty, R. E., et al. (2018). Robust prediction of individual creative ability from brain functional connectivity. *PNAS*, 115(5), 1087–1092.

85. Beaty, R. E., et al. (2018). Brain networks of the imaginative mind: Dynamic functional connectivity of default and cognitive control networks relates to openness to experience. *Human Brain Mapping*, 39(2), 811–821.

86. Kaufman, S. B. (2013). *Ungifted: Intelligence redefined*. New York: Basic Books.

87. May, R. (1979). *Psychology and the human dilemma*. New York: W. W. Norton, pp. 196–197.

5장 | 사랑: 우리에게 정말로 필요한 것

1. Vaillant, G. (2009). *Spiritual evolution: How we are wired for faith, hope, and love*. New York: Harmony Books, p. 101.

2. Martela, F., & Ryan, R. M. (2015). The benefits of benevolence: Basic psychological needs, beneficience, and the enhancement of well-being. *Journal of Personality*, 84, 750–764; Martela, F., & Ryan, R. M. (2016). Prosocial behavior increases well-being and vitality even without contact with the beneficiary: Causal and behavioral evidence. *Motivation and Emotion*, 40, 351–357; Martela, F., Ryan, R. M., & Steger, M. F. (2018). Meaningfulness as satisfaction of autonomy, competence, relatedness, and beneficence: Comparing the four satisfactions and positive affect as predictors of meaning in life. *Journal of Happiness Studies*, 19, 1261–1282.

3. Nuer, C. (Chair). (1997, August). *Personal mastery in action*. Learning as Leadership Seminar, Sausolito, CA.

4. Maslow, *Toward a psychology of being*, p. 47.

5. Maslow, *Toward a psychology of being*, p. 47.

6. Maslow, *Toward a psychology of being*, p. 47.

7. Maslow, *Toward a psychology of being*, p. 47.

8. Maslow, *Toward a psychology of being*, p. 48.

9. Salzberg, S. (2017). *Real love: The art of authentic connection*. New York: Flatiron Books. https://scottbarrykaufman.com/podcast/real-love-sharon-salzberg/.

10. Fromm, E. (1956). *The art of loving*. New York: Harper.

11. Fredrickson, B. L. (2013). *Love 2.0: Finding happiness and health in moments of connection*. New York: Plume.

12. Fromm, *The art of loving*, p. 38.

13. Yalom, *Existential psychotherapy*, p. 377.

14. 이 섹션은 다음에서 채택되었음. Kaufman, S. B. (2019). The light triad vs. dark triad of personality. *Scientific American Blogs*. Retrieved from https://blogs.scientificamerican.com/beautiful-minds/the-light-triad-vs-dark-triad-of-personality.

15. Paulhus, D. L., & Williams, K. M. (2002). The dark triad of personality: Narcissism, Machiavellianism, and psychopathy. *Journal of Research in Personality*, *36*(6), 556–563.

16. Dinić, B., & Wertag, A. (2018). Effects of dark triad and HEXACO traits on reactive/proactive aggression: Exploring the gender differences. *Personality and Individual Differences*, *123*, 44–49; Jonason, P. K., Zeigler-Hill, V., & Okan, C. (2017). Good v. evil: Predicting sinning with dark personality traits and moral foundations. *Personality and Individual Differences*, *104*, 180–185; Muris, P., Merckelbach, H., Otgaar, H., & Meijer, E. (2017). The malevolent side of human nature: A meta-analysis and critical review of the literature on the dark triad (narcissism, Machavellianism, and psychopathy). *Perspectives on Psychological Science*, *12*(2), 183–204; Pailing, A., Boon, J., & Egan, V. (2014). Personality, the Dark Triad and violence. *Personality and Individual Differences*, *67*, 81–86; Veselka, L., Giammarco, E. A., & Vernon, P. A. (2014). The Dark Triad and the seven deadly sins. *Personality and Individual Differences*, *67*, 75–80.

17. Kaufman, S. B. (2018). The dark core of personality. *Scientific American Blogs*. Retrieved from https://blogs.scientificamerican.com/beautiful-minds/the-dark-core-of-personality; Jones, D. N., & Figueredo, A. J. (2013). The core of darkness: Uncovering the heart of the dark triad. *European Journal of Personality*, *27*(6), 521–531; Miller, J. D., Vize, C., Crowe, M. L., & Lynam, D. R. (2019). A critical appraisal of the dark-triad literature and suggestions for moving forward. *Current Directions in Psychological Science*, *28*(4), 353–360, https://doi.org/10.1177/0963721419838233; Moshagen, M., Hilbig, B. E., & Zettler, I. (2018). The dark core of personality. *Psychological Review*, *125*(5), 656–688.

18. Jones & Figueredo, The core of darkness.

19. Vachon, D. D., Lynam, D. R., & Johnson, J. A. (2014). The (non)relation between empathy and aggression: Surprising results from a meta-analysis. *Psychological Bulletin*, *140*(3), 751–773.

20. Figueredo, A. J., & Jacobs, W. J. (2010). Aggression, risk-taking, and alternative life history strategies: The behavioral ecology of social deviance. In M. Frías-Armenta, & V. Corral-Verdugo (Eds.), *Bio-psycho-social perspectives on interpersonal violence* (pp. 3–28). Hauppauge, NY: Nova Science Publishers; Jones & Figueredo, The core of darkness.

21. These items are adapted from the Five-Factor Narcissism Inventory: Miller, J. D., et al. (2013). The Five-Factor Narcissism Inventory (FFNI): A test of the convergent, discriminant, and incremental validity of FFNI scores in clinical and community samples. *Psychological Assessment, 25*(3), 748–758. I found that this "antagonism" factor of the FFNI correlated extremely highly with a few different measures of the dark triad.

22. Maslow, Motivation and personality, p. 198.

23. Kant, I. (1993; originally published in 1785). *Grounding for the metaphysics of morals* (3rd ed.). Translated by J. W. Ellington. London: Hackett, p. 36.

24. Kaufman, S. B., Yaden, D. B., Hyde, E., & Tsukayama, E. (2019). The light vs. dark triad of personality: Contrasting two very different profiles of human nature. *Frontiers in Psychology*, https://doi.org/10.3389/fpsyg.2019.00467.

25. Kaufman, Yaden, Hyde, & Tsukayama, The light vs. dark triad of personality.

26. Schwartz, S. H., et al. (2012). Refining the theory of basic individual values. *Journal of Personality and Social Psychology, 103*(4), 663–688.

27. Niemiec, R. M., & McGrath, R. E. (2019). *The power of character strengths: Appreciate and ignite your positive personality*. Cincinnati: VIA Institute on Character.

28. Bakan, D. (1966). *The duality of human existence: Isolation and communion in Western man*. Boston: Beacon Press.

29. Helgeson, V. S. (1994). Relation of agency and communion to well-being: Evidence and potential explanations. *Psychological Bulletin, 116*(3), 412–428; Helgeson, V. S., & Fritz, H. L. (1998). A theory of unmitigated communion. *Personality and Social Psychology Review, 2*(3), 173–183; Helgeson, V. S., & Fritz, H. L. (1999). Unmitigated agency and unmitigated communion: Distinctions from agency and communion. *Journal of Research in Personality, 33*(2), 131–158.

30. Fritz, H. L., & Helgeson, V. S. (1998). Distinctions of unmitigated communion from communion: Self-neglect and overinvolvement with others. *Journal of Personality and Social Psychology, 75*(1), 121–140; Helgeson, Relation of agency and communion to well-being; Helgeson & Fritz, A theory of unmitigated communion; Helgeson & Fritz, Unmitigated agency and unmitigated communion.

31. Bloom, P. (2016). *Against empathy: The case for rational compassion*. New York: Ecco.

32. Oakley, B., Knafo, A., Madhavan, G., & Wilson, D. S. (Eds.). (2011). *Pathological altruism* . New York: Oxford University Press.

33. Blair, R. J. (2005). Responding to the emotions of others: Dissociating forms of empathy through the study of typical and psychiatric populations. *Consciousness and Cognition, 14*(4), 698–718; Vachon, Lynam, & Johnson, The (non)relation between empathy and aggression; Raine, A., & Chen, F. R. (2018). Cognitive, affective, and somatic empathy scale (CASES) for children. *Journal of Clinical Child & Adolescent Psychology, 47*(1), 24–37.

34. Wai, M., & Tiliopoulos, N. (2012). The affective and cognitive empathic nature of the dark triad of personality. *Personality and Individual Differences, 52*(7), 794–799; Kaufman, S. B. (2012). Are narcissists better at reading minds? *Psychology Today*. Retrieved from https://www.psychologytoday.com/us/blog/beautiful-minds/201202/are-narcissists-better-reading-minds.

35. Scale adapted from Raine & Chen, Cognitive, affective, and somatic empathy scale (CASES) for children.

36. Kaufman, S. B., & Jauk, E. (in preparation). Healthy selfishness and pathological altruism: Measuring two paradoxical forms of selfishness; Oakley, Knafo, Madhavan, & Wilson, *Pathological altruism*.

37. Grant, A., & Rebele, R. (2017). Beat generosity burnout. *Harvard Business Review*. Retrieved from https://hbr.org/cover-story/2017/01/beat-generosity-burnout.

38. Vaillant, G. E. (1992). *Ego mechanisms of defense: A guide for clinicians and researchers*. Washington, DC: American Psychiatric Publishing; Vaillant, G. E. (1998). *Adaptation to life*. Cambridge, MA: Harvard University Press.

39. Vaillant, *Adaptation to life*, p. 108.

40. Andrews, G., Singh, M., & Bond, M. (1993). The Defense Style Questionnaire. *The Journal of Nervous and Mental Disease*, *181*(4), 246–256.

41. Vaillant, *Adaptation to life*, p. 119.

42. Andrews, Singh, & Bond, The Defense Style Questionnaire.

43. Vaillant, *Adaptation to life*, p. 116.

44. Kaufman, S. B. (2018). Self-actualizing people in the 21st century: Integration with contemporary theory and research on personality and well-being. *Journal of Humanistic Psychology*, https://doi.org/10.1177/0022167818809187.

45. Andrews, Singh, & Bond, The Defense Style Questionnaire.

46. Andrews, Singh, & Bond, The Defense Style Questionnaire.

47. Andrews, Singh, & Bond, The Defense Style Questionnaire.

48. Fromm, E. (1939). Selfishness and self-love. *Psychiatry*, *2*(4), 507–523.

49. Maslow, Is human nature basically selfish? In Hoffman, *Future visions*, p. 110.

50. Fromm, Selfishness and self-love.

51. Kaufman & Jauk, Healthy selfishness and pathological altruism.

52. Fromm, Selfishness and self-love.

53. Neff, K. D. (2003). Self-compassion: An alternate conceptualization of a healthy attitude toward oneself. *Self and Identity*, *2*(2), 85–101, p. 87.

54. Neff, K. D., Kirkpatrick, K. L., & Rude, S. S. (2007). Self-compassion and adaptive psychological functioning. *Journal of Research in Personality*, *41*(1), 139–154; Neff, K. D., et al. (2018). The forest and the trees: Examining the association of self-compassion and its positive and negative components with psychological functioning. *Self and Identity*, *17*(6), 627–645.

55. 최근의 연구에 따르면 흥미롭게도 자기 냉담self-coldness, (예를 들어 "내게 중요하다고 생각하는 일에 실패하면, 나는 무능감에 사로잡힌다.", "우울하다고 느낄 때면 잘못된 것만 생각하며 집착하는 경향이 있다.", "나는 내 자신의 결점과 무능에 대해 못마땅해 하며 비판적이다.")이 자기 연민보다 훨씬 더 많은 건강과 행복을 가져오는 것으로 밝혀졌다. 다음을 보라. Brenner, R. E., Heath, P. J., Vogel, D. L., & Credé, M. (2017). Two is more valid than one: Examining the factor structure of the Self-Compassion Scale (SCS). *Journal of Counseling Psychology*, *64*(6),

696–707.

56. Items adapted from Raes, F., Pommier, E. A., Neff, K. D., & Van Gucht, D. (2011). Construction and factorial validation of a short form of the Self-Compassion Scale. *Clinical Psychology & Psychotherapy*, *18*(3), 250–255.

57. 이 섹션은 'Scientific American'의 내 블로그 기사에 유사한 형태로 전재되었다. Kaufman, S. B. (2018). The pressing need for everyone to quiet their egos. *Scientific American Blogs*. Retrieved from https://blogs.scientificamerican.com/beautiful-minds/the-pressing-need-for-everyone-to-quiet-their-egos.

58. Leary, M. R. (2007). *The curse of the self: Self-awareness, egotism, and the quality of human life*. New York: Oxford University Press.

59. Tesser, A., Crepaz, N., Collins, J. C., Cornell, D., & Beach, S. R. H. (2000). Confluence of self-esteem regulation mechanisms: On integrating the self-zoo. *Personality and Social Psychology Bulletin*, *26*(12), 1476–1489.

60. Wayment, H. A., & Bauer, J. J. (Eds.). (2008). *Transcending self-interest: Psychological explorations of the quiet ego*. Washington, DC: American Psychological Association; Heppner, W. L., & Kernis, M. H. (2007). "Quiet ego" functioning: The complementary roles of mindfulness, authenticity, and secure high self-esteem. *Psychological Inquiry*, *18*(4), 248–251; Wayment, H. A., Wiist, B., Sullivan, B. M., & Warren, M. A. (2010). Doing and being: Mindfulness, health, and quiet ego characteristics among Buddhist practitioners. *Journal of Happiness Studies*, *12*(4), 575–589; Kesebir, P. (2014). A quiet ego quiets death anxiety: Humility as an existential anxiety buffer. *Journal of Personality and Social Psychology*, *106*(4), 610–623.

61. Wayment & Bauer, *Transcending self-interest*.

62. Kaufman, The pressing need for everyone to quiet their egos.

63. Wayment & Bauer, *Transcending self-interest*.

64. Wayment, H. A., & Bauer, J. J. (2017). The quiet ego: Motives for self-other balance and growth in relation to well-being. *Journal of Happiness Studies*, *19*(3), 881–896.

65. Grant, A. (2016, June 4). Unless you're Oprah, "Be yourself" is terrible advice. Retrieved from https://www.nytimes.com/2016/06/05/opinion/sunday/unless-youre-oprah-be-yourself-is-terrible-advice.html.

66. Ibarra, H., (2017, July 18). The authenticity paradox. Retrieved from https://hbr.org/2015/01/the-authenticity-paradox.

67. Kaufman, S. B. (2019, June 14). Authenticity under fire. Retrieved from https://blogs.scientificamerican.com/beautiful-minds/authenticity-under-fire/.

68. Horney, K. (1959). *Neurosis and human growth*. New York: W. W. Norton, p. 155.

69. 폴란드 정신과 의사 카지미에시 다브로프스키는 또한 진정성의 건강한 발달에 대해 상세히 언급했는데, 이를 통해 자신이 구현하고자 하는 성격의 이상화를 마음속으로 구성함으로써 도움을 받을 수 있다고 제시했다. 다브로프스키는 이를 '성격 이상(personality ideal)'이라고 불렀는데, 우리가 일상적인 행동에서 추구할 수 있는 가치와 목표의 계층 구조를 조사하는 다차원적 관점에서, 한 사람의 가치를 지속적으로 검사하는 것이 중요하다고 믿었다. 이 로드맵을 통해 다브로프스키는 자신의 독특하고 진정한 자아를 추구하는 삶을 살 수 있다고 생각했다. 다음을 보라. Tillier, W. (2018). *Personality development through positive disintegration: The work of Kazimierz*

Dabrowski. Anna Maria, FL: Maurice Bassett.

70.   Kernis, M. H., & Goldman, B. M. (2005). From thought and experience to behavior and interpersonal relationships: A multicomponent conceptualization of authenticity. In A. Tesser, J. V. Wood, & D. A. Stapel (Eds.), *On building, defending, and regulating the self: A psychological perspective* (pp. 31–52). New York: Psychology Press; Wood, A. M., Linley, P. A., Maltby, J., Baliousis, M., & Joseph, S. (2008). The authentic personality: A theoretical and empirical conceptualization and the development of the Authenticity Scale. *Journal of Counseling Psychology*, *55*(3), 385–399.

71.   de Botton, A. (2016). Why you will marry the wrong person. *The New York Times*. Retrieved from https://www.nytimes.com/2016/05/29/opinion/sunday/why-you-will-marry-the-wrong-person.html.

72.   Aron, A., & Aron, E. N. (1986). *Love and the expansion of self: Understanding attraction and satisfaction*. New York: Hemisphere Publishing Corp./Harper & Row.

73.   Maslow, *Motivation and personality*, p. 188.

74.   Maslow, *Motivation and personality*, p. 199.

75.   Adler, P. (1991). *Backboards & blackboards: College athletics and role engulfment*. New York: Columbia University Press; Carbonneau, N., Vallerand, R. J., Lavigne, G. L., & Paquet, Y. (2015). "I'm not the same person since I met you": The role of romantic passion in how people change when they get involved in a romantic relationship. *Motivation and Emotion*, *40*(1), 101–17.

76.   Carbonneau, Vallerand, Lavigne, & Paquet, "I'm not the same person since I met you."

77.   Maslow, *Motivation and personality*, p. 199.

78.   Maslow, *Motivation and personality*, p. 199.

79.   Maslow, *Motivation and personality*, p. 199.

80.   Sahdra, B. K., & Shaver, P. R. (2013). Comparing attachment theory and Buddhist psychology. *International Journal for the Psychology of Religion*, *23*(4), 282–293.

81.   Sahdra, B. K., Shaver, P. R., & Brown, K. W. (2009). A scale to measure nonattachment: A Buddhist complement to Western research on attachment and adaptive functioning. *Journal of Personality Assessment*, *92*(2), 116–127.

82.   Maslow, Acceptance of the beloved in being-love. In Hoffman, *Future visions*, p. 37.

83.   Maslow, *Motivation and personality*, p. 200.

84.   Aron, A., Aron, E. N., Tudor, M., & Nelson, G. (1991). Close relationships as including other in the self. *Journal of Personality and Social Psychology*, *60*(2), 241–253.

85.   Perel, E. (2016). *Mating in captivity: Unlocking erotic intelligence*. New York: Harper, p. 5.

86.   Aron, A., Norman, C. C., Aron, E. N., McKenna, C., & Heyman, R. E. (2000). Couples' shared participation in novel and arousing activities and experienced relationship quality. *Journal of Personality and Social Psychology*, *78*(2), 273–284; Reissman, C., Aron, A., & Bergen, M. R. (1993). Shared activities and marital satisfaction: Causal direction and self-expansion versus boredom. *Journal of Social and Personal Relationships*, *10*(2), 243–254.

87.   Kaufman, S. B. (2017). Real love with Sharon Salzberg. *The Psychology Podcast*. Retrieved

from https://scottbarrykaufman.com/podcast/real-love-sharon-salzberg.

88. Berridge, K. C. (1995). Food reward: Brain substrates of wanting and liking. *Neuroscience and Biobehavioral Reviews, 20*(1), 1–25.

89. Perel, *Mating in captivity*.

90. Selterman, D., Gesselman, A. N., & Moors, A. C. (2019). Sexuality through the lens of secure base dynamics: Individual differences in sexploration. *Personality and Individual Differences, 147,* 229–236.

91. Manson, M. (2013). Sex and our psychological needs. *Mark Manson*. Retrieved from https://markmanson.net/sex-and-our-psychological-needs.

92. Meston, C. M., & Buss, D. M. (2007). Why humans have sex. *Archives of Sexual Behavior, 36*(4), 477–507.

93. Péloquin, K., Brassard, A., Delisle, G., & Bédard, M-M. (2013). Integrating the attach ment, caregiving, and sexual systems into the understanding of sexual satisfaction. *Canadian Journal of Behavioral Science, 45*(3), 185–195.

94. Selterman, Gesselman, & Moors, Sexuality through the lens of secure base dynamics.

95. Impett, E. A., Gordon, A. M., & Strachman, A. (2008). Attachment and daily goals: A study of dating couples. *Personal Relationships, 15*(3), 375–390; Schachner, D. A., & Shaver, P. R. (2004). Attachment dimensions and sexual motives. *Personal Relationships, 11*(2), 179–195.

96. Péloquin, Brassard, Delisle, & Bédard, Integrating the attachment, caregiving, and sexual systems into the understanding of sexual satisfaction, p. 191.

97. Kashdan, T. B., et al. (2011). Effects of social anxiety and depressive symptoms on the frequency and quality of sexual activity: A daily process approach. *Behaviour Research and Therapy, 49*(5), 352–360.

98. Kaufman, S. B. (2017). The science of passionate sex. *Scientific American Blogs*. Retrieved from https://blogs.scientificamerican.com/beautiful-minds/the-science-of-passionate-sex; Philippe, F. L., Vallerand, R. J., Bernard-Desrosiers, L., Guilbault, V., & Rajotte, G. (2017). Understanding the cognitive and motivational underpinnings of sexual passion from a dualistic model. *Journal of Personality and Social Psychology, 113*(5), 769–785.

99. May, R. (1969). *Love & will*. New York: W. W. Norton, p. 74.

100. Maslow, *Motivation and personality*, p. 188.

101. Debrot, A., Meuwly, N., Muise, A., Impett, E. A., & Schoebi, D. (2017). More than just sex: Affection mediates the association between sexual activity and well-being. *Personality and Social Psychology Bulletin, 43*(3), 287–299.

102. Kashdan, T. B., Goodman, F. R., Stiksma, M., Milius, C. R., & McKnight, P. E. (2018). Sexuality leads to boosts in mood and meaning in life with no evidence for the reverse direction: A daily diary investigation. *Emotion, 18*(4), 563–576.

103. Rollo May *Love & Will*, pp. 96, 278.

104. Helgeson & Fritz, Unmitigated agency and unmitigated communion.

6장 | 목적: 잃어버린 삶의 의미를 찾아서

1. Hoffman, *The right to be human*, p. 219.

2. Hoffman, *The right to be human*, p. 220.

3. Hoffman, *The right to be human*, p. 219.

4. Burrows, L. (2013). Memory of Abraham Maslow faded, not forgotten. *Brandeis Now*. Retrieved from http://www.brandeis.edu/now/2013/may/ maslow.html.

5. Lowry, *The journals of A. H. Maslow*, p. 93.

6. Maslow, A. H. (1965). *Eupsychian management: A journal*. Homewood, IL: Richard D. Irwin, Inc., and the Dorsey Press, p. 6.

7. Maslow. *Eupsychian management*.

8. Maslow, *Eupsychian management*, p. x.

9. 루스 베네딕트는 1941년 브린 마워 칼리지의 일련의 강의에서 상조적 문화들과 관련된 아이디어를 발표했지만, 그 주제에 대한 원고는 출판하지 않았다. 매슬로는 그녀가 자신에게 준 원고가 단 하나뿐인 것이라는 사실을 알고는 소스라치게 놀랐다. 매슬로는 당시의 심정을 밝혔다. "나는 그녀가 그 원고를 출판하지 않을까봐 두려웠다. 하지만 그녀는 출판되든 말든 그다지 신경쓰지 않는 것 같았다. 나는 그 원고를 잃어버리기라도 할까봐 두려웠다." 그리고 그가 느꼈던 그같은 두려움은 충분히 근거 있는 것이었다. 루스 베네딕트가 사망한 후, 인류학자 마거릿 미드는 베네딕트의 파일과 논문을 샅샅이 뒤졌지만 시너지에 관한 원고는 어디에도 없었다. 그래서 매슬로는 그 원고를 가능한 한 많은 사람들과 공유하여 시너지라는 아이디어를 유익한 방향으로 확장해야 할 책임을 느꼈다. 하지만 모든 학자들이 매슬로가 베네딕트가 동의했을 방향으로 그녀의 연구를 확장했다고 믿는 것은 아니라는 점에 유의해야 한다. 실제로, 르네 앤 스미스와 케네스 파이겐바움은 매슬로의 "후기 연구는 그가 베네딕트의 상조 집단 인류학적 접근을 이해하지 못했으며, 오히려 문화적 맥락이 결여된 개인 중심의 심리적 환원주의의 입장을 조장하기 위해 시너지 개념을 오용했음을 보여주었다"고 주장한다. 어쨌든 매슬로가 베네딕트에게 깊은 애정을 가지고 있었으며, 개개인과 그들의 문화 사이의 시너지 효과의 중요성에 대한 그녀의 아이디어에 깊이 공감하고 있었음은 분명한 사실이다. 다음을 보라. Maslow, *The farther reaches of human nature* (1993/1971, Chapter 14); Smith, R. A., & Feigenbaum, K. D. (2013). Maslow's intellectual betrayal of Ruth Benedict? *Journal of Humanistic Psychology*, *53*(3), 307–321.

10. Smith & Feigenbaum, Maslow's intellectual betrayal of Ruth Benedict?

11. Maslow, *Eupsychian management*, p. 7.

12. Maslow, *Eupsychian management*, p. 103; Maslow, *The farther reaches of human nature* (1993/1971), chapter 14.

13. Maslow, *Eupsychian management*, p. 7.

14. Maslow, *Eupsychian Management*, p. 7.

15. Maslow, A. H., with Stephens, D. C., & Heil, G. (1998). *Maslow on management*. New York, NY: John Wiley & Sons, p. 6.

16. Maslow, *Eupsychian management*, p. 6.

17. Maslow, *Eupsychian management*, p. 6.

18. https://twitter.com/GretaThunberg/status/1167916944520908800?s=20.

19. Edge. (2016). The mattering instinct: A conversation with Rebecca Newberger Goldstein. *Edge.* Retrieved from https://www.edge.org/conversation/rebecca_newberger_goldstein-the-the-mattering-instinct.

20. Bugental, J. F. T. (1965). *The search for authenticity: An existential-analytic approach to psycho therapy.* New York: Holt, Rinehart and Winston, pp. 267-272.

21. Bugental, *The search for authenticity: An existential-analytic approach to psychotherapy*, pp. 267-272.

22. Maslow, The psychology of happiness. In Hoffman, *Future visions* (pp. 21-25).

23. Frankl, V. E. (1969). *The will to meaning: Foundations and applications of logotherapy.* Cleveland: World Publishing Co.

24. Frankl, V. E. (1966). Self-transcendence as a human phenomenon. *Journal of Humanistic Psychology, 6*(2), 97-106.

25. Marseille, J. (1997). The spiritual dimension in logotherapy: Viktor Frankl's contribution to transpersonal psychology. *The Journal of Transpersonal Psychology, 29*, 1-12.

26. Frankl, V. E. (2006; originally published in 1946). *Man's search for meaning.* Boston: Beacon Press, p. 112.

27. 빅터 프랭클은 1950년대와 1960년대에 등장한 인본주의 심리학에 깊은 영향을 주었고, 자아실현에 대한 매슬로의 생각에 특별한 영향을 끼쳤을 수도 있다. 매슬로의 전기작가 에드워드 호프만에 따르면 매슬로는 1960년대 초 뉴욕시에서 주도적인 활동을 하던 실존주의적 인본주의 심리치료사 그룹을 대상으로 자아실현에 관한 연구결과를 발표했다. 그 자리에는 프랭클과 롤로 메이도 참석했다. 두 사람 모두 그에게 유용한 제안을 해주었지만, 매슬로는 특히 프랭클의 견해가 유용하다고 생각했다. 프랭클은 자아실현이 진공상태에서는 작동하지 않는다는 점에 주목했다. 사람들은 언제나 자신을 둘러싼 사람들이나 상황과의 관계 속에서 살아가고 있기 때문이다. 매슬로는 단지 자기 내부로부터의 충동만이 아니라 봉사하라는 세상으로부터의 요청, 즉 소명이 자아실현의 핵심 양상이라는 데 동의했다. 단지 추측일 뿐이기는 하지만 이 회의는 1962년 여름 매슬로가 비선형 시스템즈 회사를 방문하기 직전에 열렸고, 이는 매슬로의 여름 노트에서 소명이라는 개념이 그토록 강조되고 있는 이유 중 하나일 수 있다.

28. Yaden, D. B., McCall, T. D., & Ellens, J. H. (Eds.). (2015). *Being called: Scientific, secular, and sacred perspectives.* Santa Barbara, CA: Praeger; Seligman, M. E. P. (2018). *The hope circuit: A psychologist's journey from helplessness to optimism.* New York: PublicAffairs.

29. Wrzesniewkski, A., McCauley, C., Rozin, P., & Schwartz, B. (1997). Jobs, careers, and callings: People's relations to their work. *Journal of Research in Personality, 31*(1), 21-33.

30. Damon, W., & Bronk, K. C. (2007). Taking ultimate responsibility. In H. Gardner (Ed.), *Responsibility at work: How leading professionals act (or don't act) responsibly* (pp. 21-42). San Francisco: Jossey-Bass.

31. Kaufman, S. B. (2018). The path to purpose with William Damon. *The Psychology Podcast.* Retrieved from https://www.scottbarrykaufman.com/podcast/path-purpose-william-damon.

32. Fromm, E. (1955). *The sane society.* New York: Henry Holt.

33. Maslow, *Toward a psychology of being*, p. 9.

34. Emmons, R. A. (1986). Personal strivings: An approach to personality and subjective well-being. *Journal of Personality and Social Psychology, 51*(5), 1058-1068.

35. Hektner, J. M., Schmidt, J. A., & Csikszentmihalyi, M. (2007). *Experience sampling method: Measuring the quality of everyday life.* Thousand Oaks, CA: Sage Publications.

36. Sheldon, K. M. (2014). Becoming oneself: The central role of self-concordant goal selection. *Personality and Social Psychology Review, 18*(4), 349–365.

37. Tillich, P. (1957). *Dynamics of faith.* New York: Harper & Row.

38. Carver, C. S., & Scheier, M. F. (2001). *On the self-regulation of behavior.* New York: Cambridge University Press.

39. Sheldon, Becoming oneself.

40. Baer, J., Kaufman, J. C., & Baumeister, R. F. (2008). *Are we free? Psychology and free will.* New York: Oxford University Press; Harris, S. (2012). *Free will.* New York: Free Press.

41. Gollwitzer, P. M. (2012). Mindset theory of action phases. In P. A. M. Van Lange, A. W. Kruglanski, & T. T. Higgins (Eds.), *The handbook of theories of social psychology* (Vol. 1, pp. 526–45). Thousand Oaks, CA: Sage Publications; Sheldon, Becoming oneself.

42. Hyland, M. E. (1988). Motivational control theory: An integrative framework. *Journal of Personality and Social Psychology, 55*(4), 642–651; Markus, H., & Ruvolo, A. (1989). Possible selves: Personalized representation of goals. In L. A. Pervin (Ed.), *Goal concepts in personality and social psychology* (pp. 211–241). Hillsdale, NJ: Lawrence Erlbaum.

43. Torrance, E. P. (1983). The importance of falling in love with "something." *Creative Child & Adult Quarterly, 8*(2), 72–78.

44. Torrance, The importance of falling in love with "something."

45. Sheldon, K. M., & Kasser, T. (1995). Coherence and congruence: Two aspects of personality integration. *Journal of Personality and Social Psychology, 68*(3), 531–543.

46. Ryan, R. M., & Deci, E. L. (2000). Self-determination theory and the facilitation of intrinsic motivation, social development, and well-being. *American Psychologist, 55*(1), 68–78.

47. Rigby, C. S., & Ryan, R. R. (2018). Self-determination theory in human resource development: New directions and practical considerations. *Advances in Developing Human Resources, 20*(2), 133–147; Rogers, Client-centered therapy: Its current practice, impli cations, and theory.

48. Sheldon, Becoming oneself.

49. Sheldon, Becoming oneself.

50. Grant, A. M. (2008). Does intrinsic motivation fuel the prosocial fire? Motivational synergy in predicting persistence, performance, and productivity. *Journal of Applied Psychology, 93*(1), 48–58.

51. Epstein, S. (2014). *Cognitive-experiential theory: An integrative theory of personality.* New York: Oxford University Press.

52. What the research says about character strengths. VIA Institute on Character. Retrieved from https://www.viacharacter.org/research/findings.

53. Kaufman, S. B. (2013). What is talent — and can science spot what we will be best at? *The Guardian.* Retrieved from https://www.theguardian.com/science/2013/jul/07/can-science-spot-talent-kaufman; Kaufman, Ungifted; Niemiec & McGrath, The power of

character strengths.

54. Kruglanski, A., Katarzyna, J., Webber, D., Chernikova, M., & Molinario, E. (2018). The making of violent extremists. *Review of General Psychology*, *22*(1), 107–120.

55. Frimer, J. A., Walker, L. J., Lee, B. H., Riches, A., & Dunlop, W. L. (2012). Hierarchical integration of agency and communion: A study of influential moral figures. *Journal of Personality*, *80*(4), 1117 –1145; Walker, L. J., & Frimer, J. A. (2007). Moral personality of brave and caring exemplars. *Journal of Personality and Social Psychology*, *93*(5), 845–860.

56. Colby, A., & Damon, W. (1994). *Some do care: Contemporary lives of moral commitment.* New York: Free Press.

57. Frimer, J. A., Biesanz, J. C., Walker, L. J., & MacKinlay, C. W. (2013). Liberals and conservatives rely on common moral foundations when making moral jugments about influential people. *Journal of Personality and Social Psychology*, *104*(6), 1040–1059; Haidt, J. (2012). *The righteous mind: Why good people are divided by politics and religion.* London: Allen Lane.

58. Kuszewski, A. (2011). Walking the line between good and evil: The common thread of heroes and villains. *Scientific American Blogs.* Retrieved from https://blogs.scientific american.com/guest-blog/walking-the-line-between-good-and-evil-the-common-thread-of-heroes-and-villains.

59. Frimer, J. A., Walker, L. J., Dunlop, W. L., Lee, B. H., & Riches, A. (2011). The integration of agency and communion in moral personality: Evidence of enlightened self-interest. *Journal of Personality and Social Psychology*, *101*(1), 149–163.

60. Quote on pp. 1139–1140 of Frimer, J. A., Walker, L. J., Lee, B. H., Riches, A., & Dunlop, W. L. (2012). Hierarchical integration of agency and communion: A study of influential moral figures. *Journal of Personality*, *80*, 1117–1145.

61. Frimer, Walker, Lee, Riches, & Dunlop, Hierarchical integration of agency and communion.

62. Grant, Does intrinsic motivation fuel the prosocial fire?

63. Kaufman, S. B. (2018). How to be an optimal human with Kennon Sheldon. *The Psychology Podcast.* Retrieved from https://scottbarrykaufman.com/podcast/optimal-human-kennon-sheldon.

64. Nasby, W., & Read, N. W. (1997). The life voyage of a solo circumnavigator: Integrating theoretical and methodological perspectives. *Journal of Personality*, *65*(4), 785–1068, p. 976.

65. Doran, G. T. (1981). There's a S.M.A.R.T. way to write management's goals and objectives. *Management Review*, *70*, 35–36.

66. Thanks to Jordyn Feingold for developing these examples.

67. Duffy, R. D., Allan, B. A., Autin, K. L., & Douglass, R. P. (2014). Living a calling and work well-being: A longitudinal study. *Journal of Counseling Psychology*, *61*(4), 605–615; Hall, D. T., & Chandler, D. E. (2005). Psychological success: When the career is a calling. *Journal of Organizational Behavior*, *26*(2), 155–176; Vianello, M., Galliani, E. M., Rosa, A. D., & Anselmi, P. (2019). The developmental trajectories of calling: Predictors and outcomes. *Journal of Career Assessment.* https://doi.org/10.1177/1069072719831276.

68. Vianello, Galliani, Rosa, & Anselmi, The developmental trajectories of calling.

69. Kaufman, Ungifted.

70. O'Keefe, P. A., Dweck, C. S., & Walton, G. M. (2018). Implicit theories of interest: Finding your passion or developing it? *Psychological Science, 29*(10), 1653–1664.

71. Duckworth, A. (2018). *Grit: The power of passion and perseverance.* New York: Scribner; Miller, C. A. (2017). *Getting grit: The evidence-based approach to cultivating passion, perseverance, and purpose.* Boulder, CO: Sounds True.

72. Q& A. Angela Duckworth. Retrieved from https://angeladuckworth.com/qa.

73. Duckworth, A. L., Peterson, C., Matthews, M. D., & Kelly, D. R. (2007). Grit: Perseverance and passion for long-term goals. *Journal of Personality and Social Psychology, 92*(6), 1087–1101.

74. Kaufman, S. B. (2016). Review of Grit: The power of passion and perseverance. *Scientific American Blogs.* Retrieved from https://blogs.scientificamerican.com/beautiful-minds/ review-of-grit-the-power-of-passion-and-perseverance.

75. Manuscript in preparation by Scott Barry Kaufman, Reb Rebele, and Luke Smillie.

76. Epstein, D. (2019). *Range: Why generalists triumph in a specialized world.* New York: Riverhead Books.

77. Equanimity. Insight Meditation Center. Retrieved from https://www.insightmedita tioncenter.org/books-articles/articles/equanimity.

78. Antonovsky, A. (1993). The structure and properties of the sense of coherence scale. *Social Science & Medicine, 36*(6), 725–33; Kaufman, S. B. (2016). Grit and authenticity. *Scientific American Blogs.* Retrieved from https://blogs.scientificamerican.com/beau ti ful-minds/ grit-and-authenticity; Vainio, M. M., & Daukantaité, D. (2015). Grit and different aspects of well-being: Direct and indirect relationships via sense of coherence and authenticity. *Journal of Happiness Studies, 17*(5), 2119–2147.

79. Maslow, *Toward a psychology of being,* p. 131.

80. Vallerand, R. J., et al. (2003). Les passions de l'ame: On obsessive and harmonious passion. *Journal of Personality and Social Psychology, 85*(4), 756–767.

81. Vallerand, R. J., & Rapaport, M. (2017). The role of passion in adult self-growth and development. In M. L. Wehmeyer, K. A. Shogren, T. D. Little, & S. J. Lopez (Eds.), *Development of self-determination through the life-course* (pp. 125–143). New York: Springer.

82. Schellenberg, B. J. I., et al. (2018). Testing the dualistic model of passion using a novel quadripartite approach: A look at physical and psychological well-being. *Journal of Personality, 87*(2), 163–180.

83. Vallerand, R. J. (2017). On the two faces of passion: The harmonious and the obsessive. In P. A. O'Keefe & J. M. Harackiewicz (Eds.), *The science of interest* (pp. 149–173). New York: Springer.

84. Carpentier, J., Mageau, G. A., & Vallerand, R. J. (2012). Ruminations and flow: Why do people with a more harmonious passion experience higher well-being? *Journal of Happiness Studies, 13*(3), 501–518.

85. Schellenberg et al. (2018). Testing the dualistic model of passion using a novel

quadripartite approach; Vallerand & Rapaport, The role of passion in adult self-growth and development. In Wehmeyer, Shogren, Little, & Lopez, *Development of self-determination through the life-course.*

86. Niemiec & McGrath, The power of character strengths.

87. Proyer, R. T., Ruch, W., and Buschor, C. (2013). Testing strengths-based interventions: A preliminary study on the effectiveness of a program targeting curiosity, gratitude, hope, humor, and zest for enhancing life satisfaction. *Journal of Happiness Studies, 14*(1), 275–292, doi: 10.1007/s10902-012-9331-9; Proyer, R. T., Gander, F., Wellenzohn, S., & Ruch, W. (2015). Strengths-based positive psychology interventions: A randomized placebo-controlled online trial on long-term effects for a signature strengths-vs. a lesser strengths-intervention. *Frontiers in Psychology, 6,* https://doi.org/10.3389/fpsyg .2015.00456; What the research says about character strengths. VIA Institute on Character; Jessie. (2016). Is there anything special about using character strengths? *Mindful Psych.* Retrieved from http://mindfulpsych.blogspot.com/2016/03/is-there-anything-special-about-using_14.html.

88. Kaufman, S. B. (2015). Which character strengths are most predictive of well-being? *Scientific American Blogs.* Retrieved from https://blogs.scientificamerican.com/beau tiful-minds/which-character-strengths-are-most-predictive-of-well-being.

89. Bryant, F. B., & Cvengros, J. A. (2004). Distinguishing hope and optimism: Two sides of a coin, or two separate coins? *Journal of Social and Clinical Psychology, 23*(2), 273–302.

90. Lopez, S. J. (2014). *Making hope happen: Create the future you want for yourself and others.* New York: Atria Books; Snyder, C. R. (1995). Conceptualizing, measuring, and nurturing hope. *Journal of Counseling & Development 73*(3), 355–60, https://doi.org/10.1002/j. 1556-6676.1995.tb01764.x; Kaufman, S. B. (2011). The will and ways of hope. *Psychology Today.* Retrieved from https://www.psychologytoday.com/us/blog/beautiful-minds/201112/the-will-and-ways-hope. 또한 다음을 보라. https://blogs.scientifi camerican.com/beautiful-minds/2-beautiful-minds-we-lost-in-2016/.

91. Snyder, Conceptualizing, measuring, and nurturing hope.

92. Kashdan, T. B., & Rottenberg, J. (2010). Psychological flexibility as a fundamental aspect of health. *Clinical Psychology Review, 30,* 865–878.

93. Kashdan & Rottenberg. Psychological flexibility as a fundamental aspect of health, 865–878; Visser, P. L., Loess, P. Jeglic, E. L., & Hirsch, J. K. (2013). Hope as a moderator of negative life events and depressive symptoms in a diverse sample. *Stress and Health, 29*(1), 82–88.

94. Goodman, F. R., Disabato, D. J., Kashdan, T. B., & Machell, K. A. (2016). Personality strengths as resilience: A one-year multiwave study. *Journal of Personality, 85*(3), 423–434.

95. Arnold, J. A., Arad, S., Rhoades, J. A., & Drasgow, F. (2000). The empowering leadership questionnaire: The construction and validation of a new scale for measuring leader behaviors. *Journal of Organizational Behavior, 21*(3), 249–269; Bono, J. E., & Judge, T. A. (2018). Self-concordance at work: Toward understanding the motivational effects of transformational leaders. *Academy of Management, 46*(5), 554–571; Hon, A. H. Y. (2011). Enhancing employee creativity in the Chinese context: The mediating role of employee self-concordance. *International Journal of Hospitality Management, 30*(2), 375–384.

96. Deci, E. L., & Ryan, R. M. (2000). The "what" and "why" of goal pursuits: Human needs and the self-determination of behavior. *Psychological Inquiry, 11*(4), 227–268.

97. Sheldon, K. M., et al. (2018). Freedom and responsibility go together: Personality, experimental, and cultural demonstrations. *Journal of Research in Personality, 73*, 63–74.

98. Hon, Enhancing employee creativity in the Chinese context.

99. Rigby & Ryan, Self-determination theory in human resource development.

100. Grant, Does intrinsic motivation fuel the prosocial fire?; Rigby & Ryan, Self-determination theory in human resource development.

101. Woodman, R. W., Sawyer, J. E., & Griffin, R. W. (1993). Toward a theory of organizational creativity. *Academy of Management Review, 18*(2), 293–321.

102. George, J. M. (2007). Creativity in organizations. *Academy of Management Annals, 1*, 439–477; Hon, Enhancing employee creativity in the Chinese context; Wong, S., & Pang, L. (2003). Motivators to creativity in the hotel industry: Perspectives of managers and supervisors. *Tourism Management, 24*(5), 551–559; Woodman, Sawyer, & Griffin, Toward a theory of organizational creativity; Zhou, J., & Shalley, C. E. (2003). Research on employee creativity: A critical review and directions for future research. *Research in Personnel and Human Resources Management, 22*, 165–217.

103. Berg, J. M., Dutton, J. E., & Wrzesniewski, A. (2007). What is job crafting and why does it matter? Michigan Ross School of Business, Center for Positive Organizational Scholarship; Berg, J. M., Dutton, J. E., & Wrzesniewski, A. (2013). Job crafting and meaningful work. In B. J. Dik, Z. S. Byrne, & M. F. Steger (Eds.), *Purpose and meaning in the workplace* (pp. 81–104). Washington, DC: American Psychological Association; Wrzesniewski, A., & Dutton, J. E. (2001). Crafting a job: Revisioning employees as active crafters of their work. *Academy of Management Review, 26*(2), 179–201.

104. Berg, Dutton, & Wrzesniewski, What is job crafting and why does it matter?

105. Berg, J. M., Grant, A. M., & Johnson, V. (2010). When callings are calling: Crafting work and leisure in pursuit of unanswered occupational callings. *Organization Science, 21*(5), 973–994.

106. Maslow, Toward a psychology of being, p. 10.

107. Wrosch, C., Miller, G. E., Scheier, M. F., & de Pontet, S. B. (2007). Giving up on unattainable goals: Benefits for health? *Personality and Social Psychology Bulletin, 33*(2), 251–265.

108. Brandtstädter, J., & Renner, G. (1990). Tenacious goal pursuit and flexible goal adjustment: Explication and age-related analysis of assimilative and accommodative strategies of coping. *Psychology and Aging, 5*(1), 58–67; Carver, C. S., & Scheier, M. F. (1990). Origins and functions of positive and negative affect: A control-process view. *Psychological Review, 97*(1), 19–35; Carver & Scheier, On the self-regulation of behavior; Heckhausen, J., & Schulz, R. (1995). A life-span theory of control. *Psychological Review, 102*(2), 284–304; Klinger, E. (1975). Consequences of commitment to and disengagement from incentives. *Psychological Review, 82*(1), 1–25; Nesse, R. M. (2000). Is depression an adaptation? *Archives of General Psychiatry, 57*(1), 14–20.

109. Wrosch, C., Scheier, M. F., Miller, G. E., Schulz, R., & Carver, C. S. (2003). Adaptive self-regulation of unattainable goals: Goal disengagement, goal reengagement, and subjective well-being. *Personality and Social Psychology Bulletin, 29*(12), 1494–1508.

110. Grogan, J. (2012). *Encountering America: Humanistic psychology, sixties culture, and the shaping of the modern self*. New York: Harper Perennial.

111. Michael Murphy, personal correspondence, May 10, 2018.

112. 핑은 북부 캘리포니아에서 발생한 영성 운동에 관심을 갖게 되었고, 이 운동은 곧이어 전 세계로 퍼져 나갔다. 와츠가 말했듯이 "이를테면 1958년과 1970년 사이, 영적 에너지의 거대한 물결이 시, 음악, 철학, 회화, 종교, 라디오에서의 커뮤니케이션 기술, 텔레비전, 영화, 춤, 연극 그리고 일반적인 라이프 스타일의 형태로 [샌프란시스코와] 그 주변을 휩쓸었고, 미국과 전 세계에 영향을 끼쳤다." 1960년대 초반, 핑은 빅서 온천여관의 공동 창립자인 리처드 프라이스 및 마이클 머피와 친구가 되었는데, 이곳은 얼마 지나지 않아 에솔렌 연구소가 되었다. 그는 인본주의 심리학에서 깊은 영감을 받아 발생한 '인간 잠재력 회복운동'에 매혹되었다. 실제로 당시는 매슬로의 저서 《존재의 심리학》이 막 출판되었을 때였고, 갓 출범한 에솔렌 커뮤니티는 매슬로의 자아실현 및 절정 경험이라는 개념에 대한 반향으로 가득차 있었으며, 이는 그들 자신이 발전시킨 인간의 잠재력과 영성이라는 이념과도 일치했다. 또한 매슬로의 책은 그들의 아이디어에 학문적 정당성을 부여했다. 제프리 크리팔은 그의 책 《에솔렌: 미국과 종교 아닌 종교》에서 "에이브러햄 매슬로와 이 책이 마치 바로 그들을 위해 문화적 지평에 나타난 것 같았다."라고 말했다.

113. Hoffman, *The right to be human*.

114. Hoffman, *The right to be human*.

115. Grogan, *Encountering America*, p. 158.

116. Hoffman, *The right to be human*, p. 276.

117. 2018년 5월 10일. 1970년 4월 30일자 일기에서 매슬로는 머피와의 관계를 "자기 노출", "친밀감의 피드백" 및 직접성으로 정의되는 관계로 설명했다. 그리고 또 다른 일기에서는 머피는 "극단적이지만 여전히 진정 개방적이고 호기심이 많으며 시스템에 얽매이지 않는" 인물로 묘사되었다. 이 같은 묘사는 매슬로의 내면 깊숙이 자리하던 영혼과 명백히 겹치는 부분이다(1967년 9월 19일, 일기 항목).

3부 건강한 초월

1. Lowry, *A. H. Maslow: An intellectual portrait*, p. 10.

2. Lowry, *A. H. Maslow: An intellectual portrait*, p. 11.

3. Lowry, *A. H. Maslow: An intellectual portrait*, p. 12.

4. Lowry, *A. H. Maslow: An intellectual portrait*, pp. 14–15.

5. Lowry, *A. H. Maslow: An intellectual portrait*, p. 16.

6. 매슬로의 문제에 대한 리처드 로우리의 생각은 다음과 같다. "좋든 나쁘든 그의 문제는 세상에 전해야 할 아주 많은 진리를 갖고 있는 사람 그리고 인생이 짧다는 것을 깨닫고 상투적인 것에는 시간을 거의 낼 수 없었던 사람의 문제였다. 매슬로의 미덕과 단점이 무엇이었든 그는 어쨌거나 대단한 열정과 정직함을 지닌 사람이었다. 때로는 그의 열정이 오만함의 형태를 띠었을 수도 있다. 어쩌면 그의 정직함은 때로 고지식해 보였을 수도 있다. 그러나 그 모든 것들 속에서 그는 그 자신과 자신의 일, 그리고 그를 둘러싼 세상을 극도의 순수한 진지함으로 받아들이는 사람이었다. 에머슨에 관한 그의 초기 논문은 그가 어떤 것을 몹시 싫어하거나, 사랑하거나, 연구하거나, 또는 자신에게 내재하는 모든 열정을 다해 추구했던 수많은 사례 중 첫 번째에 불과했다." 다음을 보라. Lowry, *A. H. Maslow: An intellectual portrait*, p. 16.

7장 | 절정 경험: 오늘의 나를 넘어서는 마음

1. Hoffman, *The right to be human*.

2. Be You Fully. (2016, May 24). Abraham Maslow on Peak Experiences (Video file). Retrieved from https://www.youtube.com/watch? v= zcOHMGe7lYg.

3. Be You Fully. Abraham Maslow on Peak Experiences.

4. James, W. (1902). *The varieties of religious experience*. Cambridge, MA: Harvard University Press.

5. Hoffman, *The right to be human*, p. 224.

6. Hoffman, *The right to be human*, p. 224.

7. Maslow, A. H. (1957). Cognition of being in the peak experience. *The Journal of Genetic Psychology*, *94*, 43–66.

8. Maslow, Cognition of being in the peak experience, p. 43.

9. Maslow, Cognition of being in the peak experience, p. 52.

10. Maslow, Cognition of being in the peak experience, p. 64.

11. 이 점을 너무 자주 간과했다는 사실은 매슬로를 정말로 실망시켰다. 매슬로는 1967년 12월 2일자 일기에 다음과 같이 썼다. "철학자들과 함께하는 오늘의 (초월 콘퍼런스) 중대한 문제: 절정 경험에서 인지된 '현실'의 타당성을 어떻게 하면 가장 잘 증명할 수 있을까? 나는 과학, 논리, 이성 등에 의한 훗날의 검증과 확인의 필요성, 즉 일부는 정확하고 일부는 정확하지 않은 것으로 판명된다는 점을 강조했다. 그러나 그들은 그것을 이해하지 못하는 것 같았다. 잘 설명하지 못한 것일까? 또한 그들은 '나는 왜 나치가 외쳤던 '해방'을 곧이곧대로 믿어서는 안 되는가?'라는 질문과 혼동했다. 그들은 내가 경험을 미화하고, 그런 경험이 반드시 유효하다고 주장하고 있다고 확신하는 것처럼 보였다. 내가 말할 수 있었던 어떤 것도 그들의 머릿속에서 그 같은 생각을 지울 수 없었다. 좀 더 노력해 이 일을 해결하자."

12. Maslow, Cognition of being in the peak experience, p. 65.

13. Maslow, Cognition of being in the peak experience, p. 65.

14. Maslow, Cognition of being in the peak experience, p. 62.

15. 자아실현의 정의를 재개념화하도록 영감을 받은 매슬로는 이렇게 썼다. "우리는 (자아실현을) 한 개인의 힘들이 특히 효율적이고 대단히 즐거운 방식으로 한데 모이는 하나의 에피소드나 분출로 정의할 수 있다. 그리고 그 에피소드 안에서 개인은 더 통합되고 덜 분열되며, 경험에 더 개방적이고, 더 독특하고, 더 완벽하게 표현하거나 자발적이거나 완전히 기능하고, 더 창의적이고 더 유머러스하며 더 자아초월적이게 되며 낮은 단계의 욕구로부터 더 자유로워진다. 이 에피소드들 안에서 개인은 더욱 진정한 자기 자신이 되고, 자신의 잠재력을 더 완벽하게 실현하며, 자신의 존재의 핵심에 한층 더 가까워진다."

16. Maslow, Cognition of being in the peak experience, p. 62.

17. 그 무렵에 매슬로가 동료들과 주고받은 개인 서신을 찾던 나는 1957년 4월 12일 매슬로가 "두 종류의 인지와 그 통합"이라는 절정 경험과 관련된 강의에 대해 언급한 유명한 성격 심리학자 고든 올포트의 편지를 우연히 발견했다. 성격 연구에 대한 접근방식의 유사성을 고려한다면(올포트는 전인적 인간과 성숙한 신앙심에 관심이 있었다), 올포트가 절정 경험에 관한 매슬로의 강의에 열광적으로 반응했다는 사실은 그리 놀라운 일도 아니다. 올포트는 매슬로에게 다음과 같이 썼다. "당신의 논문이 얼마나 많은 자극을 주었는지 모릅니다. 당신은 그 논문이 내게 얼마나 많은 관점과

주제를 선사했는지 알 수 있을 겁니다. 논문을 써주셔서 감사합니다." 나아가 그는 매슬로에게 절정
경험이라는 개념을 "좀 더 신비주의 문헌에 가깝게" 가져가 보라고 제안했다. 올포트의 제안이 그
후 이어진 매슬로의 절정 경험과 종교 사이의 연결에 대한 연구와 글에 얼마나 영향을 끼쳤는지는
분명하지 않다. 하지만 올포트가 중추적이지만 공인받지 못한 역할을 수행했다고 생각하는 것은
분명 흥미로운 일이다.

18. Maslow, A. H. (1964). *Religions, values, and peak experiences*. Columbus, OH: Ohio State University Press.

19. Maslow, *Religions, values, and peak experiences*, p. 19.

20. David Yaden, personal correspondence.

21. David Yaden, personal correspondence.

22. Newberg, A., et al. (2001). The measurement of regional cerebal blood flow during the complex cognitive task of mediation: A preliminary SPECT study. *Psychiatry Research: Neuroimaging, 106*(2), 113–122; Newberg, A. B., & Iversen, J. (2003). The neural basis of the complex mental task of meditation: Neurotransmitter and neurochemical considerations. *Medical Hypotheses, 61*(2), 282–291.

23. Yaden, D. B., Haidt, J., Hood, R. W., Vago, D. R., & Newberg, A. B. (2017). The varieties of self-transcendent experience. *Review of General Psychology, 21*(2), 143–160.

24. List adapted from Levin, J., & Steele, L. (2005). The transcendent experience: Conceptual, theoretical, and epidemiologic perspectives. *Explore, 1*(2), 89–101.

25. Azari, N. P., et al. (2001). Neural correlates of religious experience. *The European Journal of Neuroscience, 13*(8), 1649–1652; Beauregard, M., & Paquette, V. (2006). Neural correlates of a mystical experience in Carmelite nuns. *Neuroscience Letters, 405*(3), 186–190; Farrer, C., & Frith, C. D. (2002). Experiencing oneself vs. another person as being the cause of an action: The neural correlates of the experience of agency. *NeuroImage, 15*(3), 596–603; Johnstone, B., Bodling, A., Cohen, D., Christ, S. E., & Wegrzyn, A. (2012). Right parietal lobe-related "selflessness" as the neuropsychological basis of spiritual transcendence. *International Journal for the Psychology of Religion, 22*(4), 267–284.

26. d'Aquili, E., & Newberg, A. B. (1999). *The mystical mind: Probing the biology of religious experience*. Minneapolis: Fortress Press.

27. Sagan, C. (2011). *Pale blue dot: A vision of the human future in space*. New York: Ballantine Books.

28. Newberg, A. B., & d'Aquili, E. G. (2000). The neuropsychology of religious and spiritual experience. *Journal of Consciousness Studies, 7*(11–12), 251–266.

29. Csikszentmihalyi, M., & LeFevre, J. (1989). Optimal experience in work and leisure. *Journal of Personality and Social Psychology, 56*(5), 815–822; Csikszentmihalyi, M. (1990). *Flow: The psychology of optimal experience*. New York: Harper & Row; Kotler, S. (2014). *The rise of Superman: Decoding the science of ultimate human performance*. New York: Houghton Mifflin Harcourt; Kowal, J., & Fortier, M. S. (1999). Motivational determinants of flow: Contributions from self-determination theory. *The Journal of Social Psychology, 139*(3), 355–368; Walker, C. J. (2008). Experiencing flow: Is doing it together better than doing it alone? *The Journal of Positive Psychology, 5*, 3–11.

30. Goleman, D., & Davidson, R. J. (2017). *Altered traits: Science reveals how meditation changes*

your mind, brain, and body. New York: Avery.

31. Watkins, P. C. (2013). *Gratitude and the good life: Toward a psychology of appreciation.* New York: Springer; Emmons, R. A. (2013). *Gratitude works!: A 21-day program for creating emotional prosperity.* San Francisco: Jossey-Bass; Emmons, R. A., & McCullough, M. E. (Eds.). (2004). *The psychology of gratitude.* New York: Oxford University Press.

32. Fredrickson, *Love 2.0*; Sternberg, R. J., & Sternberg, K. (Eds.). (2019). *The new psychology of love* (2nd ed.). New York: Cambridge University Press.

33. Schneider, K. (2004). *Rediscovery of awe: Splendor, mystery and the fluid center of life.* St. Paul: Paragon House; Yaden, D. B., et al. (2018). The development of the Awe Experience Scale (AWE-S): A multifactorial measure for a complex emotion. *The Journal of Positive Psychology, 14*(4), 474–488.

34. Belzak, W. C. M., Thrash, T. M., Sim, Y. Y., & Wadsworth, L. M. (2017). Beyond hedonic and eudaimonic well-being: Inspiration and the self-transcendence tradition. In M. D. Robinson & M. Eid (Eds.), *The happy mind: Cognitive contributions to well-being* (pp. 117–138). New York: Springer; Erickson, T., & Abelson, J. L. (2012). Even the downhearted may be uplifted: Moral elevation in the daily life of clinically depressed and anxious adults. *Journal of Social and Clinical Psychology, 31*(7), 707–728; Haidt, J. (2000). The positive emotion of elevation. *Prevention & Treatment, 3*(1); Shiota, M. N., Thrash, T. M., Danvers, A. F., & Dombrowski, J. T. (2014). Transcending the self: Awe, elevation, and inspiration. In M. M. Tugade, M. N. Shiota, & L. D. Kirby (Eds.), *Handbook of positive emotions* (pp. 362–377). New York: Guilford Press.

35. Kotler, S., & Wheal, J. (2018). *Stealing fire: How Silicon Valley, the Navy SEALs, and maverick scientists are revolutionizing the way we live and work.* New York: Dey Street; Newberg, A., & Waldman, M. R. (2017). *How enlightenment changes your brain: The new science of transformation.* New York: Avery.

36. Koenig, H., King, D. E., & Carson, V. B. (2012). *Handbook of religion and health* (2nd ed.). New York: Oxford University Press; Yaden, D. B. et al. (2017). The noetic quality: A multimethod exploratory study. *Psychology of Consciousness: Theory, Research, and Practice, 4*(1), 54–62; Yaden, Haidt, Hood, Vago, & Newberg, The varieties of self-transcendent experience.

37. Yaden et al., The noetic quality.

38. James, *The varieties of religious experience.*

39. Yaden, D. B., et al. (2016). The language of ineffability: Linguistic analysis of mystical experiences. *Psychology of Religion and Spirituality, 8*(3), 244–252; Yaden et al., The noetic quality.

40. Leary, M. R., Diebels, K. J., Jongman-Sereno, K. P., & Hawkins, A. (2016). Perspectives on hypo-egoic phenomena from social and personality psychology. In K. W. Brown & M. R. Leary (Eds.), *The Oxford handbook of hypo-egoic phenomena* (pp. 47–62). New York: Oxford University Press.

41. Leary, Diebels, Jongman-Sereno, & Hawkins, Perspectives on hypo-egoic phenomena from social and personality psychology. In Brown & Leary, *The Oxford handbook of hypo-egoic phenomena.*

42. Engler, J. (1984). Therapeutic aims in psychotherapy and meditation: Developmental

stages in the representation of self. *Journal of Transpersonal Psychology*, *16*(1), 25–61; Shaheen, J. (2004). Just as it is. *Tricycle*. Retrieved from https://tricycle.org/magazine/just-as-it-is.

43. Maslow, Peak experiences as acute identity experiences, p. 255.

44. Maslow, Peak experiences as acute identity experiences, p. 255.

45. 나 역시 이 역설에 매료되었고, 참고하기 위해 나의 데이터를 살펴보았다. 나는 자아실현 척도의 특성을 구축하면서 자아실현을 하는 사람들이 일상에서 훨씬 더 빈번하게 절정 경험을 경험하는 경향이 있다는 생각을 구체적으로 뒷받침할 만한 것들을 발견했다. 그때까지는 그런대로 괜찮았다. 그러다가 자아실현 척도와 일상에서 초월을 경험하는 경향을 측정하기 위해 야덴이 만든 새로운 척도와의 상관관계를 살펴보게 되었다. 야덴의 척도는 초월의 다음 두 가지 측면으로 구성되어 있었다. 하나는 모든 것과의 일체감('나는 종종 인류와 완전하게 연결되어 있다는 느낌을 경험한다')이었고, 다른 하나는 자기 상실('나는 종종 잠깐 자의식을 상실한 것 같은 느낌을 경험한다')이었다. 실험 참가자들은 일상에서 이러한 두 가지 양상을 얼마나 자주 경험하는지 평가해 달라고 요청받았다. 나는 일체감과 자기 상실 모두가 일상 생활에서 경험하는 절정 경험의 빈도와 명백한 상관관계가 있음을 발견했다. 그러나 일체감 경험의 경향은 진정성, 목적 및 인도주의적 관심의 증가를 포함하여 자아실현의 다른 모든 특성과 양(+)의 상관관계가 있는 반면, 자기 상실의 일반적인 경향은 그 자체로 볼 때 진정성을 포함한 자아실현의 다른 대부분 측면과 음(-)의 상관관계가 있었다. 다음을 보라. Kaufman, S. B. (2018). Self-actualizing people in the 21st century: Integration with contemporary theory and research on personality and well-being. *Journal of Humanistic Psychology*, https:/doi.org/10.1177/0022167818809187.

46. Maslow, *Toward a psychology of being*, p. 85.

47. Keltner, D., & Haidt, J. (2003). Approaching awe, a moral spiritual, and aesthetic emotion. *Cognition and Emotion*, *17*(2), 297–314.

48. Piff, P. K., Dietze, P., Feinberg, M., Stancato, D. M., & Keltner, D. (2015). Awe, the small self, and prosocial behavior. *Journal of Personality and Social Psychology*, *108*(6), 883–899; Gordon, A. M., et al. (2016). The dark side of the sublime: Distinguishing a threat-based variant of awe. *Journal of Social Psychology*, *113*(12), 310–328; Bonner, E. T., & Friedman, H. L. (2011). A conceptual clarification of the experience of awe: An interpretative phenomenological analysis. *The Humanistic Psychologist*, *39*(3), 222–235; Chirico, A., Yaden, D. B., Riva, G., & Gaggioli, A. (2016). The potential of virtual reality for the investigation of awe. *Frontiers in Psychology*, *7*, Article ID 1766; Shiota, M. N., Keltner, D., & Mossman, A. (2007). The nature of awe: Elicitors, appraisals, and effects on self-concept. *Cognition and Emotion*, *21*(5), 944–963.

49. Rudd, M., Vohs, K. D., & Aaker, J. (2012). Awe expands people's perception of time, alters decision making, and enhances well-being. *Psychological Science*, *23*(10), 1130–1136; Krause, N., & Hayward, R. D. (2015). Assessing whether practical wisdom and awe of God are associated with life satisfaction. *Psychology of Religion and Spirituality*, *7*(1), 51–59.

50. Rudd, Vohs, & Aaker, Awe expands people's perception of time, alters decision making, and enhances well-being.

51. Piff, Dietze, Feinberg, Stancato, & Keltner, Awe, the small self, and prosocial behavior; Prade, C., & Saroglou, V. (2016). Awe's effects on generosity and helping. *The Journal of Positive Psychology*, *11*(5), 522–530.

52. Yang, Y., Yang, Z., Bao, T., Liu, Y., & Passmore, H-A. (2016). Elicited awe decreases aggression. *Journal of Pacific Rim Psychology*, *10*, e11.

53. van Elk, M., Karinen, A., Specker, E., Stamkou, E., & Baas, M. (2016). "Standing in awe": The effects of awe on body perception and the relation with absorption. *Collabra*, 2(1), 4.

54. Van Cappellen, P., & Saroglou, V. (2012). Awe activates religious and spiritual feelings and behavioral intentions. *Psychology of Religion and Spirituality*, 4(3), 223–236.

55. Valdesolo, P., & Graham, J. (2014). Awe, uncertainty, and agency detection. *Psychological Science*, 25(1), 170–178.

56. Yaden et al., The development of the Awe Experience Scale (AWE-S).

57. Yaden et al., The development of the Awe Experience Scale (AWE-S).

58. Harrison, I. B. (1975). On the maternal origins of awe. *The Psychoanalytic Study of the Child*, 30, 181–195.

59. Graham, J., & Haidt, J. (2010). Beyond beliefs: Religions bind individuals into moral communities. *Personality and Social Psychology Review*, 14(1), 140–150.

60. de Botton, A. (2013). *Religion for atheists: A non-believer's guide to the uses of religion.* New York: Vintage.

61. TEDx Talks. (2016, June 20). "Open Wide and Say Awe," Katherine Maclean, TEDxOrcasIsland [Video file]. Retrieved from https://www.youtube.com/watch? v= Zl jALxpt3iU.

62. MacLean, K. A., Johnson, M. W., & Griffiths, R. R. (2011). Mystical experience occasioned by the hallucinogen psilocybin lead to increases in the personality domain of openness. *Journal of Psychopharmacology*, 25(11), 1453–1461.

63. Pollan, M. (2018). *How to change your mind: What the new science of psychedelics teaches us about consciousness, dying, addiction, depression, and transcendence.* New York: Penguin Press.

64. Yaden, D. B., et al. (2016). Of roots and fruits: A comparison of psychedelic and nonpsychedelic mystical experiences. *Journal of Humanistic Psychology*, 57(4), 338–353.

65. Griffiths, R. R., Richards, W. A., McCann, U., & Jesse, R. (2006). Psilocybin can occasion mystical-type experiences having substantial and sustained personal meaning and spiritual significance. *Psychopharmacology*, 187(3), 268–283; Griffiths, R., Richards, W., Johnson, M., McCann, U., & Jesse, R. (2008). Mystical-type experiences occasioned by psilocybin mediate the attribution of personal meaning and spiritual significance 14 months later. *Journal of Psychopharmacology*, 22(6), 621–632.

66. Griffiths, R. R., et al. (2016). Psilocybin produces substantial and sustained decreases in depression and anxiety in patients with life-threatening cancer: A randomized double-blind trial. *Journal of Psychopharmacology*, 30(12), 1181–1197; Grob, C. S., et al. (2011). Pilot study of psilocybin treatment for anxiety in patients with advanced-stage cancer. *Archives of General Psychiatry*, 68(1), 71–78.

67. Danforth, A. L., Struble, C. M., Yazar-Klosinski, B., & Grob, C. S. (2016). MDMA-assisted therapy: A new treatment model for social anxiety in autistic adults. *Progress in Neuro-Psychopharmacology and Biological Psychiatry*, 64, 237–249.

68. Errizoe, D., et al. (2018). Effects of psilocybin therapy on personality structure. *Acta Psychiatrica Scandinavica*, 138(1), 368–378.

69. Katherine MacLean, personal correspondence, June 14, 2018.

70. Cosimano, M. (2014). Love: The nature of our true self. MAPS Bulletin Annual Report, 39 – 41. https://pdfs.semanticscholar.org/82bd/2468ba88d 088146f4065658b02 b7785b3603.pdf .

71. Hood, R. W. (1975). The construction and preliminary validation of a measure of reported mystical experience. *Journal for the Scientific Study of Religion*, *14*(1), 29 –41; Newberg, et al., The measurement of regional cerebral blood flow during the complex cognitive task of meditation; Zanesco, A. P., King, B. G., MacLean, K. A., & Saron, C. D. (2018). Cognitive aging and long–term maintenance of attentional improvements following meditation training. *Journal of Cognitive Enhancement*, *2*(3), 259 –275.

72. Griffiths, R. R., et al. (2018). Psilocybin–occasioned mystical–type experience in combination with meditation and other spiritual practices produces enduring positive changes in psychological functioning and in trait measure of prosocial attitudes and behaviors. *Journal of Psychopharmacology*, *32*(1), 49 –69.

73. Shiota, Keltner, & Mossman, The nature of awe.

74. Harari, Y. N. (2017). *Homo deus: A brief history of tomorrow*. New York: HarperCollins.

75. Yaden, D. B., et al. (2016). The overview effect: Awe and self–transcendent experience in space flight. *Psychology of Consciousness: Theory, Research, and Practice*, *3*(1), 1 –11.

76. Harari, Homo deus.

77. 철학자 데이비드 차머스는 비슷한 주장을 했다. 다음을 보라. Kaufman, S. B. (2017). Philosopher David Chalmers thinks we might be living in a simulated reality. *The Psychology Podcast*. Retrieved from https://scottbarrykaufman.com/podcast/philosopher-david-chalmers-thinks-we-might-be-living-in-a-simulated-reality.

78. Yaden, D. B., Eichstaedt, J. C., & Medaglia, J. D. (2018). The future of technology in positive psychology: Methodological advances in the science of well–being. *Frontiers in Psychology*, *9*, https://doi.org/10.3389/fpsyg.2018.00962.

79. Chirico, Yaden, Riva, & Gaggioli, The potential of virtual reality for the investigation of awe; Chirico, A., et al. (2017). Effectiveness of immersive videos in inducing awe: An experimental study. *Scientific Reports*, *7*(1); Chirico, A. & Yaden, D. B. (2018). Awe: A self–transcendent and sometimes transformative emotion. In H. C. Lench (Ed.), *The function of emotions: When and why emotions help us* (pp. 221 –233); New York: Springer; Chirico, A., Glaveanu, V. P., Cipresso, P., Riva, G., & Gaggioli, A. (2018). Awe enhances creative thinking: An experimental study. *Creativity Research Journal*, *30*(2), 123 –31.

80. Hallett, M. (2000). Transcranial magnetic stimulation and the human brain. *Nature*, *406*(6792), 147 –150.

81. Fregni, F., & Pascual-Leone, A. (2007). Technology insight: Noninvasive brain stimu lation in neurology—perspectives on the therapeutic potential of rTMS and tDSC. *Nature Clinical Practice Neurology*, *3*, 383 –393.

82. Hamilton, R., Messing, S., and Chatterjee, A. (2011). Rethinking the thinking cap: Ethics of neural enhancement using noninvasive brain stimulation. *Neurology*, *76*(2), 187 –193; O'Reardon, J. P., et al. (2007). Efficacy and safety of transcranial magnetic stimulation in the acute treatment of major depression: A multisite randomized controlled trial. *Biological Psychiatry*, *62*(11), 1208 –1216; Smith, K. S., Mahler, S. V., Peciña, S., & Berridge,

K. C. (2010). Hedonic hotspots: Generating sensory pleasure in the brain. In M. L. Kringelbach, & K. C. Berridge (Eds.), *Pleasures of the Brain* (pp. 27–49). New York: Oxford University Press; Medaglia, J. D., Zurn, P., Sinnott-Armstrong, W., & Bassett, D. S. (2017). Mind control as a guide for the mind. *Nature Human Behaviour*, *1*, Article ID 0119, doi: 10.1038/s41562-017-0119; Medaglia, J. D., Yaden, D. B., Helion, C., & Haslam, M. (2019). Moral attitudes and willingness to enhance and repair cognition with brain stimulation. *Brain Stimulation*, *12*(1), 44–53.

83. Berger, M. W. (2018). Brain stimulation decreases intent to commit assault. *Penn Today*. Retrieved from https://penntoday.upenn.edu/news/brain-stimulation-decreases-intent-commit-physical-sexual-assault.

84. Yaden, Eichstaedt, & Medaglia, The future of technology in positive psychology.

85. Nozick, R. (1974). *Anarchy, state, and utopia*. New York: Basic Books.

86. Maslow, *The farther reaches of human nature*, p. 271.

87. Kaufman, S. B. (2017). Your brain on enlightenment with Dr. Andrew Newberg. *The Psychology Podcast*. Retrieved from https://scottbarrykaufman.com/podcast/your-brain-on-enlightenment-with-dr-andrew-newberg.

88. Kaufman, S. B. (2018). Open wide and say awe with Katherine MacLean. *The Psychology Podcast*. Retrieved from https://scottbarrykaufman.com/podcast/open-wide-say-awe-katherine-maclean.

89. Maslow, A. H. (1966, November 22). Drugs—Critique. Maslow Papers, Box M 4448, Archives of the History of American Psychology, Cummings Center for the History of Psychology, University of Akron, Akron, OH.

90. Maslow, A. H. (1966, May 11). Letter to Mrs. Paula Gordon from Maslow, 5/11/1966, discussing peak experiences and the use of psychaedelic (*sic*) drugs in research. Maslow Papers, Box M 4471, Archives of the History of American Psychology, Cummings Center for the History of Psychology, University of Akron, Akron, OH.

91. 에드워드 호프만에 따르면 티모시 리어리는 1960년에 하버드에 도착했고, 매슬로와 리어리는 "아주 친해졌으며, 창의성과 우월한 정신 기능 및 절정 경험 등 상호 관심사를 논의하며 많은 시간을 함께 보냈다." 1962년, 매슬로는 약물 유발 절정 경험에 관한 패널에서 리어리와 협력하기까지 했으며, 그의 딸 엘렌은 리어리의 연구조교로 일했다. 이론상으로는 매슬로는 환각제에 대한 엄격한 연구를 지지했다. 그러나 그는 어떤 약물도 자신이 직접 시도해보기를 꺼렸고, LSD 남용이 자아실현보다는 지적인 퇴화, 목적 상실 및 단절을 초래할 가능성이 있다고 경고하면서 약물에 의존해 손쉽게 자아실현을 이루려는 현상에 대해 점점 더 많은 우려를 드러냈다. 매슬로는 리어리와 점심을 함께하면서 종종 말하곤 했다. "그건 너무 쉬워. 절정 경험을 하려면 땀을 흘려야 한다고." 그러면 리어리는 놀리듯 대꾸했다. "좋아! 그러니까 자네는 땀을 흘리고 싶다는 말이지? 그렇다면 하버드 광장에서 브랜다이스까지 걸어서 돌아갈 거야, 아니면 차를 타고 갈 생각이야? 다음 달에 캘리포니아에 간다고 했지?. 거기까지는 걸어서 갈 거야, 아니면 비행기를 탈 계획이야? 왜? 땀을 흘리고 싶다며?" 다음을 보라. Hoffman, *The right to be human* (pp. 265–266). Maslow, A. H. (1963, October 24). Z. M. Schachter and Maslow, 1963, discussing various research implication of LSD and peak experiences. Maslow Papers, Folder LSD— Drugs, Box M 4471, Archives of the History of American Psychology, Cummings Center for the History of Psychology, University of Akron, Akron, OH.; Maslow, A. H. (1963, October 24). Letter to Rabbi Zalman Schachter. Maslow Papers, Folder LSD— Drugs, Box M 449.7, Archives of the History of American Psychology, Cummings Center for the History of Psychology,

University of Akron, Akron, OH.

92. Grogan, *Encountering America.*

93. Foreword by Warren Bennis to the new edition of Maslow, A. H. (1998). *Maslow on management.* New York: Wiley, pp. x‑xi.

8장 | Z 이론: 인간 본성의 더 먼 곳

1. Lowry, *The journals of A. H. Maslow*, p. 794.

2. Lowry, *The journals of A. H. Maslow*, pp. 798‑799.

3. Koltko‑Rivera, M. E. (2006). Rediscovering the later version of Maslow's hierarchy of needs: Self‑transcendence and opportunities for theory, research, and unification. *Review of General Psychology*, 10(4), 302‑317.

4. Frick, W. B. (2000). Remembering Maslow: Reflections on a 1968 interview. *Journal of Humanistic Psychology*, 40(2), 128‑147, p. 142.

5. Maslow, *The farther reaches of human nature*, p. 271.

6. Maslow, *The farther reaches of human nature*, p. 271.

7. Adapted from Maslow, *The farther reaches of human nature*, pp. 273‑285.

8. 매슬로는 다음과 같은 흥미로운 제안을 추가했다. "약자, 소외계층, 능력이 부족한 사람, 도움이 필요한 사람의 무력한 질투로 인한 분노를 피하기 위해서는 더 많은 돈을 주는 대신, 더 적은 액수이지만 '더 높은 수준의 급여'와 '메타페이'(인격의 성숙도, 재능 개발의 만족감, 예술의 경지의 즐거움, 통합과 기여의 보람 등)로 지불해야 한다. 지금까지 확립된 원칙에 따르면 이것이 자아실현자와 심리적으로 덜 발달된 사람 모두를 만족시키고, 우리가 인류 역사를 통해 목격했던 상호 배타적이고 적대적인 계급이나 카스트의 발달을 중단시킬 것이다. 이러한 포스트‑마르크스주의적, 포스트‑역사적 가능성을 실용화하기 위해 우리가 해야 할 일은 돈에 너무 많은 의미를 부여하지 않는 것, 즉 낮은 것보다 높은 수준의 것을 가치 있게 여기는 법을 배우는 것이다. 그러기 위해서는 이제 돈이 상징하는 바를 지워 없애는 작업이 필요할 것이다. 다시 말해 돈이 성공이나 존중받거나 사랑받을 만한 가치를 상징해서는 안 된다. 이러한 변화는 원칙적으로 아주 손쉽게 일어날 수 있을 것이다. 그것들은 이미 자아실현을 추구하는 사람들의 전의식적 삶의 가치관과 일치하기 때문이다. 이 같은 세계관이 초월자의 특징인지 아닌지는 아직 밝혀져야 할 과제로 남아 있다. 그래서 아마도 이것은 가장 유능하고 가장 깨어 있고 가장 이상적인 사람이 지도자로, 교사로, 명백히 자비롭고 비이기적인 권위로 선택되고 사랑받는 세상을 설계하는 데 도움이 될 수 있을 것이다." 이를 뒷받침하는 연구에 따르면 사람들은 보다 의미 있는 일을 하기 위해 기꺼이 더 낮은 급여를 받아들일 준비가 되어 있다. 따라서 '덕'을 지불하거나 최소의 의미를 지불하는 것이 가능하다. 다음을 보라. Hu, J., and Hirsch, J. B. (2017). Accepting lower salaries for meaningful work. *Frontiers in Psychology*, 29, 1649.

9. Maslow, *Toward a psychology of being.*

10. 최근에 아론 와이드먼 연구팀은 사람들이 겸손에 대해 근본적으로 다른 두 가지 개념을 가지고 있다는 사실을 발견했다. 어떤 사람들은 겸손에 대해 생각해 보라고 하면 굴욕과 자기 비하(D‑겸손)의 이미지를 떠올린다. 이러한 형태의 자기 비하적 겸손에서 높은 점수를 받은 사람들은 자신에 대한 낮은 평가, 유순함과 무가치함의 감정, 타인의 평가를 피하고 자신의 결점에 대한 뿌리깊은 혐오감이라는 특징을 갖는다. 그러한 사람들은 더 큰 수치심, 당혹감, 복종적인 행동, 불안정한 자존감 그리고 신경증을 나타내는 경향이 있다. 사람들이 겸손에서 떠올리는 또 다른

개념은 자신의 강점과 한계에 관한 정확한 평가와 수용, 에고티즘(오로지 자기 자신의 발달을 추구하고, 그것을 행위의 목적으로 하려는 자기 숭배적 태도를 의미한다. 자아주의라고도 함)과 자기 중심의 결여, 자신을 둘러싼 세계에 대한 감사이다. 그리고 겸손 연구자인 펠린 케세비르는 이 같은 개념화가 겸손의 진정한 의미에 더 가깝다고 확신한다. 이러한 형태의 감사하는 겸손(또는 B-겸손)으로 가득찬 사람들은 더 높은 수준의 진정한 자부심, 명망, 선택의지, 안정된 자존감, 다른 사람들을 축하하려는 성향, 경험에 대한 개방성 및 더욱 지속적인 행복을 누리는 경향이 있다. 아직 검증되지는 않았지만, 그런 사람들은 일상 생활에서 더 초월적인 경험을 경험하는 경향이 있다고 예상된다. 다음을 보라. Weidman, A. C., Cheng, J. T., & Tracy, J. L. (2016). The psychological structure of humility. *Journal of Personality and Social Psychology*, 114(1), 153-178.

11. 《존재의 심리학》에서 매슬로는 B-재미를 다음과 같이 설명했다. "B-재미를 설명한다는 것은 무척이나 어려운 일이다. 그러기에는 영어라는 언어가 많이 부족하기 때문이다(전반적으로 영어로는 '더 높은' 주관적 경험을 설명할 수 없기 때문이다). B-재미는 어떤 종류의 적대감도 확실히 초월하는 일종의 우주적이거나 신과 같은 유머러스한 특성을 가지고 있다. B-재미는 쉽게 말해 행복한 기쁨, 또는 명랑한 충만 또는 큰 기쁨이라고 불릴 수 있다. B-재미는 흘러 넘치는 것과 풍요나 (D-동기에 의한 것이 아닌) 잉여의 특성을 가지고 있다. B-재미는 지배와 종속의 양극을 초월하여 인간 존재의 작음(약함)과 큼(강함)을 동시에 가지고 있는 재미나 기쁨이라는 점에서 실존적이다. B-재미는 그 안에 어느 정도의 승리의 자질을 가지고 있으며, 때로는 안도의 자질도 갖고 있다. B-재미는 어른스러우면서도 동시에 어린아이 같다." (123쪽).

12. Loevinger, J. (1976). *Ego development: Conceptions and theories*. San Francisco: Jossey-Bass; Erikson, E. H. (1982). *The life cycle completed*. New York: W. W. Norton; McAdams, D. P., & de St. Aubin, E. (1992). A theory of generativity and its assessment through self-report, behavioral acts, and narrative themes in autobiography. *Journal of Personality and Social Psychology*, 62(6), 1003-1015; Kegan, R. (1982). *The evolving self*. Cambridge, MA: Harvard University Press; Eriksen, K. (2006). The constructive developmental theory of Robert Kegan. *The Family Journal: Counseling and Therapy for Couples and Families*, 14(3), 290-298; Melvin, E., & Cook-Greuter, S. (Eds.). (2000). *Creativity, spirituality, and transcendence: Paths to integrity and wisdom in the mature self*. Stamford, CT: Ablex Publication Corporation; Pfaffenberger, A. H., Marko, P. W., & Combs, A. (2011). *The postconventional personality*. Albany: State University of New York Press; Wilber, K. (2000). *Integral psychology: Consciousness, spirit, psychology, therapy*. Boston: Shambhala Publications; Cowan, C. C., & Todorovic, N. (Eds.). (2005). *The never ending quest: Dr. Clare W. Graves explores human nature*. Santa Barbara, CA: ECLET Publishing.

13. Kramer, D. A. (2000). Wisdom as a classical source of human strength: Conceptualization and empirical inquiry. *Journal of Social and Clinical Psychology*, 19(1), 83-101; Staudinger, U. M., Lopez, D. F., & Baltes, P. B. (1997). The psychometric location of wisdom-related performance: Intelligence, personality, and more? *Personality and Social Bulletin*, 23(11), 1200-1214.

14. 다음을 보라. Loevinger, J. (1976). *Ego development: Conceptions and theories*. San Francisco: Jossey-Bass; Erikson, E. H. (1982). *The life cycle completed*. New York: W. W. Norton; McAdams, D. P., & de St. Aubin, E. (1992). A theory of generativity and its assessment through self-report, behavioral acts, and narrative themes in autobiography. *Journal of Personality and Social Psychology*, 62(6), 1003-1015; Kegan, R. (1982). *The evolving self*. Cambridge, MA: Harvard University Press; Eriksen, K. (2006). The constructive developmental theory of Robert Kegan. *The Family Journal: Counseling and Therapy for Couples and Families*, 14(3), 290-298; Melvin, E., & Cook-Greuter, S. (Eds.). (2000). *Creativity, spirituality, and transcendence: Paths to integrity and wisdom in the mature self*.

Stamford, CT: Ablex Publishing; Pfaffenberger, A. H., Marko, P. W., & Combs, A. (2011). *The postconventional personality*. Albany: State University of New York Press; Wilbur, K. (2000). *Integral psychology: Consciousness, spirit, psychology, therapy*. Boston: Shambhala Publications; Cowan, C. C., & Todorovic, N. (Eds.). (2005). *The never ending quest: Dr. Clare W. Graves explores human nature*. Santa Barbara, CA: ECLET Publishing.

15. Kramer, Wisdom as a classical source of human strength.

16. Kramer, Wisdom as a classical source of human strength.

17. Beaumont, S. L. (2009). Identity processing and personal wisdom: An information-oriented identity style predicts self-actualization and self-transcendence. *Identity: An International Journal of Theory and Research*, 9(2), 95–115; Berzonsky, M. D. (1992). Identity style and coping strategies. *Journal of Personality*, 60(4), 771–788; Berzonsky, M. D., & Sullivan, C. (1992). Social-cognitive aspects of identity style: Need for cognition, experiential openness, and introspection. *Journal of Adolescent Research*, 7(2), 140–155; Kramer, Wisdom as a classical source of human strength; Kunzmann, U., & Baltes, P. B. (2003). Wisdom-related knowledge: Affective, motivational, and interpersonal correlates. *Personality and Social Psychology Bulletin*, 29(9), 1104–1119; Staudinger, Lopez, & Baltes, The psychometric location of wisdom-related performance; Sternberg, R. J. (1998). A balance theory of wisdom. *Review of General Psychology*, 2(4), 347–365.

18. Beaumont, Identity processing and personal wisdom.

19. Maslow, A. H. (1957). Alfred Korzybski memorial lecture: Two kinds of cognition and their integration. General Semantic Bulletin, 20 & 21, 17–22 , p. 22.

20. Maslow, The farther reaches of human nature. *The Journal of Transpersonal Psychology*, p. 5.

21. Christakis, N. A. (2019). *Blueprint: The evolutionary origins of a good society*. New York: Little, Brown Spark; Fredrickson, *Love 2.0*; Friedman, H. L., & Hartelius, G. (Eds.). (2015). *The Wiley-Blackwell handbook of transpersonal psychology*. Hoboken, NJ: Wiley-Blackwell; Goleman & Davidson, Altered traits; Harari, Homo deus; Keltner, D. (2009). *Born to be good: The science of a meaningful life*. New York: W. W. Norton; Vaillant, Spiritual evolution. Harmony; Kotler & Wheal, Stealing fire; Newberg & Waldman, How enlightenment changes your brain.

22. Maslow, The farther reaches of human nature. *The Journal of Transpersonal Psychology*, p. 6.

23. Kaufman, Ungifted.

24. Maslow, The farther reaches of human nature (1969), p. 8.

25. Maslow, *The farther reaches of human nature* (1993/1971), p. 317.

26. Ericson & Abelson, Even the downhearted may be uplifted.

27. Maslow, The farther reaches of human nature. *The Journal of Transpersonal Psychology*, p. 6.

28. Maslow, The farther reaches of human nature. *The Journal of Transpersonal Psychology*, p. 8.

29. Maslow, Building a new politics based on humanistic psychology. In Hoffman, *Future visions* (pp. 147–152), p. 148.

30. Hirsh, J. B., DeYoung, C. G., Xiaowen, X., & Peterson, J. B. (2010). Compassionate liberals and polite conservatives: Associations of agreeableness with political ideology and moral values. *Personality and Social Psychology Bulletin*, 36(5), 655–664; Waytz, A., Iyer, R.,

Young, L., and Haidt, J. (2019). Ideological differences in the expanse of the moral circle. *Nature Communications*, *10*, doi: 10.1038/s41467-019-12227-0.

31. Hirsh, DeYoung, Xiaowen, & Peterson, Compassionate liberals and polite conservatives.

32. Mudde, C. (2004). The populist zeitgeist. *Government and Opposition*, 39, 541–563.

33. Judis, J. B., & Teixeira, R. (2004). *The emerging democratic majority*. New York: Scribner; Mudde, The populist zeitgeist; Taggart, P. (2000). *Populism*. Buckingham, UK: Open University Press.

34. Caprara, G. V., & Zimbardo, P. G. (2004). Personalizing politics: A congruency model of political preference. *American Psychologist*, *59*(7), 581–594; Valkenburg, P. M., & Jochen, P. (2013). The differential susceptibility to media effects model. *Journal of Communication*, *63*(2), 221–243; Kaufman, S. B. (2016). Donald Trump's real ambition. *Scientific American Blogs*. Retrieved from https://blogs.scientificamerican.com/beautiful-minds/donald-trump-s-real-ambition.

35. Dunn, K. (2013). Preference for radical right-wing populist parties among exclusive-nationalists and authoritarians. *Party Politics*, *21*(3), 367–380; Kaufman, S. B. (2018). The personality trait that is ripping America (and the world) apart. *Scientific American Blogs*. Retrieved from https://blogs.scientificamerican.com/beautiful-minds/the-personality-trait-that-is-ripping-america-and-the-world-apart; Rooduijn, M. (2018). Populist appeal: Personality and anti-establishment communication. Retrieved from https://www.mzes.uni-mannheim.de/d7/en/events/populist-appeal-personality-and-anti-establishment-communication.

36. Maslow, Building a new politics based on humanistic psychology. In Hoffman, *Future visions* (pp. 147–152) , p. 151.

37. Becker, E. (1997; originally published in 1973). *Denial of death*. New York: Free Press, p. 87.

38. Solomon, S., Greenberg, J., & Pyszczynski, T. (2004). The cultural animal: Twenty years of terror management theory and research. In J. Greenberg, S. L. Koole, & T. Pyszczynski (Eds.), *Handbook of experimental existential psychology* (pp. 13–34). New York: Guilford Press.

39. Solomon, S., Greenberg, J., & Pyszczynski, T. (1986). A terror management theory of social behavior: The psychological functions of self-esteem. *Advances in Experimental Social Psychology*, *24*, 93–159.

40. Feifel, H., & Nagy, V. T. (1981). Another look at fear of death. *Journal of Consulting and Clinical Psychology*, *49*(2), 278–286.

41. Also, some recent preregistered research has found that previous effects of mortality salience found in the published literature may be more difficult to reproduce than previously assumed. 다음을 보라. Sætrevik, B. & Sjåstad, H. (2019). A pre-registered attempt to replicate the mortality salience effect in traditional and novel measures, https://psyarxiv.com/dkg53.

42. Leary, M. R., & Schreindorfer, L. S. (1997). Unresolved issues with terror management theory. *Psychological Inquiry*, *8*(1), 26–29.

43. Yalom, *Existential psychotherapy*, p. 40.

44. Yalom, *Existential psychotherapy*, p. 31.

45. Yalom, *Existential psychotherapy*.

46. Yalom, *Existential psychotherapy*, p. 34.

47. Weiner, E. (2015). Bhutan's dark secret of happiness. *BBC Travel*. Retrieved from http://www.bbc.com/travel/story/20150408-bhutans-dark-secret-to-happiness.

48. Weiner, Bhutan's dark secret of happiness.

49. Cozzolino, P. J., Blackie, L. E. R., & Meyers, L. S. (2014). Self-related consequences of death fear and death denial. *Death Studies*, *38*(6), 418–422; Lykins, E. L., Segerstrom, S. C., Averill, A. J., Evans, D. R., & Kemeny, M. E. (2007). Goal shifts following reminders of mortality: Reconciling posttraumatic growth and terror management theory. *Personality and Social Psychology Bulletin*, *33*(8), 1088–1099.

50. Kesebir, A quiet ego quiets death anxiety; Moon, H. G. (2019). Mindfulness of death as a tool for mortality salience induction with reference to terror management theory. *Religions*, *10*, doi: 10.3390/rel10060353; Niemiec, C. P., Brown, K. W., Kashdan, T. B., Cozzolino, P. J., and Ryan, R. M. (2010). Being present in the face of existential threat: The role of trait mindfulness in reducing defensive responses to mortality salience. *Journal of Personality and Social Psychology*, *99*, 344–365. Prentice, M., Kasser, T., & Sheldon, K. M. (2018). Openness to experience predicts intrinsic value shifts after deliberating one's own death. *Death Studies*, *42*(4), 205–215.

51. Yalom, *Existential psychotherapy*, p. 45.

52. Yalom, *Existential psychotherapy*, p. 45.

53. David Brooks refers to this as the Second Mountain: Brooks, D. (2019). *The second mountain: The quest for a moral life*. New York: Random House.

54. Krippner, *The plateau experience*, p. 119.

55. Lowry, *The journals of A. H. Maslow*, p. 1306.

56. Becker, *Denial of death*; Solomon, S., Greenberg, J., & Pyszczynski, T. (2015). *The worm at the core: On the role of death in life*. New York: Random House.

57. Lowry, *The journals of A. H. Maslow*, p. 998.

58. 매슬로는 어린 시절 어머니의 미신적인 사고를 특히 아쉬워했다. 1969년 4월 16일에 작성된 매슬로의 일기는 그 같은 생각을 아주 분명하게 드러낸다. "아침식사 자리에서의 대화에 대한 커다란 깨달음. 나는 어린 시절의 불결함과 사악함에 대한 반응으로서의 그녀의 청결함을 이야기하고 있었다. 그리고 문득, 그것이 나의 어머니(와 아버지)에게도 똑같은 상황이었다는 것을 깨달았다. 내가 반발하고 전적으로 증오하고 거부했던 것은 그녀의 외모뿐만 아니라 그녀의 가치관과 세계관, 인색함, 완전한 이기심, 세상사람 그리고 심지어는 남편과 아이에 대한 사랑의 결핍 그리고 그녀의 나르시시즘이었다. … 나는 내 유토피아주의, 윤리적 스트레스, 휴머니즘, 친절에 대한 강조, 사랑, 우정 그리고 그밖의 다른 모든 것들이 어디에서 온 것인지 늘 궁금해했다. 나는 어머니의 사랑을 받지 못한 것의 직접적인 결과를 분명하게 알고 있었다. 그러나 내 삶의 철학과 모든 연구와 이론화의 전체 추진력은 또한 그녀가 옹호한 모든 것에 대한 증오와 혐오에 뿌리를 두고 있다. 나는 아주 어려서부터 그 같은 부정적인 감정을 갖고 있었고, 그래서 결코 그녀의 사랑을 구하거나 원하거나 기대하려 하지 않았다. 모든 것이 너무나 단순하고 너무나 명백했다. 그런데 61세의 나이에, 그 모든 정신분석과 자기분석 후에, 그녀의 양부모의 세계관에 대해 많은 면에서 반대였다는 베르타에 관한 그 모든 이야기 끝에 그런 사실을 깨닫다니! 깨달음은 결코 멈추지 않는다."

59. Heitzman, A. L. (2003). The plateau experience in context: An intensive in-depth psychobiographical case study of Abraham Maslow's "post-mortem life" (Doctoral dissertation). Saybrook Graduate School and Research Center.

60. Heitzman, The plateau experience in context, p. 251.

61. 리처드 로우리는 매슬로의 경쟁적 자아 개념에 대해 비슷한 견해를 가지고 있었다. "그에게는 반감상주의자, 회의론자, '현실주의자', '과학자'로서의 모습이 항상 존재했다. (…) 그의 또 다른 부분은 신비주의자, 시인, 음유시인, '멋진 풍경'의 선지자로서 아름다움, 기쁨 그리고 비극에 감동하여 아무렇지도 않게 눈물을 흘릴 수 있는 사람이었다. 누군가가 이처럼 두 가지 상반되는 성향의 성격에 노출될 때 직면하게 되는 커다란 위험은 양 극단 중의 한 가지 경향을 받아들이고는 개혁된 죄인의 모든 징후를 꾑박하기 시작한다는 것이다. 다음을 보라. Lowry, A. H. Maslow: An intellectual portrait, p. 15.

62. Heitzman, The plateau experience in context, p. 292.

63. Lowry, The journals of A. H. Maslow, p. 1284-1285.

64. Heitzman, The plateau experience in context, p. 301.

65. Lowry, The journals of A. H. Maslow, p. 1256.

66. 1967년 5월 5일자 U.A. 아스라니에게 보낸 편지에서 매슬로는 다음과 같이 썼다. "나는 당신이 제안한 '고원 경험'이라는 용어가 아주 훌륭하다고 생각합니다. 그래서 나는 그 용어를 그동안 내가 '고요한 B-인지'라고 불러왔던 것을 묘사하는 데 사용할 것입니다. 이는 내 경험에 비춰보건대 아마도 나이가 들며 함께 찾아오는 것 같습니다. 격심하고 질정을 이루는 절정 경험은 그 횟수가 감소하는 것처럼 보이는 반면, '깨어난' 인지 또는 통합적 인지는 점점 더 증가하고 심지어는 자율적으로 통제되는 것처럼 보입니다. 그리고 보면 행복은 신랄하고 날카롭기보다는 온화하고 지속적인 경향이 있는 것 같습니다." 매슬로의 고원 경험의 기원에 대한 자세한 내용은 다음을 참조하라. Gruel, N. (2015). The plateau experience: An exploration of its origins, characteristics, and potential. The Journal of Transpersonal Psychology, 47(1), 44-63.

67. Heitzman, The plateau experience in context.

68. Krippner, The plateau experience, p. 113.

69. Maslow, A. H. (1970). Religions, values, and peak experiences. New York: Viking, p. xiv. (Paperback reissue of 1964 edition; preface added in 1970).

70. Krippner, The plateau experience, p. 114.

71. 카렌 호나이의 삶 그리고 남성에게서 사랑받고자 하는 강한 욕구와 그녀의 갈등적인 자아상을 포함하는 투쟁에 관한 글에서 (그녀의 갈등상황을 개인적으로 잘 알고 있었던) 정신분석가 해롤드 켈만은 다음과 같이 썼다. "그녀는 자신의 문제들에도 불구하고, 아니 자신의 문제들 때문에, 자신의 문제들을 통해 이뤄낼 수 있었다." 매슬로에 대해서도 똑같은 말을 할 수 있을 것이고, 우리 모두도 마찬가지라고 덧붙이고 싶다. 다음을 보라. Kelman, H. (1977). Helping people: Karen Horney's psychoanalytic approach. Lanham, MD: Rowman & Littlefield.

72. Heitzman, The plateau experience in context, p. 296.

73. Psychology Today (August 1970); International Study Project. (1972). Abraham H. Maslow: A memorial volume. Brooks/Cole, p. 29.

74. Adapted from "Living in the World of Higher Values" and "Regaining Our Sense of Gratitude" in Hoffman, Future visions.

나가는 말 | 다시, 놀라운 가능성과 불가해한 깊이

1. 돈 블로호위악이 아주 친절하게 그 문서가 있을 만한 곳으로 나를 안내했기 때문임을 나는 잘 알고 있다.

2. Maslow, A. H. (1969 – 1970). Chapter 2— *The possibilities for human nature.* Maslow Papers, Folder: Mostly Tapes "Rough"— Prop, Box M 4483, Archives of the History of American Psychology, Cummings Center for the History of Psychology, University of Akron, Akron, OH.

3. International Study Project, Abraham H. Maslow, p. 21.

4. Maslow, Chapter 2— *The possibilities for human nature.*

부록 1 | 온전한 인간이 되기 위한 일곱 가지 원칙

1. Buhler, C. (1971). Basic theoretical concepts of humanistic psychology. *American Psychologist, 26*(4), 378 – 386.

2. Portions of this section were adapted from this blog post: Kaufman, S. B. (2019). Authenticity under fire. *Scientific American Blogs.* Retrieved from https://blogs.scientific american.com/beautiful-minds/authenticity-under-fire.

3. Rogers C. R., *On becoming a person,* p. 108.

4. Jongman-Sereno, K. P., & Leary, M. R. (2018). The enigma of being yourself: A critical examination of the concept of authenticity. *Review of General Psychology,* http://dx .doi.org/10.1037/gpr0000157; Kaufman, *Authenticity under fire*; Kenrick, D. T., & Griskevicius, V. (2013). *The rational animal: How evolution made us smarter than we think.* New York: Basic Books; Kurzban, R. (2012). *Why everyone (else) is a hypocrite: Evolution and the modular mind.* Princeton, NJ: Princeton University Press.

5. Strohminger, N., Knobe, J., & Newman, G. (2017). The true self: A psychological concept distinct from the self. *Perspectives on Psychological Science, 12*(4), 551 – 560.

6. Jongman-Sereno, K., & Leary, M. R. (2016). Self-perceived authenticity is contami nated by the valence of one's behavior. *Self and Identity, 15*(3), 283 – 301.

7. Strohminger, Knobe, & Newman, The true self.

8. Debats, D. L., Drost, J., & Hansen, P. (1995). Experiences of meaning in life: A combined qualitative and quantitative approach. *British Journal of Psychology, 86*(part 3), 359 – 375; Fleeson, W., & Wilt, J. (2010). The relevance of Big Five trait content in behavior to subjective authenticity: Do high levels of within-person behavioral variability undermine or enable authenticity achievement? *Journal of Personality, 78*(4), 1353 – 1382; Garcia, D., Nima, A. A., & Kjell, O. N. E. (2014). The affective profiles, psychological well-being, and harmony: environmental mastery and self-acceptance predict the sense of a harmonious life. *PeerJ,* doi: 10.7717/peerj.259; Lenton, A. P., Bruder, M., Slabu, L., & Sedikides, C. (2013). How does "being real" feel? The experience of state authenticity. *Journal of Personality, 81*(3), 276 – 289; Rivera, G. N., et al. (2019). Understanding the relationship between perceived authenticity and well-being. *Review of General Psychology, 23*(1), 113 – 126; Ryan & Deci, Self-determination theory and the facilitation of intrinsic motivation, social development, and well-being; Sedikides, C., Lenton, A. P., Slabu, L., & Thomaes, S. (2019).

Sketching the contours of state authenticity. *Review of General Psychology, 23*(1), 73 – 88;
Vess, M. (2019). Varieties of conscious experience and the subjective awareness of one's
"true" self. *Review of General Psychology, 23*(1), 89 – 98.

9. McAdams, D. P. (1996). Personality, modernity, and the storied self: A contemporary
framework for studying persons. *Psychological Inquiry, 7*(4), 295 – 321; Ryan & Deci, Self-
determination theory and the facilitation of intrinsic motivation, social development, and
well-being; Vess, Varieties of conscious experience and the subjective awareness of one's
"true" self; Sheldon, K. M., Ryan, R. M., Rawsthorne, L. J., & Ilardi, B. (1997). Trait self
and true self: Cross-role variation in the big-five personality traits and its relation with
psychological authenticity and subjective well-being. *Journal of Personality and Social
Psychology, 73*(6), 1380 – 1393.

10. Baumeister, R. F., Ainsworth, S. E., & Vohs, K. D. (2016). Are groups more or less than the
sum of their members? The moderating role of individual identification. *Behavioral and
Brain Sciences, 39*, e137.

11. Baker, Z. G., Tou, R. Y. W., Bryan, J. L., & Knee, C. R. (2017). Authenticity and well-
being: Exploring positivity and negativity in interactions as a mediator. *Personality
and Individual Differences, 113*, 235 – 39; Baumeister, R. F. (2019). Stalking the truth self
through the jungles of authenticity: Problems, contradictions, inconsistencies, disturbing
findings— and a possible way forward. *Review of General Psychology, 23*(1), 143 – 154;
Jongman-Sereno & Leary, Self-perceived authenticity is contaminated by the valence
of one's behavior; Rivera et al., Understanding the relationship between perceived
authenticity and well-being; Ryan & Deci, Self-determination theory and the facilitation
of intrinsic motivation, social development, and well-being; Schmader, T., & Sedikides,
C. (2018). State authenticity as fit to environment: The implications of social identity for
fit, authenticity, and self-segregation. *Personality and Social Psychology Review, 22*(3),
228 – 259.

12. Baker, Tou, Bryan, & Knee, Authenticity and well-being; Kernis, M. H., & Goldman, B.
M. (2006). A multicomponent conceptualization of authenticity: Research and theory.
Advances in Experimental Psychology, 38, 284 – 357; Sedikides, Lenton, Slabu, & Thomaes,
Sketching the contours of state authenticity.

13. Baumeister, Stalking the truth self through the jungles of authenticity.

14. Baumeister, R. F. (1982). A self-presentational view of social phenomena. *Psychological
Bulletin, 91*(1), 3 – 26.

15. Baumeister, Stalking the truth self through the jungles of authenticity, p. 150.

16. Christy, A. G., Seto, E., Schlegel, R. J., Vess, M., & Hicks, J. A. (2016). Straying from the
righteous path and from ourselves: The interplay between perceptions of morality and
self-knowledge. *Personality and Social Psychology Bulletin, 42*(11), 1538 – 1550; Jongman-
Sereno & Leary, The enigma of being yourself; Strohminger, Knobe, & Newman, The true
self.

17. Jongman-Sereno & Leary, The enigma of being yourself.

18. Goldman, B. M., & Kernis, M. H. (2002). The role of authenticity in healthy psychological
functioning and subjective well-being. *Annals of the American Psychotherapy Association,
5*(6), 18 – 20; Heppner, W. L., et al. (2008). Within-person relationships among daily self-
esteem, need satisfaction, and authenticity. *Psychological Science, 19*(11), 1140 – 1145;

Kernis & Goldman, A multicomponent conceptualization of authenticity; Liu, Y., & Perrewe, P. L. (2006). Are they for real? The interpersonal and intrapersonal outcomes of perceived authenticity. *International Journal of Work Organisation and Emotion*, *1*(3), 204–214, doi:10.1504/IJWOE.2006.010788; Wood, Linley, Maltby, Baliousis, & Joseph, The authentic personality.

19. Rivera et al., Understanding the relationship between perceived authenticity and well-being.

20. Tiberius, V. (2015). Well-being, values, and improving lives. In S. Rangan (Ed.), *Performance and progress: Essays on capitalism, business, and society* (pp. 339–357). New York: Oxford University Press.

21. Yalom, I. (2005). *The theory and practice of group psychotherapy* (5th ed., pp. 77–98). New York: Basic Books; Yalom, *Existential psychotherapy*, pp. 265, 354.

22. Morgan, M. (2015). A glazed donut stack topped with melted cheese, a triple-meat combo and fried chicken hot dogs: The 10 most calorific burgers from around the world revealed. *Daily Mail*. Retrieved from https://www.dailymail.co.uk/femail/article-2998330/The-10-calorific-burgers-world-revealed.html.

23. Rogers, *On becoming a person*.

24. Vess, Varieties of conscious experience and the subjective awareness of one's "true" self.

25. Rogers, *On becoming a person*; Rogers, C. R. (1980). *A way of being*. New York: Houghton Mifflin Company.

26. Kierkegaard, S. (2013). *The sickness unto death*. Belmont, NC: Wiseblood Books, p. 19.

27. Rogers, *On becoming a person*.

28. Rogers, C. R. (1964). Toward a modern approach to values: The valuing process in the mature person. *The Journal of Abnormal and Social Psychology*, *68*(2), 160–167.

29. Govindji, R., & Linley, P. A. (2007). Strengths use, self-concordance and well-being: Implications for strengths coaching and coaching psychologists. *International Coaching Psychology Review*, *2*(2), 143–153.

30. Sheldon, K. M., Arnt, J., & Houser-Marko, L. (2003). In search of the organismic valuing process: The tendency to move towards beneficial goal choices. *Journal of Personality*, *71*(5), 835–869.

31. Sheldon, Arnt, & Houser-Marko, In search of the organismic valuing process.

32. Kaufman, *Ungifted*; Kaufman, S. B. (2018). *Twice exceptional: Supporting and educating bright and creative students with learning difficulties*. New York: Oxford University Press; Ryan, W. S., & Ryan, R. M. (2019). Toward a social psychology of authenticity: Exploring within-person variation in autonomy, congruence, and genuineness using self-determination theory. *Review of General Psychology*, *23*(1), 99–112; Schmader & Sedikides, State authenticity as fit to environment.

33. Schmader & Sedikides, State authenticity as fit to environment.

34. Sheldon, K. M., & Krieger, L. S. (2004). Does legal education have undermining effects on law students?: Evaluating changes in motivation, values, and well-being. *Behavioral Sciences and the Law*, *22*(2), 261–286.

35. Jongman-Sereno & Leary, The enigma of being yourself.

36. Kenrick & Griskevicius, The rational animal; Kurzban, Why everyone (else) is a hypocrite.

37. Carver & Scheier, On the self-regulation of behavior; DeYoung, C. G. (2015). Cyber netic Big Five Theory. *Journal of Research in Personality, 56*, 33-58; DeYoung, C. G., & Weisberg, Y. J. (2018). Cybernetic approaches to personality and social behavior. In K. Deaux & M. Snyder (Eds.), *The Oxford handbook of personality and social psychology* (2nd ed.) (pp. 387-413). New York: Oxford University Press; Weiner, N. (1961). *Cybernetics or control and communication in the animal and the machine* (Vol. 25). Cambridge, MA: MIT Press.

38. Maslow, A. H. (1943). A theory of human motivation. *Psychological Review, 50*(4), 370-396.

39. Kenrick & Griskevicius, The rational animal; Kurzban, Why everyone (else) is a hypocrite.

40. Griffiths, J. (2018). Swede dreams: Model, 25, wants world's biggest bum after having three Brazilian butt lifts in four years. *The Sun*. Retrieved from https://www.thesun.co.uk/fabulous/7978425/model-three-brazilian-butt-lifts-worlds-biggest-bum.

41. Reuben, A. (2017). Mental illness is far more common than we knew. *Scientific American Blogs*. Retrieved from https://blogs.scientificamerican.com/observations/mental-illness-is-far-more-common-than-we-knew.

42. Sheldon, K. M., & King, L. (2001). Why positive psychology is necessary. *American Psychologist, 56*(3), 216-217.

43. Walsh, F. (2016). *Strengthening family resilience* (3rd ed.). New York: Guilford Press, p. 5.

44. Sternberg, R. J., & Weiss, K. (Eds.). (2008). *The new psychology of love* (1st ed.). New York: Cambridge University Press.

45. Fisher, H. The drive to love: The neural mechanism for mate selection. In Sternberg & Weiss, *The new psychology of love* (pp. 87-115). New York: Cambridge University Press, p. 106.

46. Fisher, The drive to love. In Sternberg & Weiss, *The new psychology of love*, p. 106.

47. Diamond, What does sexual orientation orient? A biobehavioral model distinguishing romantic love and sexual desire. *Psychological Review,110*(1): 173-192.

48. This notion is echoed in the writings of Plato, when he noted that "everything arises in this way, opposites from their opposites."

49. Horney, K. (1945). *Our inner conflicts: A constructive theory of neurosis*. New York: W. W. Norton.

50. Horney, K. (1942). *Self-analysis*. New York: W. W. Norton, p. 57.

51. Horney, *Self-analysis*.

52. Vaillant, G. E. (1993). *The wisdom of the ego*. Cambridge, MA: Harvard University Press, pp. 1, 7.

53. Horney, *Our inner conflicts*, p. 242.

54. Note the similarity to Brené Brown's modern writings about wholeheartedness: Brown, B. (2010). *The gifts of imperfection: Let go of who you think you're supposed to be and embrace who you are*. Center City, MN: Hazelden Publishing.

55. Horney, *Self-analysis*.

56. Maslow, *Toward a psychology of being*, p. 65.

57. Aaron Beck, personal communication.

58. Beck, A. Schizophrenia and depression. Aaron T. Beck Center for Recovery-Oriented Cognitive Therapy Research and Practice. Retrieved from https://aaronbeckcenter .org/projects/schizophrenia.

59. Pinker, S. (2002). *The blank slate: The modern denial of human nature*. New York: Penguin Books.

60. Kaufman, *Ungifted*; Zimmer, C. (2018). *She has her mother's laugh: The powers, perversions, and potential of heredity*. New York: Dutton.

61. 인본주의 심리학의 창시자들은 알베르 카뮈, 시몬 드 보부아르, 마르틴 하이데거, 카를 야스퍼스, 쇠렌 키르케고르, 가브리엘 마르셀, 모리스 메를로 퐁티, 프리드리히 니체, 장 폴 사르트르, 폴 틸리히를 포함한 유럽의 실존주의 철학자들에게 깊은 영향을 받았다. 실제로 많은 인본주의 심리학 관련 전문직 종사자들은 자신들을 '실존·인본주의적' 심리학자라고 부르며, 실존주의 철학 및 의미나 자아 구성과 같은 실존적인 주제들을 자신들의 임상 작업에 통합하고 있음을 인정한다.

62. Hounkpatin, H. O., Wood, A. M., Boyce, C. J., & Dunn, G. (2015). An existential-humanistic view of personality change: Co-occurring changes with psychological well-being in a 10 year cohort study, *Social Indicators Research, 121*(2), 455–470; Kaufman, S. B. (2016). Can personality be changed? *The Atlantic*. Retrieved from https://www.the atlan tic.com/health/archive/2016/07/can-personality-be-changed/492956; Kaufman, S. B. (2016). Would you be happier with a different personality? *The Atlantic*. Retrieved from https://www.theatlantic.com/health/archive/2016/08/would-you-be-happier-with-a-different-personality/494720; Roberts, B. W., et al. (2017). A systematic review of personality trait change through intervention. *Psychological Bulletin, 143*(2), 117–141.

63. Kaufman, Can personality be changed?

64. Fleeson, W. (2001). Toward a structure-and process-integrated view of personality: Traits as density distributions of states. *Journal of Personality and Social Psychology, 80*(6), 1011–1027; Kaufman, *Ungifted*; Kaufman, S. B. (2019). Toward a new frontier in human intelligence: The person-centered approach. *Scientific American Blogs*. Retrieved from https://blogs.scientificamerican.com/beautiful-minds/toward-a-new-frontier-in-human-intelligence-the-person-centered-approach.

65. Little, B. R. (2014). *Me, myself, and us: The science of personality and the art of well-being*. New York: PublicAffairs.

66. Meindl, P., Jayawickreme, E., Furr, R. M. & Fleeson, W. (2015). A foundation beam for studying morality from a personological point of view: Are individual differences in moral behaviors and thoughts consistent? *Journal of Research in Personality, 59*, 81–92; Berger, D. M., & McGrath, R. E. (2018). Are there virtuous types? Finite mixture modeling of the VIA Inventory of Strengths. *The Journal of Positive Psychology, 14*(1), 77–85; Helzer, E. G., Fleeson, W., Furr, R. M., Meindl, P., & Barranti, M. (2016). Once a utilitarian, consistently a utilitarian? Examining principleness in moral judgment via the robustness of individual differences, *Journal of Personality, 85*(4), 505–517; Jayawickreme, E. & Fleeson, W. (2017). Does whole trait theory work for the virtues? In W. Sinnott-Armstrong & C. B. Miller (Eds.), *Moral psychology: Virtue and character* (5th ed.). (pp. 75–104). Cambridge, MA: MIT Press.

67. Berger & McGrath, Are there virtuous types?

68. Fleeson, W. (2004). Moving personality beyond the person–situation debate: The challenge and the opportunity of within–person variability. *Current Directions in Psychological Science, 13*(2), 83–87; Fleeson, W. (2017). The production mechanisms of traits: Reflections on two amazing decades. *Journal of Research in Personality, 69*, 4–12; Baumert, A., et al. (2017). Integrating personality structure, personality process, and personality development. *European Journal of Personality, 31*(5), 503–528.

69. Roberts, B. W., & Jackson, J. J. (2009). Sociogenomic personality psychology. *Journal of Personality, 76*(6), 1523–1544; Little, *Me, myself, and us.*

70. Kaufman, S. B. (2018). What happens when people are intentionally more open to new experiences? *Scientific American Blogs.* Retrieved from https://blogs.scientificameri can .com/beautiful–minds/what–happens–when–people–are–instructed–to–be–more–open–to–new–experiences; Kaufman, S. B. (2018). Can introverts be happy in a world that can't stop talking? Scientific American Blogs. Retrived from https://blogs.scientifi c american.com/beautiful–minds/can–introverts–be–happy–in–a–world–that–cant–stop–talking.

71. Cain, S. (2013). *Quiet: The power of introverts in a world that can't stop talking.* New York: Broadway Books.

72. Lawn, R. B., Slemp, G. R., Vella–Brodrick, D. A. (2018). Quiet flourishing: The authenticity and well–being of trait introverts living in the West depend on extroversion–deficit beliefs. *Journal of Happiness Studies,20*, 2055–2075.

73. Hudson, N. W., Briley, D. A., Chopik, W. J., & Derringer, J. (2018). You have to follow through: Attaining behavioral change goals predicts volitional personality change. *Journal of Personality and Social Psychology*, http://dx.doi.org/10.1037/pspp0000221; Kaufman, Can personality be changed?

74. McCabe, K. O., & Fleeson, W. (2012). What is extroversion for? Integrating trait and motivational perspectives and identifying the purpose of extroversion. *Psychological Science, 23*(12), 1498–1505; McCabe, K. O., & Fleeson, W. (2016). Are traits useful? Explaining trait manifestations as tools in the pursuit of goals. *Journal of Personality and Social Psychology, 110*(2), 287–301.

75. David, S. (2016). *Emotional agility: Get unstuck, embrace change, and thrive in work and life.* New York: Avery; Ivtzan, I., Lomas, T., Hefferon, K., & Worth, P. (2016). *Second wave positive psychology: Embracing the dark side of life.* New York: Routledge; Kashdan, T., & Biswas–Diener, R. (2014). *The upside of your dark side: Why being your whole self— not just your "good" self— drives success and fulfillment.* New York: Plume; Wong, What is existential positive psychology?; Wong, Positive psychology 2.0.

76. McNulty, J. K., & Fincham, F. D. (2011). Beyond positive psychology? Toward a contextual view of psychological processes and well–being. *American Psychologist, 67*(2), 101–110; Shiota, M. N., et al. (2017). Beyond happiness: Building a science of discrete positive emotions. *American Psychologist, 72*(7), 617–643.

77. Rogers, C. R. (1962). Toward becoming a fully functioning person. In A. W. Combs (Ed.), *Perceiving, behaving, becoming: A new focus for education.* Washington, DC: National Education Association.

78. Goodman, F. R., Disabato, D. J., Kashdan, T. B., & Kaufman, S. B. (2018). Measuring well-being: A comparison of subjective well-being and PERMA. *The Journal of Positive Psychology*, *13*(4), 321–332.

79. The dark horse project. Laboratory for the Science of Individuality. Retrieved from https://lsi.gse.harvard.edu/dark-horse.

80. Rose, T., & Ogas, O. (2018). *Dark horse: Achieving success through the pursuit of fulfillment.* New York: HarperOne; Stulberg, B. (2018). The dark horse path to happiness. Outside Online. Retrieved from https://www.outsideonline.com/2373876/three-steps-happiness.

81. Rogers, *On becoming a person*, p. 105.

82. Rogers, *On becoming a person*, p. 106.

83. Bohart, A. C., Held, B. S., Mendelowitz, E., & Schneider, K. J. (Eds.). (2013). *Humanity's dark side: Evil, destructive experience, and psychotherapy.* Washington, DC: American Psychological Association; May, R. (1982). The problem of evil: An open letter to Carl Rogers. *Journal of Humanistic Psychology*, *22*(3), 10–21, p. 15.

84. May, The problem of evil, p. 15.

85. May, *Love & will*, p. 123.

86. May, *Love & will*, p. 123.

87. 메이는 《사랑과 의지》에서 다음과 같이 썼다. "다이모닉이라는 개념은 본질적인 이유가 아니라 그것이 의미하는 바를 부정하려는 우리 자신의 투쟁 때문에 받아들일 수 없는 것처럼 보인다. 그것은 우리의 나르시시즘에 강렬한 타격을 준다. 우리는 '좋은' 사람들이며, 소크라테스 시대의 교양 있는 아테네 시민처럼, 내심으로는 스스로에게 인정하든 말든, 우리가 심지어는 사랑에 있어서조차 권력과 분노와 복수를 향한 욕망에 의해 동기가 부여된다는 사실이 공개적으로 거론되는 것을 좋아하지 않는다. 다이모닉은 그 자체로 악이라고 할 수는 없지만, 우리를 의식과 책임감과 삶의 의미를 담아 사용할 것인지, 아니면 맹목적이고 경솔하게 사용할 것인지라는 골치 아픈 딜레마와 직면하게 만든다. 다이모닉은 억압되면 어떤 형태로든 분출되는 경향이 있다. 그 극단적인 형태는 암살, 살인자들의 황무지에서의 정신병리학적 고문 및 금세기에 들어서만도 우리가 너무나 잘 알고 있는 다른 공포들이다. 영국의 정신과 의사 앤서니 스토는 이렇게 말했다. '우리는 비록 공포심에 움츠러들고 뒷걸음질 칠 수 있지만, 신문이나 역사책에서 인간이 인간에게 저지른 잔악무도한 짓을 읽을 때면, 우리는 우리들 저마다의 가슴 깊은 곳에 그와 똑같은 충동이, 살인과 고문과 전쟁에 이르게 하는 야만적인 충동이 자리하고 있음을 안다.'" 다음을 보라. May, Love & will, pp. 129–130." 다음을 보라. May, Love & will, pp. 129–130.

88. Maslow, *Toward a psychology of being*.

89. Vaillant, *The wisdom of the ego*.

90. Vaillant, *The wisdom of the ego*, p. 11.

91. Maslow, A. H. Yea and nay: On being an optimistic realist. In Hoffman, *Future visions* (pp. 61–63).

부록 2 | 성장 챌린지

1. Maslow, *The psychology of science: A reconnaissance*, p. 22.

2. 이러한 성장 과제 중 일부는 이 책 전체에서 논의된 내용과 병행하도록 설계된 독창적인 개입이다.

일부는 이전에 다른 작품에서 발표된 긍정적인 개입이다. 이 부록의 일부는 다음에서 채택됨. Feingold, J. H. (2016). *Toward a Positive Medicine: Healing Our Healers, from Burnout to Flourishing*. Master of Applied Positive Psychology (MAPP) Capstone Projects. 107. http://respository.upenn.edu/mapp_capstone/107.

3. Bland, A. M., & DeRobertis, E. M. (2017). Maslow's unacknowledged contributions to developmental psychology. *Journal of Humanistic Psychology*, doi: 10.1177/0022167817739732.

4. 이 진술은 다음에서 채택됨. Horney-Coolidge Type Inventory (HCTI): Coolidge, F. L., Moor, C. J., Yamazaki, T. G., Stewart, S. E., Segal, D. L. (2001). On the relationship between Karen Horney's tripartite neurotic type theory and personality disorder features. *Personality and Individual Differences*, 30, 7-1400.

5. Horney, K. (1945). *Our inner conflicts: A constructive theory of neurosis*. New York: W. W. Norton.

6. David, S. (2016). *Emotional agility: Get unstuck, embrace change, and thrive in work and life*. New York: Avery; Ivtzan, I., Lomas, T., Hefferon, K., & Worth, P. (2016). *Second wave positive psychology: Embracing the dark side of life*. New York: Routledge; Kashdan, T., & Biswas-Diener, R. (2014). *The upside of your dark side: Why being your whole self— not just your "good" self— drives success and fulfillment*. New York: Plume.

7. Schönbrodt, F. D., & Gerstenberg, F. X. R. (2012). An IRT analysis of motive questionnaires: The unified motive scales. *Journal of Research in Personality*, 46(6), 725-742.

8. Dutton, J. E. (2003). *Energize your workplace: How to create and sustain high-quality connec tions at work*. San Francisco: Jossey-Bass.

9. Rogers, C. R., & Farson, R. E. (2015). *Active listening*. Mansfield Center, CT: Martino Publishing.

10. Gable, S. L., Reis, H. T., Impett, E. A., & Asher, E. R. (2004). What do you do when things go right? The intrapersonal and interpersonal benefits of sharing positive events. *Journal of Personality and Social Psychology*, 87(2), 228-245; Gable, S. L., & Gosnell, C. L. (2011). The positive side of close relationships. In K. M. Sheldon, T. B. Kashdan, & M. F. Steger (Eds.), *Designing positive psychology: Taking stock and moving forward* (pp. 266-279). New York: Oxford University Press.

11. Patterson, R. J. (2000). *The assertiveness workbook: How to express your ideas and stand up for yourself at work and in relationships*. Oakland, CA: New Harbinger Publications.

12. Barker, E. (2016). This is how to be more assertive: 3 powerful secrets from research. Retrieved from https://www.bakadesuyo.com/2016/09/how-to-be-more-assertive.

13. Ratey, J. J., & Manning, R. (2014). *Go wild: Free your body and mind from the afflictions of civilization*. New York: Little, Brown.

14. Beck, A. T., Davis, D. D., & Freeman, A. (Eds.)(2015). *Cognitive therapy of personality disorders* (3rd ed.). New York: Guilford Press; Gillihan, S. J. (2018). *Cognitive behavioral therapy made simple: 10 strategies for managing anxiety, depression, anger, panic, and worry*. Emeryville, CA: Althea Press; Gillihan, S. J. (2016). *Retrain your brain: Cognitive behavioral therapy in 7 weeks: A workbook for managing depression and anxiety*. Emeryville, CA: Althea Press.

15. Gillihan, S. J., *Cognitive behavioral therapy made simple.*

16. Burns, D. (1989). *The feeling good handbook.* New York: Morrow; Gillihan, S. J., *Cognitive behavioral therapy made simple.*

17. Gillihan, S. J., *Cognitive behavioral therapy made simple.*

18. Gillihan, S. J., *Cognitive behavioral therapy made simple.*

19. Fredrickson, B. L. (2013). *Love 2.0: Finding happiness and health in moments of connection.* New York: Plume.

20. http://self-compassion.com에서 다음을 보라. Guided Meditations, Exercise 1: How would you treat a friend?

21. Seligman, M. E. P. (2015). Chris Peterson's unfinished masterwork: The real mental illnesses. *The Journal of Positive Psychology, 10,* 3-6.

22. Biswas-Diener, R., Kashdan, T. B., & Minhas, G. (2011). A dynamic approach to psychological strength development and intervention. *Journal of Positive Psychology, 6*(2), 106-118.

23. Maslow, A. H. (1964). *Religions, values, and peak experiences.* London: Penguin Books.

24. Csikszentmihalyi, M. (1990). *Flow: The psychology of optimal experience.* New York: Harper & Row; Kotler, S. (2014). *The rise of superman: Decoding the science of ultimate human performance.* New York: Houghton Mifflin Harcourt. Lyubomirsky, S. (2008). *The how of happiness: A scientific approach to getting the life you want.* New York: Penguin Press.

25. Lyubomirsky, *The how of happiness.*

26. Kaufman, S. B. (2018). Can you quantify awe? *Scientific American Blogs.* Retrieved from https://blogs.scientificamerican.com/beautiful-minds/can-you-quantify-awe.

27. Bryant, F. B., & Veroff, J. (2007). *Savoring: A new model of positive experience.* Mahwah, NJ: Lawrence Erlbaum Associates, Publishers.

28. Bryant, F. B., Smart, C. M., & King, S. P. (2005). Using the past to enhance the present: Boosting happiness through positive reminiscence. *Journal of Happiness Studies, 6,* 227-260.

트랜센드
최고의 마음은 어떻게 만들어지는가

초판 1쇄 발행 | 2021년 9월 6일
초판 2쇄 발행 | 2021년 9월 27일

지은이 스콧 배리 카우프만
옮긴이 김완균

펴낸이 김현태
펴낸곳 책세상

등록 1975년 5월 21일 제2017-000226호
주소 서울시 마포구 잔다리로 62-1, 3층 (04031)
전화 02-704-1250(영업), 02-3273-1334(편집)
팩스 02-719-1258
이메일 editor@chaeksesang.com
광고.제휴 문의 creator@chaeksesang.com
홈페이지 chaeksesang.com
페이스북 /chaeksesang **트위터** @chaeksesang
인스타그램 chaeksesang **네이버포스트** bkworldpub

ISBN 979-11-5931-679-1 03180